국제경제학 ^{제7판}

James Gerber 지음 | 허찬국 · 오영택 · 정연호 옮김

Σ 시그마프레스

국제경제학, 제7판

발행일 | 2018년 8월 30일 1쇄 발행

저　자 | James Gerber
역　자 | 허찬국, 오영택, 정연호
발행인 | 강학경
발행처 | Σ 시그마프레스
디자인 | 차인선
편　집 | 이호선

등록번호 | 제10-2642호
주소 | 서울특별시 영등포구 양평로 22길 21 선유도코오롱디지털타워 A401~403호
전자우편 | sigma@spress.co.kr
홈페이지 | http://www.sigmapress.co.kr
전화 | (02)323-4845, (02)2062-5184~8
팩스 | (02)323-4197

ISBN | 979-11-6226-121-7

International Economics, 7th Edition

* 책값은 책 뒤표지에 있습니다.

* 이 도서의 국립중앙도서관 출판예정도서목록(CIP)은 서지정보유통지원시스템 홈페이지 (http://seoji.nl.go.kr)와 국가자료공동목록시스템(http://www.nl.go.kr/kolisnet)에서 이용하실 수 있습니다.(CIP제어번호 : CIP2018026003)

역자 서문

역자들은 그동안 이 책에 포함된 국제무역, 국제금융, 세계 및 지역 경제 내용들에 대해 오랫동안 학부, 대학원, 전문 경영인 등 국제경제 분야에 대한 사전 지식 수준이 다양한 학생들을 대상으로 수업해보았다. 당연히 영어와 한국어로 되어 있는 여러 교과서와 참고서를 사용했다. 저자마다 책마다 잘 되어 있는 내용이 있지만 한 마디로 완벽한 교과서는 없다.

당연한 일이다. 학습 주안점이 어디에 있는가에 따라 여러 저자의 책마다 국제무역에서 배우는 비교우위가 있다는 것이다. 우리가 번역한 James Gerber의 *International Economics*의 경우도 마찬가지일 것이다. 예를 들어 국제무역에서 규모의 경제와 기업의 역할을 강조하는 분야를 더 깊이 있게 알고 싶으면 이 책 다음으로 Paul Krugman 등이 쓴 책이 적당할 것이다. 국제금융의 환율에 대해 더 깊이 있게 알고 싶으면 Robert C. Feenstra 등이 쓴 책이 적당할 것이다.

하지만 국제무역, 국제금융의 핵심 이슈에 대한 적당한 설명과 더불어 세계화 추세에 따른 세계 및 지역 경제와 국제적 협력과 관련된 기구와 제도 등을 알고 싶다면 Gerber의 이 책이 매우 적절하다. 예를 들어 책의 마지막 부분으로 지역 이슈와 세계경제를 다루는 4부는 미국 경제를 다루는 13장으로 시작하여 중국과 인도 경제를 다루는 17장으로 마친다.

역자들은 교수로 재직하기 이전 미국 중앙은행, 민간 기업, 경제 연구소 등 다양한 경력을 쌓았다. 이를 바탕으로 한 각자의 전문성과 관심 분야를 반영하여 이 책을 번역했다. 그리고 역자 3인의 노력을 집대성하여 (주)시그마프레스 출판사 담당자들이 내용의 일관성을 높이는 노력을 기울여 훌륭한 결과물을 만들어냈다. 앞으로 이 책을 사용하는 학생들과 교수님들께서도 책의 좋은 내용을 긍정적으로 평가해주면 내용을 충실하게 전달하려고 노력했던 역자들은 보람을 느낄 것이다.

저자 서문

이 책은 국제경제학의 미시 분야와 거시 분야를 모두 다루는 한 학기용으로 고안되었다. 제7판은 정책 분석과 국제경제 관계의 제도적 및 역사적 문맥에서 핵심 이론에 대한 원론 수준의 개요를 제공함으로써 처음 여섯 개 판의 접근 방법을 이어간다. 나의 목표는 경제학 전공과 비전공 학생을 포함한 다양한 학생 그룹이 국제경제에 대한 경제적 추론을 가능하게 하는 것이다. 나의 의도는 경제적 견해에 대한 공감대가 형성될 때 이를 제시하고, 그렇지 않으면 그 차이를 기술하는 것이다. 그러나 일반적으로 경제학자들은 그렇지 않은 것보다 더 자주 공감대를 형성한다.

제7판의 새로운 내용

제7판은 제6판의 구성과 범위를 보존하면서 다수의 업데이트와 개선 사항을 추가한다. 이 책의 새로운 내용은 다음과 같다.

- 모든 표와 그래프가 업데이트되었다.
- 제2장에 아시아인프라투자은행(AIIB), 제5장에 청정에너지 기술을 겨냥한 산업정책, 제16장에 세계지배구조지수(Worldwide Governance Indicators)에 관한 새로운 사례연구가 추가되었다.
- 제9장 국제수지에서 IMF의 국제계정 개정과 미국 경제분석국(US Bureau of Economic Analysis)에 의한 개정의 이행을 반영했다. IMF에서 권고하는 변경 사항은 대부분 용어이지만, 차변과 대변을 제시하는 방법에도 적용된다. 제9장은 또한 billions, thousands of millions, milliards, trillions 등 숫자의 용례에 대한 새로운 부록을 추가한다.
- 제12장의 금융위기에 대한 논의는 벤 버냉키(Ben Bernanke) 전 FRB 의장 등이 사용한 용어에 따라 취약성 및 불안 요인을 기준으로 제시된다.

- 제16장은 이제는 구식이 된 세계은행 용어를 삭제하고 보다 실증적으로 확인된 고성장 수출주도형 동아시아 경제를 부각하는 측면에서 고도성과 아시아경제(HPAEs) 개념에 중점을 둔다.
- 제17장은 인도와 중국에만 초점을 맞춘다.
- 제4장, 제13장, 제17장의 무역과 일자리에 대한 논의는 보다 미묘한 관계로 무역이 고소득 국가의 제조업 감소 원인이 아니라는 공감대에 대한 도전이 커지고 있음을 반영한다.

이 책의 특징

이 책의 몇 가지 특징은 이 분야의 많은 훌륭한 교재와 차별화시킨다.

- 첫째, 접근법은 경제학자들이 사용하는 이론적 장치보다 광범위하다. 경제이론이 다루어지고 그 숙달은 필수적이지만, 대부분의 독자는 실제 사례 응용과 함께 제시될 때 이론을 보다 완벽하게 파악한다. 이러한 관점에서 경제이론의 사례연구 및 경제기구의 역할과 국제경제 정책의 분석에서 세계경제의 최근 역사와 국제적으로 점점 경제 통합이 이루어짐에 따라 지역 간 발생하는 과제에 이르는 제반 자료를 통해 경제이론을 보완했다.
- 둘째, 한 학기 과정에서 미시와 거시 측면을 모두 다루는 것에 목표를 두고 있기 때문에 중요 개념에 초점을 맞추려면 이론 부분은 그 범위를 줄일 수밖에 없다. 모든 강사가 알고 있듯이 많은 이론적 주제는 그 중요성이 부차적이며, 이는 상대적 중요성에 따라 주제의 우선순위를 매길 때 학습에 필수적인 폭과 깊이가 부족한 학생들에게 문제가 될 수 있다.
- 셋째, 이 책은 다른 대부분의 교재보다 더 풍부한 역사적 · 제도적 세부 자료를 제공한다. 이 자료는 경제이론과 정책, 경제학과 다른 사회과학 간의 관계를 조명한다.
- 넷째, 이 책의 제4부를 5개의 장으로 편성했다. 각 장은 미국 중심의 북아메리카, 유럽연합, 라틴아메리카, 동아시아, 인도 및 중국을 중점적으로 다룬다. 이 장들에서는 학생들에게 세계 동향에 대한 이해를 넓히고 현실에서 경제이론이 가진 지적 능력을 관찰할 수 있는 기회를 제공한다.

구성의 유연성

교재는 각 장을 차례로 정렬해야 하기 때문에 고정된 주제별 순서가 필요하다. 가르치고자 하는 주제를 나열하는 순서에 대한 다양한 선호도가 있기 때문에 일부 강사에게는 잠재적인 문제가 될 수 있다. 제7판은 이전 판과 마찬가지로 강사가 자신이 선호하는 순서를 찾을 수 있도록 유연성을 추구한다.

제1부는 용어를 구축하고, 역사적 관점을 형성하며, 다양한 국제기구와 세계경제에서 수행하는 역할에 대한 배경 정보를 제공하도록 고안된 두 장의 개요로 구성된다. 일부 강사는 이론 장을 즉시 탐구하는 것을 선호하여 과정 후반으로 이 부분을 미룰 수 있다. 이렇게 접근해도 연속성이 떨어지지 않는다.

제2부는 국제경제의 미시 측면, 제3부는 거시 측면을 다룬다. 이 두 부분은 원하는 경우 순서를 쉽게 바꿀 수 있다.

제2부는 무역모형(제3~5장)과 상업정책(제6~8장)을 다루는 6개의 장으로 구성된다. 이 부분을 보다 압축적으로 수업하기를 원하면 제3장의 리카도 모형과 제6장 및 제7장의 관세와 쿼터 분석에 초점을 맞출 수 있고, 노동과 환경 표준에 관한 제8장은 단독으로 구성할 수 있지만, 학생들이 그 전 장들을 통해 상충관계에 대한 이해를 넓힐 수 있다.

제3부는 국제수지, 환율, 개방경제 거시경제학 및 국제 금융위기를 다룬다. 개방경제 거시경제학에 관한 제11장은 선택 사항이다. 경상수지와 환율 관점에서 재정 및 통화정책을 포함하는 거시경제학의 검토를 원하는 학생 및 강사를 대상으로 한다. 제11장을 생략하면 학생들이 재정 및 통화정책의 기본 개념을 이해하는 한 제12장(금융위기)으로 넘어갈 수 있다. 제12장은 제9장(국제수지)과 제10장(환율과 환율제도)에 가장 많이 의존한다.

제4부는 지역에 중점을 둔 5개의 장을 제시한다. 이 장들은 제3~12장에서 다룬 이론을 학생들이 대중을 대상으로 한 경제 언론, 의회 증언, 연설 및 기타 자료에서 발견할 수 있는 경제학 토론과 유사한 방식으로 사용할 수 있다. 필요한 경우 실질환율과 같은 개념을 간략하게 검토한다. 이 장들 중 하나 이상을 특정 과정의 요구에 맞게 앞으로 이동할 수 있다.

요약 차례

차례

제2부   국제무역

제3부   국제금융

제 **1** 부

서론 및 제도와 기구

INTERNATIONAL
ECONOMICS

소개 : 세계경제

1

학습목표

이 장을 학습한 후 학생들은

1.1 무역, 자본 이동, 인구 이동 데이터를 바탕으로 국제경제 통합의 역사적 흐름을 논의할 수 있다.

1.2 GDP에서 차지하는 교역의 비중을 계산하고 그 의미를 설명할 수 있다.

1.3 현재의 세계화와 과거 1세대 세계화를 구분하는 세 가지 요인을 설명할 수 있다.

1.4 무역이 경제 성장에 도움이 된다는 세 가지 종류의 증거를 설명할 수 있다.

서론 : 국제경제의 통합

2007년 8월 미국의 주택 부문에 위기가 발생했다. 당시 누구도 서브프라임 주택금융 위기가 국제경제의 통합 정도를 예시하는 사건이 될지, 또는 세계경제를 파국 직전까지 몰아가는 사건이 될지 몰랐다. 위기는 2008년 여름까지 계속 커졌고 그때쯤 대부분의 고소득 국가들은 심각한 경제적 어려움을 경험하게 되었다. 위기는 전염병처럼 번져나갔고 은행과 각종 금융사들이 파산하면서 멀쩡한 금융사도 대출을 중단했다. 신용 공급이 말라붙자 일상적 영업을 위해 자금이 필요한 기업들은 어려움에 처했고, 동시에 소비자들은 지출을 줄이고 기업들은 새로운 투자를 줄여나갔다. 2008년 겨울 즈음에는 인도, 중국 그리고 주요 산유국을 제외한 많은 나라가 경기 침체를 겪었다.

이 위기는 1930년대 대공황 이후 세계적 경기 침체를 확산시킨 제일 심각한 것이었다. 하지만 이번 사태는 근래에 심심치 않게 목격되는, 한 나라의 경제 위기가 다른 나라로 확산되는 사례의 하나이다. 1998~1999년 러시아 위기, 1997~1998년 아시아 위기, 1994~1995년 멕시코 위기, 1982~1989년의 라틴아메리카 부채 위기와 다른 여러 위기들이 원래 위기가 발생한 나라뿐만 아니라 다른 나라들의 금융 시스템, 가계, 기업들에 큰 손상을 입혔다.

국가들 간의 경제 통합은 기술의 진보, 저렴한 공산품, 자본이 희소한 지역에서 외국인 투자 확대 등 많은 혜택을 가져왔다. 하지만 경제 통합은 해당 나라들이 자기 나라에서 발생한 문제가 아닌 외부의 문제에 취약해지는 문제점을 수반했다. 이렇게 경제 통합에 혜택과 비용이 따른다는 점을 감안하면 국제적 경제 통합이나 경제의 세계화라는 표현이 정확히 무엇을 뜻하는지를 명확히 할 필요가 있다.

국제적 경제 통합의 구성 요소

학습목표 1.1   무역, 자본 이동, 인구 이동 데이터를 바탕으로 국제경제 통합의 역사적 흐름을 논의할 수 있다.

학습목표 1.2   GDP에서 차지하는 교역의 비중을 계산하고 그 의미를 설명할 수 있다.

학습목표 1.3   현재의 세계화와 과거 1세대 세계화를 구분하는 세 가지 요인을 설명할 수 있다.

학습목표 1.4   무역이 경제 성장에 도움이 된다는 세 가지 종류의 증거를 설명할 수 있다.

세계의 주요 경제들이 과거 어느 때보다 더 긴밀하게 연결되었다고 보는 것이 일반적이다. 현재의 고속 통신망, 발달된 교통 수단, 비교적 개방된 국제무역제도의 혜택으로 대부분의 물건을 한 나라에서 다른 나라로 큰 비용을 들이지 않고 쉽게 운송할 수 있다. 예를 들어, 요즈음 자동차 생산에까지 사용되는 부품의 원산지와 최종 조립뿐만 아니라, 관련된 광고, 회계, 운송을 누가 하는가까지를 고려하면 15개국 이상이 관여하고 있다. 하지만 오늘날 세계경제가 과거 어느 때보다도 더 연결되어 있다는 것을 증명하는 것은 쉽지 않다. 오늘날 우리가 경험하고 있는 세계경제의 통합은 2차 세계대전 이후 국제적으로 무역장벽이 낮아지며 1950년대에 시작되었다. 1970년대 들어 여러 나라들이 자국의 자본시장을 개방하면서 금융 분야의 통합을 촉진하기 시작했다. 1990년대의 인터넷과 전자통신 분야의 발달은 다국적 기업들의 국제적인 생산 분할 네트워크 형성과 시장의 국제화 수준을 한 단계 높였다.

국가들 간의 경제 통합이 더 긴밀해지면서 나타난 오늘날 세계경제의 모습은 처음 있는 일이 아니다. 대략 1870년부터 1913년 사이에도 국제적인 경제 통합이 진행되었다. 대서양 해저통신선, 증기선, 철도 등과 같은 당시의 신기술이 요즈음 상황과 비슷하게 국제적인 경제 통합을 부추겼다. 예를 들어 1866년에 대서양에 영구적인 해저 통신선이 놓이자 뉴욕에 있는 사업가가 런던에서 이루어지는 금융 거래를 마무리하는 데 걸리는 시간이 약 3주에서 1일로 줄어들었고, 1914년경에는 무선통신의 발달로 그 시간이 약 1분으로 크게 줄었다.

대부분의 사람들이 과거에 있었던 세계경제의 통합을 잊고 있어서 현재의 경제 통합에 대해 과대평가하기 쉽다. 실시간 의사소통과 빠른 국가 간 운송이 가능해지고 주변에서 쉽게 외국 제품을 볼 수 있게 되자, 우리가 구매하는 대부분의 물건은 우리의 주변 지역이나 나라 밖으로 팔리지 않는다는 것을 간과하게 된다. 미용, 식당에서 파는 음식, 정원, 건강 관리, 교육, 전기·수도 외에도 수많은 물건과 서비스가 거의 순수한 국산품인 것을 잊을 때가 많은 것이다. 2014년 미국의 경우를 예를 들자면 83.4%의 전체 제품과 서비스가 국내에서 생산된 것이고 나머지 16.6%만이 수입된 것이다. 이에 비해 1890년에는 약 92% 정도가 국내산이었는데, 오늘날에 비해 비중이 크지만 그 차이가 엄청난 것은 아니다.

지금의 세계경제가 과거 어느 때에 비해 더 통합되었는가 하는 질문은 순전히 학문적인 것만은 아니다. 1차 세계대전이 시작된 1914년부터 2차 세계대전이 끝난 1945년 사이 기간에 세계경제는 엄청난 인공적인 재앙으로 인해 국가경제들 간의 관계 단절을 겪었다. 1, 2차 세계대전과 대공황으로 인해 여러 나라들이 외국의 제품, 자본, 인구의 이동에 국경을 닫았다. 2차 세계대전 이후 복원된 각종 국가 간 경제 협력은 20세기 전반부의 피해를 치유하는 데 크게 공헌했지만 미래에 다시 국제적 경제 협력의 파국이 오지 않는다는 보장은 없다.

국제적 경제 통합을 제대로 이해하기 위해서 그 표현의 정확한 의미를 정의해야 한다. 경제학자들은 보통 다음의 네 가지 요소에 주목한다. 그것은 무역의 흐름, 자본의 흐름, 사람들의 흐름, 다른 시장 간 가격의 차이 등이다. 앞의 세 가지는 따로 설명이 필요 없으나 마지막 요소는 경제가 통합되었다면 동일한 제품에 대한 가격이 다른 시장 간의 차이가 운송비 정도에 그쳐야 한다는 것을 의미한다. 운반 가능한 상품은 물량이 풍부해서 가격이 낮은 지역에서 물량이 모자라 가격이 높은 지역으로 옮겨지기 때문에 두 지역 간의 가격 차가 줄어들게 된다. 무역의 흐름, 생산요소(노동과 자본)의 이동, 가격 수렴의 지표들은 국제적으로 얼마나 경제가 통합되었는가를 측정하는 척도이다.

세계무역의 증가

2차 세계대전 이후 세계 무역량은 세계 산출량보다 더 빨리 증가했다. 이런 추세는 모든 나라의 수출액 합계와 산출액 합계의 비율을 보면 알 수 있다. 1950년 세계 전체의 수출(세계 전체의 수입과 동일한)은 세계 전체의 **국내총생산**(gross domestic product, GDP)의 5.5%로 추정되었다. 63년 후인 2013년, 세계 총수출의 GDP 대비 비중은 30%로 거의 여섯 배 정도나 늘었다. 한 국가경제에서 국제 교역의 중요도를 측정하는 방법은 수출과 수입을 합친 것을 그 나라의 GDP로 나누는 것이다. 즉, 보통 한 해 동안 생산된 모든 최종재와 서비스의 가치를 합친 숫자이다. 이런 **GDP 대비 무역비중**(trade-to-GDP-ratio)은 다음과 같이 쓸 수 있다.

$$\text{GDP 대비 무역비중} = (\text{수출} + \text{수입}) \div \text{GDP}$$

이 비중 자체가 한 나라의 무역정책이 어떤가를 보여주거나, 이 비율이 높다고 해서 그 나라의 무역장벽이 낮다는 것을 뜻하지는 않는다. 보통 크기가 큰 나라일수록 기업들이 해외에 수출을 하지 않아도 적절한 생산 규모를 달성할 수 있기 때문에 무역에 의존하는 정도가 낮다. 같은 이유로 작은 나라들일수록 GDP 대비 무역비중이 높은 경향이 있다.

그림 1.1은 네 나라의 GDP 대비 무역비중을 1913년부터 2013년에 걸쳐 보여주고 있다. 그림은 1차 세계대전과 1950년 사이에 이 비율이 모든 나라에서 낮아지는 것과 1950년 이후에 다시 증가하는 추세를 보여준다. 또 이 그림은 인구 규모가 큰 미국과 일본의 GDP 대비 무역비중이 낮은 반면 네 나라 중 인구 규모가 제일 작은 네덜란드의 경우 이 비율이 매우 높은 것도 보여준다. 예를 들어, 만약 네덜란드가 순전히 자국의 시장만을 대상으로 자동차를 생산한다고 하면 생산 규모가 너무 작아 규모의 경제의 혜택이 발생하는 수준에 미치지 못해서 생산 비용이 너무 높을 것이지만 미국의 경우 국내 시장이 크기 때문에 이것이 가능하다. 따라서 GDP 대비 무역비중은 상대적으로 국제 교역이 각 나라의 경제에서 차지하는 중요도를 보여주지만, 무역정책이나 무역장벽과는 직접적인 관계가 없다.

그림 1.1 네 나라의 GDP 대비 무역비중(1913~2013)

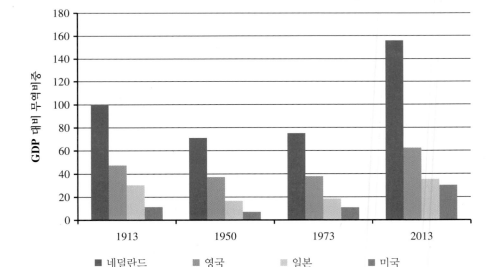

Data from Maddison, A. (1991). "Dynamic Forces in Capitalist Development" and The World Bank, *World Integrated Trade Solution*, © James Gerber.

　　그림 1.1은 2차 세계대전 이전의 세계 교역의 감소와 전후 다시 회복하는 역사적 추세를 보여주지만, 20세기 말 국가 간에 거래되는 물건이 20세기 초와 어떻게 달라졌는가를 보여주지는 못한다. 1차 세계대전 이전만 해도 국가 간 거래되던 물품들은 주로 농산품이었으나, 현재는 대부분 소비재와 자본재(기계와 장비) 공산품으로 구성되어 있다. 따라서 현재의 국제무역은 과거에 비해 훨씬 더 경쟁에 노출되어 있다. 아울러 1950년 이후 국제무역의 증가는 주로 다국적 기업들에 의해 이루어졌다. 다국적 기업의 생산 설비가 여러 나라에 분산되어 있어 생산 투입 요소들이 여러 차례 국경을 넘나드는 것이 보통이다. 이런 추세는 그동안 통신의 혁명과 운송수단의 급격한 발달로 인해 원거리 간 물류의 비용이 크게 낮아져 가능해졌다. 이것은 또한 여러 곳에 분산되어 있는 회계나 다른 데이터의 처리를 가능하게 해주었다. 요약하면, 오늘날의 무역은 1913년의 그것과 질적으로 크게 다르며 1950년 이후의 GDP 대비 무역 비중의 증가는 이런 질적인 변화까지 보여주지는 못한다.

자본과 노동의 이동

수출과 수입에 더해, 생산요소의 이동도 경제 통합의 척도이다. 다른 나라들 간 상호 의존도가 높아질수록 노동과 자본도 국경을 넘어 이동하는 일이 빈번해진다. 하지만 노동의 국제적 이동성은 1900년도에 비해서 더 낮다. 예를 들어 1890년 미국 인구 중 약 14.5%가 외국에서 출생한 사람이었는데, 2010년은 약 12.9%이다. 1900년에는 대부분의 나라들이 국경을 개방했기 때문에 출입국 여권 관리, 이민 비자, 근로허가증 등은 별로 사용되지 않았다. 양 차 세계대전, 그리고 1930년대 대공황의 결과 사람들의 국가 간 이동은 크게 제약을 받게 되었다. 1, 2차 세계대전 사이의 기간(戰間期)이었던 1920년 미국은 이민자 유입을 크게 제약하기 시작했고 이런 정책은 1960년대까지 지속되다가 그 이후 관련 정책이 더 개방적으로 바뀌면서 외국인 이민자를 받아들이기 시작했다.

　　자본과 관련해서는 자본의 흐름을 측정하는 방법이 일정치 않기 때문에 평가가 더 어렵다. 가장 기본적인 분류는 주식, 채권, 화폐, 은행계좌 등 명목자산인 금융자산과, 부동산, 공장, 기업 등과 같은 실물자산으로 나누는 것이다. 후자의 종류를 **해외직접투자**(foreign direct investment, FDI)라고 한다. 어떤 의미에서 두 가지 구분은 특별히 의미가 없는데, 왜냐하면 두 가지 자본의 이동 모두 부(富)가 한 나라에서 다른 나라로 이동하는 것이고, 동시에 남아도는 저축을 다른 나라에 제공하는 것이기 때문이다.

　　오늘날의 국제적 자본흐름을 100년 전과 비교할 때 두 가지를 염두에 두어야 한다. 첫째, 저축과 투자는 매우 상관관계가 높다는 것이다. 즉, 저축을 많이 하는 나라는 투자율도 높으며, 반대의 경우는 투자율이 낮다. 만약 전 세계적으로 자본이 아무런 제약을 받지 않고 자유롭게 움직일 수 있는 통합된 시장이 존재한다면 앞서 언급한 저축과 투자의 상관관계가 높을 필요가 없다. 자본은 저축률이 높아 자본이 풍부한 나라에서 더 높은 수익률을 제공하는 자본이 희소한 나라로 자유로이 흘러갈 것이다. 둘째, 1800년대에도 대양을 가로지르는 해저 케이블, 통신망 등 많은 새로운 기술의 진보뿐만 아니라 국가 철도망 구축 등과 같은 새로운 투자 기회가 늘어나면서 자본의 국가 간 이동을 촉진했다.

현재의 자본 이동을 그 이전 세계화 시대와 비교하면 지금의 자금 이동 규모가 훨씬 더 큰데, 이것은 그때에 비해 각 경제의 규모가 커졌기 때문이다. 경제 규모의 차이를 감안하여 두 기간의 자본 이동 규모를 비교해보면 별 차이가 없거나, 어떤 수치를 쓰느냐에 따라 오히려 1870년부터 1913년 기간의 이동이 더 큰 것으로 나올 수 있다. 영국은 1913년 이전 수십 년 동안 GDP의 약 9%를 해외에 투자했고, 프랑스, 독일, 네덜란드도 비슷한 규모로 투자할 때가 많았다. 이 기간 여러 해에 걸쳐 캐나다, 호주, 아르헨티나는 각각 GDP의 10% 정도를 해외에서 차입했는데, 오늘날 이런 수준의 외채는 해당 국가가 위험하다는 경고가 발령되는 수준이다. 달리 말해, 오늘날 국가들 간 자본 이동이 전례 없이 크다고 할 수 없다는 것이다.

여러 나라의 자본 이동이 경제의 규모를 감안한 상대적 크기로만 보아 과거보다 크다고 할 수 없으나 질적으로는 중요한 차이가 있다. 첫째, 현재는 100년 전에 비해 다양한 금융수단이 존재한다는 점이다. 여기에는 비교적 단순한 주식, 채권 등으로 시작해서 복잡한 파생금융 상품, 통화 스와프 등과 같은 다양한 수단이 존재한다. 이에 비해 100년 전에는 지금보다 훨씬 적은 수의 기업들이 주식거래소에 상장되어 있었고, 국제적 금융 거래는 대부분 채권을 사고파는 것에 국한되었다.

둘째, 차이점은 오늘날의 외환 거래이다. 1900년에는 나라들 간 환율이 고정되어 있어서 지금처럼 국제무역이나 금융을 하는 기업들이 환율이 크게 변동할 위험을 감수하지 않았다. 오늘날 많은 기업은 큰 폭의 환율 변동에 대비하기 위해 상당히 많은 자원을 사용하고 있다. 그 결과 외화로 표시된 자산을 사고파는 것이 현재 국제적 자본흐름에서 제일 큰 비중을 차지한다. 스위스의 제네바에 있는 국제결제은행(BIS)에 따르면 2013년 하루 외환 거래 규모는 약 5.3조 달러였다. 이에 비해 세계적 고정환율제도 마지막 연도인 1973년의 하루 거래 금액은 150억 달러였다.

국제적 자본 이동과 관련한 셋째 차이점은 외환 거래의 비용이 크게 낮아진 것이다. 경제학자들은 거래를 위해 정보를 얻고, 계약을 협상하고, 계약을 집행하는 데 드는 비용을 **거래비용**(transaction costs)이라고 한다. 이런 비용은 국내에서 사업을 하거나 혹은 해외 시장에서 사업을 하거나 상관없이 어떤 사업에서든지 발생하는 비용이다. 국제적인 거래는 국내에서의 거래에 비해 거리, 문화적·법 제도·언어의 차이 때문에 거래비용이 보통 높다. 오늘날의 국제 거래의 낮은 거래비용은 자본이 국경을 넘는 데 드는 비용이 낮다는 것을 의미한다.

자본의 국제적 이동이 변동성이 큰 것이 마치 새로운 사실인 것처럼 잘못 인식되고 있다. 과도한 투기적 행태와 지나친 투자가 이루어진 후 대규모 자본 이탈과 파산이 줄을 잇는 것은 최소 1600년대 이후 지금까지 계속해서 목격되어 왔다. 미국과 세계의 역사에서 여러 예를 찾을 수 있다. 최근의 서브프라임 주택금융 위기에서 보았듯이 금융위기는 새로운 것이 아니지만, 우리는 위기에 어떻게 대처해야 하는지를 아직도 배우지 못했다.

현대 국제경제 관계의 특징

국제적인 경제의 통합이 매우 빠르게 진행되고 있는 것은 사실이나 이는 전례가 없는 일은 아니다. GDP 대비 교역의 비중이 1890년에 비해 약 50% 높고, 제조업과 서비스업 역시 국제적인 영향에 더 노출되어 있다. 노동의 나라 간 이동은 각국의 출입국 통제 및 근로허가제 때문에 1900년에 비해 줄어들었지만 자본은 이동성이 더 커졌고, 더 다양한 방식의 금융 수단을 통해 이루어지고 있다. 제품의 가격들은 여러 미국과 해외시장에서 일부의 경우를 제외하고 대동소이하다. 양적인 면만 보면 지금과 100년 전과의 경제 상황이 그리 크게 차이나지 않는 것처럼 보일지 몰라도 질적인 면을 감안하면 21세기의 첫 10년과 20세기 첫 10년 간에는 큰 차이가 있다.

깊은 단계의 통합　고소득 국가들의 해외 공산품에 대한 무역장벽은 낮다. 가공된 식료품이나 의류와 같이 예외적인 부분이 있지만 일반적으로 **관세**(tariffs, 수입품에 대한 세금)와 다른 **쿼터**(quotas, 수입품에 대한 양적 제한)와 같은 다른 무역장벽은 지금이 20세기 중반에 비해 훨씬 낮다. 20세기 후반에 국가 간 무역장벽이 낮아지기 시작하면서 두 가지 추세가 국제적 경제 통합을 더 가속화했다. 첫 번째, 무역장벽이 낮아지자 대부분의 나라에서 국제무역에 장애가 되는 국내 정책들이 존재한다는 것이 명백해졌다. 노동 · 환경 · 소비자 안전기준 규제, 투자에 대한 지리적 제약과 성과에 대한 규제, 공정한 경쟁에 대한 규제, 정부의 국산품 매입 규제, 특정 산업에 대한 지원 정책 등과 같은 국내 규제와 정책들은 무역장벽이 높았을 때는 무역에 거의 영향을 미치지 않았다. 이런 정책들은 국내 기업을 보호하기 위해서 만들어진 것이 아니었기 때문에 무역장벽이 낮아지며, 교역량이 늘기 시작했을 때까지 국제무역에 거의 영향을 미치지 않았다. 하지만 관세가 낮아지기 시작하자 여러 종류의 국내용 정책들이 교역 증대에 장애요인으로 비치기 시작했다. 경제학자들은 관세의 인하와 쿼터의 철폐를 **낮은 단계의 통합**(shallow integration)이라고 하고, 국제무역에 영향을 미치는 국내 정책에 대해 협상하는 것을 **깊은 단계의 통합**(deep integration)이라고 명명한다. 낮은 단계의 통합에 비해 깊은 단계의 통합은 더 논란을 불러일으키는데, 이것은 국내 정책을 해외, 즉 다른 나라의 정책에 맞추어 조율하거나 외국의 정부와 협상을 통해서 조율해야 하기 때문이다.

지난 수십 년간 주목할 만한 두 번째 추세는 고도화된 기술을 사용하는 제품의 생산을 위해 여러 나라에서 만들어진 부품들을 사용하고 있어 '중국산' 또는 '미국산'이라는 분류가 점점 더 의미가 없어지고 있다. 낮은 관세와 각종 통신 및 운송 분야의 기술 발전은 기업들로 하여금 자신들이 만드는 생산품에 소요되는 복잡한 부품의 생산을 여러 나라에 분산하여 생산할 수 있게 하고 있다. 예를 들어, 3G 아이폰에 들어가는 부품들은 독일, 한국, 일본, 미국에서 생산되어 최종적으로 중국에서 조립된다. 가장 값비싼 부품은 일본에서 생산되었으나 누구도 아이폰을 일본 제품이라고 생각하지 않는다. 이 경우, 많은 다른 경우와 유사하게 부품이 여러 나라에서 만들어졌기 때문에 그 제품을 특정 국가의 제품이라고 하는 것은 맞지 않으며, 해당 제품은 여러 국가의 기업들과 근로자들이 참여하여 만든 것이다.

이런 두 가지 추세는 21세기 세계경제를 규정할 새로운 이슈들을 제기한다. 첫째, 추세(국내 정책들에 대한 관심이 높아지는 것)는 무역협상을 더 어렵게 만들고, 노동, 환경, 그리고 기타 기준들에 대한 논의가 더 광범위해지게 된다. 둘째, 추세(단일 제품의 생산에 여러 국가의 기업들이 참여하는 것)는 무역이 국가경제의 고용, 근로조건 등에 미치는 영향에 대한 관심을 높인다. 국가 내, 그리고 국가 간 이런 내용에 대한 대화가 21세기 국제경제학의 핵심적인 요소이다.

여러 나라가 참여하는 다자기구 2차 세계대전이 끝나자, 미국과 영국은 다른 연합국들과 함께 전후 국제적 경제 및 정치 질서의 안정을 위해 여러 국제기구를 창설했다. 창설 당시 그 이후 50년간 나타날 문제에 대해 미리 알 수 없었지만, 이들 기구는 충분한 유연성을 갖고 출발했고, 그 이후 나타난 여러 종류의 낮은 단계 또는 깊은 단계 통합과 관련된 문제들에 대해 잘 대처해오고 있다.

국제통화기금(IMF), 세계은행, 관세와 무역에 대한 일반협정(GATT), 국제연합(UN), 세계무역기구(WTO는 1995년부터 운영되었으나 이는 그 이전의 GATT의 후속 기구임) 등과 그 외에도 많은 국제기구들이 수많은 국가들의 참여로 만들어졌다. 이들은 규정을 논의하고 제정하는 일, 분쟁의 중재, 문제 해결을 위한 대처 방안 마련하는 역할을 수행한다. 이들 기구들에 비판적인 사람들은 이들 기구가 지속 가능하지 않은 정책을 추진하거나, 혹은 일부 부유한 국가들의 이익만을 위해 존재한다고 평가하고 있다. 다른 이들은 이들 기구가 불필요하게 개별 국가의 정책 선택을 제약한다고 평가한다(제2장에서 이 문제를 자세히 살필 것이다). 이 기관들은 국제무역과 상업적 교류에 따라 나라 간 발생하는 문제가 심각한 분쟁으로 이어지지 않도록 국제적으로 수용 가능한 규범을 만드는 일을 하고 있다. 이들은 국제경제의 완전히 새로운 요소들이다.

지역무역협정 여러 국가가 협정을 맺는 것은 새로운 일이 아니다. 자유무역협정이나 선별적으로 우호적인 무역 조건을 제공하는 협정은 과거에도 존재했다. 하지만 새로운 것은 지난 20년간 맺어진 **지역무역협정**(regional trade agreement, RTA)이 크게 증가했다는 것이다.

지역무역협정에 대해서 논란이 있다. 무역에 반대하는 사람들은 해당 국가의 국가경제를 국제 경쟁에 노출시키는 조항에 대해 비판적이고, 반면 무역에 찬성하는 사람들은 이 협정이 참여하지 않는 국가들을 배제하고 참여하는 나라들만 선별적인 혜택을 제공한다는 점에 대해 비판적이다. 북미자유무역협정(NAFTA), 유럽연합(EU), 중남미무역협정(MERCOSUR) 등이 지역무역협정의 예인데, 이뿐만 아니라 2016년 기준 모두 417개의 지역무역협정이 세계무역기구에 의해 파악되고 있다.

무역과 경제 성장

많은 사람이 국제적 경제 통합에 대해 의심을 갖고 있다. 지적되는 잠재적 문제점은 다양하다. 교역의 증대는 소비자들에게 저렴한 가격과 다양한 선택을 가져다주지만 기업이나 근로자들에게는 경쟁이 더 치열해지는 것을 의미한다. 국제적 자본의 이동은 새로운 투자를 위한 재원을 더 풍부하게 하지만, 동시에 금융위기가 국제적으로 확산되는 것을 의미한다. 인력의 이동은 이주자들에게 더 높은 소득과 기업들에게 더 풍부한 인력 풀(pool)을 의미하지만, 노동시장에서의 경쟁은 더 치열해지고 궁극적으로 사회적 갈등을 높인다. 국제기구들은 나라 간 분쟁의 해결에 도움이 되지만 아울러 국내의 절차에 대한 간섭을 높여 각 나라의 주권을 약화시킨다. 자유무역협정은 국가 간 교역을 증대시키지만 동시에 각국의 기업과 근로자들에게 경쟁 압력을 높인다.

일반적으로 경제학자들은 국제무역의 혜택이 비용보다 높다고 생각한다. 다른 목표(예를 들어 갑작스러운 자본의 흐름의 부작용을 최소화하는 것)를 달성하는 방법에 대해서는 이견이 존재한다. 하지만 전체적으로 세계경제에 국가경제를 개방하는 것이 그 반대의 선택보다 훨씬 우월하다는 것이 매우 일반적 의견이다. 이런 입장을 지지하기 위해 경제학자들은 다음과 같은 증거를 제시한다.

- 역사적 경험을 바탕으로 한 일반적 경험
- 경제학적 모형을 바탕으로 한 연역적 논리
- 국가 간의 통계학적 비교

개별적으로 결정적인 증거가 아닐지라도, 이들은 전체적으로 개방된 경제가 더 성장하고 부유하다는 견해를 견고하게 뒷받침한다.

세계경제로부터 국가경제를 격리시키려 했던 나라들의 경험에서 역사적 증거를 찾을 수 있다. 1930년대의 경험이 좋은 예인데, 당시 많은 나라가 다른 나라로부터의 상품, 자본, 노동의 유입을 차단함으로써 세계경제 어려움의 여파를 최소화하려고 했다. 이런 대응 자체가 1930년대 대공황을 일으키지는 않았지만 공황의 부정적 파급효과를 키웠고, 결국은 2차 세계대전이라는 대참사로 이어졌다. 전쟁으로 인해 진영이 나뉘며 한쪽은 세계경제로부터 격리된 반면 다른 쪽은 개방을 유지했던 경험이 있다. 독일(동독과 서독), 한국(북한과 남한), 그리고 중국(1980년대 이전의 본토 중국과 대만 및 홍콩) 등이 좋은 예이다.

경제이론은 대체로 이런 경험들을 바탕으로 교역이 성장으로 연결되는 경로를 추론한다. 일반적으로 더 향상된 기술 혁신, 생산성 증가를 압박하는 경쟁 압력, 새로운 기술과 아이디어 활용 등은 긍정적 요인이다. 교역은 소비자들에게 더 저렴한 가격에 제품의 선택의 폭을 넓혀준다.

개방된 경제의 긍정적 혜택에 관한 통계적 증거들은 많은 나라의 다양한 기간에 걸친 경험의 비교를 통해서 얻을 수 있다. 교역 정책과 성장과의 관계에 대한 통계적 검증에 일부 기술적인 문제가 있음에도 불구하고 대체로 더 개방된 경제가 더 빨리 성장한다는 결과를 보여준다. 이 결과들이 결정적인 증거라고 할 수 없을지 몰라도 통계적 분석의 결과들은 역사적 경험과 일반적 관찰과 함께 교역이 대체로 국가경제에 긍정적 혜택을 가져온다는 것을 보여준다.

국제경제학의 12개 테마

다음의 12개의 테마는 이후 이 책의 여러 장에서 각각 다루어질 것이다. 이 주제들은 중복되고, 다양한 내용을 포함하며, 아울러 종종 순수경제학의 범위를 넘어서는 것이다. 국제경제학이 모든 답을 준다고 할 수 없지만 이 과목은 독자 개개인에게 여기에 제시된 주제들에 대해 논리적이고, 분석적으로 접근하는 방법을 가르쳐줄 것이다.

무역이 주는 이득과 새로운 무역이론(제3, 4, 5장)

왜 무역이 바람직한가? 이미 이 이슈를 간단히 살펴보았지만 다음에 이어지는 장들에서 더 자세히 알아볼 것이다. 기본적인 경제 분석은 무역에 따른 혜택이 비용보다 크다는 것을 보여주기 때문에 거의 모든 경제학자들이 자유무역을 지지한다는 것은 특별한 일이 아니다. 국제무역의 혜택에 대한 분석은 1700년대에 최초로 이루어졌는데, 이것은 경제학의 여러 분야에서 아마도 가장 오래되고 가장 강력한 분석 결과일 것이다. 더 최근에는 경제학자들이 기업과 산업 내의 규모의 경제에 대해 연구하기 시작했다. '신 무역이론'이라는 제목하에 경제학자들은 새롭게 여러 시장의 구조와 무역의 효과에 대해 더 중요한 이해를 더해가고 있다.

임금, 일자리, 보호무역(제3, 6, 7, 8장)

국제무역은 한 국가의 후생을 증진시키지만 사회 구성원 모두에게 이익을 가져다주지는 않는다. 경쟁에서 뒤처지는 기업에 근무하는 종업원은 새로운 일자리를 알아보아야 하거나 또는 월급이 깎이는 일을 경험할 수도 있다. 소비자들이 구매하는 물건을 더 싼 값에 살 수 있다거나 혹은 수출업자가 새로운 일자리를 만든다는 것은 일자리를 잃은 근로자에게는 별로 도움이 되지 않는다. 국제경제에 대해 사람들이 더 알게 되면서 변화에 취약하다고 느끼는 사람들의 걱정을 더 부채질하고 있다. 사람들은 임금 수준이 높은 나라의 근로자들이 저임금 국가들과의 경쟁 때문에 임금이 내려가거나, 혹은 아예 일자리가 외국으로 옮겨갈 수 있다는 것에 대해 걱정한다. 따라서 경제 정책을 만드는 사람들의 중요한 숙제는 교역으로 얻는 이득과 그로 인해 피해를 보는 개인이나 기업들의 반발 사이에 어떻게 균형점을 찾는가 하는 것이다.

무역적자(제9, 11, 12장)

1980년에 미국의 무역계정은 약간의 흑자를 보였다. 하지만 그 이후 매년 지속적으로 무역적자를 기록했고, 2000년 이후 누적(2001년부터 2010년까지) 적자액은 7.9조 달러에 이른다. 미국이 적자를 기록한 유일한 국가는 아니었지만, 적자가 발생하는 해마다 미국은 현재의 재화와 서비스를 수입하기 위해 미래의 생산을 담보로 해서 외국으로부터 자원을 빌려와야 한다. 미국과 다른 나라들이 돈을 빌리는 동안 중국, 독일, 일본, 그리로 산유국 사우디 아라비아와 러시아는 이를 빌려주었다. 이런 큰 규모의 채권, 채무의 불균형이 2007년에 시작한 위기의 발생에 중요하게 작용했다.

지역무역협정(제2, 13, 14장)

세계경제가 긴밀하게 통합되는 과정에서 일부 지역은 이런 추세에서 더 앞서 가고 있다. 예를 들어 서유럽 국가에서는 국가들을 분리하는 여러 경제적 장벽으로 허물고 더 포괄적인 정치적 · 경제적 통합을 추진하고 있다. 1994년 NAFTA가 효력을 발휘하면서 미국, 캐나다, 멕시코는 자유무역지역이 되었다. 이 세 나라 모두 중미의 대부분 나라들과 개별적인 자유무역협정을 체결했고, 아시아 태평양 지역 9개국과 무역협정(2016년에 현재 발효되지 않았음)을 맺었다. 미국은 남미와 중국을 포함한 아시아 국가들과 협상 중이며, 세계 전체적으로 400개 이상의 지역무역협정이 논의되고 있다. 2004년 이후 10개의 중부 및 동부 유럽 국가들과 2개의 작은 지중해 국가가 EU에 가입했다. 10개의 동남아시아국가연합(ASEAN)은 자유무역지역을 창설했고, 중국은 다른 나라들과 함께 적극적인 무역협정에 참여하고 있다. 이런 협정들에 대한 장점과 단점들은 경제적 관심사이며, 다음의 여러 장에서 논의될 것이다.

무역 분쟁의 해결(제2, 7, 8장)

국가 간 상업적 마찰은 다양한 이슈와 불평을 아우른다. WTO가 이런 분쟁을 세계의 대부분 국가들이 동의하는 해결 절차를 통해 국가 간 분쟁을 조정하고 있어서 어떻게 보면 이런 분쟁은 일상화되고 있다. 그럼에도 WTO의 절차가 모든 상품과 서비스에 적용되는 것은 아니며, 또는 모든 종류의 불평을 다루지도 않는다. 그럼에도 국가 간의 분쟁을 보호무역주의적인 조치에 의존하지 않고 해결하는 능력은 건실한 국제경제 환경을 유지하는 데 매우 중요하다. 분쟁은 과열되기 쉽기 때문에 의견 차가 광범위한 반대로 이어지는 것을 막는 것이 중요하다. 무역 전쟁이 실제 전쟁은 아닐지 몰라도 폐해가 많다.

국제기구의 역할(제2, 8, 12장)

무역과 관련된 분쟁을 해결하는 데 가장 큰 역할을 하는 것은 WTO이다. WTO는 1995년에 탄생했는데 이는 2차 세계대전 직후 창설된 GATT의 후속 기구이다. 무역 분쟁을 해결하는 것은 국제기구가 수행하는 새로운 역할 중의 하나이다. 다양한 기구들이 개발 지원, 기술적 경제 자문, 위기 상황에서 긴급 자금 지원 등 다양한 서비스와 지원을 제공하고 있다. 이런 기구들은 2차 세계대전 이전에는 없었던 활동을 하거나(개발 지원), 또는 이전에는 통상 제일 막강한 단일 국가가 수행하던 것(위기 시 자금 지원)을 하고 있다. 그들은 참여국들의 합의와 지원이 있어서 존재한다. 이들의 협력이 없다면 존재할 수 없다. 하지만 이 기구들의 능력에는 제한이 있다. 그들이 위기를 방지할 수 없고, 혹은 가난한 나라를 부유하게 만들 수 없다. 기구들에 대한 갈등이 없는 것은 아니며 일부는 이들이 미국의 도구라고 생각하거나 개별 국가의 독립된 주권에 위협이 된다고 보기도 한다. 하지만 이 기구들의 역할이 더 커질 것으로 예상되는데 이것은 개별 국가가 많은 국제적인 문제를 해결할 수 없기 때문이다.

환율과 거시경제(제10, 11장)

2011년 유로 위기에도 불구하고 EU의 27개 회원국 중 17개 나라가 유로를 공동 통화로 채택해서 사용하고 있고, 그 외에도 몇 개의 나라가 유로를 사용하기 위해 준비하고 있다. 파나마, 엘살바도르, 에콰도르는 미국 달러화를 사용하고 있다. 일부 미 의회 의원들과 일부 경제학자들은 중국이 상업적 이익을 위해 인위적으로 중국 돈의 환율을 조작하고 있다고 보고 있고, 중국의 지도자들은 미국이 대외채무의 실질 가치를 떨어뜨리기 위해 달러화의 가치를 낮추려 할지 모른다고 걱정하고 있다. 환율제도는 여러 종류가 있고, 이들은 국내경제를 해외경제와 연결시켜준다. 환율제도는 외국의 부정적 충격으로부터 국내경제를 보호하기도 하고, 해외의 충격이 확대되어 국내에 영향을 미치게도 만든다. 환율은 국제경제에서 중요한 역할을 한다.

금융위기와 다른 나라로의 전파(제12장)

나라 간 무역과 투자 장벽이 낮아지고, 통신과 운송 수단이 발달하자 나라의 경계를 넘나드는 자본흐름이 크게 증가했다. 이런 흐름은 금융 기법의 발전과 1970년대 후반 이후 전 세계적으로 확산된 규제 완화에 힘입어 더 늘어난다. 자본흐름은 새로운 투자, 신기술, 더 많은 소비 등 긍정적 혜택을 가져왔으나 동시에 우리가 적절히 감시하기에 너무 빠르게 늘어나면서 2007년 위기를 포함하여 여러 위기의 발생에 기여했다. 오늘날 경제학자들은 어떻게 하면 이런 자본의 흐름이 가져다주는 새로운 투자와 대출 등이 위축되지 않으면서도 자본의 흐름이 일으킬 수 있는 거시경제와 금융시장의 불안을 낮추는 방안에 대해 논의 중에 있다.

자본흐름과 신흥 개발국들의 부채(제2, 9, 12장)

1996년 세계은행과 IMF는 42개의 대외채무가 많은 나라(Highly Indebted Poor Countries, HIPC)들에 대해 부채탕감정책을 시작했다. 이들 중 34개 나라가 아프리카에 위치한 국가들이었다. 이즈음 NGO와 보노와 같은 유명 연예인들이 가난한 나라들의 부채 감축과 부유한 나라들의 채무 제공 관행의 변화를 요구하는 활동을 성공적으로 펼치고 있었다. 세계의 여러 곳에서 심각한 빈곤국들이 현실적으로 갚기 어려운 수준의 대외채무의 이자를 갚기 위해 새로 돈을 빌리는 일이 있다. 부채가 많은 채무국의 경우 경제적 충격, 부패, 지속 가능하지 않은 정책 추구 등으로 문제 해결에 어려움이 있다. 대출 제공 국가들의 경우에는 부패한 독재자들에 대출을 한다든가, 또는 가난한 채무국이 필요치 않은 고가 제품을 팔기 위해 대출을 제공하는 경우도 있다.

중남미와 세계경제(제15장)

중남미의 1980년대는 잃어버린 10년으로 알려져 있다. 많은 부채, 깊은 불경기, 하이퍼인플레이션 등으로 인해 이 지역은 10년 동안 성장과 개발 정체를 경험했다. 이에 대한 대응으로 여러 나라들이 새로운 경제 정책의 전환을 시도하였다. 시장을 개방했고, 해외직접투자를 받아들였고, 무역협정을 체결하는 등 세계경제로부터의 오래된 고립을 끝맺었다. '워싱턴 컨센서스'라고 알려진 이런 일련의 경제 정책들은 잃어버린 10년을 종식하는 데 도움이 되었으나 이런 경제 정책들이 성공적이었다고 생각하는 경제학자는 많지 않다. 성장은 계속 저조했고, 금융위기가 발생하며 경제적 개선이 더디었으며, 전통적인 경제적 공정성과 관련된 이슈들은 등한시되었다. 중남미 국가들은 빈곤을 감축하고 경제를 활성화하고 모든 국민들에게 새로운 기회를 제공하기 위해 다양하고 새로운 정책과 실험을 진행하고 있다.

동아시아의 수출주도 성장(제16장)

1980년대 후반과 1990년대에 걸친 동아시아의 기적을 외면하는 것은 불가능하다. 어떤 경제학자들은 이것이 상당한 노력과 적절한 정책의 결과일 뿐 진정한 기적이 아니었다고 지적했지만 고속 성장세를 보인 아시아 국가들의 높은 성장률은 인류 역사상 전례가 없는 현상이었다. 개인당 실질 GDP의 연간 성장률이 보통 4~5%에 달했고 6~8%도 드문 일이 아니었다. 1997년 경제와 금융위기가 이 지역을 강타했다. 위기의 여파가 없었던 것은 아니나, 2000년대 들어 이 지역의 신흥 개발국들은 연간 7%의 성장률을 보였다. 이들 동아시아 나라들의 큰 특징은 이들이 상당히 대외 지향적이며 공산품 수출에 대한 의존도가 매우 높다는 것이다.

중국, 인도 그리고 세계경제(제17장)

중국과 인도는 세계에서 인구가 제일 많은 나라다. 2016년 중국의 13.7억 명과 인도의 12.5억 명의 인구는 합쳐서 전 세계 인구 73억 명의 36%가량을 차지했다. 20세기 대부분을 통해 이들 두 나라는 인도가 식민지 종주국과 교류가 있었던 것을 제외하면, 세계경제와 교류가 없었고 영향도 미치지 않았다. 1978년 중국이 고립주의에서 벗어나면서 급격한 변화가 시작되었다. 중국의 개혁으로 해외직접투자가 빠르게 늘었고, 수입과 수출이 늘었으며, 사유 기업의 활동에 대한 제약이 줄어들었고, 도시화가 빠르게 진행되었으며 2001년에는 중국이 WTO에 가입했다. 인도가 폐쇄된 경제에서 개방으로 나선 것은 좀 더 뒤인 1991년이었고 점진적으로 진행되었다. 그럼에도 불구하고 인구 규모가 크고, 높은 기술적 수준과 잘 훈련된 과학자와 엔지니어들에 힘입은 하이테크 분야의 개발은 세계경제에 점점 영향을 미치기 시작했다. 중국과 인도의 낮은 임금, 경쟁력 있는 기업, 기술 수준은 개발도상국, 선진국 상관없이 세계의 모든 나라의 큰 관심을 끌었고, 수많은 우려와 기대를 동시에 자아내고 있다.

용어

거래비용

관세

국내총생산(GDP)

깊은 단계의 통합

낮은 단계의 통합

지역무역협정(RTA)

쿼터

해외직접투자(FDI)

GDP 대비 무역비중

학습문제

1.1 세계화와 국제적 경제 통합을 어떻게 측정할 수 있는가?

1.2 미국 경제가 한 세기 전에 비해 세계경제와 얼마나 더 통합되어 있는가? 어떤 면에서 당시보다 덜 통합되어 있는가?

1.3 GDP 대비 무역비중은 무엇을 측정하는가? 이 비율이 낮으면 다른 나라와의 교역에 폐쇄적이라고 할 수 있는가?

1.4 세계 주요 산업국들의 지난 한 세기 동안의 GDP 대비 무역비중 추세가 어떤지 설명하라.

1.5 무역과 자본흐름은 절대 규모가 아니라 상대적인 규모로 측정된다. 그 차이를 설명하라. 절댓값과 상댓값 중 어떤 것이 더 적절한가? 왜 그러한가?

1.6 상대적인 추정치로 보아 오늘날의 자본흐름은 50년 전에 비해서는 크지만 100년 전에 비해 크게 다르지 않다. 하지만 질적으로 보아 오늘날의 자본흐름은 당시와 다르다. 이를 설명하라.

1.7 국제무역과 투자의 새로운 이슈들에는 어떤 것이 있는가? 그것들이 어떤 의미에서 개별 국가의 경제를 외부로부터의 영향에 노출시키는가?

1.8 경제학자들이 개방된 경제가 폐쇄된 경제보다 더 빨리 성장한다는 증거로 삼는 세 가지를 설명하라.

2차 세계대전 이후 국제경제기구

2

학습목표

이 장을 학습한 후 학생들은

2.1 예를 사용하여 주요 국제기구를 분야별로 구분할 수 있다.

2.2 어떤 상황에서 IMF, 세계은행, WTO가 관여하는지 설명할 수 있다.

2.3 통합의 수준이 다른 지역무역협정의 예를 들 수 있다.

2.4 국제경제기구를 체계적으로 해석할 수 있다.

2.5 국제경제기구에 대한 찬반 의견을 논의할 수 있다.

서론 : 2차 세계대전 이후 국제경제의 이슈와 국제기구

학습목표 2.1   예를 사용하여 주요 국제기구를 분야별로 구분할 수 있다.

2차 세계대전이 끝나갈 무렵 미국, 영국과 다른 연합국 대표들이 뉴햄프셔 주의 작은 마을 브레턴우즈에서 모였다. 여러 차례에 걸친 이 회동의 결과로 고정환율제도(1971년까지 지속된), 국제부흥개발은행(IBRD), 또는 **세계은행**(World Bank), **국제통화기금**(International Monetary Fund, IMF)이 탄생했다. 브레턴우즈 2년 후인 1946년에 미국과 영국을 포함하는 23개 국가가 무역장벽을 낮추기 위한 협의를 시작하여 **관세 및 무역에 관한 일반협정**(General Agreement on Tariffs and Trade, GATT)이 체결되고 1948년부터 가동하기 시작했다. 이 장은 이런 범세계 경제기구들의 역사와 세계경제에서의 역할, 이들을 둘러싼 논란에 대해 살펴볼 것이다.

국제기구

국제경제기구들은 오늘날 세계경제의 중요한 한 부분이다. 사회과학자들이 2차 세계대전 이후 진행된 국가경제들 간의 통합 추세를 설명할 때 국제경제기구들이 세계경제의 안정성을 높이고 불확실성을 낮추는 역할이 중요했다고 보고 있다. 하지만 세계경제의 통합이 진행될수록 이 기구들의 역할에 대한 면밀한 검토와 비판 또한 늘고 있다. 본격적으로 이 기구들의 영향과 이들에 대한 비판을 검토하기 전에 먼저 기구(또는 제도)가 무엇인지 정의하자.

일반적으로 사람들이 **기구**(또는 제도, institution)라는 말을 들으면 공식적인 조직(organization)을 연상한다. 하지만 경제학자들은 기구를 좀 더 추상적으로 정의한다. 예를 들어 더글러스 노스가 이끄는 '신제도주의자'들은 조직 자체가 기구가 아니며 행동을 제약하는 (허락된 행동과 그렇지 않은 행동을 정하는) 규범을 기구 또는 제도라고 정의한다.

제도는 공식적인 경우도 있고 비공식적인 것도 있다. 공식 제도는 무엇을 할 수 있고, 무엇을 할 수 없는지를 나열한 명문화된 규칙이다. 그런 규칙은 클럽, 협회 또는 법제도의 모양을 갖출 수 있다. 비공식 제도는 관습과 전통처럼 어떤 상황에서 어떻게 행동하는 것이 적절한지를 정하지만 법적인 제약은 아니다. 예를 들어, 비공식 제도에는 사회적 교제, 선물 교환, 식사 예절, 이메일 예절 등이 있다. 이 장에서 제도라는 단어는 조직과 규범을 다 의미한다.

국제경제기구의 분류

매우 다양한 국제경제기구들이 있다. 특정 품목이나 국제 생산자들의 이익을 대변하는 이익단체일 수도 있고, 또는 여러 나라들이 공유하는 자원의 관리를 위한 국제 생산자 협회일 수도 있다. 무역과 관련된 협정이거나 특정한 국가들을 대상으로 하는 개발 기금일 수도 있고, 또는 국제 협회일 수도 있다. 이 장은 세계적 경제기구가 관심사이지만 협의의 초점을 가진 기구로부터 보다 넓은 분야를 대상으로 하는 국제기구들을 살펴보는 것도 유익하다. 표 2.1은 다섯 종류의 국제기구를 보여준다.

표 2.1 국제경제기구의 분류와 예

종류	예
특정 품목이나 산업과 관련된 조직 : 이들은 관련 무역 협회에서 국제적 기준 설정을 위한 조직, 강력한 카르텔을 포함한다.	▪ 원유 생산 및 수출기구(OPEC) ▪ 국제전기통신연합(ITU)
공동 자원을 관리하기 위한 기구	▪ 국제국경 물위원회(IBWAC) ▪ 메콩강 위원회
개발 기금 또는 은행	▪ 아시아개발은행 ▪ 이슬람개발은행
소수 국가들 간의 무역협정(지역 내 무역협의체)	▪ 북미자유무역협정(NAFTA) ▪ 유럽연합(EU)
무역, 개발, 거시경제 안정을 목표로 하는 국제기구	▪ 국제통화기금(IMF) ▪ 세계은행(World Bank) ▪ 세계무역기구(WTO)

IMF, 세계은행, WTO

학습목표 2.2 어떤 상황에서 IMF, 세계은행, WTO가 관여하는지 설명할 수 있다.

국제통화기금(IMF), 세계은행(World Bank), **세계무역기구**(World Trade Organization, WTO), 이 세 국제기구들은 이 책에서 다루는 국제경제 관계에서 중심적인 역할을 한다. IMF와 세계은행은 2차 세계대전 직후 출범했고, WTO는 1995년에 출범했으나 그 이전에 있던 GATT를 더 확장한 기구이다. 따라서 GATT와 WTO의 역사와 기능을 같이 알아보아야 한다.

IMF와 세계은행

2차 세계대전 중에도 미국, 영국 그리고 몇몇 연합국 측 국가들이 정기적으로 회동하며 전후의 국제경제 질서를 어떻게 할지를 논의했다. 이들은 나라들 간 공조가 전혀 이루어지지 않아 국제경제 관계가 무너졌던 1920년대와 1930년대에의 실수를 되풀이하지 않으려고 했다. 이런 논의 결과가 1944년 7월 뉴햄프셔 주의 브레턴우즈에서 열린 **브레턴우즈 회의**(Bretton Woods conference)였다. 여기에서의 합의는 거의 전적으로 미국과 영국의 협상의 결과였고, 이는 IMF와 세계은행의 전신인 IBRD의 창설로 이어졌다.

   IMF는 1945년 12월 27일 업무를 시작했는데, 29개의 국가가 회원국으로 참여했다. 시간이 경과하며 더 많은 국가가 회원국으로 참여했고 현재 회원국 수는 188개이다. IMF는 회원국들에게 다양한 프로그램을 통해 단기, 중기, 장기 대출을 제공하고 있다. 각 회원국에게는 회비, 또는 **쿼터**(quota)가 할당된다. 쿼터는 그 나라의 크기와 그 나라 통화가 국제무역과 결제에서 차지하는 비중에 비례하여 부과된다. IMF의 중요한 결정은 회원국 가중치를 적용한 표결에 의해서 이루어지는데, 이때 각국의 표의 가중치는 그 나라의 쿼터에 의해 결정된다. 이런 제도는 선진국들에 더 많은 의결권을 주는데, 예를 들어 미국은 17%에 가까운 의결권을 갖고 있으며, 7개의 큰 고소득 국가들(캐나다, 이탈리아, 프랑스, 독일, 일본, 영국, 미국)이 45% 가까운 의결권을 갖고 있다. 어떤 사안은 85% 이상의 동의가 있어야 하는 방식으로 처리되고 있는데, 이들 사안에 대해서는 사실상 미국이 거부권을 갖고 있는 것이다. 2008년에 현행의 비대칭적 쿼터와 의결권 배분에 대해 IMF 정책 결정에서 발언권을 더 늘리고자 하는 역동적 신흥국들과 여타 회원국들이 수정을 요구했다. 2010년에 의결권과 회비를 수정하기로 합의했으나 2012년 현재 아직 시행되지 않고 있다.

   IMF의 가장 눈에 띄는 역할은 대외결제 위기를 겪고 있는 국가의 요청에 따라 개입하는 것이다. 예를 들어 만약 한 나라의 수입이 수출보다 많으면 외환보유액이 모자라는 경우가 발생할 수 있다. **외환보유액**(foreign exchange reserve)은 달러, 엔, 파운드, 유로, 또는 다른 통화

(혹은 금)로 국제결제에서 통용되는 통화이다. 이와 함께 IMF는 SDR, 혹은 **특별인출권**(special drawing right)이라 불리는 자체 통화를 갖고 있다. SDR은 한 나라의 쿼터에 바탕을 두고 있으며 국제거래 결제수단으로 쓰인다. 외환보유액이 없으면 수입대금이나 차입한 돈의 원금과 이자를 갚을 수 없다. 이것이 IMF에 도움을 요청하는 한 가지 경우이다. IMF는 회원국에 대출을 해주지만 보통 이자를 부과하는 것에 더해 대가를 요구한다. 그 대가는 해당국이 다시 위기를 겪지 않도록 정책을 수정하기로 하는 협약이다. 만약 해당국의 환율 수정이나 중앙은행의 신용창출 제한 등과 같이 단순한 개혁이 위기 재발 가능성을 제거하는 효과가 없을 경우 IMF는 자금 지원을 위해 해당국이 보다 더 근본적으로 정부와 시장의 관계를 바꿀 것을 요구한다. 이런 요구사항은 **IMF 조건부**(IMF conditionality)라고 알려졌다. 예를 들어 1997~1998년 아시아 금융위기 때 IMF는 동아시아 국가들에게 자금과 전문적 조언을 제공했는데 이때의 조언과 부과했던 조건 등에 대해 많은 논란이 있었다.

IMF가 위기에 대응하는 데 사용할 수 있는 재원은 한정되었다. 2007년 미국 등 큰 나라들이 위기를 겪기 시작하자 IMF가 보유한 재원으로는 이 나라들의 문제를 해결하기에 턱없이 부족했다. 2009년 가장 큰 회원국들이 IMF의 재원을 7,500억 달러로 증액하기로 합의했는데 이마저 위기를 겪고 있던 미국과 다른 대형 국가들의 위기를 해결하기에 모자라는 금액이었다. 이런 상황은 부분적으로 IMF의 비대칭성 문제를 반영하는데, 일반적으로 대형국들은 IMF에 충분한 재원과 자신들의 문제에 개입할 수 있는 권한을 주는 것을 꺼려하기 때문이다.

세계은행은 브레턴우즈 협정으로 탄생한 또 다른 중요한 국제기구이다. 회원국이나 조직의 구성은 IMF와 동일하다. 회원국은 지분을 낸만큼 정책 결정에 영향을 미치는 의결권을 보유한다. 세계은행의 원래 설립 목적은 2차 세계대전 이후 유럽의 재건을 지원하기 위해서였다. 하지만 바로 준비된 자본이 이 사업을 수행하기에 부족하다는 것이 명백해졌다. 더욱이 미국은 정치적인 이유로 재건을 위한 자금을 국제기구를 통해 제공하는 것보다 직접 통제하는 것을 더 선호했다. 따라서 재건 사업은 새로 만들어진 마셜계획(Marshall Plan)으로 이관되고 세계은행은 산업화되지 않은 국가들의 개발을 전담하게 된다.

GATT, 우루과이 라운드, WTO

2차 세계대전이 끝날 무렵 세 번째 국제기구인 국제무역기구(ITO) 설립이 제안되었다. 만약 이때 설립되었더라면 이 기구는 세계 무역, 상거래 실무, 국제 투자를 관장했을 것이다. 하지만 미국이 반대하면서 이 기구의 설립이 무산됐고 1995년이 되어서야 유사한 기구가 생기게 된다. 그럼에도 불구하고 1946년 아직 ITO 설립이 논의되고 있을 때 23개국이 관세 인하를 위한 협상을 진행하였다. 이 협상은 약 100억 달러, 또는 세계 교역량의 5분의 1에 영향을 미치는 4만 5,000건의 관세 인하로 이어진다. 더불어 무역과 관련된 여러 가지 규범이 합의되는데, 이는 ITO가 출범하면 그 기구의 일부분이 될 거라는 기대가 있었다. 관세 인하와 무역규범에 대한 합의는 1948년부터 이행되었고, 1950년에 ITO 설립이 무산되었으나 관세와 규범에 대한 합의가 독자적으로 관세 및 무역에 관한 일반협정(GATT)이라는 이름으로 효력을 유지했다. GATT는 점진적으로 무역장벽을 낮추는 데 성공했다. 이를 보여주는 한 지표는 세계 무역액이 세계 GDP의 5%에서 50년 후인 2011년에는 31%를 넘겼다.

GATT는 여러 나라들이 모여 관세 인하를 논의하는 여러 차례의 **무역 라운드**(trade round)를 통해 작동했다. 1960년대 중반의 케네디 라운드에서부터 1970년대의 도쿄 라운드를 걸쳐 점차 관세 이외의 덤핑(외국 시장에서 공정가 이하로 싸게 파는 것), 산업지원 보조금, 그리고 비관세 무역장벽 등 무역 규정이 논의되기 시작했다.

GATT는 의도적으로 지나치게 민감한 농업, 섬유, 의류 분야는 다루지 않았다. 아울러 서비스 무역 분야도 중요치 않다는 이유로 다루지 않았다. 하지만 이들 분야에서 해결되지 않은 문제들이 쌓이고, 비관세 무역장벽의 중요성이 더해가면서 보다 광범위한 분야를 아우르는 협상에 대한 요구가 높아졌다. 이런 요구는 1986년에 시작된 **우루과이 라운드**(Uruguay Round)로 이어진다. 다른 업적과 더불어 우루과이 라운드는 WTO(1995)를 설립한다. 2016년에 162개의 회원국과 22개의 정부가 준회원국 자격으로 참여하고 있다.

WTO는 주요 무역협상 라운드 사이 기간에도 무역 관련 협의와 분야별 논의를 진행한다. 예를 들어 1997년 69개국이 자국의 통신시장을 개방하는 협정에 서명했고, 70개국이 금융서비스 분야 개방에 동의했다. 아울러 매 2년마다 각국의 통상 장관들이 모여서 WTO의 정책 목표에 대해 논의한다. 2001년 카타르의 도하에 모인 통상 장관들이 개발국들의 이슈에 초점을 맞춘 새로운 무역협상 라운드를 개시하기로 합의한다. **도하 라운드**(Doha Round)는 개발도상국들에 중요한 무역 관련 이슈들을 **도하개발의제**(Doha Development Agenda)로 제안했다. 주요 이슈는 농업보조금과 농업보호, 그리고 서비스 무역이다. 이 이슈들은 논란거리가 많아 진전이 거의 없다. 점점 도하 라운드는 GATT나 WTO가 주관한 라운드들 중 처음으로 실패하는 경우가 될 가능성이 높다. 2016년 현재, 협상이 시작된 지 15년이 됐지만 성공의 기미가 없다. 그럼에도 불구하고 논의되고 있는 모든 이슈를 아우르는 합의가 불가능할지 몰라도 회원국들은 무역과 식품 안전, 개도국의 특정 산업을 위협할 수 있는 수입 급증에 대한 안전장치 등에 대한 협상을 계속하고 있다. 만약 도하 라운드가 실패한다고 하더라도 GATT와 WTO가 주관해서 협정과 규정들은 국제무역의 기본이 될 것이다.

모든 GATT와 WTO 협정의 기본이 되는 것은 **내국민 대우**(national treatment)와 **차별 금지**(nondiscrimination)이다. 내국민 대우는 외국 상품도 자국 시장에서 국내 상품과 동일한 대우를 받는 것을 뜻한다. **차별 금지**는 **최혜국 대우**(most-favored nation, MFN) 지위라는 개념에 포함되어 있다. MFN은 WTO 회원국들이 다른 회원국을 자신들이 가장 우대하는 국가와 동일하게 대우하도록 하고 있다. 결국 이것은 차별 금지를 의미한다. 좀 상반되게도 MFN은 북미자유무역협정(NAFTA)이나 유럽연합(EU)과 같이 회원국을 우대하고 비회원국들을 차등 대우하는 무역협정을 용인한다. 이론적으로 WTO는 이런 무역협정도 전체 국제무역을 해하지 않는 범위에서 허용한다는 것인데, 실제로 WTO는 그동안 어떤 회원국들 간의 무역협정에 대해서도 문제 제기를 하지 않았다.

사례연구

GATT 라운드

GATT 포럼에서 무역장벽을 낮추기 위한 협정은 라운드로 불리는 여러 번의 협상을 통해 이루어진다. 원래 GATT는 기구가 아니라 국제협정이었다. 1950년 국제무역기구 ITO 설립에 실패한 이후 GATT는 점차 사실상의 기구로 변신했는데 1960년에는 제네바에 영구적으로 업무를 담당한 사무국이 만들어졌다. 표 2.2는 그동안의 여러 협상 라운드들을 나열하고 있다.

처음 다섯 번의 라운드는 참가 나라들이 상품별로 관세를 인하하는 협상을 했던 상품에 초점을 맞춘 협상으로 구성되었다. 케네디 라운드부터는 여러 개의 공산품을 묶어서 전체적인 관세를 대상으로 논의가 이루어지면서 협상이 단순화되었다. 나타난 한 가지 결과는 나라들마다 관세가 다르다는 것이다. 나라들 간 관세를 통일하는 것이 아니라 관세를 낮추는 것이 목표였기 때문이다.

도쿄 라운드는 보조금을 다룬 첫 번째 협상이라는 점에서 의미가 있다. 보조금은 정부가 직접 지출하는 방식이나, 또는 이자를 낮추어주거나 외화를 싸게 제공하는 등의 간접적인 방식을 통해 생산비의 일부를 지급해서 특정 산업의 경쟁력을 높인다. 도쿄 라운드는 이 분야에서 규정을 만드는 어려운 과정을 시작했는데, 가장 중요한 것이 공산품(농산품과 섬유 및 의류를 제외한) 수출에 대한 보조금을 금지하는 것이었다.

도쿄 라운드의 보조금 이슈는 우루과이 라운드에서도 다루어졌는데, 보조금에 대해 좀 더 자세하게 정의했다. 우루과이 라운드는 GATT를 관장하고 집행할 공식적인 기구로 WTO를 설립하는 등 중요한 업적을 남겼다. 그 외의 업적들은 무역정책과 무역장벽들을 더 자세하게 살필 제7장에서 다룰 것이다.

표 2.2 GATT 라운드

라운드	연도	참가국 수
제네바 I	1947	23
안시	1949	13
토키	1951	38
제네바 II	1956	26
딜런	1960~1961	26
케네디	1964~1967	62
도쿄	1973~1979	102
우루과이	1986~1993	105
도하(WTO)	2000~	162

지역무역협정

학습목표 2.3 통합의 수준이 다른 지역무역협정의 예를 들 수 있다.

두 나라 또는 더 많은 나라 사이에 맺어지는 지역무역협정(RTA)은 세계경제의 또 다른 중요한 제도이다. 이들 중에는 NAFTA나 EU와 같이 우리에게 이름이 익숙한 것들이 있다. 지역무역협정은 다섯 가지 부류로 나눌 수 있는데 어떤 것은 두 가지 특징을 보이는 것도 있다.

다섯 종류의 지역무역협정

지역무역협정은 양자(두 나라) 간 또는 다자(2개 이상의 나라) 간 맺어진다. WTO는 지역이 아니라 전 세계를 대상으로 하는 것이기 때문에 RTA가 아니다. 무역 용어로는 다자간 협정이라고 하는데, 이것은 잠재적으로 세계의 모든 나라를 포함하기 때문이다. 일부 다자간 지역무역협정은 규모가 큰데 EU는 28개국이 참여하고 있고, 제안 단계에 있는 태평양 지역의 자유무역 지역인 아시아태평양경제협력체(APEC)는 21개국을 대상으로 한다. 표 2.3은 다섯 가지 무역협정과 각각의 특징을 나열한다.

표 2.3 다섯 가지 지역무역협정

협정 종류	특징
■ 부분적 무역협정	■ 1개, 혹은 소수의 산업 생산품의 자유무역
■ 자유무역지역	■ 생산품 자유무역(상품과 서비스)
■ 관세동맹	■ 생산품 자유무역과 동맹 외부 국가에 대한 동일 관세
■ 공동시장	■ 관세동맹과 생산요소(자본과 노동)의 자유로운 이동
■ 경제연합	■ 공동시장과 공동통화 및 경제 정책의 조율

사례연구

잘 알려진 지역무역협정

다섯 단계의 통합 수준은 각각 다른 종류의 **지역무역협정**(regional trade agreement, RTA), 또는 **무역블록**(trade bloc)을 의미한다. 자연스러운 의문은 무역협정이 얼마나 되며 이들이 세계경제에 긍정적인지 부정적인지이다. 몇 개나 되는가라는 질문에 정확히 답을 하는 것은 어렵다. 많은 무역협정이 다섯 가지 분류에 딱 들어맞지 않기 때문에 이들을 어디에 포함하여 계산할지 명확하지 않기 때문이다. 즉, 모든 부분적 무역협정 중 자유무역지역은 아니지만 자유무역, 관세동맹, 심지어 공동시장의 요소를 갖고 있는 것들을 해당 개수에 포함해야 할까? 아울러 많은 협정은 문서상으로 존재하거나(실제 효력이 없음), 또는 완전히 협상이 끝나지 않았거나 시행되지 않고 있다. 확실히 실행되기 전까지는 협정이 파기될 가능성이 존재하는데 이것은 경제를 개방하게 되면 경쟁력을 잃는 산업 분야의 반발이 불가피하기 때문이다.

GATT 서명국은 RTA를 체결하면 GATT 사무국에 이를 통보하도록 되어 있다. WTO에 따르면 1948년 GATT가 시작된 이후 500건 이상의 RTA 통보가 있었다. 이들 중 일부는 더 이상 작동하지 않지만 2016년 현재 417개는 유효하다. 현재 유효한 협정들은 대개 1990년대나 2000년대에 시작된 것들이다.

두 번째 질문인 앞서 제기된 이 협정들이 긍정적인지 부정적인지에 대한 답은 더 어렵다. 1995년에 WTO가 수행한 연구에 따르면 대부분의 경우 "지역무역협정과 다자무역협정은 대체적이기보다 상호 보완적인 경우가 더 많다." 넓게 보아 WTO는 이들 협정도 무역장벽을 낮추는 데 기여한다고 본다. 하지만 모든 경제학자들이 이 견해에 동의하는 것은 아닌데, 지역협정은 참여국의 이익을 비참여국들에 비해 우선하기 때문이다. 다시 말해, 여기에는 WTO의 모든 회원국의 최혜국 대우라는 기본 원칙과 위배되는 차별의 요소가 있기 때문이다. 차별적 대우는 모든 지역무역협정이 참여국들과 비참여국들 간의 무역을 감축시킨다. WTO도 이 문제를 인지하지만 지역협정이 무역을 줄이는 것보다 새로 만들어내는 것이 더 크다면 무역 증가 효과가 있다는 것이다. 아울러 WTO는 지역무역협정을 국가들이 새로운 제도를 시험해보는 기회로 여기는데, 이들 중 일부는 나중에 더 확대된, 세계적 협정에도 도입될 수 있다.

거의 모든 WTO 회원국들은 최소 하나의 RTA에 참여하고 있는데, 여러 개에 참여하는 나라들도 많다. 예를 들어 멕시코는 NAFTA(캐나다-미국-멕시코)이지만 2000년에 EU와 자유무역협정을 체결했다. 또 멕시코는 칠레, 일본, 이스라엘, 코스타리카 등 다른 나라들과도 협정을 맺고 있다. 표 2.4는 현재 효력이 있는 RTA들을 나열하고 있다. 가장 잘 알려진 것들 중에는 EU, EFTA, NAFTA, 남미의 MERCOSUR, 동아시아의 ASEAN 자유무역지역, 동부 및 남부 아프리카의 COMESA가 있다. 그 이외에도 특정 생산물 그룹을 대상으로 하는 관세협정 공동시장, 경제 통합 등 다양한 협정이 많다. 괄호 안의 날짜는 협정이 발효된 시점을 나타낸다.

표 2.4 대표적 지역무역 블록

지역/무역 블록	목표
아프리카	
COMESA : 동부 및 남부 아프리카 공동시장(1993)	공동시장
ECOWAS : 서부 아프리카 국가 경제공동체(1975)	공동시장
아시아	
AFTA : ASEAN 자유무역협정(1992)	자유무역지역
APEC : 아시아태평양경제협력(1989)	자유무역지역
유럽	
EFTA : 유럽 자유무역협약(1960)	자유무역지역
EU : 유럽연합(1957)	경제 통합
중동	
ACM : 아랍공동시장(1964)	관세동맹
GCC : 걸프협력위원회(1981)	공동시장
서반부	
MERCOSUR : 남반부 공동시장(1991)	공동시장
NAFTA : 북미자유무역지역(1994)	자유무역지역

출처 : Data from Harmsen and Leidy, "Regional Trading Arrangements," in *International Trade Policies: The Uruguay Round and Beyond. Volume II: Background Papers.* Washington, DC: IMF, 1994. The WTO, "Regionalism." Geneva: The World Trade Organization. © James Gerber.

부분무역협정(partial trade agreement)은 가장 범위가 작은 RTA이다. 이것은 2개 혹은 몇 개의 나라가 철강, 자동차 등 제한적 분야에 대한 무역장벽을 없애기로 합의하는 것이다. 부분무역협정은 모든 산업의 개방을 주저하는 나라가 부분적인 분야에 대해서만 개방하고자 할 때 이용된다.

부분무역협정에 점차 품목들이 추가되면 **자유무역지역**(free-trade area)과 닮아가게 된다. NAFTA가 한 예인데, 그 외에도 유럽자유무역지역(EFTA)과 미국-이스라엘 자유무역협정 등도 있다. 자유무역지역에서는 국가들이 참여국과 관세나 수입량을 제한하는 쿼터의 제한을 받지 않고 재화와 서비스를 수출입한다. 하지만 실제로 NAFTA와 같이 대부분의 자유무역협정은 완전한 자유무역을 허용하지 않는다. 참여국들은 대개 민감한 분야에 대해 일정한 제한을 유지한다. 예를 들어 캐나다는 자국의 문화를 보호하기 위해 캐나다 텔레비전 방송국들이 매입할 수 있는 미국의 방송 프로그램 수를 제한한다. 자유무역지역 내에서도 참여국들은 자신들의 건강, 안전, 기술 표준을 유지하고 자국의 기준에 못 미치는 수입품에 대해서는 국내 반입을 허용하지 않는다.

다음 단계의 통합은 **관세동맹**(customs union)이다. 관세동맹은 자유무역지역에 비회원국에 대해 **공통대외관세**(common external tariff)를 더한 것이다. 1968년에 EU(당시 유럽경제공동체라고 불렸음)는 관세동맹이 되었고, 현재는 MERCOSUR(브라질, 아르헨티나, 우루과이, 파라과이, 베네수엘라)가 관세동맹을 준비 중이다. 자유무역지구와 마찬가지로 많은 품목이 협정에서 제외된다. 예를 들어 유럽의 경우 개별 회원국들은 일본의 자동차에 대해 상이한 관세와 쿼터를 유지하고 있다. **공동시장**(common market)은 관세동맹의 다음 단계이다. 공동시장은 관세동맹에 지역 내에서 노동, 자본과 같은 투입요소의 자유로운 이동을 허용하는 것을 추가한 것이다. 가장 명확한 예가 1990년대의 EU이다. NAFTA의 3개 회원국들은 투입요소 자본의 지역 내 자유 이동을 허용하고 있어서 공동시장(대외 공통 관세를 제외하고)의 요소를 갖고 있다. NAFTA는 또 건축, 사업 자문 등 특정 사무직 분야 노동의 자유로운 이동을 허용하고 있다.

경제 통합의 최종 단계는 **경제연합**(economic union)이다. 경제연합은 공동시장에 거시경제정책의 상당한 조율, 공통 통화 사용, 많은 규정과 기준의 조정을 더한 것이다. 가장 명확한 예는 주(state)가 모여 만들어진 미국과 지역(province)이 모여 만들어진 캐나다이다. 벨기에, 네덜란드, 룩셈부르크 3국이 연합하여 만든 베네룩스 연합은 다른 나라들이 모여 경제 통합을 이룬 예인데, 공통 통화 유로를 사용하는 EU도 향후 공통 국방정책, 공통 시민권과 공통 재정정책을 갖춘 경제연합으로 변모하는 과정에 있다.

지역무역협정과 WTO

WTO 회원국이 RTA에 참가하면 WTO에 통보하도록 되어 있다. 1948년 이후 500건 이상의 협정이 WTO에 보고되었는데 대부분 1990년 이후가 대부분이다. 모든 협정이 아직까지 유효한 것은 아니나 338건이 2012년 초 현재 유효하다.

RTA는 태생적으로 차별적인데, 참여국들을 우선시하고 비참여국들에게 최혜국 대우를 제공하지 않는다. 그럼에도 불구하고 GATT와 WTO는 RTA가 차별 대우를 통한 무역 파괴 효과보다는 무역 창출 효과가 크다는 가정하에 RTA를 허용하고 있다. 경제 용어로 **무역 창출**(trade creation)이 **무역 전환**(trade diversion) 효과보다 크다. 예를 들어 두 개념을 설명해보자.

미국이 아이티를 포함한 여러 나라로부터 의류를 수입하고 있다고 하자. 이에 더해, 미국은 수입 의류에 대해 높은 관세를 부과하고 있다고 하자. 그런데 이 관세가 차별적으로 부과되지 않기 때문에 WTO 규정에 위배되지 않는다. 만약 아이티의 생산 원가가 낮다고 한다면 관세를 부담한 후에도 아이티 의류는 미국 시장에서 다른 나라로부터의 수입 의류에 비해 경쟁력이 있을 것이다. 마지막으로 멕시코 역시 의류를 생산하는 데 드는 비용이 아이티보다 높기 때문에 대부분의 수입품이 멕시코가 아니라 아이티로부터 올 것이다. 이 가상적 예에서 미국이 멕시코와 자유무역협정을 체결하면 멕시코 의류는 미국 시장에 관세를 내지 않고 수입되는 반면 아이티 의류는 관세를 부담하고 수입될 것이다. 그 결과 비록 멕시코의 생산원가가 아이티보다 더 높지만 미국 시장에서 멕시코 의류가 더 저렴하게 된다. 이 경우 아이티가 생산원가가 낮은 생산자이지만 무역은 아이티에서 멕시코로 전환하게 된다. 이런 결과는 자원이 저가 생산자에서 고가 생산자에게 흘러가게 되어 세계 생산이 후퇴하는 의미가 있는데, 바로 이런 후퇴를 WTO가 방지하도록 만들어진 것이다.

GATT/WTO 협정은 대부분의 RTA가 어느 정도 무역 전환 효과가 있음을 인정하지만 목표는 무역장벽의 제거를 통해 전환되는 무역액보다 더 많은 신규 무역이 창출되도록 하는 것이다. 실제로 앞서 설명한 가상적인 예의 경우와 매우 유사한 일이 1995년 미국이 캐나다, 멕시코와 자유무역협정을 체결했을 때 카리브해 연안과 중미 지역에서 발생했다. 이에 대응하여 미국은 중미와 카리브해 연안의 국가들에게 금융 지원을 제공하고 무역장벽을 낮추었다.

RTA를 둘러싼 찬반

RTA에 대한 찬반 의견은 순전히 경제학적 이유를 넘어선다. 정치, 국제 관계, 국가 안보도 영향을 미친다. 경제학적으로 핵심적인 질문은 이것이 세계무역의 점진적으로, 장기적으로 증가하는 추세에 도움이 되는지 혹은 무역장벽을 낮추는 데 장애가 되는지이다. 무역 용어로는 교두보인지 아니면 장애물인지라고 말할 수 있다.

무역협정의 지지자들은 그것이 보다 더 자유롭고 개방된 세계무역으로 가는 교두보라고 본다. 이들에게는 몇 가지 근거가 있다. 첫째, 소수의 나라들끼리 합의를 이루는 것이 WTO의 모든 나라들이 합의하는 것보다 쉽다. 그러므로 지역무역협정은 162개국과 협상할 필요 없이 무역장벽을 낮출 수 있는 여건을 만든다. 둘째, RTA에 따른 무역장벽의 인하가 국내에 미치는 영향은 WTO 회원국 전체를 대상으로 무역장벽을 낮추었을 때 나타날 수 있는 경쟁 심화나 수입 급증에 비해 제한적이다. 이런 고려는 참여국으로 하여금 다자간 협정의 경우에 비해 더 개방할 수 있게 한다. 셋째, RTA 참가국들은 다자협상의 경우 불가능한, 그동안 폐쇄되었던 특정 서비스 시장의 개방과 같은 실험을 해볼 수 있다. 보험과 전자통신이 그 예이다. 넷째, RTA는 WTO에서 합의가 이루어지도록 정치적 · 경제적 압력으로 작용할 수 있다. 예를 들어, 일부에서는 미국–멕시코–캐나다 협정이 다른 나라들에게 미국이 독자적 지역 블록을 형성해 다자협상을 포기할지 모른다는 것이 우루과이 라운드에서 합의를 도출하는 데 중요하게 작용했다고 해석하고 있다.

RTA에 반대하는 측은 앞의 가정들에 대해 의문을 제기한다. 가장 큰 비판은 RTA는 전 세계적 다자협정으로 나가는 것을 방해한다는 것이다. 무역 옹호파 RTA 반대파들은 지역협정이 WTO를 통한 합의를 부추기는 것이 아니라 나라들의 입장을 더 벌려놓아 합의를 도출하는 것을 더 어렵게 만든다고 믿는다. 반대파들은 RTA가 가난한 저개발국들을 차별하는데, 특히 미국과 같이 큰 부자 나라와 과테말라나 엘살바도르와 같은 작은 개발도상국을 비교했을 때 그렇다. 저소득 국가의 경우 협상을 강하게 할 수 없을 뿐더러 설령 시장이 개방된다고 하더라도 이를 활용할 수 있는 자원이나 기간 설비가 없기 때문에 기회를 제대로 활용하지 못한다. 더 나아가, 반대파의 견해에 따르면 미국과 같은 부자 나라는 작은 개발도상국의 상품에 대해 무역장벽을 이용하여 막을 필요가 없다.

국제경제기구들의 역할

학습목표 2.4 **국제경제기구를 체계적으로 해석할 수 있다.**

사람들은 불확실성을 줄이고 질서를 확립하기 위해 기구와 제도를 만든다. 이것들은 경제적 · 정치적 · 사회적 상호작용에서 제약과 한계를 정하여 사회의 유인체계를 명시함으로써 안정된 여건을 만든다. 질서와 불확실성의 감축은 매우 중요하여 이들이 없을 경우 경제의 성장이 불가능하다. 한 국가 내에서 공식적인 행동 규율은 여러 단계의 정부에 의해 만들어진다. 미국을 예로 들면 시, 군, 특별구, 주, 연방 정부이다. 하지만 국가 간의 관계에 있어서는 이에 해당하는 정부가 존재하지 않는다. 국제무역과 국제적 거시경제의 규범을 만드는 일은 국제기구에 자발적으로 참여하는 여러 나라들의 연대에 의존한다.

국제경제기구와 한 국가의 정부와의 가장 큰 차이는 전자가 제한적인 집행력을 갖는다는 것이다. 국가나 지방 정부는 경찰력을 갖고 있어서 규정의 준수를 강제할 수 있지만 국제기구는 이런 강제력은 없으나 다른 영향력을 갖는다. 예를 들어 IMF와 세계은행은 개발도상국으로부터 제공했던 신용 한도를 회수할 수 있다. IMF의 신용 한도 철수는 해당국에 대한 경고로 받아들여져 그 나라 정부가 민간부채시장에 접근하는 것이 어려워진다. 마찬가지로, WTO도 의무를 준수하지 않는 나라에 대해 교역 상대국들이 보복 조치를 취하는 것을 허락할 수 있다. 하지만 기본적으로 국제기구가 얼마나 효과적인가는 도덕적 설득력과 참여국의 약속 이행 의지에 달려 있다. 만약 개별 국가가 가입을 하지 않거나 지지를 철회하면 IMF, 세계은행, WTO가 할 수 있는 것은 없다.

질서의 정립과 불확실성의 감축은 모두에게 가치 있는 서비스다. 이것이 우리가 경찰관, 판사, 그리고 법을 만드는 사람들에게 급여를 지급하는 이유이다. 비록 공공질서의 확립과 불확실성의 완화는 무형의 서비스이지만 우리는 유형 재화와 마찬가지로 이를 원하고 가치 있게 생각한다. 하지만 이들의 경제적 특징은 다른 일반적 재화, 용역과 달라서 **공공재**(public goods)라는 범주에 따로 분류된다.

공공재의 정의

공공재의 정의에 따르면 공공재는 **비배제성**(nonexcludable), **비경합성**(nonrival) 또는 **비소모성**(nondiminishable)이 있는 것이다. 비배제성은 일반적인 가격 체제로 접근을 통제할 수 없다는 의미다. 예를 들어 TV 방송 신호가 공중파에 방송되면 TV를 갖고 있는 누구나 이를 볼 수 있다(물론 유선방송의 경우는 방송 신호를 암호화할 수 있기 때문에 다르다. 방송 신호 암호화는 비배제성 문제를 해결하는 영리한 기술이다).

공공재의 두 번째 특징은 비경합적 또는 비소모적이라는 점이다. 이것은 소비되어도 없어지지 않는다는 특징을 말한다. 예를 들어 내가 TV에서 지역 방송을 보더라도 내 이웃이 같은 방송을 볼 수 있다. 대부분의 재화는 사용되면 크기가 줄어든다. 하지만 공공재는 그렇지 않다.

사적 시장은 무임승차 문제 때문에 최적의 공공재를 제공하지 못한다. **무임승차**(free riding)는 누구도 배제할 수 없기 때문에 이를 위해 돈을 지불할 유인이 없다는 것을 의미한다. 이런 성격 때문에 공공재는 무임승차를 극복할 수 있는 제도가 적용되지 않는 한 자유 시장에서 적절히 생산될 수 없다. 대부분의 겨우 정부가 이를 공급하고 정부의 권한을 이용해서 세금을 매겨 사람들이 공공재에 대한 값을 내도록 하고 있다.

질서 유지와 불확실성 완화

국제경제기구의 두 가지 중요한 기능은 국제경제 관계에서 질서를 유지하는 것과 불확실성을 낮추는 것이다. 이런 두 기능이 함께 전 세계적 경제 위기를 막는다. 더 나아가 만약 한 나라의 위기가 전 세계적으로 확산될 위험이 있을 때 국제기구는 그 나라 문제의 비용이 다른 나라로 전이되는 것을 막도록 해당 나라를 지원한다.

질서의 유지와 불확실성 감소는 일반적인 과제인데 국제적 경제 상호관계 여러 분야의 세부적인 규칙을 필요로 하지만, 경제학자들의 구체적인 협력 방안이나 구체적인 규정에 대해 의견이 완전히 일치하는 것은 아니다. 그럼에도 불구하고 찰스 킨들버거(Charles Kindleberger)같이 국제기구를 옹호하는 경제학자들은 국제적인 공공재를 공급하기 위해 무임승차를 방지하고 협력을 강화하는 데 필요한 몇 개의 분야를 지적하고 있다. 이 리스트 가운데 네 가지 공공재가 표 2.5에 제시되었다.

킨들버거와 다른 경제학자들은 이런 공공재를 공급할 수 있는 규정이 없었던 것이 1930년대 대공황 같은 역사적 위기의 원인의 일부라고 주장한다. 만약 여러 나라의 무임승차 경향을 극복할 수 있게 돕는 국제기구가 없다면 국제경제의 안정은 점점 어려워질 것이다. 예시를 위해 표 2.5에 제시된 첫 번째 항목을 보자. 불경기 기간에 정치인들은 국내 일자리를 보호하기 위해 대외적으로 시장을 닫으라는 강력한 압력을 받는다. 예를 들어 1930년대 여러 나라가 수입에 대해 고율의 관세와 쿼터를 부과하여 수입을 억제했다. 이것은 다른 나라들이 비슷한 관세와 쿼터로 보복하는 연쇄적 반응을 일으켰다. 결국에는 누구도 혜택을 보지 못했고 국제 무역은 급락했다. 이에 비해 2008년과 2009년의 전 세계적 불경기 때는 국내에서 상당한 시장 폐쇄를 요구하는 정치적인 압력이 있었으나 WTO의 시장 개방 규칙을 회원국들이 준수하면서 관세 인상이나 쿼터 부과가 없었다.

불경기 때 무임승차 국가는 자국 시장을 폐쇄해서 수입을 줄여 일자리를 더 만들려고 한다. 하지만 동시에 다른 나라들은 다 시장을 개방해서 자국의 수출이 줄지 않기를 바란다. 이런 동기는 양립할 수 없기 때문에 무임승차 행태의 결과는 모든 나라들이 시장을 닫아 보복하

표 2.5 네 가지 국제적 공공재 예

공공재	용도
불경기 기간의 개방된 시장	수출이 하락하여 불경기를 악화시키는 것을 방지
저개발국으로의 자본 이동	가난한 국가들의 개발을 지원
국제 부채 결제를 위한 통화	전 세계적으로 통용되는 부채 상환제도 유지
최종 대부자	금융위기의 확산 방지

고, 세계무역은 급락하여 모든 나라들이 그 전보다 사정이 나빠진다. 킨들버거는 관세를 높이고 제한적인 쿼터를 부과하는 무역정책이 확산된 것이 1930년 대공황을 더 악화시키고 전 세계적으로 퍼지는 데 기여했다는 것을 보여주었다.

킨들버거는 또 1930년대 개발도상국들로의 자본 이동이 갑자기 줄어들었고, **최종대부자**(lender of last resort)가 없었던 것이 대공황을 더 악화시켰으며, 이것이 왜 국제기구가 필요한지를 보여주는 역사적 증거라고 주장했다. 최종대부자가 없었던 것은 문제 악화에 결정적이었는데, 왜냐하면 여러 나라에서 단기적인 금융 문제가 전면적인 금융 붕괴로 이어졌기 때문이다. 해외 부채를 갚지 못하게 되는 나라들이 생겨나자 위기는 돈을 빌린 나라에서 돈을 빌려준 나라로 확산되었다. 최근의 2009년 위기 때에는 세계경제 대국들이 IMF의 자금을 늘려서 계속 최종대부자 역할을 할 수 있도록 했다.

1994~1995년 멕시코 페소 위기, 1997~1998년 아시아 위기, 그리고 최근 2007~2009년 서브프라임 위기와 같은 국제경제 위기는 비교적 자주 발생하고 있다. 위기가 임박하거나 발생했을 때 국제기구는 무임승차를 방지하는 중요한 역할을 한다. 공식적인 강제력이 없기 때문에 국제기구는 모든 나라가 갖고 있는 다른 나라의 선택에 대한 기대를 바꾸어서 무임승차 문제를 극복한다. 예를 들어 만약 모든 나라가 경기가 좋고 나쁨에 상관없이 시장을 개방할 거라고 기대한다면, 전 세계적 위기 때 아무도 다른 나라가 시장을 폐쇄할 거라 예상하지 않을 것이다. 또는 만약 모든 나라가 IMF 기금에 기여를 한다면 위기 시 다른 나라들이 위험한 대출을 하는 것을 기다리는 무임승차 문제를 극복할 수 있다. 국제기구의 유효성은 세계 여러 나라들의 약속의 신뢰도에 따라 정해진다. 만약 협정을 잘 어기는 것으로 알려진 나라가 주어진 규칙에 동의한다고 하면 그 나라의 약속은 신뢰할 수 없다. 기구들은 이런 상황에서 무임승차 문제를 극복할 수 없다.

사례연구

브레턴우즈

1차 세계대전 후 미국은 고립주의적 입장으로 전환하는데, 이를 통해 1차 세계대전과 같은 유럽의 파괴적인 분쟁에 휘말리는 것을 방지할 수 있다는 잘못된 생각에서였다. 히틀러의 득세, 태평양에서의 일본의 침략, 2차 세계대전의 발발은 이런 미국의 정책이 작동하지 않는다는 것을 보여주었다. 미국은 1930년대 히틀러가 유럽 대륙의 많은 영토를 점령하는 것을 지켜보며 고립 정책이 잘못된 것이었음을 깨달았다. 미국과 영국의 전후 체제에 대한 대비는 전쟁의 결말을 모르는 상태에서 미국이 1941년 12월 전쟁이 참가하기 전부터 시작되었다. 루스벨트 대통령과 처칠 수상은 1941년 8월 뉴펀들랜드 해안(캐나다) 근처 해상 전함에서 만났다. 곧이어 그들은 전후 모든 나라와 공동으로 경제 부흥을 위한 프로그램의 내용을 담은 대서양 헌장을 발표한다. 대서양 헌장과 병행하여 미국과 영국은 전후 어떤 국제기구를 제안할지 논의를 시작한다.

참가자들은 전후 어떤 질서하에서도 미국이 정치적·군사적·경제적 분야의 지도자가 되어야 한다고 합의했다. 미국은 부나 규모 면에서 수십 년 전에 영국을 앞질렀고 전쟁 수행 중 지도적 역할을 수행한 것이 미국에 특권과 신뢰를 주었다. 이에 더해, 미국의 사회기반시설은 전쟁 피해를 입지 않았을 뿐더러 미국이 전후 재건에 필요한 금융자본과 물적자원을 보유한 유일한 산업화된 국가였다. 1920년대와 1930년대를 돌이켜보면서 전후 계획 입안자들은 명심해야 할 네 가지 심각한 문제, 즉 (1) 전 세계적 공황, (2) 국제무역의 급감, (3) 국제통화제도의 붕괴, (4) 국제 대출의 붕괴를 발견했다. 2차 세계대전 중의 논의는 주로 이런 문제를 방지할 수 있는 규정, 협정, 기구에 대해 이루어졌다. 다음과 같은 국제기구가 이런 목표를 달성하기 위해 핵심적이라고 생각했다.

- 환율을 안정시키고 해외 부채를 갚지 못하는 국가를 지원할 수 있는 국제기구
- 무역장벽을 낮추는 협정
- 전쟁 피해국들에 원조를 제공하고 재건을 지원하는 국제기구

전후 기간에 대비한 계획은 1944년 7월 뉴햄프셔 주의 브레턴우즈에서 열린 회의에서 확정된다. 브레턴우즈에서 합의된 국제기구는 IMF, 세계은행, 브레턴우즈 환율제도이다. 비록 따로 만들어졌지만 GATT도 브레턴우즈에 포함되는데, 이는 브레턴우즈 입안자들이 국제무역 분야에 대해 생각하던 목표 및 구상과 일치하기 때문이다. 함께 이 기구들은 역사적으로 전례가 없는 국제경제기구들이었고, 이들은 개별적으로 1945년 이후 기간에 역사에서 중요한 역할을 수행했다.

브레턴우즈 제도와 기구의 기본 원칙은 비교적 단순하다. 첫째, 미국 또는 미국과 영국뿐만 아니라 모든 나라가 무역에 개방해야 한다. 경제적 용어로 일방적 개방이나 쌍방적 개방이 아니라 다자간 개방이 되어야 한다는 것이다. 둘째, 국가들은 다른 나라들을 차별하지 말아야 한다. 미국과 영국이 어떤 나라에 부과하는 관세나 쿼터는 다른 나라들에도 똑같이 적용되어야 한다. 셋째, 수입업자가 해외에서 물건을 살 수 있는 능력을 보장하기 위해서 어떤 나라의 정부도 수입에 필요한 외화를 사는 것을 제약하면 안 된다. 넷째, 환율은 고정되어야 하지만 한 번씩 조정할 수 있다. 이 원칙들이 제도와 기구의 초석을 이룬다.

국제 제도와 기구에 대한 비판

학습목표 2.5 국제경제기구에 대한 찬반 의견을 논의할 수 있다.

세계은행, IMF, WTO와 여러 지역무역협정들은 개발을 위한 금융자원, 위기 관리를 위한 기술적 지원, 시장 개방을 위한 메커니즘을 제공했다. 하지만 모든 사람이 이런 노력이 대체로 긍정적 효과가 있었다는 데 동의하지 않거나, 전체적으로 긍정적으로 보는 사람들도 개선점이 있다고 본다. 비판의 종류는 다양한데, WTO가 주관하여 열리는 통상 장관 회의에 반대하는 공공장소에서의 항의부터 저명한 노벨경제학 수상자 조지프 스티글리츠(Joseph Stiglitz)의 매우 수준 높은 비판까지 있다. 근저에 있는 질문은 IMF, 세계은행, WTO가 개발과 경제적 안보를 증진하는지 또는 경제적 불평등을 키우고 취약한 그룹들의 위험을 더 높이는지이다.

대부분의 분석가들은 국제적 공공재를 제공하기 위해 국제기구가 필요하다는 데 동의한다. IMF, 세계은행, WTO는 실제 역사적 사건들에 대응해서 설립되었고 위기를 피하고 성장을 촉진하기 위해 만들어졌다. 통신과 운송의 혁신과 같은 경제적 변화, 아프리카, 유럽, 아시아, 라틴아메리카의 새 시장의 통합, 기술의 혁신으로 국가들이 고립에서 벗어나 더 많은 상호교류와 문제의 확산을 겪게 되며 국제기구의 필요를 높였다. 개별 국가들이 경제 정책을 다룰 협정이 필요하다는 것에는 넓은 공감대가 존재하지만, 협정의 내용과 어떻게 실행에 옮길 것인지에 대해서는 의견이 다양하다.

국가주권과 투명성

국가주권(sovereignty)은 한 나라가 외국의 간섭 없이 내정을 운영할 권리를 뜻한다. 국제기구에 대한 가장 강한 불만은 그들이 원하지 않는 경제 정책을 강요한다는 것이다. 예를 들어, 한 나라가 금융위기를 겪고 있을 때 유일하게 도움을 줄 수 있는 원천은 IMF다. 하지만 한 번 개입하게 되면 IMF는 국가 경제 정책을 완전히 뒤집는 조건을 강요한다. 구체적인 예를 들면 IMF는 해당 정부가 지출을 줄이고, 공기업을 민영화하고, 금융 부문을 외국에 개방하도록 요구한다. 이들 하나하나가 국민들의 선호에 배치될 수 있다. 예를 들어 한 나라가 금융위기를 겪고 있을 때, 정부의 지출 축소는 경기 불황을 더 악화시켜 중산층 및 저소득층의 사정을 특히 더 악화시킬 수 있다. 잠재적 이득과 손실과는 별도로 정부가 국제금융기관들에 의해 좌지우지되는 것처럼 비치게 된다. 이에 대해 어떤 이들은 금융위기를 겪지 않으면 외부에 도움을 요청할 필요가 없다고 주장한다. 더 나아가서 만약 IMF가 조건 없이 대출을 해주면 모든 나라들이 해를 본다고 한다. 하지만 국제기구가 국가들의 정책을 바꾸도록 압박하는 것이 적절한지는 논의의 대상이다.

국가주권과 밀접하게 관련이 있는 이슈는 투명성이다. 투명성은 국제기구 결정 과정에 대한 우려이다. 앞서 언급한 바와 같이 IMF와 세계은행은 회원국들이 납부한 쿼터와 회비에 따라 의결권이 주어지는 구조를 가졌다. 이것은 특히 미국에, 그리고 일반적으로 선진국에 이 기구들을 장악할 수 있게 해서 이들 선진국들의 이해와 도움을 요청한 나라들의 이익을 차별화하는 것을 어렵게 한다. 예를 들어, 도움을 요청한 나라에게 국제기구는 자본 유입과 투자 유입을 위해 금융시장을 개방하라고 하는데, 이런 주문으로 혜택을 보는 것은 미국과 EU의 은행과 금융사들이다. 비평가들은 IMF나 세계은행의 정책들이 세계경제의 이익을 염두에 두기보다 선진국들이 혜택을 보도록 설계되었다고 보고 있다.

WTO의 결정 구조는 쿼터나 회비에 바탕을 두고 있지 않지만 개발도상국들은 미국이나 EU처럼 수많은 무역 전문 변호사, 협회 로비스트, 산업 전문가들을 보유하고 있지 않기 때문에 무역 협상 라운드에서 불리할 수밖에 없다. 구체적인 예는 우루과이 라운드 때의 농업과 지식재산권의 경우이다. 선진국들은 지식재산권(저작권, 상표권, 특허, 상표 이름 등) 보호를 위해 포괄적이고 엄격한 시행 방안을 밀어 부쳤다. 그 대신 개발도상국들은 선진국 시장에서 농산물을 판매하는 데 장벽이 낮아질 것으로 기대했다. 하지만 실제로 그들의 선진국 농산물 시장에의 접근은 더 제한적이었고, 지식재산권 보호 방안 시행에 따른 비용은 예상보다도 높았다.

이념

주권과 투명성 이슈는 IMF와 다른 국제기구들의 기술적 경제 정책 조언의 가치에 대한 의문 때문에 더 복잡해졌다. 경제학자들 중 가장 날카로운 비판은 국제적 경제 통합을 지지하지만 국제기구가 개발도상국에 제공하는 기술적 경제 정책 조언이 선진국의 이익과 편의를 더 반영한다는 것이다. 이 경제학자들은 IMF와 세계은행이 개발도상국들의 금융시장을 국제자본에 개방하도록 하는 요구(이것에 대해서는 IMF도 2007~2008년 위기 이후 재고했다), 국유기업을 민영화하라는 요구, 위기 중 정부 지출을 줄이라는 요구에 지나치게 집착했다고 비판했다. 이 비평가들은 때와 장소에 관계없이 동일한 '나라 고치기' 위한 처방에 대해 매우 회의적인데, IMF와 세계은행은 그들의 정책 조언과 지원 조건이 비평가들이 지적하는 것만큼 획일적이지 않다고 주장한다.

중국 정부는 비슷한 비판을 되풀이했는데 최근에서 IMF와 세계은행을 대체할 수 있는 **아시아인프라투자은행**(Asian Infrastructure Investment Bank, AIIB)을 설립했다. AIIB는 2016년 출범했는데 IMF나 세계은행에 비해 개발도상국들에 완화된 조건과 감시, 감독을 요구하며 더 신속히 대응하겠다고 약속하고 있다. 아직 AIIB가 성공할지 장담하기는 이르지만, 그것은 세계경제에서 중국의 중요도가 커지고 있는 현실을 반영한다고 하겠다.

실행과 조정 비용

무역협정과 WTO는 경제 통합을 비판하는 사람들이 불평하는 주요 대상이다. 특히 선진국과 개발도상국이 같이 참여하는 협정인 경우 그 그룹 간에 존재하는 협상력과 실행에 옮길 때 발생하는 조정 비용을 감당할 수 있는 능력의 차이가 큰 것을 문제 삼는다. 자주 인용되는 예가 앞서 언급한 우루과이 라운드의 지식재산권이다. 협상의 이 부분을 실행에 옮기기 위해 개발도상국들은 특허권 제도와 저작권, 상표권 시행제도를 새로 만들거나 개선해야 했다. 후자 부분은 해적판 약품, 비디오, CD, 소프트웨어 등을 줄이는 것을 뜻한다. 이에 관한 기회 비용은 매우 큰데, 재원이 한정된 개발도상국일수록 더욱 그렇다.

무역협정은 완결된 후 새로운 기회와 도전에 따른 조정 비용을 수반하기 마련이다. 어떤 시장은 커지나 다른 시장은 줄어든다. 보통 새로운 조정에 따른 혜택이 비용보다 크지만 일부 개발도상국에게는 조정 비용이 상당할 수 있다. 개발도상국일수록 실업률이 높기(비공식 분야에 숨겨진) 때문에 줄어드는 산업 부문에서 일자리를 잃는 사람들은 새로운 일자리를 찾기 위해 더 많은 시간을 써야 할 것이다. 이들 나라들은 대개 산업 분포가 다양하지 않기 때문에 수입 급증과 같은 갑작스러운 충격이 더 큰 영향을 미칠 수 있다. 이런 문제들은 이들 나라에서 실업자와 그 가족들을 보호할 수 있는 사회안전망이 되어서 더 심각해진다. 선진국 시장에 접근할 수 있는 새로운 기회를 활용하기 위해서 나라들은 신선 채소를 운송하기 위한 도로, 항구와 같은 새로운 사회기반시설을 확장해야 한다. 개발도상국들은 선진국에 비해 사회기반시설을 건설할 수 있는 능력이나 금융재원 조달 능력이 떨어진다.

주권과 투명성 이슈들, 이념적 성향, 시행과 조정에 따른 비용은 국제기구를 비판하는 사람들이 지적하는 문제점의 일부분이다. 하지만 일반적으로 대부분의 전문 경제학자들은 국제기구가 존재해야 하는 이론적ㆍ실제적 이유가 있다고 동의하고 있다. 그럼에도 불구하고 그 필요에 대한 기본적 합의점을 넘어서면 국제기구의 지배구조와 권한과 같은 분야는 아직도 많은 논란의 여지가 있다. 이런 불확실성에도 불구하고, 만약 이런 국제기구가 존재하지 않았다면 우리는 이들이 필요해져서 설립했을 것이다.

사례연구

중국의 IMF와 세계은행에 대한 대안 : AIIB

새로 만들어진 AIIB의 이사회가 2016년 1월 중국 베이징에서 열렸다(www.aiib.org 참조). 이것은 여러 해 동안 진행된 중국 정부의 계획과 협상의 결과이며 중국이 국제경제와 정치 분야에서 지도적인 위치를 확보하고 있다는 신호였다. 중국 정부는 IMF와 세계은행의 투표 구조와 지도부 구성을 바꾸려고 시도했지만 성과가 없었다. 두 기구 모두 중국의 혁명 기간에 설립되어, 중국이 매우 고립되었던 수십 년 기간 동안에 활동했다. 중국은 1978년 중요한 경제 개혁을 단행하기 시작하며 대외적으로도 무역과 투자의 규칙을 정하는 국제기구에서 발언권을 높일 방안을 찾기 시작했다. 그 과정에서 중국은 국제기구의 결정 과정에서 더 큰 역할을 원하는 중위 및 저소득 국가들의 지도적 역할을 맡게 된다.

IMF는 서유럽, 일본, 미국에 의해 지배된다. 본문에서 설명하였듯이 IMF에서 각 나라의 표결권은 그 나라가 낸 쿼터에 비례하여 나누어지는데, 쿼터는 그 나라의 GDP, 무역 개방도, 성장률의 변동성 등과 비례하여 결정된다. 중국은 3.8%의 가중 표결권을 갖고 있는 반면 미국은 17%, G7은 45% 정도를 갖고 있다. 중국이 더 큰 표결권을 요구하는 것은 자신들이 세계경제에서 차지하는 비중과 중요도가 더 커졌기 때문에 더 큰 역할을 수행해야 한다고 믿기 때문이다.

중국이 IMF의 대안을 제안했을 때 미국은 이를 반대했고 한동안 설립을 막는 데 성공했다. 하지만 중국은 2013년 AIIB 설립을 제안했고 참여국 모집에 나섰다. 미국은 이를 반대했고 처음에는 가까운 국가들이 참여하는 것을 막는 데 성공했다. 2016년 1월 AIIB의 첫 이사회가 개최되었을 때 중국은 56개국을 출범 회원국으로 모집했는데 여기에는 호주, 프랑스, 독일, 영국과 같은 미국의 주요 우방국도 포함되었다.

중국은 '효율적, 청렴한, 친환경적' 기구를 운영할 것이라고 제안했는데 이는 사무 조직이 단순하고('효율적'), 부패를 배제하고('청렴한'), 환경 지속 가능성에 민감한('친환경적') 기구를 말한다. 은행은 아시아에서 사회기반시설을 건설하는 것이 주된 관심사인데 여기에는 전력 공급, 교통과 통신 시스템, 물 공급과 위생, 농업 개발 등이 포함된다. 은행의 자본금은 미화 1,000억 달러이다.

AIIB가 나라들로 하여금 감시 감독을 피할 수 있게 해서 IMF의 유효성을 저감할 것인가? 아시아에서 세계은행을 대체할 것인가? 그리고 중국의 후견이 중국, 아시아, 미국과의 관계에 어떻게 영향을 미칠 것인가? 이런 질문들에 답은 몇 년을 더 기다려야 할 것이다.

요약

- 규범과 기구는 '게임의 규칙'이다. 그것은 한 나라의 헌법처럼 공식적일 수도 있고, 또는 관습과 전통과 같이 비공식적일 수도 있다. 두 경우 다 우리는 질서의 확립과 불확실성을 줄이기 위해 이들에 의존한다. 국제 규범과 기구는 지난 50년 동안 국제무역과 투자의 증가에 중요한 역할을 했다. 이들은 1930년대의 무역전쟁과 같은 문제를 피할 수 있도록 규칙을 정했다.

- 3대 국제기구는 국제통화기금(IMF), 세계은행, 세계무역기구(WTO)이다. 마지막은 관세 및 무역에 관한 일반협정(GATT)의 후신이다. IMF, 세계은행, GATT는 2차 세계대전 끝 무렵 1, 2차 세계대전 전간기의 파괴적 경제 상황이 재발하는 것을 막기 위해 만들어졌다.

- 지역무역협정은 비록 전 세계를 대상으로 하지 않지만 중요한 국제적 기구의 일부이다. 공식적으로 다섯 종류의 지역무역협정이 있다. 통합 정도가 약한 것부터 나열하면 부분무역협정, 자유무역협정, 관세동맹, 공동시장, 경제 통합이 있다. 각 단계는 누적적으로 전 단계의 내용을 다 포함한다. 하지만 실제로 무역협정은 두 종류 이상의 특징을 포함한다.

- 여러 경제학자들은 지역무역협정이 더 개방된 세계무역의 기반이 된다고 생각하여 이를 지지하지만 일부 친자유무역 경제학자들은 이것이 WTO가 추진하는 다자간 협정을 어렵게 하고 차별적이기 때문에 반대한다. 보통 WTO는 RTA의 무역 창출 효과가 전환 효과보다 큰 경우 이를 허용한다.

- 국제경제기구들은 국제적인 공공재 공급에 있어 개별 국가들이 무임승차하는 것을 극복하기 위한 시도이다. 가장 중요한 공공재는 질서 유지와 불확실성의 저감이다. 어떤 경제학자들은 불경기나 호경기에 시장을 개방하는 협정이 존재하고, 국제적인 최종대부자가 존재하고, 개발도상국에 자본을 대출해줄 대부자가 충분히 존재하고, 국제적 결제 제도에 충분한 자금이 있을 때 공공재 공급이 매우 잘 이루어진다고 생각한다.

- 대부분의 전문가들은 위기를 예방하고 성장을 촉진하기 위해 어떤 식으로든 국제기구가 필요하다고 동의하지만 지배구조와 부과된 책무에 대해서는 상당한 이견이 존재한다.

- 주된 비판은 국가주권, 투명성, 이념적 편의, 실행 및 조정 비용과 관련된 것이다.

용어

경제연합	부분무역협정
공공재	브레턴우즈 회의
공동시장	비경합성
공통대외관세	비배제성
관세 및 무역에 관한 일반협정(GATT)	비소모성
관세동맹	세계무역기구(WTO)
국가주권	세계은행
국제통화기금(IMF)	아시아인프라투자은행(AIIB)
기구 또는 제도	외환보유액
내국민 대우	우루과이 라운드
도하개발의제	자유무역지역
도하 라운드	지역무역협정(RTA)
무역 라운드	차별 금지
무역 블록	최종대부자
무역 전환	최혜국 대우(MFN)
무역 창출	쿼터
무임승차	IMF 조건부

학습문제

2.1 규범과 기구는 무엇인가? 공식적, 비공식적 규범과 조직의 예를 들어라. 그것들이 조직과 어떻게 다른지 설명하라.

2.2 국제기구에 호의적인 논점은 무엇인가? 반대되는 논점은? 어느 편이 더 강한가?

2.3 자유무역협정에 대한 찬반 입장을 설명하라. 미국, 중미, 도미니카 공화국이 자유무역협정에 서명하는 것이 방글라데시에 어떻게 불이익을 끼쳤는가?

2.4 공공재는 무엇이고 그것이 민간재와 어떻게 다른가? 각각 예를 들라.

2.5 다음의 각각에 대해 주된 기능이나 과업을 설명하라.
- IMF
- 세계은행
- GATT

■ WTO

2.6 나라들이 GATT에 서명하면 그들은 관세율을 현행 수준이나 그 이하로 고정하게 된다. 관세 **동결**은 특별한 상황이 아니면 관세를 인상하지 않겠다는 것을 의미한다. 이런 관세 동결이 전 세계적 경기 침체 시기에 무임승차를 방지하는지 설명하라.

2.7 1930년대 대공황을 연구했던 킨들버거는 시장경제가 가끔 불안정해져서 장기간의 경기 하강을 겪는다고 믿었다. 다른 경제학자들은 이에 동의하지 않는다. 당신이 시장경제는 태생적으로 안정적이라고 생각하며 킨들버거에 동의하지 않는다고 가정하자. 그렇다면 표 2.5에 나열된 각각의 공공재를 제공하기 위해 국제기구가 필요하다는 것에 대해 어떻게 생각할 것인가?

2.8 5개의 주요 지역무역협정은 무엇이고, 그들의 중요한 특징은 무엇인가?

2.9 국제기구에 비판적인 사람들은 WTO, IMF, 세계은행에 대해 여러 가지 불만을 갖고 있다. 주요 문제점을 분야별로 설명하라.

제**2**부

국제무역

INTERNATIONAL
ECONOMICS

비교우위와 무역의 이득

서론 : 무역의 이득

학습목표 3.1 절대우위와 비교우위의 사례를 수치적으로 분석할 수 있다.

이 장은 비교우위의 이론을 소개한다. 그리고 간단한 경제모형을 통해 어떻게 국가가 생산 비용이 상대적으로 가장 저렴한 재화와 서비스에 특화함으로써 그 국가의 물적 후생을 극대화하는지 보여준다. 국가의 후생 증가를 **무역의 이득**(gains from trade)이라 한다. 비교우위와 무역의 이득은 모든 경제학 분야에서도 가장 오래되고 광범위하게 사용되는 개념이라 할 수 있지만 종종 오해와 오역의 개념이 되곤 했다. 따라서 이 두 개념을 정확히 이해하려는 노력이 필요하다.

아담 스미스와 경제 국수주의에 대한 도전

근대 경제이론의 발달은 국제경제학의 태동과 밀접한 관계가 있다. 1776년 아담 스미스는 훗날 최초의 근대 경제이론 저서가 되는 **국부의 본질과 원인에 관한 연구 : 국부론**을 출판하였다. 효율적 자원배분의 기본 법칙을 구축하기 위해 아담 스미스는 18세기 당시 경제사상을 주도한 국수적 경제 시스템인 **중상주의**(mercantilism)에 대한 도전으로 포문을 열었다. 중상주의는 수출을 장려하고 수입을 억제하였는 데 국가의 건설 프로젝트나 군대를 일으키는 데 필요한 예산을 확보하는 근본적인 방법으로 인식하였다.

중상주의자들의 주장에서 나타나는 결정적 오류는 무역이 **제로섬**(zero sum) 행위라고 믿는 데서 나타난다. 18세기에는 **제로섬**이라는 용어가 쓰이지는 않았지만, 한 국가의 이득이 다른 한 국가의 손실을 기반으로 한다는 개념에는 가장 명료한 표현이다. 자발적인 거래만 보더라도 이러한 생각이 잘못된 것임을 바로 알 수 있다. 예를 들어 가게에서 우유나 빵이 거래되는 것은 주인이나 소비자 모두 이익이 생기기 때문이다. 그렇지 않다면 주인이 우유나 빵을 판매하지 않거나 소비자가 구매하지 않을 것이다. 이러한 자발적인 거래는 제로섬이기보다 상호 이익이 되는 행위이다. 따라서 무역을 설명할 때 승자와 패자가 존재하는 운동 경기는 적절한 비유가 되지 못한다. 무역은 축구나 사이클 경주보다 댄스나 암벽 등반과 같은 것이라 할 수 있다.

1770년대 당시 사람들은 아무도 산업혁명의 중심에 살고 있는 줄 생각하지 못했겠지만 아담 스미스만은 생산의 분업화가 활발해지면서 생활수준이 향상되고 있는 것을 인지하였다. 분업화에 대한 연구는 아담 스미스가 경제학에 기여한 가장 중요한 성과 중 하나로서 분업화는 시장의 규모에 좌우된다는 내용의 발견이다.

이해하기 쉬운 사례를 살펴보자. 한 자동차 회사가 미시간 주에서만 자동차와 트럭을 판매할 수 있는 허가를 받았다고 한다면 판매량과 판매수입은 그렇게 크지 않을 것이다. 근로자를 대량 고용할 수 없고 분업화도 크게 이루어질 수 없다. 마찬가지로 허가받은 판매시장이 크다면, 즉 전 세계시장에 판매할 수 있는 허가를 받았다면 그 자동차 회사는 도어락과 같은 일부 부품에 전문화된 엔지니어를 고용할 수 있게 된다. 도어락 엔지니어가 디자인부터 생산 및 조립까지 도어락에 관해서는 모든 것에 전문성이 있기 때문에 자동차 회사는 자동차를 가장 효율적으로 생산할 수 있을 것이다. 미시간 주에서만 판매할 수 있는 허가를 받은 자동차 회사는 결코 그런 전문성 있는 엔지니어를 고용할 수 없고 효율적인 생산을 추진할 수 없을 것이다.

아담 스미스가 주장하는 국부 창출의 핵심 요인 중 하나가 해외시장 개방이다. 어느 국가도 수입을 허용하지 않으면 모든 회사들은 판매시장이 자국 내 시장에만 한정된다. 미국이나 중국과 같이 국내시장이 충분할 수도 있겠지만 대부분의 국가들은 그렇지 않다. 중소 규모의 국가들은 자국 국민들이 소비하는 모든 상품을 효율적으로 생산할 수 없게 된다. 한 예로 네덜란드는 항상 많은 재화를 수입에 의존하고 이를 충당하기 위해 자국 상품을 해외시장에 수출하는 데 의존하고 있다.

아담 스미스는 무역장벽에 상당히 비판적이었는데 분업화, 기술진보 및 국부창출에 도움이 되지 않기 때문이었다. 또한 수입은 자국에서 생산하지 못하거나 싼 비용으로 생산하기 힘든 재화를 얻게 하고 수출은 타국 소비를 위해 생산해 그 대가로 수입을 유도할 때 유용하다는 것을 인식했다. 무역에 대한 현대적 시각도 대부분 동일한 이유로 아담 스미스의 무역장벽에 대한 비판적 시각을 공유한다. 국제경제학자들은 시장 개방을 적용할 때 일부 한계가 존재한다는 것을 인식하지만, 대부분의 경우 다수의 학자들은 시장 개방을 선호한다. 제6장과 제7장에서 무역장벽에 대해 구체적으로 살펴보겠지만, 먼저 계산과 그래프를 활용한 단순 모형으로 무역의 이득을 분석하도록 하자.

생산과 무역의 단순 모형

경제학에서 가장 단순한 모형 중 하나로 논의해보자. 결론적으로 자유무역은 국가의 물적 후생을 극대화한다는 것이다. 이 모형의 조건이 현실적으로 부합하지 않거나, 부합하지 않음으로써 자유무역의 최적화에 의문을 제시하는 일부 사례는 나중에 살펴보기로 한다.

이 기본 모형을 종종 **리카도 모형**이라 하는데, 데이비드 리카도의 분석에 기초하기 때문이다. 리카도 모형은 두 국가, 두 재화, 노동 단일 생산요소만을 가정한다. 기업은 가격 수용자, 즉 시장이 경쟁적이라는 말이고 어떤 기업도 시장 지배력을 갖지 않는다고 가정한다. 리카도 모형은 정태적 모형을 가정하는데, 기술 수준이 일정하고 시간이 지나더라도 생산의 학습효과가 발생하지 않아 기업이나 산업이 더 생산적으로 변모하지 않는다는 것을 의미한다. 또한 유일한 생산요소인 노동은 산업 간 이동이 자유롭지만 국가 간 이동은 불가능한 것으로 가정한다. 표 3.1은 리카도 모형의 주요 가정을 제시하고 있지만, 이 중 다수의 가정들은 뒷장에서 완화하기로 한다.

절대생산우위와 무역의 이득

먼저 리카도 모형에서 활용하는 생산성을 정의하면, 투입 요소 1단위로 얻게 되는 산출물의 양으로 나타낸다. 노동이 유일한 생산요소이기 때문에 **노동 생산성**(labor productivity)을 다음

표 3.1 단순 리카도 무역모형의 가정

노동	■ 유일한 생산요소
	■ 국가 간 이동이 불가능
	■ 산업 간 이동은 가능
	■ 완전고용
시장	■ 두 재화
	■ 완전경쟁적
	■ 수송 혹은 무역의 비용 부재
기술	■ 규모에 대한 수확 불변
	■ 기술 혹은 기능 불변

과 같이 정의한다.

$$\frac{\text{산출물의 양}}{\text{노동 시간}}$$

예를 들어, 1시간의 노동 투입으로 2조각의 빵을 생산한다면 노동 생산성은 다음과 같고

$$\frac{2\text{조각}}{1\text{시간}}$$

혹은 시간당 2조각이라 한다. 만약 2시간의 노동 투입으로 4조각의 빵을 생산한다면 노동 생산성은 여전히 다음과 같다.

$$\frac{4\text{조각}}{2\text{시간}} = \text{시간당 2조각}$$

두 재화, 빵과 철강과 두 국가, 미국과 캐나다의 사례를 살펴보자. 각국은 표 3.2와 같이 두 재화를 생산한다고 가정하자.

표 3.2는 미국보다 캐나다에서 빵 생산이 더 생산적이고 철강 생산은 미국에서 더 생산적임을 보여준다. 즉, 캐나다에서 투입된 노동 시간당 빵 생산량(3조각, 미국은 2조각)이 더 많기 때문에 캐나다가 빵 생산에 **절대생산우위**(absolute productivity advantage)를 갖는다. 동일한 논리로 미국은 철강 생산에 절대생산우위를 갖는다.

아담 스미스의 자유무역에 대한 지지는 모든 국가가 특정 재화 생산에 절대우위를 갖고, 그 절대우위의 원천은 중요하지 않다는 생각에 근거를 두고 있다. 절대우위의 원천이 노동력의 특별한 기능인지 기후나 토질의 우수성 혹은 국민들의 기질인지에 상관없이 각국은 다른 국가보다 더 효율적으로 생산하거나 경작 혹은 채굴할 수 있는 재화가 있다는 것이다. 따라서 모든 국가는 무역을 통해 이득을 얻게 된다.

표 3.2의 사례에 나타난 수량을 살펴보면, 미국에서 빵 1조각을 생산하기 위해 1.5톤의 철강이 비용으로 소요된다. 다르게 표현하면 빵 1조각의 **기회비용**(opportunity cost)은 철강 1.5톤인데 이는 빵 1조각을 생산하기 위해 철강 1.5톤을 생산할 수 있는 양의 노동력을 빵 생산으

표 3.2 노동 1시간 투입에 따른 산출물의 양

	미국	캐나다
빵	2조각	3조각
철강	3톤	1톤

빵 생산은 미국보다 캐나다에서 더 생산적이지만 철강 생산은 미국에서 더 생산적이다.

로 옮김으로써 철강 1.5톤을 감산해야 하기 때문이다. 이는 1시간의 노동 투입으로 2조각의 빵이나 혹은 3톤의 철강을 생산할 수 있다는 사실에서 도출할 수 있다. 여기서 빵의 교환 가격을 비율로 표시하면 다음과 같이 나타낼 수 있다.

$$P^b_{us} = \frac{3톤}{2조각} = 1.5\left(\frac{톤}{조각}\right)$$

위 식에서 b는 빵을 나타내고 us는 미국을 나타낸다. 마찬가지로 미국의 철강 가격은 다음과 같이 나타낸다.

$$P^s_{us} = \frac{2조각}{3톤} = 0.67\left(\frac{조각}{톤}\right)$$

캐나다의 빵 가격이 0.33(톤/조각)이고 철강 가격이 3(조각/톤)인 것은 쉽게 확인할 수 있다.

　미국이 철강 1톤당 빵 0.67조각 초과의 가격으로 수출할 수 있다면 이득이다. 마찬가지로 캐나다도 철강 1톤당 빵 3조각 미만의 가격으로 수입할 수 있다면 이득이다. 양국이 철강 1톤당 빵 0.67조각 초과, 3조각 미만의 가격으로 거래하는 계약을 체결할 수 있으면 양국 모두 무역의 이득을 얻을 수 있다. 이 범위 내 어떤 가격이라도 무역은 양국 모두에게 이득이 된다. 결론적으로 철강 가격이 다음 가격 범위 내에서 결정되면 양국 간 무역이 발생하게 된다.

$$3.0\left(\frac{조각}{톤}\right) > P^s_w > 0.67\left(\frac{조각}{톤}\right)$$

위 식에서 P^s_w는 양국 간 무역을 결정하는 세계 철강 가격이다. 시장의 수요에 관한 구체적인 정보 없이 세계 철강 가격이 캐나다 철강의 기회비용인 빵 3조각에 가깝게 결정될지 미국 철강의 기회비용인 빵 0.67조각에 가깝게 결정될지 알 수 없다. 세계 철강 가격이 0.67에 근접하면 캐나다가 무역의 이득을 더 많이 가질 수 있고 3.0에 근접하면 미국이 무역의 이득을 더 많이 가지게 된다. 어떤 국가가 더 많은 이득을 취하는 것에 상관없이 세계 철강 가격이 이 범위 내에서 결정되면 양국은 무역으로 이득을 보게 된다.

사례연구

19세기 일본 무역의 이득

국제경제학에서 도출할 수 있는 핵심적인 결론은 국가가 무역으로 인해 이득을 갖는다는 사실이다. 우리는 이 사실을 단순 이론적 틀에서 무역이 어떻게 자체적으로 생산할 수 있는 것보다 더 큰 가치의 재화를 소비할 수 있는지를 나타냄으로써 보였다. 이 결과의 핵심은 두 거래 상대방이 서로 다른 생산성을 가지고 있으며, 이는 무역이 발생하지 않는 상태에서 다른 가격으로 이어진다는 것이다.

경제학자들이 대답하기 위해 애쓰는 한 가지 질문은 "무역의 이득은 얼마나 큰가?"이다. 무역은 상대적으로 작은 이득을 창출하는가 아니면 상대적으로 큰 이득을 창출하는가? 대답은 몇 가지 이유로 복잡하다. 첫째, 무역 개시로 인한 이득이 즉각 발생하면 무역의 **정태적 이득**이라고 한다. 반면, 시간이 지남에 따라 발생하는 이득, 즉 무역의 **동태적 이득**은 혁신과 생산성의 변화에 의존하기 때문에 예측하기 어렵다. 무역의 이득을 측정하기가 어려운 두 번째 이유는 모든 국가들이 이미 무역을 하고 있기 때문에, 측정되는 대부분은 무역에 참여함으로써 얻은 이득이나 혜택이 아니라 추가적인 무역량으로 인한 잠재적 이득이라는 점이다. 단순 무역모형에서 우리는 완전한 무역 부재 상태에서 일부 무역으로 이동했지만 현실 세계에서는 국가들이 무역장벽의 철폐를 통해 일부 무역에서 더 많은 무역으로 이동한다.

두 명의 경제학자[베른호펜(Bernhofen)과 브라운(Brown), *American Economic Review*, 95(1), 2005]는 일본의 사례를 통해 본질적 방식으로 이 문제에 대처했다. 일본 통치자들은 기독교 선교사들과 포르투갈 지지자들에 의해 위협받고 있다고 느끼고, 1639년 외부인들로부터 시장을 닫아 걸었다. 그때부터 네덜란드와 중국만이 일본과 무역을 할 수 있었고, 그것도 각각 1년에 몇 척에 불과했다. 네덜란드의 경우 1800년대 중반까지 연간 한 척의 선박만 무역이 허용되었지만 중국은 1년에 3~4척까지 무역이 허용되었다. 베른호펜과 브라운은 1800년대 중반까지 일본은 1인당 1.2센트 정도의 재화를 수출했고, 1인당 0.4센트 정도밖에 수입하지 못했다고 추정했다. 본질적으로 무역은 없었다고 볼 수 있고 일본은 완전한 무역 부재 상태였다.

대부분의 미국인들이 역사책에서 알 수 있듯이 미국은 1850년대 초에 일본 시장의 개방을 강제하기로 결정하고 매튜 페리 제독에게 과제 수행을 일임했다. 페리는 1853년 일본 정부와 처음 접촉을 하고 1854년에 제한된 협정을 맺었다. 미국은 1858년에 완전한 상업 조약이 체결하고 1859년 7월 4일에 발효될 때까지 계속해서 추가 개방을 요청했다. 미국인들의 뒤를 네덜란드인, 러시아인, 영국인, 프랑스인들이 바짝 뒤따랐고, 1860년대 중반까지 일본은 외국 세력이 수입 관세를 통한 수입 제한 능력을 축소했기 때문에 거의 자유무역 체제하에 살았다.

일본의 사례는 무역의 정태적 이득을 측정하기 위한 훌륭한 사례다. 일본은 개방되기 전에 시장을 폐쇄하고 개방 이후 다소 자유무역을 하도록 강요받았다. 이론적 단순 무역모형은 일본이 수출품에 제시된 높은 가격 조건을 최대한 활용하기 위해 국내생산을 조정하고 수출 가치가 수입 가치보다 더 크기 때문에 국민소득은 증가한다고 예측한다. 두 가지 효과가 모두 일어난 것처럼 보인다.

무역이 개시된 후, 일본의 실크와 차 생산이 급격히 증가하여 이들 제품이 주요 수출 품목이 되었다. 수입 품목에는 모직물(일본에는 양 목축업이 없었음)과 일본이 자체적으로 생산하지 않았던 무기를 비롯한 다양한 제조품이 포함되어 있었다. 국민소득도 증가한 것으로 보인다. 베른호펜과 브라운은 최대치를 국내총생산(GDP)의 8~9% 증가로 추정했다. 이것은 엄청난 액수는 아니지만 중대하지 않은 것은 아니며 무역의 정태적 이득만을 나타낸다. 시간이 지남에 따라 일본 생산자가 더 큰 시장에 적응하고 새로운 기술과 제품이 도입됨에 따라 생산성이 증가하고 혁신이 따르면서 추가적인 이득이 발생하게 되었다.

비교생산우위와 무역의 이득

학습목표 3.2 무역의 이득을 나타내는 그래프를 그릴 수 있다.

여기서 한 국가가 어떤 것에도 절대생산우위를 갖지 않으면 어떻게 되는지 당연한 의문이 생긴다. 지극히 가난하고 자원이 결핍한 그리고 높은 문맹률과 희소한 자본량까지 동반한 국가를 상상하는 것은 그리 어려운 일은 아니다. 이러한 국가들이 미국이나 독일보다 더 효율적으로 생산할 수 있는 것은 무엇일까? 부유한 국가가 왜 모든 면에서 비효율적인 국가와 무역을 하기 원할까? 그 대답은 생산에서 절대적인 우위의 재화가 단 하나도 없다 하더라도 여전히 무역의 혜택을 누릴 수 있다는 것이다. 아마도 더 놀랍게, 고소득 국가들 또한 무역의 혜택을 본다는 것이다. 다시 말해, 국가가 무역을 통해 혜택을 누린다는 생각은 국가가 특정 재화를 생산하는 데 절대적인 우위가 있는지 여부와 아무런 관련이 없다. 이를 확인하기 위해 먼저 몇 가지 기본 개념을 소개한다.

생산가능곡선

생산가능곡선(production possibilities curve, PPC)은 빵과 철강 생산량의 조합을 선택할 때 국가가 직면하게 되는 상충관계를 보여준다. 그림 3.1은 미국의 가상 PPC를 나타낸다. PPC상의 점 B는 가능한 최대 수준의 생산량을 얻기 위해 가용할 수 있는 자원을 완전히 사용하기 때문에 효율적인 생산점이다. 완전 고용의 가정은 미국이 PPC상에 놓여 있는 점 B와 같은 생산점에서 산출하고 있다고 가정하는 것과 동일하다. 점 A에서 경제는 PPC 내에 있으며 가용

그림 3.1 미국의 생산가능곡선(PPC)

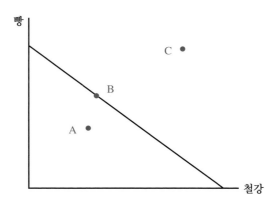

두 재화 모형에서 PPC는 두 재화 간 상충관계를 보여준다.

할 수 있는 자원으로 최대 생산량을 산출하지 못하기 때문에 비효율적이며 낭비적인 생산 수준에서 운영되고 있다. 점 C는 주어진 자원으로 빵 및 철강 생산의 조합을 생산할 수 없기 때문에 실행 불가능한 점이다.

그림 3.1에 나타난 PPC는 직선인데 빵과 철강 사이의 상충관계가 일정하다는 의미이다. 이는 모든 노동력이 동질적이고 한 노동집단보다 더 숙련된 다른 노동집단은 없다는 가정에서 출발한다. 빵과 철강 간의 상충관계는 철강의 기회비용을 가리키는 또 다른 방법이다. 이 것은 기회비용이 포기한 가장 좋은 대안이라는 정의를 따르는데, 철강 1톤을 생산하기 위해 미국은 빵 2/3조각을 포기한다. 그림 3.2에서 PPC의 기울기는 −0.67인데, 이는 포기한 빵 조

그림 3.2 기회비용과 PPC의 기울기

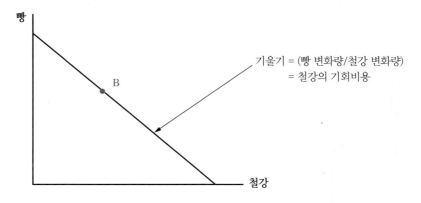

PPC의 기울기는 가로축 재화의 기회비용이다. 이는 PPC를 따라 움직이는 수평 변화에 대한 수직 변화의 비율로서 기울기의 정의에 따른다.

각 수(빵 생산 변화량)를 더 생산한 철강 톤량(철강 생산 변화량)으로 나눈 값을 의미한다.

$$\text{PPC의 기울기} = (\text{빵 생산 변화량})/(\text{철강 생산 변화량})$$
$$= \text{철강의 기회비용}$$

상대가격

그림 3.2와 같이 PPC의 기울기가 −0.67이라고 가정하자. 미국이 무역을 하지 않는다면 추가적인 철강 1톤에 대해 빵 0.67조각을 포기한다. 이러한 상충관계는 철강의 **상대가격**(relative price) 또는 철강의 기회비용이라고 한다. 상대가격이라는 용어는 화폐 단위가 아니라 다른 상품의 단위라는 사실에 근거한다. 무역이 없다면, 재화의 상대가격은 생산의 기회비용과 동일해야 한다.

철강의 상대가격을 빵의 상대가격으로 쉽게 변환할 수 있는데, 철강 상대가격의 역수를 취하면 된다. 즉, 빵 0.67조각이 미국에서 철강 1톤의 상대가격인 경우, 철강 1.5톤은 빵 1조각의 상대가격이다. 같은 추론으로, 그림 3.2에 나타난 PPC의 점 B 또는 곡선상 한 점에서 생산이 일어날 때 미국에서 철강 1.5톤은 빵 1조각의 기회비용이 된다.

소비가능곡선

무역이 발생하지 않는 상태를 **오타키**(autarky)라 부르는데, 오타키 상태에서 미국과 캐나다의 소비 수준은 자국에서 각각 생산하는 수준으로 제한된다. 양국이 각각 오타키 상태이고, (표 3.1에서 주어진 바와 같이) 캐나다에서 철강의 기회비용은 톤당 빵 3조각이며 미국에서는 톤당 빵 0.67조각이라고 가정하자. 이 경우 양국이 무역을 개시하면 각각 소비 수준을 증가시킬 수 있다. 특히 캐나다와 미국의 기회비용 사이에서 가격이 정해지면 무역의 이득이 발생할 것이다. 즉, 다음과 같은 경우 양국은 이득을 얻게 된다.

$$3.0\left(\frac{\text{조각}}{\text{톤}}\right) > P_w^s > 0.67\left(\frac{\text{조각}}{\text{톤}}\right)$$

철강 무역 가격이 톤당 빵 2조각으로 정해졌다고 가정하자. 미국에서는 무역 전 가격이 톤당 빵 0.67조각이었는데 그림 3.3에서 미국이 PPC상의 점 A에서 생산하는 것을 통해 확인할 수 있다. 미국의 무역 가능성은 **소비가능곡선**(consumption possibilities curve, CPC)으로 설명된다. CPC의 기울기는 −2로 철강의 상대가격 또는 빵과 철강이 교환되는 비율을 나타낸다. CPC는 미국이 점 A에서 생산할 경우 무역할 수 있는 철강과 빵의 조합이기 때문에 점 A를 통과한다. 미국이 무역을 하게 되면 철강 1톤당 빵 2조각으로 교환하여 CPC상 윗부분으로 옮겨갈 수 있다. 이는 자국 내에서 빵을 더 생산하려는 것보다 더 나은 상충관계가 되는데 PPC

그림 3.3 미국의 생산과 특화하기 전 무역 상태

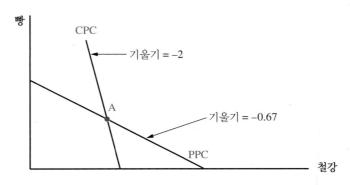

미국이 점 A에서 생산하고 철강 가격이 빵 2조각이면 미국은 철강을 빵과 거래하여 철강과 빵의 소비조합을 PPC 밖으로 확대할 수 있다.

상에서 철강 1톤당 빵 2/3조각만 더 생산할 수 있기 때문이다. PPC 외부에서 생산하는 것은 항상 불가능하지만, 미국은 철강과 빵을 무역함으로써 PPC 외부에서 소비하는 것은 가능하다.

무역의 이득

미국이 철강 1톤을 포기하면서 생산할 수 있는 빵은 2/3조각인데 왜 빵을 직접 생산하려고 하는지 의문을 제기할 수 있다. 미국이 철강 생산을 특화하고 무역을 통해 빵을 얻게 되면 철강 1톤당 빵 2조각을 얻게 되므로 훨씬 나은 선택이 된다. 이 가능성은 그림 3.4에서 확인할 수 있다. 그림 3.4에서 미국의 무역 전 생산점은 A이다. 무역 부재 상태에서 소비는 생산과 동일

그림 3.4 소득을 극대화하는 생산

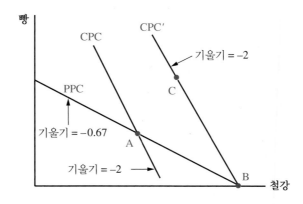

미국이 점 B로 생산을 특화하여 철강과 빵을 교환함으로써 최대로 가능한 소비조합을 취할 수 있다.

해야 하기 때문에 소비점이기도 하다. 그림 3.4의 점 B는 철강에 완전히 특화한 생산점을 나타낸다. 무역 개시로 생산은 점 B에서 이루어지며 미국은 CPC와 마찬가지로 −2의 기울기를 가진 CPC′을 따라 거래할 수 있다. 미국이 점 B에서 생산하고 CPC′상에서 위로 올라가면 점 C와 같은 소비점을 얻을 수 있는데, 이는 생산이 점 A에서 이루어질 때 가능한 소비조합보다 빵과 철강의 양이 더 많기 때문에 확연히 우위에 있다고 할 수 있다. 마찬가지로 미국이 점 A에서 생산하고 무역을 할 경우 PPC 혹은 CPC상의 어떤 소비조합을 선택하더라도 빵과 철강의 양 모두 더 많은 소비조합을 CPC′에서 얻을 수 있다.

점 B에 대해 알 수 있는 가장 중요한 점은 미국 소득을 극대화한다는 것이다. 이는 가장 많은 양의 빵과 철강의 조합이 가능하다는 사실에서 도출한다. 다른 어떤 생산점도 원점에서 멀리 떨어진 가격선에 미국의 소비조합을 올려놓을 수 없음을 고려하면 확인 가능하다. 미국의 PPC상에 있는 다른 어떤 생산점도 CPC′ 아래에 있고, 점 B가 아닌 다른 생산점에서 PPC를 통과하고 −2의 기울기를 가진 어떤 CPC도 또한 CPC′ 아래에 놓인다. 다시 말해, 미국의 PPC가 주어지고 철강의 상대가격이 2일 때, 미국이 철강에 특화하고 무역을 통해 빵을 수입할 때 최적의 소비조합을 얻게 된다.

미국은 무역으로 혜택을 얻지만 캐나다는 어떻게 되는가? 분명히 대답은 "혜택을 얻는다." 이다. 그림 3.5에서 점 A는 캐나다의 무역 전 생산점이다. 캐나다의 PPC상에서 철강의 기회비용은 톤당 빵 3조각이다. 무역이 개시되면 철강 가격은 톤당 빵 2조각으로 조정된다. 무역 가격이 2일 때 캐나다는 PPC상에서 빵 생산에 전적으로 특화하는 점으로 이동함으로써 소득을 극대화한다. 그리고 국내 상충관계 비율인 철강 1톤당 빵 3조각보다 유리한 무역 가격으

그림 3.5 캐나다의 무역의 이득

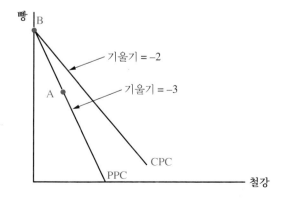

캐나다는 점 B로 생산을 특화하여 빵과 철강을 교환함으로써 최대로 가능한 소비조합을 취할 수 있다.

로 빵을 철강과 교환할 수 있다. 캐나다 또한 PPC보다 밖에 있는 CPC상에서 무역 전 균형 생산점(소비점)보다 위와 오른쪽에 위치한 소비점에서 소비가 가능하다. 미국과 마찬가지로 캐나다도 무역을 통해 자체적으로 생산할 수 있는 두 재화보다 양이 더 많은 조합을 얻게 되기 때문에 후생은 증가한다.

수치 예제는 무역의 이득이 실재함을 명확히 하는 데 도움이 될 것이다. 철강의 상대가격이 톤당 빵 2조각이라 가정하자. 미국이 철강 생산량을 1톤 늘리면 빵 생산을 0.67조각 줄이지만 무역으로 철강 1톤을 빵 2조각으로 교환할 수 있어 빵 1.33조각(2 − 0.67 = 1.33)의 이득을 남긴다. 미국의 빵 2조각에 대한 수요를 충족시키기 위해 캐나다는 철강 0.67톤의 생산을 포기해야 한다. 그러나 빵 2조각에 대해 철강 1톤을 교환할 수 있어 철강 0.33톤(1 − 0.67 = 0.33)의 이득을 남긴다. 따라서 양국은 무역에서 이득을 얻는다.

국내 가격 및 무역 가격

이제 무역 가격이 캐나다와 미국의 무역 전 국내 가격 사이에 있는 한 양국은 무역을 통해 이득을 얻게 됨을 알 수 있다. 무역 가격이 실제로 이 범위 내, 즉 3.0(조각/톤) > P_w^s > 0.67(조각/톤)에서 조정되는 것을 어떻게 보장하는가? 예를 들어, 만약 무역 가격(P_w^s)이 4 또는 0.5면 어떻게 되는가?

무역 가격이 철강 1톤당 빵 4조각인 첫 번째 경우를 고려해보자. P_w^s = 4일 때, 철강의 무역 가격은 각국의 생산 비용보다 크다. 분명히 미국은 계속해서 철강을 특화해서 빵과 무역하기를 원할 것이다. 소비조합 혹은 소득을 극대화하는 미국의 전략에는 어떠한 변화도 없다. 유일한 차이점은 이제 미국은 이전과 같이 2조각이 아닌 각 철강 1톤에 대해 빵 4조각을 얻는 것이다. 캐나다의 경우 철강 가격이 높아지면서 캐나다 생산자가 철강 생산으로 전환하는 것이 유리하다. 이는 철강의 기회비용이 빵 3조각인 데 반해 생산된 철강 1톤당 빵 4조각으로 무역이 가능하기 때문이다. 철강 생산에 특화해서 빵과 교환하게 되면 캐나다는 소비조합을 극대화할 수 있다.

마지막으로, 양국이 철강 생산에 특화하고, 아무도 빵을 생산하지 않는다는 것이 명백해진다. 빵은 과부족하고 철강은 과잉 공급된다. 이 빵 가격은 상승하고 철강 가격은 하락한다. 철강의 무역 가격이 철강의 기회비용이 높은 캐나다의 기회비용보다 낮아질 때까지 이 과정은 계속된다. P_w^s가 3보다 낮아지면 캐나다 생산자는 빵 생산으로 다시 전환하여 철강 생산량은 감소하고 빵 생산량은 증가하며 무역은 재개될 수 있다.

P_w^s가 0.67보다 작은 두 번째 경우, 캐나다는 빵을 계속 특화하고 미국은 빵 생산으로 전환한다. 빵은 초과 공급 상태에, 철강은 공급 부족 상태에 놓이게 되는데, 비슷한 과정으로 두

재화가 모두 생산될 수 있도록 가격이 조정된다. 따라서 균형 무역 가격은 앞에서 제시한 가격 범위 내, 즉 양국의 기회비용 사이에서 결정되어야 한다. 이 경우, 톤당 0.67과 3.0조각 사이가 된다.

극단적인 경우 무역 가격은 한 국가의 기회비용과 동일할 수 있다. 예를 들어 철강의 무역 가격이 톤당 빵 0.67조각인 경우 미국은 거래에 대해 무관해진다. 무역이 이루어지게 되면 무역으로 인해 잃는 것도 없지만 얻는 것도 없고, 무역으로 인해 발생하는 모든 이득은 캐나다가 갖는다. 마찬가지로 무역 가격이 캐나다의 기회비용과 같으면 캐나다는 무관해지며 모든 이득은 미국이 갖는다.

더 많은 정보 없이 무역 가격에 대해 말할 수 있는 것은 많지 않다. 무역 가격이 0.67과 3.0 중, 어디에 더 근접할까? 대답은 각 재화에 대한 양국 수요의 정도에 달려 있지만, 이 무역모형에는 수요가 명시적으로 포함되어 있지 않기 때문에 더 이상 알 수 없다. 알 수 있는 것은 무역 가격이 0.67에 근접하면 캐나다가 얻게 되는 무역의 이득은 커지고, 3.0에 근접하면 미국이 더 많은 이득을 얻게 된다. 그럼에도 불구하고 가격이 양국의 기회비용 사이에 있는 한 양국은 모두 이득을 얻고 경제적 메커니즘에 의해 가격은 그 범위에 있을 수밖에 없다.

절대생산우위와 비교생산우위의 대조

학습목표 3.3 절대우위와 비교우위를 수치적으로 비교하고 대조할 수 있다.

절대생산우위는 높은 노동 생산성을 갖는 것으로 정의된다. 각 나라가 상품 중 하나에 절대생산우위를 가지고 있다면, 그 상품을 특화하고 다른 상품에 대해 무역을 하여 양국 모두 이득을 갖는다는 것은 확인되었다. 그러나 무역의 이득은 어떤 식으로든 각국이 절대우위를 가지느냐에 의존하지 않는다는 점에 유의해야 한다. 사실 각 나라의 무역 전 빵과 철강의 기회비용과 관계있다. 기회비용은 생산성에서 도출되지만 비율로 나타내기 때문에 생산성 수준이 크게 달라도 동일한 상충관계, 즉 기회비용이 도출될 수 있다.

한 국가는 거래 상대국보다 상품의 생산에서 기회비용이 작으면 그 상품에 대해 **비교생산우위**(comparative productivity advantage), 혹은 간단히 비교우위를 갖는다. 비교우위의 개념은 국가가 가장 가치 있는 곳에 자원을 배치할 때 자국의 물적 후생을 극대화한다는 아이디어를 기반으로 한다. 가장 가치 있는 자원의 활용을 알려면 다른 대안과 비교해야 한다. 미국의 경우와 비교하여 캐나다 빵 생산의 기회비용이 작다면, 캐나다는 빵 생산을 증가해야 하고 철강에 대해 무역을 해야 한다.

절대생산우위와 비교생산우위의 비교는 경제학에서 가장 중요한 것 중 하나이다. 이는 상대적으로 단순하다는 사실에도 불구하고 가장 이해하기 어려운 것 중 하나이다. 예를 들어, 경쟁력에 대한 견해로 국가가 절대우위를 갖지 않으면 해외에서 제품을 판매할 수 없다고 가정하는 것을 흔히 읽거나 들을 수 있을 것이다. 무역모형은 이 논리가 잘못된 이유와 생산성이 가장 낮은 국가조차도 어떤 상품을 수출할 수 있는 이유를 설명한다.

절대우위의 부재와 무역의 이득

학습목표 3.4 절대우위를 갖지 않는 국가가 어떻게 무역의 이득을 취할 수 있음을 설명할 수 있다.

표 3.3에 나타난 사례를 고려하자. 일본은 자동차(2 > 0.5)와 철강(2 > 1)에서 절대우위를 점하고 있지만 말레이시아와 마찬가지로 여전히 무역을 통해 이득을 얻을 수 있다. 일본이 무역을 하지 않는다면, 자체 생산 가능성에 제한되는데 자동차 1대를 추가적으로 생산할 때마다 철강 1톤씩 포기해야 한다. 말레이시아에서는 각 자동차의 비용이 철강 2톤이다. 따라서 상호 유익한 교환의 가능성이 있다.

일본 철강 생산의 기회비용은 철강 생산성이 절대적으로 더 높더라도 말레이시아의 기회비용보다 크다. 따라서 비교우위를 따라 소득을 극대화하면 기회비용이 말레이시아보다 낮은 자동차 생산에 특화한다. 일단 무역이 개시되면 자동차의 세계 가격은 자동차 1대당 철강 1톤과 2톤 사이, 즉 일본과 말레이시아의 기회비용 사이에서 결정되는데, 이는 다음과 같다.

$$1\left(\frac{톤}{대}\right) < P_w^c < 2\left(\frac{톤}{대}\right)$$

자동차 가격은 대당 철강 1.5톤이라고 하자. 일본이 무역의 개시로 자동차 생산에 특화한다면 자동차 1대를 추가적으로 생산할 때마다 철강 1톤을 포기한다. 자동차의 추가 생산으로 대당 철강 1.5톤과 거래할 수 있으며, 이는 자체 생산보다 0.5톤의 이득을 얻는다. 마찬가지로 말레이시아는 철강 1톤을 추가적으로 생산할 때마다 자동차 0.5대를 포기하지만, 철강 1톤당 자동차 0.67대로 거래한다. 양국은 무역을 통해 이득을 얻고 자국 생산에만 의존할 때

표 3.3 노동 1시간 투입에 따른 산출물의 양

	일본	말레이시아
자동차	2대	0.5대
철강	2톤	1톤

보다 두 제품 모두 더 많은 양을 소비할 수 있다.

이것은 무역의 이득에 관한 매우 단순한 사례이지만 근본적인 원리를 보여준다. 무역의 목적 추구에 가장 중요한 것은 국가의 절대우위가 아니라 비교우위이다. 국제경제학의 핵심은 절대우위의 차이가 무역의 이득을 제거하지 못한다는 것이다. 더욱이, 양국이 무역을 통해 이득을 얻지만, 생활수준이나 소득이 동등하다는 것을 의미하지는 않는다. 말레이시아의 소득은 시간당 생산량이 적기 때문에 일본의 소득보다 적을 것이다. 실제로 말레이시아에서 1시간의 노동으로 1톤의 철강 또는 무역을 통해, 0.67대의 자동차에 상응하는 정도를 벌 수 있다. 그러나 일본 근로자는 1시간에 자동차 2대를 생산하는데, 이는 무역을 통한 철강 3톤에 해당한다. 더 높은 절대적 생산성의 결과, 일본의 소득은 무역의 유무에 관계없이 상당히 더 크다.

사례연구

대한민국 비교우위의 변화(1960~2010)

한국(남한)보다 제한된 가능성으로 삶을 시작한 나라는 거의 없다. 2차 세계대전에서 일본의 패망으로 40년간의 식민지 상태(1905~1945)에서 해방된 한국은 곧 한국전쟁(1950~1953)에 의해 분열되어 두 국가로 분단되었다. 많은 사람은 비공산주의 한국의 미래에 대해 비관적이었다. 당시 산업 역량은 대부분 공산주의체제하의 북한에 있었고, 한국은 국민의 헌신과 노력 외에 쓸 수 있는 것은 거의 없었다. 그러나 이후 50년 동안 한국보다 더 빠르게 성장한 국가는 거의 없다.

1960년에서 2010년까지 한국의 1인당 국민소득은 실질 규모로 5.4% 증가했다(표 3.4). 이 증가율로, 1인당 소득은 13년마다 두 배가 된다.

한국전쟁 이후 처음 몇 년간 한국의 경제 전략은 수입을 제한하고 1950년대 개발도상국의 보편적 전략인 수입대체 생산에 집중하는 것이었다. 한국은 그 한계를 인식하고 정책을 수정한 초기 국가들 중 하나였다. 1960년과 1961년 정치적 변화는 경제 정책의 변화와 세계경제에 보다 적극적인 참여로 이어졌다. 한국은 수입 제한 조치를 다수 철폐하

표 3.4 한국 경제의 주요 지표

	1960	1980	2000	2010
1인당 국내총생산($US, 2000)	1,154	3,358	11,347	16,372
국내총생산 대비 무역 비중(%)	15.8	72.0	74.3	102.0

고 수출 지향 산업을 촉진하기 시작했다. 1960년에서 2010년 사이에 국내총생산(GDP) 대비 무역 비중은 15.8%에서 102%로 증가했다.

처음 한국의 수출 노력은 주로 광물과 같은 바로 수출할 수 있는 상품, 농수산물(예 : 해조류)과 아주 단순한 소비재에 국한되었다. 1960년 이후 수십 년 동안 수출 산업은 기술과 자본이 거의 필요 없는 간단한 제품에서 기술과 자본이 더 필요한 제품까지 수차례 수정되어 왔다. 비교우위를 모색한 처음 몇 년간, 한국은 가발, 섬유, 신발 및 합판 등 경쟁력 있는 분야를 개발했다. 소득의 증가로 기술 및 금융 자본이 증가했다. 이를 통해 철강, 조선, 가전제품 및 전자기기 부속조립품과 같은 기술 및 자본 집약적인 산업의 발전이 가능해졌다. 결국 자동차, 컴퓨터 및 전자제품이 뒤따랐다. 새천년의 첫 10년 동안 한국은 여러 분야에서 가장 기술적으로 앞선 제품을 수출할 수 있는 고소득 산업 경제로 성장했다. 한국의 역사는 비교우위가 불변이 아니며 소득을 올리고 개발을 촉진하는 수단이 될 수 있음을 분명하게 보여준다.

세계 시장에 공급된 한국의 상품 비중은 점차 증가했다. 결과적으로 생산은 자체 국내 시장의 성장에만 의존하지 않았다. 또한 제품의 품질과 가격 면에서 경쟁력이 있어야 했다. 국제 가격으로 수입하는 능력 또한 중요했지만 한국의 경쟁력 이면에는 생산성의 급격한 증가가 있었다. 시간당 생산량이 증가하지 않았으면 소득은 그만큼 빨리 상승할 수 없었고 저급 기술에서 고급 기술 제품으로 비교우위를 전환할 수 있는 한국의 능력 또한 진전될 수 없었다. 이와 함께 생산성 증가는 대학 및 연구 기관의 발전에서부터 조직의 변화와 새로운 기계 및 장비 투자에 대한 금융 자본의 증가에 이르기까지 보완적인 변화가 동반되어야 했다.

수출 촉진과 생산성 향상 과정에서 한국은 관료주의적인 경직성, 한국 시장과 크게 다른 해외 시장에 대한 마케팅 문제, 기술적 관리 및 산업 전문 지식 부족 등 수많은 장애물에 봉착했다. 이 장애물을 만났지만 극복했고, 오늘날 한국은 비교우위를 이용해 경제를 발전시킨 국가의 사례이다. 동시에, 한국은 또한 외국 경쟁에 대한 부담을 생산성과 품질 기준을 높이는 수단으로 활용했으며, 이는 다시 국민들의 소득을 올렸다. 한국의 성공은 정부, 민간 부문 및 다수의 민관기구가 공동으로 노력한 결과물이었다. 이들 각각이 비슷한 역할을 했는지는 논쟁적인 질문이다. 한국의 성공에 정부정책의 적절한 지침이 역할을 했는가? 혹은 정책이 시장 및 경쟁에 비해 부차적인(또는 오히려 부정적인) 역할을 했는가?

비교우위와 '경쟁력'

학습목표 3.5 비교우위와 경쟁력 개념을 대조할 수 있다.

대중 담론에서 '경쟁력'이란 수사는 매우 보편적이어서 비교우위와의 관계를 고려하는 것이 유용하다. 비교우위는 오타키에서 국가 간의 생산성 차이로 인해 발생한다고 분석되었다. 물물교환 경제의 단순 모형에서 임금, 가격, 환율은 무시되었다. 그러나 실제 기업들은 빵과 철강을 물물교환하지 않으며 근로자들에게 회사의 생산량을 나누어 지급할 수 없다.

일반적으로 화폐 임금, 화폐 가격, 환율을 무시함으로써 모든 재화와 노동은 가격이 적정하게 책정되었다고 가정한다. 다시 말해 생산물과 중간 투입물의 가격이 상대적 희소성을 정확히 반영한 지표라는 것이다. 이 경우 국가의 비교우위와 경쟁력 있는 가격으로 제품을 판매할 수 있는 기업의 능력 간에 차이가 없다. 즉, 모든 시장이 산출물 및 중간 투입물의 가격을 정확하게 평가한다면, 국가의 상업적 우위는 비교우위에 의해 결정된다.

유감스럽게도 때로는 시장이 최적량의 산출물을 생산해내지 못하며 때로는 산출물과 중간 투입물에 대한 가격이 잘못 평가되기도 한다. 때때로 상품의 과소평가 또는 과대평가는 진정한 가치나 생산 비용을 측정하는 데 고유한 어려움에서 기인한다. 예를 들어, 자동차 운전 비용을 측정할 때 대개 대기오염 비용은 무시된다. 다른 경우에는 정부가 가격을 인위적으로 높거나 낮은 수준으로 유지할 때처럼 정부정책으로 인해 과소평가되거나 과대평가될 수도 있다. 두 경우 모두 시장 가격이 중간 투입물 또는 산출물의 경제적 가치를 정확하게 반영하지 않을 수 있다는 사실은 상업적 또는 **경쟁적 우위**(competitive advantage)와 비교우위 사이에 간격이 있다는 것을 의미한다.

자원의 배분이 잘못 이루어진다 하더라도 국가는 자국 기업을 위해 상업적 우위를 추구해야 한다는 (잘못된) 주장이 종종 제기되고 있다. 실제로 이것은 국가가 산출량의 가치를 극대화하지 못함으로써 생활수준을 낮추는 정책을 따른다는 것을 의미한다. 그림 3.4와 그림 3.5에서 미국과 캐나다가 각각 빵과 철강을 생산하는 가치를 과대평가하는 점 A와 같은 생산점에 남아 있어야 한다고 주장하는 것과 같다. 양국은 국민 후생의 관점에서 차선책 소비조합으로 끝나게 된다.

실제 사례를 생각해보자. 인도네시아는 항공기 생산에 비교우위가 없다는 사실에도 불구하고 항공기 산업을 발전시키려고 노력했다. 그럼에도 불구하고, 정부정책의 조합(일부는 비행기 구입을 촉진하기 위해 구매자들에게 돈을 지불했음)을 통해 당시 외국인들에게 가격은 경쟁적이었다. 인도네시아의 국민 후생과 희소한 자원의 최적 사용이라는 관점에서 볼 때 이 정책은 실수였다. 그러나 사업의 관점에서 보았을 때, 국가 차원에서 비효율적인 방법으로 자원을 사용하는 것을 의미한다고 할지라도 인도네시아의 정책은 항공기 생산을 수익성 있는 사업으로 만들었다.

이 사례는 국가를 기업과 동일시하는 일반적인 실수를 보여준다. 인도네시아 항공기 제조 업체는 보조금 및 기타 수익성을 지원하는 정책에 신경을 쓴다. 그러나 국가 이익은 국가의 법과 가치의 틀 내에서 가능한 가장 효율적인 자원 배분을 달성하는 것이다. 보조금이나 국제 경쟁으로부터의 보호를 통해 개별 기업의 수익성을 높게 만드는 것은 가능하나 동시에 동일 한 정책이 국가의 전반적인 생활수준을 정책이 수립되지 않은 경우와 비교해서 오히려 낮출 수 있다. 기업은 국가 차원에서 자원이 효율적으로 배분될 수 있도록 설계되지 않았다. 합법 적으로 경쟁구도를 자신의 방향으로 기울일 수 있다면, 그들은 주저하지 않을 것이다.

국가와 기업 사이의 또 다른 중요한 차이점은 국가는 서로 일반적인 의미의 경쟁을 하지 않는다는 것이다. 미국과 캐나다 또는 어떤 두 국가 간의 경제 관계는 코카콜라와 펩시콜라 같은 기업 간에 존재하는 상업적 경쟁과 동일하지 않다. 캐나다가 성장하면 미국은 사업을 중 단하거나 혹은 누구나 알 수 있는 방식으로 고통을 당하는 것은 아니다. 사실, 캐나다의 성장 은 미국 성장에 자극이 될 것이며 미국인에게 파급효과를 창출할 것이다. 콜라 회사들은 상대 적으로 정적인 시장 규모를 두고 경쟁하지만, 국가는 모두 동시에 소득을 올릴 수 있다.

경제 구조 개혁

학습목표 3.6 국제무역으로 인한 경제 구조 개혁의 경제적 · 윤리적 이슈를 논의할 수 있다.

경제 구조 개혁(economic restructuring)은 일부 산업이 성장하고 다른 산업이 축소되거나 완전 히 사라질 필요가 있는 경제의 변화를 의미한다. 예를 들어, 미국은 철강 산업의 규모가 급격 히 감소하고, 몇 년 후 더 작고 특화된 제철소를 기반으로 한 새로운 산업이 탄생하는 경험을 겪었다. 자동차 산업은 여러 기간의 쇠퇴 및 회복을 거쳤으며 불확실한 장기 전망을 갖고 있 다. 역동적인 경제는 어디에서나, 어떤 종류의 경제 활동은 성장할 것이고, 어떤 종류는 쇠퇴 하거나 퇴출될 것이다. 어떤 경우에는 이러한 변화가 외국과의 경쟁에 대한 개방이 강화되면 서 발생하는 직접적인 결과다. 예를 들어, 일본 자동차의 유입은 미국 자동차 산업의 재조정 및 구조 개혁에 중요한 역할을 했다.

단순한 리카도 모형에서 무역 개시 이후 미국은 근로자들을 빵 생산에서 철강 생산으로 이 동시킴으로써 후생을 극대화할 수 있었다. 이러한 경제 구조 개혁은 전반적인 경제 후생을 향 상시켰지만 모든 개인에게 이익이 된다는 것을 의미하지는 않는다. 국가가 얻는 무역의 이득은 여러 방식으로 나누어질 수 있는데, 일반적으로 무역으로 인해 일부 개인은 이득을 얻는 반면 다른 개인은 손실을 겪을 수 있다. 개방 거래로 인한 순이득(소비조합의 증가로 측정되는)이 있다면, 이는 이득을 얻는 자들의 경제적 이득이 손실을 겪는 자들의 경제적 손실보다 크다는 것을 의미하며 따라서 전체적으로 국가가 나아진다. 그럼에도 불구하고 경제를 개방하여 외국과의 경쟁을 강화하는 것은 고통스럽지 않은 경우가 거의 없으며 일반적으로 여러 가지 새로운 문제를 야기한다. 이 장에서 사용된 모형에서는 한 산업이 팽창하고 다른 산업이 쇠퇴하면서 근로자가 아무 수고나 비용을 들이지 않고도 산업 간 이동이 가능하다고 가정했다. 현실적으로 이것은 가능하지 않다. 쇠퇴하는 산업계의 해고된 일부 근로자는 새로운 일자리를 빨리 찾기도 하지만 많은 근로자는 그렇지 않다. 그들은 어떤 기업이 근로자를 필요로 하는지 알지 못하거나 자신의 기술이 기업의 수요와 일치하지 않을 수 있다.

비교우위 모형은 정리해고된 근로자 문제를 해결하기 위한 일련의 정책을 제공하지 않는다. 이러한 정책은 노동경제와 같은 다른 경제 분석 분야나 경제학 외부에서 다루어져야 한다. 그러나 무역 협정, 무역장벽의 일방적인 감소, 기술적 진보 또는 기타 원인으로 인한 무역 유형의 변화는 기업과 근로자의 퇴출로 이어질 것이라는 것은 널리 알려져 있다. 그러나 대부분의 경제학자들은 대외 무역이 소비자의 선택을 증가시키고, 생산자의 투입 비용을 하락시키며, 경쟁과 혁신을 촉진시키고, 기술 변화의 확산을 가져 오기 때문에 보다 개방적인 무역 협정을 계속 지지한다. 그럼에도 불구하고 무역의 이득은 모든 근로자 또는 모든 기업이 이익을 얻는다는 것을 의미하지는 않는다.

많은 경우 세계가 작동하는 방식에 대한 정치적 가정은 대부분 경제학자, 정치학자 및 기타 사회과학자들이 제시하는 근로자 정리해고 문제에 대한 해결책에 편향적으로 영향을 끼칠 것이다. 예를 들어 경제에 대한 정부의 최소 개입을 믿는 자들은 정부가 수입의 급속한 증가로 인한 실업을 처리하기 위해 어떠한 정책도 입안해서는 안 된다고 주장할 것이다. 그들은 실업이 자연스럽게 해소될 것이라고 주장하는데, 해고된 근로자는 새로운 일자리를 찾을 것이며 필요하다면 더 낮은 임금을 받아들일 것이라는 주장이다. 어떤 사람들은 이런 종류의 사회적 문제가 정부의 관심사가 되어서는 안 되며 민간 경제 및 개인 주도에 맡겨야 한다는 가치 판단을 내린다.

"아무것도 하지 말라."는 접근 방식의 대안은 정부가 패자를 보상할 방법을 모색하라는 것이다. 이 견해를 지지하는 사람들은 몇 가지 이유로 그것을 정당화한다. 첫째, 국가 전체가 무역에서 이익을 얻으므로 보상을 가능하게 하는 새로운 자원이 경제에 추가된다는 내용이다. 둘째, 많은 사람은 경제적 변화로 인해 상처를 입는 사람들을 도울 윤리적 의무가 있다고 생각한다. 셋째, 보상은 대외 무역을 반대하는 인센티브를 줄인다는 것이다.

무역조정지원(trade adjustment assistance, TAA)을 제공하는 관행은 미국을 비롯한 많은 국가에서 일반적이다. 보통 이러한 프로그램은 실업 급여 확대와 근로자 재교육의 형태를 취한다. 예를 들어, 미국 정부는 북미자유무역협정(NAFTA)으로 인해 멕시코와의 교역에 손실을 입는 근로자를 위한 특별 혜택 프로그램을 만들었다. 1994년 북미자유무역협정 첫해에 협정 조항에 따라 1만 7,000명의 근로자가 무역조정지원 제도에 자격을 갖췄다. 일반적으로 자격을 갖추기 위해서는 근로자가 멕시코 또는 캐나다로부터의 수입으로 인해 해고되었거나 자신이 속한 기업이 해당 국가로 이주했기 때문에 해고당한 사실을 입증해야 한다. 말할 필요도 없이 수입과 일자리 손실 사이에 직접적인 연관성을 확립하는 것이 때때로 어렵다. 제대로 관리되지 않은 회사는 수입 여부에 관계없이 사업을 중단할 수 있다.

중요한 점은 무역이 변화를 가져오고 일부 개인, 산업 또는 공동체가 이에 대처하는 것이 어려울 수 있다는 것이다. 한 국가가 PPC를 따라 다른 산업의 조합으로 움직일 때 일부에게는 고통스러운 전환기가 있다. 경제 구조 개혁은 하룻밤 사이에 일어나지 않으며, 경제 구조 개혁이 가져올 높은 생활수준이 바람직하기는 하지만 변화와 개혁은 시간과 금전적 비용을 치른다.

사례연구

비교우위의 상실

한국에 대한 사례연구는 비교우위가 시간적으로 고정되어 있지 않고 국가의 경제 발전에 따라 변화한다는 것을 보여준다. 그러나 비교우위가 변화하면 상반된 효과가 나타나며 일부 생산은 더 이상 자본과 노동력을 효율적으로 사용할 수 없어진다. 한국의 경우 개발 초기에 수출한 제품은 생산에서 더 이상 비용 효율적이지 못하다.

농업은 많은 국가가 시간이 지남에 따라 비교우위 감소를 겪는 산업이다. 일부 농작물은 노동집약적인 경향이 있으며 경제가 발달함에 따라 노동비용이 상승한다. 기술은 노동의 필요성을 줄임으로써 임금인상 문제를 해결할 수 있지만 어떤 작물은 효율적인 기술적 해결을 거부한다. 이상적인 세계에서 비교우위를 상실한 산업의 근로자는 새로운 기회가 나타나는 산업으로 쉽고 빠르게 이동할 수 있다.

농업의 비교우위는 농업 분야에 대해 생각할 때 국가가 갖는 유일한 관심사는 아니다. 식품 안전, 식량 자립 및 농촌 문화와 사회에 대한 지원 문제는 정도의 차이가 있고 국가 간 차이도 있지만 국가들이 갖는 우려 사항이다.

WTO의 거의 유명무실한 도하 라운드가 시작된 목적 중 하나는 저비용 농업 생산자

가 다른 나라의 시장에 접근할 수 있는 경제 환경을 조성하는 것이었다. 목표는 기회비
용이 가장 낮은 곳에 생산을 위치시킴과 동시에 개발도상국을 위한 기회를 창출함으로
써 세계경제의 효율성을 높이는 것이었다. 예를 들어, 개발도상국이 면화에서 비교우위
를 가지고 있지만 해외 시장이 개방되어 있지 않다면 비교우위의 혜택을 충분히 누릴 수
없다.

　면화는 식량 작물이 아니며, 그 처리는 무역장벽을 제거하도록 국가를 설득하는 데 관
련된 근본적인 어려움뿐만 아니라 무역장벽을 제거하는 것이 왜 바람직한지 근본적인 이
유를 강조한다. 국제면화자문위원회(International Cotton Advisory Committee)에 따르면
세계에서 가장 고비용 면화 생산국은 그리스, 스페인, 미국으로 세계은행에 의해 고소득
국가로 분류된다. 가장 저비용 생산국은 사하라 이남 서아프리카(예 : 부르키나파소, 말
리, 베냉)와 중앙아시아(예 : 우즈베키스탄 및 타지키스탄)에 있는 국가들이다.

　면화는 세계 무역에서 주요 품목이 아니며 총상품무역의 1%의 절반보다 현저히 적은
비중을 차지한다. 그럼에도 불구하고, 1억 가구가 면화 생산의 소득에 의존하며 저비용
생산국 중 많은 국가가 면화 수출로 번 소득으로 곡물과 같은 필수 수입품을 구매하기 때
문에 면화는 중요하다. 표 3.5는 저비용 및 고비용 생산국 중 일부의 면화 수출량, 수출
비중 및 1인당 소득을 비교한다. 저비용 생산국은 생산량이 적지만 면화 수출에 더 의존
하는데 소득이 매우 적어 생존의 한계에 가깝고 수출할 물품이 적기 때문이다. 고비용 생

표 3.5 저비용 및 고비용 면화 생산국

국가	면화 수출량, 2014(100만 달러)	전체 수출 대비 비중(2014)	1인당 소득 (2014)
저비용 생산국			
서아프리카			
베냉	475.3	23.6	890
부르키나파소	575.3	23.1	700
말리	639.9	30.5	650
중앙아시아			
타지키스탄	154.9	14.6	1,080
우즈베키스탄	840.5	6.3	2,090
고비용 생산국			
그리스	418.1	1.2	22,680*
미국	4,516.1	0.3	55,200

* 2013

출처 : Data from United Nations Conference on Trade and Development; World Bank © James Gerber.

산국은 면화 수출에 훨씬 작게 의존하고 훨씬 높은 수입을 갖는다.

미국과 그리스와 같은 고비용 생산국들은 면화 생산업체가 사업을 지속할 수 있도록 다양한 정부 개입에 의존한다. 그리스에서는 면화 수입에 대한 관세와 함께 직접 및 간접 보조금이 유럽연합의 공동농업프로그램(EU CAP)을 통해 관리된다. 미국에서는 농무부가 농민 보조금, 보조금 대출, 수익 보장, 보조금 보험, 마케팅 및 판촉 보조 등 여러 가지 농장지원프로그램을 관리하고 있으며, 상무부에서는 미국 시장으로 수입하는 면화에 부과하는 관세를 관리한다.

고비용 생산자가 사업을 지속할 수 있도록 노력하는 부유한 국가들은 덜 효율적인 곳에 생산을 계속 유지하는 것 이상의 일을 한다. 세계 최빈국 중 일부 국가의 생활수준에 해를 끼치고 고소득 국가로 가는 길을 막을 수 있는 잠재력 또한 가지고 있다. 생산을 보조하기 위해 그들의 부를 사용함으로써 고비용 생산자는 세계 공급을 증가시키고 저비용 생산자가 면화 생산에서의 비교우위를 충분히 활용할 수 있는 능력을 제한한다. 요약하면, 고소득 국가들은 낡고 저효율적인 분야에 대한 지원을 포기하는 것이 정치적으로 어렵다고 생각한다.

요약

- 무역 유형의 가장 중요한 결정 요인은 거래된 상품을 생산하는 기회비용이다. 특정 재화를 생산할 때 가장 적은 양의 대체 생산물을 포기하는 국가가 기회비용이 가장 적거나 비교우위를 갖는다. 비교우위의 개념은 경제 사상의 가장 오래된 개념 중 하나이며, 1800년대 중반부터 국제경제 정책의 중심 주제였다.

- 비교우위에 따라 생산하는 국가는 무역으로 인해 얻는 이득과 결과적으로 국가 후생을 극대화한다. 이것은 무역의 이득을 극대화하는 것과 같다.

- 비교우위는 종종 절대우위와 혼동된다. 후자는 특정 제품의 절대적 생산성이 거래 파트너의 절대적 생산성보다 큰 경우 국가가 갖는 우위를 가

리킨다. 비교우위를 갖기 위해 절대우위를 가져야 하는 것은 아니다.

- 비교우위에 반대하는 한 가지 공통적인 잘못된 주장은 다른 나라의 근로자가 자국의 근로자보다 적은 보수를 받는다는 것이다. 이 주장은 생산성 문제를 간과한다. 개발도상국의 임금이 낮은 것은 노동 1시간의 산출물 가치가 적기 때문이다. 노동 생산성이 낮은 것은 근로자가 일반적으로 기술이 부족하고, 일터에서 사용하는 자본이 적으며, 생산성을 높이도록 지원해줄 사회적 자본이 적기 때문이다.

- 기업인들은 경제학자들과는 다른 목적을 가지고 있기 때문에 무역 이슈를 다르게 본다. 기업인들

은 종종 경쟁할 수 있는 능력, 즉 특정 상품을 특정 시장에서 가장 낮은 가격으로 판매하는 것에 대해 관심을 갖고 있다. 그들의 관점은 기업의 관점이다. 경제학자들은 국가 차원이나 글로벌 차원에서 자원을 효율적으로 사용하는 데 중점을 둔다. 관점은 모든 기업의 공통된 관점이다.

용어

경쟁적 우위

경제 구조 개혁

기회비용

노동 생산성

무역의 이득

무역조정지원(TAA)

비교생산우위

상대가격

생산가능곡선(PPC)

소비가능곡선(CPC)

오타키

절대생산우위

제로섬

중상주의

학습문제

3.1 다음 표의 정보를 이용하여 프랑스와 독일의 노동 생산성에 관한 문제 a~f에 답하라.

노동 1시간 투입에 따른 산출물의 양

	프랑스	독일
치즈	2kg	1kg
자동차	0.25대	0.5대

a. 어느 나라가 치즈에 절대우위를 가지고 있는가? 자동차는 어디인가?

b. 무역을 하지 않는 경우 프랑스에서 치즈의 상대가격은 얼마인가? 독일에서는 얼마인가?

c. 프랑스에서 치즈의 기회비용은 얼마인가? 독일에서는 얼마인가?

d. 어느 나라가 치즈에 비교우위를 가지고 있는가? 자동차는 어디인가? 설명하라.

e. 치즈 무역 가격의 상한과 하한은 각각 얼마인가?

f. 프랑스의 가상적인 생산가능곡선(PPC)을 그리고 기울기를 표시하라. 프랑스가 PPC의 어디에서 생산할 것인가를 결정할 때 비교우위를 따른다고 가정하자. 생산점을 표시하라. 자동차의 무역 가격이 자동차 1대당 치즈 5kg인 경우 프랑스가 무역에서 얻을 수 있는 이득을 보여주는 거래곡선(소비가능곡선, CPC)을 그려라.

3.2 3.1의 표가 다음과 같다고 가정하자. 이 정보를 이용하여 문제 a~f에 답하라.

노동 1시간 투입에 따른 산출물의 양

	프랑스	독일
치즈	1kg	2kg
자동차	0.25대	2대

a. 어느 나라가 치즈에 절대우위를 가지고 있는가? 자동차는 어디인가?

b. 무역을 하지 않는 경우 프랑스에서 치즈의 상대가격은 얼마인가? 독일에서는 얼마인가?

c. 프랑스에서 치즈의 기회비용은 얼마인가? 독일에서는 얼마인가?

d. 어느 나라가 치즈에 비교우위를 가지고 있는가? 자동차는 어디인가? 설명하라.

e. 치즈 무역 가격의 상한과 하한은 각각 얼마인가?

f. 프랑스의 가상적인 PPC를 그리고 기울기를 표시하라. 프랑스가 PPC의 어디에서 생산할 것인가를 결정할 때 비교우위를 따른다고 가정하자. 생산점을 표시하라. 자동차의 무역 가격이 자동차 1대당 치즈 5kg인 경우 프랑스가 무역에서 얻을 수 있는 이득을 보여주는 거래곡선(CPC)을 그려라.

3.3 결과적으로 모든 사람이 더 나아진 것은 아니지만 국가가 어떻게 무역에서 이득을 얻을 수 있는지 설명하라. 이것은 모순인가?

3.4 선진국의 경제 국수주의자들은 국제무역이 국가경제를 파괴하고 있다고 우려한다. 흔히 불평하는 점은 무역 협정을 통해 자국 근로자가 버는 임금의 일부만을 버는 근로자의 국가와 무역을 늘리도록 경제를 개방한다는 것이다. 이 논증의 잘못된 논리를 설명하라.

3.5 많은 사람은 국제무역의 목표는 일자리 창출이라고 믿는다. 결과적으로, 기업이 더 싸고 더 나은 수입제품에 맞서 싸울 능력이 없어서 근로자가 해고된 것을 보게 되면, 그들은 무역이 경제에 나쁜 영향을 미친다고 가정한다. 이 가정이 옳은가? 그 이유는 무엇인가?

3.6 독일이 바나나를 자급자족하고 수출하기로 결정했다고 가정하자. 이러한 목표를 달성하기 위해 바나나 생산에 투자할 회사에게는 큰 세금 혜택을 부여한다. 곧, 독일 바나나 산업은 경쟁적이며 가장 저렴한 가격으로 바나나를 판매할 수 있게 되었다. 독일은 비교우위를 가지고 있는가? 그 이유는 무엇인가? 전체 경제에 대한 결과는 무엇인가?

비교우위와 요소 부존

4

학습목표

이 장을 학습한 후 학생들은

4.1 헥셔-올린 무역모형을 이용하여 두 요소와 두 재화를 가진 두 국가 간 무역의 유형을 분석할 수 있다.

4.2 무역 개시 후 생산요소에 미치는 영향을 예측할 수 있다.

4.3 헥셔-올린 모형의 한계를 논의할 수 있다.

4.4 국제적으로 무역과 투자 간 기업의 상충관계를 설명할 수 있다.

4.5 국제 이주의 결정 요인과 비교우위에 미치는 영향의 사례를 들 수 있다.

4.6 국제무역이 임금과 일자리에 미치는 영향을 둘러싼 논점을 묘사할 수 있다.

서론 : 비교우위의 결정 요인

앞 장에서 제시된 비교우위 이론은 이유는 묻지 않은 채 각국의 생산성 수준에 차이가 있다고 가정했다. 이 장은 한 국가 내에 있는 노동, 자본 및 자원의 부존에 중점을 둔다. 이러한 요소 부존이 국가의 생산 기회비용과 비교우위를 결정한다는 가설을 세운다. 또한 생산의 변화와 근로자가 벌어들인 임금에 미치는 영향, 자본과 자원 소유자가 벌어들이는 이윤과 지대에 영향을 미치는 무역의 역할을 면밀히 살펴본다. 이 분석은 무역의 확대가 노동이나 자본에 대한 수요를 줄이고 소득 감소를 초래할 것을 두려워하는 사람들의 무역 확대에 대한 반대를 명확히 하는 데 도움이 된다.

근대 무역 이론

학습목표 4.1   헥셔-올린 무역모형을 이용하여 두 요소와 두 재화를 가진 두 국가 간 무역의 유형을 분석할 수 있다.

제3장에서 비교우위는 각국의 상대적 생산성에 달려 있는데, 이는 논의의 시작에서 가정으로 주어졌다. 스미스와 리카도는 각국이 자체 기술, 기후 및 자원을 보유할 것이고, 국가 간 차이가 생산성 차이를 가져올 것이라고 생각했다. 20세기 다수의 경제학자들은 한 국가의 비교우위가 각 재화를 생산하는 데 사용되는 투입 요소(생산요소 또는 간단히 요소)의 부존에 달려 있다는 무역에 대한 보다 상세한 설명을 개발했다. 이 이론은 헥셔-올린 이론(Heckscher-Ohlin theory, HO), 헥셔-올린-사무엘슨 이론(Heckscher-Ohlin-Samuelson theory) 또는 요소비율 이론(Factor Proportions theory) 등 다양한 이름으로 불리는데 모두 동일한 아이디어를 가리킨다.

헥셔-올린 무역모형

헥셔-올린(HO) 무역모형은 각 국가에 각 투입 요소(요소)가 각기 다른 수준으로 부존되어 있다는 관찰로 시작한다. 또한 각 산출물의 생산에 다른 기술이 적용되며 다양한 투입 요소의 각기 다른 조합과 규모가 필요하다. 예를 들어, 철강 생산에는 철광석, 코크스화 물질, 반숙련 근로자 및 비싼 자본설비가 많이 필요하다. 의류 생산에는 미숙련 및 반숙련 근로자와 재봉틀 형태의 기본 자본설비가 필요하다.

투입 요소의 가용성이 어떻게 생산성의 차이를 창출하는지 분석하기 위해, 먼저 **요소 풍부성**(factor abundance) 및 **요소 희소성**(factor scarcity)을 정의한다. 표 4.1은 이 개념을 수치 예제를 통해 나타낸다. 미국의 자본-노동 비율(K_{us}/L_{us})은 $^{50}/_{150}$ 혹은 $^1/_3$이고, 캐나다의 자본-노동 비율(K_{can}/L_{can})은 $^2/_{10}$ 혹은 $^1/_5$이다. 미국의 자본-노동 비율이 캐나다보다 높기 때문에(K_{us}/L_{us} > K_{can}/L_{can}) 미국은 상대적으로 자본이 풍부한 국가이고 캐나다는 상대적으로 노동이 풍부한 국가이다. 캐나다의 절대 노동 부존량은 미국보다 적지만 캐나다는 자본 대비 노동이 많기 때

표 4.1 요소 풍부성의 사례

국가	미국	캐나다
자본	기계 50대	기계 2대
노동	근로자 150명	근로자 10명

미국은 자본 풍부국이고 캐나다는 노동 풍부국이다.

문에 노동이 풍부하다고 여겨진다.

요소의 상대적 풍부성은 오타키 상태에서 요소의 상대비용이 그 요소가 상대적으로 희소한 국가보다 더 작다는 것을 의미한다. 반대로 상대적으로 희소한 요소는 더 비싸다. 따라서 미국에서는 자본이 상대적으로 싸고 노동이 상대적으로 비싸며 캐나다는 그 반대이다. 재화의 생산 기술이 다량의 풍부한 생산요소와 소량의 희소한 생산요소를 필요로 할 때 그 생산 기술로 생산하는 재화의 비용은 상대적으로 저렴하다. 이 사례에서 캐나다는 상대적으로 많은 노동과 상대적으로 적은 자본을 사용하는 생산의 기회비용이 적고, 미국은 상대적으로 많은 자본과 적은 노동을 사용하는 생산의 기회비용이 적다.

헥셔–올린 무역이론(HO trade theory)이 이 점을 잘 보여준다. 이 이론은 국가의 비교우위는 상대적으로 풍부한 요소를 집약적으로 사용하는 재화의 생산에 있다고 주장한다. 명확히 하기 위해 미국의 사례를 고려하자. 미국은 다양한 요소가 많이 부존되어 있다. 풍부한 농지와 광대한 숲의 형태로 천연자원이 부존되어 있고, 과학자, 엔지니어, 관리자와 같은 고도로 숙련된 노동이 부존되어 있다. 국가의 부를 통해 미국은 공공 및 민간 부문에서 풍부한 물적 자본을 창출해낼 수 있다. 따라서 수출 품목으로 농산물, 특히 숙련된 노동과 물적 자본을 필요로 하는 농산물, 물적 자본과 과학기술이 집약적으로 요구되는 다양한 종류의 기계류와 산업 제품 등이 포함되어야 한다.

미국의 주요 수출 품목 중 하나는 상업용 제트 항공기이다. 상업용 제트 항공기는 방대한 양의 물적 자본과 과학, 공학 및 관리 재능을 필요로 하는 제품이다. 미국은 곡물, 식물성 기름과 같은 곡물 제품의 주요 수출국이기도 하다. 이들은 상대적으로 적은 노동 투입과 다량의 자본 투입(콤바인, 트랙터 등), 농경지 그리고 잡종 종자, 살충제, 제초제 및 기타 농업 요소를 만들어내는 고도의 과학 연구 개발로 생산된다.

헥셔-올린 모형 내 무역의 이득

리카도 모형에서 각국은 철강 3톤에 대한 빵 2조각(미국), 혹은 철강 1톤에 대한 빵 3조각(캐나다)과 같이 일정한 규칙의 상충관계에 직면한다고 가정한다. 리카도 모형에서 비용이 일정한 것은 빵과 철강 생산에 투입되는 노동과 같이 유일한 투입 요소가 동질적이라는 사실에 기인한다. 노동자는 보유하고 있는 기술이 다르지 않고 자본 투입이 없으므로 각 노동자는 모든 단계에서 서로 동일한 생산성을 갖는다. 결과적으로, 노동이 빵 생산에서 철강 생산으로 또는 그 반대로 재배치될 때 상충관계는 항상 일정한 비율로 이루어진다.

헥셔–올린 모형에서는 노동, 자본, 농경지 등 다양한 투입 요소가 있으므로 각 노동자는 자본과 같은 다른 수량의 보조 투입 요소를 갖출 수 있다. 결국 5달러짜리 삽을 가진 노동자는 15만 달러의 불도저를 장착한 노동자보다 작은 구멍을 뚫을 수밖에 없는 것은 분명하다. 또한 노동과 자본의 질도 달라질 수 있다. 일부는 숙련되고 다른 일부는 미숙련된 노동이다. 특정 직업은 과학적 또는 기타 기술 훈련이 필요하고, 다른 직업은 기본적인 문해력 또는 그 이하만 필요하다. 마찬가지로, 자본도 기술 수준이 낮거나 첨예할 수 있으며 농지와 같은 자원도 비옥한 정도가 다르고 기후 특성이 다르다. 결과적으로 각각의 중요한 질적 차이는 별도의 투입 요소의 주요 특징으로 취급될 수 있으므로 숙련 노동력과 미숙련 노동력은 다른 요소로 간주될 수 있다.

한 국가가 다양한 업무에 대해 다양한 적합성을 갖는 여러 투입 요소를 가지고 있다면 일정한 비용의 생산가능곡선(PPC)을 더 이상 가정할 수 없다. 오히려 경제는 증가하는 비용을 가진다고 가정하고, 이는 각국이 모든 형태의 생산에서 증가하는 기회비용을 갖는다는 것을 의미한다. 결과적으로 미국이나 캐나다가 노동, 자본 및 토지를 빵 생산으로 이동함에 따라 빵 1조각을 추가적으로 더 생산할 때마다 그 전 단위보다 더 많은 양의 철강을 감산해야 한다. 그 이유는 간단하다. 더 많은 빵을 원한다면 철강 생산에서 자원을 빼내야 한다. 최적의 전략은 빵 생산에 상대적으로 좋지만 철강 생산에는 상대적으로 열악한 자원을 이동시키는 것이다. 이렇게 할 때 빵 생산에서는 가장 많은 이득을 얻고 철강 생산에서는 가장 적은 손실이 발생한다. 다음 번 생산에서 더 많은 빵을 생산하고자 하면 철강 생산에 사용되는 자원을 더 이동시켜야 하는데 바로 이전 이동한 자원보다 더 많은 양을 이동해야 한다. 아마 바로 이전 이동한 자원과 동일하게 빵 생산에 좋은 자원 혹은 동일하게 철강 생산에 열악한 자원을 찾기는 불가능할 것이다. 따라서 동일한 양의 빵을 더 생산하려면 더 많은 양의 철강을 포기해야 할 것이다. 이 결과는 더 많은 양의 철강 생산을 위한 자원의 이동에서도 대칭이므로 철강 생산의 기회비용 또한 증가한다. 그림 4.1은 증가하는 비용의 PPC를 나타낸다.

일정한 비용의 경우와 마찬가지로, 빵과 철강 사이의 상충관계는 PPC의 기울기와 같다. PPC가 곡선이므로 모든 생산점에서 기울기가 변하고 생산이 일어나는 점에서 상충관계를 측정해야 한다. 예를 들어, 그림 4.2에서 미국이 점 A에서 생산한다면 추가적인 철강 1톤의 기회비용은 점 A에서 PPC의 기울기와 동일하다. PPC가 직선이 아니고 곡선이므로 기울기는 그 점에서 접선을 그리고 그 접선의 기울기를 측정한다.

제3장에서 논의된 무역의 이득에 대한 대부분의 분석은 헥셔-올린 모형에서 이어진다. 이를 보이기 위해 점 A가 미국의 오타키 생산점이라고 하고 점 A에서 철강의 기회비용은 빵 0.67조각이라고 하자. 이것은 점 A에서 접선의 기울기가 −0.67임을 의미한다. 또한 캐나다 철강의 기회비용은 제3장에서와 같이 미국보다 커서 톤당 빵 3조각이고, 무역이 개시된 후 철강의 세계 가격 또는 무역 가격은 역시 제3장 사례와 동일하게 톤당 빵 2조각으로 결정된다

그림 4.1 미국의 PPC와 기회비용의 증가

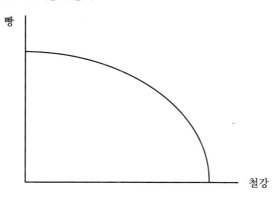

왼쪽에서 오른쪽으로 이동하면 추가적인 철강 1톤의 기회비용은 증가한다.

고 하자. 무역이 개시된 후에도 미국은 점 A에서 생산을 지속하여 무역을 하지 않을 수도 있고, 혹은 점 A에서 생산하지만 철강을 빵과 교환하여 CPC(소비가능곡선)상에서 위로 옮겨갈 수 있다. 제3장에서와 마찬가지로 CPC는 빵과 철강을 서로 교환하는 비율을 나타내는 거래곡선이며 동시에 생산이 점 A에서 일어나고 무역이 발생하면 가능해지는 새로운 소비조합을 나타내는 CPC다.

그림 4.3에서 CPC′은 점 A의 오른쪽에 있고 철강 축에 가까운 대체 생산점인 B에서 PPC에 접하는 거래곡선이다. 미국이 비교우위를 활용하고 철강 생산의 증가로 이동하면 비용 증가가 발생한다. 철강 축을 향해 이동하면 철강 생산의 한계비용이 커진다. 생산량이 증가함

그림 4.2 기회비용과 PPC의 기울기

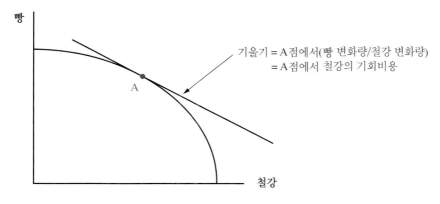

기울기 = A점에서(빵 변화량/철강 변화량)
 = A점에서 철강의 기회비용

철강 생산의 기회비용은 생산이 이루어지는 점에서 그 점을 접하는 접선의 기울기로 측정한다.

그림 4.3 헥셔-올린 모형에서 무역의 이득

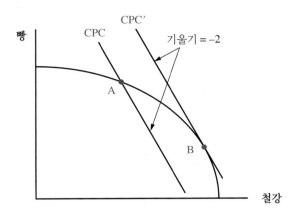

CPC는 점 A에서 생산이 발생할 때 거래곡선이다. 점 B에서 생산할 때 소득이 극대화된다.

에 따라 생산 기회비용과 무역 가격 사이의 격차는 점 B에서 동등해질 때까지 좁혀진다. 철강 생산량이 그 이상으로 증가하면 비용이 무역 가격을 초과하게 된다. 따라서 그 이상의 증가는 보장될 수 없다.

점 B에서 철강의 기회비용은 무역 가격과 동일하다. 모형이 대칭이고 빵의 기회비용과 무역 가격이 철강의 역수이기 때문에 빵에도 동일한 동등성이 적용된다. 점 B의 왼쪽에서 철강(빵)의 기회비용은 무역 가격보다 작기(크기) 때문에 생산의 증가(감소)도 보장된다. 점 B의 오른쪽에서 철강(빵)의 기회비용은 무역 가격보다 크기(작기) 때문에 생산의 감소(증가)도 보장된다. 점 B에서만 기회비용이 무역 가격과 동일하다. 다른 어떤 변화가 미국에 더 나은 상황을 줄 수 없기 때문에 점 B는 소득을 극대화하는 생산 조합이다.

그림상에서, 점 B의 우월성은 먼저 점 B를 점 A와 비교함으로써 볼 수 있다. CPC의 어느 점에 대해서도 두 재화를 더 많이 제공하는 소비점을 CPC′에서 찾을 수 있기 때문에 소비 가능성 측면에서 점 B는 점 A보다 확연히 우월하다. 즉 CPC′은 CPC의 위쪽 그리고 오른쪽에 있다. 미국이 점 B에서 생산하고 무역을 하면 두 재화를 모두 많이 소비할 수 있는 소비점이 가능하기 때문에 점 B는 점 A보다 우월하다. 또한 무역 가격이 2일 때 PPC상의 모든 다른 생산점은 더 적은 소비 조합을 가지게 한다. 즉, 다른 모든 생산점에서 그 점을 관통하는 −2의 기울기인 거래곡선이 CPC′의 아래쪽 그리고 왼쪽에 놓이게 되고, 철강 및 빵의 더 적은 소비 조합을 의미한다. 따라서 점 B는 가능한 가장 큰 소비조합을 제공함으로써 소득을 극대화한다.

헥셔−올린 모형에서 무역의 이득에 대한 개념은 리카도 모형과 거의 동일하다. 유일하게 중요한 차이점은 헥셔–올린 모형에서 완전 특화가 발생하지 않는다는 점이다. 미국은 빵을 어느 정도 계속 생산해내고 캐나다도 철강을 어느 정도 계속 생산해낸다.

무역과 소득 분배

학습목표 4.2   무역 개시 후 생산요소에 미치는 영향을 예측할 수 있다.

리카도의 비교우위 모형에서 국가 전체는 무역으로 인해 혜택을 얻고, 사회 구성원 일부에도 무역의 잠재적 악영향은 없는 것으로 가정한 것을 살펴보자. 무역이 개시되면서 경제는 PPC 의 한 생산점에서 다른 생산점으로 이동했다. 생산점 이동의 영향을 받은 근로자는 단순히 쇠퇴 산업에서 확장 산업으로 이동했다. 모든 사람들은 동일한 기술을 가지고 있고 각 유형의 생산에는 노동이 유일한 생산요소이기 때문에 모두가 일자리를 찾을 수 있었고 누구나 수입 상품의 가격 하락과 수출 상품의 가격 상승으로 혜택을 얻었다.

헥셔–올린 무역모형은 이러한 비현실적인 가정을 없애기 때문에 무역에서 발생하는 이익 과 손실을 분석하는 보다 정교한 방법이다. 노동은 두 가지 이상의 기술 범주로 나눌 수 있고, 다른 유형의 투입 요소도 포함될 수 있으며 산업은 다양한 투입 요소의 차별된 혼합을 필요로 하기도 한다. 이러한 보다 현실적인 가정하에서, 무역이 국가 전체에 혜택을 가져다주지만, 국가 내 일부 집단은 다른 집단보다 더 많은 이득을 얻고, 일부 집단은 실제로 해를 입는다는 것을 볼 수 있다. 또한 한 국가의 요소 부존과 무역을 통해 혜택을 얻는 자와 손실을 입는 자 간에 구조적인 관계가 있음을 알 수 있다. 무역을 통한 승자와 패자에 대한 분석을 논쟁하는 것은 현실주의에 입각한 중요하고 필수적인 자료를 보탤 수 있다. 모든 사람들이 무역이 확대 되는 것을 선호하지는 않으며 무역의 소득 분배 효과에 대한 분석 없이 무역 확대에 대한 부 정적인 생각을 이해할 수 없다는 것을 잘 알아야 한다.

스톨퍼-사무엘슨 정리

모든 사람의 소득은 그들이 경제에 제공한 투입 요소에 달려 있다. 노동은 기술 수준에 따라 높거나 낮은 임금을 받고, 자본 소유자는 이윤을 챙기며, 지주는 임대료를 얻는다. 투입 요소 의 단위당 얻는 소득의 정도는 투입 요소에 대한 수요와 공급에 따라 달라진다. 특정 투입 요 소에 대한 수요는 그 투입 요소가 생산에 사용된 산출물에 대한 수요로부터 간접적으로 유도 되기 때문에 **파생 수요**(derived demand)라고 한다. 생산량이 많고 결과적으로 가격이 높아지 면 그 산출물을 생산하는 데 사용된 투입 요소는 더 큰 수익을 얻을 수 있다.

일반적으로 산출물의 가격을 변화시키는 경제의 변화는 소득에 직접적인 영향을 미친다.

무역이 수출 가격의 상승과 수입 가격의 하락을 초래함으로써 산출물의 가격을 변화시키는 것을 보았다. 가격의 움직임은 각 투입 요소에 대한 수요를 변화시키고 그 투입 요소에 대해 지불한 수익을 변화시킨다. 따라서 무역은 소득 분배에 영향을 미친다.

무역이 개시되고 산출물의 가격이 바뀌면 일부 자원은 수입 제품을 생산하는 산업에서 빠져나와 수출 제품을 생산하는 산업으로 이동한다. 단순한 리카도 모형과는 달리 헥셔-올린 모형에서는 투입 요소의 다양한 조합에 따라 다른 재화가 생산되므로 경제가 PPC를 따라 이동하면 각 투입 요소에 대한 수요가 변경된다. 수입 물품 부문에서 집약적으로 사용되는 요소에 대한 수요가 줄어들고 소득 또한 감소하는 것을 볼 수 있다. 반대로, 수출 부문에서 집약적으로 사용되는 요소는 이에 대한 수요와 소득이 증가하게 된다. 요약하면, 무역이 개시될 때, 수입 부문에서 집약적으로 사용되는 요소의 수입은 감소하고 수출 부문에서 집약적으로 사용되는 요소의 수입은 증가한다.

이러한 효과는 헥셔-올린 이론에서 파생된 **스톨퍼-사무엘슨 정리**(Stolper-Samuelson theorem)에 요약되어 있다. 스톨퍼-사무엘슨 정리에 따르면, 재화의 가격이 상승하면 생산에 집약적으로 사용되는 요소에 대한 소득은 증가하게 되고, 반대로 재화의 가격이 하락하면 생산에 집약적으로 사용되는 요소에 대한 소득은 감소한다.

그림 4.4는 이러한 경향을 나타낸다. 미국과 캐나다는 자본과 노동을 사용하여 빵이나 철강을 생산할 수 있다고 하자. 또한 빵은 다음과 같이 노동집약적인 제품이라고 가정한다.

$$K^b/L^b < K^s/L^s$$

그림 4.4 스톨퍼-사무엘슨 정리

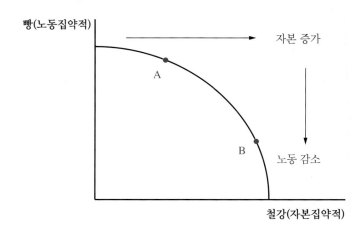

경제가 PPC상의 점 A에서 점 B로 이동하면 노동 수요는 감소하고 자본 수요는 증가한다.

그리고 미국은 캐나다와 비교하여 다음과 같이 자본 부존량이 많다고 가정한다.

$$K_{can}/L_{can} < K_{us}/L_{us}$$

헥셔–올린 이론에 따르면, 미국은 철강에 비교우위를 가질 것이며, 캐나다에 철강을 수출하고 대가로 빵을 수입할 것이다. 그림 4.4에서 무역이 개시되면 미국은 PPC를 따라 철강 축을 향해 점 A에서 점 B로 이동한다.

미국이 PPC를 따라 변화함에 따라, 생산 제품의 조합 변화는 노동에 대한 수요를 감소시키고 자본에 대한 수요를 증가시킨다. 빵 산업에서 퇴출된 일부 노동력을 철강 산업에서 고용할 수 있지만 빵 산업만큼 노동 집약적이지 않기 때문에 철강 산업에서 노동 수요의 증가는 빵 산업에서 노동 수요의 감소보다 적다. 순 효과는 노동 수요가 감소하고 결과적으로 임금이 하락하며 노동에 대한 소득도 감소한다. 스톨퍼–사무엘슨 정리가 수출 산업에 사용된 모든 요소의 수익이 증가하고 수입 산업에 사용된 모든 요소의 수익은 감소한다고 주장하는 것이 아님에 주목할 필요가 있다. 오히려 비교우위와 수출 산업을 결정하는 풍부한 요소가 혜택을 보고 희소한 요소는 산업과 상관없이 수익성이 떨어지게 된다.

스톨퍼–사무엘슨 정리는 무역의 소득 분배 효과를 이해하는 출발점이지만 내용의 일부만 말해주고 있다. **증폭 효과**(magnification effect)라고 불리는 정리의 연장은 산출물 가격의 변화가 요소 소득에 대해 증폭된 효과를 가지고 있음을 보여준다. 예를 들어 무역이 개시된 후 빵 가격이 75% 하락하면 노동 소득은 75% 이상 감소하고, 마찬가지로 수출 상품(철강)의 가격이 50% 상승하면 수출 부문에 집중적으로 사용된 요소(자본)에 대한 소득은 50% 이상 증가한다.

무역 개시의 소득에 미치는 궁극적인 영향은 영향을 받는 요소의 유연성에 달려 있다. 노동이 빵 생산에 묶여 철강 부문으로 이동할 수 없다면 이동이 완전히 유연한 것보다 훨씬 더 타격이 심할 수 있다. 미국–멕시코 자유무역에 관한 논쟁에서 아보카도 생산을 둘러싼 작지만 강렬한 논란이 있었다. 멕시코는 아보카도 생산에 필요한 투입 요소(특정 토질과 기후, 미숙련 노동 그리고 약간의 자본)가 충분히 부존되어 있기 때문에 아보카도 생산에 비교우위가 있다. 아보카도 시장에서 자유무역이 개시되면 캘리포니아의 아보카도 과수원 소유주들은 토지, 장비 및 아보카도 묘목에 대한 투자가 쓸모없게 될 것이라고 주장했다. 멕시코 아보카도가 25센트 혹은 그 이하의 가격으로 거래되는 데 1달러 혹은 그 이상을 지불할 이유가 있을까? 그러나 캘리포니아 아보카도 과수원의 대부분은 무분별하게 확산되는 거대한 대도시 지역의 교외에 위치하고 있으며 과수원 토지가 아보카도 생산에 가치가 없다면 다른 생산 라인(예를 들어 주택 개발)에 가치 있는 용도로 활용될 수 있다. 결과적으로, 지주의 수입은 장기적으로 줄어들지 않을 수 있지만, 단기적으로는 토지를 다른 목적으로 전환하기가 불가능할 수 있다. 이러한 고려 사항을 무역모형에 반영하려면 헥셔–올린 모형의 단기 분석으로 전환해야 한다.

특수 요소 모형

단기적으로는 요소의 이동이 서로 다른 산출물 부문 간에는 제한적이다. 예를 들어, 세계 철강 산업에서 경쟁이 치열해지면 미국 철강 근로자들의 임금은 하락하고 일부는 일자리를 잃게 될 것으로 가정하자. 장기적으로 정리 해고된 철강 근로자 대부분은 철강 부문 밖에서 일자리를 찾을 수 있지만, 단기적으로는 임금 삭감 및 해고에 묶여 있다. 마찬가지로 물적 자본은 일반적으로 특정 용도로만 사용되고 다른 제품을 생산하도록 전환될 수 없으며 토지도 일반적으로 특정 용도로 묶여 있으므로 즉시 다른 용도로 전환될 수 없다. 그러나 장기적으로 공장과 장비는 다른 생산 목적으로 용도 변경이 가능하고 토지도 다른 용도로 사용될 수 있으며 근로자 또한 다른 직무를 하는 직업을 찾게 된다.

단기적으로는 아니지만 장기적으로 대체 고용을 찾을 수 있는 노동 및 기타 요소의 가능성을 강조하기 위해, 경제학자들은 때때로 헥셔–올린 모형에 조건을 추가한다. 토지, 노동, 자본의 세 요소와 철강과 빵 두 재화가 있다고 가정하자. 철강 생산에는 자본과 노동이 필요하고 빵은 토지와 노동이 필요하다. 헥셔–올린 모형의 변형된 형식에서 노동은 두 재화의 생산 간에 직무가 다르기 때문에 가변 요소이고, 토지와 자본은 빵과 철강에 각각 사용되기 때문에 특수 요소이다.

이 모형은 헥셔–올린 모형의 특별한 형태로서 **특수 요소 모형**(specific factors model)의 한 예이다. 헥셔–올린 모형은 요소가 한 생산 부문에서 다른 생산 부문으로(예 : 빵 생산에서 철강 생산으로) 쉽게 이동할 수 있다고 가정한다. 특수 요소 모형(표 4.2)에서는, 각 재화는 그 재화의 생산에만 사용되는 특수 요소와 두 재화를 생산하는 데 사용되는 가변 요소로 생산된

표 4.2 특수 요소 모형

요소	산출물	
	빵	철강
특수 요소	토지	자본
가변 요소	노동	노동

토지, 자본과 같은 특수 요소는 한 재화의 생산에만 사용되고, 노동과 같은 가변 요소는 빵과 철강 생산 모두에 사용 가능하다.

다. 특수 요소(토지와 자본)는 이동 불가능하고 빵과 철강 생산 간 전환이 되지 않으며 가변 요소(노동)는 산업 간 완전히 이동 가능하다.

특수 요소 모형의 비교우위의 결정 요인은 헥셔–올린 모형에서 사용한 분석과 유사하다. 헥셔–올린 모형과 마찬가지로 비교우위는 요소 부존에 달려 있다. 두 모형의 주요 차이점은 특수 요소가 중요한 역할을 한다는 것이다. 캐나다는 상대적으로 토지가 풍부하고 미국은 상대적으로 자본이 풍부하다고 가정하자. 그래서 캐나다는 빵을 수출하고 미국은 철강을 수출한다. 추론은 헥셔–올린 모형과 동일하다. 캐나다는 빵을 생산하는 데 사용된 특수 요소가 충분히 부존되어 있기에 빵 생산의 기회비용은 토지가 상대적으로 덜 풍부한 미국보다 적다. 마찬가지로 철강 생산은 미국에서 풍부하고 캐나다에서는 상대적으로 희소한 자본을 사용한다.

무역의 소득 분배 효과에 대한 분석은 명확하다. 무역이 개시되면 각국은 비교우위를 따라 보다 심화된 특화를 추진한다. 생산의 변화는 쇠퇴한 산업에서 집약적으로 사용되는 특수 요소에 대한 수요를 줄이고 그 요소의 수익은 감소한다. 예를 들어 캐나다는 빵 생산에 특화하기 위해 철강 생산을 줄인다. 캐나다의 경제 구조는 자본 집약적인 철강 생산에서 멀어지기 때문에 자본 소유자는 손실을 입고 토지 지주는 정반대의 효과를 얻는다. 빵 수출을 위해 토지에 대한 수요가 증가함에 따라 소득이 증가한다. 미국에서는 토지 지주가 손실을 입고 자본 소유자는 혜택을 본다.

이 사례에서 가변 요소인 노동에 대한 무역의 소득 분배 효과는 불확실하다. 노동이 이동 가능하기 때문에 쇠퇴하는 부문에서 해고된 근로자들은 확대하는 부문에서 일자리를 찾을 수 있다. 캐나다 근로자는 철강이 더 싸기 때문에 철강을 사용하는 제품을 소비하는 만큼 더 혜택을 입는다. 다른 한편으로는, 빵의 세계 가격이 오타키 상태의 캐나다에서 거래된 빵 가격보다 크다는 사실은 캐나다에서 소득으로 빵을 사는 데 지출된 만큼 손실을 입는다는 것을 의미한다. 캐나다 노동에 대한 순 효과는 빵 가격의 상승과 철강 가격의 하락, 어느 효과가 더 큰가에 달려 있다. 미국 근로자는 철강 가격의 상승과 빵 가격의 하락에 직면해 있으며, 다시 말하면 순 효과는 불확실하고 소비 유형에 달려 있다.

사례연구

단일 천연자원의 비교우위

천연자원은 많은 국가에서 비교우위의 원천이다. 칠레에는 구리, 보츠와나에는 다이아몬드, 사우디아라비아에는 석유가 있다. 원유는 아마도 오늘날 가장 중요한 지정학적 자원일 것이며, 가장 큰 자원 시장일 것이다. 실제로 통화 거래 이외에 원유의 국제무역은 다른 상품이나 서비스의 양과 가치를 초과한다. 유엔무역개발위원회(United Nation's Commission on Trade and Development)와 미국 에너지정보청(U.S. Energy Information Administration)에 따르면 2014년 전 세계 일일 원유 수출은 약 8,800만 배럴이었다. 배럴당 평균 약 48달러를 고려할 때, 이는 하루에 42억 달러를 상회하는 가치와 같다.

원유 생산의 비교우위는 주로 국가의 원유 부존에 달려 있으며, 누구나 알고 있듯이 중동 국가는 세계에서 입증된 원유 매장량의 대부분을 보유하고 있다. 표 4.3은 세계 최대의 매장량을 가진 10개국과 총수출에서 연료 제품의 비중을 보여준다.

석유는 가치가 있다. 결과적으로 국가는 원유 매장이 부존되어 있으면 자본과 노동이 그 부문으로 끌어들여지는데, 이는 투입 요소의 가장 가치 있는 사용처이기 때문이다. 또한 이는 자원 부존을 근거로 한 비교우위를 따르는 확실한 예이다. 그러나 석유 산업 개발의 잠재적 수익으로 인해 다른 경제 활동을 개발하기 어려울 수 있으므로 불리한 측면도 있다. 이는 표 4.3에서 분명하게 나타나며, 대부분의 국가에서 총수출에서 차지하는 석유수출의 비중이 높음을 보여준다. 표에 나타난 대부분의 국가들은 단일 생산품 국가들이다.

고가치의 단일 자원이 다른 경제활동의 개발을 구축하는 문제를 **자원의 저주**(resource curse)라고 부른다. 자원의 저주는 석유나 다른 가치 있는 광물이 부존하고 있는 국가들에

표 4.3 10대 석유 매장 보유국

국가	매장량*(2015)	(연료수출/총수출)×100(2013)
베네수엘라	298	96.7
사우디아라비아	268	80.6
캐나다	172	27.0
이란	158	60.4
이라크	144	99.6
쿠웨이트	104	90.7
아랍에미리트연방	98	30.0
러시아	80	63.6
리비아	48	96.3
나이지리아	37	79.3

* 10억 배럴, 현재 기술 기준

출처 : Data from U.S. Energy Information Administration; World Trade Organization. © James Gerber

게 불가피한 현상만은 아니지만(예를 들어 캐나다의 극복), 도전이 되고 자원은 항상 번
영으로 이끄는 경로라는 생각에 경종을 울린다. 자원의 저주의 다른 유형이 국가가 갑자
기 금이나 다른 귀중한 광물을 발견했을 때 나타났다. 저주의 배후에 있는 자원에 관계없
이, 극복하지 못한 모든 경우에 노동과 자본은 천연자원을 추출하는 데 집중되어 있으며,
다양한 경제를 개발하기가 어려워진다. 지배적 상품의 가격이 불안정적일 때, 국민 소득
은 매우 짧은 시간 내에 변동이 생기고 심한 거시경제적 불안정성과 호황과 불황의 주기
가 반복되는 결과를 초래한다.

　　대규모 단일 자원의 부존이 갖는 또 다른 문제는 정치적 혼란을 야기한다는 것이다. 자
원의 통제권을 차지하려는 강한 유인이 작동하는데, 이는 서로 다른 집단이 투쟁하면서
지도부의 파벌과 정치적 갈등으로 이어진다. 정부의 힘이 강하지 않은 국가에서 정치인
들이 필요한 정치적 지원을 돈으로 매수할 때 막대한 부(富)에 대한 약속은 쉽게 부패로
이어질 수 있다. 더 심한 경우에는 내전이 일어날 수도 있다.

　　자원을 가진 모든 국가가 자원의 저주에 시달리는 것은 아니다. 부패 방지를 위한 강력
한 제도와 교육, 기술 및 저축에 대한 헌신은 국가가 경제를 다각화하고 자원이 더 이상
가치 없는 불가피한 때에 활용하기 위해 국가가 필요한 인적자본 및 금융자본을 개발하
도록 한다. 캐나다가 이를 이루어냈으며 아랍에미리트연방(UAE)도 비슷한 경로를 따라
가고 있다.

비교우위 이론의 실증 분석

학습목표 4.3　헥셔-올린 모형의 한계를 논의할 수 있다.

잘 알려진 무역이론은 모두 비교우위 개념의 변형된 형태이고 각 이론은 한 국가가 수출하고
수입할 상품에 대한 예측을 낸다. 따라서 각 이론을 검증하는 것은 간단할 것인데 이론이 낸
예측과 실제 무역 동향을 비교하여 일치하는지 확인함으로써 가능하다. 불행하게도, 무역이
론에 대한 실증 분석은 설명하는 것보다 수행하기가 더 어렵다. 부분적인 문제는 요소 부존과
오타키 가격과 같은 변인을 측정하는 것이 쉽지 않다는 것이다.

　　여기에 제시된 무역이론과 제3장에서 제시된 무역이론은 경제학자에 의해 가장 보편적으
로 받아들여지는데, 상대적 생산성을 기반으로 한 리카도 무역이론과 요소 부존에 따른 헥
셔—올린 무역이론이다. 제3장에서 제시된 리카도 무역이론에서 비교우위는 상대적 생산성에

기반한다. 이 모형은 상대적 생산성이 요소 부존보다 측정하기 쉽기 때문에 검증이 용이하다. 따라서 리카도 이론의 실증 분석이 더 성공적이라는 것은 놀랍지 않다. 일반적으로 두 국가 간 무역의 유형이 양국 노동 생산성의 상대적 차이에 의해 대부분 결정될 것이라는 가설이 확인되어 왔다. 보다 구체적으로, 한 국가의 특정 산업에서 노동 생산성이 높아지면 그 국가는 그 재화의 순수출국이 될 확률이 높아진다.

헥셔–올린 이론에 대한 많은 실증 분석은 상반된 결과를 보인다. 이 분야의 연구자들이 제기하는 문제 중 하나는 요소 부존에 대한 일정한 측정치를 얻는 것이 어렵다는 것이다. 이 장에서 제시된 모형에서는 특수 요소 모형에서 3요소로 확장된 것을 제외하고 단지 2요소만 고려되었다. 현실에는 3요소보다 훨씬 더 많은 요소가 있다. 다양한 종류의 노동(미숙련, 반숙련, 관리직, 기술직 등)이 있으며 천연자원과 자본의 종류도 다양하다. 이 범주들 중 어느 것도 표준화된 정의를 가지고 있지 않으며, 따라서 노동, 자본 및 천연자원의 유형은 각국에서 각각 다르게 측정된다. 결과적으로 헥셔–올린 이론의 검증에 대한 공식적인 통계 분석은 측정에서 발생하는 데이터의 측정 오류가 주요 문제라고 결론지었다.

그럼에도 불구하고 경제학자들 사이의 합의는 비록 항상 그런 것은 아니지만 요소 부존이 중요하게 여겨진다는 것이다. 요소 부존을 정확하게 측정할 수 있다고 하더라도 국가 간 기술 차이는 포착되지 않으며 생산성 차이의 중요한 원천이 될 수 있다. 기술 이외에, 요소 부존 이론에 의해 고려되지 않은 무역 유형의 다른 중요한 결정 요인은 규모의 경제, 기업 구조 및 경제 정책이다.

요소 부존에 기반한 무역 이론이 상반된 실증적 결론을 갖지만 이에 불구하고 무역에 관한 대부분의 경제학자들이 갖는 논리의 기초로 남아 있다. 이 사실이 의아할 수 있지만 실제로는 그럴만한 이유가 충분히 있다. 요소 부존이 세계 모든 무역의 유형을 설명할 수는 없지만 많은 유형을 설명한다. 따라서 요소 부존으로 시작하고 다른 개념으로 보완하는 것이 유용하다. 아마도 가장 중요하게는, 요소 부존의 개요는 무역의 소득 분배 효과를 분류하는 데 유용한 방법이 될 것이다. 이러한 이유로 인해 헥셔–올린 모형과 그 변형된 형태는 국제경제학의 핵심으로 남아 있다.

헥셔-올린 모형의 확장

학습목표 4.4　국제적으로 무역과 투자 간 기업의 상충관계를 설명할 수 있다.

학습목표 4.5　국제 이주의 결정 요인과 비교우위에 미치는 영향의 사례를 들 수 있다.

여러 대안적인 무역모형이 문헌에서 잘 알려져 있다. 다음에 제시될 두 모형은 리카도와 헥셔-올린 단순 모형에서 가정한 단순 모형과는 다른 산업 혹은 산업군이 갖는 생산의 속성에 중점을 둔다. 그러나 두 모형 모두 비교우위 이론의 보충설명이다. 제5장에서 비교우위의 틀을 벗어나 생산성 차이 혹은 요소 부존에 의해 결정되지 않는 무역의 경우를 살펴볼 것이다.

제품 주기

무역의 **제품 주기**(product cycle) 모형은 레이먼드 버논(Raymond Vernon)에 의해 개발되었다. 이 모형은 제조품과 기술의 진화에 관한 생각을 반영한 통찰력 있는 분석이다. 가장 큰 장점 중 하나가 숙련된 노동과 자본이 부족한 국가들이 어떻게 정교한 제조품을 수출하는지 설명할 수 있다는 것이다.

버논은 자동차, 전자장치 및 새로운 가전제품과 같은 많은 제조품이 시간이 경과함에 따라 투입 요소가 변경되는 제품 주기를 거친다고 지적했다. 이러한 제품이 출시 초기에는 최종 제품의 특성과 제조 공정 과정에 대해 많은 실험을 거친다. 예를 들어 컴퓨터 태블릿을 처음 개발할 때 선택할 수 있는 다양한 형태가 있었다. 각 제품에는 동일한 기술 내에서조차 다양한 옵션이 있었으며 장치 크기, 메모리 용량, 연결 가능성 및 기타 기능은 표준화되지 않았다.

생산 초기 단계에서 제조업체는 소비자 피드백이 가장 활발한 고소득 시장 가까이에 있어야 한다. 기본적인 디자인 기능을 실험하려면 시장의 반응에 대한 정보가 필요하다. 결과적으로 제품에 대한 정보를 홍보하기 위해서는 상당한 소득의 소비자와 숙련된 마케팅 기반이 있어야 한다. 또한 투입 요소 측면에서 실험과 디자인 및 제조 공정의 개선에는 과학적·공학적 투입과 함께 실패 위험과 이윤이 거의 또는 전혀 없는 초기 기간을 감수하려는 자본의 투입이 필요하다. 소비 측면과 생산 측면 모두 제품 연구, 개발 및 초기 생산이 선진국에서 이루어져야 한다.

그러나 시간이 지남에 따라 제품은 개발 및 생산의 초기 단계를 떠나기 시작하여 중간 단계에 진입한다(그림 4.5 및 그림 4.6 참조). 제품 자체는 크기, 기능 및 제조 공정이 표준화되기 시작한다. 제품 개발이 기본 디자인의 점진적인 향상으로 맞추어짐에 따라 근본적으로 새로운 디자인에 대한 실험은 약화되기 시작한다. 중간 단계에서 생산은 노동 비용이 낮은 국가로 이동하기 시작한다. 공정 중심의 운영에서 저숙련 및 반숙련 노동을 사용하는 표준화된 제

그림 4.5 고소득 국가의 제품 주기

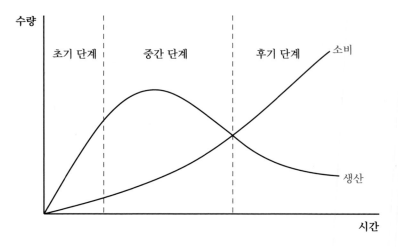

많은 종류의 제조품은 혁신, 안정화, 표준화의 제품 주기를 거친다.

조 루틴이 점차 보편화된다.

　고소득 국가에서 소비가 생산을 초과하기 시작할 때 제품 주기의 후기 단계에 도달한다. 이 단계에서 세계 생산량의 상당한 비중은 미숙련 및 반숙련 노동이 풍부하여 노동 비용을 낮게 유지할 수 있는 개발도상국으로 이동한다. 후기 단계에서 고소득 국가에 새로운 제품의 혁신으로 나아가도록 압박이 가해지며 제품 주기는 다시 시작한다.

그림 4.6 저소득 국가의 제품 주기

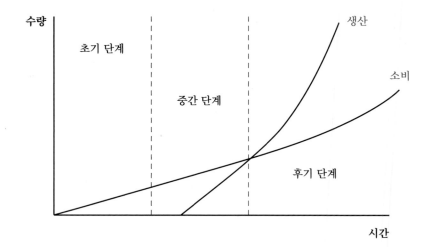

저소득 국가는 제품 설계, 생산 기술이 안정되기 시작하는 중간 단계에서 생산하기 시작한다.

제품 주기는 리카도 또는 헥셔-올린 모형보다 기술에 대한 보다 정교하게 보충된 개념이다. 이 두 모형들과 근본적으로 다른 것처럼 보일 수도 있지만 실제로는 매우 유사하다. 핵심은 기회비용에 관한 내용이다. 제조 공정이 표준화됨에 따라 비교적 미숙련 노동에 의해 수행될 수 있다. 사실상, 숙련된 과학, 공학 및 마케팅 요소로부터 미숙련 및 반숙련 노동에 이르기까지 투입 요소의 혼합이 시간이 지남에 따라 변경된다. 결과적으로, 개발도상국의 생산 기회비용은 고소득 국가보다 낮아진다. 본질적으로 리카도 모형과 동일하다.

사례연구

미국-중국 무역

국제통화기금(IMF)에 따르면 중국은 세계에서 인구가 가장 많은 나라로 13억 7,000만 명이 넘고 미국에 이어 두 번째로 큰 경제 대국이며 2015년 국내총생산(GDP)이 10조 9,800억 달러에 달한다. 중국 경제는 중대한 경제 개혁을 시작한 1978년까지 대외적으로 거의 폐쇄되어 있었다. 처음에는 개혁이 농업에만 국한되었지만, 해안 지역에 여러 경제 특구를 신속하게 도입했다(제17장 참조). 대만, 홍콩, 싱가포르 및 기타 동아시아 지역의 많은 중국인과 함께 홍콩과의 근접성을 통해 중국이 자본 유입에 대해 수용적으로 변하면서 막대한 규모의 외국인 투자를 유치할 수 있게 되었다. 그 결과 중국 경제는, 특히 수출 부문은 지난 20년간 급속히 성장했다.

중국의 자원 부존은 미숙련 및 반숙련 노동 인구가 풍부하고 과학 및 공학 인재는 상대적으로 희소하다. 따라서 노동 집약적 제조품에 상당한 수출 비중을 두는 것은 놀랄 일이 아니다. 표 4.4는 2014년 중국의 상위 10대 대미 수출 품목을 나타낸다. 그중 6개 품목은 중국의 풍부한 노동력과 일부 자본을 이용한 단순 제조품인데 생활 용품, 장난감 및 스포츠 용품, 의류, 신발류 및 가구 등이다.

나머지 품목은 중국이 휴대폰, 컴퓨터 및 컴퓨터 주변 기기의 제조 등 기술적 복합성을 발전시키고 나가는 것처럼 보인다. 누구도 기술 진보 자체를 의심하지는 않지만 중국의 컴퓨터, 통신 장비 및 기타 품목 수출은 전반적인 복합성의 높은 수준을 반영하지 못한다. 주로 제품 주기와 다국적 기업이 가치 사슬을 거치는 과정을 설명한다. 일부 제품은 단순하고 표준화된 것이지만 다른 제품은 수입 부품으로 중국에서 조립된 것이다. 이 장 뒷부분의 두 사례연구에서 이 문제를 보다 자세히 파헤칠 것이다.

표 4.4 중국의 상위 10대 대미 수출 품목(2014)

품목	100만 달러
휴대폰 및 기타 생활 용품	64,074
컴퓨터	46,091
컴퓨터 주변 기기	31,181
장난감, 게임, 스포츠 용품	25,608
의류, 섬유, 비모직물 또는 면직	22,957
통신 장비	22,454
가구, 생활 용품 등	16,705
의복, 생활 용품-면직	14,413
신발류	14,294
기타 차량 부품 및 주변 기기	13,392

중국의 노동 부존과 제품 주기로 대미 수출 제품의 비중을 설명한다.

U.S. Imports from China by 5-digit End-Use Code 2006–2015, Foreign Trade (2014), U.S. Census Bureau.

무역 vs 해외 투자

제품 주기에서는 기업이 수출하는 대신 해외로 투자하고 생산품 일부는 본국으로 다시 수입해 온다. 이 유형은 국가가 제품을 수출하고 다른 제품을 수입하는 단순한 헥셔–올린 모형과는 매우 다르다. 첫째, 제품 주기에 명시된 조건에서 기업은 수출보다는 해외에 투자하는 것을 선호한다. 즉, 무역을 해외 투자로 대체한다. 둘째, 기업이 해외 공장에서 생산한 제품 일부를 본국으로 다시 들여오는 것도 무역이지만 전적으로 단일 기업 내에서 이루어진다. 즉, 모기업과 해외 계열사의 무역 형태인 **기업 내 무역**(intrafirm trade)이 관련된 것으로 본다.

기업 내 무역을 측정하기는 어렵지만 1990년대 중반 미국 상품 수출의 약 3분의 1과 상품 수입의 5분의 2가 기업 내 무역인 것으로 추정되었다. 그러나 대부분의 해외 투자는 수출을 목적으로 하는 것은 아니며, 오히려 해외 투자가 집행된 지역의 시장에 생산된 제품을 공급하기 위한 것이다. 무역이 목적이든 아니든 간에 무역 대신 해외 투자를 선택하는 것은 경제학자와 비즈니스학자에게 많은 질문을 제기한다. 왜 기업들은 때때로 해외에 있는 별도의 기업에서 직접 수입품을 구매하는 대신 해외 직접 경영을 설립하는 것을 선호하는가? 혹은 기업의 해외 투자가 그 지역 시장에서 판매할 목적이라면 직접 수출하지 않고 그 지역에서 생산하는가? 두 질문 모두 무역보다 해외 투자를 선택하도록 하는 환경에 대한 질문으로 본질적으로 동일하다.

제품 주기는 이러한 질문에 대한 하나의 대답을 제공하지만 기업이 멕시코가 아닌 중국에 투자하는 이유를 설명하지 않기 때문에 불완전한 대답이다. 노동 비용이 유일한 이유라면, 아 프리카는 가장 많은 투자를 유치하는 대륙이었을 것이지만 오히려 가장 적은 투자를 유치하 는 대륙이다. 또한 제품 주기는 왜 해외 투자의 가장 큰 비중이 해외 투자를 가장 많이 제공하 는 국가와 비교우위가 비슷하거나 유사한 유럽 및 북미 선진국에 집중되는지 설명하지 못한 다. 유엔 자료에 따르면, 고소득 국가는 일반적으로 방대한 해외 투자를 제공하거나 유치한 다. 금융위기 이후 외국인 투자의 65%만을 유치하고 있는데(80% 이상을 제공하고 있으며), 이는 금융위기 이전에 보다 '전형적인' 75%를 유치했던 것보다 적지만 여전히 전체 외국인 직접투자의 2/3에 해당하는 규모이다.

해외 투자와 본국 기반 수출 간 상충관계에 대한 연구는 기업의 미시경제 특성과 외국인 투자를 유치하는 국가의 거시경제 특성의 중요성을 인식한다. 미시경제 요인은 개별 기업의 내부 제약과 기회를 검토하는 반면, 거시경제 요인은 그 국가가 외국 기업이 투자하기에 적합 한 위치가 되는지 내부 조건을 고려한다. 두 가지 특성을 결합한 분석 틀은 외국인 직접투자 의 **OLI 이론**(OLI theory)으로 알려져 있다. 이 이론의 제창자인 존 더닝(John Dunning)은 다 양한 미시경제 및 거시경제 요인을 결합한 절충적인 이론으로 제안한 것이다.

OLI는 소유권(ownership)–입지(location)–내재화(internalization)를 가리킨다. 더닝의 분석에 서, 해외에 투자하는 회사는 세계 시장에서 경쟁 우위를 점할 수 있는 자산을 소유하고 있다 (소유권). 자산은 특허, 혁신, 설계도 또는 영업 비밀과 같이 유형의 것이 될 수 있고, 상표 또 는 회사의 명성과 같이 무형의 것일 수도 있다. 두 경우 모두 귀중한 자산의 소유권은 회사에 잠재적인 우위를 부여한다. 둘째, 회사는 우위를 점할 수 있는 생산 입지를 모색할 것이다(입 지). 이는 낮은 투입 비용, 대규모 고객 기반 또는 더 효율적으로 보다 나은 제품을 생산할 수 있는 주변 경제 환경의 형태로 이루어질 수 있다. 저렴한 노동력은 단지 하나의 가능성일 뿐 이고 도로 및 공공시설 등 좋은 기반시설이 동반되지 않거나 고용주가 필요로 하는 기술을 제 공하지 않거나 제품의 최종 시장에서 너무 멀리 떨어져 있다면 임금이 낮다는 사실은 국가의 단점을 극복하지 못한다.

셋째, 가장 개략적으로, 해외에 투자하는 기업은 해외 자산의 소유권이 부여하는 모든 우 위를 기업 내에서 포착하려고 한다(내재화). 해외에 투자하는 기업은 원한다면 단순히 자산에 대한 권리를 외국 기업에 판매하여 생산을 맡길 수 있고, 사실 많은 기업이 이러한 방식으로 운영하고 있다. 즉, 투자 기업은 한 대안으로 기술, 상표 또는 영업 비밀에 대한 라이선스를 판매할 수도 있다. 그러나 일부 기업은 해외 현지에 생산 시설을 설치하는 추가 비용의 부담 을 선택하기도 한다. 이런 선택에는 기술의 유출 또는 복제에 대한 두려움, 외국 기업과의 계약 모니터링 및 시행 문제, 외국 기업의 생산 실수로 인해 모기업의 명성이나 상표에 해를 끼칠 우려 등 많은 잠재적 이유가 있다. 이유가 무엇이든, 투자 기업은 자산 소유권이 주는 우위를 자체적으로 내재화하는 것이 다른 기업에 이러한 우위를 판매하는 것보다 더 많은 이익을 얻는다고 결정한다.

더닝의 분석은 많은 기업의 행동에 대한 견고하고 적용 가능한 분석인 것으로 파악하는 많은 학자들에게 기여가 있고 또 그들에 의해 확장되고 있다. 이 분석은 기업이 무역에 참여하는 것보다 해외에 투자하도록 동기를 부여하는 환경을 설명하기 때문에 무역이론이라고 할 수 없지만, 무역이론에 위배되지도 않는다. 오히려, 기업은 국제적으로 이동이 가능하며 다른 입지에서 취할 수 있는 비교우위를 사용할 것이라고 단순히 제시하고 있다. 이러한 의미에서 이러한 장점은 개별 기업이 스스로의 행동에 적응할 수 있도록 동기 부여하는 방법을 보여준다.

오프쇼링 및 아웃소싱

오프쇼링(off-shoring) 및 **아웃소싱**(outsourcing)은 자주 사용되는 용어이지만 다양한 정의가 사용된다. 여기서, 오프쇼링은 기업 활동의 일부 또는 전부를 자국 이외의 장소로 이전하는 것으로 정의되고, 아웃소싱은 기업의 활동을 자국 혹은 외국의 다른 기업에게 위탁하는 것으로 정의된다. 오프쇼링과 아웃소싱의 어떤 조합도 가능하며 실제 세계경제에 존재한다. 일부 기업은 해외로 기업 활동의 일부를 이전하지만 외국 기업에게 위탁하는 것은 아니며 본국의 기업이 소유권을 가지고 외국에 기지를 둔 **해외 자회사**(foreign affiliate)를 통해 활동하는 것을 선택한다. 예를 들어, 미국과 멕시코의 많은 거래가 미국 내 모기업이 멕시코에 설립된 해외 자회사 간 자동차 부품 및 전자 부품을 수출하고 수입하는 기업 내 무역의 형태이다. 미국의 모기업이 일부 생산을 멕시코로 이전하되 외국 기업에게 위탁하지 않는다. 다른 기업은 기업 활동을 외부 기업에게 위탁하지만 해외로 이전하지는 않는다. 예를 들어, 기업이 국내 다른 기업과 기업 활동에 대해 하청 계약의 형태를 취한다. 자동차 업체가 국내 업체로부터 부품을 구매하기로 결정하지만 멕시코에 해외 자회사를 설립해 생산하거나 외국 기업에게 생산을 위탁하지는 않는다. 마지막으로 또 다른 기업은 생산을 해외로 이전하기도 하고 모기업이 소유하지 않은 외국 기업과 서비스 또는 상품 인도 계약을 체결할 수 있다.

오프쇼링은 현대 통신 및 운송 기술이 기업의 해외 생산 이전을 가능하게 한 1980년대에 관심사가 되었다. 초기에는 오프쇼링이 제조업의 근로자에게 가장 큰 관심사였지만 1990년대에 정보 기술이 발전하면서 일부 서비스를 해외로 이전할 수 있게 되었다. 이는 제조업 이외 서비스 분야의 근로자들에게 우려를 불러일으켰다. 역사적으로 대부분의 서비스는 생산지에서 소비되었지만 최근에는 일부 서비스 생산을 소비가 발생하는 지점에서 먼 곳으로 이전할 수 있게 되었다. 예를 들어 미국이나 유럽의 의사가 특정 유형의 엑스레이 사진을 해석할 수 있는 인도의 전문 의료진에게 상담해줄 수 있다. 인터넷과 효율성이 증가된 통신수단으로 인해 두 곳의 의사들이 같은 영상을 보고 저비용으로 서로 의견을 교환할 수 있게 되었다.

서비스 오프쇼링의 영향과 범위는 대부분의 국가가 필요한 유형의 자료를 수집하지 않기 때문에 잘 알려지지 않고 있다. 그럼에도 불구하고 초창기 연구 및 분석은 무역 및 비교우위에 대한 기존의 이해와 일치하는 결론을 내렸다. 즉, 서비스 무역이 상품 무역과 달라야 하는 명확한 이유가 없다는 것이다. 트럭이나 선박으로 도착한 수입이 인터넷을 통해 도착한 것과 개념적으로 다르지 않다. 이 점에 있어서 서비스 수출입에 특별한 차이가 있을 수 없으며 특화와 무역이 상품에 대한 것과 동일하거나 유사한 이득을 서비스에 대해서도 제공할 것이다.

오프쇼링에 관한 논쟁의 주된 초점은 서비스나 제조업이든 간에 그것이 본국에 미치는 영향, 즉 실업의 문제이다. 오프쇼링은 서비스 종사자와 같이 국제무역과는 아무런 관련이 없다고 느끼는 근로자들에게 특히 불안한 일이며 서서히 진행되는 세계화가 삶을 더 불확실하게 하는 또 다른 사례로 여겨진다. 그러나 연구결과에 따르면 오프쇼링은 가능한 유형이 다양하다는 것을 알 수 있다. 어떤 경우에는 자국에서 일자리를 잃게 하는 반면, 다른 경우에는 자국 생산에 대체적이 아닌 보완적이고 일자리와 생산의 축소가 아닌 확대로 이어지게 한다.

사례연구

미국 다국적 기업의 오프쇼링

기술로 인해 통신이 쉬워지고 경제가 해외 투자에 보다 개방적이 되면서 기업은 생산 기지를 해외로 이전해 왔다. 미국 경제분석국(BEA)과 같은 국가 통계기관은 수년간 경제학자나 정책 입안자들이 경제 현상의 정도와 그 이면의 원인을 더 잘 이해할 수 있도록 지난 수년간 노력을 기울여 왔다.

표 4.5는 미국 다국적 기업의 두 모습을 나타내는데 1989년 및 2013년의 모습이다. 이 표는 해외 법인을 통해 해외에서 수행된 다국적 활동의 비율을 보여준다. **부가가치**(value added)란 생산 총액에서 구매한 중간 투입물의 비용을 뺀 값이다. 자본 지출에는 기계, 실험실 및 건물이 포함되며 고용은 근로자의 수이다. 표에 나와 있듯이 해외에서 창출된 다국적 기업의 부가가치는 1989년 23%에서 2013년 28.5%로 증가했다. 고용 측면에서 1989년 해외 근로자 비중이 전체 고용의 21%에서 2013년 34.7%로 증가했다.

표 4.5 미국 다국적 기업의 해외 생산(전체 생산의 비중)

	1989	2013
부가가치	23.1	28.5
자본 지출	22.4	26.9
고용	21.0	34.7

다국적 기업의 해외 고용 비중이 1989년 대비 2013년 약 50% 증가했다.

출처 : Barefoot and Mataloni (November, 2011), "Operations of U.S. Multinational Companies in the United States and Abroad," *Survey of Current Business* (Bureau of Economic Analysis); and Scott (August 2015), "Activities of U.S. Multinational Enterprises in 2013," *Survey of Current Business*, Bureau of Economic Analysis.

OLI 모형에서 볼 수 있듯이 기업을 해외로 이전하거나 생산의 일부를 이전하도록 하는 동기에는 여러 가지 요인이 있다. 무엇보다 중요한 것은 기업이 시장에 진출하고 특정 시장의 필요에 특화된 제품을 생산하기 위해 생산 기지를 해외에 배치하는 것이다. 이 결론은 기업들이 저임금을 찾거나 환경 또는 노동 규제를 벗어나기 위해 해외에 위치한다는 통념에 대비된다. 통념 자체가 잘못된 것은 아니지만, 오프쇼링의 2/3가 고소득, 고임금 경제와 관련 있는 것을 고려하면 일부만 설명하고 있다.

미국 지배 기업의 해외 생산은 주로 미국 시장이 아닌 해외 시장을 대상으로 한다. 미국 소유의 자회사 생산의 대부분은 자회사의 현지 국가에서 판매되며, 약 1/3은 다른 해외 시장으로 수출된다. 2013년 현지 자회사의 생산 5% 미만은 미국으로 역수출되었다. 이러한 유형은 주로 규모의 경제와 운송비용에 의해 결정된다. 기업은 제품을 판매할 시장 근처에 생산을 위치시키는 것이 비용 효율적이라는 것을 알고 있다. 모든 생산 비용과 마찬가지로 노동비용도 중요하지만 종종 운송비용과 인프라 및 효율성에 대한 고려 사항보다 덜 중요할 때가 있다. 일부 기업은 실제로 낮은 임금을 찾고 생산 비용을 줄이기 위해 이전하지만, 이는 아주 보편적인 것은 아니며 해외로 이전하는 기업들의 주요 고려 사항과는 거리가 멀다.

오프쇼링은 국제경제가 국내경제의 임금과 일자리에 영향을 미치는 하나의 메커니즘에 불과하다는 점이 강조된다. 기업은 또한 해외로 이전하되 외국 기업에 생산을 위탁함으로써 해외 자회사에서 생산된 제품이 수입되지 않게 하기도 한다. 이러한 경우는 이 사례연구의 통계에는 나타나지 않는다.

이주와 무역

이주정책연구소(Migration Policy Institute)와 세계은행(World Bank)에 따르면 2013년에 2억 3,100만 명이 넘는 외국인 이주자가 전 세계에 퍼져 있다. 2/3에 가까운 수의 이주자가 고소득 국가에 거주하고 있으며, 미국에만 거의 20% 정도가 거주하고 있다. 헥셔–올린 모형에서는 해외 이주가 고려되지 않았다. 근로자는 모형 내 산업 간 이동은 허용되지만 국가 간 이주는 허용되지 않는다. 이는 헥셔–올린 모형에서 고정되어 있다고 가정한 노동 부존이 해외 이주의 허용으로 인해 변형될 수 있기 때문에 중요한 고려 사항이다.

경제학자들은 사회학자, 인구통계학자, 정치학자 및 기타 사회과학자와 마찬가지로 오랫동안 이주를 연구해 왔다. 각 연구 분야는 자체 분석도구를 이용하여 해외 이주의 결정 요인과 효과를 더 잘 이해할 수 있도록 기여했다. 예를 들어, 사회학자와 인류학자들은 구성원의 일원을 해외로 이주시키는 결정이 종종 가족 혹은 커뮤니티 단위에서 이루어진다고 해외 이주의 결정 요인을 명확히 하는 데 기여했다. 정치학자들은 경우에 따라 이주 정책이 어떻게 수립되고 시행되는지 혹은 시행되지 않는지 그 정책의 현황을 명확히 하는 데 기여했다. 이주의 경제적 관점은 개별 이주자와 이주하려는 유인 측면에서 이를 이해하려는 경향이 있다. 이 견지에서 경제적 유인은 이주자를 떠나게 하는 요인과 특정 목적지로 그들을 끌어들이는 요인을 결정하는 데 중요한 역할을 한다.

경제학자들은 사람들이 이주할 생각을 하게 만드는 자국 내 동력으로 **공급압박 요인**(supply-push factor)을 제시한다. 압박 요인에는 경기침체, 일자리 이탈을 초래하는 장기 구조조정, 전쟁, 자연재해 등 자국에서 생활을 어렵게 만드는 어떤 상황도 포함된다. 구조조정의 예로는 사회주의에서 자본주의로 전환한 중부유럽(Central European) 경제, 라틴아메리카 경제 개혁 또는 아시아와 아프리카의 산업 발전이 포함된다. 가까운 장래에 기후 변화에 따른 농업 유형의 변화와 해안 지역의 침수로 인한 대규모 이주가 예상된다.

수요견인 요인(demand-pull factor)은 이주자를 특정 국가 또는 국가 내 특정 지역으로 끌어들이는 동력이다. 주요 요인에는 특정 목적지에 도달하는 데 드는 비용, 구직 확률, 벌 수 있는 임금이 포함된다. 선진국과 개발도상국 사이의 임금 격차는 비중이 큰 이주자의 흐름을 설명하지만, 다른 요인들 또한 중요하다. 이주 들어오는 국가의 경기 변동, 이주 정책 및 외국인 근로자가 직면한 전반적인 기회는 모두 중요한 수요견인 요인이다.

이주를 결정하는 세 번째 요인은 **소셜 네트워크**(social network)의 존재이다. 이주자들은 원하는 목적지를 둘러싸고 무작위로 흩어지는 것이 아니고 특정 장소에 모여 거주한다. 이는 구직의 기회 때문이기도 하지만, 이주가 어렵고 비용이 많이 들며 가족이나 커뮤니티 구성원의 존재가 이주를 조금 더 쉽게 만든다는 사실을 반영한다. 이주 여건에 관해 본국에 정보를 제공해주고, 새로 이주하는 사람들이 거주지, 직업, 외로움을 극복하는 데 도움이 되는 친숙한 얼굴과 함께 정착할 수 있도록 도울 수 있는 이주자가 이미 정착해 있으면 새로운 지역에 관한 정보의 제공은 쉬워진다.

이론적으로 특정 요소의 부존이 증가하면 요소의 상대적 풍부성과 궁극적으로 비교우위도 함께 바뀐다. 실제로, 노동 유입은 종종 비무역 서비스를 생산하는 데 활용된다. 예를 들어, 외국인 인구 비중이 큰 두 나라는 카타르(거주자의 86.5%가 이주자임)와 아랍에미리트연방(거주자의 70.0%가 이주자임)이다. 이들 국가에서 외국인 근로자의 상당 부분은 필리핀 혹은 팔레스타인 이주자이거나 가사 도우미로 일하면서 청소, 요리, 보모 및 기타 거래가 이루어지지 않는 종류의 서비스를 제공하는 다른 이주자들이다. 이러한 이주자들은 (비록 비수출 부문에서 일자리를 대체함으로써 내국인들이 수출 부문에서 일할 수 있도록 함에도 불구하고) 무역이 가능한 제품 생산에 노동을 제공하는 것이 아니기 때문에 국가의 비교우위에 직접적인 영향을 끼치지는 않는다. 그러나 많은 이주 근로자들은 석유 및 가스 산업에 기술적 전문 지식을 제공하는 엔지니어 및 비즈니스 전문가이기도 하다. 고도로 숙련된 이주 근로자가 없으면 이러한 석유 및 가스 생산국에서 생산이 훨씬 제한될 가능성이 있다.

대부분의 국제 이주는 개발도상국에서 선진국으로 이루어진다. 예를 들어, 1980~90년대 중앙아메리카(Central America)의 내전으로 인해 대규모의 살바도르와 과테말라 이주자가 미국으로 옮겨왔으며, 그중 많은 사람이 캘리포니아 주에 정착하여 의류 제조 분야에서 일자리를 찾았다. 캘리포니아 주의 의류 부문은 1983년과 1997년 사이에 4만 개 이상의 일자리를 창출했으며(거의 50%의 성장), 주로 저임금, 미숙련 이민 근로자를 활용할 수 있었기 때문에 가능했다. 의류 부문이 미국에서 감소하는 산업이라는 점을 감안할 때, 이민자 노동은 캘리포니아 주에서 의류 산업의 쇠퇴를 10년 정도 지연시킨 것으로 보인다. 미국에서 이민이 비교우위에 영향을 미친 다른 사례로는 풍부한 이민자 노동 공급과 관광 산업에 의존하는 특정 농작물을 들 수 있다. 이 경우 미숙련 노동 공급의 증가는 미숙련 노동을 집약적으로 사용하는 산업으로 생산을 이동시켰다.

임금과 일자리에 대한 국제무역의 영향

학습목표 4.6   국제무역이 임금과 일자리에 미치는 영향을 둘러싼 논점을 묘사할 수 있다.

북미와 유럽의 제조업은 수십 년 동안 어려움을 겪어왔다. GDP와 전체 고용에 대한 비중으로 볼 때, 제조업은 오랜 기간 감소세를 보였다. 동시에 임금 불평등은 악화되었는데 처음에는 다소 점진적이었지만 1980년대에는 더욱 빠르게 진행되었다. 임금 불평등은 미국에서 특히 심각했으며, 주로 젊은 근로자와 교육 수준이 낮거나 저숙련 근로자에게 영향을 끼쳤다. 제조업에서 이러한 고용 및 임금 추세는 무역에 관한 몇 가지 질문을 제기한다. 산업화된 국가들이 개발도상국에 일자리를 뺏기고 있는가? 저임금 국가와의 무역으로 인해 고임금 국가에서 임금이 하락할 수 있는가?

전반적인 일자리 수에 대한 이슈를 경제이론으로 설명할 수 있다. 중장기적으로 일자리의 절대적 수는 주로 인구 연령이나 규모, 노동시장 정책 및 경기 변동에 영향을 받는다. 단기적으로 무역이 영향을 미치기도 하는데, 특히 기업들이 수입 경쟁에 뒤지거나 갑작스러운 수출 확대의 기회가 주어지는 경우에도 중장기적으로 국내경제 전반에 영향을 미치는 거시경제 정책만큼 그 영향이 크지 않다. 비교하자면 일반적으로 무역량의 변화는 한두 개 제조업 분야에 영향을 미치는 정도이고 전체 GDP의 비중은 크지 않다.

무역이 대부분의 국가에서 일자리 수를 결정짓는 주요 요인은 아니지만 일자리의 유형이나 일자리를 창출하는 산업 분야에 영향을 미치기도 한다. 예를 들어, 미국과 대부분의 고소득 국가에서 제조업 고용은 꽤 오랫동안 감소 추세에 있다. 1980년대와 1990년대 전반에 걸쳐 대부분의 경제학자들은 모든 선진국의 제조업 고용 감소가 무역이 아닌 생산성 향상으로 인한 것이라고 생각했다. 제조업은 서비스업보다 자동화가 쉽고 결과적으로 서비스업보다 생산성 증가 속도가 훨씬 빠르다. 반면에 많은 서비스업은 정체되거나 매우 느린 생산성 증가율을 보인다. 종종 100년 전과 동일한 수의 근로자가 필요하기도 한데, 예를 들어, 이발하는 데 여전히 이발사 한 명이 필요하고 현대 음악가는 바흐의 브란덴부르크 협주곡을 연주하는 데 1700년대보다 더 '생산적'이지 않다. 소득이 증가하면 더 많은 서비스와 제조품을 소비하지만, 서비스는 생산 단위당 동일한 수의 근로자가 필요하고 제조품은 단위당 더 적은 수의 근로자로 생산이 가능하기 때문에 서비스업이 전체 고용에서 차지하는 비중은 증가한다.

좀 더 최근에 일부 경제학자들은 제조업 부문의 생산성이 더 빠르게 증가하고 있기 때문에 제조업이 쇠퇴한다는 생각에 진지하게 의문을 제기한다. 예를 들어, 한 영향력 있는 연구에 따르면 미국은 중국산 제품과 경쟁하는 산업이 입지해 있는 지역에서 높은 실업률, 낮은 경제 활동 참가 및 임금 삭감 등 여러 가지 부정적인 영향이 확인되었다. 이 연구의 저자들은 중국과의 경쟁에 대한 노출이 미국 전체 제조업 고용 감소의 1/4 정도를 설명할 수 있다고 믿고 있다. 노벨상 수상 경제학자와 공동 연구자에 의한 또 하나의 영향력 있는 연구에 따르면 일자리 수 증가의 거의 대부분이 서비스업 및 무역재 생산과 관계없는 분야에서 발생한다고 지적했다. 또한 많은 미국 기업이 해외 기업에 중간재를 아웃소싱하여 중급 기술의 제조업이 사라지고 고숙련 제조업 일자리만 남는다고 주장한다. 이 두 연구는 경제의 다른 모든 분야의 일자리 수가 크게 증가했다 하더라도 무역이 미국의 일자리 구조를 제조업을 선호하지 않는 방향으로 변화시킨다는 생각을 지지하고 있다.

두 번째 이슈는 저개발국(LDCs)과 무역이 선진국 경제의 임금에 미치는 영향에 관한 것이다. 이 이슈는 많은 경제학자에 의해 연구되어 왔고 비교적 최근까지 무역이 저숙련 근로자의 임금 하락(따라서 임금 불평등의 증가)의 일정 부분을 초래했을 수도 있지만 전체 변화의 작은 부분 정도에 책임이 있다는 데 의견을 같이했다. 대부분의 경제학자들은 숙련 근로자와 미숙련 근로자 사이의 임금 격차가 커지는 주요 요인으로 제조업에서 미숙련 근로자와 반숙련 근로자의 역할을 축소시킨 기술적 변화를 들 수 있다고 생각했다. 그러나 1990년대 말 숙련 근로자와 미숙련 근로자 사이의 임금 격차는 더 이상 커지지 않으며 대략 2000년 이후에 소득 계층의 상위 1%를 제외하고는 모든 근로자의 임금이 정체되었다.

경제학자들 사이의 공통된 의견은 임금에 대한 무역의 영향에 합의가 없다는 것이다. 우리는 수출 산업이 임금을 더 많이 지불하는 경향이 있다는 것을 알고 있지만 무역이 임금 침체의 원인인지 또는 많은 요인 중 하나일지, 아니면 임금에 전혀 영향을 미치지 않는지 알지 못한다. 이는 무역이 어떻게 미국 경제의 많은 부분에서 확인할 수 있는 임금 정체와 하락을 초래하는지 이해하려고 노력하는 매우 활발한 연구 영역이다. 무역이 일반적으로 알고 있는 것보다 임금 불평등이나 임금 정체의 확대에 훨씬 더 큰 역할을 했다면, 무역에 관한 정책은 많이 변하지 않을 것이다. 무역이 불평등 혹은 더 낮은 임금에 영향을 미치거나 혹은 그렇지 않은 경우에도 반숙련 근로자를 위한 교육 및 훈련 프로그램은 필요하다. 제6장과 제7장에서 일자리를 보호하기 위해 무역을 제한하는 것이 엄청난 비용이 들고 장기적으로 임금을 보호하기 위한 수단이 상황을 오히려 더 악화시킨다는 것을 볼 수 있다.

사례연구

무역통계는 무역관계를 왜곡되게 나타내는가 : 아이폰 3G 사례

오프쇼링을 통해 기업은 생산 체인을 줄이고 생산 공정의 각기 다른 부분을 다른 해외 지역으로 이동한다. 자동차 부품은 전 세계 각지에서 공급되는지 잘 알고 있으며 '미국산'

혹은 세계 각국에서 제조된 것으로 표시된 어떤 자동차도 다양한 지역에서 공급되는 부품을 사용할 가능성이 높다. 현대의 생산 공정은 전 세계에 걸쳐 있으며, 특히 첨단 기술 제품을 고려할 때 더 그렇다. 기업은 생산 공정의 여러 부분을 해외에서 아웃소싱하고 조립 공정에 사용될 부품을 완전히 다른 국가로부터 가져오는 것이 유리하다는 것을 알고 있다. 아이폰이 그런 사례에 해당한다.

아이폰 3G의 구성 요소 비용에 대한 2009년 조사 결과에 따르면 일본, 한국, 독일, 미국 등 4개국이 아이폰의 대부분 가치를 창출했다. 애플사는 제조업체가 아니기 때문에 모든 제조 부분을 아웃소싱하고 큰 비중을 오프쇼링하기도 한다. 아이폰이 조립 생산될 때 드는 비용은 조립 및 재료를 포함해서 178.96달러였다. 이 가격은 마케팅, 로열티, 운송 및 보험과 같은 추가 비용을 포함하지 않고 중개인 이윤(딜러 마크업)도 고려하지 않으므로 소매가격은 아니다. 178.96달러의 가격표는 아이폰에 들어가는 재료 및 부품의 가격과 조립 비용으로 생각할 수 있다. 중국에서 기여한 부가가치는 6.50달러인데 일본, 한국, 독일 및 미국에서 들여온 부품을 조립한 가치이다. 아이폰이 조립되면 운송 준비가 완료된다. 미국에서 판매되는 경우 미국 수입통계는 중국으로부터 178.96달러 수입을 기록하게 되는데 이때 보험 및 운송비는 제외되어 있다. 미국의 휴대폰(아이폰) 제조에 대한 기여는 10.75달러였기 때문에 무역통계는 아이폰 3G를 미국의 적자로 기록하게 되는데 178.96달러에서 10.75달러를 뺀 금액, 즉 168.21달러이다. 아이폰 제조에 대한 중국의 기여는 겨우 6.50달러였다고 생각하면 이상하다. 각국의 부가가치만 고려해서 상황을 재검토하면 미국의 '중국과의 아이폰 무역수지'는 실제로 10.75달러에서 6.50달러를 제한 4.25달러로 사실상 흑자가 된다. 이에 따라 일본, 한국 및 독일에 대한 미국의 실제 무역적자는 대부분의 부가가치가 일본(33%), 독일(17%), 한국(13%) 및 다수의 국가들에서 발생하기 때문에 공식 통계가 가리키는 것보다 더 크다.

중국의 생산에 대한 분석은 중국에서 창출된 수출 부가가치에 대한 체계적인 패턴을 보여준다. WTO는 2011년 중국의 수출 가치 중 32%가 중국 밖 지역에서 창출된 가치라고 추정하지만, 그 패턴은 산업에 따라 다르다. 의류, 신발, 장난감과 같은 미숙련 및 반숙련 근로자가 대거 생산에 참여한 수출품은 중국 노동과 자본의 투입에 의해 창출된 부가가치로 대부분 이루어지고 고도의 전자제품 수출품은 해외에서 훨씬 더 많이 창출된 부가가치로 이루어진다. 전 세계 많은 국가를 살펴보면 석유나 철광석과 같은 천연자원 제품은 수출국에서 대부분 생산되고 가전제품이나 자동차와 같이 많은 부품으로 이루어진 완제품은 많은 국가에서 생산에 참여할 가능성이 높으며 완제품을 수출하는 국가가 전체 가치 창출의 적은 비중만을 담당하게 된다.

WTO의 전 사무총장을 포함한 일부 경제학자들은 이러한 무역의 잘못된 유형 분류가 부주의하게도 무역 긴장을 악화시키는 결과를 초래한다고 생각한다. 따라서 WTO는 몇 년 전에 수출품 가치의 실질적인 원천에 대한 명확성을 높이고 저임금 수출국과 고임금 수입국 간 무역 긴장 해소를 돕기 위해 총가치보다는 부가가치 측면에서 무역 흐름을 측정하는 계획을 시작했다. 어떤 나라가 제품 생산에 기여하는지 이해하려는 또 다른 이유는 개발도상국의 기업이 다국적 기업의 가치 사슬에 참여하고 있는지, 그리고 기술 고도화 분야로 도약하는지 알 수 있게 된다는 것이다.

요약

- 헥셔–올린 모형은 비교우위가 요소 부존의 차이에 근거한다는 가설을 세운다. 국가는 상대적으로 풍부한 생산요소가 집약적으로 요구되는 재화를 수출한다. 국가는 또한 상대적으로 희소한 생산요소가 집약적으로 요구되는 재화를 수입한다.

- 헥셔–올린 모형은 무역의 소득 분배 효과를 설명한다. 무역 개시로 인해 그 나라의 풍부한 생산요소는 수요가 늘고 희소한 생산요소는 수요가 억제된다. 결과적으로, 풍부한 생산요소에 대한 소득이나 수익은 늘고 희소한 생산요소에 대한 소득이나 수익은 줄어든다. 헥셔–올린 모형의 부수 정리(corollary) 중 하나인 **스톨퍼–사무엘슨(Stolper-Samuelson)** 정리가 이러한 효과를 설명한다.

- 특수 요소 모형에서, 일부 생산요소는 다른 산출물 간 이동이 불가능하다고 가정한다. 결과적으로, 무역으로 인해 특정 재화의 생산이 확대될 때, 그 재화의 생산에 사용되는 특수 요소는 수요 증가와 수익 증가가 따른다. 수입되는 재화의 생산에 사용되는 특수 요소는 수요 감소와 수익 감소가 따른다. 특수 요소 모형은 헥셔–올린 모형

의 단·중기 형태로 볼 수 있다.

- 비교우위 이론에 대한 실증 분석은 상반된 결과를 갖는다. 근본적인 생산성 차이가 무역의 상당 부분을 설명하지만, 요소 부존의 국가 간 차이는 무역의 유형을 설명하는 데 성공적이지 못하다.

- 몇 가지 대안적인 무역모형의 가설이 존재한다. 대부분은 비교우위 이론을 보완한다. 가장 잘 알려진 대안적 이론 중 두 가지는 제품 주기 이론과 기업 내 무역 이론이다. 제품 주기는 기술 변화의 속도와 혁신, 안정화 및 표준화 과정에서 나타나는 많은 제품의 기록에 초점을 둔다. 기업 내 무역 이론은 비교우위의 역할을 허용하지만 산업 조직의 요소도 가지고 있다. 기업 내 무역의 결정 요인에 관한 일반적인 규칙을 진술하는 것은 불가능하다.

- 오프쇼링은 기업 활동의 일부 또는 전부를 다른 국가로 이전하는 것이다. 아웃소싱은 기업 활동을 국내 또는 해외 지역의 다른 기업에게 위탁하는 것이다. 오프쇼링은 통신 혁명에 의해 발전되어 온 비교적 새로운 현상이다. 그럼에도 불구하

고 전통적인 무역모형은 오프쇼링의 분석에 유용하다.

■ 국제 이주는 한 나라의 비교우위를 바꿀 수 있지만 실제로 대부분의 국가에서 장기간에 걸친 변화를 초래하기에 충분한 이주자 또는 충분히 오랜 기간 지속되는 이주자의 이동은 볼 수 없다. 이주자는 모국의 공급압박 요인, 이주국의 수요견인 요인 및 새로운 국가에서 정착하기 위한 정보와 자원을 제공하는 소셜 네트워크에 의해 동기가 부여된다.

■ 중장기적으로 무역은 한 국가의 총 일자리 수에 거의 또는 아무런 영향을 미치지 않는다. 일자리의 풍부성 또는 희소성은 노동시장 정책, 일하고자 하는 인센티브, 중앙은행 및 정부의 거시경제 정책에 영향을 받는다. 단기적으로 무역은 경쟁력을 잃는 산업 분야의 일자리를 줄이는 것처럼 경쟁력이 강화되는 산업 분야의 일자리를 늘리기도 한다. 또한 무역은 성장하거나 쇠퇴하는 부문과 일자리의 유형에 영향을 미칠 수는 있다.

■ 무역이 임금에 미치는 영향에 대한 경제학자들의 합의된 견해는 없다. 최근의 연구는 임금 정체 패턴과 최근 몇 년 동안의 임금 하락에 무역이 어떤 역할을 할 가능성을 지적하고 있는 것으로 보이지만, 그 역할이 직접적 혹은 간접적인지, 규모가 크거나 작은지 불확실하다. 이 질문은 해결되지 않았고 매우 활발한 연구 분야이다.

용어

공급압박 요인

기업 내 무역

부가가치

소셜 네트워크

수요견인 요인

스톨퍼-사무엘슨 정리

아웃소싱

오프쇼링

요소 풍부성

요소 희소성

자원의 저주

제품 주기

증폭 효과

특수 요소 모형

파생 수요

해외 자회사

헥셔-올린 무역이론

OLI 이론

학습문제

4.1 다음 표에서 상대적으로 노동이 풍부한 나라는 어느 나라인가? 설명하라. 상대적으로 자본이 풍부한 나라는 어느 나라인가?

	미국	캐나다
자본	기계 40대	기계 10대
노동	근로자 200명	근로자 60명

4.2 위 표의 내용이 미국과 캐나다의 요소 부존량을 나타낸다고 가정하자. 또한 철강 1단위 생산에 2대의 기계와 8명의 근로자가 필요하고, 빵 1단위 생산에 1대의 기계와 8명의 근로자가 필요하다고 가정하자.

  a. 빵과 철강 중 어느 재화가 상대적으로 더 자본 집약적이고 어느 재화가 상대적으로 더 노동 집약적인가? 설명하라.

  b. 어느 국가가 빵을 수출하게 되는가? 이유는?

4.3 무역 개시 전 미국은 생산가능곡선(PPC)상에서 빵 20조각과 철강 20톤의 생산점에 위치한다고 가정하자. 일단 무역이 가능해지면 철강 1톤의 가격은 빵 2조각이다. 이에 따라 미국은 생산가능곡선상에서 철강 30톤과 빵 10조각을 생산하는 점으로 이동한다. 미국의 후생은 증가하는가? 설명하라.

4.4 문제 4.1과 4.2의 정보를 이용하여 무역이 개시되면 자본과 노동에 대한 수익에 어떤 변화가 생기는지 설명하라.

4.5 자본, 노동, 토지 등 세 가지 생산요소가 있다고 가정하자. 빵 생산에는 토지와 노동이 필요하고 철강 생산에는 자본과 노동이 필요하다.

  a. 어떤 생산요소가 가변적이고 어떤 생산요수가 특수적인가?

  b. 캐나다의 요소 부존량은 10단위의 자본과 100단위의 토지이고, 미국의 요소 부존량은 50단위의 자본과 100단위의 토지라고 가정하자. 각국은 어떤 재화를 수출하는가?

  c. 무역은 미국과 캐나다의 토지, 노동 및 자본에 대한 수익에 어떤 영향을 미치는가?

4.6 제품 주기의 3단계에 걸쳐 발생하는 생산 요구 조건 및 입지의 변화에 대해 설명하라.

4.7 기업 내 무역 이론은 비교우위 이론과 모순되는가? 설명하라.

4.8 제너럴 모터스는 미국에 본사를 둔 다국적 기업이지만 유럽 및 남미에서 가장 큰 자동차 제조업체 중 하나이기도 하다. 더닝의 OLI 이론은 제너럴 모터스가 두 국가에 자동차를 수출할지 혹은 그곳에서 직접 생산할지 결정하는 데 직면한 상충관계를 어떻게 설명할 수 있는가?

4.9 많은 국내 의류 제조사들은 해외에서 의류를 구매하여 상표를 붙인 후 현지에서 판매하거나 자국 시장으로 들여온다. 의류 제조사가 자국에서 생산한 후 수출하는 대신 이러한 전략을 선택하기 위해 고려해야 할 몇 가지 사항은 무엇인가?

4.10 스페인이 이주를 원하는 수많은 비숙련 아프리카 이주자들에게 국경을 개방한다고 가정하자. 일반적으로 스페인의 무역 유형과 비교우위에서 어떤 효과가 기대되는가?

비교우위 외 여러 이론

5

학습목표

이 장을 학습한 후 학생들은

5.1 산업 간 무역과 산업 내 무역의 사례를 제시할 수 있다.

5.2 내부 및 외부 규모의 경제를 비교하고 대비할 수 있다.

5.3 독점적 경쟁시장하에서 국제무역의 효과를 분석할 수 있다.

5.4 산업 내 무역의 이득을 기술할 수 있다.

5.5 운송비용과 내부 규모의 경제가 어떻게 기업의 입지 결정에 영향을 끼치는지 설명할 수 있다.

5.6 산업정책의 장단점을 제시할 수 있다.

서론 : 무역에 대한 다른 설명

비교우위는 무역의 이익과 무역의 잠재적인 소득 분배 효과에 대한 이해의 기초이다. 그렇지만 비교우위 개념에만 기반을 둔 무역모형은 무역의 유형을 예측하는 데 장단점이 있다. 이는 우리가 비교우위를 정확히 파악하면 수출입 유형을 예측할 수 있어야 한다고 생각해 왔기 때문에 중요한 문제이다. 그러나 문제는 비교우위를 정확히 파악하는 것이 매우 어렵다는 것이다. 더 큰 문제는 잠재적으로 수출 가능한 많은 제품이 동일한 비교우위를 갖고 있다는 사실인데, 어떤 제품이 우위에 있는지 결정할 방법이 마땅치 않다는 데 있다. 더욱이, 아마 가장 심각한 것은 국제무역의 상당 부분이 비교우위를 따르지 않는다는 것이다. 이 장에서는 앞 장에서 소개한 무역모형에서 두 가지 중요한 예외사항을 제시하고 많은 국가가 수출산업의 발전을 선택하고 계획하는 방법과 이유를 검토한다.

이 장의 첫 번째 절에서는 왜 세계무역의 상당한 비중이 그들이 수입하는 제품과 동일한 제품을 수출하는 국가들로 구성되는지 설명한다. 예를 들어, 캐나다와 미국은 세계에서 가장 큰 무역관계를 형성하고 있는데, 양국 무역 중 상당 부분은 자동차와 자동차 부품을 서로 수출하는 것으로 구성된다. 이러한 무역유형은 제3장 및 제4장에서 제시된 철강과 빵 사례와는 분명히 다르다. 두 번째 절에서는 산업단지(industrial clusters)를 검토한다. 한 국가의 수출품에 필수적인 상품과 서비스의 상당 부분은 지역 산업단지에서 생산된다. 예를 들어, 미국이 엔터테인먼트 제품(음악, TV 프로그램 및 영화)에서 우위를 갖는 것은 주로 할리우드 및 내슈빌과 같은 소수의 지역에서 생산되기 때문이다. 소프트웨어는 실리콘 밸리, 시애틀 및 몇몇 지역의 산업단지에서 생산되고, 바이오테크놀로지 제품은 샌프란시스코, 샌디에이고 및 소수의 지역에서 생산된다. 놀랍게도 국제무역은 이러한 산업단지 형성에 중요한 역할을 할 수 있으며, 특정 여건하에서는 새로운 산업단지가 형성되는 것을 저해하기도 한다.

지역 산업단지의 이슈는 세 번째 절에서 바로 산업정책에 대한 논의로 이어진다. 산업정책은 특정 산업 또는 제품군에서 우위를 구축하는 계획을 제시해 왔다. 국가들이 수출 품목을 선택하고 그 산업을 성공적으로 구축할 수 있는가? 이러한 산업정책에 따르는 비용과 편익은 무엇인가? 기본적으로, 국가들이 경제 발전을 이룩하기 위해 어떻게 정책을 추진하는지 논의한다.

산업 내 무역

학습목표 5.1 산업 간 무역과 산업 내 무역의 사례를 제시할 수 있다.

학습목표 5.2 내부 및 외부 규모의 경제를 비교하고 대비할 수 있다.

학습목표 5.3 독점적 경쟁시장하에서 국제무역의 효과를 분석할 수 있다.

학습목표 5.4 산업 내 무역의 이득을 기술할 수 있다.

제3장과 제4장에서 소개된 비교우위 무역모형은 국가 간 차이에 기초를 두고 있다. 이러한 무역모형에서는 국가 간 생산성의 차이(제3장) 또는 요소 부존의 차이(제4장)에 따른 특화와 무역으로 국가의 후생이 증가하게 된다. 이 절에서 소개하는 무역모형의 핵심은 경제 생활의 세세한 상황을 다루지 않고 무역 분야의 주요 경제 관계에 중점을 둔 함축적으로 단순화된 경제모형을 다룬다. 이 정도 수준에서 불필요한 세부 사항은 생략하고 드물거나 예외적인 사례도 무시한다.

간혹 시간이 지날수록 희귀하거나 예외적인 사례가 더 중요해지는 경우도 있다. 이러한 현상의 예로 **산업 내 무역**(intraindustry trade)의 중요성이 증가하는 것을 들 수 있다. 산업 내 무역은 동일한 산업 내에서 만들어진 제품 간 무역을 의미하는데, 철강과 철강, 또는 빵과 빵의 무역과 같은 것이다. 산업 내 무역의 반대 경우는 **산업 간 무역**(interindustry trade)이다. 산업 간 무역은 서로 다른 두 산업에서 생산된 제품 간 무역을 의미하는데, 빵과 철강의 무역과 같은 것이다. 산업 내 무역의 중요성이 커짐에 따라 경제학자들은 왜 국가들이 종종 수입하는 동일한 제품을 수출하는지 그리고 이러한 유형의 무역으로 인한 혜택이 무엇인지 설명하는 새로운 무역모형을 개발하게 된다.

산업 내 무역의 특징

산업국가 간의 산업 내 무역은 일반적이다. 그러나 산업을 정의하는 기본적인 차이 때문에 산업 내 무역의 중요성에 대한 실증 분석은 다양하게 나타난다. 예를 들어, 컴퓨터를 사무용품으로 정의하는 경우 컴퓨터와 연필깎이는 동일 산업의 제품이고, 컴퓨터를 수출하고 연필깎이를 수입하는 경우 산업 내 무역을 하는 것으로 분류한다. 일반적으로 산업을 보다 광범위하게 정의할수록 무역을 산업 내 무역으로 분류하는 경향이 커진다. 반대로, 산업을 보다 구체적으로 정의할수록 무역을 산업 내 무역으로 분류하는 경향은 작아진다. 실증적으로 볼 때, 산업 내 무역은 첨단기술 산업(제품 차별화의 경향이 크기 때문에)에서, 무역에 더 개방적인 국가에서, 그리고 해외직접투자를 더 많이 받는 국가에서 더 활발하다는 것을 알 수 있다.

제3장과 제4장에서 제시된 비교우위 무역모형에서는 생산 비용이 일정하거나(제3장) 증가한다(제4장). 즉, 빵 한 조각을 추가로 생산할 때마다 일정하거나 더 많은 양의 철강을 감산해야 한다. 그러나 많은 재화의 생산은 비교적 큰 산출량 범위에서 규모의 경제 또는 단가 하락을 특징으로 한다. 규모의 경제를 토대로 하는 신무역모형의 개발은 지난 수십 년간 무역 이론에서 가장 중요하고 획기적인 발전 중 하나이며, 산업 내 무역에 대한 이해를 높여왔다. 경제학 문헌에서 이 이론은 **신무역이론**(New Trade Theory)으로 알려지는데, 이는 규모에 대한 수확 불변 혹은 수확 체감의 기존 무역모형을 토대로 하는 무역이론을 넘어서는 것이다.

신무역이론에서 규모의 경제는 **내부 규모의 경제**(internal economies of scale)와 **외부 규모의 경제**(external economies of scale)로 구분된다. 내부 규모의 경제는 비교적 큰 산출량 범위에서 생산이 증가할수록 평균 비용이 하락하는 특징이 있다. 현실에서 내부 규모의 경제는 대형 기업의 생성을 이끄는데, 규모가 클 때 생산의 평균비용이 하락함으로써 기업 경쟁력이 커지기 때문이다. 산업 내 무역의 중요한 특징 중 하나가 내부 규모의 경제가 발생한다는 사실이다.

표 5.1은 생산에서 규모에 대한 수확 체증이 발생할 때 기업의 비용구조를 나타낸다. 전형적으로, 생산의 평균비용은 지속적으로 하락하는 것이 아니고 특정 생산 수준에서 다시 상승하기 시작한다. 체증하는 수확은 일반적으로 생산의 고유한 개발, 엔지니어링 또는 마케팅 과정에서 발생하며 고정비용이 큰 생산과 관계 있다. 예를 들면, 자동차, 소프트웨어 및 인기 브

표 5.1 단일 기업의 규모에 대한 수확 체증

생산량	총비용	평균비용
100	1000	10
200	1400	7
300	1500	5
400	1600	4
500	1750	3.5
600	1950	3.25

생산량이 커질수록 총비용은 증가하지만 평균비용은 하락한다. 대형 기업이 소형 기업보다 더 효율적이다.

랜드 가정용 제품은 고정비용이 비싼 경향이 있다. 이는 대규모 생산공장 건설 비용, 대규모 R&D 예산 또는 대규모 마케팅 비용과 같은 다양한 이유로 인해 발생한다. 소프트웨어는 제품을 개발하기 위해 R&D에 막대한 초기 지출이 발생하며 판매량이 증가할수록 초기 R&D 고정비용은 제품 생산에 분산시킬 수 있게 된다.

내부 규모의 경제는 시장의 유형을 결정하는 데 중요한 의미가 있다. 제3장과 제4장에서는 특정 기업이 가격이나 생산량에 영향을 줄 수 없는 특징을 가진 경쟁시장에서의 기업 활동을 전제로 했다. 그러나 대형 기업이 경쟁력을 갖추면 시장에 존재하는 기업의 수는 감소하고 여러 가지 시장 구조의 유형 중 하나로 귀결된다. **과점시장**(oligopoly)에서는 소수의 기업이 시장 전체 생산량을 공급한다. 이 경우, 기업은 이윤극대화 전략에 경쟁 기업의 행동에 대한 예측을 반영하기 때문에 생산 및 무역의 유형을 예측하기 매우 어렵다. 즉, 이러한 유형의 대응은 기업이 경쟁 기업의 활동에 따라 생산량을 조정함으로써 생산 수준 및 무역에 대한 예측이 점점 어려워지도록 한다는 것을 의미한다.

흔히 내부 규모의 경제는 **독점적 경쟁시장**(monopolistic competition)이라는 비교적 보편적인 시장구조로 이어진다. 순수한 독점에서는 한 기업이 전체 산업의 생산량을 공급한다는 것을 상기하라. 독점적 경쟁시장에서는 기업들 간 경쟁이 존재하지만 기업들 간 **제품 차별화**(product differentiation)에 의해 약화된다. 제품 차별화는 각 기업이 자신의 제품을 약간 다르게 생산한다는 의미이다. 이는 독점적 경쟁이 각각의 제품에 대한 유일한 공급자가 되는 독점 요소를 갖도록 한다. 예를 들어 포드 포커스는 포드사만이 생산하는 제품이라는 것이다. 그러나 순수한 독점과 달리, 다른 기업들이 각각 유사한 대체제품을 생산함으로써 경쟁의 요소 또한 존재하게 된다.

독점적 경쟁시장에서는 새로운 기업이 시장에 진입할 때마다 기업 간 경쟁 수준이 높아진다. 이는 두 가지 효과가 있다. 한편으로 경쟁이 심화되면 각 제품이 서로 대체적이기 때문에 판매를 늘리기 위해 가격 인하에 대한 유인이 발생함으로써 결국 시장가격이 하락하게 된다. 반면, 더 많은 기업이 시장을 분할하면 각 기업은 평균적으로 더 적은 판매량을 갖게 되므로 생산 비용은 상승하는 효과를 갖게 된다. 이는 각 기업이 내부 규모의 경제에 따른 결과이다. 가격이 비용을 초과하는 한 더 많은 기업이 시장에 진입하고, 가격이 비용보다 낮게 되면 기업은 시장에서 퇴출하게 된다.

　내부 규모의 경제가 발생한다는 사실이 기업이 수출 시장에 진출하고자 하는 이유이다. 수출을 하는 기업은 판매량이 증가하고 내부 규모의 경제가 주는 비용 절감 효과를 누릴 수 있음으로 가격 경쟁력을 갖는다. 한정된 수의 기업들에 대해 시장이 클수록 각 기업의 생산에서 평균비용은 낮아진다. 이는 각 기업의 생산에서 규모의 경제가 발생하고 기업의 수가 한정되어 있을 때 시장의 규모가 커질수록 각 기업의 판매량은 증가하기 때문이다.

　그림 5.1은 (1) 산업 내 기업 수, (2) 평균비용(AC), (3) 가격(P) 간의 관계를 나타낸다. 가로축은 산업 내 기업 수를 나타내고 세로축은 평균비용과 가격을 나타낸다. 우하향하는 P 곡선은 기업 수와 가격의 관계를 나타낸다. P 곡선이 우하향하는 이유는 시장에 진입하는 기업이 많아질수록 가격을 하락시키는 동력이 커지기 때문이다. 우상향하는 AC 곡선은 각 개별 기업의 평균비용과 시장 내 기업 수의 관계를 보여준다. AC 곡선이 우상향하는 이유는 더 많은 기업이 시장에 진입함에 따라 기존의 각 기업이 판매하는 수량이 감소하고 생산에서 평균비용이 증가하기 때문이다. P_1 이상의 가격에서는 가격이 평균비용을 초과하기 때문에 새로운

그림 5.1 독점적 경쟁시장

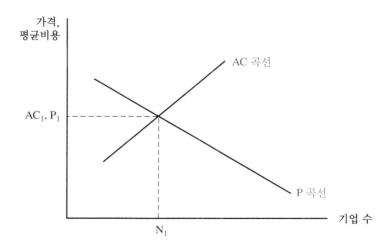

독점적 경쟁시장에서는 기업 수가 증가할수록 가격은 하락하고 각 기업의 평균비용은 증가한다. 균형은 가격과 평균비용이 일치할 때 발생한다.

그림 5.2 시장의 규모 증가

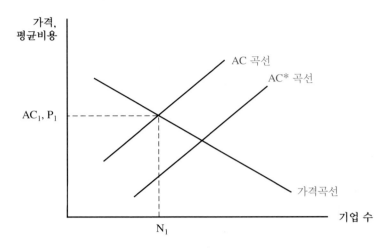

기업 수가 한정되어 있을 때 수출 판매량의 증가로 인해 시장의 규모가 커지면 규모의 경제가 발생하고 평균비용 (AC)은 하락한다.

기업이 시장에 진입할 유인이 있다. P_1 이하의 가격에서는 그 반대가 발생하는데 가격보다 평균비용이 비싸기 때문에 일부 기업은 시장에서 퇴출한다.

또한 그림 5.1은 기업들이 수출하고자 하는 이유를 분명히 보여준다. 수출을 하는 기업은 평균비용을 줄일 수 있도록 판매량을 늘리기 때문에 가격 경쟁력이 발생한다. 이는 그림 5.2에 잘 나타나 있는데, AC 곡선과 동일한 또 하나의 AC* 곡선이 시장의 규모가 커진 것을 보여준다. 한정된 수의 기업에 대해 AC* 곡선은 규모가 더 큰 시장에서 평균비용이 하락함을 보여준다. 이는 각 기업의 생산에서 규모의 경제가 발생하고 기업의 수가 한정되어 있을 때 시장의 규모가 커질수록 각 기업의 판매량은 증가하기 때문이다.

산업 내 무역의 이득

산업 내 무역 또한 무역의 이득을 창출한다. 시장의 규모가 커지면 규모의 경제 효과로 인해 비용이 하락하고 기업 간 경쟁으로 인해 하락한 비용의 효과는 소비자에게 가격 하락으로 이전된다. 수출 및 수입 가격의 하락은 비교우위 기반 무역의 경우와 현저한 대조를 이룬다. 제 3장과 제4장의 무역모형에서 각국 소비자는 수입 가격 하락으로 이득을 보지만 동시에 수출 가격도 상승한다는 것을 알고 있다. 그러나 산업 내 무역으로 수입과 수출 모두 가격이 하락하여 양국 소비자들에게 명백한 이득을 가져다준다. 무역은 기업이 더 큰 시장에서 그리고 더 높은 수준의 효율성으로 생산할 수 있게 한다. 이는 가격 인하를 통해 모든 사람들의 실질 수입을 증가시킨다.

　무역으로 인해 발생하는 시장의 확대는 궁극적으로 기업의 수를 증가시킨다. 이는 수출 비용이 가격보다 낮다는 사실에 기인하며, 초과 이익이 경쟁으로 인해 없어질 때까지 새로운 기업은 시장에 진출한다. 외국을 포함하여 산업이 확대될 것에 대해서는 큰 문제가 없어 보이지만, 확대가 어디에서 이루어질지는 불확실하며 개별 기업의 특성에 달려 있다. 일부 회사는 다른 회사보다 더 효율적이어서 무역을 통한 시장의 확대는 생산을 확대할 수 있는 기회로 이어진다. 덜 효율적인 기업은 경쟁의 심화로 어려움을 겪을 수 있지만, 대부분 국내 기업인지 또는 외국 기업인지 예측할 수 있는 방법은 없다. 따라서 어떤 회사가 생존하여 확대되고 어떤 회사는 시장에서 퇴출될지 사전에 결정되지 않는다.

　가격 하락(실질 소득 증가)과 생산의 잠재적 확장 외에도, 산업 내 무역의 또 다른 이점은 소비자 선택의 폭이 커진다는 사실이다. 무역을 하지 않으면 소비자 선택은 국내 시장에서 생산되는 상품에 국한된다. 어떤 소비자들에게는 반드시 제약으로 작동하지 않겠지만, 고속도로를 지나는 자동차를 한번 살펴보는 정도로도 많은 소비자가 국내산 제품보다 외국산 제품을 선호한다는 사실을 설득하는 데 충분할 것이다. 소비자 선택의 폭이 커지는 것을 금액으로 환산하기는 쉽지 않겠지만 대부분의 사람들에게 중요한 이점이 된다는 것은 분명한 사실이다.

사례연구

미국과 캐나다 간 무역

1965년 미국과 캐나다는 자동차와 자동차 부품에 대한 자유무역 정책을 시행했다. 결과는 극적이었는데, 특히 캐나다 쪽 국경 지역에서는 더욱 그러했다. 자동차 협정(Auto Pact) 이전에, 캐나다는 국내에서 판매되는 대부분의 자동차를 국내산으로 제한했다. 캐나다 자동차 시장이 비교적 소규모여서 몇몇 종류의 자동차만이 거래되었으며 그것도 자동차 제조사가 규모의 경제를 최대한 활용할 수 없을 정도의 소규모 생산 라인이었기에 생산 비용 또한 싸지 않았다. 자동차 협정 이후 캐나다 제조사들은 미국 시장을 포함한 더 큰 규모의 시장을 대상으로 몇몇 종류의 자동차 생산에 집중하게 되었다. 생산 규모가 커짐에 따라 캐나다 자동차 산업의 생산성은 급격히 증가했다. 또한 미국으로부터 수입이 증가함에 따라 캐나다 소비자들은 더 많은 모델을 선택할 수 있게 되었다.

　자동차 산업은 미국과 캐나다의 생산을 완전히 통합했다. 양국 간 무역은 급격히 증가하여 결국 세계에서 가장 큰 양국 무역 관계로 발전했다. 표 5.2는 산업 내 무역의 중요성

표 5.2 미국-캐나다 간 상품 무역(2014, 10억 US$)

미국의 5대 수출 품목	금액	미국의 5대 수입 품목	금액
차 부품, 엔진 제외*	23.2	원유	83.1
버스, 트럭, 기타 차량*	15.0	자동차*	42.7
자동차*	14.6	천연가스	12.6
기타 석유제품	12.9	차 부품, 엔진 제외*	11.9
산업기계류	10.9	기타 석유제품	8.8

* 차량과 차 부품이 미-캐나다 간 무역 중 가장 규모가 큰 부문이다.

출처 : U.S. Census Bureau, "End-Use Data," Country and Product Trade Data, 2014

을 보여준다.

미국의 5대 수출 품목 중 3개 품목과 5대 수입 품목 중 2개 품목은 자동차 또는 관련 제품이다. 금액 면에서 자동차 관련 제품이 5대 수출 품목과 수입 품목 중 압도적인 비중을 차지한다. 분명히, 산업 내 무역은 미국-캐나다 간 무역 유형의 핵심이 된다.

미국의 5대 수입 품목에 캐나다의 천연자원 부존 우위를 갖는 세 가지 품목이 포함되어 있는 것을 주목할 수 있다. 이 부분은 서로 다른 요소 부존에 기인한 비교우위에 따른 무역을 보여준다. 결과적으로 미국-캐나다 무역은 부분적으로 산업 내 무역이고 또한 부분적으로는 산업 간 비교우위에 따른 무역이다.

무역과 경제지리

학습목표 5.5 운송비용과 내부 규모의 경제가 어떻게 기업의 입지 결정에 영향을 끼치는지 설명할 수 있다.

2008년 노벨경제학상을 수상한 폴 크루그먼은 국제무역을 사실상 경제지리와 각 기업이 내려야 하는 입지 결정에 관한 것이라고 지적했다. 국내에서 생산할지 혹은 해외에서 생산할지? 해외라면 어느 국가? 국내라면 어느 지역? 도시 근처 혹은 땅값이 저렴한 시골에서 생산할지? 많은 경우에 입지 선택은 명백하며, 이는 특정 장소의 특성과 관련이 있다. 예를 들어, 노동력이나 에너지 자원의 가용성, 혹은 시장 또는 특정 투입요소 공급처와의 근접성이 기업의 입지 선택을 결정한다. 특정 장소의 특성에 대한 분석이라 할 수 있는 경제지리는 기업의 중요한 고려 사항이며 무역에 큰 영향을 미친다.

　무역과 경제지리는 두 가지 근본적인 측면에서 연계되어 있다. 첫째, 대도시와 같은 입지는 거대한 시장이 있기 때문에 경제활동을 끌어들인다. 둘째, 어떤 입지는 기업이 숙련 노동력과 같은 중요 투입요소를 찾고 최근 경향을 파악하는 기회를 갖도록 한다. 이러한 두 가지 이유로 입지의 특성이 산출 및 산입 측면에서 기업의 의사 결정에 중요한 역할을 한다. 즉, 경제지리는 무역에서 핵심적인 역할을 갖는다고 할 수 있다.

경제지리, 운송비용 및 내부 규모의 경제

대부분의 제조품의 경우 규모의 경제 때문에 각 시장 근처에 생산설비를 갖추는 것은 현실적이지 않다. 예를 들어 모든 자동차 딜러 근처에 자동차 제조 공장을 배치하는 것은 무의미하다. 생산 규모가 너무 작아서 비용이 매우 커진다. 대신 자동차 생산은 일부 지역에만 집중되는 경향이 있으며 생산된 자동차는 판매되는 시장으로 운송된다. 결과적으로 최종 자동차 생산에 사용된 부품을 반입하고 최종 시장에 출하할 때 상당한 운송비용이 발생한다. 따라서 자동차 제조사는 기업의 활동 입지를 신중히 생각하고 시장 근처에 위치하여 높은 운송비용을 줄이기 위해 노력한다.

　모든 제조업에서 동일한 수준의 운송비용이 발생하는 것은 아니며 서비스업은 운송비용이 거의 혹은 전혀 없지만 어느 정도까지는 부품을 조립 공장으로 운송하거나 최종 제품을 시장에 출하하는 데 드는 비용은 많은 기업에게 중요한 고려 사항이다. 내부 규모의 경제가 존재하지 않는다면 제품이 판매되는 각 시장 근처에 생산설비를 배치할 수 있지만, 규모의 경제가 존재하기 때문에 대부분의 생산에서 실용적이지 못하다. 생산에서 제한적인 규모의 경제가 발생하고 운송비용이 큰 우유나 달걀은 지역에서 생산되는 경향이 있는 반면, 규모의 경제가 크게 발생하고 운송비용 또한 상대적으로 작은 항공기는 생산이 집중되는 경향이 있다.

　운송비용과 규모의 경제는 세계경제에서 관찰되는 여러 현상을 설명하는 데 도움이 되는 제조업의 특성이다. 예를 들어, 제4장에서 언급된 바와 같이 최근 세계 대부분의 해외 투자는 개발도상국이 아닌 고소득 국가로 향한다. 이는 고소득 국가의 시장 규모가 크고 기업들이 시장 근처에 생산 공장을 배치하는 것이 편리하다고 생각하기 때문이다. 다른 모든 요인이 동일하면 어떤 더 큰 비용보다 운송비용을 낮추는 것을 더 중요하게 여긴다. 또한 미시간 주나 오하이오 주에 있는 자동차 관련 기업들이 멕시코에 생겨나는 자동차 제조사 근처에 위치하기 위해 텍사스 주로 옮겨 오는 등, 미국의 자동차 제조업이 남쪽으로 이동하는 현상을 설명하기도 한다. 자동차나 트럭 생산에 필요한 많은 부품을 수송하는 비용이 자동차 제조사와 부품 공급 업체가 서로 근접하도록 한다.

사례연구

멕시코 제조업 입지의 이동

미국과 멕시코 간 무역의 2/3 정도는 기업 내 무역이다. 이 중 대부분은 **마킬라도라**(maquiladora) 산업이라 불리는 멕시코의 특수수출가공 부문에서 이루어진 것이다. 1965년에 시작된 마킬라도라 산업은 초기 미국과의 국경에 국한되었지만 이후 전역으로 확대되었다. 정부의 원래 목적은 멕시코 북부 국경을 따라 고용을 창출하는 것이었다. 오랜 기간에 걸쳐 마킬라도라 산업은 제조업의 핵심 기반, 주요 고용주, 멕시코 수출 주요 원천 중 하나가 되었다.

마킬라도라 산업은 **수출가공지대**(export processing zone, EPZ)의 한 예이다. 수출가공지대에서 국내 및 외국 기업은 수출용 제품을 생산하기 위해 수입하는 부품 및 재료에 관세를 지불하지 않는다. 제너럴 모터스나 소니와 같은 기업은 수출가공지대에 진출해 생산한 제품을 수출하는 조건으로 해외에서 반입한 모든 부품에 대해 관세를 지불하지 않는 혜택을 누렸다(NAFTA 협정에 따라 마킬라도라 규정은 변경되어 왔고 수출 요구 조건이 더 이상 적용되지 않는다).

수출가공 산업에 종사하는 기업의 수가 천천히 그렇지만 꾸준히 증가해 1980년 최초 법안이 제출된 후 15년 만에 공장 수 620개와 근로자 수 12만 명의 규모로 커졌다. 그럼에도 불구하고 멕시코에서 제조업은 내수용 생산에 집중된 추세에 비해 수출가공 산업은 단지 예외적인 일부일 뿐이었다. 1980년대 중반까지 멕시코의 개발 전략은 주로 내수용 위주였으며 따라서 내수용 생산은 수입 경쟁으로부터 보호받지만 수출용 생산은 그렇지 않아 대부분의 기업은 해외 시장보다 국내 시장을 겨냥하는 것이 이윤을 더 줄 수 있다는 것을 알았기 때문이다.

1982년 멕시코에서 금융위기가 발생하고 정책 입안자들은 국가의 개발 모델을 재고하기 시작했다. 그때까지는 국내 시장을 위한 생산에 초점을 두어 대부분의 기업들이 멕시코시티 또는 몬테레이나 과달라하라와 같은 한두 개 주요 도시 근처에 위치하게 되었다. 최종 시장 근처에 생산 공장을 설치함으로써 운송비용을 줄였으며 하나 또는 소수의 공장에서만 생산함으로써 내부 규모의 경제를 활용할 수 있었다. 예상치 못하게 1950년대에서 1970년대까지 멕시코의 발전 모델은 멕시코시티를 세계에서 가장 큰 도시 중 하나로 성장시켰고, 매우 높은 비중의 인구가 멕시코의 가장 큰 도심지에 집중되는 결과를 초래했다.

1980년대 중반 멕시코의 정책 입안자들은 국내 또는 해외 시장을 겨냥한 생산과 관련하여 보다 중립적인 정책을 수립했다. 이 정책은 국내 기업을 외국 경쟁으로부터 자유롭게 하는 많은 관세 및 여러 보호 장벽을 제거하는 방식으로 이루어졌다. 관세 및 기타 장벽을 줄이거나 경우에 따라 완전히 제거함으로써 정책 입안자들은 수출업자들에게 보다 공평한 경쟁 구도를 조성해준 것이다. 결과적으로 내수용 생산에 부여된 특혜가 제거됨으로써 수출용 생산에서 얻게 되는 이윤이 상대적으로 커지게 되었다.

이러한 정책 변화가 부분적으로 멕시코의 북부 국경에서 수출가공 산업이 시작되게 한 결과를 낳았다. 마킬라도라 산업은 2000년대 중반까지 3,700개 이상의 기업에서 130만 명이 넘는 근로자를 고용했으며 멕시코 총수출의 절반 이상을 책임졌다. 새 인센티브 정책으로 인해 국내 및 해외 기업들이 멕시코시티가 아닌 국경 근처에 생산설비를 배치함으로써 마킬라도라 산업은 빠르게 성장했다. 새 정책하에서 가장 수익성 높은 시장은 멕시코시티가 아닌 미국이다. 내부 규모의 경제와 운송비용을 감안할 때 미국 시장에 가까워질수록 입지가 더 큰 의미를 갖게 되었으며 결국 티후아나, 시우다드 후아레스 등 멕시코 북부 국경 도시들은 미국, 멕시코, 캐나다 간의 자유무역협정(NAFTA)이 체결되기 거의 10년 전에 이미 빠르게 성장하기 시작했다.

외부 규모의 경제

외부 규모의 경제는 산업 내 기업의 수가 증가함에 따라 기업의 생산성이 높아질 때 발생하지만 개별 기업은 규모를 키울 경제적 인센티브를 갖거나 갖지 않을 수 있다. 외부 규모의 경제는 여러 가지 이유로 발생한다. 첫째, 한 지역의 기업들이 비슷한 제품을 생산한다면 모든 기업이 최신 기술과 경향을 유지하도록 서로 상생하는 지식 이전(knowledge spillover)이 발생할 수 있다. 실제 서로 근접하게 위치할 때 공식 및 비공식 네트워크를 통해 정보 교환의 기회가 더 많이 창출되기 때문에 지식 이전 효과가 높아진다. 지역산업협회가 중요한 역할을 할 수 있지만 축구 동아리, 교회, 걸스카우트 등 지역 내 여러 기업에서 일하는 근로자들을 모이게 하는 단체도 마찬가지이다. 지식 이전은 기술 변화가 급속히 진행되는 첨단 산업에서 특히 중요하며, 지리적으로 거리가 있어 쉽지 않은 대면 접촉에 매우 민감할 수 있다.

외부 규모의 경제가 발생하는 두 번째 형태는 지역 내 기업이 많을 때 특화된 기술 관련 전문 노동시장의 생성이 가능해진다. 산업이 특화된 기술을 갖춘 잠재적 근로자를 꾸준히 유치하기에 충분히 큰 경우 기업의 고용 탐색비용이 줄고 그들에게 최상의 기술도 제공할 수 있다. 이러한 장점은 고도로 전문적이거나 희소한 기술이 요구되는 산업에서 특히 중요하다.

지리적 집적에 대한 세 번째 잠재적 장점은 투입 요소 공급자가 밀집한 네트워크로 이어질 수 있다는 것이다. 중간재 생산 업체도 운송비용을 억제하고 더 나은 정보를 유지할 수 있기 때문에 시장에 가까운 입지를 선호한다. 첨단기술 분야에서는 중간재 공급 업체가 근처에 밀집해 있으면 특화된 중간재를 공급해줄 업체를 탐색하는 비용이 감소되고, 보다 다양하고 전문적인 중간재 혹은 서비스의 선택이 가능해진다. 이러한 효과는 생산 업체들의 비용을 억제한다. 거꾸로 생산 업체로부터 중간재 공급 업체의 연계도 발생할 수 있다. 집적된 산업이 중간재 혹은 서비스를 제조하는 경우 이를 활용하는 최종 제품 또는 서비스를 생산하는 업체를 유치할 수 있다. 이는 최종 제품 생산 업체들에게 시장에 대한 더 많은 정보를 제공하고 중간재 공급 업체와 구매자 간 더 긴밀한 협력으로 이어질 수 있다.

무역 및 외부 규모의 경제

지리적 집적의 본질적인 특징 중 하나는 스스로 강화된다는 것이다. 예를 들어 기업이 숙련된 근로자나 특화된 중간재 공급 업체를 유치함에 따라 고품질 중간재의 가용성이 높아져 이 지역 동일한 산업에 있는 더 많은 기업에게 피드백을 제공하게 된다. 결국 근로자와 중간재 공급 업체의 유치를 더 강경하게 이끌어내게 된다. 결과적으로 이러한 시스템이 앞으로 추진해 나갈 수 있도록 상호 작용이 일어난다.

이러한 현상의 한 가지 의미는 초기 조건의 작은 변화가 결과적으로 큰 차이를 초래할 수 있다는 것이다. 즉, 기업을 유치하는 데 미미하나마 먼저 시작함으로써 갖게 된 유리함이나 초기 우위를 가진 지역은 다른 지역보다 더 큰 규모의 경제를 정착시킬 수 있다. 규모의 장점이 중대해지면 선점한 지역과 후발 경쟁 지역의 격차는 커지게 되고 영구적으로 경쟁 우위를 점할 수 있다. 초기 우위의 기반은 역사적인 사건을 포함해 어떤 것도 가능하다. 예를 들어 2차 세계대전 중 영국에서 제트엔진이 개발되었지만 연합국은 추축국의 공습으로 파괴될 수 있는 가능성을 최소화하기 위해 생산지를 미국 서부 해안 지역으로 결정했다. 결과적으로 이 결정은 주요 제트 항공기 제조업체(보잉, 록히드, 맥도넬더글러스)를 중심으로 항공산업을 일으켰으며 항공우주공학과 같은 전문 노동기술 개발에 일조했다. 결국 2차 세계대전 중 발생한 한 역사적인 사건과 연합국의 결정으로 인해 미국은 유럽 국가들이 협력하여 대규모 보조금 및 기타 정책 개입을 통해 유럽의 경쟁 업체인 에어버스를 육성할 때까지 수십 년 동안 상용 제트 항공기 산업을 지배했다.

미국의 주도권이 먼저 구축되면서 실질적으로 미국과 동일한 기술을 가진 여타 국가들은 이론적으로는 동일한 수준의 효율성을 달성할 수 있는 능력을 갖추고 있음에도 불구하고 미국을 따라잡을 수 없었다. 항공산업의 지리적 집적(예 : 시애틀과 캘리포니아 남부 지역 특수 항공우주 제조업체의 집적)으로 미국은 쉽게 극복될 수 없었던 선점 및 경쟁 우위를 갖게 되었다. 미국의 항공기는 후발 경쟁 업체들이 제공하는 것보다 항상 더 저렴한 가격으로 제공될 수 있었다. 이는 무역이 기존 생산자만큼 경쟁력을 가질 수 있는 산업의 발전을 저해한 경우가 된다.

이론적으로 무역은 기존 산업보다 더 효율적인 새로운 산업의 개발을 저해할 수 있다. 예를 들어, 유럽이 잠재적으로 미국보다 상업용 항공기를 만드는 데 더 효율적이라고 가정해보자. 그러나 그들의 잠재력은 일정 기간 실험과 개발을 거친 후에만 실현될 수 있다. 유럽이 직면한 초기 문제는 중간재 공급 업체와 생산 업체 간 이미 구축된 연계 때문에 효율성 우위가 미국에게 넘어간다는 것이다. 이 경우 저렴한 비용으로 생산되는 미국 항공기의 공급과 무역이 유럽의 항공산업에 대한 투자 유인을 없애고 보다 효율적인 산업으로 발전할 수 있는 개발 자체를 저해하는 요인이 된다. 미국 항공기가 유럽보다 저렴한 가격으로 시장에 공급되는 한 어떤 누구도 유럽 항공기를 구입할 경제적 유인을 갖지 못하며 유럽 항공기가 거래될 시장이 생성되기 힘들어 일정 기간 재정적 손실이 불가피하므로 투자가 저해된다. 결과적으로, 히틀러의 폭격을 피하기 위해 제트기 생산을 미국에 둔 역사적인 사건은 결국 무역으로 인해 극복되지 못하고 있다.

항공산업의 사례는 무역이 그렇게 유익하지 않을 수도 있는 경우를 보여주기 때문에 의미가 있다. 지금까지 확인된 다른 모든 경우에서 무역은 이득을 발생한다. 그러나 앞에서 설명한 상황에서 볼 수 있듯이, 세계 생산을 효율적이지 못한 생산자에게 집중시킴으로써 글로벌 측면에서 효율성을 감소시키기 때문에 잠재적으로 유익하지 못하다. 항공산업의 사례는 또한 초기 조건의 작은 차이가 결과적으로 어떻게 생산에 큰 차이로 이어질 수 있는지를 보여주며 무역의 유형은 예측할 수 없는 역사적인 사건의 결과로 나타날 수 있다.

산업정책

학습목표 5.6 산업정책의 장단점을 제시할 수 있다.

미국 항공산업이 더 경쟁적인 상황에서 유럽은 자체 산업을 이룩할 수 있도록 무엇을 할 수 있을까? 이 질문은 수십 년 전 영국, 프랑스, 독일, 스페인 정부가 제기한 것이었다. 그들의 결론은 자국 내 항공기 및 항공우주 기업 자원을 모으고 4개국 컨소시엄이 초기 손실을 흡수하고 자체 산업을 발전시키는 데 도움이 되도록 4개국 정부의 보조금을 제공하는 것이었다. 그 결과 미국의 보잉의 아성에 도전하는 유럽의 에어버스가 생겼다. 에어버스의 창설은 경제 행위를 구체적으로 수립하는 정부 **산업정책**(industrial policies)의 한 사례이다. 명칭과 그 사례가 암시하듯이 산업정책은 신산업을 창출하거나 기존 산업을 지원하기 위해 수립된 정부정책이다.

당연히 산업정책은 논란의 여지가 있다. 그만큼 최근 국제협약은 각국이 자국의 산업을 지원하기 위해 취할 수 있는 정책의 범위를 제한하고 있다. 어떤 경우에는 막대한 돈을 낭비하게 되기도 한다. 예를 들어, 브라질과 인도네시아는 산업정책을 통해 20~100인승 항공기 시장을 대상으로 상업용 제트 항공기 산업 개발을 추진했다. 브라질은 상업적 성공(엠브라에르)을 거둔 반면 인도네시아 산업은 수십억 달러를 지출하고 인도네시아 경제 발전에 일익을 담당할 수 있었을 많은 엔지니어와 숙련된 기술자를 허비했다. 당연히 비교우위는 변할 수 있지만, 인도네시아가 특정 산업을 장려함으로써 경제개발 과정을 가속화하려고 노력한 것은 역효과가 있었는가? 어떤 산업을 장려할지 어떻게 알 수 있는가? 그 결과 교육이나 안정된 제도, 건전한 거시정책을 포함하여 안정된 경제의 기본 요소를 단순히 제공하는 것보다 더 나은 성과를 얻을 수 있는가?

산업정책 및 시장실패

민간 시장경제가 최적 수량의 상품과 서비스를 제공하지 못하면 **시장실패**(market failure)라 부른다. 최적 수량은 사적 소비자와 사회에 제공된 상품의 전체 가치가 생산의 총비용과 동등할 때의 수량이다. 즉, 너무 적거나 또는 너무 많은 상품이 생산되어도 시장실패인 것이다. 시장실패는 **사적 리턴**(private returns)과 **사회적 리턴**(social returns)의 차이이다. 이러한 차이가 발생하는 빈번한 원인은 경제행위의 비용 또는 편익 중 일부가 외부화되었거나 경제행위에 참여한 경제주체의 목적 밖에 있기 때문이다. 당연하게도, 경제학자들은 비용 또는 편익의 외부화로부터 초래된 시장실패를 **외부성**(externality)에서 찾는다. 외부성은 경제행위의 비용이나 편익 중 일부는 그 경제행위에 참여한 사람이나 기업 외 다른 사람이나 기업에게 이전되도록 한다. 예를 들어, 제철소가 강을 오염시키면 그 비용은 하류 주민에게 이전되고, 부모가 자녀에게 백신 접종을 맞게 하면 그 혜택은 이웃 자녀에게도 나눠진다. 회계상의 관점에서, 사적 리턴은 제철소 또는 자녀에게 백신 접종을 맞게 한 부모에 대한 비용이나 편익이며, 사회적 리턴은 사적 비용이나 편익을 포함하지만 강 하류 주민이나 이웃 자녀들과 같이 다른 사회 구성원들에 이전된 비용이나 편익 또한 고려한다. 외부화된 비용이나 편익은 사라지거나 중요하지 않다는 의미는 아니다. 경제적 관점에서 볼 때, 비록 비용이나 편익을 초래한 개인이나 기업에 속하지 않더라도 다른 비용이나 편익만큼 중요하다.

시장실패 사례를 분석하기 위한 두 가지 간단한 규칙이 있다. 첫째, 사회적 리턴이 사적 리턴보다 크면 자유시장경제가 최적 수량보다 적게 생산한다는 것이다. 이는 편익을 창출하는 개인이나 기업이 아닌 다른 사회 구성원이 편익의 일부를 누리기 때문에 나타나는데, 즉 자연스럽게 개인 혹은 기업이 최적 생산량을 결정할 때 다른 사회 구성원들이 누리게 되는 편익을 고려하지 않는다는 것이다. 두 번째 규칙은 사회적 리턴이 사적 리턴보다 적으면 자유시장경제가 최적 수량 이상을 생산한다는 것이다. 이 경우 경제주체는 다른 사회 구성원들에게 이전되어 생산된 재화나 서비스의 사회적 가치를 감소시키는 비용을 고려하지 않는다.

사적 리턴과 사회적 리턴의 차이는 그림 5.3에 나타난다. 외부 편익을 발생시키는 재화가 경쟁시장에서 생산될 때 수요와 공급을 나타낸다. 사적공급곡선(S_{priv})은 기업이 직면한 모든 사적 비용을 포함하는 일반적인 시장 공급곡선이다. 사적 비용, 즉 재화를 생산하는 기업이 지불한 비용만 고려한다는 것을 나타내기 위해 'priv'라는 하첨자를 표시한다. 생산은 (모형에서 구체적으로 명시하지 않은) 다른 사회 구성원에게 외부 편익을 제공하므로 일부 생산 비용을 외부 편익으로 상쇄할 수 있다. 사적공급곡선(S_{priv})에서 외부 편익을 뺀 사회적공급곡선(S_{soc})을 도출하는데, 이는 사적 비용에서 외부 편익을 뺀 것과 같다. 사회적공급곡선(S_{soc})은 단순히 사적 비용과 편익만을 고려하는 것이 아니라 사회에 적용되는 비용과 편익 전체를 고려하기 때문에 사적공급곡선(S_{priv})보다 포괄적이라 할 수 있다.

그림 5.3에서 볼 수 있듯이 민간 시장은 가격 P_1에서 생산량 Q_1을 산출한다. 그러나 사회적 최적의 관점에서 가격이 너무 높고 수량이 너무 적다. P_2와 Q_2의 사회적 최적점은 생산자의 내부 비용과 편익 및 외부화된 비용과 편익을 함께 고려한다. 결과적으로 사적 리턴은 사

그림 5.3 시장실패 : 외부성

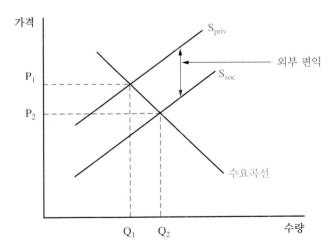

기업 수가 한정되어 있을 때 수출 판매량의 증가로 인해 시장의 규모가 커지면 규모의 경제가 발생하고 평균비용(AC)은 하락한다.

적 생산자가 취하지 않는 외부 편익을 포함한 사회적 리턴보다 작다. 따라서 리턴을 창출하는 경제행위에서 사회적으로 최적 투자 규모보다 적게 나타난다. 산업정책 옹호론자들에게 해결책은 바람직한 경제행위의 수준을 높이기 위한 행동주의적 정부 개입이다.

사회적 리턴과 사적 리턴이 다를 수 있는 데는 여러 가지 이유가 있다. 지식 이전은 보편화된 사례이며 종종 산업정책의 이유로 인용된다. 이 경우 지식의 가치 중 일부가 창출한 기업에서 다른 기업들에게 이전되기 때문에 새로운 지식에 대한 사회적 리턴이 사적 리턴보다 더 크다. 지식 이전의 중요한 사례는 특정 산업에 처음으로 진출한 기업들에게서 나타나는데, 이는 새로운 산업 또는 시장에서도 가능성이 있다는 것을 잠재적 후발 기업들에게 보여줄 수 있기 때문이다. 새로운 기술을 창출하는 기업들은 그들의 혁신을 따라하고, 약간 개선하여, 자신만의 신제품을 출시하는 경쟁 업체에게 이익을 이전해주기 때문에 연구 및 개발 분야에서 관련 지식 이전의 효과가 발생한다.

조정 문제는 사회적 리턴과 사적 리턴 간의 차이가 생기는 또 다른 원인이 된다. 예를 들어, 개별 프로젝트는 다른 기업들에 의한 보완적인 조치가 필요할 때가 있다. 칠레의 과일 및 채소 수출 산업의 성공적인 혁신을 위해서는 운송 및 항구 시설에 대한 동시 투자와 깨끗한 농수 공급 인프라가 필요했다. 과일 생산자는 자체적으로 필요한 모든 구성 요소를 구축할 수 없다. 이윤 추구, 인프라 투자자, 지역 농수 공급자 간의 조정 없이 과일 및 채소 수출 산업은 결코 시작될 수 없었을 것이다.

사적 리턴과 사회적 리턴 간의 차이에 대한 또 다른 원인은 자본시장의 불완전성에 있다. 새로 시작하고자 하는 기업은 충분한 창업 자본을 끌어들이는 데 어려움을 겪을 수 있다는 주장이다. 새로운 제품이나 프로세스 개발을 위해 자본을 끌어들여야 하는 기존 기업에도 똑같이 적용된다. 금융 시스템의 은행 및 기타 대출 기관이 융자를 위해 필요한 정보가 부족한 경우 많은 견실한 잠재 고객이 자금을 빌리지 못하게 된다.

산업정책의 수단

산업정책을 수행하기 위해 다양한 기법이 사용되긴 하지만, 모두 대상 산업에 자원을 대는 동일한 목표를 공유한다. 이는 다양한 방법으로 달성될 수 있지만, 가장 명백한 것은 대상 산업의 기업에 직접 보조금을 제공하는 것이다. 앞서 언급했듯이, 이 방법은 WTO의 우루과이 라운드 규정이 경쟁적 제품에 대한 보조금을 금지하는 조치에 반하는 현실적인 어려움에 처한다. 그럼에도 불구하고, 이 규정은 일반적으로 각국 정부가 연구 활동과 같은 '경쟁력을 갖추기 전' 활동에 대해 보조금을 허용하지만, 둘 사이의 구분은 때로 명확하지 않을 수 있다. 그러나 지원 대상 산업에 직접 보조금을 제공할 필요는 없다. 정부는 세금 감면에서부터 외국 시장의 상황에 대한 정보의 제공, 외국 정부에 대한 자국의 기술 표준의 채택 촉구, 또는 자국 기업의 제품 활용을 규정한 구속성 해외원조에 이르기까지 다양한 옵션을 취할 수 있다.

사례연구

청정에너지 및 산업정책

전력생산은 근대 고소득 경제의 토대 중 하나이며, 에너지가 없다면 GDP는 매우 낮을 것이라고 말하는 것은 과장이 아니다. 동시에, 에너지 생산과 소비는 지구를 극적으로 변형시키고 많은 곳, 특히 저지대 연안 지역과 극한 기상 현상이 일어나는 지역에서의 삶을 매우 위태롭게 한다. 그러나 에너지는 필요하고 우리가 생산하고 소비하는 형태의 에너지는 지구를 해치고 있다. 지구 기후 변화에 의해 생성된 문제에 대한 해결책의 핵심 부분은 탄소와 다른 온실가스를 대기로 배출하지 않는 청정에너지 자원으로 전환하는 것이다.

탄소 오염은 부정적 외부효과의 전형적인 사례이다. 석탄 화력발전소에서 생산되는 전력 또는 휘발유 구동 내연기관을 사용하는 운송 수단의 생산자와 소비자가 석탄과 휘발유를 태우면서 생기는 환경 파괴의 비용을 완전히 부담하지 않기 때문에 화석 연료를 태우는 데 드는 비용의 상당 부분은 연료 가격에 포함되지 않는다.

이 외부성과 함께 에너지 생산 및 소비의 또 다른 특징은 일반적으로 저탄소 에너지 자원, 특히 풍력 및 태양광 발전 관련 연구, 개발 및 설치에 대한 매우 강력한 시도이다. 예를 들어, 비록 오늘날 석유, 휘발유 및 석탄 에너지가 전체 에너지 생산의 80% 이상을 차지하고 태양광 및 풍력 에너지는 전 세계 에너지 공급의 아주 작은 비율을 차지하지만 태양광 및 풍력, 기타 형태의 청정에너지에 대한 새로운 투자가 전자에 대한 투자를 앞섰다. 세계은행(World Bank)은 2012년 미국의 총에너지 공급량의 1%만이 태양 및 풍력 에너지로 추정한다.

이러한 세계 에너지 생산 및 소비의 중대한 변화는 엄청난 혼란을 야기하기도 하겠지만 에너지 생산 업체가 청정에너지 비용을 조기에 감소시켜 신기술을 상업화할 수 있는 환상적인 기회를 제공할 것이다. 전 세계 각 정부는 청정에너지가 새로운 산업을 창출할 수 있는 잠재력을 갖고 있음을 인식하고 있으며, 산업정책을 수립하여 자국 기업들이 선두 주자가 되도록 노력하고 있다. 청정에너지 경쟁에서 앞서 나가면 환경 재앙을 피할 뿐 아니라 자국이나 자국 기업들이 가장 널리 사용되는 기술을 개발하는 데 결정적으로 유리한 위치에 서게 될 것이다.

경쟁에 앞서나가는 국가들은 중국, 미국, 일본, 독일, 영국이다. 이런 국가들은 자국의 산업을 장려하기 위한 수단으로 생산자와 소비자에게 직접 지급하는 형태의 보조금, 청정에너지를 생산하거나 사용하는 기업과 가정에 대한 세금공제, 연구개발(R&D) 자금 지원을 활용한다. 보조금, 세금공제, 연구개발에 대한 직접 지원과 같은 형태의 수단에는 각각 여러 하위 범주가 있다. 미국에서는 풍력과 태양열 에너지 생산에 가장 많은 지원이 투입되었는데, 2013년 연방정부가 제공한 총재정 지원액 293억 달러 중 약 18%와 20%의 지원액을 풍력과 태양열 발전에 지원했다. 재정 지원 외에도, 중앙정부 혹은 지방정부 수준에서 에너지 생산자와 소비자들이 청정에너지를 고려하도록 규제 형태로 지원한다. 그 예로는 2015년 12월 파리에서 개최된 유엔기후변화회의(UN Conference on Climate Change)에서 합의한 내용 또는 독일의 재생에너지법 2000(Renewable Energy Act of 2000)과 같은 탄소 배출 목표를 들 수 있다.

정부가 새로운 에너지 자원을 지원하겠다는 의도를 분명히 함에 따라 민간 부문은 대규모 투자와 새로운 연구개발로 시장에 참여하기 시작했다. 최종적으로 분석해보면, 정부가 민간 부문이 기후 변화에 대해 심각하게 생각하도록 독려하거나 자국 기업이 국제적으로 제품을 판매할 수 있는 기술적 첨단수준에 도달할 수 있도록 지원하는 역할이 얼마나 중요한지는 말하기 어렵지만, 이러한 산업정책 없이는 많은 새로운 혁신이 실현되지 않았을 것이다. 재정적으로, 일부 국가는 청정에너지 기술의 세계적 생산자가 됨에 따라 무역에서 상당한 이득을 실현할 가능성이 있다.

출처 : Direct Federal Financial Interventions and Subsidies in Energy in Fiscal Year 2013, U.S. Energy Information Administration, March 12, 2015 and Sustainable Energy for All Database by World Bank, February, 2016, © James Gerber

World Bank, *Sustainable Energy for All Database*. February, 2016.

산업정책의 문제점

모든 경제학자들은 시장이 항상 최적의 결과를 산출하지는 않는다는 것을 인식하지만, 다수는 시장실패의 문제를 해결하는 데 산업정책이 실용적인가에 대해 회의적이다. 또한 앞에서 설명한 많은 정책은 외국 기업의 이익에 반하는 것으로 간주되며 우루과이 라운드의 협정으로 세계무역기구가 도입한 새로운 규정은 한때 비교적 일반적이었던 정책을 채택할 국가의 능력을 제한한다(이 장의 끝부분에 제시한 사례연구 참조).

한 가지 문제점은 시장실패의 정도를 측정하는 데 필요한 정보를 얻는 것이 어렵다는 점이다. 예를 들어, 효율적인 산업정책은 정부가 대상 산업에 적절한 추가 자원을 정확하게 제공하는 것이 필요하다. 이는 정부가 외부 편익이 자원 비용보다 초과되는 동안 자원을 계속 추가해야 함을 의미하는데, 많은 경우에 있어서, 특히 경제 전반에 퍼져 있고 장기간에 걸쳐 실현되는 경우 편익을 측정하는 것이 어렵다. 정확한 통계가 없다면, 정부 프로그램이 5,000만 달러의 외부 편익을 얻기 위해 1억 달러를 지출하는 상황을 상상하기 어렵지 않다.

두 번째 문제점은 대상 산업을 선정한다는 것이다. 누구나 특정 산업에 밝은 미래가 있다는 것을 인정한다면, 기업과 투자자는 그 산업에 뛰어들고 정부 지원은 불필요하다. 다른 한편, 외부 편익은 시장이 과소 투자하게 하는 원인을 제공한다. 결과적으로 산업을 선택하는 한 가지 방법은 가장 큰 외부 편익을 가진 산업을 선택하는 것이다. 이 전략의 잠재적인 문제는 신기술과 발명으로 인한 긍정적 외부효과가 모든 사람에게 종종 놀라운 일이며, 사전에 그러한 기술이 발생할 것이라는 것을 아는 것은 불가능하다는 것이다. 예를 들어 1990년 거의 아무도 인터넷의 출현을 예견하지 못했다.

산업정책의 또 다른 문제점은 산업정책이 기업, 개인 또는 특수 이익에 의한 행위가 경제 전체 소득을 늘리지 않으면서 자신들이 유익한 방향으로 소득 분배를 바꾸도록 고안된 **지대추구**(rent seeking)를 쫓도록 한다는 것이다. 기업들이 정부가 산업정책을 기꺼이 사용할 것이라는 것을 안다면, 보조금 수혜를 위해 자원을 동원하려 할 것이다. 입법부 또는 다른 정책 입안자들을 설득하기 위해 로비스트, 경제학자 또는 기술자를 고용해야 할 수도 있다. 단점은 자원을 사용하지만 총생산에 추가되지 않는다는 것이다. 산업정책이 로비 및 기타 비경제적 생산 활동에서 자원을 낭비하도록 하는 정도는 대상 산업이 선택되는 행정 프로세스와 산업 정책을 제정하는 국가의 정치 행태에 달려 있다. 정치 체제의 부패 정도가 높은 국가는 과학적, 기술적 또는 경제적 기준에 따라 산업을 선택하는 데 어려움을 겪을 가능성이 크다.

산업정책의 또 다른 문제점은 연구개발(R&D) 지출의 외부 편익을 국가 경계 내에서 유지하는 것이 불가능하다는 것이다. 신기술은 즉시 그 기술의 혜택을 취하기에 충분한 기술적 전문성을 가진 모든 국가들에게 전파된다. 한 추정치에 의하면 자국의 연구개발 지출의 편익이 외국에 흘러들어가는 정도가 약 1/4에 해당한다. 많은 미국 기업이 유럽 및 일본 기업과 함께 연구와 생산에 있어 별도의 합작 투자를 하고 있다는 사실은 새로 개발되는 혁신이 외국의 기업에 전파될 확률을 높인다.

이러한 장애에도 불구하고 산업정책은 특히 경제 발전 분야에서 격렬한 논쟁의 대상이 되고 있다. 일본과 한국은 산업정책을 광범위하게 사용했고 개발도상국에게 교훈으로 자주 인용된다. 산업정책을 반대하는 자들은 양국 성공의 열쇠가 건전한 거시경제 정책, 높은 저축률 및 투자율, 높은 수준의 학교 교육이었다고 지속적으로 주장하며 산업정책은 기껏해야 방해가 되지 않았으면 최선이었다고 주장한다. 경제 발전의 원인과 결과를 확인하는 어려움을 감안할 때 비판 측과 지지 측 간 계속되는 논쟁은 당분간 지속될 것이다. 제16장에서 동아시아 사례를 더 자세히 검토할 것이다.

사례연구

산업정책에 대한 WTO 규정은 개발도상국에 해가 될까?

관세 및 무역에 관한 일반협정(GATT)의 우루과이 라운드는 세계무역기구의 출범과 관세율의 인하보다 더 많은 성과를 거두었다. 우루과이 라운드는 서비스 무역, 투자 규정, 지식재산권 보호, 산업 보조금 제한 등 다양한 분야에서 새로운 협약을 이끌었다.

모든 경제학자들은 새로운 협약의 효과 중 하나는 국가가 기업, 산업, 기업 집단 또는 산업 집단을 대상으로 산업정책을 실행하는 능력이 훨씬 제한되어 있다는 데 동의한다. 산업정책에 대한 이러한 제약이 개발도상국에 해가 되는지 여부에 대해서는 공감대가 훨씬 적다. 산업정책을 개발 도구로 지지하는 경제학자들은 WTO의 제약이 국가 발전 정책에 잠재적으로 해로운 것으로 보지만, 산업정책을 도움이 되지 않는다고 보는 경제학자는 무역 분쟁을 피하기 위해 유익하고 유용한 것으로 본다.

특히 두 가지 협약을 국가 정부의 산업정책 전개에 제약을 부과할 수 있는 것으로 주목할 수 있다. 하나는 **무역관련 투자조치**(trade-related investment measures, TRIMs)이고 다른 하나는 **보조금 및 상계조치**(subsidies and countervailing measures, SCM) 협약이다. 세 번째 협약인 **무역관련 지식재산권**(trade-related aspects of intellectual property rights, TRIPS) 또한 새로운 지식과 기술에 대한 접근을 제한하고 개발도상국에 잠재적인 해를 끼친다고 비난받는다.

무역관련 투자조치 협약

무역관련 투자조치(TRIMs) 협약은 각국 정부가 외국인 투자보다 국내 투자를 선호하지 않도록 하기 위한 것이다(내국민대우 조항). 일반적으로 무역관련 투자조치를 정의하지는 않지만 제한된 행동의 예시 목록을 제공한다. 무역관련 투자조치가 제한하는 두 영역이 가장 중요하다. 국가는 외국인 투자를 허가하면서 국내 중간재 사용 또는 수출 실적에 대한 조건을 부가할 수 없다. 역사적으로 많은 국가가 외국인 투자를 국내 제조업체들과 연계하는 성과 요건을 사용했다. 예를 들어 이들 국가들은 국내 부가가치를 높이고 산업 내 연계성을 강화하며 외국 기업에서 국내 기업으로 기술 이전을 늘리기 위해 외국인 투자가 건설한 공장에서 일정 비율의 국내 중간재를 사용하도록 했다. 이러한 조치는 자동차 산업에서 자주 사용되었다. 또한 국가들은 외국인 투자에 대한 무역 균형 관련 요구를 종종 부과하는데, 중간재 수입 규모만큼 수출을 요구하거나 중간재 수입에 지불된 외환 규모와 동일한 외환 규모를 수출을 통해 유입하도록 요구했다.

보조금 및 상계조치 협약

보조금 및 상계조치(SCM) 협약은 금지 보조금과 '조치 가능' 보조금을 정의하고 있다. 금지 보조금은 기업이 국내 중간재를 사용하거나 수출 목표를 달성하도록 요구하는 보조금이다. 어떤 면에서 보조금 및 상계조치 협약은 국가 정책에 적용되는 제약 측면에서 무역관련 투자조치 협약과 유사하다. 조치 가능 보조금은 보조받은 기업이 다른 나라의 기업이나 산업에 해를 끼칠 수 있는 재정 지원이다. 예를 들어, 정부가 자국 자동차 산업에 특별 세제 혜택을 주고 다른 세계무역기구 회원국에 위치한 자동차 회사의 판매를 저해하면 해당 회원국은 세계무역기구에 불만을 제기하거나 자체 조사를 통해 보조금을 받은 기업의 국가에서 들여오는 수입품에 세금을 부과할 수 있다.

무역관련 지식재산권 협약

세 번째 협약인 무역관련 지식재산권(TRIPS) 협약은 많은 사람이 개발도상국의 이익에 해가 되는 것으로 보는데, 신기술과 지식에 대한 접근을 제한한다고 주장한다. 특허 및 저작권과 같은 지식재산권에 대한 보다 엄격한 집행을 요구하는 방식이다. 무역관련 지식재산권 협약에 반대하는 사람들은 많은 선진국이 산업 발전 초기에 지식재산권을 약하게 규제했다고 주장한다. 이를 통해 제품을 분리하고 어떻게 설계되었는지 확인한 후 이를 복제하는, 소위 **역공학**(reverse engineering)이라 불리는 방식이 가능했다. 무역관련 지식재산권 협약은 역공학을 제한하고 과거 국가들이 특허 및 저작권에 대한 제한을 적용받지 않았던 일부 기술 분야를 협약의 제약을 받는 새로운 기술 분야로 지정한다. 무역관련 지식재산권 협약은 또한 특허권 기간을 연장하고 보조금 및 상계조치 협약 및 무역관련 투자조치 협약과 병행하여 국가들이 특허 보유자들에게 국내 생산 또는 기술 이전 요구 사항에 대해 규제할 수 있는 권한을 제한한다.

요약

- 비교우위는 세계무역의 상당 부분을 설명할 수 없다. 많은 국가에서 상품 무역의 50% 이상이 산업 내 무역이며, 미국 및 기타 많은 대국 경제의 경우 2/3 이상이다.

- 산업 내 무역은 수출과 수입이 유사한 제품으로 구성되어 있고 생산성, 기술 및 요소 부존이 유사한 국가 간에 주로 발생하기 때문에 비교우위를 기반으로 하지 않는다. 산업 내 무역은 규모의 경제와 제품 차별화를 기반으로 한다.

- 생산이 증가함에 따라 평균비용이 감소할 때마다 규모의 경제가 발생한다. 규모의 경제는 비교우위 기반 무역 이외에 별도의 기반을 형성하기 때문에 무역의 유형을 결정하는 중요한 요건이다.

- 규모의 경제는 내부, 외부 혹은 둘 다 가능하다. 내부 규모의 경제로 얻게 되는 무역의 이득은 더 다양한 소비자 선택과 더 낮은 가격을 포함한다. 이론적으로 비효율적인 국가에서 생산이 묶이게 되고 효율적인 국가에서 생산의 발전을 저해할 수 있기 때문에 외부 규모의 경제로 인한 무역의 이득은 확실하지 않다.

- 외부 규모의 경제는 지역의 기업 집단화로 이어진다. 기업들은 서로 지리적으로 근접한 장소에서 활동하면서 얻게 되는 몇 가지 긍정적인 여건에 유인을 갖는다. 세 가지 주요 여건은 숙련된 노동력의 공급, 특화된 중간재 공급 업체 및 지식 이전이다.

- 산업정책은 시장이 미래의 번영에 필수적인 산업을 개발하지 못하거나 산업의 이득 중 큰 비중이 그 산업에서 활동하는 기업 외 다른 사회 구성원에게도 외부화되면 사회적 최적 수준보다 적은 수준에서 개발될 것이라는 가정이 전제된다.

- 역사적으로 정부는 미래의 번영에 필수적인 산업 발전을 촉진하기 위해 여러 가지 수단을 사용했다. 이러한 수단에는 여러 가지 유형의 직접 및 간접 보조금이 포함되어 있다. 관세 및 무역에 관한 일반협정(GATT)의 우루과이 라운드는 상업 제품에 보조금을 지급하는 것을 불법으로 만들었으며, 특정 기업 및 산업을 보조금의 대상으로 하기가 훨씬 어려워지게 했다.

- 산업정책의 문제점으로는 대상 산업의 선정을 위한 확실한 방법 부재, 지대 추구, 국제적 기술이전 및 제공할 최적의 지원 규모 추정의 어려움을 포함한다.

용어

과점시장

내부 규모의 경제

독점적 경쟁시장

마킬라도라

무역관련 지식재산권(TRIPS)

무역관련 투자조치(TRIMs)

보조금 및 상계조치(SCM)

사적 리턴

사회적 리턴

산업 간 무역

산업 내 무역

산업정책

수출가공지대(EPZ)

시장실패

신무역이론

외부 규모의 경제

외부성

제품 차별화

지대 추구

학습문제

5.1 산업 내 무역은 무엇이고, 어떻게 측정되며, 산업 간 무역과 어떻게 다른가? 무역의 이득은 유사한가?

5.2 독일 및 브라질과 미국의 무역을 비교할 때, 독일과 미국의 무역은 비교우위에 기반할 가능성이 높은가? 혹은 규모의 경제에 기반할 가능성이 높은가? 왜 그렇게 생각하는가?

5.3 기업의 규모, 시장 구조, 무역의 이득과 관련하여 내부 규모의 경제와 외부 규모의 경제의 차이점은 무엇인가?

5.4 특정 산업에서 기업들이 지리적 집적을 이루는 세 가지 주요 인센티브는 무엇인가?

5.5 외부 규모의 경제 여건하에서 생산되는 제품을 수입할 경우 무역은 어떻게 국가에 위협이 될 수 있는가?

5.6 미국이 캐나다와 자유무역협정(1989)을 체결했을 때, 아무도 그것에 대해 다른 생각을 하지 않았다. 멕시코와 협정이 체결되었을 때(1994), 상당한 반대가 있었다. 산업 간 무역 및 산업 내 무역의 개념을 사용하여 두 무역협정에 대한 견해의 차이를 설명하라.

5.7 특정 산업의 발전을 추진하는 이론적 근거는 무엇인가?

5.8 산업정책을 시행함에 있어 일반적인 문제점은 무엇인가?

5.9 그림 5.3은 생산과 함께 외부 사회적 편익을 창출하는 산업의 사례를 나타낸다. 생산과 함께 외부 비용을 창출하는 산업에 대한 수요 공급 그래프를 그려라. 시장에서 결정된 가격 및 산출 수준을 사회적으로 최적의 가격 및 산출 수준과 비교 및 대비하여 설명하라.

관세 및 쿼터 이론

6

학습목표

이 장을 학습한 후 학생들은

6.1 수요와 공급 분석을 통해 소비자와 생산자 잉여를 설명하고 도해할 수 있다.

6.2 소국 및 대국 모형에서 가격, 생산량, 소비에 대한 관세 및 쿼터의 효과를 그래프로 보여줄 수 있다.

6.3 관세 및 쿼터의 자원 배분 및 소득 분배 효과를 차별화하고 설명할 수 있다.

6.4 실효 및 명목보호율을 비교하기 위해 중간재 부품 및 최종재에 대한 관세 자료를 사용할 수 있다.

6.5 관세와 쿼터를 비교하고 대비할 수 있다.

서론 : 관세와 쿼터

학습목표 6.1 수요와 공급 분석을 통해 소비자와 생산자 잉여를 설명하고 도해할 수 있다.

제6장과 제7장은 관세와 쿼터에 관한 이론과 정책을 설명한다. 경제학 문헌에서 이 분석을 상업정책이라 한다. 제6장에서는 관세 이론에 대해 소개하고 제7장은 보호무역의 직접 비용과 제한적 무역의 지지자가 사용한 논증에 초점을 맞추고 있다. 산업과 일자리를 보호하기 위한 수단으로서의 관세와 쿼터의 비효율성과 손해는 직접 비용을 측정한 후 분명해진다.

관세의 분석

무역장벽은 다양한 형태와 크기로 나타난다. 일부는 명백하거나 **투명**(transparent)하지만 다른 것은 숨겨진 형태이거나 **불투명**(nontransparent)하다. 관세는 수입품에 과세함으로써 간접적으로 수입을 제한하는 반면 쿼터는 수입량을 직접 제한한다. 관세와 쿼터는 소비자들이 상대적으로 값싼 국내 제품으로 전환하거나 시장에서 완전히 벗어나게 한다. 또한 수요가 외국 제품에서 국내 제품으로 전환하기 때문에 국내 생산자가 생산량을 증가시키도록 조장한다.

다음 분석에서는 관세 및 쿼터가 부과된 산업에서만 그 영향을 살펴볼 것이다. 예를 들어, 철강 산업에 부과된 관세가 경제 전반에 미치는 영향은 분석되지 않을 것이다. 경제학에서 제6장의 분석은 **부분균형분석**이라 불리는데 무역장벽이 적용된 시장, 즉 경제의 일부분에 대해서 관세와 쿼터의 영향을 고려하기 때문이다. 관세 분석을 시작하기 전에 소비자 잉여와 생산자 잉여라는 두 가지 중요한 개념을 먼저 소개할 필요가 있다.

소비자 잉여와 생산자 잉여

우유 1갤런에 대해 지불 용의가 있는 최대 금액은 얼마인가? 대답은 소득, 우유 선호 정도, 우유가 필요한 유아가 있는지, 젖당(락토오스)을 분해할 능력이 있는지 등 상당히 주관적인 여러 요인에 따라 소비자마다 다를 수 있다. 소비자가 우유에 부여하는 주관적인 가치는 우유에 대한 시장 수요곡선에 포함되어 있는데, 시장 수요곡선은 어떤 재화에 대해 소비자들이 각각의 가격, 그리고 모든 가격 범위에서 구매 용의가 있고 구매 가능한 총수량을 나타낸다. 우유의 시장 가격이 하락하면 더 많은 소비자들이 우유에 부여한 자신만의 가치보다 하락한 가격이 낮거나 동일하다고 느끼게 되어 구매량을 늘리게 된다.

예를 들어, 우유 1갤런에 대해 3.50달러를 지불할 용의가 있는데 실제 가격은 3.20달러에 불과하다고 가정하자. 본질적으로, 우유 1갤런당 0.30달러의 '공짜' 가치를 얻을 수 있는데 이는 소비자가 지불해야 하는 금액 이상의 가치를 얻는다는 것이다. 이러한 초과 가치를 **소비자 잉여**(consumer surplus)라 부르고 소비자가 지불해야 하는 가격을 초과하여 얻게 되는 제품의 가치를 의미한다. 이는 모든 사람이 각 제품을 다르게 평가하지만 대부분의 제품에서 단일 가격이 존재하기 때문이다. 수요곡선을 알 수 있으면 소비자 잉여를 측정할 수 있다. 수요곡선은 각 소비자가 특정 재화에 부과하는 가치의 요약이기 때문에 수요곡선과 가격 선 사이의 영역은 소비자 잉여의 측정치가 된다.

그림 6.1은 우유에 대한 가상의 시장 수요곡선과 공급곡선을 보여준다. 우유 1갤런당 3.20달러의 시장 균형가격에서 10,000갤런의 우유가 공급되고 수요된다. 많은 소비자가 우유에 대한 가치를 더 비싸게 부여하고 우유를 소비하면서 얻게 되는 가치는 3.20달러 이상이다. 그림 6.1에서 소비자 잉여는 수요곡선 아래와 가격 선 3.20달러 위의 면적이 된다. 소비자 잉여의 크기 또는 가치는 공식 (1/2) × (높이) × (폭) 또는 (1/2) × ($1.30) × (10,000)으로 주어진 삼각형의 면적으로 6,500달러와 같다. 이는 소비된 우유의 주관적인 가치와 소비자들이 지출한 총금액의 차와 같다.

소비자 잉여는 소비자에게 실질적인 절감효과를 제공한다. 기업이 각 소비자가 기꺼이 지불할 용의가 있는 최대 가격을 확인할 방법이 있다면 이론적으로 모든 개인에게 다른 가격을

그림 6.1 소비자 잉여와 생산자 잉여

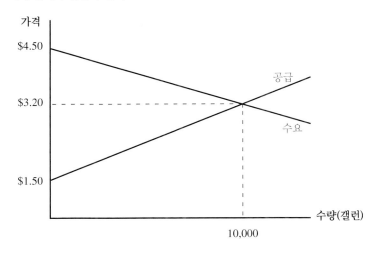

소비자 잉여는 수요곡선 아래와 가격 선 위의 영역으로 표시된다.
생산자 잉여는 공급곡선 위와 가격 선 아래의 영역으로 표시된다.

부과할 수 있고 따라서 소비자 잉여를 0으로 줄일 수 있다. 우유 업계에 종사하지 않는 소비자들에게는 다행스럽게도 우유 제조사는 보통 길고 값비싼 인터뷰 절차 없이 이 정보를 얻기는 불가능하다. 결과적으로, 기업이 다른 고객에게 서로 다른 가격을 책정하는 것은 일반적으로 비실용적(경우에 따라 불법)이다. 그럼에도 불구하고 자동차 딜러와 같은 일부 회사는 동일한 상품에 대해 서로 다른 가격을 책정한다. 대부분의 기업에서 가장 쉬운 전략은 모두에게 동일한 가격을 부과하는 것이다. 따라서 대부분의 시장에서 소비자 잉여는 대부분의 소비자에게 실질적인 비용 절감이다.

생산 측면에서 유사한 개념을 **생산자 잉여**(producer surplus)라고 한다. 위에서 가정한 가상적 우유 시장의 예에서 낙농장을 소유하고 1갤런당 3.00달러로 우유를 기꺼이 생산할 수 있다면 3.20달러에 우유를 판매하면 1갤런당 생산자 잉여가 0.20달러 주어진다. 시장 공급곡선은 시장에 있는 기업들의 공급곡선의 합이며 주어진 양의 재화를 산출하기 위해 기업이 수용할 최소 가격을 반영한다는 것을 알고 있다. 그림 6.1에서 일부 회사는 1갤런당 2.00달러에 우유를 생산할 용의가 있으며 1.50달러 이상의 모든 가격에서 적어도 일부 회사는 생산량을 공급할 것이다. 3.20달러의 균형가격보다 낮은 가격으로 판매하고자 하는 모든 기업은 공급할 용의가 있는 가격보다 많은 수입을 얻는다. 이 초과 또는 잉여 수입은 기업의 생산자 잉여이다.

소비자 잉여의 경우와 마찬가지로 생산자 잉여를 측정할 수 있다. 이 경우의 생산자 잉여의 측정은 공급곡선의 매개 변수(가격 축의 절편과 기울기)를 아는 것에 달려 있는데 생산자 잉여가 공급곡선 위와 가격 선 아래의 영역이기 때문이다. 이 사례에서, 공식 (1/2) × ($1.70) × (10,000)으로 주어진 삼각형의 가치와 동일하며 8,500달러이다. 이것은 생산자가 10,000 갤런의 우유를 생산하는 데 필요한 최소한의 수입을 초과하는 수입이다.

가격, 산출물, 소비

관세 및 쿼터의 소득 분배 효과를 논의하기 위해 생산자 잉여와 소비자 잉여의 개념이 사용된다. 그러나 이러한 효과를 분석하기 전에 가격, 국내 생산, 국내 소비에 대한 관세 효과의 설명부터 시작해야 한다.

그림 6.2는 수입된 제품에 대한 국내 또는 자국 수요와 공급을 보여준다. 재화가 거래되는 가격은 유일한 것으로 가정하며 세계가격, 즉 P_w라고 불리는데 이 가격에 외국 생산자들은 수입국에서 원하는 모든 단위의 상품을 기꺼이 공급할 의향이 있다고 가정한다. 이것은 외국 공급이 완벽하게 탄력적이거나 미국이 가격에 영향을 줄만큼 충분한 양을 소비하지 않는다고 가정하는 것과 같다. 대국 모형에서 이 가정은 제외될 것이다. 세계가격은 국내 균형가격보다 낮다. 이는 국내 생산자가 P_w의 시장가격으로 모든 국내 수요를 충족시킬 수 없으며 소비자는 일부 소비에 대해 외국 생산자에 의존한다는 것을 의미한다. 특히 가격 P_w에서 소비자는 Q_2를 요구하지만 국내 생산자는 Q_1만 공급한다. 그 차인 $Q_2 - Q_1$, 또는 선분 Q_1Q_2는 수입으로 구성된다.

그림 6.2 수입품에 대한 국내 공급과 수요

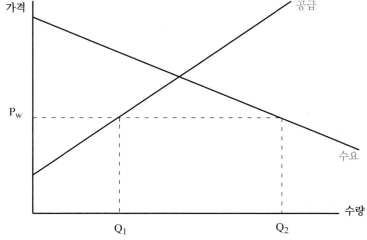

가격 P_w에서 수요량과 공급량 간의 차, 즉 $Q_2 - Q_1$이 수입량이다.

그림 6.3 관세의 효과

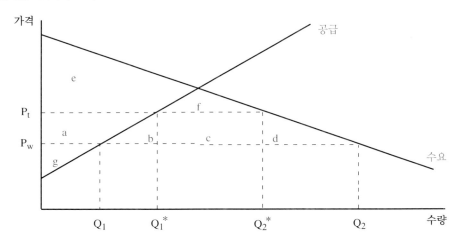

관세로 인해 국내 가격은 상승하고 국내 생산은 증가하며 국내 소비는 감소한다. 생산자 잉여는 증가하지만 소비자 잉여는 감소한다.

이제 정부가 금액 't'의 관세를 부과한다고 가정하자. 수입업자는 여전히 외국 생산자로부터 가격 P_w에 재화를 구입할 수 있지만 't'의 수입세를 지불해야만 하는데 그만큼 국내 소비자들에게 가격 인상으로 전가시킨다. 다시 말해, 소비자에 부과되는 가격은 그림 6.3에 나타난 것과 같이 $P_w + t = P_t$로 상승한다. 국내 시장의 가격 상승은 국내 소비, 국내 생산 및 수입에 영향을 미친다. 첫째, 가격 상승은 일부 소비자를 시장에서 퇴출시키고 국내 소비는 Q_2에서 Q_2^*로 감소한다. 다음으로, 생산 측면에서, 높은 가격은 국내 생산을 Q_1에서 Q_1^*로 증가하도록 이끈다. 국내 생산량의 증가는 국내 기업들이 외국 기업들과 경쟁력을 유지하면서 비용을 충당하기 위해 약간 높은 가격인 $(P_w + t)$를 부과할 수 있기 때문에 발생한다. 마지막으로 수입은 $Q_1 Q_2$에서 $Q_1^* Q_2^*$로 감소한다. 요약하면, 관세로 인해 국내 가격은 관세 금액만큼 상승하고 국내 소비는 감소하며 국내 생산은 증가하고 수입은 감소하게 된다.

자원 배분 및 소득 분배

관세는 단순히 가격 상승 및 수입 감소만 유발시키는 것이 아니라 보다 미묘한 효과를 가진다. 국내 생산량의 증가는 토지, 노동 및 자본의 추가 공급이 요구되는데 이전 용도에서 관세 부과로 인해 보호받는 산업으로 재배분되어야 한다. 또한 가격이 바뀌면 소비자와 생산자 잉여 역시 바뀐다.

먼저, 소비자 잉여에 대한 영향을 고려해보자. 그림 6.3은 관세 부과 전후의 가격과 생산량 수준을 나타낸다. 소비자 잉여는 가격 선 위와 수요곡선 아래의 전체 영역임을 알고 있다. 소비자가 가격 P_w를 지불하면 소비자 잉여는 영역 a + b + c + d + e + f가 된다. 관세가 부과되고 가격이 P_t로 상승한 후, 소비자 잉여는 e + f로 줄어든다. 그 차인 a + b + c + d는 소비자의 손실을 나타낸다.

소비자 잉여와 달리 생산자 잉여는 증가한다. 관세 부과 전 생산자 잉여는 영역 g이고, 관세 부과 후는 g + a이다. 그 차인 a는 국내 기업이 Q_1에서 $Q_1{}^*$로 생산량을 늘리도록 이끄는 데 필요한 최소 가격을 초과하는 수익이 된다. 순 효과를 평가하면 생산자는 더 나아졌고 소비자는 더 나빠졌지만 국가 전체는 어떻게 된 것일까?

소비자가 안게 되는 영역 a + b + c + d의 손실을 고려하면 여러 영역으로 세분화될 수 있다. 손실의 일부인 영역 a는 소비자 잉여에서 생산자 잉여로 이전된 부분이다. 손실이 소비자를 더 나쁘게 만들지만, 생산자가 같은 금액만큼 더 나을 수 있게 한다. 따라서 생산자에게 자원을 제공하는 것이 어떤 식으로든지 국가 후생에 이익을 주거나 해를 끼칠 수 있다는 것을 입증할 수 없다면 국가 전체로는 더 좋아지지도 더 나빠지지도 않는다고 볼 수 있다. 소비자 잉여의 손실 부분은 관세의 소득 분배 효과로 볼 수 있는데, 한 그룹(소비자)에서 다른 그룹(생산자)으로 자원을 이전함으로써 국민 소득을 재배분하기 때문이다.

관세의 또 다른 소득 분배 효과는 면적 c로 표시된다. 이 영역의 높이는 관세와 동일하며, 폭은 관세 부과 후 수입량이다. 따라서 이 영역의 소비자 잉여 손실은 (관세) × (수입량)과 동일하며, 이는 관세 적용 시 정부가 징수한 관세 수입이다. 이 경우 소득 분배 효과는 소비자에서 정부로의 이전이다. 다시 말하지만, 소비자의 손실은 정부의 수입과 정확히 일치하므로 국가 후생에 순 효과가 없다고 가정한다. 이 이전이 국가 후생을 변화시키지 않는 한 순 효과는 없다.

소비자 잉여 손실 영역 중 남은 두 영역은 b와 d이다. 두 영역 다 국가 후생의 순 손실을 나타내고 자원의 왜곡된 분배와 관련 있다. 먼저 영역 d를 고려하면, $Q_2{}^*$와 Q_2 사이 수요곡선을 따라, 이 재화에 세계가격으로 구매하는 비용보다 더 큰 가치를 부여하는 소비자가 존재한다는 것을 알 수 있다. 그러나 관세 부과의 결과로 이러한 소비자들은 시장에서 퇴출당하는데 가격 P_t를 지불할 용의도 없고 능력도 없다. 재화에 부여한 가치가 세계시장에서 그 재화를 구매하는 데 드는 비용보다 더 크게 생각하는 모든 소비자들이 실제 그 재화를 구매할 수 없다는 사실이 국가 후생의 순 손실이다. 경제학자들은 재화의 가치 중 순 손실이 다른 곳에서 이득으로 보상되지 않을 때 **사중손실**(deadweight loss)이라고 한다. 영역 d는 이러한 유형의 손실을 나타낸다.

고려해야 할 마지막 영역은 b이다. Q_1과 $Q_1{}^*$ 사이 국내 공급곡선을 따라, 기존 생산설비에서 생산량은 증가한다. 공급곡선의 기울기가 우상향하는 것을 감안하면 기업은 가격 상승이 가능할 경우에만 생산량을 늘릴 수 있다. 즉, 추가 생산량을 얻으려면 국내 생산자가 각 추가

표 6.1 그림 6.3의 관세의 경제적 효과

변수	자유무역	관세 부과 후
소비자 가격	P_w	P_t
국내 소비량	Q_2	$Q_2{}^*$
국내 생산량	Q_1	$Q_1{}^*$
수입량	Q_1Q_2	$Q_1{}^*Q_2{}^*$
소비자 잉여	a + b + c + d + e + f	e + f
생산자 잉여	g	g + a
정부 수입	0	c
소비자 사중손실	0	d
생산자 사중(효율성)손실	0	b

관세로 인해 소득이 소비자에게서 생산자와 정부에게 재배분된다. 또한 사중손실이 발생하는데 일부는 소비자에게 또 다른 일부는 생산자에게 초래한다.

단위에 대한 비용 상승을 충당할 수 있는 더 높은 가격을 부과할 수 있어야 한다. 관세 부과 전 가격 P_w에서 $Q_1Q_1{}^*$의 총수입 비용은 가격에 수량을 곱한 금액, 즉 $(P_w) \times (Q_1Q_1{}^*)$이었을 것이다. 국내에서 동일한 양을 생산하는 비용은 수입 비용에 영역 b를 더한 것과 같다. 즉, 영역 b는 세계시장에서 가격 P_w에 구입하는 대신 국내에서 추가적으로 $Q_1Q_1{}^*$만큼 더 생산하면서 국가에 추가적으로 부담시키는 비용이다. 영역 b는 동일한 양의 재화($Q_1Q_1{}^*$)를 이 영역만큼 손실을 입지 않고도 세계시장을 통해 얻을 수 있기 때문에 자원의 왜곡된 분배이고 국가에 안긴 순 손실이다. 영역 b는 또 다른 사중손실이고, 생산 측면에서 발생하기 때문에 **효율성 손실**(efficiency loss)이라고도 한다.

요약을 하면, 국가 후생에 미친 관세의 순 효과는 소비자의 손실에서 생산자와 정부의 이득을 감한 만큼, 즉 (a + b + c + d − a − c) = b + d이다. 이 두 세모 영역은 보상 이득이 전혀 없는 손실이고, 따라서 국가 전체에 끼친 실제 손실을 나타낸다. 표 6.1은 앞에서 설명한 관세의 효과를 나타낸다.

사례연구

관세율 비교

WTO의 도하개발의제(Doha Development Agenda)는 개발도상국의 무역 문제에 중점을 두고 있다. 도하협상의 시작과 경제개발 문제에 중점을 두게 된 추동력 중 하나는 1993년 체결된 우루과이 라운드 무역협상에서 충분한 혜택을 얻지 못했다는 개발도상국들의 불만이다. 농산물, 의류 및 섬유시장에 대한 접근을 저해하는 관세 및 기타 산업국가 무역장벽의 수준은 많은 개발도상국들에게 이슈가 된다. 이 제품 라인은 개발도상국이 비교우위를 갖는 분야인데, 특히 기후가 요인이거나 생산에 풍부한 노동이 사용되지만 자본은 거의 필요하지 않은 경우이다.

많은 선진국, 세계은행 및 WTO는 개발도상국이 당면한 문제의 주요 부분은 개발도상국가들 사이에서 상대적으로 높은 보호무역의 수준이라고 주장한다. 높은 관세율로 인해 이들 국가는 서로의 시장에서 판매할 수 있는 능력을 제한하며 결과적으로 비교우위를 따르는 역량을 제한한다.

그림 6.4는 소득 수준에 따라 세 국가 그룹의 관세율 수준과 추세를 보여준다. 2010년 달러 기준으로 저소득 국가는 1인당 소득 수준이 1,005달러 미만이고, 중소득 국가는 1,005달러에서 12,275달러이며, 고소득 국가는 중소득 국가보다 높다.

각 그룹의 많은 국가에서 연간 통계치가 변동적이기 때문에 그림 6.4의 수치는 신중하게 고려해야 하지만 정성적으로 널리 받아들여지는 두 가지 패턴을 볼 수 있다. 첫째, 한 나라의 소득이 높을수록 관세는 낮아지는 경향이 있다. 물론, 예외적으로 낮은 관세율의

그림 6.4 평균 관세율(1997~2012)

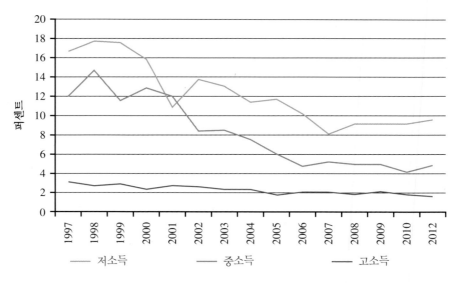

소득이 적은 국가일수록 관세율이 높고, 대부분의 국가들에서 관세율은 장기간에 걸쳐 감소하는 추세를 보인다.

출처 : Data from World Bank, World Development Indicators, ⓒ James Gerber

저소득 국가(알바니아, 엘살바도르) 및 상대적으로 높은 관세율의 고소득 국가(버뮤다, 바레인)를 지적할 수 있지만, 일반적으로 저소득 국가는 높은 관세율을 의미하고 고소득 국가는 그 반대를 의미한다. 둘째, 관세율은 시간이 지남에 따라 하락한다. 분류된 세 국가 그룹에서 각각 평균 관세율이 1986년과 2003년 사이 약 50% 하락했다.

무역이 성장에 도움이 된다면, 저소득 국가는 왜 높은 관세율을 부과하는 경향이 있는가? 완전한 답은 각국의 상황에 따라 다르지만 가장 중요한 이유 중 하나는 관세가 비교적 쉽게 집행할 수 있고 종종 정부 수입의 중요한 부분을 차지하는 세금이라는 것이다. 소득, 판매, 재산에 대한 세금은 상대적으로 복잡한 회계 시스템과 경제활동의 대부분이 거치는 정규 시장이 요구된다. 상품 및 서비스 판매가 기록되지 않는 비정규 시장이 많은 국가에서는 많은 종류의 세금을 집행하기가 어렵다. 또한 소득 및 재산에 대한 세금은 도입이나 징수를 막는 힘을 가진 이익단체의 저항을 만나게 된다. 결과적으로 관세 수입은 많은 개발도상국 정부에게 운영 수입의 중요한 원천이 된다.

기타 잠재적 비용

이러한 관세의 효과는 가장 예측이 가능하고 정량화가 가능하다. 제7장은 미국, 유럽, 일본의 여러 산업에 대한 관세 및 쿼터의 생산 및 소득 분배 효과에 대한 실제 추정치를 소개한다. 그러나 이는 관세의 유일한 효과가 아니고, 세 가지 다른 효과에 주목할 필요가 있는데 무역 상대국이 관세보복을 하는 경우, 국내 혁신 및 생산성에 대한 보호무역의 영향, 기업이 지대 추구 행위에 개입하는 동기 등이 있다. 이러한 효과는 직접적인 영향을 받는 산업보다 더 큰 관심에 집중하게 한다.

관세보복 관세보복은 다른 산업의 수출 시장에 손해를 끼침으로 관세의 순 손실을 초래할 수 있다. 예를 들어, 1995년 미국은 자국의 파스타 제조업체에 대한 차별적 무역관행으로 인해 유럽(주로 이탈리아)산 파스타에 관세를 부과했다. 그 대가로 유럽공동체는 옥수수유, 대두유, 홍화유, 기타 식용유 등 식물성 기름 제조업체에 대해 관세를 부과하는 관세보복을 단행했다. 미국이 부과한 관세에 따른 비용은 이탈리아 파스타를 더 비싸게 사 먹어야 하는 미국 소비자들뿐 아니라 식물성 기름 산업에 종사하는 근로자와 자본가에게도 영향을 미쳤다. 본질적으로 관세에 의해 초래된 사중손실뿐만 아니라, 식물성 기름 산업은 수출시장을 잃어버렸다. 또 다른 문제는 관세보복이 급속히 악화될 수 있다는 것이다. 예를 들어, 1930년대에 불황을 겪는 많은 국가가 관세를 부과해 수입을 줄였다. 결과는 수입 경쟁 산업에서 일자리를 얻게 되었지만 수출 산업에서 일자리를 잃게 되었다. 결국 일자리는 늘어나지 못했고, 무역은 줄어들었으며, 모든 사람들의 생활수준이 낮아졌다.

혁신 고비용 관세 효과는 국내 기업을 외국 경쟁으로부터 격리시켜 신제품을 도입하거나 기존 제품의 품질과 특징을 개선하려는 동기를 줄인다는 것이다. 수입은 종종 신기술과 신제품에 대한 주요 경로가 된다. 제1장에서 설명한 바와 같이 개방경제가 폐쇄경제보다 빠르게 성장한다는 것을 보여주는 몇 가지 유형의 증거가 있다.

지대 추구 가상적인 상황에서 만약 관세가 일시적이며, 철폐될 것이라는 것을 국내 생산자가 알고 있는 경우 관세는 제품 개선을 촉진할 수 있다. 문제는 관세보호를 받는 기업이 로비스트를 고용하고 보호무역을 유지할 수 있도록 작업할 수 있다는 것이다. 경제학자들은 이러한 유형의 행위를 설명하기 위해 지대 추구라는 용어를 사용한다. 지대 추구는 재화나 서비스를 실제로 생산하지 않고 더 많은 수입을 얻기 위해 자원을 활용하는 행위이다. 경쟁력을 확보하는 것보다 보호무역을 위해 정부를 로비하는 것이 더 쉽다면 기업은 지대 추구 전술을 사용할 것이다. 반대로, 로비가 보호무역을 얻는 데 성공하지 못할 것으로 기대되면 기업은 그러한 방식의 지대 추구 행위에 개입할 가능성이 적다. 이러한 이유 때문에 보호관세를 쉽게 제공하지 못하는 정치체제는 자원 낭비를 피할 가능성이 훨씬 더 크다.

대국 모형

경제학자들은 관세 분석에 있어서 대국과 소국을 구별한다. 실질적으로는 대국과 소국 간 큰 차이가 없을 것이지만 이론적으로는 대국의 경우 무역 상대국이 관세보복을 하지 않는 한 관세 부과로 국가 후생을 향상시킬 수 있다. 경제학적으로 대국은 수입품에 관세를 부과할 때 수출국이 시장을 잃지 않기 위해 가격을 하락시킬 수 있을 정도로 그 재화를 충분히 수입하는 국가를 가리킨다.

그림 6.5는 **대국 모형**(large country case)의 관세 부과 사례를 나타낸다. 대국인 미국이 원유 수입에 대해 t만큼의 관세를 부과한다고 가정하자. 관세 부과 후 미국 수요의 감소로 인해 세계가격 P_w는 P_w^*로 하락해 관세로 인한 사중손실의 일부 혹은 전부가 상쇄된다.

그림 6.5를 자세히 분석하면 대국과 소국 모형을 비교할 수 있다. 관세 부과 전의 상황은 그림 6.3과 동일하다. 두 경우의 주요 차이점은 해외 생산자가 관세 부과 후 P_w^*로 가격을 인하한다는 사실에 기인한다. 결과적으로, 국내 추가 생산이 적게 발생하고 소비자가 시장에서 퇴출하는 수가 줄어든다. 다시 말해, 그림 6.5의 영역 b와 d는 가격 하락이 없는 소국의 경우보다 작다. 그러나 더 적은 사중손실만이 유일한 효과는 아니다. 그림 6.5에서 영역 g와 c는

그림 6.5 대국 모형에서 관세의 효과

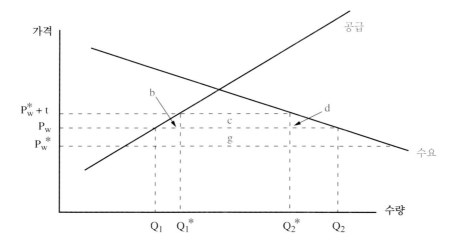

대국에서는 관세로 인해 해외 생산자의 가격이 하락할 정도로 국내 수요가 감소한다.

관세 수입을 나타낸다. 그러나 관세 부과 전 상황과 비교할 때, 영역 g는 수입국에게 순 이득이다. 관세 부과 전, 영역 g는 수입업자에게 지불되는 금액의 일부였다. 영역 g는 관세 부과후, 동시에 가격 하락으로 인한 정부의 관세 수입 중 일부이며, 따라서 국가 내에 남게 된다.

　영역 g가 영역 b와 d를 합한 것보다 크다면, 즉 g > b + d라면 대국은 관세를 부과함으로써 국가 후생을 향상시킬 수 있다. 그러나 이 결과는 관세보복, 지대 추구 또는 혁신에 해로운 영향이 없다고 가정할 때 가능하다.

실효보호율과 명목보호율

관세 보호의 역설 중 하나는 종종 그럴 것처럼 보이지만 그렇지 않다는 것이다. 사실 한 제품에 주어진 보호의 정도는 관세율뿐만 아니라 그 제품 생산에 사용된 부품에 관세가 부과되는지 여부에 달려 있다. 예를 들어, 미국이 노트북의 수입에 관세를 부과하기로 결정했다고 가정하자. 미국산 노트북에 외국 부품이 사용된 경우 관세 부과로 보호되는 정도는 수입된 부품에 관세가 부과되는지 여부에 따라 달라진다. 다시 말해, 노트북 제조업체가 수입 부품에 대해 관세를 지불하게 됨으로써 노트북에 부과된 관세로 인해 보호받는 정도는 완전히 상쇄될 수 있다고 생각할 수 있다.

　경제학자들은 **실효보호율**(effective rate of protection)과 **명목보호율**(nominal rate of protection)을 구별한다. 명목보호율은 이 장에서 지금까지 논의한 것, 즉 주어진 제품에 부과되는 관세율이다. 실효보호율은 명목보호율과 함께 부품에 부과된 관세를 고려한다. 결과적으로 특정 제품이 받는 전반적인 보호 수준을 보다 명확하게 파악할 수 있다. 실효보호율은 부가가치 개념과 관련이 있다. 부가가치는 제품의 가격에서 제품을 생산하는 데 사용된 중간재의 비용을 뺀 값이다. 부가가치는 주어진 생산 단계에서 자본과 노동의 기여를 측정한다. 자유무역하에서 국내 부가가치를 VA라 하고, 제품 및 부품에 부과된 모든 관세를 고려할 때 발생된 국내 부가가치를 VA*라고 할 때, 실효보호율은 다음과 같이 정의된다.

$$\frac{(VA^* - VA)}{VA}$$

표 6.2의 사례를 고려해보자. 노트북이 1,000달러에 판매되고 외국 생산자가 미국에 원하는 대로 판매할 의향이 있다고 가정하자. 노트북 1대를 제조하려면 미국 제조업체가 600달러 상당의 부품을 수입해 와야 하므로 국내산 노트북에 실제로 400달러($1,000 − $600 = $400)의 국내 부가가치가 발생한다. 미국이 20%의 관세를 부과하면 가격은 1,200달러로 상승한다. 미국에서 부가가치가 600달러($1,200 − $600)이고 실효보호율은 50%(($600 − $400) / $400)가 된다. 즉, 20%의 관세율은 50%의 보호를 제공한다! 이는 최종재 가치의 상당 부분이 다른 곳에서 생산되고, 따라서 모든 국내 보호는 미국에서 생산된 몫에 해당하기 때문이다.

한편, 미국이 국내 부품 제조업체를 보호하기로 결정하고 중간재 부품에 대한 대규모 관세를 부과한다면 어떻게 될지 고려해보자. 외국 부품에 대한 관세율이 50%라면, 중간재 부품 비용은 600달러에서 900달러로 상승한다. 최종재 가치에 대해 20%의 관세를 부과하는 상태에서, 수입산 노트북의 가격은 여전히 1,200달러이고 미국산 노트북 시장가격도 1,200달러에서 결정된다. 중간재 부품에 관세 부과 후 부가가치는 300달러($1,200 − $900)이며 실효보호율은 이제 −25%(($300 − $400)/$400)가 된다. 즉, 외국산 노트북에 20%의 관세를 부과하더라도 미국의 노트북 제조업체는 음(−)의 보호를 받게 된다. 최종재에 대한 관세는 중간재

표 6.2 실효보호율과 명목보호율

변수	자유무역	최종재에 20% 관세부과	최종재에 20% 관세부과 및 부품에 50% 관세부과
노트북 가격	$1,000	$1,200	$1,200
외국산 부품 가격	$600	$600	$900
국내 부가가치	$400	$600	$300
실효보호율	0	50%	−25%

수입 부품에 관세가 부과되지 않으면 실효보호율이 명목보호율보다 크다. 수입 부품에 관세가 부과되면 실효보호율은 작아지는데 궁극적으로 음(−)의 값이 될 수 있다.

부품에 대한 관세에 의해 상쇄되는 정도를 넘어서 오히려 이 상황이 관세가 전혀 부과되지 않은 경우보다 생산자를 외국과의 경쟁에 더 많이 노출되게 한다.

　음(−)의 실효보호율이 나타나는 것은 드문 일이 아니다. 그 이유의 일부는 관세가 장기간에 걸쳐 단편적인 방식으로 입안되고 계획성 및 일관성 있는 방식으로 설계되지 않는다는 사실에 기인한다. 국내 로비스트들의 압박, 전략적 이해관계에 대한 고려, 수많은 다른 요인들이 관세 시스템의 구축에 영향을 끼친다. 결과적으로 새로운 관세가 기존 관세의 효과를 무산시키는 모순된 관세정책을 보는 것도 놀랍지 않다.

　이 논쟁에서 보호 대상 산업을 정확하게 결정하려는 시도에 주의를 기울일 필요가 있다. 명백한 것은 실효보호율 개념이 명목보호율보다 더 적절하다는 것이다. 관세율의 경우, 겉으로 드러나는 것이 항상 실제 얻는 것은 아니다.

사례연구

우루과이 라운드와 도하 라운드

우루과이 라운드는 7년간의 협상 끝에 1993년 체결되었다. 계획보다 3년이나 더 걸렸고 회담에서 한 번의 완전한 결렬도 겪었다. 이 협정은 1994년 123개 참여국 대부분이 비준을 마쳤으며 1995년에 시행되었다.

　표 6.3은 협상의 네 가지 주요 결과를 요약한 것이다. 무역장벽은 관세 감축, 보조금 규정의 명확화, 다수의 새로운 협정 영역, 기존 관세 및 무역에 관한 일반협정(GATT)의

표 6.3 우루과이 라운드

구분	결과
관세	■ 대부분 공산품의 관세율 40% 인하 ■ 일부 농산품의 쿼터를 관세로 전환
보조금	■ 보조금 정의 확립 ■ 금지 보조금 및 조치 가능 보조금의 분류
체결 협정	■ 섬유 및 의류에 관한 협정 ■ 무역관련 지식재산권 ■ 무역관련 투자조치 ■ 서비스 무역에 관한 일반협정
제도화	■ WTO의 수립 ■ 분쟁해결절차의 강화 ■ 정기적 무역정책 검토 도입

우루과이 라운드는 관세율 인하 이상으로 많은 성과를 거두었다.

틀 내에서 추진할 제도 개혁 등을 포함한 몇 가지 메커니즘을 통해 감축했다. 가장 주목할 만한 것은 우루과이 라운드가 다양한 협정의 이행 및 추가 개선을 감독하는 조직으로 WTO를 수립했다는 점이다.

우루과이 라운드가 세계무역의 패턴에 끼친 주된 영향 중 하나는 별도의 섬유 및 의류에 관한 협정(ATC)에 관한 협상이었다. 1994년까지 섬유와 의류는 쿼터 및 관세 시스템의 하나인 다자간섬유협정(Multi-Fiber Arrangement)이라는 별도의 국제 협약을 가지고 있었다. 다자간섬유협정은 섬유 및 의류에 대한 쿼터를 단계적으로 완전 폐지 수순을 밟으면서 WTO 시스템에 통합되었다.

우루과이 라운드의 또 다른 주목할 만한 업적으로는 서비스 무역을 감독하는 규정의 확대로 서비스 무역에 관한 일반협정(GATS), 지식재산권을 강화하는 협정으로 무역관련 지식재산권(TRIPS), 투자에 관한 협정으로 무역관련 투자조치(TRIMs)가 있다(TRIPS 및 TRIMs에 관한 논의는 제5장의 사례연구 참조). 우루과이 라운드는 또한 모든 협정(ATC, GATS, TRIPS, TRIMs, GATT)을 관리하기 위해 세계무역기구를 수립했으며, 보다 효율적인 분쟁해결절차를 추진했다. 또한 세계무역기구는 개별 국가의 무역정책을 정기적으로 검토하여 온라인으로 발행한다.

도하 라운드는 2001년 카타르 도하에서 시작되었다. 목표는 2005년 말까지 합의에 도달하는 것이었지만 2006년 7월 회담은 결렬되었다. 이후 회담이 재개되었다가 다시 결렬되었으며 2016년 현재 더 이상 진전이 없다. 대부분의 국가들은 회담을 종결시키기 위한 노력을 포기했다. 당연하게도 의견 차이의 가장 큰 부분은 농업 분야의 무역장벽 및 보조금 정책, 서비스 시장에 대한 접근이었다. 또한 고소득 국가들은 중소득 국가들에게 공산품 수입에 대한 장벽을 더욱 낮추도록 촉구했다.

도하 라운드는 1947년 GATT 협정 체결 이후 실패한 최초의 무역 협상이다. 이 협상의 실패로 일부 관측통들은 WTO의 미래 적절성에 의문을 제기하게 되었지만, 분쟁해결 기구로서의 역할은 매우 귀중하다. 되돌아보면 초기 목표를 달성하지 못한 것은 놀라운 일이 아니다. 많은 쿼터가 관세상당치로 전환되었으며 관세도 1947년 GATT 협정 체결 이후 대략 지속적으로 감축되었다. 그 결과 통합 강화 관련 이슈나 농업과 같은 민감한 생산 부문에 영향을 미치는 이슈가 최우선 과제로 등장했다. 이러한 이슈의 대부분은 162개 국가들이 참여하는 단일 협상임을 고려할 때 간단한 합의를 도출하기에 논쟁의 여지가 너무 많다. 국가들은 WTO 제도 밖에서 계속 협상을 하고 있지만 그 중점은 주로 투자자 보호, 특허 문제 및 서비스로 옮겨왔으며, 협상도 WTO를 통한 다자간보다는 양자 간 또는 복수의 국가들 간으로 전환되었다. 이러한 새 쟁점은 많은 품목에 대해 이미 낮춰진 관세와 전 세계 생산기지에 대한 투자를 보호하려는 다국적 기업의 목적을 잘 반영하고 있다. 이전 라운드와 연계되는 또 다른 WTO 협상은 없을 수 있지만, 지속적인 책임감과 국가 그룹 간의 협상은 계속될 것이다.

쿼터 분석

학습목표 6.2 소국 및 대국 모형에서 가격, 생산량, 소비에 대한 관세 및 쿼터의 효과를 그래프로 보여줄 수 있다.

학습목표 6.3 관세 및 쿼터의 자원 배분 및 소득 분배 효과를 차별화하고 설명할 수 있다.

학습목표 6.4 실효 및 명목보호율을 비교하기 위해 중간재 부품 및 최종재에 대한 관세 자료를 사용할 수 있다.

학습목표 6.5 관세와 쿼터를 비교하고 대비할 수 있다.

쿼터의 경제적 분석은 관세와 거의 동일하다. 쿼터는 세금이 아닌 수입량의 한도를 지정하는 양적 제한이다. 관세 및 쿼터는 수입 감소, 총국내 소비 감소, 국내 생산 증가를 초래하는 측면에서는 최종 결과가 거의 동일하다. 쿼터와 관세의 주요 차이점은 추가적인 정책 조치가 따르지 않는 쿼터는 정부의 관세 수입을 창출하지 않는다는 것이다. 사라진 관세 수입은 외국 생산자들이 공급을 수요에 맞춰 가격을 인상하면서 외국 생산자들에게 이전된다. 따라서 쿼터로 인한 순 손실은 관세보다 커질 수 있다.

그림 6.3의 분석으로 볼 때, 소비자는 여전히 영역 a + b + c + d를 잃게 되지만, 정부는 영역 c를 세금으로 징수하지 않는다(영역 c에 대한 분석을 하기 전 먼저 어떻게 된 것인지 추론해보라).

쿼터의 유형

가장 투명한 유형의 쿼터는 수입 수량에 대한 분명한 제한이다. 수량 제한은 때로 특정 국가에서 오는 제품에 한정되기도 하며, 어떤 국가로부터 수입해오는지 관계없이 전체 제품에 적용하기도 한다. 예를 들어, 의류 분야에서 2005년까지 미국은 각종 의류(남자 정장, 남아 셔츠, 양말 등)에 쿼터를 설정했다. 각 종류의 제품에 대한 쿼터는 다시 국가별로 더 나눠졌다. 예를 들어, 홍콩과 아이티는 미국으로 수출할 수 있는 각 종류의 의류에 대해 서로 다른 한도를 적용받았다.

쿼터의 또 다른 유형은 수입허가규제이다. 미국은 이 유형을 드물게 사용했지만 많은 다른 국가들은 보호 수단의 대부분을 이 유형에 의존했다. 예를 들어, 1989년까지는 멕시코에서 이 유형이 주요 보호의 수단이었다. 이름에서 알 수 있듯이 수입허가규제는 수입업자가 수입에 대한 정부 허가를 취득하도록 강제한다. 부여된 허가의 수와 각 허가에 할당된 수량을 규제함으로써 수입허가규제는 본질적으로 쿼터와 동일하다. 정부는 일반적으로 허용되는 총수입량에 대한 정보를 게시하지 않으며 외국 기업은 수출할 수 있는 한도를 전혀 알 수 없으므로 수입허가규제는 쿼터보다 덜 투명하다.

세 번째 유형으로 미국 상업정책에서 일반적으로 사용된 쿼터는 **자율규제협정(VRA)**이라고도 하는 **수출자율규제**(voluntary export restraint, VER)이다. 수출자율규제의 틀 내에서 수출국은 '자율적'으로 일정 기간 동안 수출을 제한하기로 합의한다. 합의는 대개 특정 시장에서 수출 제한에 동의하지 않을 경우 수출업자가 훨씬 더 심각한 제한을 압박받는 일련의 협상 이후에 이루어진다. 일반적으로 강요의 암시 이상으로 무엇인가가 있다는 것을 감안할 때, 이러한 제한을 '자율적'이라고 부르는 것은 부적절한 명칭일 수 있다.

수출자율규제는 1970년대와 1980년대에 일반적인 유형의 보호 수단이었지만, 우루과이 라운드하에서 수출자율규제의 사용에 새로운 제약이 시행되었다. 그러나 2005년 미국과 유럽연합(EU)은 모두 중국과 섬유 및 의류 수출 제한 조치를 협상했다.

외국 생산자의 이윤에 끼치는 영향

관세와 쿼터의 주요 차이점은 쿼터로 인한 정부 수입이 없다는 것이다. 관세 수입 대신에, 외국 생산자에게 **쿼터지대**(quota rent)라고 하는 더 큰 규모의 이윤을 남긴다.

그림 6.6에서 세계가격은 P_w로, 국내 생산은 Q_1으로, 수입은 Q_1Q_2로 설정되어 있다. 정부가 수량 $Q_1Q_2{}^*$만큼 쿼터를 적용하기로 했다고 가정하자. 가격 P_w에서 수요량은 국내 생산 Q_1과 $Q_1Q_2{}^*$의 수입을 합친 공급량을 초과한다. 따라서 국내 공급곡선과 국내 수요곡선 간의 차이가 $Q_1Q_2{}^*$와 같아지는, 즉 공급량이 수요량과 일치할 때까지 가격이 상승한다. 그림 6.7에서 확인할 수 있듯이 국내 공급량은 $Q_1{}^*$로 증가하고 국내 가격은 P_q로 P_w보다 높다. $Q_1{}^*Q_2{}^*$는 그림 6.6의 $Q_1Q_2{}^*$와 같다.

그림 6.7은 소국 모형의 관세를 보여주는 그림 6.3과 동일하게 보이는데, 이는 국내 생산, 소비, 소비자 가격에 거의 동일한 효과를 나타내기 때문이다. 실제로 어떤 쿼터에 대해서도 동일한 수입 제한을 달성할 수 있는 관세율이 있다. 그러나 한 가지 두드러지는 차이점이 있다. 관세의 경우, 정부는 그림 6.3과 6.7의 영역 c와 같이 벌어들이는 수입이 있다. 쿼터의 경

그림 6.6 쿼터 분석 : 1

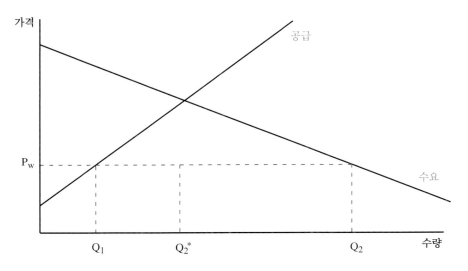

쿼터는 수입을 $Q_1Q_2{}^*$만큼 제한하고 $Q_2{}^*Q_2$만큼 초과수요를 초래한다.

우 정부가 쿼터를 입찰하지 않으면 수입이 발생하지 않는다. 그 대신 영역 c는 가격 상승으로 인한 외국 생산자의 추가 이윤을 나타낸다.

관세와 쿼터의 두 번째 중요한 차이점은 재화의 수요가 증가함에 따라 생산자 잉여에 미치

그림 6.7 쿼터 분석 : 2

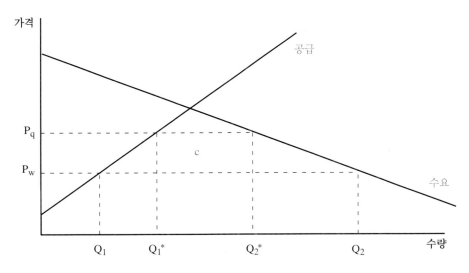

쿼터는 외국 생산자에게 c만큼 추가 수입을 남긴다.

는 영향과 관련이 있다. 쿼터가 고정되어도 소비자 수요가 증가하면 소비자 가격과 국내 기업의 생산자 잉여도 증가한다. 반대로 수입 관세가 있는 품목에 대한 소비자 수요가 증가하면 수입이 증가하고 가격은 그대로 남는다. 이는 국가가 비교적 작고 수요가 증가해도 세계 가격(관세 부과 전 가격)은 영향을 받지 않는다고 가정한다. 이러한 차이점을 감안할 때 국내 기업이 관세보다 쿼터를 산업의 보호 수단으로 선호하는 것은 놀라운 일이 아니다.

두 가지 상황이 외국 공급자가 추가 이윤을 얻을 수 있는 능력을 완화하거나 제한할 수 있다. 첫째, 다수의 외국 공급자가 있는 경우 경쟁 조건으로 인해 가격이 인상되지 않을 수 있다. 둘째, 영리한 정부는 수입 허가를 경매에 붙여 외국 생산자 및 국내 수입업자로부터 추가 이윤을 거둬들일 수 있다.

쿼터를 부과하는 국가가 경매를 통해 수입 허가를 승인한다고 가정하자. 국내 수입업자는 얼마를 지불할 의향이 있을까? 그림 6.6과 6.7에서 외국 공급자들은 가격 P_w에서 쿼터(그림 6.6의 $Q_1Q_2^*$ 또는 그림 6.7의 $Q_1^*Q_2^*$)만큼 기꺼이 팔고자 할 것이다. 국내 수입업자는 가격 P_q로 상품을 판매할 수 있다는 점을 인식하여 P_q와 P_w의 차이보다 약간 작은 금액을 기꺼이 지불해야 한다. 즉, 제품을 P_w에 수입해서 P_q에 판매한다. 수입업자가 쿼터만큼 시장에서 판매할 권리에 대해 $P_q - P_w$보다 적은 금액을 지불하면, 수입업자는 이윤을 남긴다. 균형 상태에서 경매시장은 수입 허가권에 대한 입찰가격을 예상된 시장가격의 인상분과 거의 같거나 비슷한 금액으로 결정되도록 할 것이다. 즉 경매 시장을 통해 정부는 관세로 거둬들일 수입과 동일한 수입을 쿼터를 통해 잠재적으로 거둬들일 수 있을 것이다. 물론 정부가 경매시장을 시행해야 하기 때문에 쿼터의 행정 비용이 더 클 수도 있다.

감춰진 유형의 보호 수단

명백한 수량 제한과 수입허가규제, 수출자율규제는 모두 쿼터의 유형이지만 쿼터와 동일한 기능을 하는 수많은 다른 유형의 보호 수단이 있다. 세금을 부과하지 않고 수입을 줄이는 어떤 유형의 무역장벽도 쿼터와 거의 비슷한 기능을 한다. 따라서 경제학자들은 다양한 유형의 보호 수단을 관세와 **비관세 장벽**(nontariff barriers, NTBs)의 두 가지 주요 범주로 나눈다. 비관세 장벽은 다시 쿼터와 **비관세 조치**(nontariff measures)로 세분될 수 있다. 비관세 조치는 종종 그 목적을 달성하더라도 무역장벽이나 보호 수단으로 나타나지 않는다는 점에서 불투명하거나 감춰져 있다.

비관세 조치는 다양한 형식 및 경제활동을 포괄한다. 대부분의 경우 무역 관련 조치로 직접 의도된 것인지 아니면 다른 목적으로 시행되는지 분별하는 것은 어렵지만 무역의 흐름에는 영향을 미친다. 과도하게 복잡한 세관 절차, 환경 및 소비자 건강, 안전 예방 조치, 기술 표준, 정부 조달 규칙, 국영 무역회사가 부과하는 제한 등이 포함된다. 일반적으로, 비관세 조치는 수입을 제한하는 관세 및 쿼터 이외의 모든 규제 또는 정책을 포함한다. 종종 일반 사람들이 비관세 조치가 산업을 보호하기 위해 시행되는지 아니면 다른 목적이 있는지를 결정하는 것은 어렵다. 예를 들어, 유럽연합(EU)이 성장 호르몬으로 사육된 가축의 쇠고기와 돼지고기를 수입하는 것을 금지하는 것에 대해 미국과 유럽연합은 오랫동안 의견을 달리하고 있다. 유럽연합은 소비자의 건강을 보호하는 조치라고 주장하는 반면 미국은 금수를 지지할 과학적 증거가 없다고 주장한다. 세계무역기구는 미국의 의견에 동의하지만 유럽연합은 육류가 건강에 장기간 영향을 미친다고 주장한다. 유럽연합은 쇠고기 및 돼지고기 생산자를 보호하기 위해 계속해서 수입을 금지하는가 아니면 단순히 합리적인 수준의 주의를 행사하고 있는가?

비관세 조치로 인한 경제적 손실의 달러 가치에 대한 합의가 없지만, 경제학자들 간에, 이러한 조치가 축소되면 세계경제가 나아질 것이라는 데 합의가 이루어지고 있다. 연구에 따르면 많은 상품의 가격 인하, 수출 및 수입량의 증가, 생산 수준의 증가 및 전반적인 경제 후생을 통해 이익이 창출될 것이라는 주장이다. 이러한 관점에서 비관세 조치는 관세나 쿼터와 크게 다르지 않다. 그러나 이 조치들은 국가경제 정책에 보다 깊이 관여되어 있어 일반적으로 제거하기가 훨씬 더 어렵다.

사례연구

지식재산권과 무역

지식재산권은 일반적으로 문학 및 예술 작품에 대한 저작권 및 관련 권리와 상표, 특허, 산업 디자인, 지리적 표시 및 집적회로 배치설계에 대한 산업재산권을 포함한다. 책, 음악, 영화, 로고, 의약품, 자동차 부품, 디자이너 의류, 소프트웨어, 컴퓨터칩 등은 모두 지식재산권 보호 대상이며, 불행히도 위조와 불법 복제의 대상이 된다. 무역과 관련하여 **지식재산권**(intellectual property rights)을 존중하는 규칙은 우루과이 라운드(1986~1994년)에서 협의되었으며 무역관련 지식재산권(TRIPS) 협정으로 결말을 내렸다.

20세기 후반에 세계무역이 성장하면서 지식재산의 중요성에 대한 인식이 높아졌다. 시간이 지남에 따라 더 많은 무역 상품과 서비스는 전문지식과 독특한 아이디어를 기반으로 생산되었다. 제약, 통신장비 및 기타 첨단기술 제품은 혁신과 연구가 통합되어 가치를 인정받고 있고 소프트웨어, 영화, 음악 및 기타 예술적 표현은 창의력으로 평가받아 가치가 있다. 창작자와 혁신가에게 부여된 보호의 정도는 TRIPS 협정의 서명으로 표준화가 시작될 때까지 크게 달랐다.

지식재산 보호의 실패 또는 무능력이 무역의 흐름을 제한하기 때문에 지식재산 보호의 결여는 비관세 조치로 간주된다. 수출업자는 자신의 아이디어나 브랜드가 현지 제작자에 의해 도난당하거나 복제될 것이라는 것을 안다면 제품을 시장에 내놓기를 꺼리게 된다. 따라서 고소득 국가들은 지식재산의 보호 집행에 대한 합의에 이르도록 강한 압력을 행사해 왔다. 1995년 우루과이 라운드가 시행된 이래 세계무역기구에 지식재산 관련 분쟁이 34건 제기되었는데 대부분 특허권과 관련이 있고 특히 의약품 관련 특허권이 상당 부분 차지했다.

가족이나 친구 등 비공식 네트워크를 통해 발생하는 저작권 위반을 방지하는 것은 거의 불가능하다. 예를 들어, 친구들끼리 서로의 음악을 복사하거나 소프트웨어를 공유하는 것이 정규 시장 밖에서 행해지면 쉽게 중단될 수 없다. 대조적으로, 많은 국가에서 위조품과 불법 복제품이 거래되는 시장은 비교적 확인이 쉽다. 이론적으로는, 자동차 부품, 전자 제품, 의약품 및 기타 위조품 및 불법 복제품이 제어될 수 있는 확립된 시장에서 거래된다. 이러한 시장의 대부분은 국제 범죄조직에 의해 통제되며 모든 사람들은 그들의 억압으로 혜택을 볼 것이다. 2005년에 국제 시장에서 판매된 위조품 및 불법 복제품의 규모에 대한 추정치는 수천억 달러였으며 그 이후로 증가하지 않았다고 믿을 만한 이유가 없다.

무역 경제학자들에 대한 주요 질문은 TRIPS 협정이 이러한 불법 시장을 통제하기 위한 올바른 전략을 제공하는지 여부이다. TRIPS 협정의 본질적인 경제적 근거는 그것이 혁신을 보호하고 기업과 개인에게 그들의 노력에 대한 재정적 동기를 부여한다는 것이다. 일부 경제학자들은 특허권 존속 기간의 연장이나 집행 노력에 대규모 지출을 최선의 전략으로 여기지 않는다. 비판자들은 중국, 멕시코 등 중소득 국가에 상당한 비용을 부과한다고 주장하는데 고소득 국가의 기업을 보호하는 규칙의 시행에 희소한 자원을 충당해야 하기 때문이라는 것이다. 실증적으로, 혁신의 이점이 이를 지불할 수 없는 저소득 및 중소득 국가의 접근 제한에 관련된 비용보다 크다는 것이 잘 밝혀져 있지 않다.

의약품이 좋은 사례가 된다. HIV와 에이즈 퇴치 예방 약물에 대한 접근은 중요하다. TRIPS 협정에 따른 특허 집행이 저렴한 복제약의 생산을 막을 경우 세계 번영에 해가 된다. 생명을 구하는 의약품 및 기타 중요한 기술에 대한 접근을 허용하기 위해 협정에 몇 가지 예외가 있지만, 많은 개발도상국에서는 비싸고 정교한 의약품을 제조하기 위한 기술적 노하우가 부족하기 때문에 예외를 활용하기가 어렵다. 또한 미국과 일부 국가의 정부는 개발도상국이 협정상 특허를 깰 수 있도록 허용되는 경우에도 개발도상국 정부가 특허권을 존중하도록 압력을 행사한다. 결국 많은 국가가 TRIPS 협정을 완전히 이행하기 위한 자원이 부족하다. 그럼에도 불구하고 이는 여전히 관심의 대상이며 미국 무역정책의 핵심 쟁점이 되어왔다.

요약

- 관세는 국내 생산 및 고용을 증가시키지만 비효율성 및 가격 상승을 초래한다. 생산과 분배 효과는 생산자 잉여와 소비자 잉여의 변화를 추정함으로써 측정된다.

- 단기적인 후생 및 효율성 효과 외에도, 관세는 지대 추구의 증가, 혁신 속도의 저하, 무역 상대국의 관세보복으로 인한 수출시장의 손실 등 장기적으로 비용을 부담한다.

- 이론상으로, 대국은 관세 부과로 후생을 향상시킬 수 있다. 일반적으로 후생 향상 관세는 작은 경향이 있으며, 수출국의 관세보복이 없고 증가하는 지대 추구 행위 등 외부 비용이 없을 때만 후생 향상이 가능하다.

- 경제학자는 명목보호율과 실효보호율을 구별한다. 실효보호율은 관세 부과 전후 국내 부가가치의 차이를 백분율로 표시한다.

- 쿼터는 관세와 비교할 때 외국 생산자에게 쿼터지대가 이전됨으로써 전반적인 국가 손실이 더 커지지만 관세와 유사한 효과를 갖는다. 정부가 쿼터에 따라 물품을 수입할 수 있는 권리를 경매에 붙일 때 경매시장은 쿼터지대를 감소시킬 수 있고 상응하는 수준의 관세와 최대 동일한 수입을 정부에게 제공할 수 있다.

- 운영 측면에서 쿼터는 여러 가지 형태를 가진다. 수입에 대한 분명한 수량 제한, 무역 상대국의 수출 물량에 대한 협의된 제한 또는 수입 허가를 취득해야 하는 조건 등의 형태이다.

- 비관세 조치에는 무역량을 감소시킬 목적에 효과적인 규정과 정책이 다양하게 포함되어 있다. 때로는 감춰진 형태의 보호 수단으로 작동하기도 하고 국가의 규정과 제도에 깊이 내재되어 있는 것이 일반적이다. 쿼터와 함께 비관세 장벽을 구성한다.

용어

대국 모형	소비자 잉여
명목보호율	수출자율규제(VER)
불투명	실효보호율
비관세 장벽(NTB)	지식재산권
비관세 조치	쿼터지대
사중손실	투명
생산자 잉여	효율성 손실

학습문제

6.1 국내에서 생산되고 수입이 되는 재화의 공급과 수요를 그래프로 나타내라. 국가는 세계가격에 영향을 줄만큼 충분히 크지는 않다고 가정하자. 수입에 대한 관세가 가지는 효과를 그래프에서 설명하라. 다음에 대해 논하라.

   a. 소득 분배 효과

   b. 자원 배분 효과

   c. 국내 생산 및 소비 효과

   d. 정부 수입 효과

   e. 재화 가격 효과

6.2 재화의 세계가격이 40이고 국내 수요-공급 곡선이 다음의 등식으로 주어진다고 가정하자.

   수요 : P = 80 − 2Q

   공급 : P = 5 + 3Q

   a. 소비는 얼마인가?

   b. 국내 생산은 얼마인가?

   c. 소비자 잉여와 생산자 잉여는 각각 얼마인가?

   d. 만약 10%의 관세가 부과된다면, 소비와 국내 생산은 얼마나 변하는가?

   e. 소비자 잉여와 생산자 잉여의 변화는 무엇인가?

   f. 정부의 관세 수입은 얼마인가?

   g. 관세의 국내 순 비용은 얼마인가?

6.3 어떤 조건하에서 관세로 인해 실제로 한 국가가 더 나아질 수 있는가?

6.4 생산 및 소비 측면에서 사중손실 외에도, 관세의 다른 잠재적 비용은 무엇인가?

6.5 GATT 체제의 우루과이 라운드는 수출자율규제의 사용을 단계적으로 중단하는 과정을 시작했다. 1980년대에는 수출자율규제가 왜 널리 사용되었나? 예를 들어, 수출자율규제가 쿼터의 한 형태이고 쿼터지대를 창출하며 관세보다 국가 후생을 더 큰 규모로 감소시키는 것을 감안할 때 국가는 관세 대신에 왜 수출자율규제를 사용했을까?

6.6 GATT는 보호 수단으로 쿼터 또는 기타 비관

세 조치보다 관세를 강력히 지지한다. 회원국이 새로 들어오면 쿼터를 관세상당치로 전환하도록 권장한다. 관세가 지지되는 주된 이유 중 하나는 투명성이 강화되었기 때문인데 특히 비관세 조치와 비교할 때 더욱 그렇다. 투명성에 대한 생각과 비관세 조치가 어떻게 불투명한지 설명하라.

6.7 미국에서는 자전거가 국내 부품과 외국 부품의 조합으로 제작된다고 가정하자.

　　a. 자전거가 500달러에 판매되지만 수입 부품이 300달러가 필요한 경우 국내 부가가치는 얼마인가?

　　b. 20%의 관세가 동일한 품질 및 기능을 갖춘 자전거에 부과되는 경우 가격과 국내 부가가치는 어떻게 변하는가? (미국이 세계가격에 영향을 끼치지 못한다고 가정하자.)

　　c. 실효보호율을 구하라.

　　d. 최종재의 20% 관세에 추가하여 수입 부품에 20%의 관세가 부과되는 경우 미국 자전거 제조업체에 대한 관세의 실효보호율은 얼마인가?

상업정책

학습목표

이 장을 학습한 후 학생들은

7.1 경제 부문과 시간 경과에 따른 관세 차이를 기술할 수 있다.

7.2 경제학자들이 무역 개방을 지지하는 세 가지 이유를 제시할 수 있다.

7.3 소비자에게 관세 또는 쿼터 비용이 국가에 대한 순 후생비용보다 큰 이유를 설명할 수 있다.

7.4 보호무역주의에 대한 일반적 정당화의 경제적 유효성을 분석할 수 있다.

7.5 미국 정부가 부여한 모든 형태의 법적 보호를 정의할 수 있다.

서론 : 상업정책, 관세 및 보호무역에 대한 논쟁

지난 수십 년 동안 전 세계 관세는 크게 감축되어 세계 무역량은 급격히 증가했다. 각 국가들은 많은 쿼터를 관세상당치로 전환했으며, 보조금, 외국인 투자 및 지식재산에 관한 새로운 협정에 서명하였다. 2001년 WTO는 무역협정 체제에 농업과 서비스를 포함시키고 인프라 개선 및 새로운 시장접근 협정을 통해 무역을 촉진하기 위해 도하 라운드 협상을 시작했다. 관세 및 무역에 관한 일반협정(GATT)에 서명한 후 60년이 넘는 세월이 지나고 여덟 차례의 무역 협상을 마치는 동안 국제무역에서 가장 큰 비중을 차지하는 비농산물 제품 대부분에 대해서는 관세가 낮아졌다. 거의 모든 기준에 따라 GATT와 WTO의 관리하에 이루어지는 무역 라운드 시스템은 무역 규정을 만들고 무역장벽을 줄이는 데 성공적이었다.

이 장에서는 관세 수준에 관한 통계를 점검하고 보호무역을 위해 가장 자주 인용되는 주장을 살펴본다. 관세는 상대적으로 낮고 비관세 장벽은 세계 주요 무역국에서 크게 감소했다는 점을 감안할 때 무역 협상의 이득이 점점 체감하는 것은 추가적인 관세 인하로 발생하는 남은 무역의 이득 또한 세계 총생산(GDP) 측면에서 상대적으로 작다는 것과 같은 의미이다. 제

7장에서는 이러한 통계를 살펴보고 이득이 그렇게 크지 않은데 왜 경제학자들은 여전히 무역 장벽의 추가 감축을 지지하는지 의문을 제기한다. 더 많은 시장 개방을 추구해야 하는 몇 가지 이유가 있는데, 그중 무역의 직접적인 이득이 보호무역정책의 비용을 판단하는 유일한 방법이 아니라는 것은 최소한의 이유는 아니다. 관세 및 기타 장벽은 일반적으로 일자리를 보호하거나 산업을 보호하는 것과 같은 특정 목적을 위해 이행되며, 관세의 기회비용을 알기 원하면 해당 용도에 대한 이유를 고려해야 한다. 이는 자연스럽게 동일한 결과를 달성하기 위해 더 나은 정책이 있는지 여부에 대한 질문을 이끌어낸다. 이 장에서는 보호무역에 대한 이유를 보다 자세하게 살펴보고 무역장벽이 일반적으로 그러한 목표를 달성하기 위한 최적의 정책 수단이 아니라는 것을 보여주는 기준을 제시한다.

세계 주요 무역국의 관세율

학습목표 7.1 경제 부문과 시간 경과에 따른 관세 차이를 기술할 수 있다.

제6장의 그림 6.4는 1980년대 중반 이후 관세율이 크게 하락한 것을 보여준다. 통계를 과거로 더 확대하면 2차 세계대전이 끝난 후, 특히 1947년에 GATT가 서명된 이래로 하락이 진행되고 있음을 볼 수 있을 것이다. 표 7.1은 3개 주요 무역국과 한 지역의 현 상황을 보여준다. 유럽연합(EU)은 WTO에서, 그리고 개별 국가와의 무역 관계에서 단일 주체로서 협상하고 행동하기 때문에 무역 및 무역정책을 비교하기 위한 목적에서 단일 국가로 취급된다. 표 7.1의 국가와 지역은 세계 GDP의 약 66%를 차지하고 있으며 세계 상품 수출과 수입의 39%와 41%를 차지한다.

표 7.1은 몇 가지 현상을 나타낸다. 첫째, 관세율은 다른 부문보다 농업에서 더 높다. 이는 잘 알려진 사실이며 전부는 아니지만 대부분의 국가에서 적용된다. 이 현상의 예외는 일반적으로 아르헨티나와 호주와 같이 견고하고 생산성이 높은 농업 부문과 농산물에 비교우위를 가진 나라들이다. 그러나 일반적으로 대부분의 국가는 농산물 무역에 더 많은 장벽을 부과하고 있다. 그 이유로 대개 (국내 식량 생산 역량을 보장하는) 식량 안보의 고려, 농촌과 농민을 지원하는 정책으로서 농가 소득을 지원하려는 의지, 국가 정책을 형성하는 농업 이익의 능력을 들 수 있다.

표 7.1의 두 번째 현상은 각국이 가장 엄격하게 보호하는 분야가 국가 간 서로 중복된다는 것이다. 예를 들어, 농업 분야에서 유제품, 설탕 및 과자류, 음료 및 담배 등이 가장 강력한 수준의 보호를 받고 비농업 분야에서는 의류, 섬유, 가죽제품 및 신발류가 가장 잘 보호받는다.

표 7.1 세계 주요 무역국의 실행관세율

	평균 실행관세율	
	농산물	비농산물
유럽연합	12.2	4.2
중국	15.2	8.6
일본	14.3	2.5
미국	5.1	3.2

	최고 평균 실행관세율 적용 상품*	
	농산물	비농산물
유럽연합	■ 유제품(42.1) ■ 설탕 및 과자류(25.2)	■ 의류(11.4) ■ 섬유(6.5)
중국	■ 설탕 및 과자류(28.7) ■ 음료 및 담배(22.8)	■ 의류(16.0) ■ 가죽제품 및 신발류(12.8)
일본	■ 유제품(76.3) ■ 곡류 및 곡물조제품(34.7)	■ 가죽제품 및 신발류(9.4) ■ 의류(9.0)
미국	■ 음료 및 담배(18.6) ■ 유제품(17.2)	■ 의류(12.0) ■ 섬유(7.9)

관세(및 비관세 장벽)는 비농산물보다 농산물에서 더 높다. 몇몇 분야에서 가장 높은 장벽 수준이 기록된다.

출처 : World Trade Organization, *Tariff Profiles*, 2015

이들은 고소득 국가가 비교우위를 상실한 노동 집약적 부문인 경향이 있다.

표 7.1의 세 번째 현상은 전반적인 관세율 수준이 비교적 낮다는 점인데, 구체적으로 비농산물 제품 특히 고소득 국가의 경우 더욱 그렇다. 관세 인하에 대한 한계 수익이 체감하면, 그래서 이전 관세 인하보다 그다음 관세 인하의 이득이 적어지게 되면, 향후 관세 인하가 세계 무역 및 소득에 큰 영향을 미치지 않을 것이라고 추측하는 것이 합리적이다. 크다는 것이 상대적이지만, 제3장의 일본 사례연구를 재차 고려하면 두 경제학자가 1860년 완전 폐쇄경제에서 거의 자유무역으로 전환했을 때 일본의 국내총생산(GDP)이 8~9% 증가했다고 추정했다. 비교해보면, 현재 거의 지리멸렬한 상태이지만 도하 라운드 협상의 가치는 세계 GDP의 0.1~0.5% 범위로 추정되며, 대부분은 그 중간쯤, 즉 0.3% 정도로 추정한다. 0.5%의 잠재적 이득은 세계 GDP 수준에서 사소한 것은 아니지만 국가가 상대적으로 폐쇄 상태에서 자유무역으로 전환할 때 발생하는 이득과는 상당히 다르다.

보호무역주의의 비용

학습목표 7.2 경제학자들이 무역 개방을 지지하는 세 가지 이유를 제시할 수 있다.

학습목표 7.3 소비자에게 관세 또는 쿼터 비용이 국가에 대한 순 후생비용보다 큰 이유를 설명할 수 있다.

비록 화폐 가치로 그렇게 크지 않다 하더라도 추가적인 무역 개방의 이득이 발생하는 여러 이유가 있다. 일부 경제학자들은 도하 라운드 협상이 실패하면 향후 심각한 결과가 초래될 수 있는 세계 무역 시스템의 정당성이 손상되는 것이라고 주장한다. 무역에 관한 국제 협약의 공공재 중 하나는 심각한 침체가 있을 때에도 국가들이 시장을 계속 개방하겠다는 약속이다. 이는 각국이 수입 경쟁 산업을 보호하기 위해 개별적으로 시장을 폐쇄하기로 결정한, 결국 모든 국가의 수출 산업이 고통을 겪었던 1930년대와 같은 상황을 방지한다. 2007~2009년 세계 경기 침체기 동안 국가들은 시장을 개방적으로 유지했으며 전반적인 경기 침체로 세계 무역이 감소했지만 GDP 성장이 회복되자마자 다시 회복했다.

다른 경제학자들은 무역의 이득을 평가하는 일반적인 방법은 무역의 많은 이점을 누락하기 때문에 그 수치가 신뢰할 수 없다고 주장한다. 예를 들어, 화폐로 환산하기 어려운 무역 효과는 비용을 낮추는 규모의 경제 효과, 다양해진 제품 차별화의 이점, 경쟁 심화의 영향, 위험 요인의 분산, 예를 들어 다양해진 식량 원천으로 인한 이익 등이 있다. 궁극적으로 무역은 국가 간 노출을 증가시키며 그 과정에서 새로운 지식으로 이어진다. 이러한 모든 이점은 측량하기가 어렵고 그중 많은 부분이 상황에 크게 의존한다. 그럼에도 불구하고 경제모형이 정확하게 측정하지 못한다고 실제 이득이 아니라고 생각하는 것은 실수이다.

추가 개방을 바람직하게 고려하는 세 번째 이유는 대부분의 경우 보호무역은 추구하는 목표를 달성하는 데 지극히 비효율적이라는 점이다. 표 7.2는 이를 잘 나타내는데, 1990년대 중반 일자리 1개 보호하는 데 드는 비용으로 소비자 부담 비용과 국가 후생 손실의 추정치를 보여준다. 이 표는 유럽연합, 일본, 미국의 의류, 섬유, 농산물을 비교하고 있다. 추정치는 제6장 그림 6.3의 영역 a, b, c, d의 달러 가치(1990년대 중반 가격)를 별도로 추정한 보호된 일자리 수로 나눈 값이다. 표에서 알 수 있듯이 각 부문의 소비자 부담 비용은 중요하다. 이 비용은 관세(혹은/~와 쿼터) 부과 후 재화의 국내 가격을 상승시켜 생산자와 정부에게 소득으로 재분배하므로 사실상 소비자에게 매겨진 세금과 같다.

일자리 1개 보호하는 데 초래되는 국가 순 후생 손실은 관세 및 쿼터가 소비자에게 끼치는 영향의 부분집합이므로 국가 순 후생 손실이 더 적다. 그러나 미국의 의류와 같은 일부 부문에서는 여전히 높은 편이다. 1990년대 중반 미국 의류 업계의 정규직 근로자 연간 평균 임금

표 7.2 고소득 국가의 관세 및 쿼터 비용(명목 미국 달러, 1990년대 중반 가격)

	일자리 1개 보호	
	소비자 부담 비용	국가 후생 손실
유럽연합		
농산물	149,820	34,835
의류	248,204	12,735
섬유	252,036	9,078
일본		
농산물	945,979	14,897
의류	778,406	5,620
섬유	503,333	309
미국		
농산물	486,866	2,045
의류	138,666	55,615
섬유	202,123	4,423

위 세 부문은 대부분 고소득 국가에서 아직까지 남아 있는 보호무역의 가장 큰 비중을 차지하고 있다.

출처 : Messerlin (2001) *Measuring the Costs of Protection in Europe*; Sazanami, Urata, and Kawai (1995) *Measuring the Costs of Protection in Japan*; Hufbauer and Elliott (1994) *Measuring the Costs of Protection in the United States*. 추정치는 대부분 1990년대 중반 통계를 바탕으로 추정함. © James Gerber.

이 15,000달러였던 것을 감안할 때 일자리당 55,615달러의 순 후생 손실은 일자리 1개를 보호하는 데 매우 비효율적인 방법이다. 게다가 15,000달러를 지불하는 일자리를 보호하기 위해 138,666달러의 소비자 비용은 엄청나게 비싸므로 소비자가 가격표를 모르는 경우에만 용인될 수 있다. 다행히도, 표 7.2의 통계가 다룬 시기 이후 관세는 상당히 감축되었고 쿼터는 많이 제거되었다.

이 연습은 국가 문화에서 농업의 역할이나 의류와 섬유 제조 부문의 강력한 영향을 이해하는데 도움이 되지 않는다. 그러나 관세와 쿼터에 대한 숨겨진 비용의 일부를 밝히는 것이 유용하며 보호무역주의로 전환할 때 직면하게 되는 진정한 상충관계에 대한 이해를 높이게 된다. 농업, 의류 및 섬유는 보호무역의 수준이 높고 많은 개발도상국들이 자체 개발 단계를 시작하는 데 사용하는 분야이기 때문에 선정되었다. 최종 분석에서 표 7.2는 그저 일자리를 보호하는 데 보호무역주의는 매우 비싼 정책이라고 말한다.

집단행동의 논리

일자리를 보호하는 데 소비자가 부담해야 하는 비용이 매우 비싼데도 불구하고 관세와 쿼터를 용인하는 이유는 무엇인가? 일부 재화의 경우 비용이 잘 알려져 있지 않지만 다른 재화에 대해서는 보호무역주의의 비용이 비교적 잘 알려져 있다. 예를 들어, 많은 사람은 설탕 수입 쿼터가 미국의 남성, 여성 및 어린이에게 연간 5~10달러의 비용이 든다는 것을 알고 있다. 비용은 캔디 바, 청량음료 및 기타 설탕이 들어간 제품의 가격 상승의 형태로 나타난다. 주변에 설탕 산업에서 일하는 사람들은 많지 않은데 일자리를 보호하기 위해 설탕 산업에 관세를 유지하는 것이 필요하다는 주장은 대부분 사람들에게 해당되지 않는다.

그러나 놀랍게도 일자리 논쟁의 한 형태 때문에 관세 및 쿼터가 허용될 것이다. 경제학자 맨커 올슨(Mancur Olson)은 이 문제와 비슷한 문제를 연구하고 관세와 쿼터에 관해 두 가지 중요한 점에 주목했다. 첫째, 정책의 비용은 많은 사람에게 퍼져 있다. 둘째, 이득은 집중되어 있다. 예를 들어, 설탕 수입에 대한 제한이 가해지면 소비자는 과자와 청량음료의 가격을 조금 더 지불하는 정도이지만 일부 설탕 생산자는 큰 이익을 얻게 된다. 올슨은 이와 같은 경우에서 정책을 지지하거나 반대하는 데 인센티브의 비대칭이 있음을 발견했다. 보호무역으로 인해 혜택은 단일 산업에 집중되므로 결과적으로 산업은 보호정책을 시행하거나 유지하도록 하기 위해 자원을 투입하면 그에 대한 보상이 따른다. 업계는 로비스트를 고용하고, 정치 과정에서 직접 후보를 내거나 우호적인 후보를 지원하는 등 직접적인 참여를 할 것이다. 산업계의 사람들이 전체 생계가 외국과의 경쟁을 제한할 수 있는 능력에 달려 있다고 생각하면 정책 설정에 관여할 매우 큰 인센티브가 있다.

보호무역의 비용은 제품의 모든 소비자에게 퍼져 있기 때문에 혜택만큼 집중되어 있지 않다. 설탕 쿼터가 각 소비자에게 초래하는 연간 5~10달러의 비용은 로비스트를 고용하거나 워싱턴에서 시위를 할 정도의 가치는 아니다. 따라서 한쪽은 보호정책을 시행하거나 유지하도록 하기 위해 열심히 밀어 붙이고 다른 쪽은 그 문제에 대해 침묵한다. 이러한 불균형을 감안할 때 무역장벽이 더 많지 않은 것이 놀라운 일이다.

사례연구

농업 보조금

농업 문제는 오랫동안 WTO 회원국 간의 갈등을 초래해 왔다. 일부 경우에는 고소득 국가들이 서로 맞서 싸웠는데, 미국과 일본 간 사과 분쟁, 유럽연합과 미국 간 바나나 분쟁 등이 있다. 최근 WTO의 도하개발의제(Doha Development Agenda)는 개발도상국과 선진국 간 관계의 핵심인 농업 문제를 다루기 위해 노력해 왔다. 구체적으로, 세 가지 이슈가 논점인데 관세와 쿼터(시장 접근), 농산물 수출을 촉진하는 수출 보조금, 농민에게 직접 지급되는 생산 보조금 등이다.

　직접 보조금은 과잉 생산으로 이어지고, 수입상품을 시장에서 몰아내고, 경우에 따라 잉여 생산물을 외국 시장에 덤핑하는 결과도 초래하기 때문에 해로운 것으로 여겨진다. 원래 GATT에는 농업에 관한 규정이 포함되어 있었지만 많은 허점이 있어 영향이 거의 없었다. 초창기 GATT 서명 이후 약 50년 만인 1993년 우루과이 라운드가 종결되기 전까지 농산물 무역 규정이 크게 수정된 적이 없었다. 많은 경우 쿼터는 관세로 전환되었고, 선진국은 농가 부문에 대한 직접 지원을 20% 줄이는 데 동의했다. 연구ㆍ개발 및 기반시설 건설과 같은 간접적인 지원은 필요하고 바람직하며 허용되는 것으로 결정되었다.

　직접 지원금이 감소한 반면, 우루과이 라운드는 이론적으로 생산량을 증가시키지 않거나, 국가의 환경 또는 지역개발 계획의 일부이거나, 혹은 생산량을 제한하려는 의도로 시행되는 직접적인 금전 지원은 그대로 남겨두었다. 많은 허점이 남아 있다고 생각한다면 사실 그렇다. 결과적으로 현재 진행 중인 무역 협상인 도하개발의제가 농업 문제를 다시 다루기 시작했고 특히 개발도상국은 고소득 국가의 시장 접근을 차단하거나 생산을 보조하는 정부 관행을 제한하려고 노력하고 있다.

　표 7.3은 일부 산업 국가의 농가에 대한 직접 지원의 범위를 보여준다. 유럽연합 회원 27개국은 무역 및 농업정책이 국가 차원이 아닌 유럽연합 차원에서 집행되기 때문에 함께 분류된다. 절대 금액 측면에서 EU가 가장 많이 지출하지만, 일본은 정부 지원 프로그램이 농가 수입의 49.2%를 보조하기 때문에 농가 수입에 대한 보조금 비중은 일본이 가장 크다. 그러나 모든 국가가 농업 보조금을 지출하는 것은 아니다. GDP 비중으로 볼 때, 호주의 지원은 미국의 4분의 1에도 미치지 못하며, 낮은 보조 수준에도 불구하고 호주는 비교우위를 활용하여 세계 15대 농산물 수출국 중 하나이다.

　이러한 보조금이 개발도상국에 미치는 영향은 개별 국가와 그 국가의 요소 부존에 달

표 7.3 농업 보조금(2009)

	농업 보조금(100만 US$)	농가 수입에 대한 비중(%)
호주	1,070	2.3
캐나다	4,618	9.0
유럽연합	106,902	18.4
일본	44,256	49.2
미국	41,461	9.8

유럽연합이 가장 큰 규모의 농업 보조금을 지출하지만 일본이 농가 수입에 대한 보조금 비중이 가장 크다.

출처 : Date from OECD, *Producer Support Estimate by Country*, ⓒ James Gerber.

려 있기 때문에 일반화하기 쉽지 않다. 말리와 베냉과 같은 사하라 이남의 면화 생산국의 경우, 고소득 국가의 면화 농가에 대한 보조금은 세계의 면화 공급을 증가시키고 가격을 낮추므로 보조금은 분명히 해롭다(제3장의 사례연구 참조). 마찬가지로 미국 옥수수 생산자에 대한 보조금도 멕시코의 옥수수 공급을 증가시키고 생계 수준에 가까운 소규모 농민들이 받는 가격을 떨어뜨렸다. 이는 멕시코 농촌 지역의 위기에 일조했으며 잘사는 농촌 가구들이 현지 생산자로부터 구매하는 농기구 및 가재도구에 대한 수요를 줄인다.

　반면에 고소득 국가가 농민을 지원하기 위해 지급하는 보조금은, 다른 조건이 일정할 때 세계 식량 가격을 하락시킨다. 이는 도시 근로자 계층이 큰 일부 국가들에게는 이득이 된다. 예를 들어, 중국에는 많은 젊은 농민들이 공장에서 일하는 도시로 이주했다. 농업에 종사하는 사람들의 생산성이 매우 낮다는 점을 감안할 때 이들이 도시 거주자 및 공장 근로자가 되고 저렴한 식량 가격으로 삶이 편해지고 생활 수준이 높아지면 국가는 전체적으로 혜택을 입게 된다. 결과적으로 고소득 국가의 농업 보조금은 중국 및 일부 개발도상국에 이익을 준다.

국가가 자국 산업을 보호하는 이유

학습목표 7.4　보호무역주의에 대한 일반적 정당화의 경제적 유효성을 분석할 수 있다.

보호무역은 시기와 장소를 불문하고 다양한 잠재적 목적을 달성하기 위해 사용된다. 극소수의 국가는 모든 산업에서 관세가 없고(홍콩이 유일하고, 싱가포르와 같은 일부 국가는 관세율이 매우 낮다), 표 7.1과 그림 6.4에서 볼 수 있듯이 많은 국가에서 관세율이 낮다. 일부 국가는 관세를 부과하지만 정부 수입 증대 이외의 목적을 달성하기 위해 관세를 사용하지 않는다. 예를 들어, 칠레는 상업정책상의 이유로 관세를 사용하지 않기로 결정했으며 모든 부문에서 6%의 균일한 관세를 적용했다. 균일성이란 어느 부문도 다른 부문보다 선호되지 않으며, 관세로 인해 특정 부문에 자원을 끌어들이지 않는다는 것을 의미한다. 일반적으로 보호무역주의를 사용하는 이유를 여섯 가지 범주로 분류할 수 있는데, 세입, 일자리, 목표산업, 문화보호, 국가안보, 불공정 무역행위에 대한 보복 등이 있다.

세입

개발도상국 경제에서는 많은 경제활동이 파악되지 않는다. 자급자족 농민들은 마을 시장에서 잉여물을 팔고 수리공과 수공업자는 작업 주문서나 영수증 종이 흔적 하나 남기지 않고 작업한다. 이러한 환경에서 소득세나 판매세를 부과하는 것은 불가능하거나 매우 어렵다. 반면 관세는 항구와 국경에서 관할 검사관에 의해 비교적 쉽게 징수될 수 있다. 단순히 국경을 지나는 재화의 가치를 측정하고 수입업자에게 수수료(관세)를 부과한다. 20세기 들어 한참까지 미국의 관세는 정부 수입의 가장 큰 비중을 차지하는 단일 원천이었는데 이런 관점에서 바로 미국이 좋은 사례에 해당한다.

표 7.4는 관세가 차지하는 정부 수입의 비중을 나타낸다. 소득 수준에 따라, 각 수준에서 두 국가에 대해 통계가 입력되어 있다. 표 7.4는 소득이 증가하고 다른 세입 원천이 가능해짐에 따라 관세는 정부 수입원으로서 덜 중요해지는 일반적인 패턴을 보여준다. 전 세계 패턴은 표에 표시된 것보다 훨씬 다양하지만 정부 수입에 대한 관세의 중요성이 줄어들고 있다는 일반적인 논지는 유효하다.

노동 관점 논쟁

노동 관점 논쟁은 무역장벽에 대해 오랫동안 지속된 정당화 논리이다. 이는 19세기 내내 활용되었고, 최근에 확대된 무역 협정 반대자들에 의해 부활되었다. 이 논쟁은 국가들이 임금이 훨씬 낮은 국가의 수입으로부터 시장을 보호해야 한다고 주장하는데, 그렇지 않으면 낮은 임

표 7.4 정부 수입에 대한 관세의 비중

소득 및 국가	전체 세입의 관세 비중
저소득 국가	
■ 아프가니스탄	■ 36.4
■ 에티오피아	■ 45.2
하위 중소득 국가	
■ 방글라데시	■ 30.3
■ 필리핀	■ 21.3
상위 중소득 국가	
■ 중국	■ 5.14
■ 브라질	■ 4.58
고소득 국가	
■ 뉴질랜드	■ 3.29
■ 미국	■ 1.99

출처 : Data from World Bank, World Development Indicators Database, ⓒ James Gerber.

금 우위가 국내 산업을 파탄시키거나 국내 임금을 동일하게 낮추도록 강제할 것이기 때문이다. 예를 들어, 북미자유무역협정의 비준에 이르는 논쟁에서, 반대자들은 멕시코 기업이 근로자들에게 미국 근로자에게 지급되는 임금의 아주 작은 일부(평균 약 1/8)를 지불하기 때문에 멕시코는 미국과의 무역에서 불공정한 우위를 가질 것이라고 주장했다.

노동 관점 논쟁은 생산성 차이를 간과하는 실수를 범했다. 예를 들어, 멕시코 근로자는 평균적으로 생산성이 미국 근로자 수준의 약 1/8이므로 미국 근로자 임금의 약 1/8을 받는다. 멕시코는 노동력의 교육 및 기술 수준이 미국보다 낮기 때문에 생산성이 낮다. 멕시코 근로자가 직장에서 사용하는 자본량은 미국보다 적고 인프라도 미국보다 열악하다. 멕시코 근로자들이 더 많은 기술과 교육을 받고, 직장과 주변 경제에서 활용할 수 있는 자본이 증가함에 따라, 생산성이 높아질 것이고 임금도 상승할 것이다.

목표가 완전고용에 도달하기에 충분한 수의 일자리라면 적절한 거시경제 및 노동시장 정책이 더 나은 수단이 된다. 경제 성장을 유지하는 통화정책과 재정정책(제11장 참조), 정리해고된 근로자에게 조정 지원을 제공하거나 고용주가 다시 재고용을 위한 인센티브를 제공하는 노동시장 정책은 이 목적을 위한 무역정책보다 훨씬 저렴하다. 목표가 특정 산업부문을 보호하는 것이라면 소비자의 시장 퇴출로 인한 왜곡이 발생하지 않기 때문에 생산자에게 직접 보조금을 지급하는 것이 바람직하다.

유치산업 논쟁

보호무역에 대한 훨씬 더 복잡한 주장은 **유치산업**(infant industry) 관점의 논쟁이다. 이 논쟁은 주로 산업국가에서 보다 효율적인 기업의 경쟁으로부터 그들의 '유치'산업을 보호하는 개발도상국의 관세정책과 관련이 있다. 유치산업의 보호에 대한 주장은 제5장에서 주어진 산업정책의 주장과 매우 유사하다. 두 가지 신념은 유치산업 논쟁의 근간을 이룬다. 첫째, 시장경쟁이 특정 산업의 발전을 지원하지 않을 것이라는 점인데, 대개 외국 경쟁이 너무 잘 확립되었기 때문이며 또한 산업이 너무 위험하기 때문일 수도 있다. 둘째, 문제가 되는 산업이 단순히 임금과 이익을 창출하는 것보다 국가경제에 더 귀중한 파급효과 또는 긍정적 외부효과가 있다는 것이다. 파급효과가 있을 때마다 시장은 최적 수준의 산업 발전을 지원하지 않을 수 있다. 긍정적 외부효과가 발생하면 생산의 많은 혜택은 생산기업 외부의 다른 기업이나 개인에 의해 공유된다. 생산자가 그들 자신의 생산으로부터 완전한 이익을 얻지 못하기 때문에 생산자는 사회에 가장 유익한 양보다 적은 양을 생산한다.

긍정적 외부효과는 대개 다른 산업이나 기술적 특성과의 연계 형태로 주장된다. 연계 형태의 사례로, 많은 국가가 자국 내 철강 산업을 시작하려고 시도해 왔는데 이는 자동차와 같은 다른 산업에 저렴한 철강 원천을 제공해줄 수 있다고 믿었기 때문이다. 이 논쟁의 문제는 재화를 자체적으로 만드는 것이 구매하는 것보다 내재적인 이점이 있다는 것, 즉 자동차 산업이 지역 철강 생산자로부터 철강을 구매할 때 특별한 이점이 있는지에 대해 입증하지 못한다는 것이다. 자동차 산업이 세계가격 이상의 가격으로 현지에서 구매할 수밖에 없다면 국내 철강 산업의 보호가 실제로 자동차 산업에 해를 끼칠 수 있다. 이는 브라질 정부가 외국 생산자를 배제하여 자국 컴퓨터 산업을 시작하려 할 때 브라질의 기업에 일어났던 일이다. 이 정책은 품질이 낮은 컴퓨터에 더 높은 가격을 지불해야 했기 때문에 브라질 산업에 부정적 연계 효과를 끼쳤다. 현재 그렇게 하고 있듯이, 브라질은 당시 컴퓨터를 수입하는 편이 나았을 것이다.

외부효과가 존재한다고 해도, 유치산업 논쟁의 유효성을 수립하는 데 충분하지 않다. 두 가지 조건이 더 있어야 한다. 첫째, 제공되는 보호는 적절한 시간 제한이 있어야 하며, 둘째, 보호받는 산업은 비용 하락이 동반되어야 한다. 보호정책에 대한 시간 제한은 산업이 소비자로부터 이전 혜택을 영구적으로 받지 않도록 보장하며, 비용 하락은 정책이 결국 자체 비용을 지불하고 산업이 경쟁력을 갖도록 보장한다.

국가안보 논쟁

모든 국가는 국가 안보를 지키기 위해 일부 산업을 보호한다. 가장 분명한 예는 무기산업과 다소 광범위하게 전략기술을 포함한다. 대부분의 국가는 군사기술이나 무기에 대해 잠재적인 적과 무역하는 것을 거부하고, 일부 국가는 제트기와 같은 군용 하드웨어에서 특수 용도로 사용되는 전략광물 또한 포함한다. 국내 광물 또는 기타 자원을 개발하기 위해 수출에 적용한 제약 혹은 수입에 부과한 관세는 종종 최적 정책이 되지 못한다. 보통 광물이나 자원 가격이 저렴할 때마다 대량으로 사서 쌓아두는 것이 오히려 더 효율적일 수 있다.

문화보호 논쟁

문화산업은 영화, TV 프로그램, 음악, 인쇄 매체, 연극 및 예술을 포함한다. 일부 국가는 문화산업에서 완전히 자유무역을 허용하면 가장 상업적으로 유능한 기업이 지배하게 되고 자국의 문화적 가치는 희미해지거나 잊혀질 것을 우려하고 있다. 미국이 엔터테인먼트 산업의 많은 부분에서 가장 강력한 존재이기 때문에 다른 국가들의 문화적 가치를 보호한다는 목표는 대개 자국의 영화 제작, TV 프로그램 및 음악 제작을 미국의 지배로부터 보호하는 데 찬성하는 논쟁이 된다. 예를 들어, 북미자유무역협정의 전조격인 캐나다-미국 자유무역협정(1988년 서명됨)은 캐나다의 텔레비전과 라디오 방송국에 일정 비율을 캐나다 생산 프로그램으로 방송하도록 요구할 권리를 확립했다. 음악, 연극 및 인쇄 매체에서도 비슷한 요구 사항이 있다. 미국의 텔레비전 및 영화 제작자들은 자연스럽게 자유무역에 대한 이 제한에 반대하고 무제한의 미국 제작 엔터테인먼트를 판매할 권리를 요구했다. 그러나 그들은 이 논쟁에서 패했고 GATT의 우루과이 라운드가 서명될 때 다시 패했다. 모든 국가가 영화, TV 및 기타 문화산업에 유사한 제한을 가할 수 있다.

보다 복잡한 논쟁은 문화적 이유로 비문화산업을 보호하는 것과 관계있다. 예를 들어, 프랑스와 일부 다른 EU 회원국은 높은 수준의 농업보호가 농촌의 개발 및 유지정책으로 정당화된다고 주장한다. 농산물 수입에 장벽이 없으면 많은 농가는 이익을 내지 못할 것이고 농촌 공동체가 버려질 것이며 국가의 문화유산이 훼손될 것이기 때문에 시골 지역은 경제 하락으로 이어질 것이다. 이것은 영리한 보호무역론자의 논쟁인가 아니면 무역장벽에 대한 타당하고 비경제적인 이유인가? 분별하기 쉽지 않다.

보복 논쟁

무역장벽을 정당화하기 위해 국가들이 제공한 최종 범주의 논거는 불공정 무역행위에 대한 보복이다. 어떤 나라가 다른 나라의 무역행위가 자국의 무역 상품을 불공정하게 차별하는 것으로 판단할 때, 일반적인 대응은 무역장벽을 부과하는 것이다. 보복 관세 및 쿼터는 협상에 동기를 부여하지만 또한 확대되는 무역전쟁으로 이끌 수도 있다.

결과적으로 국가가 압박에 어떻게 반응하는지, 협상하려는 의지, 협상 결과를 결정하는 정치 프로세스에 달려 있기 때문에 경제 분석은 이 상황을 이해하는 데 제한된 유용성만 있다. 이 문제에 대해 세 가지 경제학적 의견이 있다. 첫째, 자유무역이 무역 상대국의 행동에 관계없이 유익하다는 주장이다. 다른 나라들이 시장을 보호하기로 결정했다면, 그들의 생활수준이 낮아지고 보복에 무역장벽을 부과함으로써 동일하게 하는 것은 어리석은 일이다. 둘째, 자유무역은 유익한 것이기 때문에 가능한 한 광범위하게 자유무역을 따르는 것을 보는 것이 모든 사람의 관심사라는 주장이다. 따라서 오늘 관세로 인해 다른 나라가 내일 시장을 개방하게 되면 세계경제는 장기적으로 도움이 된다.

셋째, 폐쇄시장을 가지고 있거나 무역장벽을 부과함으로써 시장 접근을 제한하는 국가들이 특히 첨단 기술 제품에 불공정한 우위를 가지고 있다는 주장이다. 그들 자신에게만 열려 있는 국내 시장을 가지고 있으며, 그들 자신보다 더 개방된 다른 시장에서 자유롭게 경쟁도 할 수 있다. 시장의 규모가 중요한 경우, 경쟁자보다 큰 시장(국내 및 해외)에 판매할 수 있는 능력은 보호받는 시장의 기업에게 경쟁 우위를 제공할 수 있다. 공개시장에 있는 기업이 사업을 중단하게 된다면 그 기업과 관련된 기술, 기능 및 전문 지식은 시장 보호 전략을 채택한 국가의 기업에만 존재할 것이다. 이 시나리오가 실행되지 않고 핵심 기술의 손실을 피하기 위해 보복 위협은 현재 폐쇄된 시장을 개방하는 데 사용되어야 한다고 주장한다.

사례연구

전통 지식과 지식재산

전통 지식은 전통 사회와 토속 공동체 문화유산의 일부를 구성한다. 이러한 지식은 종종 문화관습과 일상생활에 세계관과 문화생활의 일부로 포함되어 있으며, 수 세대에 걸쳐 수집된 식물, 동물 및 자연세계에 대한 지적 지식을 구현할 수 있다. 중국 전통 의학을 시술하는 사람들, 토속 문화의 전통적인 치료자, 소규모 농민, 사냥꾼과 채집인들은 상업적 가능성이 있는 식물과 동물에 대한 지식을 가지고 있다. 그러한 지식이 그 기원을 인정받지 못한 채 외부인에 의해 수용되어 사용될 때 지식의 창시자에게 불공정할 뿐만 아니라 그 창시자들을 해하는 것일 수 있다.

예를 들어, 미국의 연구자들은 피부 상처와 병변 치료에 효과적인 향신료인 강황에 대한 특허를 요청했다. 강황은 카레 및 기타 요리에 사용되는 밝은 노란색 재료이며 전통 인도 의학에서 4,000년 이상 사용되었다. 그럼에도 불구하고, 미국 특허청은 미시시피 대학에 강황의 치료제로서 사용에 관한 특허번호 5,401,504를 부여했다. 실용적인 측면에서 특허는 시행될 수 없었을 것이지만 사용자에게 로열티를 지불하도록 하는 법적 요구사항을 부과했을 수 있었을 것이다. 인도 정부는 인도의 전통적인 지식 기반의 일부이며 오랫동안 치료 물질로 사용되어 왔다고 주장하면서 항의했다. 그들이 사용법을 기술한 고대 산스크리트 문헌을 언급한 후에 그 특허는 뒤집혔다.

브라질과 인도는 전통 지식과 생물 다양성을 보호하기 위해 열대성 국가 그룹 중 가장 선두에 서 있다. 한 가지 두려움은 '생물탐사자'가 토속 커뮤니티의 전통 치료자들에게서 정보를 얻은 식물의 샘플을 수집하여 실험실에서 주요 화합물을 추출하고 새로운 의약품으로 특허를 제출하며 전통 커뮤니티나 그 커뮤니티가 속해 있는 국가의 이익을 무시한다는 것이다.

사모아의 전통적인 치료자들은 마말라 나무의 껍질을 벗겨 간염 퇴치를 포함한 다양한 의약 목적으로 사용한다. 이 시술을 관찰한 후, 연구자들은 항 AIDS 화합물인 프로스트라틴을 만드는 데 효과적인 약제라는 것을 발견했다. 이 사례는 약품 개발에 따른 수익이 이 물질을 발견할 수 있도록 도움을 준 마을 및 구성원들과 공유될 것으로 예상되고 추가 에이즈 연구에 사용되기 때문에 잘 끝난 것으로 보인다. 적극적인 강행과 경계심이 없다면 전통적인 지식이 인식되고 존중되지 않을까 우려된다.

또 다른 예를 들면, 종자회사에 의해 새로운 식물 품종이 전통적인 식물 품종에서 변형되고 특허가 부여된 것이다. 아프리카의 말리에 있는 벨라 커뮤니티는 마름병 및 다른 작물을 파괴하는 질병에 내성이 강한 야생 쌀을 사용한다. 캘리포니아대학교의 연구자들은 관련 있는 유전자를 복제하여 쌀의 품종을 강화시킬 수 있었다. 그들은 이 유전자에 특허권을 부여받았는데, 이를 통해 마름병 내성이 강한 유전자에서 변형된 새로운 유전자 변형 벼와 벨라 구성원들의 이익 사이의 연관성에 대한 의문이 제기되었다. 결국 말리와 야생 쌀이 자라는 다른 나라의 농학생을 대상으로 장학금을 지급하기 위해 유전자원보상기금(Genetic Resource Recognition Fund)이 창설되었다.

금전적 측면과 문화적 측면의 잠재적 이해관계를 감안할 때, 많은 국제기구가 이러한 문제에 적극적으로 관심을 기울이고 있다. 세계지식재산기구(WIPO), 국제식물신품종보호연맹(UPOV), 식량농업기구(FAO), 세계무역기구(WTO), 유엔개발계획(UNDP), 세계보건기구(WHO), 유엔환경계획(UNEP) 등이 있다. 많은 국제협약이 있지만 문제는 상대적으로 새롭고 시간이 지남에 따라 계속 진화할 국제법 분야이다.

출처 : Based on World *Intellectual Property Organization, Intellectual Property and Traditional Knowledge*, ⓒ James Gerber.

미국 보호무역의 정치학

학습목표 7.5   미국 정부가 부여한 모든 형태의 법적 보호를 정의할 수 있다.

미국의 세계 무역은 증가했지만 국내 산업을 보호하려는 정치적 압박은 빈번하게 치열해졌다. 한 가지 이유는 의회가 1950년대와 1960년대에 누렸던 산업계 로비스트들로부터의 단절을 의회 개혁이 제거했기 때문이다. 또 다른 이유는 냉전 종식과 밀접한 관계가 있고 또한 지정학적 동맹 유지를 위해 무역 문제를 희생하려는 미국의 의향 감소와도 밀접하게 연계되어 있다. 세 번째 이유는 중국을 포함한 수출 지향적 동아시아 신흥공업국(NICs)의 부상과 다수의 국내 산업에 대한 압박 때문이다. 마지막으로 미국 무역적자의 증가와 1980년대 미국의 경쟁우위가 상실된 것에 대한 두려움은 다른 나라들과의 호혜 없이 미국 시장을 개방하는 데 더 크게 주저하도록 기여했다. 최근 미국 무역적자의 급속한 증가와 2000년 이후의 제조업 일자리 감소는 1980년대 경쟁에 대한 두려움을 다시 상기시킬 만한 조건이 된다. 이러한 이유로 무역 분쟁은 점점 격렬해지고 있다.

미국에서의 보호정책은 대개 대통령의 직접 행동[예 : 1980년대 일본 자동차에 대한 수출 자율규제(VER)] 또는 다음과 같은 다양한 법적 절차 중 하나를 통해 얻어진다.

- 반덤핑 관세
- 상계 관세
- 면책조항 구제
- 무역법 제301조 보복

각각의 경우에 기업, 산업무역협회 또는 정부 기관이 연방정부에 외국 정부 또는 외국 기업의 관행에 대한 조사를 요청할 수 있다.

반덤핑 관세

반덤핑 관세(antidumping duty, ADD)는 제품의 **공정 가치**(fair value) 이하의 가격으로 판매되는 수입품에 부과되는 관세이다. 이는 미국을 포함한 국가에서 사용되는 가장 보편적인 형태의 보호방식인데, 부분적으로 공정 가치의 결정이 반덤핑 관세를 정당화하는 과정에 주관적인 요소를 도입하고 기업이나 산업이 외국 기업이나 산업에 대해 제기한 불만을 더 쉽게 정당화할 수 있기 때문이다. 1985년 이래로 미국은 연평균 21건의 새로운 반덤핑 관세를 부과했다. 결과적으로, 반덤핑 관세는 국가 간 상당한 무역 긴장의 원인이 되었다. 당연히 많은 국가가 반덤핑 관세에 관한 WTO의 규칙 적용을 더 어렵게 만들어서 강화하고자 한다.

WTO는 덤핑 또는 반덤핑 관세를 규제하지 않지만 덤핑에 대한 보복 시 국가가 할 수 있는 일과 할 수 없는 일을 규정하려고 노력한다. WTO 규정에 따르면, 수출업자가 자국 시장의 가격보다 낮은 가격으로 제품을 판매할 때 **덤핑**(dumping)이 발생한다. 그러나 국내 시장과 해외 시장의 가격을 항상 비교할 수 있는 것은 아니며 도매업체, 운송비용 및 기타 가격 부가 기능으로 인해 비교의 유용성이 제한될 수 있다. 따라서 다른 두 가지 방법을 사용하여 상품이 덤핑된 것인지 여부를 결정할 수 있다. 수입 시장의 가격과 제3국 시장에서 부과되는 가격 또는 생산 원가와 비교할 수 있다. 제3국 시장의 가격과 비교하는 것은 수출국의 국내 시장 가격과 수입국의 시장 가격을 비교하는 것과 유사하며 동일한 이유로 유용한 정보를 구하기 쉽지 않다. 수입 가격과 투입 자본의 정상적인 수익률을 포함한 예상 생산 원가를 비교하면 수출국의 생산 원가를 정확하게 측정할 수 있다고 가정한다.

반덤핑 관세가 허용되기 전 최종 기준이 충족되어야 한다. 덤핑을 주장하는 국가는 덤핑이 회사에 심각한 피해를 입혔다는 것을 보여줄 수 있어야 한다. 덤핑이 발생하지만 국내 기업에 해로운 영향이 없다면 반덤핑 관세는 허용되지 않는다. 덤핑 마진이 너무 작아 문제가 되지 않을 때 이런 경우가 일어날 수 있다.

가장 기본적인 수준에서 반덤핑 관세는 외국 기업의 약탈적 가격 책정을 방지하는 상업정책의 도구이다. 사업에서 경쟁을 몰아내는 전략으로 비용보다 낮은 가격에 파는 것은 불공정하다고 널리 인식되어 있으며, 그러한 경쟁이 일어나도록 허용하면 국가의 경제적 이익에 해를 끼칠 수 있다. 이는 특히 국내 생산자가 시장에서 추방된 이후에 가격이 오르게 될 가능성이 높다.

그러나 경제이론 법적 정의가 완전히 일치하지 않기 때문에 문제가 발생한다. 첫째, 기업이 생산 원가 이하의 가격으로 해외 시장에서 판매하기 위해서는 자국에서 시장 지배력을 가져 정상 이상의 이윤을 올려 해외 판매에 보조할 수 있어야 한다. 어느 한 곳에서 평균 이상의 이윤을 내지 못하는 기업은 다른 곳에서 비용보다 낮은 가격을 유지할 수 없다. 그러나 국가들이 덤핑 불만을 조사할 때 시장 구조는 거의 고려되지 않는다. 덤핑을 결정하기 위해 추정된 생산 원가를 사용하고, 추정치는 다시 기술 및 기타 투입 요소에 대한 추측을 필요로 하기 때문에, 그리고 이로 인해 상당한 오차가 발생하기 때문에 문제가 복합적으로 나타난다.

둘째, 정상적인 상업 운영 범위 내에서 기업은 종종 비용보다 낮은 가격으로 판매한다. 가장 확실한 경우는 상할 수 있는 제품의 경우이다. 부두에 물량을 잔뜩 갖고 있는 신선 생선 수출업자는 시간이 지남에 따라 점진적으로 가격을 낮출 가능성이 있다. 이 경우, 어선 운송비용은 이미 발생된 매몰비용을 나타내며 가능한 모든 방법으로 상품을 판매하는 것이 유일한 대안이다. 기업은 또한 시장 침투를 위한 기법으로 비용보다 낮은 가격으로 일부 제품을 판매한다. 이것은 가치 지향적인 소매 업체로서 명성을 얻기 위해 매우 저렴한 가격에 일부 제품을 제공하는 대형 소매 체인의 행동과 유사하다. 마지막으로, 회사는 노동 및 자재와 같은 가변 투입 요소의 비용이 회수되는 한 자본 및 기타 고정 비용이 회수되지 못하는 가격으로 장기간 판매할 것이다. 단기적으로 무엇이 생산되더라도 대출에 대한 이자와 같은 자본 비용을 지불해야 하므로, 노동과 자재 투입 비용을 충당할 수 있을 만큼 높은 가격인지 여부가 주요 고려사항이다. 장기적으로 자본 비용을 충당하기에 충분히 높은 가격으로 팔 수 없는 기업은 폐쇄해야 한다. 그러나 단기적으로는 생산을 지속한다.

반덤핑 관세 사용의 증가는 그 사용을 신중하게 정의하는 데 많은 관심을 불러 일으켰다. 현재 상황이 진전됨에 따라, 국가들은 반덤핑 관세의 적용과 사용에 대한 협상 의지가 광범위하게 변한다. 일부 국가에서는 거의 적용하지 않으며, 캐나다와 칠레 간 협정과 같은 일부 무역 협정은 예외적인 경우를 제외하고는 사용을 금지한다. 어떤 국가에서는 자주 적용하는데, 종종 중요한 산업 로비 단체를 만족시키는 정치적으로 편의주의적인 수단인 것처럼 보인다.

미국에서 기업이 보호를 받는 절차는 상무부의 국제무역청(ITA)에 청원서를 제출해야 한다. ITA는 덤핑(또는 상계 관세 청원의 경우 보조금)이 발생했는지 여부를 조사한다. 그 결과가 사실이라면(덤핑 발생), 사건은 독립적인 규제위원회인 미국 국제무역위원회(USITC)에 제출된다. USITC는 국내 산업에 실질적인 피해가 있었는지 여부를 결정하기 위해 추가 조사를 실시하여 반덤핑 관세 또는 상계 관세를 허락한다. 외국 기업이 덤핑을 한다는 것을 증명하는 미국 기업의 상대적 성공은 최근 반덤핑 청원의 증가를 일으켰다.

상계 관세

상계 관세(countervailing duty, CVD)는 외국 기업의 **보조금**(subsidies)으로 인해 피해를 입은 산업에 부여되는 관세이다. 보조금은 기업이 낮은 가격에 상품을 판매하고 여전히 이익을 내는 것을 허용하기 때문에 보조금의 효과는 기업의 경쟁력을 높이는 것이다. CVD의 목적은 보조금의 효과를 상쇄할 수 있을 정도로 외국 재화의 가격을 인상하는 것이다. 아이디어는 보조금을 받지 못하는 국내 기업과 보조금을 받는 외국 기업 간에 공정한 경쟁을 할 수 있도록 한다는 것이다.

CVD는 반덤핑 관세보다 덜 자주 사용된다. 미국에서는 1985년 이래 평균적으로 연간 4~5건의 사례가 발생해 왔다. CVD는 보조금 효과에 대응하기 위해 설계되었으므로 보조금에 대한 명확한 정의가 필요하다. 우루과이 라운드의 이점 중 하나는 혜택을 주는 정부(중앙 또는 지역) 또는 공공기관의 재정적 기부로 그 정의를 표준화했다는 것이다. 보조금은 교부금, 저리 융자, 우대 세제, 무상 또는 저가로 재화 또는 서비스를 제공하는 것, 기타 여러 재정적인 혜택을 포함한 다양한 형태로 제공된다.

면책조항 구제

면책조항 구제(escape clause relief)는 산업계가 일시적으로 관세를 부과하여 수입의 압박을 피할 수 있게 해주는 미국 및 GATT 무역 규칙 조항을 지칭하기 때문에 그렇게 명명되었다. 면책조항 구제는 국내 산업에 일정 기간 조정을 제공하기 위해 수입에 부과된 임시 관세이다. 산업 또는 회사가 급격한 수입 증가로 구제를 위해 USITC에 직접 청원할 때 시작된다. 면책조항 구제의 부담은 회사에 있다. 나쁜 경영 결정과 같은 다른 요인에 의해서가 아니라 수입에 의해 피해를 입었다는 것을 입증해야 한다. 실제로, 이 절차에 따라 수입 경쟁으로부터 구제를 얻는 것이 매우 어려워져서 거의 사례가 제출되지 않았다.

무역법 제301조와 스페셜 301조

1974년 미국 **무역법 제301조**(section 301)는 미국 대통령의 수석 무역협상가인 미국무역대표부(USTR)의 대표가 불공정 무역 관행에 지속적으로 연관이 있는 국가를 상대로 조치를 취할 것을 요구하고 있다. 이 조치는 일반적으로 대상 국가와의 협상 요청으로 시작된다. 협상의 목적은 미국의 상업을 부당하게 또는 정당하지 못하게 제한하는 정책을 수정하는 것이다. 미국 상업에 대한 부당하고 정당하지 않은 제한을 정의하는 것은 미국에 맡겨져 있다.

USTR이 조사해야 하는 무역 관행의 유형은 상당히 광범위하다. 최근의 사례에는 중국의 환율 관리, 지식재산권 시행을 위한 우크라이나의 조치, 호르몬 투여 쇠고기 수입의 차단에 대한 EU의 WTO 판결 준수 결여 등이 포함됐다.

제301조와 유사한 프로그램은 **스페셜 301조**(Special 301)로 알려져 있다. 미국 무역법의 이 부분은 USTR에 전 세계의 재산권 집행을 모니터링하도록 요구한다. 2005년 USTR은 90개국을 조사한 결과, 52개국이 지식재산권 집행에 의존하는 미국 예술가와 산업에 대한 시장 접근을 거부하거나 적절한 집행이 결여된 것으로 밝혀졌다. 이 목록에 포함된다는 것은 USTR에 몇 가지 우려가 있으며 상황을 계속 모니터할 것임을 의미한다.

사례연구

경제 제재

경제 제재는 무역 제한의 한 형태이다. 수입에만 영향을 미치는 관세 및 쿼터와는 달리, 제재는 수입품뿐만 아니라 수출품에 종종 적용되며 재무 요소도 포함될 수 있다. 민간은행이나 국제대출기관을 통한 국제신용 접근은 제한되거나 차단될 수 있으며, 국내 기업의 투자가 제재를 위해 선정될 수 있다. 2016년에 끝난 이란에 대한 국제 제재는 가장 잘 알려진 최근 사례이다. 냉전 기간 중 미국의 수출 금지 조치로 인해 소비에트 연방에 대한 컴퓨터 판매가 제한되고 쿠바와 북한에 물품이나 서비스를 판매하는 것이 금지되는 등 제재 사례가 많이 있다. 아파르트헤이트가 종식되기 전 남아공 투자에 대한 세계 커뮤니티의 보이콧은 최근 해제된 이란 대상의 제재 조치와 비슷한 포괄적인 투자 및 무역 제재의 또 다른 예이다.

경제 제재는 단순한 무역이나 투자 수단을 뛰어 넘는다. 대부분의 경우 소련 확장, 이란의 핵무기 야망 혹은 남아공의 아파르트헤이트의 종결과 같은 보다 광범위한 정책 목표를 달성하기 위한 여러 전술 중 하나로 사용된다. 제재의 또 다른 특징은 외교적 압력에서부터 군사 침공에 이르기까지 추가적인 조치가 수시로 동반된다.

제재에 관해 물어보는 논리적인 질문은 "제재는 작동하는가?"이다. 이 질문에 대한 두 권의 연구에서, 3명의 경제학자는 1차 세계대전과 1990년 사이에 120개 에피소드의 경

표 7.5 1차 세계대전 이후 경제 제재

목표	사례 건수	성공된 건수
완만한 정책 변화	51	17
정부 불안정	21	11
군사 모험 방해	18	6
군사력 약화	10	2
기타	20	5

1차 세계대전과 1990년 사이에 부과된 제재는 약 38% 성공률을 기록했다.

출처 : *From Economic Sanctions Reconsidered*: History and current policy, Volume 1 by Gary Clyde Hufbauer, Jeffrey J. Schott, Kimberly Ann Elliot, ⓒ 1990 Peterson Institute for International Economics.

제 제재를 분석했다. 표 7.5는 결과를 요약한 것이다. 경제학자들은 제재의 목표를 5개의 별도 그룹으로 분류하는 것이 유용하다는 것을 알았다. 첫째, 비교적 완만한 정책 변화를 창출하기 위해 고안된 제재(예 : 정치범을 석방하거나 핵 확산을 제한하기 위해 고안된 것), 둘째, 정부를 불안정하게 만들려는 의도의 제재, 셋째, 다른 국가의 군사 모험을 방해하는 것이 목표인 제재(예 : 이라크의 쿠웨이트 침공 중단), 넷째, 다른 국가의 군사력을 약화시키도록 고안된 제재, 다섯째, 아파르트헤이트 중단이나 아랍 연맹이 이스라엘에 대한 보복으로 미국에 석유 판매를 거부한 것과 같은 제5범주의 다른 목표를 제시했다.

성공으로 분류되려면 정책 결과가 제재를 가하는 국가의 것이어야 하고 제재는 정책 결과에 기여했어야 한다. Hufbauer, Schott, Elliott은 조사한 120건의 사례에서 41건의 성공 사례를 찾았지만 약 1973년 이후 성공 건수가 감소했다고 보고했다. 대상 국가가 작고 경제적으로 약하며 정치적으로 불안정한 경우 제재가 더 효과적이라고 결정했다. 또한 대상 국가가 동맹국인 경우 성공 가능성이 더 높다. 제재는 신속하고 단호하게 부과된다. 제재 시행국에 드는 비용은 적다. 목표는 상대적으로 작은 변화이다.

목표가 어려워질수록 제재를 뒷받침하는 데 필요한 군사력이 늘어날 것이다. 2003년 이라크에 대한 미국의 침공이 그 예이다. 비록 유엔 제재가 완전히 시행되지는 않았지만 이라크에 대한 유엔 제재는 의심할 여지없이 경제를 곤경에 빠뜨리는 데 도움이 되었다. 그런 의미에서 그들은 이라크 정부를 대체하는 미국 정책의 성공에 기여했다. 그럼에도 불구하고 군사적 침략이 없었다면 제재만으로 정부가 바뀌게 되었을 것 같지 않다.

요약

- 비용이나 원하는 목표를 달성할 수 있는 능력에 관계없이 모든 국가는 무역장벽을 이용한다. 대부분의 산업 국가에서는 새로운 산업에서 비교우위를 개발하는 데 익숙하지 않고 오히려 더 이상 경쟁하지 않는 오래된 산업을 보호하거나 새로운 경쟁자로 인해 압박을 받고 있는 산업을 일시적으로 보호한다. 농업, 의류 및 섬유는 많은 산업 국가에서 가장 보호받는 분야이다.

- 관세 및 쿼터는 일자리를 창출하거나 유지하는 데 비효율적인 메커니즘이다. 소비자가 외국 제품 및 국내 제품에 대해 지불하는 가격에 비용이 숨겨져 있기 때문에 비효율적이라는 사실을 깨닫는 사람은 거의 없다.

- 무역장벽의 주요 수혜자는 관세 수입을 받는 정부와 보호를 받는 생산자이다. 패자는 소비자이다. 이익은 상대적으로 소수의 사람들에게 집중되어 있고 손실은 많은 사람에게 분산되어 있기 때문에 일반적으로 무역장벽에 반대하는 경제적 인센티브는 작지만 이를 지지하는 경제적 인센티브는 크다.

- 보호무역을 찬성하는 유효한 주장은 저평가되었거나 시장에 의해 계산되지 않는 사회 경제적 보상과 관계가 있다. 즉, 시장이 생산에서 파급되는 이익을 고려하지 않는 경우가 되어야 한다. 그러나 스필오버(spill over)를 포함한 재화 생산의 총가치는 측정하기가 극도로 어렵고, 산업이 창출할 기술이나 기술의 미래 가치를 아는 것은 종종 불가능하다.

- 대통령령 조치 외에도 미국에는 여러 가지 형태의 보호, 즉 외국 보조금을 상계하는 상계 관세, 외국 물품의 덤핑에 대한 반덤핑 관세, 수입 급증에 대응하기 위한 면책조항 구제, 불공정으로 분류된 대외 무역 관행에 대항하여 보복 조치를 강제하는 무역법 제301조가 있다. 면책조항 구제를 제외하고 각 유형의 관세는 외국 제품이 미국 시장에서 부당하게 경쟁하고 있으며 국내 생산자에게 피해를 입혔다는 증거를 요구한다. 관세 부과의 가장 일반적인 형태는 반덤핑 관세이다.

용어

공정 가치
덤핑
면책조항 구제
무역법 제301조
반덤핑 관세(ADD)

보조금
상계 관세(CVD)
스페셜 301조
유치산업

학습문제

7.1 어떤 산업이 미국과 일본에서 더 많이 보호되고 있는가? 고소득 국가나 저소득 국가 중 어느 국가가 미국과 일본의 무역장벽으로 인해 더 큰 영향을 받는가? 설명하라.

7.2 관세 및 무역에 관한 일반협정(GATT)의 우루과이 라운드 이후 체결된 협약에 따라 어떤 새로운 무역 및 투자 분야가 보장을 받는가?

7.3 관세와 쿼터가 소비자에게 비용을 부담시키며, 일자리를 창출하거나 보존하는 데 지극히 비효율적인 수단이 있다면 왜 시민들은 이러한 정책을 존재하게 할 수 있는가?

7.4 국가가 특정 산업에 대한 보호를 정당화하기 위해 사용하는 네 가지 기본 주장은 무엇인가? 경제적이며 비경제적인 것은 무엇인가?

7.5 보호무역에 대한 노동 관점 및 유치산업 논쟁을 평가하라.

7.6 관세는 다른 국가에 대한 보복 수단으로 정당화되어 있는가? 답을 정당화해보라.

7.7 미국 기업이 보호를 구하는 데 사용할 수 있는 네 가지 법적 절차는 무엇인가? 각 종류의 보호에 대한 요청을 생성하는 조건은 무엇인가?

국제무역, 노동 및 환경 표준

8

학습목표

이 장을 학습한 후 학생들은

8.1 무역 규칙에서 표준을 설정하기 위한 세 가지 옵션을 비교하고 대조할 수 있다.

8.2 소득 수준과 환경 및 노동 문제 간 관계의 예를 제시할 수 있다.

8.3 노동 표준을 정의할 수 있다.

8.4 노동 표준 집행을 위해 무역 제재를 사용함에 있어 네 가지 잠재적인 문제점을 기술할 수 있다.

8.5 국경성 및 비국경성 환경 문제를 비교하고 대조할 수 있다.

8.6 노동 및 환경 표준 집행을 위한 무역 조치에 대해 세 가지 대안을 설명할 수 있다.

서론 : 소득과 표준

2차 세계대전이 끝난 이래로 공식적인 무역장벽이 많이 제거되었다. 이는 세계 무역국들의 지속적인 노력을 통해 이루어졌으며 종종 GATT, WTO, 최근에는 전 세계 지역무역협정 등에 의해 제공된 협상 틀 내에서 이루어졌다.

그러나 무역장벽이 제거됨에 따라 증가하는 국제경제 통합에 새로운 장애물이 나타나기 시작한다. 제1장에서 이는 깊은 통합의 장애물로 설명되었다. 이러한 장애물은 두 가지 뚜렷하지만 동등하게 중요한 세력에 의해 좌우된다. 첫째, 엄격한 국내 목적으로 채택된 국내법 및 규정이 의도적이지 않게 보다 통합된 경제 환경에서 국제 통상을 제한하는 경우가 있다. 예를 들어 한 회사가 전화 서비스를 독점함으로써 규모의 경제를 확보하도록 고안된 법률은 외국 전화 회사가 시장에 진입하는 것을 불가능하게 만든다.

국제경제 통합의 증가에 따른 두 번째 장애물은 표준을 둘러싼 갈등이다. 여기에는 기술 제품 표준, 보건 및 안전 표준, 노동 및 환경 표준, 법률 시스템의 차이가 포함된다. 예를 들어, 공통된 제품 표준 세트를 채택하면 이미 표준에 맞춰 생산하는 기업에 상당한 상업적 이

점이 주어지므로 각 국가는 자체 표준을 보다 폭넓게 적용하고자 한다. 상업적 인센티브 이외에, 세계 소득 수준의 폭넓은 변화로 인해 표준에 대한 많은 갈등이 초래되기도 한다. 고소득 국가와 저소득 국가 간의 교역은 일반적으로 생산가능곡선을 따라 국가를 이동시키는 비교우위를 기반으로 하며, 이는 생산에서 더 큰 전문화를 가져온다. 무역으로 인한 각 국가의 이득은 클 수 있지만, 전문성이 강화되면 각 국가 내 승자와 패자가 생겨 공정성에 대한 의문이 제기된다.

저소득 국가의 경제적 여건과 생활수준은 중소득 혹은 고소득 국가와 크게 다르며, 특히 낮은 임금, 더 긴 시간, 덜 안전한 노동조건, 환경오염산업 및 환경 악화에 대한 적은 관심 등은 비교적 고소득 국가보다 저소득 국가에서 더 일반적이다. 생활 수준이 다른 국가 간에 무역이 발생하면 사람들은 저소득 국가에서 수입하는 저렴한 상품에 대해 궁금해 하기 시작한다. 그들의 생산이 아동을 착취하지 않는 안전하고 건강한 노동 조건을 가지고 있는가? 근로자들이 정치적 권리와 시민권을 가지고 있는가? 환경 친화적인 방법을 채택하고 있는가? 만약 그렇지 않다면, 관세, 쿼터, 수입 금지 등의 무역장벽은 수출국에 효과적으로 압박을 가해 관행 변화를 가져올 수 있게 할 수 있는가?

표준 설정 : 조화, 상호 인정 또는 분리?

학습목표 8.1　무역 규칙에서 표준을 설정하기 위한 세 가지 옵션을 비교하고 대조할 수 있다.

학습목표 8.2　소득 수준과 환경 및 노동 문제 간 관계의 예를 제시할 수 있다.

2개 이상의 경제가 각자 경제를 관리하는 규칙, 규정 및 표준이 다르더라도 서로 깊이 통합할 수 있다. 명백한 사례로 미국을 들 수 있는데, 개별 주는 차량 배출 가스, 최저 임금, 교사 훈련, 식품 안전, 건설 코드 및 제품 가용성 등 많은 것에서 서로 다른 표준을 적용하기 때문에 그렇다. 부분 무역 협정, 자유무역 지대, 관세동맹 및 공동시장과 같은 주권 국가 간에 약한 형태의 통합은 규칙, 규정 및 표준과 관련하여 훨씬 더 다양해질 수 있다.

제품 및 프로세스 표준의 조화는 상업적 유대를 강화하고자 하는 국가들에게 주어진 세 가지 옵션 중 하나이다. **표준의 조화**(harmonization of standard)는 2개 이상의 국가가 제품 안전, 노동, 환경, 공정 경쟁 등과 같은 관심 분야에서 공통된 표준을 공유하는 경우를 의미한다. 또 다른 옵션은 국가들이 자체 제품 및 프로세스 표준을 유지하지만 타국의 표준을 동일하게 효력이 있고 충분하다고 인정하는 **표준의 상호 인정**(mutual recognition of standard)이다. 예를 들어, 외국에서 훈련받은 의사는 본국의 의사와 동일한 교육을 받지 못할 수도 있지만, 상호 인정 시스템하에서는 어느 국가에서든 자격증을 취득할 수 있다. 세 번째 옵션은 **표준의 분리**(separate standard)이다. 이 경우 국가는 자체 표준을 유지하고 다른 국가의 표준을 인정하지 않는다. 예를 들어, 본국에서 야채 수확 후 농약 잔류물에 대한 보다 엄격한 규칙이 있는 경우, 표준의 분리는 안전하지 않은 것으로 간주되는 수입을 금지할 수 있다. 대부분의 지역무역협정과 WTO 협정은 조화, 상호 인정 및 분리된 표준의 조합을 실천하고 있다.

　모든 경우에 가장 효과적인 방법이나 가장 공정한 방법을 결정하는 일반적인 규칙은 없다. 종종 제품 설계 또는 성능과 관련된 기술 표준의 조화는 기업이 하나의 표준 세트만을 고려하기 때문에 규모가 크고 통일된 시장으로 이어지고 효율성이 높아지므로 유용하다. 차량 배출가스나 유기 농산물의 정의와 같은 단순한 사례는 조화가 시장을 단일화하고 경제 생산의 효율성을 향상시키는 경우를 보여준다. 생각건대, 다른 경우에는 표준의 조화가 일련의 열등한 기준으로 동결되어 버릴 수도 있다. 신기술을 가장 적절한 예로 들 수 있는데, 신제품 및 프로세스의 진화가 예측 불가능하고 기술 표준을 법적 요구 사항으로 동결시키는 것이 향후 개발에 해로운 영향을 미칠 수 있기 때문이다. 또한 노동 또는 환경 법규와 같은 많은 분야에서 '최상의' 규칙을 가진 국가가 명확하지 않다. 상호 인정은 서로 다른 표준 간의 경쟁을 허용하고 각 표준의 비용과 이점을 명확히 하는 데 도움이 될 수 있으므로 이러한 조건에서 우수한 옵션이라 할 수 있다.

　표준의 조화는 때로 국가 간 차이를 고려하지 않은 경우 추가적인 문제를 제기한다. 일반적으로 말하면, 국가의 평균 소득이 낮을수록 표준을 설계하고 집행하는 행정, 과학 및 기술 역량이 떨어진다. 또한 소득 수준이 변화함에 따라 국가 우선순위가 바뀌므로 한 국가 그룹의 우선순위가 지배적이지 않아도 된다. 그러나 소득 수준의 차이가 표준의 조화에 항상 장애가 되는 것은 아닌데, 많은 제품 표준은 공통된 규칙을 채택하는 것이 시장을 넓히고 가격을 낮출 때 상당한 의미가 부여되는 기술적 고려이기 때문이다.

　국가별로 소득 수준이 크게 다를 경우, 서로의 표준을 상호 인정하거나, 안전 또는 기타 이유로 가능하지 않은 경우, 별도의 표준을 유지하는 것이 일반적이다. 이 점에 대해 무역이론은 분명하지만 고소득 국가에 거주하는 많은 사람은 특히 노동 및 환경 표준과 관련하여 받아들이기가 어렵다. 공통의 노동 및 환경 표준이 없는 경우, 해외 표준이 낮으면 국내 기업이 표준을 낮추거나 비용을 줄이기 위해 해외로 생산을 이동하는 경쟁 압박이 조성될 것이라는 우려가 많다. 이 가능성은 **바닥으로의 경쟁**(race to the bottom)으로 명명되는데 바닥은 최저 수준의 표준을 의미한다. 다음 절에서는 노동 및 환경 표준의 맥락에서 이 이슈와 다른 것들을 검토한다.

사례연구

소득, 환경, 사회

세계은행은 소득 수준에 따라 세계 국가를 분류하기 위해 네 가지 범주를 사용한다. **고소득 국가**(high-income)의 1인당 국민 소득(2014, US$)은 12,736달러 이상이며, **상위 중소득 국가**(upper-middle-income)는 4,126달러에서 12,735달러이며, **하위 중소득 국가**(lower-middle-income)는 1,046달러에서 4,125달러이며, **저소득 국가**(low-income)는 1,045달러 이하이다.

표 8.1은 네 가지 소득 범주 각각에 대한 국가 수, 인구, 1인당 평균 소득을 보여준다. 2014년 세계 인구의 절반 이하가 저소득 혹은 하위 중소득 수준에 머물러 있다. 표 8.1에 나타난 규모의 소득 차이는 불가피하게 표 8.2에서 나타난 바와 같이 사회 및 환경 지표에서 중요한 차이를 초래한다.

표 8.2는 경제, 사회, 환경에 중요한 네 가지 지표를 보여준다. 첫 번째 변수인 영아 사망률은 건강 상태의 주요 척도이다. 소득 증가가 위생 및 영양 개선, 보건 의료 적용 확대, 건강관리 개선 등을 가져옴에 따라 강력하고 일관된 감소를 보인다. 두 번째 변수는 안전한 식수에 대한 접근으로 세계에서 가장 중요한 공중 보건 문제 중 하나이며 직접적인 건강상의 영향을 미치는 환경 문제로 간주될 수도 있다. 소득이 높아질수록 고소득 국가의 거의 모든 시민이 안전한 식수에 접근 가능할 때까지 안전한 물을 이용할 수 있는 인구의 비율이 크게 증가한다. 이것은 고소득 국가들은 물 문제를 안고 있지 않음을 의미하는 것으로 해석되어서는 안 되고, 단순히 모든 또는 거의 모든 시민들이 안전한 식수를 이용할 수 있다는 것을 의미한다.

다른 두 지표는 상반된 패턴을 보여준다. 지구 기후 변화에 주요 기여자인 이산화탄소 배출의 경우, 고소득 국가가 저소득 국가보다 더 많은 화석 연료를 연소함에 따라 커다란

표 8.1 WB 분류 기준 소득 및 인구(2014)

소득 분류	국가 수	인구(100만)	1인당 소득 평균(US$)
저소득	27	622.0	641
하위 중소득	52	2,879.1	2,003
상위 중소득	50	2,360.8	8,000
고소득	54	1,398.8	37,755

세계 인구의 대부분은 하위 중소득 혹은 상위 중소득으로 분류된 국가에 거주한다.

출처 : Data from World Bank, World Development Indicators, ⓒ James Gerber.

표 8.2 소득 수준, 사회, 환경

소득 분류	5세 미만 사망률 1,000명당 2014	수도 보유 인구(%) 2014	CO_2 배출 1인당(톤) 2011	산림 자원 변화(%) 2000~2012
저소득	78.8	65.0	0.3	−0.60
하위 중소득	54.7	88.9	1.5	−15.86
상위 중소득	19.8	94.5	5.7	−7.08
고소득	7.0	99.0	11.1	−0.01

소득이 늘어나면서 어떤 조건은 좋아지고 다른 조건은 악화되며 또 다른 조건은 편차가 심하다.

출처 : Data from World Bank, World Development Indicators, ⓒ James Gerber.

증가가 발생한다. 표 8.2의 고소득 국가는 저소득 국가보다 1인당 37배 더 많은 이산화탄소를 배출하며, 연속적인 각 소득 그룹은 그 아래의 소득 그룹보다 많은 이산화탄소를 배출한다. 표 8.2의 마지막 열은 소득이 증가함에 따라 산림 보호 지역이 점차 빠른 속도로 고갈되는 것을 보여주지만, 결국 고갈은 점점 줄어들기 시작한다. 고소득 국가들은 목재를 연료로 사용하지 않고 금속, 플라스틱 및 기타 제조 재료로 대체한다.

요약하면, 노동 및 환경 표준에 대해 생각할 때, 매우 다른 소득 수준의 잠재적 영향을 명심하는 것이 유용하다.

노동 표준

학습목표 8.3 노동 표준을 정의할 수 있다.

학습목표 8.4 노동 표준 집행을 위해 무역 제재를 사용함에 있어 네 가지 잠재적인 문제점을 기술할 수 있다.

1993년 북미자유무역협정(NAFTA)에 서명한 이래 미국과 다른 국가들은 협상하는 지역 무역 협정의 일환으로 노동 및 환경 표준을 포함시켰다. 이것은 국내 정치를 반영하는 정치적으로 부담되는 문제이지만, 인권 및 환경과 관련된 문제에 대한 전 세계적인 관심도 증가하고 있다. 지금까지 미국이 캐나다와 멕시코(북미자유무역협정), 요르단, 칠레와 체결한 무역 협정에는 조약 자체 또는 부수적인 합의로 노동 및 환경 표준에 관한 조항이 포함되어 있다. 각각의 경우 그 조항은 각 국가가 자체 표준을 반드시 시행하거나 그렇지 않으면 금전적 벌금을 지불해야 할 것으로 규정한다. 많은 노동 및 환경 운동가들은 이것을 부적절한 것으로 간주하고 WTO가 합의한 협정을 포함하여 기존 협정과 향후 협정 모두에서 집행 메커니즘의 일환으로 무역 제재를 포함하도록 추진하고 있다.

노동 및 환경 이익단체가 제기하는 무역에 대한 불만은 상대적으로 유사하다. 두 경우 모두 낮은 표준을 가진 국가와의 무역은 표준에서 바닥으로의 경쟁을 초래하고, 높은 표준을 가진 국가는 표준을 낮추거나 일자리와 산업의 손실을 경험해야만 한다고 주장한다. 더욱이 표준을 제정하지 않거나 시행하지 못하면 표준이 낮은 국가의 기업이 상업적 이익을 얻게 되므로 이러한 유형의 무역은 불공정하다는 주장이다. 이러한 문제를 해결하기 전에 표준, 특히 노동 표준이 의미하는 바를 명확히 하는 것이 유용하다.

노동 표준의 정의

노동 표준의 개념은 다방면에 걸쳐 있는데, 이는 강제 노동으로부터 자유로울 권리와 같은 기본적인 권리에서 노조에서의 대표권과 같은 시민 권리에 이르기까지 많은 잠재적인 권리를 다루기 때문이다. 현재 모든 사람들이 보편적 인권으로 간주하는 핵심적인 노동 관련 권리는 없다.

국제노동기구(International Labour Organization, ILO)가 기본 권리로 제안하고 경제협력개발기구(OECD)가 개정한 다음 다섯 가지 노동 기준을 출발점으로 삼는다(ILO 사례연구 참조).

- 강제 노동 금지
- 결사의 자유
- 집단적으로 조직하고 교섭할 권리
- 아동 노동 착취 종식
- 고용 차별 금지

각 항에 상당한 모호성이 남아 있지만 대다수의 사람들은 이 권리에 동의할 것이다. 예를 들어, 고소득 국가에서 착취적인 것으로 여겨지는 조건은 빈곤한 국가에서 수용 가능한 것처럼 보이며, 남성과 여성의 고용 기회에 대한 문화적 또는 종교적 가치는 차별 금지의 개념과는 상충될 수 있다.

다른 잠재적 표준은 훨씬 더 논쟁의 여지가 있다. 예를 들어, 최저 임금에 대한 보편적 기준, 하루 동안 일할 수 있는 시간의 한도, 직장 내 건강 및 안전 문제는 전 세계적으로 소득 및 생활 여건의 폭넓은 변화를 고려할 때 정의하기가 어렵다. 비숙련 노동력이 상대적으로 부족한 고소득 국가들은 비숙련 노동력이 상대적으로 풍부한 저소득 국가들이 직면한 것과는 완전히 다른 경제적 제약을 상대해야 한다. 예를 들어, 저소득 국가들이 고소득 국가에서 비판자를 만족시킬 수 있는 수준의 최저 임금을 지불하도록 강요받는다면, 많은 사람은 그 결과가 삶의 질 증가가 아니라 생산의 중단과 실업의 증가로 이어질 것을 우려한다. 다시 말해, 최저 임금이 너무 높다는 것은 잘 의도된 것일 수 있지만, 저소득 국가에서는 생활 수준이 저하될 수 있다. 그러나 너무 높다는 것을 결정하는 것은 쉬운 일이 아니기 때문에 이 또한 모호하다.

사례연구

아동 노동

아동의 가장 일반적인 정의는 18세 미만인 자이다. 이는 UN 및 ILO가 정의한 것으로, (ILO; 다음 사례연구 참조) 대부분의 국가에서 인정된다. 많은 아동이 아동 노동의 부정적 범주에 빠지지 않고 경제적으로 활발하게 일할 수 있는데, 그 이유는 아동들의 일이 가볍고 시간이 길지 않으며 학업을 보조하기 위한 것이거나 기술을 배우는 것이기 때문이다.

특히 아동의 육체적 · 정신적 복지가 위험에 처하는 경우에는 아동 노동의 폐해에 쉽게 반대할 수 있다. 그러나 학교가 존재하지 않고 빈곤 가정이 자녀가 집에 가져가는 몇 센트에 의존적일 때 반대는 더욱 복잡해진다. 이 경우 아동 및 아동의 일은 가족의 생존에 기여하며 인도적 정책은 아동의 단순한 노동 금지 이상의 것을 필요로 한다.

아동 노동은 2008년 추정 2억 1,530만 명에서 2012년 1억 6,790만 명으로 전 세계적으로 감소 추세에 있는 것으로 나타났지만 여전히 일부 지역에서는 아동 노동이 보편적이다. ILO는 75건의 국가 조사를 통해 2012년에 취업한 5~17세 아동의 수는 2억 6,440만 명이라고 추산했다. 1억 6,790만 명에 달하는 이 집단의 하위 범주는 아동 노동자로 간주된다. 취업 아동과 아동 노동자의 차이점은 후자의 범주는 대부분의 국가에서 동의하고 학교 결석뿐만 아니라 육체적 또는 심리적으로 해를 끼치는 일에서 아동을 보호하는 역할을 하는 법적 틀 내에서 일하는 아동은 포함하지 않는다는 것이다. 학교에 다닐 수 있고 오랜 시간이나 위험한 작업을 하지 않는 근로 아동은 취업한 것으로 간주되지만 아동 노동자는 아니다. 예를 들어 제한된 시간 동안 일하는 가족 사업이나 농장은 아동 노동을 사용하는 것으로 간주되지 않는다. 1억 6,790만 명의 아동 노동자 중 절반 이상 (8,530만 명)이 위험한 작업에 종사했다. 아동 노동은 소녀들보다 소년들에게 불균형적

그림 8.1　지역별 아동 노동(5～17세, 2012)

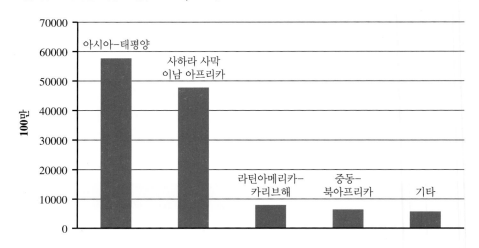

아시아에 가장 많은 아동 노동이 있고, 그다음이 사하라 사막 이남 아프리카이다.

출처 : Data from *Global Child Labor Trends, 2008 to 2012*, International Labour Office, (2013), ⓒ James Gerber.

으로 더 큰 영향을 끼치며 지리적으로는 아시아–태평양 지역에서 가장 많은데, 그 이유는 자녀가 더 많기 때문이다(그림 8.1).

　사하라 사막 이남의 아프리카 지역은 아시아–태평양 지역보다 아동 노동이 적지만 자

그림 8.2　아동 노동의 비중(5～17세, 2012)

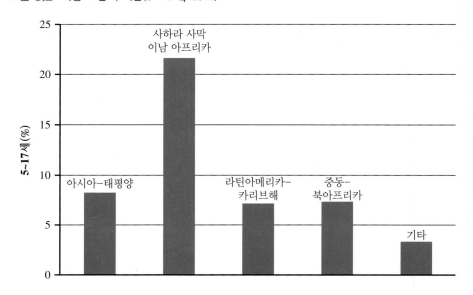

사하라 사막 이남 아프리카의 아동 노동 비중이 가장 크고 그다음이 아시아–태평양 지역이다.

출처 : Data from *Global Child Labor Trends, 2008 to 2012*, International Labour Office, (2013), ⓒ James Gerber.

녀의 상당 부분이 노동에 내몰렸다. ILO의 지난 2008년 설문 조사에서는 5~17세 그룹의 4명 중 1명꼴이 아동 노동이었지만, 2012년 조사에서는 5명 중 1명 이상 정도(그림 8.2)로 감소했다. 빈곤, 교육 기회 부족 및 농업이 주요 원인이다. 농업은 아동 노동의 주요 사용자(전체 아동 노동의 58.6%)이며, 서비스업(32.3%)이 두 번째이고 산업(제조, 건설, 광업 및 유틸리티)이 세 번째이다(전체 아동 노동 인구의 7%). 수출 지향적 부문에서 일하는 아동은 극소수이며 일반적으로 국내총생산(GDP)이 증가함에 따라 아동 노동의 빈도가 감소한다. 또한 학교 교육의 기회가 생기면 줄어든다. ILO와 다른 사람들은 학교 확장을 지원함으로써 아동 노동이 가장 효과적으로 퇴치된다고 주장한다.

노동 표준과 무역

많은 정치 행동가들과 일부 정치인들은 무역장벽을 사용하여 노동 표준을 적용하기를 원한다. 국제경제학자들은 이 목적을 위해 무역장벽을 사용하는 것에 대해 다소 회의적인 경향이 있는데, 부분적으로 제7장에 제시된 이유 때문이다. 즉, 무역장벽은 국내 노동이나 일자리를 보호하는 데 비용이 많이 들고 비효율적인 수단이라는 것이다. 국내 소비 및 생산에서의 사중손실뿐만 아니라, 표준을 해외에서 시행하기 위한 무역장벽의 사용은 경제학자들에게 몇 가지 다른 문제를 제기한다. 여기에는 수출국에서의 변화를 창출하는 효과성, 보호무역주의와 표준에 대한 관심 사이의 모호한 경계, 표준의 구체적인 내용에 대한 합의의 부재, 광범위한 무역 전쟁으로 발전할 수 있는 잠재력 등이 포함된다. 여기서 이 부분을 검토할 예정이다.

효과성 무역장벽의 사중손실과 소득 재분배 효과 외에도 대국만이 무역장벽을 성공적으로 사용할 수 있기를 바랄 수 있는데, 이는 소국이 수요에 충분히 큰 영향을 미칠 수 없기 때문이다. 덴마크와 같은 작은 나라가 아이티의 의류 생산자가 아동을 착취하고 있다고 결정하여 아이티로부터의 수입에 반대하는 무역장벽을 적용한다고 해서 아이티의 아동 착취 관행을 바꿀 만큼 충분한 수요 감소를 일으킬 가능성이 없다. 아이티 시장에서 상당한 비중을 차지하는 국가들만이 아이티 생산자에게 비용을 부과하는 장벽을 세울 수 있으며, 심지어 아이티 상품에 대한 대체시장이 없는 경우에만 가능하다. 이러한 장벽도 필연적으로 변화를 가져오는 것은 아닌데, 무역 제재로 인해 고비용 고통을 겪지만 정책 변화로 응답하지 않은 수많은 사례(쿠바, 미얀마 등)를 봐 왔다. 일반적 규칙은 더 많은 국가들이 무역장벽에 참여할수록 그 효과성은 증가한다는 것이다. 예를 들어 남아공에 대한 세계 산업 경제의 공동 행동은 적어도 아파르트헤이트 정책을 끝내는 데 부분적으로 역할을 했다.

동맹을 구성하는 문제 외에도 무역장벽의 효과에 대한 또 다른 장애물은 무역장벽이 때로 상황을 개선시키는 것보다 악화시킨다는 것이다. 이 결과는 제재 조치로 인해 국가의 생산자가 생산설비를 비정규·비규제적 경제로 옮겨 국내 감독과 규제의 시야에서 사라질 때 초래된다. 모든 경제에서 생산의 일부분은 **비공식 경제**(informal economy)에서 이루어진다. 비공식 경제가 반드시 불법적인 상품을 생산하는 것은 아니지만, 비공식 경제는 과세되지 않으며, 규제 대상이 아니고, 감독받지도 않는다. 개발도상국에서는 비공식 경제가 전반적인 경제 활동에서 상대적으로 차지하는 비중이 산업 경제보다 더 큰 경향이 있으며, 대표적으로 거의 자본 없이 운영되는 소규모 기업으로 구성된다. 이러한 기업의 직원은 일반적으로 수입이 적고 더 열악한 근로 조건에서 고통을 겪는다. 한 국가에 대한 제재 조치로 인해 고용주가 노동 검사원의 조사를 피할 수 있는 인센티브를 창출한다면 노동 인구의 더 많은 부분이 더 나쁜 조건에서 일하게 될 것이다.

보호무역주의와 관심 사이의 모호한 경계   언제 외국의 노동 관행에 대한 관심이 보호무역주의를 정당화하는가? 특별한 관심이 때로는 진정한 목표, 즉 외국의 경쟁으로부터 보호를 정당화하기 위한 수단으로 노동 표준 문제를 사용하기는 하지만 질문에 대한 확실한 답은 없다. 실제로 이것은 많은 저소득 및 중소득 국가들이 갖는 걱정으로, 왜 정부가 노동 표준 협상에 저항하는지를 설명한다. 저소득 및 중소득 국가는 비숙련 노동 공급이 풍부하고 고용의 대부분을 저임금 및 저생산성 일자리에 의존한다. 이들 국가에서는 노동 표준을 제정하고 집행 메커니즘으로 무역장벽을 사용하라는 제안은 고소득 국가의 보호무역주의의 한 형태로 널리 인식되고 있다. 대부분의 고소득 국가들이 개발도상국의 주요 활동 분야인 농업, 의류 및 섬유 분야에서 자신들의 시장을 지속적으로 보호하고 있음을 감안할 때 노동 표준에 대한 요구가 저소득 국가의 비교우위를 약화시키고 고소득 국가 일부 지역의 시장을 보호하기 위한 방법으로 여겨지는 강력한 의구심이 든다.

노동 표준의 구체적인 내용   표준의 특정 내용에 대한 합의에 도달하는 문제는 아직 해결되지 않았다. 아동 노동이 소득에 따라 어떻게 달라지는지, 그리고 아동의 정의조차도 국가에 따라 다르다는 것을 보았다. 예를 들어 합법적으로 노동 시장에 진입할 수 있는 최소 연령에 대한 분쟁은 아동 노동에 대한 애매모호한 비난 정도를 제외하고는 그동안 국제적 합의를 차단해 왔다. 장기적으로 항상 국제적 공감대가 형성될 수 있다고 생각할지라도, 다른 표준들도 똑같이 논쟁의 여지가 있다. 그러나 현재 OECD 및 ILO의 비교적 모호한 제안을 제외하고 노동 표준의 구체적인 내용에 대한 국제 협약의 부재는 무역 제재가 갈등을 조장하고 국제경제 관계를 약화시킬 수 있는 큰 잠재력을 가진 일방적인 조치임을 의미한다.

무역 전쟁을 일으킬 수 있는 잠재력 WTO 회원국의 주요 의무 중 하나는 다른 회원국도 동일하게 취급하는 것이다. 즉 WTO 회원국의 다른 회원국에 대한 차별은 허용되지 않는다. 국가 안보의 경우, 또는 자유무역지대 회원국에게 주어진 특별 혜택의 경우에는 예외가 있다. 그러나 일반적으로 차별적 무역관행은 허용되지 않는다. 결과적으로, 노동 표준을 집행하기 위한 무역 제재의 사용으로 WTO 의무를 준수하지 못하게 되고 상대 국가에 의한 보복의 위험에 노출된다. 이것이 끝나는 곳도 불확정적이다.

약탈적 관행으로서 낮은 표준에 대한 증거

무역 제재 지지자들에 의해 제기된 한 가지 우려는 낮은 표준이 시장과 외국인 투자를 유치하기 위한 고의적인 정책을 반영하는 것일 수 있다는 것이다. 즉, 국가는 강압적인 힘을 사용하여 노동 표준을 보류하거나 억제함으로써 상품의 생산비용을 줄일 수 있다. 이론적으로는 가능하지만 실증적으로 검토해야 하는 많은 문제가 있다.

실제로, 국가들이 외국인 투자를 유치하기 위해 낮은 노동 표준을 사용한다는 견해에 대한 지지는 거의 또는 전혀 없다. 국가가 노동조합을 불법화하거나 다른 억압적인 관행으로 생산비용을 줄일 수 있다는 증거가 있음에도 불구하고 이러한 유형의 정책으로 인해 어느 국가도 아직 갖추지 않은 생산 라인에서 비교우위를 갖게 되었다는 증거는 없다. 즉, 낮은 표준은 생산비용을 줄일 수 있지만 국가의 비교우위를 변경하지는 않는다.

이 결과는 동일하거나 유사한 비교우위를 가진 국가 간의 경쟁에 영향을 주지 않는다. 의류 산업과 같은 특정 생산 라인 내에서 국가는 노동 표준을 낮춤으로써 경쟁할 수 있다. 그러나 이 경우 낮은 표준은 낮은 표준을 가진 다른 국가들에 대해 치명적인 경쟁 효과를 가지며, 높은 표준과 전혀 다른 비교우위를 가진 국가에는 그렇지 않다.

낮은 노동 표준은 한 국가가 낮은 노동 표준을 가진 다른 국가와 경쟁하는 데 도움이 될 수 있지만, 낮은 노동 표준이 외국인 투자를 유치하기 위한 성공적인 전략이 아니라는 분명한 증거가 있다. 그 이유는 간단하다. 낮은 노동 표준은 많은 문맹자와 비숙련 노동자가 있는 노동력과 높은 상관관계가 있다. 또한 도로, 항구, 전력 공급, 통신, 학교, 위생 시설에 대한 국가의 인프라가 아직 개발되지 않았다는 신호이다. 따라서 낮은 노동 표준의 노동비용 절감은 생산의 다른 모든 곳의 비용 증가로 상쇄될 가능성이 높다. 결과적으로, 실증연구에 따르면 노동 표준이 낮은 국가는 외국인 투자를 유치하는 데 성공적이지 못한다.

마지막으로, 1994년까지 남아공에서 아파르트헤이트의 시행, 구소련의 강제노동수용소, 수단 및 다른 곳에서의 노예 같은 견딜 수 없는 상황이 있다. 이러한 유형의 관행은 여러 가지 도덕적 문제를 야기하며, 이는 경제적 분석에만 의존하는 것이 부당하다. 그러나 분명히 세계가 비인간적인 노동 관행에 반대하여 더 단결된다면, 더 많은 제재가 성공할 것이다. 예를 들어 미국의 쿠바에 대한 제재는 고립되어 있고, 쿠바 경제에 막대한 비용을 부과했지만 미국의 정책에 대한 국제 지원이 부족하여 미국의 제재가 쿠바의 정책을 성공적으로 바꿀 수 없었다.

사례연구

국제노동기구(ILO)

ILO는 "사회 정의와 국제적으로 인정된 인권 및 노동권의 증진을 모색한다."* ILO는 1919년에 시작되어 1차 세계대전 후 창설되었고 유엔(UN)의 선구자였던 국제연맹(the League of Nations)의 유일한 생존 기구이다. 1946년에 ILO는 UN에 편입되었으며 그 이후로 세계 대부분의 국가가 회원국이 되었다.

ILO는 여러 도구를 사용하여 목표를 달성한다. 가장 두드러지게, 특정 협약 및 권고안에 구체화된 노동 표준을 개발한다. 개별 국가가 ILO 협약을 비준할 것을 촉구하지만 강제성은 없다. 현재 183건의 협약이 있는데, 그중 약 26건이 보류되어 더 이상 제안되지 않고, 157건은 집행 중에 있다.

1998년 6월 18일 ILO는 "직장에서의 기본 원칙 및 권리에 관한 선언 그리고 그 후속 조치(1998 ILO Declaration and its Follow-up)"를 채택했다. 이 문서는 각국이 비준한 협약에 관계없이 모든 국가가 존중해야 할 8대 **핵심 노동 표준**(core labor standards)을 규정한다. ILO는 여덟 가지 핵심 표준을 네 가지 영역으로 분류한다.**

- 결사의 자유와 단체 교섭권 인정
- 모든 형태의 강제 노동 철폐
- 아동 노동의 효과적인 폐지
- 고용 및 직업에서의 차별 철폐

ILO가 처리하는 가장 심각한 유형의 불만은 근로자 조직, 기업 또는 정부가 회원국 정부가 핵심 노동권을 시행하지 않는다는 공식적인 불만을 제기하는 경우이다. 이러한 불만을 처리하는 과정은 의심되는 가해자와 상담한 다음 상담이 문제를 해결하지 못하면 공식 조사를 시작한다. 조사위원회는 권고안을 제출할 수 있고, 대상 국가도 이에 대해

---

* ILO 홈페이지의 About the ILO에서 발췌, ⓒ International Labour Organization.

** 1998 ILO Declaration과 그 후속작업 문서에서 발췌, ⓒ International Labour Organization.

국제사법재판소에 이의 제기를 할 수 있다. 이의 제기가 있는 경우, 사후에 ILO가 문제가 되는 국가에 대한 조치를 제안할 수 있다. 무역 제재와 같은 경제적 조치는 ILO가 이용할 수 있는 옵션의 합법적 틀 내에서 이루어지고 있다. 그러나 ILO는 오랜 역사를 통해 한 국가에 대해서만 조치를 취할 것을 권고했다.

ILO가 힘을 최대한으로 사용하는 것을 꺼리고 일부 회원국의 지지를 받지 못함에 따라 결과적으로 상당히 약한 조직의 상태에 있다. 예를 들어, 1998년 미얀마가 군대를 충원하기 위해 강제 노동을 사용했다는 조사를 시작했다. ILO가 2000년 무역 제재를 제안했을 때 미얀마 정부는 문제를 짚어보겠다고 ILO에게 신속하게 확약하고 ILO는 2001년 무역 제재에 대한 제안을 철회했다. 대부분의 국가 정부는 ILO의 제재 제안에 따라 미얀마에 대한 암묵적 비판에 동의하지만 그들은 또한 국제기구가 노동 관행에 근거한 제재 부과의 선례를 남기는 것에 주저하였다. 따라서 ILO는 현실보다 서류상 더 많은 권위를 가지고 있다. 또한 노동 또는 환경 정책에 제재를 가하는 권한을 가진 국제 협약에 대한 정치적 걸림돌을 지적하고 있다.

ILO가 집행 권한을 갖고 있지 않다는 것이 유용한 조직이 아니라는 것을 의미하지는 않는다. 아마도 가장 중요한 기능은 노동법, 근로자 복지 프로그램, 직업 훈련, 협동조합 설립 및 운영, 기타 많은 분야를 포함하여 노동정책의 모든 측면에서 기술 지원을 제공한다는 것이다.

출처 : Based on "The ILO and Enforcement of Core Labor Standards." by Kimberly Ann Elliot, Institute for International Economics, July 2000 and "Gathering Mild Rebuke: Myanmar," The Economist. September 2, 2006, ⓒ James Gerber.

무역과 환경

학습목표 8.5 국경성 및 비국경성 환경 문제를 비교하고 대조할 수 있다.

지난 40년 동안 사람들의 활동이 자연 환경에 중대한 영향을 미치고 있음을 깨달았다. 유감스럽지만, 생산 및 소비에 대한 선택이 항상 그 결정에 대한 환경 비용을 반영하는 것은 아니며, 단기적으로 경제는 종종 환경 비용 및 제약이 무의미한 것처럼 수행한다. 경제 행위자가 자신의 행동에 대한 환경 비용을 무시할 수 있게 되면 금융과 환경 이익 사이의 갈등이 불가피하다. 대부분의 고소득 국가들은 상당한 분쟁을 겪고 있으며, 무역은 다른 경제활동과 함께 환경 관련 비난의 몫을 받았다.

국경성 및 비국경성 영향

환경 표준과 노동 표준에는 상당한 중복이 있다. 예를 들어 환경 표준을 무역 협정에 넣는 것에 대한 많은 지지자들은 무역 제재(관세, 쿼터, 수입 금지)를 집행 메커니즘으로 사용해야 하며, 무역 제재 비판자는 이전에 제기된 것과 같은 우려를 가지고 있다. 즉 무역 제재가 비교적 비효율적이고, 보호무역주의와 환경에 대한 관심 사이에는 모호한 경계가 있으며, 국제 협약이 부족하고, 무역 전쟁을 일으킬 잠재력이 있다.

그러나 모든 환경 영향은 아니지만 일부는 국경성이라는 사실부터 노동 표준과 환경 표준 사이에는 약간의 차이가 존재한다. 다시 말해, 한 국가의 낮은 표준은 다른 국가의 환경을 저해할 수 있다. 무역 정책에 관해서는, **국경성 및 비국경성 환경 영향**(transboundary and nontransboundary environmental impact) 간 구분은 중요한 것이다. 비국경성 영향, 즉 완전히 국내 영향만 먼저 살펴볼 것이다.

무역과 비국경성 환경 영향 환경 표준을 집행하는 무역장벽의 지지자들은 두 가지 유형의 주장에 근거하여 판단한다. 첫째, 환경 표준이 산업 경쟁력을 떨어뜨린다는 주장이다. 이것은 경쟁우위를 유지하기 위해 국가가 환경 표준을 폐지해야 하는 바닥으로의 경쟁을 초래한다. 둘째, 고소득 국가의 표준은 환경오염 산업의 이전을 통해 저소득 국가와 중소득 국가에 '오염물질 수출'을 초래한다는 주장이다. 이 두 효과는 환경 표준에 대한 하향 압박과 저소득 국가에 환경오염 산업의 집중으로 이어지므로 환경에 유해하다.

환경 표준이 산업 경쟁력을 떨어뜨린다는 첫 번째 주장은 표준이 생산비용을 상승시키기 때문에 이론적으로 유효하다. 본질적으로 환경 표준은 환경 비용을 일반 대중에게 전가시키는 것을 금지함으로써 기업이 생산비용을 보다 완전하게 측정하도록 한다. 표준이 제대로 이행되면 국가 후생을 향상시키고 경제적으로 최적 수준의 생산을 유도한다. 이것은 표준을 따라야 하는 기업들의 표준에 반대하는 주장은 기업 이해와 국가 이해 사이의 논쟁이라는 것을 의미한다. 분명히, 축소된 산업의 근로자와 기업은 중단기적으로 상황이 악화되겠지만, 환경오염 산업의 생산이 어느 정도 축소되면 국가 후생은 나아진다. 단편적 이해관계가 정치적으로 너무 강해서 환경 규제 철폐를 강제하거나(바닥으로의 경쟁) 새로운 표준의 도입을 완전히 막을 수 있다는 생각은 약간의 장점이 있을 수 있다. 그러나 일반적으로 대부분 국가의 환경 표준은 시간이 지남에 따라 점점 약화되는 것이 아니라 강화되고 있다.

외국 기업에 환경 규정 준수 요구 사항의 감축 제공으로 경쟁하는 국가는 **오염 피난처**(pollution havens)로 알려져 있다. 오염 피난처 개념과 국가들이 노동 표준을 낮춤으로써 외국인 투자를 위해 경쟁한다는 주장의 본질적 유사성에 주목해보자. 실증적으로, 고소득 산업 경제의 일부 환경오염 산업이 산업 경제가 처음으로 환경오염에 대한 엄중 단속을 시작한 1970년 대에 저소득 및 중소득 국가로 옮겨갔다는 증거가 있다. 철강 산업과 화학 산업이 이러한 패턴에 빠지게 되는데, 물론 개발도상국이 이 산업 분야에 비교우위를 점하게 되고 고소득 국가가 점점 잃게 되는 것도 가능할 수도 있다. 그럼에도 불구하고 오염 피난처에 대한 아이디어가 유효하지 않다는 것을 보여주는 강력한 증거가 있다. 즉, 낮은 환경 표준에 기초하여 새로운 투자 유치를 위해 성공적으로 경쟁하는 국가를 확인하는 것은 불가능하다. 오염 피난처가 없다는 사실은 희소식이지만 개별 기업이 표준이 높은 국가의 환경 규제를 벗어나지 못한다는 의미는 아니다. 통계와 전반적인 중요성은 불확실하지만 이러한 사례가 존재하는 것도 확실하다.

무역 관점에서 볼 때 이 문제는 소득과 선호의 차이가 최적의 환경 표준 세트를 국가별로 다양하게 한다는 사실 때문에 복잡하다. 예를 들어, 유럽의 최적 표준 세트는 북아프리카 또는 중앙아시아의 최적 세트와 완전히 다를 수 있다. 예산과 규제 능력이 제한된다는 사실은 국가가 모든 것을 할 수는 없으며 노력에 우선순위를 매겨야 한다는 것을 의미한다. 생물 다양성과 서식지 보존은 한 곳에서 최우선 순위를 얻는 반면 깨끗한 물과 토양 보전은 다른 분야에서 최우선 순위를 차지한다. 표준의 최적화가 국가마다 다르면 한 국가의 표준을 다른 국가의 생산 시스템에 시행하기 위해 무역장벽을 적용한다는 것은 글로벌 후생을 높이는 것이 아니라 사실 낮출 수 있을 것이다.

무역과 국경성 환경 문제 한 국가의 환경오염이 제2국으로 유출되면 국경성 환경 영향이 발생한다. 예를 들어, 공유된 유역이 상류 사용자에 의해 오염되거나 한 국가의 산업 생산이 다른 나라에서 산성비를 발생시키는 경우가 해당된다. 상호간에 발생할 수도 있는데, 두 나라 사이의 극심한 트럭 교통량이 양쪽 모두에서 대기오염을 일으키는 사례를 들 수 있다. 마지막으로 지구상의 온난화 및 오존 붕괴와 같은 지구적 영향으로 이어지는 많은 국가의 유사한 활동으로 인해 국경성 환경 영향이 발생할 수 있다. 오염 산업의 생산에 대한 관세에서부터 금수 조치, 다국간 협상 또는 글로벌 협상에 이르기까지 국가가 고려할 수 있는 다양한 시정 조치가 있다.

한 국가의 일방적인 조치가 대국의 경우를 제외하고는 아무런 영향을 미치지 않을 것이므로 노동 표준의 분석이 여기에도 적용된다. 그럼에도 불구하고 제재를 가하는 나라가 더 고립되면 될수록 그 제재가 문제가 되는 나라의 정책을 성공적으로 바꿀 확률은 점점 낮아진다.

사례연구

무역장벽과 멸종위기종

무역장벽과 멸종위기종의 보호 간 연관성은 환경운동이 WTO에 비판적이었던 분야이다. 원래의 선례 설정 사건은 미국이 돌고래에게 특히 해로운 그물로 잡은 참치의 수입에 대한 금지 조치로 시작되었다. 미국은 1973년 멸종위기종 보호법에 따라 '돌고래 안전' 인증을 받지 않은 참치에 대한 수입금지 조치를 취했다. 멕시코는 불만을 제기했고 조사 결과는 상품이 합법적인 경우 국가는 생산 방식에 근거한 수입을 금지할 수 없다는 GATT의 판결이었다. 미국이 시장에서 참치 거래를 허용했기 때문에 돌고래를 다치게 하는 방식으로 수확한 참치를 막을 수 없었다.

특정 새우 수입에 대한 미국의 금지 조치는 무역과 멸종위기종의 보호 사이에 생기는 갈등에 주의를 환기시키는 두 번째로 중요한 사례이다. 미국은 그물에 거북제거장치(TEDs)를 사용하지 않는 새우 트롤선(저인망어선)에 의해 멸종위기에 놓인 바다거북이 피해를 입지 않도록 보호하려고 노력했다. 1987년, 새우 트롤선에게 TEDs를 사용하도록 요구하는 지침을 발표했으며, 1989년에는 다가오는 1991년 5월부터 인증을 받지 않은 국가의 새우 수입을 금지할 것이라고 발표했다. 이 지침은 카리브해와 대서양 서부에만 적용되었으며 국가들은 3년간 지침의 준수를 준비할 수 있었다. 1996년에 새우 수입에 대한 추가 조건이 설정되었고, 지침은 전 세계적으로 확대되었으며, 각국은 4개월 동안 지침 준수를 준비해야 했다.

인도, 말레이시아, 파키스탄, 태국은 WTO에 즉각 항의했다. 항의 시위의 주요 근거는 미국 규정을 준수하는 데 4개월을 유예받은 반면 카리브해 연안 국가는 3년의 기간과 기술 지원을 받았다는 것이다. 또한 그들은 돌고래–참치 사건을 인용하면서 GATT 규정이 생산 과정에 근거해 수입에 대한 차별을 금지하고 있다고 주장했다. 미국과 아시아 국가들이 비공식 협의를 통해 분쟁을 해결하지 못한 후에 아시아 국가들은 WTO 분쟁 해결 기구에 문제해결을 위한 패널을 구성할 것을 요청했다. 이 문제는 판결과 항소의 분쟁해결 절차를 통해 길을 찾아갔고 마침내 참치 수입에 대한 이전 판결의 근거를 뒤집어 놓고 멸종 위기에 처한 종을 보호하기 위한 수입 장벽을 부과할 수 있는 국가들의 권리를 인정하는 결의안으로 결론이 났다. 그러나 최종 결정은 또한 미국이 영향을 받는 국가들과 협상하거나 논의하지 않으면 WTO 규칙을 위반하게 된다고 언급했다. 또한 아시아 국가들을 다르게 대우함으로써 미국은 차별적인 방식으로 행동했다. 이에 따라 미국은 불만을 제기한 국가들과 일련의 협상을 시작했다. 결국 그것은 인증을 위한 일정과 절차를 수정하고 TEDs의 사용에 대한 기술 지원을 제공하기로 합의했다.

이 사건은 중요한데, 그 이유는 WTO의 진술에 "우리는 WTO 회원국인 주권국가가 바다거북과 같은 멸종위기종을 효과적으로 보호할 수 있는 방안을 채택할 수 없다고 결론내리지 않았다. 분명히 채택할 수 있고 또 채택해야 한다."*고 밝히기 때문이다. 실제로, WTO는 미국(바다거북에 상대적으로 높은 가치를 부여함)이 일부 덜 부유한 국가들(상업적 어업에 상대적으로 높은 가치를 부여함)을 도와 그들이 필요한 기술을 습득하도록 조정함으로써 다자간 해결책을 강요했다. 이로 인해 미국은 전 세계에서 멸종위기종의 보호를 확대할 수 있었고 남아시아의 어획 함대는 상업적으로 실용 가능하게 유지되었다.

WTO는 처음에 돌고래–참치 분쟁으로 시작되어 논란이 되고 있는 제품 대 프로세스의 문제를 명확히 했다. WTO는 그 판결에서 멸종위기종을 보호하기 위한 무역 조치는 허용된다고 명시하고 있다. 동시에 판결은 해결책을 협상할 필요가 있다고 강조했고 일방적인 행동은 허용하지 않았다.

출처 : Based on United States-Import Prohibition of Certain Shrimp and Shrimp Products Product by World Bank ⓒ James Gerber.

---

* United States-Import Prohibition of Certain Shrimp and Shrimp Products, WTO, 1988에서 발췌, ⓒ 12 October 1998 World Trade Organization.

무역 조치에 대한 대안

학습목표 8.6 노동 및 환경 표준 집행을 위한 무역 조치에 대해 세 가지 대안을 설명할 수 있다.

현재 노동 표준과 환경 표준을 수용하기 위해 무역 규칙이 바뀔지 혹은 어떻게 바뀔지 예측할 수 없다. 이는 세계 무역 체제의 새로운 쟁점이며, 국제 경제 관계에서 발생하는 긴장감의 영구적인 원천이 될 가능성이 있다. 부유한 국가와 빈곤한 국가 간에 큰 소득 격차가 있는 한 표준의 차이가 사라지지 않을 것이다. 표준에 대한 무역 긴장이 어떤 형태로든지 계속될 경우 세계 무역에 의해 창출된 이익을 보존하는 동시에 표준에 대한 갈등을 해결하는 방법을 찾는 것이 중요하다.

무역 조치의 대안을 찾으려면 효율적인 정책이 수정하려는 문제의 근원지로 직접 가는 일반 경제 원칙을 인식하는 것이 유용하다. 이것은 제7장에서 설명했는데, 무역장벽은 특정 산업에서의 일자리 부족 문제를 해결하는 비싼 방법이라는 것이 입증되었다. 환경 파괴와 노동 착취의 경우, 문제의 근원은 무역이 아닌 특정 재화의 생산 및/또는 소비에 있다. 제철소가 강을 오염시키거나 어린이를 착취하는 경우, 환경 및 인명 피해의 직접적인 원인은 철강이 수출된다는 사실이 아니라 공장에서 사용되는 일련의 생산 표준이다. 부정적 환경 효과(예 : 휘발유 연소 자동차로 인한 대기 오염)의 경우에는 문제의 근원이 생산이 아닌 소비이다. 환경 파괴와 노동 착취가 제품 생산과 소비 의사 결정의 부산물이라는 것을 가정하면 이를 해결하기 위한 최적의 정책은 무역 조치의 수준이 아니라 생산과 소비의 수준에서 정해지는데, 무역 조치는 적용된 국가에서 생산과 소비에 비효율성이 생성되기 때문이다. 여전히 노예 제도를 허용하는 국가와 같은 일부 경우에는 무역 조치가 군사 개입을 제외한 유일한 방법일 수 있다. 그러나 노동 및 환경 표준에 대한 대부분의 국제 분쟁에는 무역 조치보다 더 효율적인 정책이 있다.

수출용 라벨

라벨링에 관한 아이디어는 널리 퍼져 있으며 상반된 결과와 함께 시행되었다. 이 아이디어는 수출 시 상품에 부착하는 라벨을 생산하는 인증 과정이다. 이 라벨은 소비자에게 상품이 인도적이거나 환경적으로 지속 가능한 조건하에서 생산되었다고 인증한다. 이 방법은 이미 실행 중이지만 항상 성공적인 것은 아니고 소비자에게 구매 제품에 대해 알리는 전략으로 발전하고 있는 것 같다. 예를 들어, 1999년 미국과 캄보디아는 외국 참관인이 공장을 방문할 수 있도록 허용한다면 미국이 캄보디아의 직물과 의류의 쿼터를 늘릴 것이라고 합의했다. 캄보디아는 수출 사업에 절실했기 때문에 노동 검사관의 관여에 동의했다. 초기 결과는 캄보디아 노동조합과 고용주 간의 갈등이 심화되고 생산자가 다른 곳으로 이주하겠다는 위협이었다. 커피는 보다 더 성공적인 사례인데, 소매업자가 커피 및 다른 열대 작물을 수입하는 기업에 서비스를 제공하는 독립적인 검사 기관을 사용한다. 이를 통해 소매업자는 소농에게 유익한 것으로 인증된 커피를 하나 혹은 하나 이상 판매하고 있다고 홍보할 수 있다. 마찬가지로 일부 화장품 브랜드 및 소매업자는 자사 제품이 동물 테스트를 거치지 않았음을 인증한다.

　라벨링은 사용의 확장에 대한 몇 가지 장애물에도 불구하고 갈등을 해결하는 데 중요한 역할을 할 것이다. 두 가지 주요 장애물은 일부 국가는 외국 사찰단에게 노동과 환경 조건의 세부 사항을 면밀히 검사하도록 허락한다는 것을 그들의 주권에 대한 침해로 여겨 이에 저항하고, 소비자들은 라벨이 신뢰할 수 있는 정보를 제공한다는 것을 확신해야 한다. 캄보디아에서 생산된 스웨터에 인도적 조건하에 생산되었다는 라벨이 붙어 있다면 그 정보에 어느 정도의 확신을 주어야 할까? 라벨링 절차가 보다 보편화되면서 라벨의 진정한 정보 가치가 감소하거나 라벨링 기관이 하는 일에 더 능숙해지고 라벨이 보다 신뢰할 수 있는 정보를 전달할 가능성이 있다.

본국 표준의 준수 요구

무역 조치에 대한 두 번째 대안은 본국 기업이 외국 지사 운영을 할 때마다 본국의 표준을 준수하도록 요구하는 것이다. 예를 들어 설리반 원칙(Sullivan Principles)은 아파르트헤이트 시대(1994년 이전)에 남아공에서 운영되는 다국적 기업들에게 차별금지를 실천하도록 요청한 것이다. 노동 표준의 경우, 표준이 높은 국가의 기업이 표준이 낮은 국가에 공장을 개설하고자 할 때 법률에 따라 본국에서 준수해야 하는 것과 동일한 노동 표준을 준수해야 한다. 이것은 노동비용이 다양하기 때문에 임금과 혜택이 동일해야 한다는 의미는 아니다. 즉 최저임금이 일부 혜택, 직장 건강 및 안전 표준, 아동 노동 표준, 근로 표준 시간 등과 함께 포함될 수 있다. 환경 분야에서 기업들은 종종 본국에서 사용하는 것과 동일한 표준을 해외에서 채택하는데, 이는 환경 통제가 종종 기술에 내장되어 있기 때문에 최소 비용 전략은 대개 여러 표준 세트를 선택하는 것보다 하나의 표준 세트를 채택하는 것과 관련이 있다는 것이다.

이 접근법의 장점은 본국 기반 기업이 해외의 낮은 노동 표준이나 환경 표준을 악용하는 것을 불가능하게 함으로써 바닥으로의 경쟁 문제를 고심하게 하고 동시에 노동력이 풍부한 국가의 저임금에 대한 접근을 유지한다는 것이다. 또한 이 방법은 개선된 표준의 비용을 원래 표준에 대한 관심 자체가 시작되었던 고소득 국가의 기업과 소비자에게 전가시킨다는 것이다. 국가 밖에서 활동하는 기업을 규제하는 것이 이상하게 보일 수 있지만 현지 국가의 표준과 상충되지 않는 한 해외에서 운영되는 본국 기업에 표준 준수를 요구하는 것은 국가의 법적 권리 내에 있다. 요구되는 표준이 현지 국가의 표준보다 엄격하다는 것을 감안할 때 이는 문제가 되지 않을 것이다.

그러나 이 접근 방식의 약점 중 하나는 본국 시장으로 수출하는 제품을 생산하는 외국 기업 및 외국 운영 기업은 해당되지 않고 해외로 나가는 표준이 높은 국가의 기업에 대한 문제만 해결하려 한다는 점이다. 다시 말하면, 낮은 표준을 가진 국가에 기반을 둔 기업들은 이러한 유형의 규칙에 영향을 받지 않는다. 더 문제가 되는 것은, 표준이 높은 국가에 기반을 둔 의류 제조업체는 저수준 국가에 있는 업체와의 계약을 통해 생산을 외주화할 수 있다. 이것은 생산량의 일부를 어느 정도 거리를 두고 있어 작업 조건이 만족스러운지 확인하는 것을 더 어렵게 만든다. 실제 절단 및 재봉을 하는 회사는 외국인 소유이므로 높은 표준 국가에 위치한 의류 제조업체를 규율하는 규정의 범위를 완전히 벗어날 수 있다.

그럼에도 불구하고, 해외에서 운영되는 국내 기업에 대한 규제는 바닥으로의 경쟁에 대한 두려움을 상당 부분 해소한다. 구체적으로, 본국에서 표준을 감축하지 않으면 해외로 이전하겠다는 국내 기업의 위협이 해소되고, 외국계 생산의 매력은 노동 표준을 낮추거나 환경을 무시하는 능력이 아니라 외국의 비교우위라는 것을 보장한다. 또한 고소득 국가가 저소득 및 중소득 국가의 노동 및 환경 표준을 강제하려 할 때 생기는 문제를 피하는 데 도움이 된다. 각국은 자체 표준을 정하지만, 기업이 국경을 넘을 때는 파견국 또는 현지국의 표준 중에서 보다 높은 표준에 부합해야 한다.

국제 협상의 강화

무역 조치에 대한 세 번째 대안은 노동 문제에서 ILO와 같은 기존 국제기구를 사용하거나 환경에 대한 새로운 협약 및 기구를 창설함으로써 국제 협상의 수준을 높이는 것이다. 노동 표준 분야에서 협상 강화를 지지하는 자들은 ILO가 핵심 노동권을 준수하지 않는 국가의 사례를 공개하는 것을 보고 싶어 한다. 회원국의 노동 관행에 대해 이미 수집한 정보로 이를 수행할 수 있다. ILO에 대한 확대된 역할은 노동정책을 평가할 수 있는 기술적 역량을 갖추고 있다는 인식이 점차 확산되고 있는 반면 WTO는 그렇지 못하다.

환경 분야에서 WTO는 잠재적인 무역 영향과 함께 모든 환경 협약을 보고하고 WTO에 보고된 환경 데이터베이스를 유지하고 있다. 2012년 현재 569건의 환경 협약이 보고되었다. 이는 범위가 다양하며 중요한 국제 협약을 다수 포함하고 있는데 염화불화탄소의 사용을 규제하는 몬트리올 의정서, 유해 폐기물 운송을 규제하는 바젤 협약 및 멸종위기종의 국제무역 협약 등이 있다. 2개 이상의 국가가 협약에 서명하고 이 협약이 집행 메커니즘의 일부로 무역 제재를 허용하는 경우, WTO의 입장은 WTO 내에서가 아닌 환경 협약 내에서 분쟁을 해결해야 한다는 것이다. 그러나 환경 협약이 없는 경우에는 미국의 새우 수입 금지와 마찬가지로 WTO의 비차별 금지 규정이 적용된다.

WTO가 다자간 환경 협약 문제에 관한 입장을 표명한 것은 중요하다. WTO는 환경 단체가 아니며 이 분야에 대한 전문 지식이 없다는 것을 명시적으로 인정한다. 그러나 환경 협약을 통해 자체 집행 메커니즘을 개발할 여지는 남아 있다. 이것은 무역 제재가 환경 분쟁을 해결하기 위한 가장 비용이 적게 드는 방법이 될 것 같지 않다는 사실은 변하지 않는다. 그러나 관련국들로 하여금 그들 자신의 집행 방법을 결정할 수 있도록 한다.

사례연구

지구 기후 변화

기후과학자들의 합의는 지구온난화가 일어나고 있으며 인간 활동에 의해 야기되었다는 것을 말해준다. 이 견해는 2015년 11월과 12월 말 파리에서 열렸던 유엔 기후 변화 회의에 반영되었다. 195개 국가는 인위적인 기후 변화의 원인이 되는 이산화탄소 및 기타 가스의 배출량을 줄이기 위해 서약서에 서명했다. 지구온난화는 분명히 국경성 환경 문제이다. 온실가스(GHG)가 생산되는 곳에서 멀리 떨어져 살고 있더라도 지구상의 모든 사람들에게 영향을 미칠 것이다.

대부분의 인간 활동은 자동차를 운전할 때와 같이 직접적으로 또는 석유 및 석탄 화력 발전소에서 생성된 전기를 사용할 때나 화석 연료로 생산된 제품과 서비스를 소비할 때와 같이 간접적으로 화석 연료의 연소와 관련이 있다. 화석 연료의 연소로 생성된 가스의 배출량은 지구의 흡수 능력을 뛰어넘으며 수십 년에 걸쳐 지구 표면에 반사된 더 많은 적외선 에너지를 흡수하여 기온 상승을 유발하는 대기 중에 축적된다. 이 문제를 검토하는 경제학자들은 대개 지구 온난화의 과학이 아니라 정책면에 초점을 맞추고 있는데, 경제학이 대기 화학 및 물리학에 관한 연구를 수행하는 데 필요한 전문 지식을 갖지 못하기 때문이다. 그러나 경제학은 사회가 개선 노력의 순 가치를 이해하는 데 도움이 되는 일련의 도구와 분석을 제공하는데, 기후 변화 문제를 해결하기 위한 다양한 정책 제안을 평가하는 데 필수적이다. 경제학은 아무것도 하지 않는 선택에서 화석 연료 사용 및 배출을 줄이기 위한 매우 공격적인 행동의 선택에 이르기까지 모든 선택의 폭을 따라 비용과 편익을 평가할 수 있다.

기후 변화에 대응한 1세대 공동 글로벌 행동은 1997년 교토 의정서의 결과를 낳았다. 교토 의정서는 고소득 국가에서 생산되는 온실 가스에 대한 엄격한 목표를 설정했지만 저소득 및 중소득 국가의 배출량을 제한하려고 하지 않았다. 그 이유는 고소득 국가는 필요한 변화를 할 여력이 있지만 다른 국가는 그렇지 못하다는 것이다. 또한 1990년대 대부분의 온실가스(GHG)는 산업, 고소득 국가에서 기인한 것으로 나타났다. 미국은 교토 의정서를 비준하지 않았으며 2010년 코펜하겐에서의 후속 정상회담에서도 약속하지 않았다. 그럼에도 불구하고 미국은 GHG의 또 다른 대규모 배출국인 중국과 함께 2015년 파리 정상회담에서 배출량 감축을 강력하게 약속했다.

두 가지 문제로 인해 기후 변화 문제를 해결하기가 어렵다. 하나는 과학은 확실성이 아니라 확률과 가능성만을 제공할 수 있다는 것이다. 이는 적절한 대응 수준을 이해하려는 노력을 복잡하게 만들고, 화석 연료에 대한 재정적 이해관계를 지닌 에너지 회사 및 기타 관련자들이 기후 변화 과학에 대한 불신을 시도할 때 대중의 생각에 혼란을 야기할 수 있는 문을 열게 된다. 적절한 수준의 대응은 피해가 회피될 수 있는 정도, 예방 노력이 현재 얼마나 많은 비용을 지불해야 하는지, 미래에 얼마나 많은 이익이 발생하는지에 달려 있다. 경제학자들이 할 수 있는 최선의 일은 과학자들이 제시한 기후 변화의 미래 결과에 대한 다양한 추정치를 취한 다음 생산량 감소, 환경 피해, 신기술의 구매 등의 방식으로 비용을 측정하고 배출량 감소가 피해를 예방하거나 감소하는 정도를 확인하는 것이다. 경제학자들은 미래의 피해에 대한 여러 견적과 다양한 정책 대응을 바탕으로 수많은 시나리오를 진행했다. 중요한 문제는 지난 200년간의 세계 역사로 판단할 때 우리보다 훨씬 나은 미래의 국민소득을 보호하기 위해 오늘 돈을 쓰고 있음을 어떻게 고려하는 것인가이다.

이 모델링의 핵심 결과는 탄소에 대해 더 많은 비용을 지불해야 한다는 것이다. 이것은 우리가 탄소 기반의 연료를 소비할 때 나머지 세계에 부정적 외부효과를 부과한다는 사실에서 따른다. 부정적 외부효과와 마찬가지로 해결책은 소비의 전체 비용을 가격에 통합하는 것이다. 예일대학교의 경제학자 윌리엄 노드하우스(William Nordhaus)는 탄소세가 소비자들에게 어떤 재화가 생산에 많은 화석연료 에너지를 사용하는지를 알려주고, 생산자들에게 어떤 방법이 화석연료 사용에 있어 집중적인지를 알려주며 혁신가와 기업가들에게 대안을 찾도록 신호를 보낸다. 그는 탄소 배출 톤당 30~50달러의 세금으로 평균 미국 가정의 전기 요금을 연간 약 1,200달러에서 1,290달러로 약 90달러 인상할 것으로 추정했다.

탄소세가 최대 효과를 발휘하려면 국제적 세금이 되어야 하며, 이로 인해 기후 변화 문제의 두 번째 문제가 야기된다. 세계 국가는 어떻게 공동의 글로벌 대응을 구성하는가? 공동의 글로벌 탄소세는 미래의 피해 추정치가 심각해질 때 상향 조정될 수 있으며, 피해가 이전에 생각한 것보다 적다면 하향 조정될 수 있다. 모든 국경성 문제와 마찬가지로, 탄소세도 국가 간 조정이 필요할 것이다. 그러나 두 국가 또는 소수의 국가에만 영향을 미치는 대부분의 환경 문제와는 달리 기후 변화는 전 세계적이며 대부분의 온실 가스 배출은 역사적으로 고소득 국가에서 온 것이지만 오늘날 많은 양의 배출량은 중국, 인도, 브라질, 러시아와 같은 중소득 국가에서도 발생한다. 최종적으로 아무도 현재 예견하지 못하는 웅장한 기술적 해결이 없다면 2015년 말 파리 회의와 같은 국제 협상의 증가는 기후 변화 문제에 대한 효과적인 대응에 필수적이다.

요약

- 지난 50년간 세계 무역의 증가는 관세를 줄이고 쿼터를 제거했지만, 결과적으로 많은 국내 정책들이 의도하지 않은 무역장벽이 되었다. 예로서, 경쟁 정책, 제품 표준, 건강 및 안전 표준, 노동 및 환경 표준이 포함된다.

- 국가들은 무역을 위해 표준을 조화시킬 필요가 없다. 대부분의 경우, 조화는 국가 간 차이 중 일부를 제거하고 무역의 이득을 제거한다. 표준의 대안적 조치에는 상호 인정과 완전히 별도의 표준을 유지하는 것이 포함된다.

- 서로 다른 노동 및 환경 표준이 고소득 국가와 저소득 국가 간 중대한 갈등의 이슈가 되어왔다. 표준은 주로 소득 및 요소 부존의 차이로 인해 다르다.

- OECD 및 ILO가 정의한 핵심 노동 표준에는 강제 노동 금지, 결사 및 단체 교섭의 자유, 아동 노동 철폐, 고용 차별 금지가 포함된다.

- 아동 노동은 아프리카 및 아시아에서 가장 일반적이다. 아시아에서 가장 많은 아동이 일하고 있지만, 14세 미만의 아프리카 아동 중 더 많은 비중이 일하고 있다. 아동 노동은 농업과 소규모 가족 운영 사업에서 가장 일반적이다.

- 해외의 노동 및 환경 표준을 시행하기 위해 무역장벽을 사용하는 것을 지지하는 자들은 표준의 차이가 낮은 표준 국가에게 불공정 경쟁우위를 부여한다고 주장한다. 그들은 또한 무역과 외국인 투자가 표준에서 바닥으로의 경쟁을 일으키고 낮은 환경 표준으로 인해 일부 국가가 '오염 피난처'가 될 것을 우려한다.

- 각국이 산업을 유치하기 위해 낮은 표준을 사용한다는 증거가 부족하다. 실제로 낮은 표준은 낮은 수준의 외국인 투자와 관련이 있다. 또한 오염 피난처의 증거는 없다.

- 대부분의 경제학자들은 상대적으로 비효율적이고, 문제의 근원지에 서지 않으며, 표준 내용에 대한 합의에 근거하지 않고, 표준에 대한 지지로 위장해 보호무역주의를 조장하고, 더 많은 무역 갈등을 초래할 수 있기 때문에 표준을 시행하기 위한 무역 조치의 사용에 반대한다.

- 환경 문제는 국경성 및 비국경성 문제가 될 수 있다. 두 유형의 문제에 대한 국제적 갈등은 노동 표준에 대한 갈등과 유사하다. 특히 국경성 문제는 국제 협상이 필요하다.

- 무역 조치의 대안으로는 라벨링, 외국에서 운영하는 본국 회사에 대한 본국 표준의 집행 및 국제 협상의 강화가 포함된다. ILO에 대한 더 큰 지지와 국제 환경 협약에 대한 지지 증대는 또한 무역 조치에 대한 보다 효율적인 대안이다.

용어

고소득 국가

국경성 및 비국경성 환경 영향

국제노동기구(ILO)

바닥으로의 경쟁

비공식 경제

상위 중소득 국가

오염 피난처

저소득 국가

표준의 분리

표준의 상호 인정

표준의 조화

하위 중소득 국가

핵심 노동 표준

학습문제

8.1 국가가 해외에서 다른 표준을 다룰 수 있는 세 가지 방법은 무엇인가? 국가가 통합되기 위해서는 표준이 동일해야 하는가?

8.2 동일한 표준을 채택한 국가들에게 있어 장단점은 무엇인가?

8.3 고화질 TV(HDTV)가 미국에서 처음 가능성이 있다고 생각될 때, 미국 정부는 전국적으로 사용되는 기술 표준을 선택하기 위한 경쟁을 벌였다. 왜 정부는 하나의 표준을 설정하는 데 이점이 있는가? 미국 시장을 위해 생산에 관심이 있는 민간 업체에 대한 장단점은 무엇인가?

8.4 국가마다 표준이 다른 이유는 무엇인가? 노동 표준 분야의 예를 들어 답을 설명하라.

8.5 노동 표준은 무엇이며 노동 표준에 대한 논쟁은 주로 한쪽의 고소득 국가와 다른 한쪽의 저소득 국가 및 중소득 국가 간의 논쟁에 주로 국한되어 있는가?

8.6 노동 또는 환경 표준을 적용하기 위해 무역장벽을 사용하는 것이 다른 조치보다 효율적이지 않은 이유에 대해 토론하라.

8.7 노동과 환경 표준을 강화하기 위해 무역장벽을 사용하는 것에 찬성하는 주장은 무엇인가? 각각의 주장을 평가하라.

8.8 WTO에 대한 공통적인 비판 중 하나는 국가 환경 보호를 뒤엎고 국가들이 그들의 표준을 낮추도록 강요한다는 것이다. 예를 들어, 미국이 멸종 위기에 놓인 바다거북을 보호하려 하자 WTO는 그것을 막았다. 이 주장을 평가하라.

8.9 노동 및 환경 표준 강화를 위한 무역 조치의 대안은 무엇인가? 각각의 강점과 약점은 무엇인가?

제 **3** 부

국제금융

INTERNATIONAL ECONOMICS

무역과 국제수지

9

학습목표

이 장을 학습한 후 학생들은

9.1 국가의 국제수지에서 경상, 자본, 금융계정을 정의할 수 있다.

9.2 경상계정의 중요한 세 가지 구성요소를 설명할 수 있다.

9.3 국제자본이동의 세 가지 유형을 설명할 수 있다.

9.4 간단한 대수 모형을 사용해서 경상계정의 저축, 투자 및 정부재정과의 관계를 보여줄 수 있다.

9.5 경상수지 적자에 대한 찬반을 논의할 수 있다.

9.6 국제수지와 국제투자 포지션과의 관계를 보여줄 수 있다.

서론 : 경상계정

학습목표 9.1 국가의 국제수지에서 경상, 자본, 금융계정을 정의할 수 있다.

학습목표 9.2 경상계정의 중요한 세 가지 구성요소를 설명할 수 있다.

한 국가의 국제 간 거래는 경상계정, 자본계정, 금융계정 이렇게 3개의 계정으로 나뉜다. 대부분의 국가에서 자본계정은 상대적으로 덜 하지만, 2개의 계정, 즉 경상계정과 금융계정을 중요시한다. **경상계정**(current account)은 **상품과 서비스**(goods and services)의 유입과 유출을 추적하는 반면, **금융계정**(financial account)은 해당 국가와 나머지 국가 간에 발생하는 해외투자, 주식과 채권의 매매 그리고 국제은행의 대출 등 금융거래의 기록이다. **자본계정**(capital account)은 셋 중에 가장 작지만, 한 국가의 거주자로부터 다른 국가 거주자에게 소속된 대사관 부지나 건물의 기부와 같이 특정 유형 자본거래의 기록이다. 이 장은 국가의 국제거래를 기록하는 데 사용되는 계정 체계를 설명한다. 중요한 목표 중의 하나는 국내투자, 국내저축, 상품과 서비스의 국제 간 흐름 그리고 금융자산과 계정과의 관계를 이해하는 것이다. 또한 우리는 국제계정을 사용하여 국제대차의 의미를 검토하고 그들 간의 관계를 논의할 것이다.

무역수지

2014년에 미국은 2조 8,510억 달러 가치의 상품과 서비스를 수입했다. 수입의 구성은 일본 자동차에서 베네수엘라 석유 같은 보이는 것과 호화로운 멕시코 여행에서 유럽 기차 여행표 같은 보이지 않는 것 등 광범위한 영역을 포함한다. 같은 해에 미국 기업은 항공기, 소프트웨어, 곡식, 디즈니랜드 여행 등 여러 상품과 서비스로 2조 2,440억 달러의 가치를 수출했다. 상품과 서비스의 수출과 수입의 차이를 **무역수지**(trade balance)라고 한다. 2014년도 미국의 무역수지는 2조 3,440억 달러에서 2조 8,510억 달러를 차감한 −5,070억 달러이다. 숫자가 마이너스이기 때문에 미국은 무역적자이다.

수출과 수입은 상품과 서비스를 포함하기 때문에, 무역수지는 상품수지와 서비스수지로 구분된다. 미국의 경우 상품수지는 7,410억 달러 적자이고, 서비스수지는 2,320억 달러 흑자이다. 서비스는 2014년에 총수출의 30%를 차지했으며, 오랫동안 미국과 세계국가들에서 꾸준히 증가해온 영역이다. 서비스 무역의 주요 품목은 여행 및 통과비용, 운임서비스, 로열티, 라이선스, 교육, 금융, 사업, 기술 서비스를 포함한다. 미국의 서비스수지는 흑자이지만, 큰 규모의 상품수지 적자를 메우기에는 아직 작은 수준이다.

경상수지와 자본수지

상품수지는 한 국가가 다른 국가들과의 교역을 측정하는 데 가장 일반적으로 언급된다. 언론과 뉴스를 통해 널리 알려지는 월별 상품수지의 전파는 국제경제의 익숙한 개념인 동시에 미국의 국제경제 관계를 이해하려는 대부분의 사람들에게 기초가 된다.

조금 더 복잡한 통계는 **경상수지**(current account balance)인데, 이것은 어느 한 국가가 다른 국가들과 거래한 모든 경상거래, 비금융거래이다. 경상수지는 3개 항목, 즉 (1) 상품 및 서비스 거래, (2) **본원소득**(primary income)이라고 불리는 해외지급소득과 해외수취소득, (3) 해외로부터 받거나 보낸 이전 지출, 즉 **이전소득**(secondary income)을 포함한다. 3개 항목은 국제수지에서 적자나 흑자로 기록되며, 모두 경상수지를 구성한다. 이 세 항목을 이해하는, 흑자와 적자 개념의 가장 간결한 틀은 표 9.1에서 볼 수 있다.

표 9.1에서 투자소득항목은 다른 국가의 주식시장에 투자한다든가 기업을 사는 데 쓰이는 투자자본의 흐름과 혼동해서는 안 된다. **투자소득**(investment income)은 존재하는 투자에 기인하여 지급되거나 얻게 되는 소득이다. 예를 들면, 다른 나라 채권을 사기 위해 지불한 금융자본은 포함되지 않지만, 그 채권으로 인하여 지급받는 이자소득은 포함된다. 자산의 구입이

표 9.1 경상계정의 구성요소

	대변(+)	차변(−)
1. 상품과 서비스	수출	수입
2. 본원소득	해외수취요소소득	해외지급요소소득
3. 이전소득	해외이전소득	해외이전지출

경상계정에는 3개의 항목이 있으며, 각 항목은 차변과 대변으로 구분된다.

나 매각은 해당 국가의 금융계정에 포함되며, 다음에 설명된다. 경상계정의 본원소득은 금융자본의 사용 혹은 노동의 사용에 대한 지급이나 수취로 생각하면 된다. 예를 들면, 미국 기업이 멕시코 주식시장에 투자한다면, 그 투자는 경상계정에 나타나지 않지만, 금융계정에는 기록된다. 그 투자에 대한 결실로 미국 회사에게 배당금이 지급된다면, 미국에 본원소득 수취, 멕시코에 본원소득 지급으로 기록될 것이다. 개념적으로 미국 투자자가 멕시코 기업에 미국 자본을 투자해서 그에 대한 대금을 수취한 것으로 간주되므로, 그것은 서비스에 대한 반대급부와 유사하다. 마찬가지로, 만약 멕시코에서 운영하는 미국 기업이 미국으로부터 임금을 지급한다면, 그 임금은 본원소득에 속하고, 멕시코에는 수취(+)로 미국에는 지급(−)으로 기록된다.

경상계정에서 세 번째 항목은 이전소득으로 상품이나 서비스 매매에 포함되지 않은 지급을 포함하는데, 해외원조, 다른 나라에 일시적으로 거주하는 이민자의 **송금**(remittances)(한 국가 거주자가 다른 국가 거주자로의 송금) 등이 이에 속한다. 미국의 경우, 이 금액은 절대치에서 크지만 미국 경상계정에 비해서는 작다. 이전소득은 해외원조를 받거나 해외노동자로부터의 송금액이 큰 개발도상국에서 경상수지의 매우 중요한 요소가 된다.

표 9.2는 2014년 미국의 경상수지를 보여준다. 그림 9.1에서 보는 바와 같이 3,900억 달러의 경상수지 적자는 지속적인 적자의 한 부분이다. 1982년부터 심각한 경상적자가 시작되었으며, 그 이후로 미국 경제의 고질적인 특징이 되었다. 1991년에 66억 달러의 작은 흑자로 돌아섰지만, 이는 부분적으로 걸프전의 사막의 폭풍작전(Operation Desert Storm)에 대한 큰 규모의 이전소득 수취에 기인한 것이며, 경상수지의 적자는 지속적인 패턴이 되어왔다.

경제랩의 실시간 데이터

우리는 나중에 대규모 경상수지 적자의 원인과 영향에 관하여 알아보겠지만, 여기서는 경상수지 적자가 단순히 약점의 징후가 아니라는 것을 알아야 한다. 반대로, 1990년대 많은 시간을 통해서 미국의 빠른 경제 성장이 소득을 증가시키고 수입에 대한 거대하고 다양한 취향을

표 9.2 미국 경상수지(2014)

	10억 달러
1. 상품과 서비스 수출(대변)(1a + 1b)	2,343
1a. 상품 수출	1,633
1b. 서비스 수출	711
2. 본원소득 수취(대변)(2a + 2b)	823
2a. 투자소득 수취	816
2b. 노동소득 수취	7
3. 이전소득 수취(이동)(대변)	140
4. 상품과 서비스 수입(차변)(4a + 4b)	2,852
4a. 상품 수입	2,374
4b. 서비스 수입	477
5. 본원소득 지급(차변)(5a + 5b)	585
5a. 투자소득 지급	569
5b. 노동소득 지급	16
6. 이전소득(이동)(차변)	259
7. 경상수지(1 + 2 + 3 − 4 − 5 − 6)	−390

2014년 미국 경상수지는 적자였다. 적자는 상품 수출보다 큰 상품 수입의 결과다. 미국의 서비스 무역과 본원소득 흐름은 흑자다.

출처 : U.S. Department of Commerce, Bureau of Economic Analysis

창조했다. 반면, 미국의 주요 무역 상대국의 경제 성장은 마이너스와 침체 사이에 놓였고, 그래서 외국의 소득이 빠르게 상승하지 못했다. 결과적으로 미국 수출에 대한 외국인의 수요가 수입에 대한 미국인의 수요보다 더디게 상승했다. 그러므로 1990년대 경상수지 적자는 상대적으로 미국 경제가 강하다는 징후였다고 말할 수 있다. 이러한 주장을 너무 깊이 있게 다루는 것은 잘못일 수도 있겠지만, 적자가 장기적으로 지속되지 않는다는 것, 그리고 그것이 미래의 중요한 문제를 일으킬 수 있다는 것에는 동의한다. 여기서 우리는 몇 가지 개념을 추가로 소개하고 나중에 뒤에서 이 문제를 살펴보고자 한다.

국제수지의 **자본계정**(capital account)은 자본 이동의 체계화된 기록이다. 자본계정은 이동의 기록이지 매입이나 매도가 아니기 때문에, 경상계정의 이전소득의 범주와 다소 유사하다. 그렇지만 그것은 자본의 이동이지 소득이 아니라는 점에서 중요하게 구별이 된다. 일반적으로 이것은 작은 항목이고, 국가 간의 대사관이나 군 기지의 이동, 부채면제, 이민자가 국경을 넘어 가져가는 개인 자산과 같이 비교적 드문 거래를 포함한다.

그림 9.1 미국 경상수지 추이(1960~2014)

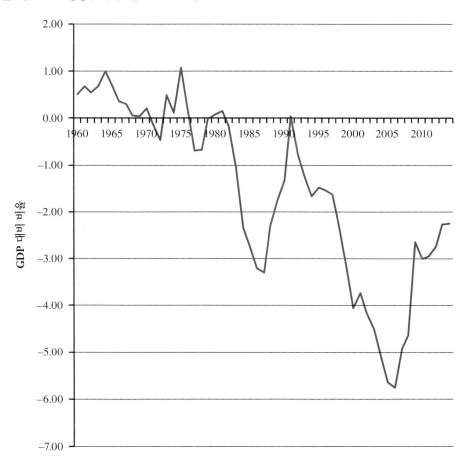

미국은 두 구간의 대규모 경상수지 적자가 있었다. 첫 번째는 1980년대 대부분의 기간 동안 지속되었고, 두 번째는 1990년대 초부터 지금까지 지속되었는데, 수입 감소로 이어졌던 2007~2009년 금융위기로 인하여 다소 완화되었다.

출처 : Data from Organization for Economic Co-operation and Development, Total Current Account Bal-ance for the United States, © James Gerber.

금융계정의 소개

금융흐름의 유형

학습목표 9.3 국제자본이동의 세 가지 유형을 설명할 수 있다.

금융계정은 국가 간의 금융흐름의 주된 기록이다. 국제계정의 2014년 수정본에서, 미국 경제 분석국(BEA)은 국제통화기금(IMF)에 의하여 만들어진 방법과 개념으로 최신 수정을 거쳐 미국 계정 절차를 정리했다.

표 9.3 미국 국제수지(2014)

	10억 달러
1. **경상수지**(표 9.2 참조)	−390
2. **자본수지**	0
3. **금융계정**	
3a. 순금융자산 수취, 금융파생상품 제외[증가/유출(+)]	792
3b. 순금융부채 발생, 금융파생상품 제외[증가/유입(+)]	977
3c. 금융파생상품의 순변화	−54
4. **통계 오류**	151
5. **첨부**	
5a. 경상 및 자본 수지(1 + 2)	−390
5b. 금융수지(3a − 3b + 3c)	−239

금융계정은 자본의 유입과 유출을 기록한다. 순자산수취가 플러스이면 자산의 해외 순유출을 뜻하며, 순금융부채 발생이 플러스이면 해외로부터의 순유입을 뜻한다. 금융수지(5b)는 순수취(+) 혹은 순유입(−)을 의미한다. 통계 오류는 금융수지와 경상 및 자본수지 간의 차이이다(5b − 5a).

출처 : U.S. Department of Commerce, Bureau of Economic Analysis

경제랩 실시간 데이터

새로운 체제하에서 미국 경제분석국(BEA)은 표 9.3에서 보는 바와 같이 용어를 강조하고 일련의 금융흐름을 유형화하기 위해 순금융자산 수취와 순금융부채 발생을 사용한다. 새로운 BEA와 IMF 용어를 따른다면, 이 장에서 금융계정을 논의할 때 사용하는 주요 항목들이다.

상품과 서비스 그리고 소득 흐름을 다루는 경상계정과는 다르게 금융계정은 국제적으로 사고 팔 수 있는 금융자산의 모든 종류를 포함한다. 금융계정은 세 가지 항목으로 나뉘는데, 다시 각각의 세부항목으로 구분된다. 세 가지 항목은 (1) 순금융자산 수취, (2) 순금융부채 발생, (3) 금융파생상품의 변동이다. 금융자산은 은행 계좌, 증권과 채권, 공장, 사업, 부동산과 같은 실물자산 그리고 화폐성 금과 국제지불을 해결하는 데 사용되는 외환을 포함한다. 순금융자산 수취의 정(+)의 숫자는 한 국가의 거주자들이 외화자산을 파는 것보다 더 많이 산 것을 뜻한다. 순금융부채 발생의 정(+)의 숫자는 외국 거주자들이 자국의 자산을 팔기보다 더 많이 산 것을 의미한다. 달리 보면, 금융자산수취는 외국인 소유의 부동산, 주식, 채권이나 다른 형태의 자산을 매입함으로써 나타나는 자국에 의한 대출의 형태이다. 마찬가지로, 순금융부채 발생은 자국의 자산을 외국인에게 판매함으로써 발생하는 자국에 의한 부채의 형태로 볼 수 있다.

금융계정의 세 번째 항목은 금융파생상품이다. 이는 상품가격이나 환율 혹은 많은 가능성 중의 하나와 같은 다른 자산의 가치로부터 파생된 가치를 갖는 자산이다. 그것은 다양한 형태로 거래되는 복잡한 금융계약인데, 최근까지 국제수지에 포함되지 않았다. 2006년에 포함시킨 것은 파생금융상품이 국제금융에서 점차 중요해짐에 따라 증가하는 측정 오류를 제거하기 위한 것으로 판단된다.

표 9.3은 경상계정 및 자본계정과 대비해서 금융계정을 보여준다. 금융계정에 관하여 두 가지를 알아야 한다. 첫째, 금융계정은 당해연도 자산의 이동을 보여주지만, 시간에 따라 축적된 자산의 규모를 의미하지는 않는다. 둘째, 모든 유량은 '총'의 개념이 아니고 '순'의 개념이다. 순변동이란 미국 거주자가 멕시코 채권을 팔고 동시에 주식을 살 때와 같이 매입과 매도 간의 차이를 말한다. 미국 소유 자산의 순변동은 판매된 채권과 매입된 주식의 가치 차이를 말한다. 만약 채권과 주식의 가치가 같다면 순변동은 영(0)이 된다. 순변동이 유익한 정보인데, 그 이유는 그것이 한 국가의 해외 경제상황 변화를 통화 가치로 측정한 것이기 때문이다.

금융계정에서 대변과 차변의 표를 사용하는 회계 절차에 따라, 금융자산을 사기 위해 해외로 지급된 것은 차변 거래이고, 반면 자국 자산을 매각하며 해외로부터 받은 금액(순금융부채 발생)은 대변 거래이다. 이런 관점에서 대변은 자산이 외국인에게 판매될 때 받는 유입금액이며, 차변은 자국 거주자에 의해 매입될 때 발생하는 금융자산의 유출금액으로 볼 수 있다. 이런 방법의 이해는 수출과 수입에 대한 대변과 차변의 개념과 유사한 자산 이동에 대한 대변과 차변이다.

경상계정, 자본계정, 금융계정은 상호 의존적이다. 경상계정과 자본계정은 한 국가와 나머지 세계 간의 상품, 서비스, 이전소득을 측정한다. 그리고 금융계정은 매매된 순자산이동을 측정한다. 경상계정의 각 비목은 금융매매를 포함하므로 경상계정과 자본계정의 합은 금융계정과 같다. 경상계정과 자본계정 합의 마이너스(−) 숫자는 자국에 의한 순외채 증가를 뜻한다. 이것은 금융계정에서 순대여로서 나타난다. 미국의 금융계정은 미국이 대출했거나 혹은 대여한 것을 보여준다. 그러나 순의 개념에서 대여한 것으로 나타났다. 표 9.3에서 미국은 7,920억 달러 가치의 순금융자산 수취를 통해 대출이 이루어졌다. 동시에 미국은 9,770억 달러 가치의 금융자산을 외국인으로부터 대여했거나 부채가 일어났다. 금융수지는 대출 빼기 대여 그리고 더하기 순파생상품가치, 즉 7,920억 달러 − 9,770억 달러 + −540억 달러, 즉 −2,390억 달러가 된다.

표 9.3에서 설명한 마지막 항목은 4번 항목인 **통계오류**(statistical discrepancy)이다. 모든 거래를 기록하거나 정확하게 측정하는 것은 불가능하기 때문에, 경상계정과 자본계정의 순유출과 순유입의 가치는 금융계정과 거의 일치하지 않는다. 통계 오류는 금융계정 빼기 경상계정 더하기 자본계정 값의 차이로 계산된다. (−2,390 − (−3,900) = 1,510) 이렇게 측정오류 값이 계산된다.

경상계정과 금융계정은 서로 거울 이미지이긴 하지만, 한 국가의 총금융거래의 상당 부분은 상품, 서비스, 소득의 경상계정 흐름에 상관없다. 예를 들면, 런던 소재 투자회사가 칠레 회사의 주식을 사고, 태국 정부에 대출하고, 경상계정의 상품과 서비스의 이동에 따른 몇 가지의 금융거래를 할지도 모른다. 국제수지 계정의 관점에서 이런 순수한 금융거래의 순가치는 영(0)이 된다. 그 이유는 자산의 매입은 동시에 동등한 가치의 자산의 매도이기 때문이다. 예를 들면, 만약 여러분이 주식을 산다면 당신은 회사의 부분적 소유라는 자산을 얻는 반면 주식을 판 사람은 당신의 현금을 갖게 된다. 그것은 국제적으로 같다. 만약 캐나다 시민이 멕시코 증권시장에서 주식을 사게 된다면(자본 유출), 그는 캐나다 달러 혹은 다른 자산을 팔아야만(자본 유입) 한다(만약 그가 멕시코 은행의 가게수표를 발행하여 주식의 대가를 치뤘다면, 그것은 한 외국자산에서 다른 외국자산으로의 변동이므로 금융계정에 기입되지 않는다). 결과적으로 금융계정은 당해 연도의 금융자산의 순변동의 최종 그림이다.

대부분 국가 정부의 주된 관심사 중에 하나는 그 국가로 들어오거나 나가는 금융흐름의 형태이다. 어떤 금융흐름은 매우 역동적이고 단기적 추세를 반영한다. 이런 흐름은 종종 한 금융위기를 한 국가에서 다른 국가로 전이하는 매개체가 되거나 한 국가경제의 단기 전망에 대해 투자자 전망을 변화시켜 갑작스러운 반응을 야기한다. 한 국가경제 변동성의 큰 요소를 야기하는 금융흐름의 유동성 정도와 잠재성은 한 국가가 중요한 문제에 직면하는 흐름으로 변하게 한다.

금융계정의 보다 세부적인 대표 사례에 대한 첫 번째 접근방법으로, 표 9.3에 있는 금융흐름을 보다 구체적인 세부항목으로 나누는 것이 실용적이다. 표 9.4는 2014년 미국의 금융계정을 보여주는데, 유출입, 즉, 순자산수취(유출) 그리고 순금융부채 발생(유입)의 주요 요소를 대표하는 7개의 세부항목으로 나눈다.

표 9.4에서 1a는 미국 밖에서 직접투자 3,570억 달러의 순금융자산 수취를 부여주며, 2a는 1,320억 달러의 직접투자부채에서 순발생을 보여준다. 첫 번째 숫자(1a)는 미국 거주자와 법인에 의한 미국 밖에서 공장, 사업체, 부동산, 사무실용 빌딩 및 다른 형태의 부동산의 매입을 의미한다. 두 번째 항목 (2a)는 대칭형인데, 외국 거주자와 법인의 미국에 있는 유사 영역에서의 구매를 뜻한다. **해외직접투자**(foreign direct investment, FDI)는 제4장에서 다루기로 하는데, 더닝(Dunning)의 OLI 이론을 설명한다. 일반적으로 FDI는 매년 상당히 유동적인데, 이는 외국인에 의한 구입과 지출의 숫자에 달려 있으며, 종종 합병과도 연결된다. 그러나 다음 항목 1b와 1c 그리고 2b와 2c를 비교해볼 때, FDI는 한번 만들어지면 쉽게 그 국가를 떠나는 것 같지 않다.

포트폴리오 투자(portfolio investment, 1b와 2b)와 **기타 투자**(1c와 2c)는 종이로 된 자산과 부

표 9.4 미국 금융계정 구성요소(2014)

	10억 달러
1. 금융자산의 미국 순수취(자산 순증/금융 유출(+)	792
1a. 직접투자자산	357
1b. 포트폴리오 투자자산	538
1c. 기타 투자자산	−99
1d. 공적준비자산	−4
2. 미국 순부채 발생, 금융파생상품 제외(부채 순증/금융 유입(+))	977
2a. 직접투자 부채	132
2b. 포트폴리오 투자부채	705
3c. 기타 투자부채	140
3. 금융상품의 순변동	−54

금융 유출입은 세부적으로 직접투자(사업체, 부동산, 기타 유형자산), 포트폴리오 투자(주식, 채권, 기타 금융상품) 그리고 기타 투자자산(주로 국제은행 대출)으로 구분된다. 추가적으로 모든 국가는 국제 간 결제를 위해 사용하는 화폐용 금과 외환으로 구성된 공적준비자산을 사고 판다.

출처 : U.S. Department of Commerce, Bureau of Economic Analysis

채이다. 포트폴리오 투자의 주요 항목은 주식과 채권인데, 다른 투자 항목은 주로 통화, 은행 예금과 대출, 보험증서를 포함한다. 해외직접투자(FDI), 포트폴리오 투자와 기타 투자자산, 모두는 그 소유자에게 그 국가의 미래 산출에 대한 청구권을 주는데, 그 시간상 흐름은 매우 다르다. FDI는 종이자산과는 반대로 실질자산인데, 보다 긴 시간상 흐름을 갖는 경향이 있으며, 다른 두 항목에 비해 훨씬 덜 유동적이다. 그러므로 FDI는 국가의 장기 포지션을 대표한다. 반대로, 포트폴리오 투자와 대부분의 기타 투자는 장기 혹은 단기 포지션이 될 수 있지만 훨씬 유동적이며, 국가경제 혹은 투자자 전망의 갑작스러운 변동이 생기면 쉽게 해지할 수 있다. 이것이 경제 정책입안자가 직면하는 중요한 도전이다.

투자자의 전망이 바뀔 때, 유입에서 **전격 중지**(sudden stop)를 일으키며, 이어서 큰 규모의 불안정한 유출을 야기한다. 경제학자 기예르모 칼보(Guillermo Calvo)는 '전격 중지'라는 용어를 만들어 포트폴리오나 기타 자산의 빠른 반전으로 설명하며, 그것이 가장 최근의 금융위기들과 관련이 있다고 지적한다. 표 9.4에서 볼 때, '전격 중지'는 2b와 2c 비목에서 한 구간에서 다른 구간으로 이동할 때 나타난다. 특히, 자본 유입이 그침에 따라 순금융부채 발생이 추락할 것이다. 심각한 위기에서 순금융부채 발생은 마이너스로 가고, 이는 외국인들이 그들의 소유분을 매각함을 뜻한다. 자국인이 해외자산 매입을 중단함에 따라, 비목 1b와 1c 또한 추락하며, 그들은 해당국 자산을 현금으로 바꾸거나 그들 본국이나 제3국으로 송환하거나 자국 외국인에게 지불할 수 있다. 만약 자국 거주자들이 투자자들에게 지불하고 유동성 확보를 위해 해외자산을 매각할 수밖에 없다면 1b와 1c 비목에서 해외 포트폴리오와 기타 금융자산의 소유 자국의 마이너스가 된다.

공적준비자산(official reserve asset)은 비목 1d에서 볼 수 있다. 공적준비자산은 주로 세계에서 가장 크고 안정적인 경제의 통화인 미국 달러, EU 유로, 영국 파운드, 일본 엔화 그리고 최근(2015년 11월)에 포함된 중국 위안화가 여기에 속한다. 기축통화와 더불어 공적준비자산으로 통화용 금과 특별인출권(SDR), IMF의 통화를 포함한다. 금융계정은 금융의 흐름을 기록하므로, 가능한 자산의 저량이 아니며, 총공급을 나타내지 않는다. 표 9.4에서 우리는 공적준비자산에서 −40억 달러의 순변동이 있었음을 알 수 있다. 이는 공적준비자산의 구매를 위한 결제를 나타내며, 이것은 미국이 사용 가능한 공적준비자산의 총액을 의미하지 않는다. 모든 형태의 해외 부채는 공적준비자산, 특히 기축통화와 연계되어 있으므로 이 공적준비자산은 국제금융에서 중요한 역할을 한다. 공적준비자산이 적을 때에는 잠재적으로 심각한 문제가 발생한다는 척도가 된다. 예를 들면, 1994년 말과 1995년 초, 멕시코 경제가 무너졌을 때, 그 위기는 멕시코인들이 다양하게 국제 투자자에게 빚을 지고 있고 갚기에는 부족했기 때문이다. 1994년 동안 멕시코에서 달러의 유통은 달러 공급을 심각하게 감소시켰고, 단기적으로 기업과 정부가 달러화 부채를 갚을 수 없을 지경을 만들었다. 멕시코가 IMF, 미국, 캐나다로부터 여러 차례의 대여를 확정할 수 있을 때 벗어나게 되었고, 그것은 공적준비자산의 공급을 보충하게 되었다(제12장의 사례연구 참조).

공적준비자산은 해외부채를 안전화하는 데 사용된다. 따라서 중앙은행과 재무부는 공적준비자산을 가치저장 수단으로 사용한다. 예를 들면, 칠레와 같이 작은 국가의 수입업자가 유럽으로부터 상품을 구입할 때, 결제수단은 달러나 혹은 다른 준비통화가 될지 모르나, 공급자가 그 수입업자로부터 칠레 페소화를 수용하지 않을지도 모른다. 그 수입업자는 페소화를 수입대금으로 지급 가능한 공적준비자산으로 바꿔야 한다. 만약 칠레중앙은행이 칠레은행이나 수입업자에게 달러나 그 외 공적준비자산을 제공하지 못할 경우에 수입업자는 공급자로부터 다른 형태의 신용을 얻을 수 없다면, 사업을 중단해야 한다.

금융흐름의 제한

20세기 후반에 많은 국가가 그들 국경을 넘는 금융흐름의 움직임에 제한을 받았다. 전형적인 패턴은 경상계정에 관한 거래와 관련된 금융흐름이었지만, 그것이 금융계정거래를 제한하고 규제하는 것이었다. 만약 수입업자가 해외로부터 상품을 사기 위해 해외 대출을 받기를 원한다면, 혹은 수출업자가 상품수출을 위해 원자재를 사고자 해외금융을 필요로 한다면, 그 금융흐름은 규정에 따르지만 일반적으로 허용된다. 반대로 만약 은행이 자국에서 대출을 일으키고자 해외로부터 차입하기를 원한다면, 은행으로의 금융자산 유입은 금지되거나 부담스러워서 바람직하지 못한 조건에 직면한다. 금융흐름에서 이런 유형의 제한은 1980년대와 1990년 대까지 많은 개발 선진국에서조차 국제경제 여건에서 일반적이었다. 예를 들면, EU 회원국 들은 1993년까지 회원국 간의 금융흐름을 완전히 자유화하지 못했다.

지난 수십 년 동안, 금융시장 개방을 위한 움직임은 국제적인 장벽을 넘는 금융흐름에 대 한 통제의 광범위한 철폐를 포함한다. 이러한 국제경제 정책의 변화는 바람직한 것으로 보이 는데, 금융흐름에 대한 규제는 금융자본의 가용성을 제한하기 때문이다. 특히, 개발도상국과 중진국들은 자본시장 자유화로부터 이익을 얻었다고 여겨지는데, 그들 국가는 금융자산이 매우 부족하기 때문이다. 빈번하게도, 저개발도상국과 중진국에서의 투자는 선진국의 금융 자본에의 접근성에 달려 있다.

성장을 위한 긍정적 이익뿐만 아니라, 그 금융자본이 경상계정과 관련된 거래인지 금융 거래 목적으로 일어난 것인지 규제자가 알아서 구별하기가 때로는 불가능하다. 결과적으 로 국제 간 금융흐름을 규제하고 통제하는 것이 어렵게 되었고, 그러한 시도도 관료주의, 행정적 지연, 임의 처리 등 경제적 효율성을 감소하게 만든다. 20년을 넘어, 1980년대부터 2007~2009년의 위기까지 많은 경제학자들은 금융자본을 국경을 넘어 자유롭게 움직이도록 허용하는 것이 낫다고 주장했다.

최근에 와서, 몇몇 금융시장에서의 극단적 변동성과 많은 국가에서 겪어왔던 심각한 손실 로 인하여 많은 국가에서 예측 불가능한 큰 규모의 금융 유출에 의해 야기된 심각한 손실를 제한하는 규제에 대한 관심이 되살아난다. 시계의 추가 뒤로 가서 금융흐름의 규제로 인한 이 익을 보는 쪽으로 기울어짐에 따라, 정치가 정책입안자와 사업가 사이에 상당한 긴장을 양산 하고 있다. 왜 그런지 이해하기는 쉽다. 한편으로 해외자본유입은 국가로 하여금 공장, 항구 와 그 밖의 유형적 투자를 증가시킬 수 있고 그것이 생활 수준과 소득 향상에 도움이 되기 때 문에 유익하다. 다른 한편으로는, 외국금융자본이 갑작스럽게 빠져나간다면 부채위기를 일 으켜서 국가를 깊은 침체로 빠져들게 만든다. 열쇠는 자본 유출의 위험을 초소화하면서 증가 된 투자로부터의 이익을 얻는 것이다. 우리는 제12장에서 이런 이슈에 대해 더 깊게 다룰 것 이며 여기서는 몇 가지 개념을 더 소개하고자 한다.

사례연구

2007~2009년의 위기와 국제수지

2007년에 시작된 세계 금융위기는 국제수지의 중기 및 단기적 영향을 받았다. 위기의 첫 번째 국면은 미국과 그 외의 곳에서 금융시장의 심각한 변형을 보였던 2007년 늦여름에 시작되었다. 2007년 말과 2008년까지 은행과 보험회사나 증권거래회사 등 다른 금융서비스 기업은 그들의 포트폴리오를 재평가하고 해외자산을 큰 규모로 매각함으로써 위험 노출을 줄이려고 노력했다. 목표는 단기적, 높은 유동성, 현금과 미국 국채와 같은 안전자산으로 공적준비자산을 확보하는 것이었다. 이러한 긴장은 2008년에 계속되었고, 중요한 국제 비즈니스를 가진 몇 개의 대규모 금융서비스기업의 파산으로 정도가 심해졌다.

은행과 금융기업은 그들이 보유한 자산의 일부는 독성이며, 그들의 가치를 유지하지 못하거나 경우에 따라서는 가치가 없었다. 위기가 진전됨에 따라 문제를 추적하기조차 어렵게 되었고, 점점 더 시장가치를 결정하기 어려워서 거래를 중단하거나 참조 가격조차 존재하지 않았다. 만약 은행들이 그들의 자산을 팔 수 없다면, 은행들은 잠재적 손실을 해결하기 위한 현금 공적준비자산을 확보할 수 없다. 은행들은 부채를 해결할 유동성이 부족했으므로 결론은 재앙적이었다. 2007년 늦여름과 초가을에 시작됐던 금융시장의 이동은 갑작스러웠으며, 2008년 내내 지속되었다. 표 9.5는 세계 금융의 평범한 패턴의 반대를 보여주고, 2007년과 2008년 동안 미국의 금융계정의 주요 요소를 보여준다.

표 9.5는 2007~2008년까지 외국과 미국 국내 관심이 방어적 위치를 향해 기울었으며, 그들은 각기 다른 자산을 축적하는 것을 멈췄거나 매입을 현저하게 줄였다. 2007년에 미국은 금융자산으로 1.5조 달러 이상 보유했다. 그러나 위기의 해였던 2008년에는 전적으로 달랐고, 미국의 관심은 금융자산의 순매도였다. -3,090억 달러의 마이너스 숫자는 외국금융자산의 매각을 보여주는데, 그것은 미국의 관심이 순매입인 일반적인 패턴의 반대이다. 라인 1의 모든 비목은 가치가 하락했으나, 순매도의 핵심 원인은 해외 포트폴리오(주식과 채권)와 은행의 대여인 다른 투자의 하락이었다. 달리 말하면, 미국 가계와 기업은 그들의 외국 주식과 채권을 팔았고, 외국으로부터 대출을 줄였다. 사업, 부동산과 해

표 9.5 미국 금융계정, 2007~2008(10억 달러)

	2007	2008
1. 미국 금융자산 순매입, 금융상품 제외[자산 순증/금융 유출(+)]	1,573	-3.9
1a. 직접투자자산	533	351
1b. 포트폴리오 투자자산	381	-284
1c. 기타 투자자산	659	-381
1d. 공적준비자산	0	5
2. 미국 순금융부채 발생, 금융상품 제외[부채 순증/금융 유입(+)]	2,182	454
2a. 직접투자부채	340	333
2b. 포트폴리오 투자부채	1,157	524
2c. 기타 투자부채	687	-402

출처 : U.S. Department of Commerce, Bureau of Economic Analysis

외 직접투자의 다른 형태의 순매입은 플러스로 남아 있고, 해외자본흐름의 덜 유동적인 성질을 보여준다.

라인 2는 외국인이 2007년보다 2008년에 미국 자산을 훨씬 적게 축적했음을 보여준다. (2,182조 달러 대 4,540억 달러). 미국 은행과 비금융기업으로 대출분야에서 가장 큰 변화가 일어났는데, 약 6,870억 달러의 순유입에서 약 4,020억 달러의 순유출로 전환했다(라인 2c). 동시에 해외 증권매입은 6,000억 달러 넘게 하락했다.

일반적으로 표 9.5는 미국과 해외에서 기업이 확산되는 위기에서, 외국의 새로운 투자를 줄이고 자국 유동자산을 늘리므로, 어떻게 그들 자신을 보호하는지를 보여준다.

경상수지와 거시경제

학습목표 9.4　간단한 대수 모형을 사용해서 경상계정과 저축, 투자 및 정부재정과의 관계를 보여줄 수 있다.

학습목표 9.5　경상수지 적자에 대한 찬반을 논의할 수 있다.

국제수지를 배우는 두 가지 중요한 이유가 있다. 하나는 경상수지 불균형의 넓은 의미를 이해하고 경상수지 적자를 완화하는 데 활용될 정책을 분석하는 것이다. 이것은 특히 세계경제의 변화에 쉽게 휘둘리는 소국에 대해서 특히 중요하며, 수년간 대규모 경상수지 적자가 표준이 되어버린 미국과 같은 대국 경제에게도 관심사이다. 두 번째 국제수지를 공부하는 실용적인 이유는 어떻게 국가가 불안정한 금융흐름이 가져온 위기를 피할 수 있으며, 또 무슨 정책이 금융위기가 발생했을 경우 부정적인 영향을 최소화할 것인가를 이해하는 것이다. 경제적 분석은 유아 단계에 있는데, 불안정한 금융흐름의 문제로 야기될 때 그렇고, 자본 이동의 자율과 규제, 혹은 금융흐름의 경제 성장과의 연관과 같은 이슈에 합의된 동의에 이르기까지는 아직 먼 길이 남아 있다. 그럼에도 불구하고, 경제학자들 간의 어떤 기본적인 동의가 있으며, 우리는 그것을 제10, 12장에서 다룬다. 그 전에 우리는 경상수지와 거시경제와의 관계를 공부해야 하며, 그것은 거시경제원론으로부터 기본 개념의 간단한 복습이 필요하다.

국민소득과 상품계정

국가가 총생산과 총소득을 기록하는 데 사용하는 국가 내부회계시스템을 **국민소득생산계정**(national income and product account, NIPA)이라고 한다. 이 계정은 소득, 생산 및 거시경제의 기타 상황의 측정에 관한 매우 자세한 표기이다. 우리는 이 계정에서 가장 기본적인 개념인 **국내총생산**(gross domestic product, GDP) 개념부터 시작한다. 경제원론에서 배웠던 것을 기억해보면, 국내총생산은 일정 기간 동안에, 일반적으로 1년 동안 국경 내에서 생산된 모든 최종 상품과 서비스의 시장가치이다. 비록 GDP가 여가 가치 그리고 생산과정에서 발생하는 환경 악화 등 몇 가지 중요한 고려사항을 무시한다는 것을 널리 인지하고 있을지라도 국내총생산(GDP)은 경제 규모를 측정하는 가장 공통적인 지표이다. 덧붙여서, GDP는 단지 시장을 거쳐나온 상품만을 포함하기 때문에, 가계 자체 생산(요리, 바느질, 조경, 육아 등등)과 다른 비시장적인 생산은 제외된다. 이런 이유를 비롯한 더 많은 다른 이유로 인하여 경제학자들은 사회적 삶의 질을 결정하는 단일 지표로서 GDP를 사용하는 것에 대해 조심스러워 한다. 그러나 이런 한계점에도 불구하고, GDP는 서로 다른 경제를 이해하는 중요한 지표를 제공한다.

중복 계산을 피하기 위해, GDP는 **최종** 상품과 서비스 가치만을 포함한다. 이것은 실제로 측정의 강점이기도 한데, 만약 자동차 생산기업에게 판매된 강철의 가치와 그 자동차 가치를 함께 더한다면, 우리는 강철의 가치를 한 번은 강철로서, 두 번째는 자동차 가치의 부분으로서 두 번 계산하게 된다. GDP 정의 중 '일정 기간 동안에, 주로 1년 동안'은 측정 기간을 뜻한다. 대부분의 국가들은 3개월마다 측정하지만, 미국을 포함해서 대부분의 목적에 따라, 1년 단위가 가장 활용적이다.

국가의 산출물을 측정하는 대안적인 개념은 **국민총생산**(gross national product, GNP)이다. 대부분의 국가에서, 두 개념의 차이는 매우 작다. GNP는 어디서 생산이 일어났던 간에 한 국가의 노동, 자본 및 다른 생산요소에 의해 생산된 모든 최종 상품과 서비스의 가치이다. 회계적 개념으로 GNP는 GDP에 외국인으로부터 받은 투자소득 및 **일방적 이전**(unilateral transfers)을 더하고 외국인에게 지급한 투자소득과 일방적 이전을 뺀다.

$$GDP + 해외본원소득수취$$
$$- 해외본원소득지급$$
$$+ 해외이전소득수취$$
$$- 해외이전소득지급 = GNP$$

GNP와 GDP 간의 차이는 순본원소득과 순이전소득을 합한, 표 9.1의 라인 2와 라인 3에 있는 대변에서 차변을 뺀 것과 정확히 일치한다. 이 사실은 유용한데, GDP는 수출에서 수입을 뺀 것을 포함하며, 이것은 우리에게 전체적인 경상계정 개념을 이해하는 데 도움이 된다.

순해외본원소득 수취에 순해외이전소득 수취를 더하는 것의 유용성은, 4개의 주요 요소를 바탕으로 GDP를 정의할 때 명백해진다. 표 9.6은 중요한 변수들을 정의한다. GDP는 소비지출에 투자지출을 더하고 정부 지출을 더한 후, 상품과 서비스에 대한 수출을 더하고 수입을

표 9.6 지표 정의

지표	정의
GDP	국내총생산
GNP	국민총생산
C	소비지출
I	투자지출
G	상품과 서비스에 대한 정부 지출
X	상품과 서비스의 수출
M	상품과 서비스의 수입
CA	경상수지
S	민간저축(가계와 기업의 저축)
T	순세금, 즉 세금지출 − 이전금수취

뺀 합계와 같다.

$$GDP = C + I + G + X - M \tag{9.1}$$

GNP는 GDP에 순해외본원소득과 순해외이전소득을 더한다.

$$GNP = GDP + (순해외본원소득 + 순해외이전소득) \tag{9.2}$$

혹은

$$GNP = (C + I + C) + (X - M + 순해외본원소득 - 순해외이전소득) \tag{9.3}$$

우리는 GDP 정의를 경상수지 개념으로 표시할 수 있다. 등식 (9.3)은 다음과 같이 간단한 형태로 표현할 수 있다.

$$GNP = C + I + G + CA \tag{9.4}$$

등식 (9.4)는 경상수지와 소비지출, 투자, 정부 지출 등의 주요 거시경제 지표 간의 관계를 명확히 보여준다.

한 국가의 노동, 자본, 기타 생산요소에 의해 생산된 상품과 서비스의 총가치로서 GNP는 또한 수취소득의 가치로 표현된다. 이것은 최종 상품과 서비스의 생산이 산출과 동등한 소득이라는 사실로부터 알 수 있으며, 모든 경제의 소득은 산출과 일치한다는 기본적인 거시경제 계정개념으로 구체화된다. 소득수취의 관점에서 볼 때, 세 가지 선택 혹은 의무가 있다. 즉, 그들은 그들의 소득을 소비하거나, 저축하거나 혹은 납세에 사용한다. 이것은 GNP의 정의를 소득의 관점에서 표기할 수 있다.

$$GNP + C + S + T \tag{9.5}$$

등식 (9.4)와 (9.5)는 GNP 정의에 입각해서 표기되므로, 산출물의 요소적 관점의 하나이며 우리는 다음과 같이 유도할 수 있다.

$$C + I + G + CA = C + S + T \tag{9.6}$$

양 변에서 소비를 제거하고 다시 정리하면,

$$I + G + CA = S + T \tag{9.7}$$

혹은

$$S + (T - G) = I + CA \tag{9.8}$$

등식 (9.8)은 회계학적 등식이며 정의에 의한 등식이다. 등식 (9.8)은 한 경제에서 경상수지, 투자, 공적 및 민간 저축 간의 중요한 관계를 요약해서 보여주기 때문에 기억해야 할 가치가 있다. 등식 (9.8)은 저축과 투자의 변동이 어떻게 경상계정과 연결되는지 인과 체계를 보여주지는 않지만 그 경제에 대한 판단기준을 제공한다. 예를 들면, 만약 총저축은 그대로인데 투자만 증가할 때, 경상수지는 적자 방향으로 움직임을 뜻한다.

이것을 보기 위해, 여러분은 등식 (9.8) 왼쪽의 지표들을 이해해야 한다. 이것은 정부의 예산, 즉 다른 말로 하면 정부 저축이다. 그것은 저축인데, 왜냐하면 (T)는 정부의 수입이고, (G)는 정부 지출이기 때문이다. (T − G)가 양의 수라면 정부재정은 흑자이고, 정부 부문의 저축에 해당한다. 반대로, (T − G)가 마이너스라면 정부재정은 적자이고 정부 부문의 마이너스 저축에 해당한다. 정부재정수지를 왼쪽에 놓은 것은 경제에서 두 종류의 저축, 즉, 민간 부문(S)과 공적 부문(T − G)이 존재한다는 것을 강조한다. 만약 정부가 마이너스 저축(적자) 상황이면, 그만큼 민간 부문으로부터 빌려야 하며, 그것은 등식 왼쪽의 총국가저축을 감소시킨다.

등식 (9.8)로부터 우리는 국가 저축(민간과 공공)이 두 가지 사용으로 나누어진다는 것을 안다. 첫째, 총저축은 국내투자(I)를 위한 자금의 근원이다. 이런 역할은 기계와 장비에 대한 새로운 투자가 경제 성장의 근원이라는 차원에서 중요하다. 투자는 노동력의 숙련도를 높이고, 공장에 자본을 조달하고, 신기술의 도입으로 자본의 질을 향상시키는 데 필수적이다. 등식 (9.8)에 의하면, 만약 정부재정이 적자라면, 국가 저축의 총공급이 감소하고, 다른 것이 일정하다면, 투자는 그렇지 않았을 경우의 수준보다 작아질 것이다. 반대로 다른 것이 일정하다면, 정부재정의 흑자는 민간 저축을 증가시키고 투자를 위한 자금은 증가시킨다.

둘째, 국가 저축은 외국 투자에 대한 자금의 근원으로 활용된다. 경상수지가 흑자라면, 국가 저축은 국내생산 상품에 대한 외국인 구매자에게 자금을 지원한다. 다음으로 국내경제는 해외금융자산을 수취함에 따른 자금 지급을 지원한다. 금융계정은 앞서 언급한 경상계정의 대출과 대여의 금액을 반영한다는 경상계정과 금융계정 간의 관계를 상기하자. 만약 경상계정이 적자라면, 금융계정의 순차입으로 나타나는 순차입 혹은 표 9.3과 표 9.4의 용어상으로 금융자산 순수취(대출 혹은 금융유출)보다 큰 순금융부채 발생이다. 다시 말하면, 마이너스 경상계정은 금융계정의 순차입과 연관되어 있고, 그것은 금융자본의 유입이다. 유입규모와 경상계정 흑자의 동일성(통계오류 제외)은 자국 기업, 가계와 정부가 세계시장에서 판매하고자 하는 것보다 금융요소 상품과 서비스를 구매하는 데 필요한 금융자원을 확인한다. 다른 말로, 흑자국은 세계에 저축을 제공한다. 흑자국에 대해, 금융자본유출은 투자인데, 왜냐하면 그것은 미래 환불을 지급받고자 하는 자산의 습득을 포함하기 때문이다. 그러나 국내 투자와 같지는 않은데, 왜냐하면 자산은 국가 밖에 있기 때문이다. 그러므로, 경상계정 균형에 대한 다른 이름은 **순해외투자**이다. 수지흑자는 플러스 해외투자를 의미하며, 반면에 수지 적자는 자국이 해외에서 축적하는 것보다 외국인이 더 많은 자국 자산을 축적하는 것을 의미한다.

미국은 1981년 이래로 매년 경상수지 적자를 기록해왔는데, 걸프전(표 9.1 참조)을 위한 보상으로 큰 규모의 소득 지급을 받았던 1991년은 예외로 한다. 2010년에 적자는 GNP의 3.2%였다. 그림 9.2는 2001년 이래로 경상계정 균형과 등식 (9.8)로부터 3개의 연관된 거시경제 지표를 보여준다. 보는 바와 같이, 2007~2009년의 금융위기와 침체는 저축, 투자, 정부재정에 대한 극적인 효과 및 경상계정에 대한 작은 효과가 있었다. 저축은 가계와 기업이 구매로 돌아올 때 증가했고 투자는 기업이 확산을 위한 기회가 적을수록 떨어진다. 정부재정의 균형은 조세수입이 감소함에 따라 큰 적자로 떨어지고, 정부의 지원 프로그램은 실업자와 어려운 가계를 위한 사회편익에 더 지출했다. 추가로, 미국 소득의 감소가 수입 감소를 초래함에 따라 경상계정의 향상이 있었다.

그림 9.2의 네 가지 거시경제 지표, 경상계정 균형과 정부재정 균형 혹은 저축과 투자 사이는 고정된 관계가 아니다. 네 가지 거시경제 지표의 각각은 다른 셋에 의해 결정되며, 네 가지 중에 어느 하나의 변동은 다른 모두에 영향을 미친다. 예를 들면, 경제침체 시기에 대부분의 국가는 정부재정 적자를 경험한다. 실업이 증가하고 세금 수입이 떨어짐에 따라 2007년부터 2010년까지 중앙 및 지방정부는 적자가 심각하게 증가함을 보았다. 결국 미국의 경상계정 균형은 소비 감소와 수입 감소에 따라 약간 향상됐다. 몇몇 국가들은 미국의 재정적자 증가와 경상수지 적자 감소와 같은 패턴(예 : 스페인)을 경험했는데, 반면 다른 국가들은 재정적자가

그림 9.2 저축과 투자(2001~2015)

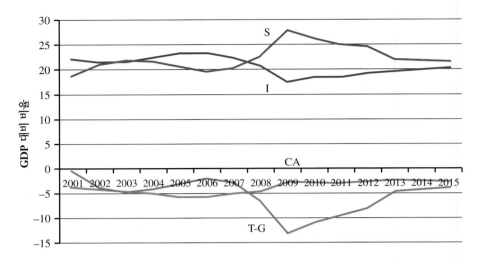

2007~2009년의 금융위기와 불황 기간에 정부재정 적자는 급격하게 상승했으며 민간투자는 감소했다. 소비 감소는 민간 저축 증가와 수입 감소를 야기한다.

출처 : Data from IMF, World Economic Outlook Database, © James Gerber.

증가하고 경상수지가 거의 혹은 아예 변하지 않은 것(예 : 독일)을 경험했다. 네 가지 거시경제 지표 중 어느 하나와 다른 지표의 어느 것과의 연결은 다른 2개의 지표에 의해 완화되며, 한 지표의 변동은 다른 변동에 의해 증폭되거나 상쇄된다.

세계 금융흐름의 가용성은 경상 적자국이 국내 저축이 충분하지 않을 때, 필요로 하는 외부 금융 조달을 더 수월하게 만들었다. 대부분의 국가가 대략 비슷한 정도의 저축과 투자 수준을 갖게 됨에 따라, 세계 자본흐름은 국내 저축과 국내 투자 사이의 연결을 완전히 해체하지는 않았다. 이것은 모든 국가에 대해 맞지는 않는다. 예를 들면, 상대적으로 낮은 저축의 개발도상국 온두라스, 에티오피아, 케냐 등은 만약 그 국가들의 국내 저축에만 의존했다면 도달할 수 있었던 GDP 대비 보다 큰 비율을 운영해왔다. 이것이 가능한 이유는 자본흐름이 경상수지 적자를 금융 지원할 수 있었기 때문이며, 투자를 위한 추가적인 자금 소스를 제공할 수 있었기 때문이다.

경상수지 적자는 해로운가

경상수지, 투자, 국민 저축 간의 관계는 명확하다. 결론적으로 경제가 왜 경상적자 혹은 경상흑자를 기록하는지는 우리에게 말하지 않는다. 등식 (9.8)에서 왼쪽과 오른쪽은 정의에 의해 동일하다. 따라서 우리는 저축률이 너무 낮아서 경상계정이 적자라고 말할 수 없고 우리는 투자가 너무 높아서 그렇다고 말할 수 있다.

언론이나 일반 대중에게 경상수지 적자는 약점의 징후라거나 국가 복지에 유해하다고 해석되는 것이 일반적인 경향이다. 다른 해석으로는 적자가 아니었다면 가능했을 투자보다 더 많은 투자를 만들며, 높은 수준의 투자는 높은 생활수준과 연계되므로 경상수지 적자가 유익한 것으로 해석될 수 있다. 덧붙여서, 경상수지 적자와 연계된 자본흐름은 외국인에 의한 자신감의 암묵적 투표이다. 예를 들면, 1980년과 1991년 사이에 일본은 무역수지 흑자 250억 달러를 미국 제조업에 투자하였다. 1990년대 시작까지 일본인은 66개 철강회사, 20개 고무와 타이어회사, 8개 주요 자동차 조립공장, 270개 자동차 부품조달을 소유했고, 10만 이상의 노동자를 고용했다. 더욱이, 그 투자는 3개의 주요 미국 자동차 제조사(크라이슬러, 포드, GM)가 노동자를 해고하고 생산을 해외에 재배치하던 그 시간에 이루어졌다. 일본 기업의 몇몇은 인수(그렇지 않았다면 문을 닫았을지도 모르는)였고, 많은 기업은 일본 저축으로 지어진 새로운 공장이었다. 1990년대 미국 경상수지 적자 기간에 외국 투자자들은 자본을 계속 쏟아부었고, 그래서 미국은 저축률의 하락에도 불구하고 투자 수준의 증가와 생산성 증가가 가능했다. 이런 특별한 경우에, 경상수지 적자는 유익한데, 왜냐하면 다른 것이 변동이 없다면, 주어진 저축률하에 적자가 그렇지 않을 때 가능한 것보다 많은 투자를 가능하게 했다.

그러나 경상수지 적자 또한 문제를 일으킨다. 경상수지 적자와 함께 일어나는 자본흐름은 자국 내의 외국인 소유 자산을 증가시키는데, 미래 경제에 대한 투자자 전망의 변화가 자본 유출에서 갑작스러운 폭등을 이끌 수 있다는 가능성을 상승시킨다. 가장 최악의 시나리오에서 자본 폭발적 유출은 국제적 공적준비자산과 금융위기의 고갈이 뒤따른다. 이것은 1980년대부터 많은 개발도상국가가 겪었던 경험이지만, 한 국가의 최적의 정책은 경상수지 적자를 피하는 것이라고 유도해서는 안 된다. 우리가 살펴본 바와 같이 그런 적자는 국가들이 투자할 수 있는 것보다 더 많이 투자하도록 이끄는데, 그렇지 않더라도 투자자본이 특히 부족한 개발도상국가에서 특히 중요하다. 더욱이 경상수지 흑자가 만약 국가의 무역 파트너 간에 진전된다면, 국가가 위기를 피할 수 있다는 보증은 아니다. 생물학적 질병과 같이, 국제 금융위기는 전염되는 경향이 있다. 멕시코가 1994년 말에서 1995년 초에 페소 위기에 빠졌을 때, 경제학자들과 저널리스트들은 라틴아메리카의 '데킬라 효과'에 관해서 글을 쓰기 시작했다. 마찬가지로, 태국 통화가 1997년 7월에 많은 가치를 상실했을 때, 언론매체는 동아시아와 개발도상국가들로 번져가는 위기의 이야기를 보도하기 시작했다. 이 두 가지 경우에서 국가의 경상수지 균형이 그 국가가 위기로 빠져들 것인지 예측하는 좋은 지수는 아니었다(금융위기에 관한 더 상세한 설명은 제12장 참조).

1980년대와 1990년대에 국가들의 경험을 통해서 경제학자들은 금융위기가 경상수지 적자

규모 이상에 의해 결정된다는 것과 적자의 위험 수준과 안전 수준 사이에 절대적인 기준점은 없다는 것을 배웠다. GDP의 3~4%의 적자는 적신호의 시작이고 7~9%면 극히 위험한 것으로 간주되는 한편, 다른 많은 요소가 위기의 가능성을 결정하기 전에 고려되어야 한다.

사례연구

미국의 경상수지 적자

표 9.1과 표 9.2는 커지는 미국 경상수지 적자의 문제를 보여준다. 2015년에 적자는 4,600억 달러였고 GDP의 2.5%을 넘었다. 2015년의 적자는 GDP의 4~5%였던 2001년보다 매우 작다(그림 9.1). 선진국가들에 대해서 GDP 4~5%의 경상수지 적자는 항상 규모를 줄이기 위해 조정이 시도된다. 2007년 시작되었던 위기가 미국의 경상수지 적자 규모와 관련이 있는지 묻는 것은 당연하다.

그림 9.1을 보면, 경상수지 적자를 확대한 두 기간이 있다. 1980년대에 적자가 확대되었다 줄었다. 두 번째는 1990년대 초에 시작됐고 아주 최근까지 적자가 확대되었다. 이 두 기간에 경상수지 적자는 유사해 보이지만, 등식 (9.8)의 다른 지표들은 매우 달랐다.

1981년 무렵을 시작으로 지방, 주정부 및 연방정부의 통합재정(T − G)은 대규모 적자로 변했다. 국내 투자(I)와 공공부문 부(−)의 저축을 충당하기 위한 민간 저축의 부족 상태에서, 해외 금융은 그 차이를 메우며, 경상계정은 적자로 변한다. 1990년대의 이야기는 몇 가지 측면에서 이와 다르지만, 아마 가장 중요하게도 그 10년의 과정 너머로 정부재정은 대규모 적자에서 소규모 흑자로 전환했다. 만약 모든 것이 같다고 가정하면, 정부재정은 해외 저축의 필요성을 감소시킬 테지만, (S)와 (I)가 고정되지는 않는다. 그 10년에 기업들이 경쟁력을 유지하기 위하여 신규 컴퓨터 기술과 통신장비를 구입함에 따라 급속한 투자 증가를 보였다. 부가적으로, 주택시장 호황에 의한 주식시장 호황은 소비자를 훨씬 더 부유하게 만들었는데, 그 결과로서 가계는 소비를 급격히 증가시키며, 가계저축을 감소시켰다. 그러므로, 정부재정의 변화는 투자 증가와 저축 감소에 의해 지배되고, 대규모로 증가하는 경상적자를 초래한다. 2002년에 대규모의 재정적자가 다시 도래했고, 미국은 국내투자와 해외투자를 위한 해외 금융을 찾고자 추가적인 압력을 받았다.

2007년에 시작됐던 위기 이전에, 몇몇 관찰자들의 핵심적인 관심은 미국 경상적자가 미국 경제에 위험을 줬는가 아닌가였다. 위기 후에는 위기를 일으키는 적자의 역할에 관하여 일련의 다른 의문들이 드러났다. 경상수지 적자가 위기를 일으킨다는 사실에 대해 누구도 이의를 달지는 않지만, 아마도 위기와 경상계정 간에는 괄목할 만한 관계가 있다.

미국이 오랜 시간 동안 심각한 경상수지 적자를 달리기 위해서는, 경상수지 적자에 전체적으로 걸맞은 흑자국에 의한 금융지원을 얻어야 했다. 국제수지의 관점에서 미국의 경상수지 적자는 금융계정에서 자본 유입에 의한 자금을 공급받았다. 이러한 순자본유입은 미국에 투자했던 독일, 일본, 사우디아라비아, 러시아, 중국과 같은 국가들의 무역흑자를 나타냈다. 다시 말하면, 미국 적자의 상대쪽은 세계경제에 어딘가 존재하는 일련의 흑자이다.

요컨대 미국 밖의 정부와 기업들이 미국 안에 그들의 수익을 투자하려는 의도는 미국에게 긴 시간 동안 낮은 공공 및 민간 저축을 유지한 상태로 대규모 경상수지 적자를 운영할 수 있게 만든다. 이것은 많은 결과를 낳았는데, 2000년대 주택 호황에 대한 자금 마련과 많은 미국인의 낮은 저축률에도 불구하고 일어났던 소비 붐을 포함한다. 주택자금 공급은 빌려줄 자금으로 풍부했고, 소비자 신용은 매우 얻기 쉬웠으며, 많은 미국인은 해외, 가계, 기업, 정부의 저축에 대한 간접적 접근에 의하여 지원되는 라이프 스타일을 가졌다. 독일, 일본, 중국과 그 밖의 흑자국들에서는 저축률은 높고, 소비는 소득보다 낮게 운영되며, 특히 2000년 이후에 무역흑자가 점점 더 커졌다.

만약 이런 세계적 불균형이 단기적이라면 혹은 만약 생산성을 높이는 투자(부분적으로 그렇지만)로 이루어진다면, 그것이 일으키는 문제는 심각하지 않다. 그러나 일부 경제학자들은 그 세계적 불균형이 2007년대 시작됐던 위기의 근원이라고 주장하는데, 왜냐하면 그 위기는 오랫동안 지속되었고, 궁극적으로 심각하게 되어버린 위험한 대여 문제의 점차적인 축적을 부추겼기 때문이다. 금융시장 규제는 해외 자본의 대규모 유입에 대해서 대비하지 않았었고, 유입이 오랜 기간 동안 지속되었다면 숨겨진 위험을 이해하는 데 충분한 경험이 부족했다. 예금을 받았던 은행과 증권회사는 대출을 만들어서 예금에 대한 이자를 해결하면서 수익을 얻고자 압력을 느꼈다. 수년 동안, 흑자국으로부터의 꾸준한 가용성은 낮은 이자율을 유지하면서 특히 주택과 자동차와 같은 매우 비싼 아이템에 대한 대출을 권장했다. 주택 대출에 대한 쉬운 금융은 주택에 대한 수요를 증가시켰으며 주택가격 상승을 부추겼다. 가격 상승은 주택을 안전한 투자로 여겼고, 더 많은 대출을 부추겼다. 주택가격이 하락하기 시작했을 때, 전체 체계가 풀어졌고, 은행에 대한 막대한 손실을 일으켰으며, 다른 사람들은 주택대출시장에 묶이게 되었다.

국제부채

경상계정 적자는 금융자본의 유입을 통해서 자금이 공급되어야 한다. 표 9.5와 앞서 언급한 내용을 기억해보면, 자본 유입은 주식, 채권, 외국통화를 구매하는 직접투자에서부터 대출까지 다양한 형태를 취한다. 해외로부터의 차입은 대외부채 축적량에 부가되고 이차 지급과 원금 상환을 요구하는 **차입금 상환**(debt service) 의무를 동반한다. **대외부채**(external debt)는 외국통화로 지불되어야 하는 부채로서 정의된다. 그것은 정부 및 민간 부문에서 차입한 부채를 포함하고 장기와 단기(1년 이내의 기간) 부채를 포함한다. 이론적으로 해외 대출은 다른 형태의 부채보다 더 해롭지는 않다. 즉, 차입한 자금이 숙련도와 생산성을 향상시키는 한, 차입자는 어려움 없이 그 부채를 해결할 수 있을 것이다. 그러나 실제로는 차입한 자금이 국가의 생산능력의 향상에 기여하지 못하는 방법으로 사용되는 것이 특이한 것은 아니며, 종종 부채 서비스는 경제 발전에 역행되는 지탱할 수 없는 부담이 된다.

부자건 가난하건 대부분의 국가들은 대외부채가 있다. 고소득 국가에서는 부채 서비스가 드물게 이슈로 등장하는데, 이는 부채의 규모가 경제 규모에 비해 항상 상대적으로 작기 때문이다. 더욱이 많은 고소득 국가들은 그들 자신의 통화로 차입할 수 있다. 미국, 일본, 스위스, 영국 및 다른 몇몇 국가들은 그들 자신의 통화로 된 모든 부채를 가지고 있으며, 그 부채의 이자와 원금 상환을 위해서 대규모 무역흑자를 운영해야 하는 압력으로부터 자유롭다. 중·저소득 국가들에게는 다른 문제이다. 많은 사례에서 보듯이, 그 국가경제가 원금 상환과 이자 지급의 능력이 있어도, 대외부채 부담의 규모를 유지할 수 없다.

유지할 수 없는 부채가 발생하는 많은 이유가 있다. 때때로, 국가들은 구리나 커피와 같은 한두 품목의 수출에 의존한다. 세계 상품시장에서 갑작스러운 가격 폭락의 충격은 그 수출의 가치를 하락시키고, 때로는 예상 밖의 대규모 경상계정 적자를 발생시킨다. 다른 사례에서는 국가들이 해외로부터의 구조와 지원의 도움을 야기하는 자연재해를 겪거나 무기 구매에 대한 수요를 증가시키는 시민 마찰을 겪는다. 후에 설명할 예정인 콩고민주공화국(DRC)의 사례에서 부패 역시 중요한 역할을 한다. 고위 관리가 중요한 구성요소로 추진되어 유지할 수 없는 지출을 통해 지지를 얻으려고 노력할 때, 선거정치 또한 부채의 한 요소가 될 수도 있다. 마지막으로 해외에서 빌려주는 금융기관의 행태 또한 다음의 사례연구에서 설명되는 DRC의 사례처럼 중요한 역할을 한다.

부채는 심각한 문제이다. 2014년에 세계의 중·저 소득국가들은 5.3조 달러가 넘는 총부채의무를 가졌는데, 이는 한 해 6,000억 달러가 넘는 원금 상환과 이자 지급이 요구된다. 부채부담은 해외에 지불해야 하는 지급액에 누적되어 중앙정부의 재정 포지션을 악화시키며,

그것은 인프라 과제, 학교, 건강 관리와 같은 중요한 국내 니즈에 대한 자금 가용성을 감소시킨다. 덧붙여서 경제위기를 심화시키고 확산시키는 과도한 부채 부담의 많은 사례가 있다.

최근에 개발도상국가들의 부채 문제는 세계은행, 고소득 국가의 정부, 부채 완화를 주장해온 민간기관으로부터 상당한 관심을 끌어왔다. 한 가지 괄목할 만한 움직임은 고부채빈국 (Highly Indebted Poor Country, HIPC) 프로그램인데, 세계은행, IMF와 고소득 국가 정부의 협력사업이다. 이 HIPC 프로그램의 목적은 빈곤과 부채의 높은 수준 그리고 경제적 혁신의 추진 기록을 바탕으로 평가하여 선정된 그룹의 국가들에게 채무 면제를 제공하는 것이다. 2013년부터 39개 HIPC 국가 중 35개 국가들이 채무 면제를 받았다.

사례연구

유해 부채

HIPC로 분류된 국가들은 세계에서 가장 가난한 국가들이다. 2014년 그들의 1인당 평균 소득은 899달러이며 인간 수명은 60.3세(2013년)이다. 극도로 가난한 그들 국가들의 상황하에서 채무 면제에 대항하는 주장을 하기가 어렵지만, 그러나 일부는 그 가치에 대해 묻는다. 그들의 주된 주장은 채무 면제가 돈 낭비일지도 모른다는 것인데, 왜냐하면 그것이 차입의 새로운 라운드로 이끌고 이전 부채로 돌아가는 등, 부채를 만드는 상황이 지속적인 것 같기 때문이다. 다른 사람들은 부채 면제가 몇몇 국가들로 하여금 그들의 부채부담이 후에 면제될 것이라는 믿음으로 과도하게 빌리도록 만든다고 우려한다.

부채 탕감에 대한 논쟁에도 많은 사람들이 부채 탕감을 선호하지만, 경제학자들은 이 이슈에 대해 단편적인 관점을 갖지 않는다. 대부분 심각하게 부채를 진 빈곤한 국가들을 위한 부채 면제의 비용은 고소득 국가의 경제에 비하여 사소한데, 그들은 부채를 탕감할 것을 요청받는 국가들이다. 더구나 부채의 어떤 부분은 매우 유해한 부채로 분류되고, 그런 경우에 부채 면제를 선호하는 주장은 무시할 수 없다. **유해 부채**(odious debt)는 법적으로 사람들의 동의 없이 발생하고 그들의 유익을 위해 사용되지 않는 부채로 정의된다. 그것은 자유가 심각하게 제한된 부패 정부나 국가와 연관되어 있다.

유해 부채의 많은 사례는 HIPC 주도권을 위하여 자격이 있는 39개 국가들 가운데 발견된다. 예를 들면, 사하라 이남 아프리카에서 DRC(전 자이르), 케냐와 우간다는 거의 확실하게 이 그룹에 속하는데, 반면에 적어도 다른 많은 국가의 부채 부분이 건전한 것으로 평가된다. 1972년과 1999년 사이에 HIPC로의 대출의 60%가량이 프리덤하우스 [Freedom House, 국가들을 '자유(free)', '부분적 자유(partly free)', '자유가 아닌(not free)'

으로 순위를 매기는 국제기구]에 의해 '자유가 아닌(not free)'으로 간주되는 정권으로 갔다. 1985년과 1995년 사이에는 대출의 67%가 **국제 국가 위험 가이드**(International Country Risk Guide, 위험 분석 서비스)에 의하면 부패된 것으로 간주되는 곳으로 갔다.

　DRC는 확실한 사례이다. 1965년부터 1997년까지 DRC는 독재자 모부트 세세 세코의 통치하에 있었다. 모부트 정권 동안, 2000년도 미국 달러와 동등하게 측정된 실질 GDP가 1인당 317달러에서 110달러로 하락했으나, 그 정권은 축적된 수십억 달러의 원조와 대출을 축적하였다. 모부트의 개인 재산은 40~60억 달러에 도달한 것으로 평가되었는데, 대부분은 스위스 은행 계좌에 예치되었다. 2004년에 1인당 소득은 88달러였고 해외부채가 약 120억 달러였다. 그 부채는 GDP의 225%에 해당하고 한 해 수출의 1,280%와 같다.

　소득의 지속적인 하락과 다양한 정부와 다국적 기관에 의해 자금 공급되었던 많은 미완성의 프로젝트 속에서, 빌린 자금이 발전 목적에 성공적으로 사용되었다는 증거는 거의 없었다. 더욱이 대출자들은 그들이 자금을 제공할 때 그 상황을 알았으나 그럼에도 불구하고 그들은 계속했는데, 그 이유는 그들이 DRC의 코발트와 다른 전략적 금속의 축적에 안정적인 접근을 원했기 때문이다. DRC와 같은 사례에서 시민들이 부채를 갚도록 강요해야 한다고 주장하기는 어렵다. 2003년에 DRC는 HIPC 프로그램에 승인되었고 부채의 80%까지 탕감에 자격을 얻었고 2010년까지 부채의 과반 이상이 면제되었다.

출처 : Based on Birdsall and Williamson, *Delivering on Debt Relief*, 2002, Center for Global Development and Institute for International Economics, Washington, DC; World Bank, *Global Development Finance*, 2003, World Bank, Washington, DC, © James Gerber.

국제투자 포지션

학습목표 9.6 국제수지와 국제투자 포지션과의 관계를 보여줄 수 있다.

경상수지 적자를 달리는 국가는 매년 해외로부터 자금을 빌리고 외국인에 대한 채무가 증가된다. 경상수지 흑자를 달리는 국가는 매년 해외에 자금을 빌려주고 총부채를 감소시킨다. 만약 외국인이 소유하는 모든 국내자산의 총합계에서 자국의 거주자가 소유하는 모든 해외자산의 총합계를 뺀다면, 그 결과가 곧 **국제투자 포지션**(international investment position)이다. 만약 국제투자 포지션이 양(+)의 수라면, 자국은 모든 해외자산을 팔아서 외국인이 소유한 모든 국내자산을 사고도 충분히 남는다. 만약 국제투자 포지션이 음(−)의 수라면, 모든 해외자산을 팔아도 외국인이 소유한 국내자산을 사기에 충분하지 않다.

2014년 말 미국의 국제투자 포지션을 생각해보자. 미국의 거주자, 기업, 정부가 소유한 미국 밖 모든 자산의 시장가치는 24조 5,950억 달러였다. 무엇보다도 이 자산은 공장, 주식, 증권, 외국통화 및 은행대출을 포함한다. 동시에 국외 거주자, 기업, 정부가 소유한 미국 내 자산의 시장가치는 31조 6,150억 달러였다. 결과적으로 2014년 말 미국의 국제투자 포지션은 −7조 200억 달러가 된다. 요약하면,

국제투자 포지션 = 국내 거주자의 해외자산 − 외국 거주자의 국내자산

= 24조 5,950억 달러 − 31조 6,150억 달러

= − 7조 200억 달러

1980년대, 1990년대, 2000년대의 대규모 경상수지 적자는 미국의 국제투자 포지션을 1983년 2,886억 달러에서 1989년 영(0), 그리고 그 이후로 음(−)의 수였다. 국가가 경상수지 적자를 경험하는 매년 동안 그 국가의 거주자가 해외에서 수취하는 자산보다 외국인이 자국 영토 내에서 수취하는 자산이 더 많으며, 국제투자 포지션은 더 줄어들게 된다.

우리는 자본 유입의 비용과 편익의 많은 것을 생각해왔다. 자본 유입은 국가로 하여금 더 많은 투자를 가능하게 하지만, 또한 정부와 소비자가 (저축을 줄이고) 더 많이 소비할 수 있도록 한다. 지금까지 거론되지 않았던 그 편익 중의 하나는 **기술 이전**(technology transfer)의 가능성이다. 자본 유입이 직접투자의 형태로 이루어질 때, 자본 유입은 그 해당국에게 새로운 기술, 새로운 경영 기법 및 새로운 아이디어를 가져올 수도 있다. 이런 기술 이전은 보다 새로운 기술에 관한 정보에 대한 접근성이 떨어지는 개발도상국에게 특히 중요하지만, 또한 고소득 국가에게도 중요하다. 기술이전은 해외직접투자의 불가피한 결과는 결코 아니며, 자본 유입의 이런 유형에 대한 최근의 많은 연구는 자본 유입을 권장하거나 단념시키는 상황을 이해하도록 찾는 데 있다.

자본 유입의 비용 중 하나는 정치적 힘에 접근하려는 잠재력이다. 많은 부분은 자본 유입을 갖는 해당국의 정치적 문화에 달려 있는데, 포트폴리오 투자흐름뿐만 아니라 대규모 직접 자본흐름도 정치적으로 중요한 사람들에게 접근성을 제공하는 것 같다. 이것은 크거나 작은 국가의 경우에도 그렇지만, 특히 저·중간 소득국가에게 중요한데, 이런 국가들에서 부는 대항력 있는 힘이나 적개심의 이익집단에 덜 직면한다.

요약

- 전 세계 다른 국가들과 함께하는 각 국가의 거래는 국제수지에 요약된다. 국제수지는 세 가지 항목으로 구성되는데, 경상계정, 자본계정, 금융계정이다. 가장 중요한 2개의 항목은 경상계정과 금융계정이다.
- 경상계정은 나머지 국가들과 한 국가 사이의 무역, 소득, 이전소득의 기록이다.
- 금융계정은 한 국가와 나머지 다른 국가 사이에 일어나는 금융자본흐름의 기록이다. 금융계정은 순해외자산수취와 순해외부채발생으로 측정된다.
- 금융계정에서 자본흐름은 직접투자, 포트폴리오투자, 기타 투자로 구성되며, 주로 은행 대출과 공적준비자산을 포함한다. 일반적으로 직접투자는 장기이므로 덜 불안정하다.
- 대규모의 갑작스러운 금융자산의 유출은, 특히 1990년대에 많은 국가에서 경제적 불안정을 창출해왔다. 이것은 해외자본흐름에 대한 규제의 장점에 대해 활발한 논쟁을 야기했다. 이런 관점에서 경제학자들은 규제를 선호하는 자들과 자본자유화를 선호하는 자들로 나뉜다.
- 한 나라 경제에서 민간 및 공공의 총저축은 국내투자와 순해외투자의 합계와 같아야 한다는 기본적인 경제학적 등식이 있다. 경상수지는 순해외투자와 같은데, 적자는 해외투자의 회수와 같다.
- 경상수지 적자는 한 국가가 그렇지 않을 경우보다 더 많이 투자할 수 있다는 것을 뜻하며, 그것은 국민소득에 유익한 효과를 갖는다. 그러나 만약 적자가 대규모라면 적자는 갑작스러운 금융자본의 유출로 그 국가의 취약성을 증가시킨다.
- 39개의 저소득 국가들은 고부채빈국(HIPC)으로 분류된다. 모두 지속할 수 없는 부채 수준을 가지며 그중의 몇몇은 유해 부채로 간주되는데, 그 국가 국민의 동의 없이 이루어지고 그들의 이익을 위해 사용되지 않기 때문이다.
- 국제투자 포지션은 자국의 거주자가 소유하는 해외기반자산과 외국의 거주자가 소유하는 자국기반자산과의 차이이다.
- 해외투자는 해당국에 대해 비용과 이익을 갖는다. 해외투자가 기술 이전과 더 높은 투자 수준으로 이끄는 반면에, 그것이 위기 확산의 체계가 되기도 하며 해당국의 내부 정치적 상황에 대해서 외국인에게도 말할 기회를 주기 때문이다.

용어

경상계정

경상수지

공적준비자산

국내총생산(GDP)

국민소득생산계정(NIPA)

국민총생산(GNP)

국제투자 포지션

금융계정

기술 이전	일방적 이전
대외부채	자본계정
무역수지	전격 중지
부채 서비스	준비자산
상품과 서비스	차입금 상환
송금	통계오류
순금융자산 수취	투자소득
순금융부채 발생	포트폴리오 투자
유해 부채	해외직접투자(FDI)

학습문제

9.1 다음의 정보를 이용하여 아래의 질문에 답하라.

자본계정	0.
상품과 서비스 수출	500
본원 소득수취	200
이전 소득수취	300
상품과 서비스 수입	700
해외 지급된 본원적 소득	300
이전소득 지급	100
순금융자산 수취	300
순금융부채 발생	400
금융파생상품의 순변동	-100

  a. 무역수지는 얼마인가?

  b. 경상수지는 얼마인가?

  c. 금융수지는 경상수지와 자본수지의 합계와 같은가?

  d. 통계오류는 얼마인가?

9.2 미국의 국제수지의 관점에서 다음 사례를 살펴보자. 각 거래가 속하는 경상수지나 금융수지의 비목을 결정하고 그것이 대변 혹은 차변에 기입되는지 말하라.

  a. 미국 정부가 금을 팔고 달러를 사다.

  b. 캘리포니아의 이주 노동자들이 멕시코의 그들 고향에 500달러를 송금한다.

  c. 미국 투자신탁(뮤추얼펀드) 매니저가 펀드 투자자의 예금으로 브라질의 이동통신주식을 산다.

  d. 테네시에 있는 일본 기업이 말레이시아의 현지법인으로부터 자동차 부품을 구입한다.

  e. 한 미국 교회가 5통의 쌀을 기아 구원에 도움을 주려고 수단에 기부한다.

  f. 미국 은퇴 커플이 일본 항공을 타고 시애틀에서 동경으로 날아간다.

  g. 멕시코 정부는 미국 재무부에 페소를 팔고 달러를 산다.

9.3 대규모 무역적자에 대하여 찬성과 반대를 저울질하라.

9.4 한 국가의 정부재정 적자가 경상수지와 연결되

어 있는가? 어떻게 그런가? 아마 1990년대처럼, 재정적자가 없어지는 가운데 미국의 경상수지 적자가 증가하는 것이 어떻게 가능한지 설명하라.

9.5 포트폴리오 자본흐름을 직접투자 자본흐름과 비교하고 구분하라.

9.6 왜 경상수지 흑자가 해외투자와 같은가?

부록 A

국제투자 포지션의 측정

자산의 가치를 더해가는 것은 직선적인 일 같아 보이지만 알고 보면 그렇지 않다. 다음의 문제를 고려하라 : 미국은 1950년대와 1960년대에 무역흑자를 달렸고 해외자산의 대규모 수취를 축적했다. 1980년대와 1990년대에 미국은 무역적자를 기록했고 외국인들은 미국 안에서 대규모 수취를 축적했다. 2014년까지 미국 소유자산의 제법 큰 비중이 가격이 상당히 낮았을 때인 수십 년 전에 구매되어 왔었고 외국인 소유의 자산은 1970년대와 1980년 초의 세계적인 인플레 후, 최근에야 구매되었다. 만약 자산 가치가 역사적인 비용(구매 당시의 가격)으로 기록된다면, 외국인 소유의 자산은 보다 더 가치 있게 보이는데, 그 자산은 세계 물가가 더 높았을 때 수취되었기 때문이다.

자산가치의 기록은 과거 비용 기준보다 현재 시점에서 자산을 매입하는 가격인 현재 비용 기준으로 이루어져야 한다는 것이 더 논리적이다. 1991년까지 미국은 단지 미국 소유 해외자산의 역사적 비용으로만 계산했다. 결과적으로 1980년대 중반에 대규모 무역적자로 인하여 매우 빠르게 음(−)이 된 미국 국제 투자 포지션은 외국인의 관심에 의해 미국 내 새로운 자산의 빠른 축적으로 연결됐다. 지금 현재와 비교할 때 이 데이터의 중요한 결점은 국가별 혹은 산업별 데이터로 세분화될 수 없다는 것이다. 그러므로 우리는 미국의 전체적인 국제투자 포지션을 알지만, 미국-일본 양자 간 투자 포지션을 정확하게 조사할 수 없는데, 왜냐하면 우리는 일본에 있는, 단지 미국 자산의 과거 비용 기준만을 가지고 있기 때문이다.

부록 B

국제수지 데이터

경상계정과 국제투자 데이터는 세계의 대부분의 국가에서 쉽게 이용할 수 있다.

경제분석국

경제분석국(Bureau of Economic Analysis)은 미국에 대한 국민소득과 생산 그리고 국제계정 데이터의 공적인 근원이다. 경제분석국은 현재 및 과거 기간을 위한 완벽한 데이터군을 가지고 있으며 사용하기 편리한 웹사이트를 가지고 있다. 그것은 http://www.bea.gov에 위치한다.

국제금융통계

국제금융통계(International Financial Statistics, IFS)는 국제통화기금(IMF)의 정기 간행물이다. 장정된 책이 매달 나오고, 연말에 매년 연감을 내며 온라인 접근은 IMF의 웹사이트 http://www.imf.org를 통해 가능하다. 그 명칭에서 보듯이 IFS는 금융자료에 중심을 두지만, 경상계정과 국제자본흐름에 관한 정보도 있다. 세계 거의 모든 국가를 포함하며, 가장 최신 연감은 보통 각국의 10년 자료를 포함한다. IMF의 발행물은 많은 국제기관과 민간기업에 의해 사용되는 정보원천 중의 하나이다. 거의 모든 대학 도서관과 많은 시립 도서관은 IFS의 하드카피본을 가지고 있을 것이다.

국제수지통계

국제수지통계(Balance of Payment Statistics, BOPS)는 IFS에 있는 데이터를 보완하는 IMF의 자매 간행물이다. 국제수지통계는 가장 최신의 데이터를 보유하며 국제 데이터 원천의 상세한 경상계정 통계를 가지고 있다. 더욱이 자본흐름의 세부적인 분류를 포함한다.

부록 C

숫자에 관한 정리

미국은 숫자 1,000,000,000을 billion(10억)으로, 1,000,000,000,000을 trillion(조)으로 간주하는 숫자 체계를 사용한다. 대부분의 다른 국가들은 조금 다른 용어를 사용한다. 많은 국가에서 billion은 미국에서 trillion(조)으로 불리는 가치로 사용되고, 미국에서 billion으로 부르는 것을 thousand(1,000) million 혹은 milliard로 불린다. 예를 들면, 숫자 15,000,000,000은 미국에서는 fifteen billion으로 불리는데, 다른 곳에서는 15 thousand million 혹은 15 milliard로 사용된다. 이 장에서의 숫자는 미국의 관행을 따른다.

환율과 환율제도

10

학습목표

이 장을 학습한 후 학생들은

10.1 외환 소지에 대한 이유를 설명하고 외환시장의 주요 기관을 나열할 수 있다.

10.2 외국 통화에 대한 공급과 수요의 변화가 자국통화에 미치는 영향을 그림으로 표현할 수 있다.

10.3 통화 가치를 결정하는 데 도움이 되는 단기, 중기, 장기를 구분할 수 있다.

10.4 이자율 차이를 근거로 선물환 프리미엄과 디스카운트를 계산할 수 있다.

10.5 가격 변동과 실질환율 간의 관계식을 세우고 설명할 수 있다.

10.6 2개 혹은 그 이상의 국가가 성공적으로 단일통화지역을 형성하기 위한 필요조건을 말할 수 있다.

서론 : 고정환율, 변동환율, 중간단계

모든 국가는 자국통화 가격을 타국통화 가격으로 전환하는 방법을 결정하는 환율제도를 선택해야 한다. 어떤 국가는 환율을 정해진 수준에 고정시키는 반면, 시장에서 통화 가치가 정해지도록 하는 국가도 있다. 두 가지 다 장점과 단점을 가지고 있다. 환율제도의 선택은 변동이 없는 완전 고정환율부터 매 분 단위로 해당국 통화의 공급과 수요에 의해 결정되는 완전한 변동환율까지 다양하다. 이 두 가지 극한 환율 사이에 반 고정환율 혹은 반 변동환율 등 여러 가지 다른 환율제도가 있다.

각 환율제도는, 세계경제로부터의 무역, 자본흐름과 다른 압력이 환율을 올리고 내림에 따라, 선정된 환율제도를 지지하기 위한 정부와 중앙은행의 신뢰할 수 있는 정책을 요구한다. 제10장에서는 통화시장의 요소를 정의하고, 국가 통화 가치를 결정하는 기본 체계를 분석하고, 국가가 환율제도를 선택할 때의 고려사항을 논의한다. 각 요소는 한 국가의 환율제도와 통화 가치를 결정하는 중요한 결정사항이다.

환율과 통화 교역

학습목표 10.1   외환 소지에 대한 이유를 설명하고 외환시장의 주요 기관을 나열할 수 있다.

환율(exchange rate)은 다른 통화로 표시한 한 통화의 가격이다. 환율은 외국통화 단위당 국내 통화 수, 혹은 그 반대, 이 두 가지 방법 중 하나로 표기된다. 예를 들면, 미국-멕시코 환율을 페소당 달러(0.057달러)로 하거나, 달러당 페소(17.5페소)로 한다. 관례는 통화에 따라 다르다. 예를 들면, 미 달러-영국 파운드 환율은 항상 파운드당 달러로 표기되지만, 미 달러-멕시코 페소 환율은 항상 달러당 페소로 표기된다. 이 장과 이후의 장에서 환율은 항상 외국통화 단위당 자국통화의 수로 표기된다. 미국은 페소당 달러 그리고 파운드당 달러를 의미한다.

환율은 모든 신문의 비즈니스 영역 및 많은 웹사이트에 기록된다. 그림 10.1은 가장 빈번하게 교환되는 3개의 통화(유럽연합의 유로, 일본 엔, 영국 파운드)에 대해 몇 년간의 미국 달러 가치를 보여준다. 미국 연방은행의 웹사이트로부터 환율이 고시되며, 대규모 통화를 살 때 한 은행이 다른 은행에 대해 적용되는 은행 간 환율이다. 상대적으로 적은 규모를 구매하는 여행자와 개인은 더 많이 지불할 것이다.

3개의 환율은 모두 그림 10.1에서 보는 바와 같이 변동환율이며, 그 가치가 끊임없이 위 아래로 변동한다. 금융위기와 2007~2009년 경기침체의 몇 년 동안 파운드와 유로가 달러에 대해 가치절상되었다. 2007년 말에 위기가 시작됐을 때, 세계에서 달러 수요가 상승했으며 가치가 절상되었고, 다른 말로 바꾸면 파운드와 유로가 가치절하되었다. 가장 드라마틱한 가치절하는 자본이 달러로 몰렸음이 반영된 2008년 중반에 시작해서 2009년 중반까지 거의 1년 동안 지속되었다. 파운드는 달러 대비 거의 25%를 잃었고, 유로는 약 15%의 가치를 잃었다. 반대로 일본 엔은 2012년 말까지 계속적으로 가치절상되어서, 달러 대비 40% 넘게 올랐으며, 그런 다음에 빠르게 반대로 움직여 2013년 중반까지 가치절상되었던 모든 것을 잃었다. 각국의 실질 경제가 그만큼 크지는 않았다는 것을 염두에 두고 본다면, 그림 10.1은 환율의 변동성에 대한 개념을 보여준다.

그림 10.1의 마지막 시점인 2016년 3월까지 엔화는 0.0088달러, 즉 1센트보다 작았다. 유로는 1.10달러에 있었으며 파운드는 1.42달러의 가치였다. 엔화가 1센트 가치도 안 되고 다른 두 통화는 1달러가 넘는다고 볼 때, 엔화가 약하고 파운드와 유로가 강하다고 결론지으려는 유혹이 있을 것이다. 하지만 이는 잘못된 것이다. 왜냐하면 화씨나 섭씨처럼 혹은 마일이나 킬로미터처럼 통화는 다른 척도이기 때문이다. 다른 통화의 같은 가치에 대해 얼마나 많은 통화가 필요한지에 상관없이 우리는 그 척도가 강함 혹은 약함으로 결론지을 수 없다. 2013년에 엔화가 가치를 잃기 시작할 때까지 엔화는 다른 세 통화에 대해 가치절상했으며, 확실히

그림 10.1   3개의 주요 통화에 대한 달러 환율(2006~2016)

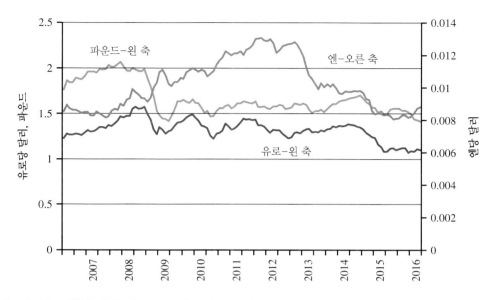

유로와 파운드 환율은 왼 축, 엔화는 오른 축. 환율의 흐름은 단기 및 장기에 매우 변동적이다.

출처 : Data from Board of Governors of the Federal Reserve System, © James Gerber.

가장 강한 통화였다. 일반적으로 말하자면, 한 통화의 강함 혹은 약함은 그 가치의 방향에 관계된 것이며, 한 시점에서의 가치나 혹은 다른 통화를 사는 데 드는 한 통화의 수가 아니다.

외국통화 보유의 이유

경제학자들은 외환 보유에 대하여 세 가지 이유를 제시한다. 첫 번째는 무역과 투자를 위한 것이다. 무역업자(수입업자와 수출업자)와 투자자는 종종 외국통화로 거래하는데, 다른 국가의 통화로 받거나 지불한다. 여행자들도 이 영역에 포함되는데, 왜냐하면 그들은 외국 상품이나 서비스를 사기 위해서 외환을 보유하기 때문이다.

외환을 보유하는 두 번째 이유는 이자율 차이의 이익을 보기 위해서인데 **금리재정**(interest rate arbitrage)이라고 한다. 재정이란 상대적으로 싼 곳에서 사서 그것을 상대적으로 비싼 곳에서 파는 아이디어를 의미한다. 금리재정이란 재정거래자가 이자율이 비교적 낮은 곳에서 자금을 빌려서 그 자금을 이자율이 상대적으로 높은 곳에서 빌려준다는 관점에서 비슷하다. 이런 식으로 금융자본의 움직임에 의해서 금리재정은 너무 멀리 벌어지는 것을 막아주며, 또한 각 국가경제 간의 주된 연결의 한 수단을 형성한다. 지난 수년 동안 금리재정거래자는 이자율이 매우 낮은 일본에서 자금을 빌려서 이자율이 높은 곳에서 대출해줌에 따라 일본 엔화를 강하게 유지하는 주요한 역할을 해왔다. 위험에 대한 인지와 같은 다른 다양한 요인도 중요하지만, 일반적으로 금리재정이 세계경제에서 강력한 힘이고 외환을 보유하려는 주요 원인 중의 하나가 되었다.

외환 보유에 대한 세 번째 이유는 투기이다. 투기자들은 한 통화를 사거나 파는 비즈니스인데 그들이 그 통화의 가격이 오른다거나 떨어진다고 예상하기 때문이다. 그들은 상품이나 서비스를 혹은 금융자산을 사기 위해 외환을 필요로 하지 않는다. 오히려 그들은 통화의 시장 가치의 정확한 변동을 예측함에 따라 이익을 실현하거나 손실을 피하고자 한다. 투기거래자들은 종종 언론에서 밝혀지기도 하는데, 사실 그들은 통화가 과대평가 혹은 과소평가된 이후에 균형으로 가져가는 것을 도와준다. 그러나 만약 그들의 예측이 맞지 않으면 그들은 많은 자금을 잃게 된다. 이런 이유로 일부 경제학자들은 투기는 통화 가치를 적절한 조정으로 가져가는 유용한 기능을 하거나 혹은 그 실행자가 자금을 잃고 파산한다고 주장한다. 그러나 모든 경제학자들이 이런 관점에 동의하는 것은 아니며, 일부 경제학자들은 한 통화에 대항하는 투기가 불안정하게 될 수 있는데, 그 관점은 투기가 항상 환율을 균형으로 가져가는 것이 아니고, 대신에 때로는 과대평가 혹은 과소평가로 이끌며, 그것이 해당 국가에 대해 중요한 문제가 된다는 것이다.

외환시장 참여자

외환시장에 4개의 주요 참여자들이 있는데, 최종고객, 시중은행, 외환 브로커 그리고 중앙은행이다. 이들 넷 중에 시중은행이 가장 중요하다. 최종고객은 기업과 개인인데, 앞서 언급한 세 가지 이유, 즉 사용을 위한 외환 매매, 포트폴리오 조정을 위한 매매, 예측된 미래 통화 움직임으로부터 이익 중 하나로 외환을 소지한다. 대부분의 경우에 그들은 시중은행을 통해 거래한다. 세계의 많은 시중은행은 고객의 요청에 따른 서비스의 일환으로 외국 통화를 보유한다. 모든 은행이 그런 서비스를 제공하는 것은 아니지만, 서비스를 제공하는 은행은 항상 외환을 보유하고 있는 몇 개의 외국은행과 관계를 갖는다. 흑자가 축적될 때 혹은 부족이 진행될 때, 은행은 그들의 보유를 조정하기 위하여 서로 거래한다.

미국에서 외환브로커는 중요한 역할을 한다. 미국 은행이 외국 은행과 거래를 하는 것은 늘상 있는 것은 아니다. 반면, 미국 은행은 외환 브로커를 통하는 경향이 있는데, 브로커는 항상 외환을 보유하지 않으면서 구매자와 판매자 사이에 중간자로서 행동한다. 브로커는 또한 중앙은행의 대리인으로서 서비스를 제공한다. 그러면서 시장은 다음과 같이 작용한다. 외환이 필요한 개인과 기업은 은행에 전화를 한다. 은행은 그 통화를 팔고자 하는 가격을 고시한다. 그 가격은 두 가지 가능한 공급처 중에 하나에 근거한다. 은행은 그 통화가 사용되는 국가의 다른 은행에 계좌를 가지고 있거나 외환 브로커에 전화를 할 수도 있다. 브로커는 통화의 구매자와 판매자를 추적하고 고객을 위해 사려는 은행과 판매자를 연결해서 거래를 성사시키는 일을 한다.

대부분의 경우에, 통화 거래는 기업의 은행계좌에서 입금과 출금의 형태를 취한다. 예를 들면, 엔화로 대금을 지급해야 하는 미국 내 수입업자는 거래 은행에 전화해서, 그 수입업자에게 상품을 공급하는 기업의 일본 거래은행에 엔화를 송금해달라고 말한다. 그 수입업자는 엔화의 비용에 해당하는 만큼 국내 은행계좌에 출금으로 표시될 것이다. 만약 미국 은행이 일본에 지점이나 원격은행을 가지고 있다면, 그 은행은 전신으로 그 지점에 연락해서 미국 은행 계좌로부터 엔화를 출금하고 상품 공급자의 일본 은행에게 입금한다. 만약 미국 은행이 일본 은행과 직접적으로 거래하는 대신에 통화중개자를 통해 진행한다면, 미국 은행은 먼저 일본 은행의 계좌에 있는 엔화를 산다. 다음으로, 그 엔화 자산의 전부 혹은 일부를 미국 수입업자에게 공급하는 일본 공급자의 은행에 송금하도록 요청한다.

환율위험

여러 국가에서 사업을 하는 기업들은 **환율위험**(exchange rate risk)에 연관된다. 이런 위험은 통화가 그 가치에서 끊임없이 변동한다는 사실, 그래서 외국 통화로 받거나 지급하게 될 예상되는 미래 거래액이 계약에 사인됐을 당시로부터 다른 국내 통화 금액이 될 것이다.

예를 들어 미국 반도체 제조업자가 영국 컴퓨터 제조업자에게 6개월 안에 마이크로프로세서를 선적하기로 계약한다고 가정해보자. 만약 미국 제조업자가 영국 파운드로 가격에 동의한다면, 미국 제조업자는 미래 수입의 달러 가치를 알기 위해서는 6개월 후의 파운드 가치를 알아야 한다. 만약 미국 제조업자가 마이크프로세서가 달러로 지불되도록 조건화한다면, 환율위험이 영국 기업으로 이동한다. 미국 기업은 정확한 달러 금액을 알지만, 영국 기업은 달러의 파운드 가격이 불확실하므로 마이크로프로세서의 파운드 가격이 불확실하다.

금융시장은 이 문제를 오래 전부터 알고 있었고, 19세기에 그것을 다루는 체계를 창조했다. 그 체계는 선물환율과 선물시장이다. **선물환율**(forward exchange rate)이란 미래에 인수도 될 예정인 통화의 가격이다. **선물시장**(forward market)은 미래 인수도를 위해 사거나 파는 것이 이루어지는 시장을 말한다. 선물시장은 미래 지급과 인수와 연관된 환율위험을 제거하기 위해 무역업자, 투자자와 투기자들이 매일 활용하는 수단이다. 선물시장은 수출업자나 수입업자가 선적하거나 상품을 인도받도록 계약에 서명하는 날에 선물환 계약을 할 수 있게 한다. 선물환 계약은 주로 30, 90 혹은 180일 미래의 외환에 대해 결정된 가격을 보장한다. 반대로, 현재에 사고 팔기 위한 시장은 **현물시장**(spot market)이라고 한다. 그림 10.1에 고시된 외환의 가격은 '현물환율'이다.

미국 반도체 제조업자가 6개월 안에 영국 회사에게 마이크로프로세서를 배달해주기로 계약에 서명한다고 가정하자. 또한 그 가격이 영국 파운드로 명시된다고 가정하자. 그 제조업자는 지금부터 6개월 후에 받을 수 있는 영국의 파운드를 정확히 알지만, 그 파운드의 가치가 오를 것인지 내릴 것인지 알지 못하므로, 달러로 얼마를 벌게 될 것인지 알지 못한다. 해답은 오늘 결정된 가격으로 영국 파운드 6개월을 매도하고 미국 달러를 매입하는 선물환 계약을 체결하는 것이다. 선물시장을 활용해서 미국 제조업자는 환율변동으로 생기는 위험을 피한다.

선물시장은 수출업자와 수입업자뿐만 아니라 금융 투자자와 투기자에게도 중요하다. 예를 들면, 채권 보유자와 이자율 재정거래자들도 해외 채권이나 다른 금융자산을 보유하고 있는 동안 종종 선물시장을 이용하여 환율위험에 대항해서 그들 자신을 보호한다. 이를 **헤지**(hedging)라고 하며, 이는 채권이나 다른 이자 취득 자산 만기와 동일한 시점에 외환을 매도하기 위해 선물환 계약을 매입하므로 이룰 수 있다. 금리재정거래자가 선물시장을 이용해서 환율위험에 대항하여 보장하는데, 이를 **커버된 금리재정**(covered interest arbitrage)이라고 한다.

외환의 수요와 공급

학습목표 10.2 외국통화에 대한 공급과 수요의 변화가 자국통화에 미치는 영향을 그림으로 표현할 수 있다.

학습목표 10.3 통화 가치를 결정하는 데 도움이 되는 단기, 중기, 장기를 구분할 수 있다.

학습목표 10.4 이자율 차이를 근거로 선물환 프리미엄과 디스카운트를 계산할 수 있다.

한 국가의 통화 가치는 다른 대부분의 경우처럼, 수요와 공급을 살펴봄으로써 분석된다. 유연하고 자유자재로 움직이는 환율하에서 달러에 대한 수요의 증가는 그 가격을 상승시킨다[**가치절상**(appreciation)을 야기함]. 반면 공급 증가는 그 가격을 하락시킨다[**가치절하**(depreciation)를 야기함]. 고정환율체제하에서 달러의 가치는 공급과 수요의 시장세력에 반대로 작용하는 중앙은행의 행위를 통해 고정적으로 유지된다. 결과적으로 수요와 공급 분석은 채택한 환율체제의 타입에 관계없이 통화에 대한 압력을 이해하는 유용한 수단이다. 이런 이유로 인하여 우리는 환율이 완전히 변동한다는 가정으로 시작한다. 수요와 공급 분석의 유용성을 연구한 후, 우리는 차선의 환율체제로 돌아가서 금본위제도 및 고정환율에 관한 다양한 제도를 포함한다.

변동환율의 수요와 공급

그림 10.2는 미국에서 영국 파운드에 대한 수요와 공급을 보여준다. 수요곡선은 일반적인 우하향곡선이며 파운드가 달러에 대해 가치절하됨에 따라, 미국인이 필요로 하는 파운드의 양은 증가한다. 또한 우리는 종축이 파운드 가격의 측정, 즉 환율임을 주시한다. 이것은 파운드당 달러이므로, 달러로 표시한 파운드의 가격이며, 환율의 상승은 달러 가치의 하락이다. 종축을 따라 올라가면 파운드 가격은 올라가고 그것은 달러 가격의 하락과 같다. 마찬가지로, 종축을 따라 아래로 내려가면 파운드 가격은 감소한다.

파운드가 저렴해지고 달러가 강세이면, 미국인에게 영국 상품은 저렴해진다. 그러므로 파운드의 가치절하된 가치에 대해 미국 혹은 제3국 공급자로부터 영국 공급자로 바뀌게 된다. 그러나 그들이 영국산 상품을 구입하기 전에, 그들은 먼저 달러를 주고 영국 파운드로 바꿔야 한다. 결과적으로 영국 상품에 대한 수요 증가는 동시에 영국 파운드에 대한 수요 증가를 야기한다.

그림 10.2에서 공급곡선은 우상향하는데, 왜냐하면 영국의 기업과 고객들은 달러가 저렴해짐에 따라 더 많은 양의 미국 상품을 사려고 하기 때문이다. 즉, 그들은 파운드에 대해 더 많은 달러를 받는다. 그러나 영국 고객들은 미국 상품을 사기 전에 우선 파운드를 달러로 바꿔야 하며, 그래서 미국 상품 수요량의 증가가 동시에 미국에 공급되는 외환의 양을 증가시킨다. 수요와 공급의 교차는 시장 환율을 결정하며, 그만큼의 파운드의 양이 미국에서 거래된다. R_1의 환율에서 영국 파운드의 미국으로의 수요과 공급은 Q_1이 된다.

그림 10.2 외환시장의 수요와 공급

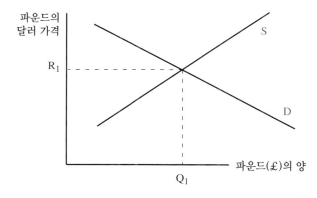

영국 파운드의 미국 시장 공급과 영국 파운드에 대한 미국 수요의 교차점은 미국에서 거래되는 파운드의 양(Q_1)과 달러 가격(환율 R_1)을 결정한다.

장기환율

우리는 공급곡선은 우상향하고, 수요곡선은 하향한다는 것을 알았다. 수요와 공급 분석에서 다음 단계는 수요와 공급의 교차와 실제 환율을 결정하는 요소를 생각하는 것이다. 우리는 계속해서 환율이 완전 변동적이라고 가정한다. 제10장 말미에서는 고정된 환율을 살펴보고, 고정과 변동 사이의 중간적 환율을 살펴본다.

그림 10.3에서 파운드에 대한 미국 수요의 증가(수요곡선의 우측 이동)는 환율을 상승시키고 파운드의 가치절상과 달러의 가치절하를 야기한다. 반대로, 수요의 하락은 수요곡선을 좌측으로 이동시켜 파운드의 하락과 달러의 상승으로 이끈다. 공급 측면에서, 미국 시장으로의 파운드 공급 증가(공급곡선의 우측 이동)는 그림 10.4에 나타나며, 거기서 수요와 공급의 새로운 교차점이 더 낮은 환율과 달러 가치절상으로 나타난다. 파운드의 공급 감소는 곡선을 좌측으로 이동시키며, 환율을 상승시키고 달러를 가치절하시킨다.

수요와 공급 이동 너머의 결정요인들은 우리가 장기, 중기, 단기 등 3개의 기간별로 환율 결정을 나눈다면 쉽게 이해할 수 있다. 이것은 경험상으로 맞는 것 같으며, 환율을 결정하는 모든 결정요인들이 즉각적으로 나타나는 것이 아니기 때문이다. 사실, 몇몇 결정요인들은 충분한 영향을 미치기 위해서는 매우 오랜 시간(10년 이상)이 걸리고, 반면에 단기 결정요인 혹은 중기 결정요인들은 완전히 반대 방향으로 밀게 될지도 모른다.

우선 장기를 먼저 살펴보면 **구매력 평가**(purchasing power parity)는 환율의 균형 가격이 자국에서 살 수 있는 상품의 양을 해외에서도 같은 양을 살 수 있도록 하는 수준이다. 이 기준으로 균형환율은 상품과 서비스에 대한 구매력 평가를 일정하게 지키는 비율로 달러가 파운드를 사는 것이다. 즉, 균형환율 100달러는 미국에서 100달러로 사는 상품과 서비스 바스켓을

그림 10.3 영국 파운드 수요의 증가

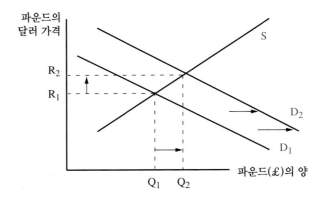

영국 파운드에 대한 미국 수요 증가(곡선의 우측 이동)는 달러를 가치절하시킨다.

그림 10.4 영국 파운드 공급의 증가

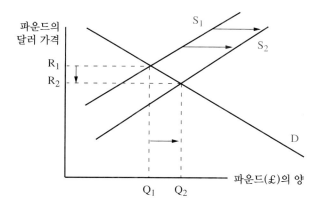

영국 파운드의 미국 시장 공급 증가(곡선의 우측 이동)는 달러를 가치절상시킨다.

영국에서 살 수 있게 필요한 파운드의 양과 같아야 한다.

　표 10.1에서와 같이, 가상적인 상품 바스켓은 그것이 구매되는 국가에 따라서 1,000달러 혹은 500파운드 비용이 든다. 따라서 장기 추세에서 환율은 파운드당 2달러이다. 만약 균형환율이 그보다 높으면, 파운드는 과대평가되고, 달러는 과소평가된다. 과대평가된 파운드는 영국에서보다 미국에서 더 많이 사게 되는데, 이는 500파운드가 1,000달러 이상으로 환전되는 것이 가능하고 영국에서 구매될 수 있는 상품 바스켓보다 더 많이 살 수 있기 때문이다. 2달러보다 작은 환율은 그 반대를 뜻하는데, 파운드는 과소평가 그리고 달러는 과대평가된다.

　강조해야 할 것은 이것이 환율 움직임의 경향을 의미하는 것이지 실제로 어느 한 시점의 정확한 환율을 말하는 것은 아니다. 장기적으로 구매력 평가는 환율에 영향을 미치는 것이지만, 중기 혹은 단기적으로는 이 패턴으로 심각한 이탈이 있을 수 있다. 만약 여러분이 외국을 여행한다면, 아마도 여러분은 여러분의 생활 수준이 더 높을 때, 자국통화로 외국통화의 많은 양을 사게 됨을 인지할 수도 있다. 여러분은 높은 등급의 호텔에서 묵고, 더 좋은 레스토랑에서 먹고, 자국에서는 살 수 없었던 품목을 쇼핑할 수 있을지도 모른다. 혹은 반대의 경우에,

표 10.1 장기에서 환율의 가상적 사례

	각국에서 동일한 상품 바스켓의 비용
달러 가격	$1,000
파운드 가격	£500
장기 균형 환율	($1,000/£500) = $2/£

구매력 평가에 의하면 달러는 주어진 통화량의 일정한 구매력을 유지하는 비율로 파운드와 교환되는 경향이 있다.

상대 국가에 대해 여러분의 생활 수준이 상대적으로 더 낮은 경우, 여러분은 적은 양의 외국 통화를 얻게 되고 모든 것이 월등히 비싼 것 같다.

구매력 평가는 간접적으로 통화 가치에 영향을 미친다. 통화가 과대평가 혹은 과소평가될 때, 상인들은 국경을 가로질러 상품을 이동함으로써 이익 창출의 기회를 갖는다. 예를 들면, 만약 달러가 과대평가되어 파운드당 2달러 대신에 환율이 파운드당 1.75달러라고 가정하자. 가격은 표 10.1과 같다고 하자. 이 경우, 1,000달러로 571.43파운드를 사게 된다(파운드당 1,000달러/1.75달러). 만약 상인이 571.43파운드를 가지고 영국 상품을 사고, 그 상품을 미국에 수출한다고 가정하면, 그들은 1,000달러 이상을 얻게 된다(상인은 1,142.86달러를 얻는 데 상품 가격은 2대 1이기 때문이다). 장기적으로 파운드에 대한 수요가 증가하고, 그림 10.3에서 보는 바와 같이, 환율을 상승시킨다. 그런 과정이 지속되고 환율은 파운드당 2달러에 닿게 되고 영국에서 미국으로 상품을 옮김으로써 더 이상 이익을 창출할 기회가 없어진다.

위에서 설명한 과정은 영국에서 미국으로의 흐름에 의해 강화된다. 상품의 공급이 영국에서 줄어들고 그곳에서 가격을 상승시킨다. 미국에서는 공급이 증가하고, 일반적인 경쟁 상태에서 가격은 하락할 것이다. 이런 효과가 한동안 지속되면서 자체로 그 효과를 몰아내지만, 구매력 평가를 공고히 하는 다른 요인이 된다. 그러나 이런 경우, 앞서 보여준 사례에서와 같이 환율 움직임 대신에 가격은 두 통화 간 구매력 평가를 일치시키는 방향으로 움직인다. 이론상으로, 무엇이(가격 혹은 환율) 변화하는지는 문제가 되지 않지만, 많은 국가에서 가격은 쉽게 떨어지지 않는 경향이 있고, 반면 환율은 상대적으로 쉽게 움직이므로, 대부분의 일치는 환율의 움직임을 통해 일어난다.

구매력 평가가 성립하는 상품 재정의 이야기는(싼 곳에서 사서 더 비싼 곳에서 파는) 확연히 몇 가지 비현실적인 가정이 있다. 구체적으로 구매력 평가는 상품이 비용 없이 국경을 넘어 교환된다는 것을 전제로 하고, 모든 상품과 서비스가 무역 가능하다는 것을 전제로 한다. 실제로는 상품이 국가 간 거래되는 데 운송비가 있으며, 상당한 상품과 서비스는 거래되지 않는다. 이것은 영국에서 571.43파운드로 상품을 사서, 미국에서 1,142.86달러에 파는 그 상인이 운송, 보험, 다른 비용 등으로 142.86달러 이익의 일부를 잃게 된다. 추가로, 그는 파운드를 살 때, 은행이나 외환브로커에게 수수료를 지급한다. 마지막으로, 이발과 같이 구매되거나 판매되는 몇몇의 상품과 서비스는 결코 무역이나 재정거래가 가능하지 않다.

결국, 해외 상품과 서비스의 유입에 대한 모든 장벽을 없애온 국가는 거의 없다. 그 상인은 비용에 덧붙여서 국경에서 관세, 수입인가 수수료, 검사 수수료 혹은 다른 장벽에 부딪칠지도 모른다. 한계적으로, 문제의 상품 수입은 금지되고, 상품 재정거래는 어떤 가격에서도 불가능할지도 모른다. 더구나 어떤 상품과 많은 서비스는 국가 간 거래되지 않는다. 예를 들면, 한 장소에서 소비되는 레스토랑의 음식, 이발, 조경, 일련의 다른 서비스는 무역이 된다 하더라도 거의 드물다.

구매력 평가의 가정을 분석한 후에, 구매력 평가가 단지 장기적으로 환율에 영향을 미친다는 해석이 놀랍지 않다. 만약 상품 재정을 통해 상당한 수익창출 기회가 있다면, 오늘의 장애에도 불구하고 기업가는 시장 간 가격 차이를 이용하도록 상황을 창조할 것이다. 그들은 가능한 곳에서 운송비용을 낮추는 방법, 수입 규정 및 규칙과 연관된 비용을 최소화하려고 할 것이다. 이 모든 것이 시간이 걸리지만, 활용에 실질적인 장애에도 불구하고 구매력 평가는 환율결정의 중요한 장기적 세력으로 남는다.

단기와 중기의 환율

구매력 평가가 뒷전에서 천천히 작동하고 있는 동안, 다른 세력들이 외환의 수요와 공급곡선의 위치에 즉각적인 충격을 준다. 우리는 우선 모든 국가에 놓여 있는 자연적이며 불규칙한 침체와 확장, 즉 경기변동과 연계된 세력에 주력한다. 경기 호황의 꼭대기에서 그다음까지의 기간이 주어지기까지 대개는 수년 걸리는데, 경기변동과 연결된 세력은 중기로 고려될 수 있다. 즉, 수년간 지속될지도 모르는 환율에의 압력이지만, 대부분 10년보다 짧으며, 대체로 5~7년이다.

가장 중요한 중기 환율의 세력은 한 국가의 경제 성장이다. 빠른 성장은 소득 성장과 소비 증가를 의미한다. 소비자가 그들의 직업이 안정적이라고 느끼며 동시에 빠른 소득의 상승을 경험한다면, 소비를 더하게 되는데, 그중 일부는 해외여행을 포함한다. 결과적으로 빠른 경제 성장은 수입을 증가시키고, 그림 10.3에서 보는 바와 같이 외환 수요곡선을 밖으로 이동시킨다. 공급곡선을 일정하게 유지시키며 급속한 경제 성장은 통화를 가치절하시킨다.

성장의 효과는 자국에서 더 낮은 성장에 대해 그리고 외국의 경제 성장율에 대해 대칭적이다. 낮은 성장, 생산이 감소하는 침체기와 같은, (마이너스 경제 성장)은 소비자에게 직업에 대한 불확실성을 증가시키고 많은 사람의 소득을 감소시킨다. 경제 전반적으로 소비 지출이 감소함에 따라 수입에 대한 지출 또한 감소하며 외환 수요가 감소한다. 외환수요곡선의 좌측 이동은 환율을 낮추며 통화를 가치절상시킨다. 다시 말하면, 보다 빠른 경제 성장은 그 국가의 통화를 가치절하시키는 것처럼, 낮은 성장은 가치절상으로 이끄는 힘을 행사한다.

해외의 경제 성장이 자국통화의 수요에 직접적인 효과는 없지만(자국 경제의 동기부여를 통해 간접적인 영향을 가질지도 모르지만), 그것은 공급곡선에 영향을 미친다. 보다 빠른 해외 경제 성장은 자국의 더 많은 수출을 이끌며, 보다 낮은 해외 경제 성장은 더 적은 자국의 수출을 초래한다. 해외 수출 증가는 외국통화 공급을 증가시키고, 그림 10.4에서와 같이 공급곡선을 우측으로 이동시킨다. 낮은 수출은 그 반대의 효과를 갖는다. 여러분은 자국과 외국의 경제 성장 변화로 인한 외환 수요 및 공급곡선에 대한 효과를 그려보자.

경기 변동의 중기에서 1년 혹은 그보다 짧은 단기로 돌아볼 때, 일련의 힘이 외환 곡선의 모양에 끊임없이 작용하고 있다. 무엇보다도 단기의 힘은 금융자본의 흐름이다. 금융흐름의 효과는 작은 것부터 격렬한 것, 때로는 비극적인 것까지 범위가 넓다. 그들은 통화 가치에서 매일매일 작은 변동을 일으킬 수도 있고, 완전히 금융위기를 일으켜 정부를 전복시킬 수 있다. 금융흐름의 변동성은 크게 다르며 세계경제에서 정부정책과 상황에 크게 반응한다. 큰 환율 변동, 금융자본의 단기 움직임은 국제경제에서 가장 중요한 이슈가 되어 왔다.

특히, 두 변수는 단기자본흐름의 많은 영향을 가지고 있는데, 바로 이자율과 미래의 환율 예측이다. 이자율의 변동이 투자자의 신뢰를 흔들거나 통화시장에서 투기적 활동을 촉진시킬 때, 이 두 가지 힘은 서로 영향을 미치며 예측할 수 없는 상호작용을 창출할 능력이 있다.

단기 환율결정에서 이자율의 역할은 중요하다. 이자율-환율 관계는 **금리평가**(interest parity) 상황으로 귀결되는데, 그것은 국가 간의 이자율 차이가 대략 미래 환율의 예측 변동과 일치한다는 것이다.

$$i - i^* \approx (F - R)/R$$

자국과 외국 이자율은 i와 i* 그리고 F와 R은 각각 미래 예상현물환율과 현물환율이다. 이 장의 부록은 이 관계를 1차 함수로 유도하고 있으나 이해하기 어렵지 않다. 만약 투자자가 자국에 투자하여 i의 이자를 얻거나, 외국에 투자해서 i*의 이자를 얻을 수 있다고 가정하자. 만약 외국 이자율이 국내 이자율보다 높다면, 해외에 투자하는 것이 더 이익일 것 같으나, 반드시 그런 것은 아니다. 최선의 선택은 그 기간 동안의 환율 변동에 의해 결정된다. 만약 투자자가 미래 수입을 자국통화로 바꾸기를 원한다면, 그 투자 기간 동안의 환율 변동이 고려돼야 한다. 통화 가치의 변동으로 인해 예기치 못한 손실에 대비하기 위하여 국제 투자자들은 미래 수입에 대해 외환을 매도하는 선물환을 계약할 수 있다. 이것이 바로 커버된 금리재정으로 알려진 것이고, 환율로 인한 손실의 위험을 방어하는 동안 이자율 차이의 이점을 택하는 자연스러운 방법이다.

간단한 예를 들면 명백해진다. 미국의 투자자가 미국과 독일에서 각각 발행된 1년 만기 채권 사이에 선택을 한다고 가정하자. 간단히 하고자 우리는 그 채권들은 위험, 운송비 및 다른 조건에 관한 한 유사하다고 가정한다. 미국 투자는 달러로 되어 있고 3%(i)를 지급받는 반면, 독일 투자는 유로로 되어 있으며 2%(i*)가 지급된다. 1년이 지나면, 미국에 투자된 1,000달러는 1,000달러 × 1.03, 즉 1,030달러가 지급되는 반면, 독일 채권에 대한 보수는 고정된 이자

율과 1년 후의 환율에 달려 있다. 만약 달러-유로 현물환율이 오늘 1.2라면, 투자자는 1,000
달러로 833.33유로(1,000/1.2)를 사고 독일에 2%로 투자한다. 1년 후에, 투자자는 833.33유
로 × 1.02, 즉, 850유로를 받는다. 만약 1년 후의 환율이 1.3이라면, 1,000달러로 유로를 사
서 2%에 투자하면 850유로 × 1.3달러/유로, 즉, 1,105달러가 된다. 즉, 독일에 2%로 오늘 투
자된 달러는 1년 후에 F/R × 1.02가 되는데, 여기서 F는 미래 현물환율이고 R은 오늘의 현
물환율이다.

투자자의 문제는 그가 1년 후의 환율이 어떻게 될 것인가에 있다. 우리의 예에서는 1년 후
의 유로당 달러가 1.3이라고 가정함으로써 그 문제를 회피했지만, 사실 우리는 1년 후의 현물
환율이 어떻게 될지 모른다. 이런 불확실성에서 투자자 채권 만기가 도래하는 1년 후에 받을
것으로 되어 있는 유로에 대해 고정된 양의 달러를 보장하는 계약에 서명할 수 있는 선물환에
눈을 돌린다.

현물환율(R)과 선물환율(F) 간의 차이는 기대되는 가치절상 혹은 가치절하이다. 만약 F >
R 이면 달러는 가치절하가 예상되며, 디스카운트로 팔고 있다고 말한다. 만약 F < R이면, 달
러는 가치절상되며, 프리미엄으로 팔고 있다고 한다. F와 R에 관한 정보를 가지고 투자자는
달러 채권과 유로 채권 간에 선택할 준비가 된 것이다.

앞에서의 예에서 R은 1.2이고, F는 1.3이었는데, 이것은 달러가 선물환에서 디스카운트이
고 사람들은 내년에 달러 환율이 가치절하될 것으로 전망한다는 것을 의미한다. 선택은 다음과
같다. 투자자는 1,000달러로 미국에 투자해서 1,000달러 × 1.03, 즉 1,030달러를 얻거나 혹
은 독일에 투자해서 (1.3/1.2) × 1.02 × 1,000달러, 즉 1,105달러를 얻을 수 있다. 명백히 독
일투자가 더 낫고, 매력적이다. 독일 채권으로 자금의 흐름은 독일 이자율을 낮추고(i* 하락)
유로의 현물환율가격(R 상승)을 상승시킨다. 두 가지 다 독일 채권에 대한 수익을 낮추는데,
결국에는 이자율 평가(이자율 차이가 환율의 예상변동과 거의 일치하는)에 도달한다.

$$i - i^* \approx (F - R)/R$$

금리평가의 유용함은 그것이 자본흐름, 이자율 정책, 환율예측을 가져온다는 것이다.

예를 들어, 국내 금리가 외국 금리보다 높다(i > i*)고 가정하자. 이런 경우에 투자자들은
선물시장의 디스카운트(F > R)를 기대한다. 만약 자국통화의 예상 가치절하가 높은 국내 금
리에 의한 보상이 충분하지 않다면, 그때 자본흐름은 자국으로 흐르고 자국통화에 대한 수요
를 증가시키고 국내 금리를 감소시켜, 결국 i와 i*의 차이가 대략 선물환율과 현물환율의 퍼
센트 차이와 같게 한다.

다른 예를 들어보자. 자국 금리가 외국 금리보다 낮고(i < i*) 선물환율이 현물환율보다 적

절하게 작아(F < R) 금리평가가 유지된다고 가정하자. 이런 상황에서 시작해서 자국 정책입안자는 어떤 이유로 자국의 이자율을 높여 외국의 이자율(i - i*)과 같게 만들기로 결정한다. 이제, 자국과 외국 시장의 투자자들은 자국에 더 많은 투자를 할 것인데, 그들은 같은 금리를 얻으며 자국의 통화가 가치절상(F < R)할 것으로 기대하기 때문이다. 그림 10.5는 이런 움직임을 보여준다. 외국통화의 수요곡선은 안으로, 외국통화 공급곡선은 밖으로 이동함을 알 수 있다. 합쳐서 2개의 움직임은 현물환율을 하락하는 방향으로 강화된다. 현물환율(R)이 하락함에 따라 자국통화는 가치절상되고 F와 R의 간격은 좁혀진다. 만약 i = i*이면, 그 과정은 결국 F = R일 때 끝난다.

선물환−현물환 차이에 대한 영향에 덧붙여서, 기대는 다른 방법으로 환율 결정에 중요한 역할을 한다. 환율 미래 기대가치의 갑작스러운 변동은 한 국가의 통화에 드라마틱하고 자기 충족적인 충격을 줄 수 있다. 예를 들면, 만약 투자자들이 한 통화가 전망했던 것보다 더 가치 가치절하되어야 한다고 믿는다면, 그 통화로 된 자산의 기대가치를 감소하게 한다. 이것은 금융자본의 갑작스러운 도피를 야기할 수 있으며, 그 국가의 외환보유고 공급에 상당한 압력을 줄 수 있다. 상당한 정도까지 자금 유출의 사례는 환율에 관한 기대를 자기 충족할 수 있다. 만약 투자자들이 가치절하를 예상한다면, 그들은 그들의 자산을 다른 통화로 바꾸려 할 것이다. 이것은 가치절상 예측을 충족시키면서, 외환 수요를 상승시키고 외환 공급을 낮춘다.

금융자본의 이동과 환율 변화에서 이런 유형의 변동성에 대해 많은 잠재적 원인이 있다. 이동통신에서 기술적 변화는 민감한 시장에 기대치 변화를 바꾸게 되는데, 아직 이런 것은 정확하게 이론화되고 있지 않은 듯 싶다. 결국, 기대치의 갑작스러운 이동이 잦은 이유는 내부

그림 10.5 자국 금리 상승의 효과

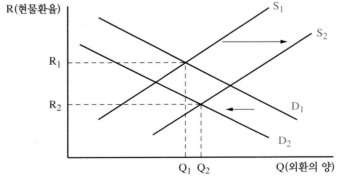

국내 금리 상승은 외국통화의 수요 감소 및 공급 증가를 초래한다. 두 가지는 다 R_1에서 R_2로 환율의 가치절상을 초래한다.

적으로 일관성과 지속성이 없는 특정 정부의 경제정책 수행을 인지하는 것이다. 제11장에서 이를 좀 더 세밀히 연구할 것인데, 비일관적인 정책의 의미에 대한 감각을 얻는 것은 상대적으로 쉽다. 한 예를 들면, 외환 공급이 상당히 제한적(수출의 불충분, 매우 낮은 금리)일 때, 경제를 강하게 부양(성장 주도 → 수입 증가 → 외환 수요 증가)하려는 기획이다.

비일관적인 정책으로부터 환율 위기 및 몰락까지의 체계는 아주 잘 이해되는데, 이것은 기대치의 갑작스러운 이동의 원인에 대한 문제를 갈구하게 한다. 갑작스러운 환율 이동의 최근의 많은 에피소드가 투자자들이 특정 통화에 대한 신뢰성을 잃을 때 일어났다. 그러나 왜 투자자 신뢰의 갑작스러운 변화가 일어나는가? 정부 정책은 지속적이지 않을 때까지 몇 년이 흐른다. 상당히 자주 석유 가격처럼 중요한 자원 가격의 갑작스러운 변동과 같은 외부적인 충격이나 중요한 무역 상대국의 정책 변동은 그런 급격한 변화이다.

사례연구

세계의 가장 큰 시장

2013년 세계외환시장에서는 하루 5조 3,450억 달러가 거래됐다. 이것을 다른 관점으로 보면, 평균 3.1일 통화 거래는 미국의 GDP의 가치와 맞먹는다. 이런 추정치는 '중앙은행의 중앙은행인' BIS(국제결제은행)가 3년마다 수행하는 53개 중앙은행의 조사로부터 나온다. BIS 조사는 3년마다 실시되는 중앙은행 서베이(Triennial Central Bank Survey)인데, 2013년 4월에 수행되었고 BIS(http://www.bis.org)에서 볼 수 있다.

1992년부터 2013년 사이에 환율 거래량은 하루 8,800억 달러에서 5조 3,450억 달러로 증가했다. 2013년에 세계시장에서 거래된 최대 4개 통화는 미국 달러(87%), EU의 유로

표 10.2 통화거래의 구성(2013년 4월)

통화	총거래비율
미국 달러	87.0
유럽 유로	33.4
일본 엔	23.0
영국 파운드	11.8
호주 달러	8.6
스위스 프랑	5.2
캐나다 달러	4.6
멕시코 페소	2.5
중국 위안	2.2
기타	21.7

출처 : Data from Bank for International Settlements. © James Gerber.

(33.4%), 일본 엔(23%) 그리고 영국 파운드(11.8%)이다(표 10.2 참조). 당연히 미 달러와 유로 환율이 전체 거래량의 24.1%를 차지하는 가장 많은 거래이고, 다음으로 미 달러/엔 (18.3%), 그리고 미 달러/영국 파운드(8.8%)이다.

표 10.2에서 총합계는 100%가 아니고 200%인데, 그것은 모든 매입과 매도과 동시에 나타나기 때문이다. 달러는 가장 빈번하게 거래되는데 국제 거래의 매개로 활용되며, 통화 간 거래 사이에 일어나는 교차거래 때문이다. 즉, 칠레 수입자는 멕시코 수출업자에게 미 달러로 지급하기도 하며, 그들이 칠레 페소로 달러를 사고 그 달러로 멕시코 페소를 사기 때문이다. 그것은 멕시코 수출업자가 칠레 페소를 수용할 것 같지 않으며 그래서 이 래저래 수입업자는 달러에 이르게 된다.

통화 거래는 몇 개의 금융센터에 집중되어 있다. 런던은 지금까지 가장 큰 외환거래센터인데, BIS 조사에 의하면 뉴욕보다 런던에서 더 많은 달러가 거래됨을 알 수 있다(표 10.3 참조). 통화 거래에서 미 달러의 우위와 무역센터로서 런던의 중요성에 기인하여 런던 거래에서 가장 큰 것은 영국 파운드가 아니다.

표 10.3 통화 거래 센터

위치	세계 통화 거래 비율
영국	40.9
미국	18.9
싱가포르	5.7
일본	5.6
홍콩	4.1
스위스	3.2
프랑스	2.8
호주	2.7
기타	16.1

출처 : Data from Bank for International Settlements, © James Gerber.

표 10.4는 앞서 언급했던 장기, 중기 및 단기 요소들을 요약한다. 표 10.4의 목록은 완전하지는 않지만 주요 요소들을 포함하고 있다.

표 10.4 가치절상 및 가치절하의 주요 결정요소

	환율(R) 하락 : 자국통화의 가치절상	환율(R) 상승 : 자국통화의 가치절하
장기 : 구매력 평가	자국 상품가격이 외국 상품가격보다 낮다.	자국 상품가격이 외국 상품가격보다 높다.
중기 : 경기변동주기	자국 경제 성장이 외국 경제 성장보다 느리다.	자국 경제 성장이 외국 경제 성장보다 빠르다.
단기(1) : 금리평가	자국 금리가 오르고 외국 금리가 떨어진다.	자국 금리가 떨어지고 외국 금리가 오른다.
단기(2) : 투기	미래 가치절상의 예측	미래 가치절하의 예측

실질환율

학습목표 10.5 가격 변동과 실질환율 간의 관계식을 세우고 설명하라.

지금까지 언급해왔고, 표 10.2에서 보여준 가치에 의해 예를 들어온 환율의 개념은 외환의 가치를 정확하게 말해주지 않는다. 환율은 우리에게 자국통화 몇 개를 포기해야 외국통화 한 단위를 얻는지를 말한다. 그러나 외국 가격이 무엇인지 알지 못한다면 우리는 아직 자국통화가 외국통화로 전환됐을 때의 구매력을 알지 못한다. 이 문제의 일례로 미 달러-말레이지아 링깃 환율이 0.25달러이고 1년 내내 고정되어 있다고 가정한다. 한편, 말레이시아 인플레가 4%인 반면 미국의 인플레는 1%라고 가정하자. 1년이 지나서 1달러를 주고 산 4링깃으로 말레이시아에서는 미국에서 1달러로 살 수 있는 것보다 3% 덜 살 수 있다. 말레이시아에의 상대적으로 높은 인플레가 1달러어치의 링깃의 가치를 미국에서 달러가 가치를 잃는 것보다 더 빠르게 잠식한다. 결과적으로 링깃으로 환전할 때, 환율이 여전히 링깃당 0.25달러라 할지라도 달러의 실제 구매력은 감소하게 된다.

외환을 사용하는 여행자나 사업가의 관점에서 관심의 초점은 외국통화의 수가 아니고 그들이 달러를 환전할 때 얻는 구매력이다. 말레이시아와 중국 섬유 사이에 결정하고자 하는 미국 수입업자는 자기가 달러당 4링깃을 얻든 달러당 8위안을 얻든 중요하지 않다. 가장 큰 관심은 4링깃으로 말레이시아에서 살 수 있는 섬유의 양과 8위안으로 중국에서 살 수 있는 섬유의 양이다.

실질환율(real exchange rate)은 시장환율[또는 **명목환율**(nominal exchange rate)]에 가격 차이를 조정한 것이다. 두 가지는 서로 밀접하게 연결되어 있다. 예를 들기 위해, 미국 와인 혹은 프랑스 와인으로 상점에 전시 판매하고자 하려는 와인 판매업자의 경우를 들어보자. 일정한

품질의 프랑스 와인 가격은 200유로이고 같은 품질의 미국 와인 가격은 180달러라고 하자. 명목 환율이 유로당 1.20달러여서 180달러는 150유로가 된다. 이 경우 프랑스 와인은 미국 와인보다 1/3 가격이 더 비싸고 실질환율은 프랑스 와인당 미국 와인이 1/3이 더 비싸다. 관계식은 다음과 같다.

> 실질환율
>
> = 명목환율 × 외국가격/국내가격
>
> = [(유로당 1.20달러) × (케이스당 200유로)/(케이스당 180달러)
>
> = (프랑스 와인 케이스당 240달러)/(미국 와인 케이스당 180달러)
>
> = 프랑스 와인 1 케이스당 미국 와인 1⅓

달러의 실질구매력이 미국에서보다 프랑스에서 훨씬 작기 때문에 와인 판매업자가 직면한 선택은 명백하다.

이 사례에서 주된 시사점은 명백하다. 수출업자와 수입업자가 가장 관심을 갖는 것은 명목환율이 아니고 실질환율이다. 달리 말하면, 비교하에서 그들이 각 국가에서 구매력을 얼마나 갖는가이다. R_r을 실질환율, R_n을 명목환율이라고 하자. 우리는 와인시장과 같이 한 시장보다 경제 전체에 관심이 있으므로 두 국가의 전체 가격을 측정하기 위하여 가격지수를 사용할 것이다. 가격지수는 경제 각각의 상품과 서비스 바스켓의 평균가격과 같다. P를 자국의 가격지수라고 하고, P^*를 외국 가격지수라 하자. 그러면 와인 상인의 수식은 다음과 같다.

> 실질환율
>
> = 명목환율 × (외국가격)/(국내가격)

혹은 좀 더 명확하게 하면 다음과 같다.

$$R_r = R_n(P^*/P)$$

예를 들면 미 달러-유로의 명목환율이 유로당 1.2달러이고 각각 최초에 가격지수가 100이라고 하자. 이 경우 상품과 서비스 바스켓 가격은 양국에서 실질개념으로 동일하다.

$$R_r = R_n(P^*/P) = R_n(100/100) = R_n$$

구매력이 양국에서 동일할 때, 실질환율은 명목환율과 같다. 구매력 평가는 장기균형을 뜻한다는 것을 명심하자. 그러나 시간이 흘러, 만약 인플레가 외국에서보다 자국에서 더 높다고 가정하면, P가 P^*보다 더 상승하고, R_r은 하락하며, 자국통화가 실질 개념에서 가치절상됨을 뜻한다.

예를 들기 위해, 미국은 10% 인플레이고 EU는 0%라고 하자. 그러면 실질 미국-EU 환율(유로당 달러 가격)은 다음과 같다.

$$R_r = (유로당 1.20달러) \times (100/110) = 유로당 1.090달러$$

여행자, 투자자, 사업가들은 여전히 유로당 1.20달러의 명목환율(더하기 외환 수수료)로 달러와 유로를 교환할 수 있으나 미국 달러의 실질구매력은 미국에서 사는 것보다 EU에서 상승하게 된다. 실질환율 유로당 1.0909달러는 가격이 오른 미국 상품보다 EU 상품이 9% 더 싸졌다는 것을 의미한다. 결과적으로 명목환율이 움직이지 않으면 달러는 미국보다 EU로 가게 된다. 실질 개념으로 유로는 가치절하됐고 달러는 가치절상된 것이다.

실질환율의 가치 변동은 국제 거시경제 관계에서 중요한 역할을 한다. 국가들이 자국의 명목환율을 통제할 때, 그들은 그들의 가격이 무역 상대국의 가격과 비교하여 변동하지 않는다는 확신이 있어야 한다. 만약, 자국에서 인플레가 높아진다면 그들 통화의 실질가치는 가치절상된다. 장기적으로 수정되지 않는다면 이것은 수입이 증가하고 수출이 감소하여 경상수지 적자로 이끈다. 많은 경우에 마지막 결과는 통화위기와 명목환율의 몰락이었다(예 : 1994년 12월의 멕시코, 1997년 7월의 태국).

변동환율의 대안

고정환율제도(fixed exchange rate system)는 **페그환율제도**(pegged exchange rate system)라고도 불린다. 이 시스템에는 국가의 통화 가치를 결정하기 위한 몇 가지 가능성이 있다. 극단적으로, 몇몇 국가(대부분 아주 작은 국가)는 그들의 통화를 버리고 다른 국가의 통화(대개 달러나 유로)를 수용한다. 보다 평범하게는 한 국가의 통화 가치는 다른 국가 통화(덜 평범하게는 몇 개 통화의 바스켓)의 고정된 양과 같도록 결정한다. 만약 환율이 움직이도록 허용되지 않으면, 그것을 **하드 페그**(hard peg)라고 부른다. 고정환율이 밴드 안에서 움직인다면 **소프트 페그**(soft peg)이다. 그리고 그것들은 허용된 변동의 양에 따라 여러 가지 형태를 가지고 있다. 표 10.5는 2014년에 25개국의 하드 페그와 101개국의 소프트 페그를 보여주는데, 소프트 페그에서는 통화가 고정되어 있지만 제한하에서 움직임이 허용된다. 또한 표 10.5는 65개국이 변동환율을 채택하고 있음을 보여준다. 그중 36개국은 그들의 통화가 급격히 오르거나 떨어질 때 통화시장에 개입하는 반면, 29개국은 그들의 통화가 독립적으로 움직이게 두고 거의 개입하지 않는다.

20세기의 첫 70년 동안 고정환율이 보통이었고 때로 고정된 양의 금으로 국가 통화의 가

표 10.5 환율제도의 종류(2014)

환율제도	국가 수
하드 페그(고정)	25
소프트 페그(고정)	101
관리 변동	36
완전 변동	29
합계	191
대부분의 국가가 변동환율제도보다 고정환율제도을 채택함	

출처 : Data from International Monetary Fund, © James Gerber.

치를 설정하는 제도를 가졌다. 2차 세계대전 후에 많은 국가는 금으로부터 이동하여 미 달러 혹은 역사적으로 강하게 연계된 다른 국가의 통화에 그들의 통화를 페그했다. 1970년대부터 변동환율제도의 사용이 증가하기 시작했으며, 우선은 고소득 국가들 그리고 나서 1980년대 와 1990년대에 많은 개발도상국에서 증가했다. 20세기 말까지 **변동환율제도**(flexible exchange rate system)가 보통이었다.

가장 훌륭한 환율제도는 없다. 각 개별 국가 상황은 독특하며 어떤 환율제도도 모든 국가 에 적합할 수 없다. 1970년대 초 이후에 변동환율제도 사용 국가의 수가 급격히 증가하다가 2001년 이후에 감소하기 시작했다. 최근에는 세계에서 과반이 안 되는 국가가 변동환율제도 를 채택했다.

고정환율제도

금본위제(gold standard)는 고정환율제도의 하나이다. 금본위제는 1930년대 세계 대공항 중 에 모든 곳에서 폐기되었다가 2차 세계대전 후에 완화된 형태로 복구되었으나 1970년대 이 래로 완전히 자취를 감췄다. 경제 전문가들은 압도적으로 금본위제로의 복귀에 반대하며, 최 근 연구는 금본위제도를 끝낸 첫 번째 국가가 세계 대공항에서 가장 먼저 빠져나왔다고 한 다. 2차 세계대전 후, 서방국가들은 **브레턴우즈 환율제도**(Bretton Woods exchange rate sysem, 1947~1971)하에서 금본위를 수정하여 채택했으나, 이것도 역시 1970년 초에 폐기됐다. 역사 적 관점에서 금본위제도는 하드 페그의 고정환율의 순수한 형태로 강조된다. 순수 금본위제 도하에서 국가들은 그들의 국제준비금으로 금을 보유한다. 금은 대부분의 국제계약을 해결 하는 데 사용되었으며 국가들은 외국인이 상품과 서비스 판매로 얻은 자국통화를 교환하려 고 할 때마다 그들 자신의 통화 대신으로 금을 거래하도록 준비해야 했다.

금본위제도를 유지하기 위해 준수해야 하는 세 가지 근본적인 규칙이 있다. 첫째, 금으로 그들의 통화(달러, 파운드, 엔 등) 가치를 고정해야 한다. 이것이 고정환율이다. 예를 들면, 브레턴우즈 환율체제의 조정된 금본위제도하에서 미 달러는 온스당 35달러로 고정되었고, 영국 파운드는 온스당 12.5파운드로 고정되었다. 두 통화가 금으로 고정되었으므로 묵시적으로 서로 고정된다 : 35달러(온스당) = 12.5파운드(온스당), 즉 파운드당 2.80달러(35/12.5 = 2.80)

　　금본위제도의 두 번째 규칙은 국가들은 그들의 금 공급량에 일정 비율로 고정되도록 자국통화 공급을 유지해야 한다는 것이다. 이 규칙은 비공식적이지만, 자국통화 공급이 그것을 지탱하는 금의 공급 능력을 넘어서 확대되지 않는다는 믿음은 필수적이다. 금본위의 세 번째 규칙은 국가들이 그들 자국통화에 대해 교환할 금을 준비하거나 제공해야 한다.

　　만약 어떤 국가가 금으로 보장할 수 없을 만큼의 큰 통화량을 늘리려고 결정했다면 어떨지 생각해보자. 단기적으로는 국내에서 생산된 상품에 대한 구매가 증가하고 국내 물가 또한 오른다. 국내 물가 상승에 따라 외국 상품이 더 매력적으로 보이는데, 고정환율이란 통화 가치가 오르지 않는다는 것을 의미하기 때문이다. 자국의 수입이 증가함에 따라 외국인은 원하지 않지만 자국통화의 공급을 축적한다. 이것이 금본위제도가 혼란해지는 점이다. 만약 금 공급이 자국통화 공급에 비해서 느리다면 국가가 통화에 대한 교환으로 금을 지급함에 따라 어느 선에서 금 보유는 고갈된다. 이것이 위기이고 금본위제도의 종말이다.

　　고정환율제도하에서 외국통화에 대한 국가적 수요과 공급은 움직이지만 명목환율은 움직이지 않는다. 환율을 고정되게 유지하는 것은 금융 당국의 책임이다. 그림 10.6은 정부가 통화를 고정되게 유지하기를 원할 때, 정부 앞에 놓인 과제를 보여준다. 미국과 영국은 둘 다 금본위제이고 미국의 영국 파운드에 대한 수요가 증가한다.

그림 10.6 고정환율과 수요 변동

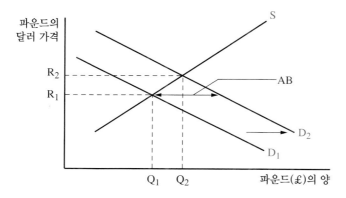

영국 파운드에 대한 수요 증가는 환율에 압력을 주며, 수요 증가가 라인 AB와 동일한 만큼의 공급 증가에 의해 역행하지 않는 한, 달러를 R_2로 가치절하하게 한다.

단기 혹은 중기에서, D_1에서 D_2로 파운드 수요의 증가는 표 10.4에 명기된 요소들 중 하나에 의해 일어나는데(영국 상품에 대한 미국 수요가 증가했거나, 영국 금리 상승 혹은 미국 금리가 하락하거나 달러 가치가 훨씬 오랫동안 고정된 채로 남아 있지 않도록 하는 투기), 만약 R_1이 고정된 미국–영국 환율이라면, 미국은 약화되는 달러에 대응하고 환율이 R_2로 가치절하되는 것을 막아야 한다. 한 가지 선택은 달러를 사기 위해 미국의 금 준비자금을 파는 것이다. 이것은 영국 파운드를 가지려는 상인, 투자자 혹은 투기자의 손에 금을 주게 된다. 판매되는 금의 양은 선분 AB에 의해 나타나는 파운드의 가치와 같다. 사실 미국은 보유하고 있는 국제통화인 금의 일부를 시장에 판매하여 공급하므로 증가된 영국 파운드에 맞추게 된다. 금과 파운드가 서로 교환 가능하므로 금 공급 증가는 파운드 공급 증가와 같은데, 그림 10.7에서 보여주는 바와 같으며, 환율은 R_1에 머물게 된다.

순수 금본위제도하에서 국가들은 외국통화 대신에 금을 준비금으로 보유하며 보유 금을 자국통화와 교환하기 위해 매도한다. 이런 움직임은 국제통화인 금의 공급을 증가시키며, 자국통화에 대한 가치가치절하 압력을 상쇄시킨다. 국가가 보유한 금을 매각함에 따라 그 국가에겐 두 가지 가능성이 있다. 금에 대한 수요가 만족되어서 자국통화에 대한 압력이 완화되거나, 혹은 국가의 보유 금이 고갈되기 시작한다. 만약 후자가 일어난다면, 자국통화로 표시된 금 가격을 변동시킴으로써 성취된 자국통화 가치절하로 빠져들게 될지도 모른다. 한 예에서 만약 달러가 금 온스당 35달러에 고정되어 있다면, 가치절하는 금의 가격을 35달러 이상, 말하자면 50달러로 이동시키고 미국에 의해 매도된 금은 보다 많은 달러로 사야 원래로 돌아간다.

순수 금본위는 1930년대에 매우 드물었다. 보다 일반적으로 국가들은 브레턴우즈 체제와 같이(사례연구 참조) 완화된 금본위, 혹은 **페그환율**로 불리는 고정환율제도를 채택했다. 페그

그림 10.7 달러 약화에 대응하기 위한 보유 파운드의 매도

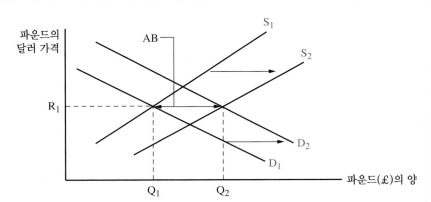

AB 파운드와 같은 가치의 금을 매도함으로써 미국은 달러–파운드 환율의 가치절하를 막는다.

환율제도는 금본위와 유사하게 작동되는데, 다만 금 대신에 다른 통화가 자국통화 가치를 '부착'시키는 데 사용된다.

페그 통화에 대한 한 가지 잠재적인 문제는 자국통화의 가치가 그 페그와 동시에 움직인다는 것이다. 그래서 페그와 제3의 통화 간의 변화는 자국통화와 제3의 통화에 대해서도 동일하다. 한 가지 사례가 명확하게 해준다. 태국은 태국의 통화를 미국 달러에 페그하기로 결정해서 미국 달러당 25바트라고 하자. 태국 중앙은행의 목적은 태국이 자신의 바트를 교환하고자 요구될 때마다 달러를 공급할 수 있어야 한다. 만약 달러가 일본 엔에 대해 가치절상된다면, 같은 비율로 태국 바트 역시 그렇다. 일본 엔에 대한 가치절상은 태국 생산자에게 일본–태국 무역 관계의 중요성에 따라서 문제가 될 수도 있고 그렇지 않을 수도 있다. 1997년에 매우 중요한 것으로 나타났으며, 통화 가치절상으로부터 태국 경쟁력의 하락은 1997~1998년 아시아 금융위기를 불붙이는 중요한 역할을 했다.

이런 유형의 문제를 피하는 가장 간단한 방법은 통화를 하나의 통화에 페그하는 것이 아니고 통화 그룹에 페그하는 것이다. 사실 이것은 1997년 태국의 실제 정책에 가깝다. 이것은 산술적으로 좀 더 복잡한 반면에 자국통화 가치의 결정에 한 국가 통화의 중요성을 감소시킨다. 전통적으로 이 전략을 채택한 국가들은 바스켓의 요소로서 그들의 가장 중요한 무역 파트너 국가들의 통화를 선택한다.

페그 환율은 많은 상황에서 매우 잘 작동할 수 있으나, 그들이 풀어야 하는 다른 요인은 페그와 자국 간의 인플레율의 심각한 차이이다. 앞서 우리는 실질환율이 명목환율보다 무역 패턴을 결정하는 데 더 중요한 역할을 한다는 것을 알았다. 미국–태국의 예를 보고 또 태국의 관점(자국으로서)으로부터 실질환율과 명목환율 간의 관계를 설명하는 방정식을 보면, 다음과 같다.

$$R_r = (달러당\ 25바트) \times [(미국\ 물가\ 수준)/(태국\ 물가\ 수준)]$$
$$= R_n(P^*/P)$$

태국에서 상대적으로 높은 인플레는 P의 변동률이 더 빠르게 나타나고, 바트의 실질 가치절상으로 이끈다. 이런 상황하에서 태국의 생산자는 경쟁력이 약화되고 미국 생산자는 태국에서 더 경쟁적이 된다. 만약 상황이 지속되면, 투기자들은 달러당 25바트 명목 페그환율은 실질환율에서의 가치절상을 상쇄하기 위하여 가치절하될 것으로 예측하여 바트를 팔기 시작할 것이다. 명목 페그를 25바트에서 30바트 혹은 40바트로 움직임이 균형을 복구하는 데 필요할지도 모른다.

이런 문제를 다루는 가장 평범한 기술은 **크롤링 페그**(crawling peg)를 채택하는 것이다. 크롤링 페그는 고정되어 있지만 간헐적으로 조정되는 가벼운 페그이다. 이 아이디어는 R_n에서 적절한 조정을 통해 인플레의 차이(P의 변동)를 상쇄시키는 것이다. 정확하게 조정된다면, 실질환율은 고정적으로 남아 있으며 인플레 차이의 충격은 경쟁력 변화로서 나타나지 않는다.

고정환율의 주제에 관하여 몇 가지 다른 변화도 있다. 명심해야 할 중요 포인트 중 하나는 순수 고정환율 혹은 순수 변동환율 배치는 드물다는 것이다. 통화 가치가 고정된다면, 그것은 아직 수요와 공급의 시장 압력에 있으며, 때로 정부로 하여금 통화 가치를 변경하게 만들 수 있다. 마찬가지로, 국가가 변동환율을 채택할 때 통화 가치를 유지하려는 통화시장에 대한 어느 정도의 정부 개입이 자주 있다.

사례연구

브레턴우즈 제도의 종말

환율의 브레턴우즈 제도는 2차 세계대전의 말에 시행됐다. 그것은 구소련과 그 동맹국 외의 대부분 국가를 포함한다. 환율제도는 국제경제 마찰을 조정하고 국제경제협력을 지원하는 기구의 중요한 요소였다. 환율제도와 더불어 동시에 창립된 다른 기구는 국제통화기금(IMF), 국제개발은행(IBRD) 즉, 세계은행(World Bank) 그리고 관세 및 무역에 관한 일반협정(GATT)이다(제2장 참조).

각 기구는 각자 세계경제환경 관리에 중요한 역할을 갖고 있다. 환율의 역할은 과도한 통화 변동성을 제거함으로써 안정을 제공하고, 국가들이 자국 상품의 시장을 확보하려는 목적으로 환율가치절하를 활용하는 것을 방지하며, 국제적으로 수용되는 준비자산을 적절히 공급함으로써 국가들이 그들의 국제적 의무에 맞출 수 있도록 하는 것이었다.

브레턴우즈 제도에서는 1달러가 금 1/35온스의 비율, 혹은 온스당 35달러의 비율로 금에 고정되어 있었다. 이 시스템에서 다른 통화들은 달러에 고정되었으며 따라서 간접적으로 금에 고정되었다. 순수 금본위제도와 다르게 국가들은 국제 준비자산으로 미국 달러를 사용했으며 금을 축적하거나 금 보유에 맞춰 통화 공급을 연계할 필요가 없었다.

브레턴우즈 환율제도는 하나의 치명적인 결점이 있었는데, 바로 달러이다. 미국의 통화가 금과 같이 취급되었으므로 미국은 특권의 위치에 있었다. 이것은 미국은 단지 통화 공급을 증가시키고 유럽, 일본, 다른 국가들의 상품에 대해 증가된 구매력의 이익을 얻는다는 것을 의미한다. 다른 국가들은 미국이 상대적으로 건전한 달러의 공급을 유지하기를 선호하는데, 이것이 세계경제에 대한 국제 준비자산의 충분한 공급이라는 것을 믿었기 때문이다.

미국경제가 무역 파트너의 경제와 다른 비율로 성장할 때 이러한 정리의 문제가 시작되었다. 1960년 중반에서 말까지 미국은 베트남 전쟁에 깊숙이 개입했었고 반면에 자국에서는 동시에 '빈곤과의 전쟁'을 일으켰다. 두 정책은 경제를 진작시키는 대규모 재정지출을 일으켰다. 미국의 팽창 정책이 다른 나라의 팽창 정책에 앞서서 행해지는 동안 유럽 사람들은 그들이 바라는 것보다 더 빠르게 달러를 축적하고 있었다. 달러는 미국 경제 팽창 정책의 부산물이었고 부분적으로 팽창과 동반하는 가격 증가를 반영했다.

다른 유형의 환율제도하에서 미국은 그들 통화를 가치절하하는 것이 적절했었다. 미국의 가격은 외국 통화에 비해 상대적으로 상승해왔고 실질환율은 결과적으로 가치절상되었으며, 무역적자는 미국 경제의 영원한 특징이 되기 시작했다.

한 가지 정책은 명목달러환율을 가치절하시키는 것일 수도 있었겠지만, 이는 선택 사항이 아니다. 모든 통화가 달러에 매어 있었으므로 미국이 선택적으로 한 그룹의 다른 통화에 대해서만 가치절하시키는 방법은 없다. 차선책은 미국이 금의 달러가격 변동을 통해 모든 통화에 가치절하하는 것이다. 1960년대 말까지 이것이 필요하다는 것이 명백해졌다.

지속적인 미국 적자는 미국 밖에서 달러의 축적으로 이끌어갔으며, 그것이 미국의 금 공급을 크게 초과했다. 다시 말하면, 미국은 순환되는 모든 달러를 지원하는 금 보유량이 부족했다. 이런 사실에 대한 공식적인 인식은 1971년 12월 **스미소니언협정**(Smithsonian Agreement)을 낳았는데, 그것은 주요 산업국가들이 달러의 금 연계를 온스당 35달러에서 38.02달러로 약 8%까지 가치절하시키는 데 동의했다. 추가로 일본, 독일 및 다른 무역 흑자국은 그들의 통화 가치를 상승시켰다.

스미소니언 협정이 닉슨 대통령에 의해 국제통화 업무의 근본적인 재조정으로 인정받았을지라도, 그것은 즉시 너무 부족했고 단지 일시적인 편익인 것으로 증명되었다. 달러의 금 가치는 1973년 초에 38.02달러에서 42.22달러로 다시 재조정되었다. 또한 유럽통화들에 대해서 추가적인 가치절하가 일어났다. 그 시스템의 종말은 1973년 3월에 왔고, 그때 주요 통화들은 서로에 대해 변동하기 시작했다. 영국 파운드와 같은 몇몇 통화는 그보다 더 일찍 변동하기 시작했다.

각각의 경우에 수요과 공급 상황에 따라 환율이 움직이도록 허용하는 전략은 투기를 수습하는 차원에서 채택되었다. 투기자들이 달러가 온스당 38달러 혹은 온스당 42달러에서 과대평가되었다고 인지했을 때, 그들은 미래의 가치절하의 예상으로 달러를 매도했다. 단지 달러만이 투기 대상의 통화가 아니었다. 파운드와 이탈리아 리라와 같은 다른 약한 통화는 과대평가된 것으로 정확하게 인지되었으며 투기자들에 의해 매각 처분되었다. 결국에는 약세 통화의 중앙은행은 비현실적으로 그들의 통화를 높은 가치로 유지하는 것이 불가능하다는 것을 알았다. 그들 통화의 초과 공급을 매입하는 비용이 너무 크다는 것을 증명했다. 가장 간단한 해결은 환율을 변동하도록 놔두는 것이다.

올바른 환율제도의 선택

학습목표 10.6 2개 혹은 그 이상의 국가가 성공적으로 단일통화지역을 형성하기 위한 필요조건을 말할 수 있다.

환율제도에 대한 선택 메뉴하에서 경제 연구의 활발한 분야는 다른 경제 상황과 제도적 준비 하에서 시스템의 실용적 특성에 집중된다. 수많은 세월 동안 경제학자들은 고정환율과 변동 환율에 대한 찬성과 반대를 주장해왔으나, 환율 선택의 다양성이 확대되어왔고 자본 이동이 증가되었으며 국제무역과 투자가 심화됨에 따라, 연구자들은 변동성과 고정성의 다양화 정도가 어떻게 각 국가의 이익을 가장 잘 대변하는가를 이해하는 데 더 관심을 가져왔다. 구체적으로 경제학자들은 환율제도의 차이가 경제 성장률, 인플레율, 통화 위기의 빈도 등 국가의 거시경제의 주요 요소에 어떻게 영향을 줄 것인가를 파악하려고 노력해왔다.

전통적으로 인플레 통제는 고정환율제도 국가가 낫지만, 그들은 느린 경제 성장의 대가를 치룬다는 관점을 유지한다는 것이다. 이 관점의 이유는 고정환율을 유지하기 위해서 정부는 신규 화폐를 발행하는 데 대해 매우 유의해야 한다는 것이다. 20세기 후반 동안 대부분 초인 플레 에피소드는 과도한 통화 공급에 유래하였으므로 통화 공급을 제한하는 환율정책은 또한 인플레를 피하는 데 도움을 준다는 것은 일리가 있다. 그러나 몇몇 경제학자의 관점에서 통화 공급을 조작하는 국가의 능력에 두는 제한은 정부가 경제 성장률의 조정을 돕는 데 사용하는 중요한 수단을 제거한다. 그러므로 낮은 인플레를 위한 낮은 경제 성장이 교환이다.

좀 더 최신연구, 특히 1990년대의 데이터는 환율제도 유형과 인플레나 혹은 경제 성장과의 강한 관계를 보여주는 데 실패했다. 1990년대 전에 고정환율 혹은 페그환율을 채택한 국가는 낮은 인플레율을 갖는 경향이 있었지만, 1990년대에는 그 차이가 사라졌다. 유사하게 좀 더 유연한 환율을 가진 국가가 더 높은 경제 성장률을 갖는 경향이 있었으나, 이 결과는 가장 빠른 성장을 하는 아시아 국가들의 범주에 달려 있었다. 기술적으로 이들 국가 중의 많은 수가 변동환율을 갖지만 동시에 그들은 아주 밀접하게 환율을 관리한다. 그 국가들을 분석에서 제외하면, 성장률에서 상대적으로 고정환율 국가와 변동환율 국가 사이에 경제 성장률은 유의할 만한 차이가 없다. 그리고 결론적으로 고정환율이든 변동환율이든 통화 위기에 대한 우세한 방어 장치를 제공하지는 않는 듯 싶다. 결국, 어느 특정한 시스템이든 우세한 거시경제 성과를 제공할 능력에서 우위를 차지하지는 않는다.

경제학자들이 환율제도를 선택하기 위한 일련의 규칙을 고안할 수 있는 한에서 그들은 매우 일반적이며 매우 기본적이다. 만약 목표가 경제에 대한 부정적인 충격을 최소화하는 데 도와주는 시스템을 찾는 것이라면, 충격의 근원은 더 변동적인 혹은 더 고정적인 시스템이 채택되어야 하는가를 결정한다. 충격이 금융 부문에 기인한다면(예 : 새로운 화폐를 발행하는 데 지나치게 치중하는 중앙은행) 고정환율이 더 좋은데, 이는 고정환율이 중앙은행에 엄격한 통제를 행사하기 때문이다. 반면, 만약 경제에 대한 충격이 외부 환경에 기인한다면(예 : 수입 석유 가격의 큰 변화) 그때는 상대적으로 더 유연한 환율이 국가로 하여금 보다 쉽게 변화를 수용할 수 있게 한다. 여기 일반적인 논쟁은 공업국가 특징에 따라 크게 좌우된다. 이런 규칙을 가진 그 문제는 경제에 대한 충격의 근원이 에피소드별로 다양한 것 같고, 결과적으로 위에서 언급한 기본 규칙은 바라는 것보다 덜 유용한 가이드를 제공한다.

페그환율은 특히 많은 개발도상국에 잘 알려져 있다. 여기에는 두 가지 이유가 있다. 첫째, 모든 경제학자들은 환율제도의 가장 중요한 요소 중의 하나는 신용성이라는 데 동의한다. 즉, 어떤 종류의 환율을 채택하건 간에 성공적인 시스템은 자신감과 그것이 지속적일 거라는 만연된 믿음을 창출한다. 신뢰성이 부족한 환율제도는 자국통화와 외국통화 간의 부드럽고 믿을 수 있는 전환을 제공하는 기본적인 일에 실패하게 된다. 어떤 상황하에서 페그환율은 더 큰 신뢰도를 제공할지도 모른다. 상황 중의 하나로, 몇몇 국가들이 통화를 계속해서 페그하는 두 번째 이유는 하나의 주요 경제국에 대한 상대적으로 높은 무역 의존도이다. 미국과의 무역이 80%를 차지하는 멕시코의 경우를 생각해보자. 미국에 대한 무역 의존 때문에 멕시코는 오랫동안 페소를 미국 달러에 페그해 왔다. 멕시코 인플레는 미국 인플레율보다 높기 때문에 크롤링 페그가 실질환율을 상대적으로 일정하게 유지하는 수단으로 선호되었다. 달러 페그의 목적은 멕시코의 수입과 수출에서 가격 변동의 일부를 제거함으로써 멕시코 사업가와 소비자에게 편익을 제공하는 것이다. 규칙은 한 국가가 미국과 같은 대규모 산업국가의 경제에 밀접하게 연계되어 있을 때, 그 통화에 페그하는 것이 추가적인 안정성을 제공하고 사업계획에 보다 큰 자신감으로 미래를 도와줄지도 모른다는 것을 의미한다.

이런 관점은 많은 사람과 같이 하지만, 동시에 멕시코의 경우에 1994년 전에 사용되었던 페그환율보다 변동환율이 더 잘 기여해왔다는 것은 널리 수용된다. 이론적으로 잘 맞는 것과 실제로 작동해온 것과의 차이에 대한 이유는 모든 국가가 독특한 경제요소와 경제적 결과를 그리는 일련의 기관을 가지고 있을 때, 환율제도를 선택하는 복잡성을 강조한다. 사업부문, 조직된 노동 그리고 정부 간의 동의에 기인하여 멕시코는 크롤링 페그로는 필수적인 명목환율에 대한 간헐적 조정을 실행할 수 없었다. 사실, 멕시코의 명목환율을 조정하려는 기관적인 무능은 환율제도에 대한 신뢰를 해쳤다. 신뢰도 부족은 그것이 과대평가되고 취약하다고 인지될 때는 언제나 페소에 대항하여 투기의 정기적인 싸움으로 이끌었다. 이러한 여러 번의 투기적인 싸움은 페소의 몰락과 경제 침체를 이끌었다. 끝으로 그 교훈은 환율제도를 선택하는 첫 번째 기준은 그것이 통화와 금융시장에 대한 신뢰를 가져야 한다는 것이다.

사례연구

통화 연합

몇몇 국가들은 그들 자신의 통화를 갖지 않는 것을 선호한다. EU 28개국 중의 19개 국가는 공동 통화로 유로를 사용하며, 더 많은 국가가 가입할 것으로 예상된다. 파나마는 20세기 초에 '코르도바'라고 불리는 고유 통화와 더불어 법적 화폐로서 달러를 채택했으며, 에콰도르와 엘살바도르는 그들의 통화들을 모두 제거하고 달러를 채택했다.

달러화(dollarization)는 다른 국가 통화의 채택에 대해 붙여진 용어이다. 달러화는 유로존과 같은 통화 통합과 다른데, 왜냐하면 통합은 화폐를 발행하고 통화정책을 수행하는 평범한 중앙은행을 가지고 있기 때문이다. 반대로 엘살바도르와 에콰도르의 중앙은행은 화폐를 발행할 능력이 없고 통화정책에 대한 통제도 없는데, 왜냐하면 그들은 통화 공급을 확장하거나 긴축할 수 없기 때문이다. 다른 국가의 통화를 사용하는 데 국제법상의 장애는 없으나, 그렇게 함으로써 한 국가는 환율이나 순환되는 통화량에 영향을 미치는 힘이 없기 때문이다.

세계에는 4개의 통화 통합이 있다(표 10.6). EMU(유럽통화연합, 유로존은 제14장에서 논의됨), 동카리브통화연합(ECCU), 서아프리카경제통화연합(WAEMU), 프랑스어 약자로 CEMAC로 알려진 중앙아프리카경제통화커뮤니티가 있다.

2개의 아프리카연합인 WAEMU와 CEMAC는 통화 통합으로 가장 오래되었다. 이 두 연합은 서아프리카에서 이전 프랑스 식민지로부터 벗어나면서 형성되었으며 그들의 통화로 CFA 프랑을 사용한다(CFA는 프랑스 아프리카 커뮤니티를 말함). WAEMU와 CEMAC는 그들의 화폐를 발행하는 중앙은행을 가지고 있고, 둘은 다 유로당 약 656CFA 프랑으로 유로에 고정하고 있으며, 두 통화는 서로 교환 가능하다. 프랑스 재무부는 두 통화를 지원하며, 통화연합의 2개 중앙은행이 통화 준비금이 말라간다면 통화 준비금을 제공할 준비가 되어 있다.

대부분의 관측자들에 의하면 독립 통화와 비교하여 CFA 프랑의 편익은 참여국가들

표 10.6 통화연합

통화연합	회원	환율제도
유럽통화연합(EMU)	EU 28개국 중 19개국	변동환율
서아프리카 경제통화연합(WAEMU)	서부 사하라 서아프리카의 8개국	유로에 고정
중앙아프리카 경제통화커뮤니티 (CEMAC)	서부중앙아프리카의 6개국	유로에 고정
동카리브통화연합(ECCU)	섬 국가 6개국	달러에 고정

이 낮은 인플레를 가지며 거시경제 불안정을 감소시키는 것이다. 그 중앙은행들은 복수의 경제에 책임을 지기 때문에 개별 국가의 정치적 영향력을 감소시켰으며 더 안정적이고 덜 변동적인 통화정책으로 이끌었다. 그 불이익은 고정환율의 단점과 같다. 즉, 통화의 가치 변화는 국가 외적으로 시작된 충격에 대항하여 국내경제를 보호할 수 없다. 예를 들면, 2000년 이후 유로가 달러에 비해 가치가 올라갔을 때, 그 CFA 프랑은 달러에 대해 가치절상되었으며, CFA 프랑존에서 생산된 상품이 달러 가격으로 더 비싸게 되었다. 이 것은 특히, 주로 면화와 다른 농산물을 수출하는 쪽으로 WAEMU에 영향을 미쳤다.

모든 통화연합은 또한 경제연합(예 : EU), 공동시장(ECCU는 카리브 공동시장의 기본), 혹은 관세동맹(WAEMU와 CEMAC)이다. 통화연합은 높은 수준의 통합과 조정을 의미하며 단지 다른 경제적 요소들 또한 통합될 때 가치가 있다. 통화연합의 가치나 필요성만큼 중요한 협약은 없으나 추가적인 경제적 통합 없이는 의미가 거의 없다.

단일통화지역

1999년 1월 1일에 EU의 11개 회원국이 그들의 공식 통화로서 유로를 채택했다. EU가 21세기 첫 10년에 신규 회원국을 추가했고 몇 개국이 유로 사용을 선택했으며, 2016년까지 EU 28개국 중 19개국이 그들의 국가통화를 유로로 대체했다. 이것은 수십 년 동안 더 깊이 있는 경제적·통화적·정치적 통합을 진전해 왔던 공유의 결과이다. 한 국가의 통화가 국가적 주권의 가장 강력한 심벌 중의 하나라는 관점에서, 그렇게 많은 국가가 그들의 통화와 통화정책을 수립할 능력을 포기하기로 결정했다는 사실은 일련의 놀랄 만한 사건이다.

많은 국가가 공동통화를 공유하기를 원하는 이유는 적어도 네 가지가 있다. 첫째, 단일 통화는 상호 통화 간의 전환의 필요성을 제거하므로 여러 방법에서 거래비용을 줄인다. 그것은 환전을 수행하는 은행이나 통화브로커에게 지급하는 수수료를 없애고, 회계나 장부를 간결하게 만들며, 소비자나 투자자에게 국제 간 가격을 정확하게 비교할 수 있게 한다. 이런 편익의 각각은 효율적인 면에서 이익과 영업비용의 감소를 제공한다. 투자자들이 그들의 자금을 한 국가에 유입 혹은 유출할 때, 혹은 한 국가에서 일시적인 금리 변화가 외환의 수요와 공급을 변동시킬 때, 그로 인하여 그 국가에서는 (일시적으로) 사업에 대한 더 낮은 비용 혹은 더 많은 비용으로 작용한다. 결과적으로 사업 결정은 경제적 효율성의 이슈보다는 통화 가치의 일시적인 변동을 반영할지도 모른다. 환율 변동으로 유래된 잘못된 가격 신호의 제거는 또한 효율성이 잠재적인 이익이다.

셋째, 단일통화의 채택을 통한 환율의 제거는 그들 간 통합을 증가시키려는 국가들 간에 정치적 신뢰를 상승시키는 데 도움이 된다. 단일통화는 환율 조정 불량으로 생긴 문제를 제거함으로써 연합국가들 사이의 마찰을 제거한다. 넷째, 몇몇 개발도상국에서 공동통화의 채택은 그들의 환율제도에게 더 큰 신뢰를 제공한다. 그런 통화의 사용은, 비록 그것이 금융시스템의 전체적인 건전성 여하에 달려 있지만, 환율 변동폭을 줄이고 채택하는 국가의 금융시스템에서 더 큰 자신감을 창출하며, 금리를 낮추고 신용능력을 증가시킨다.

그들의 통화를 포기하는 국가들은 비용 없이 그렇게 하지 않는다. 정치적인 상징성에 덧붙여서, 공동통화의 채택은 또한 그 국가가 경제 성장을 관리하기 위한 수단으로서 더 이상 통화공급을 사용하지 않음을 뜻한다. 통화정책의 주제는 제11장에서 좀 더 구체적으로 다루지만, 기본 핵심은 이해하기 쉽다. 그들 자신의 통화를 가진 국가들은 통화 공급의 변화를 통해서 단기적으로(장기적으로는 아니지만) 경제 성장률에 영향을 줄 수 있다. 한 국가가 한 국가 혹은 복수의 다른 국가와 공동통화를 채택할 때, 그 국가는 이 수단을 포기한다. 공동통화의 도입 이후에 단지 한 통화 공급만 있으며, 결과적으로 하나의 통화 공급 증가률만 있다. 예를 들면, 뉴욕이 캘리포니아와 함께 공동통화를 나누고, 그 결과로서 두 주는 통화 공급에서 동일한 변화를 경험한다. 만약 뉴욕이 빨리 성장하고 캘리포니아가 느리게 성장하면, 연방준비은행이 캘리포니아에는 성장을 촉진하고 뉴욕에는 늦추는 그런 방법으로 통화 공급을 조정하는 것은 불가능하다.

단일통화 채택으로 인한 두 번째 잠재적인 비용은 그 국가들이 환율을 변동시키는 능력을 포기한다는 것이다. 환율 조정은 때때로 가격 상승 이후에 경쟁력을 복구하는 적은 비용의 방안이다. 예를 들면, 2007~2009년의 금융위기로 빠져드는 기간 동안, 지중해 지역에 있는 유로존 회원 국가들은 가격과 임금이 올라가는 주택과 건설 버블현상을 경험했다. 위기가 시작됐을 때, 가격이 그만큼 오르지 않았던 북유럽 국가들에 비해 덜 경쟁력을 가졌다. 경쟁력을 복구하기 위해 그들은 국가 안에서 가격과 임금을 내리는 것을 목적으로 한 정책을 수행할 것으로 예견되었고, 그들의 상품을 더 싸게 만들기 위하여 그들 통화를 가치절하하는 선택을 하지 않았다. 디플레를 창출하기 위하여 시도된 정책은 항상 수행하기에 매우 뼈아픈데, 그것들이 낮은 수요와 느린 혹은 부(-)의 성장을 수반하기 때문이다.

단일통화를 채택하기 위한 조건

단일통화 영역의 편익과 비용을 분석하는 시작점은 **최적통화지역**(optimal currency areas) 이론에 관한 로버트 먼델(Robert Mundell)의 연구이다. 먼델은 2개 혹은 그 이상의 국가가 각자 독립된 국가통화를 사용하는 것보다 한 통화를 공유하는 것이 더 나은지를 결정하는 첫 번째 세트를 개발했다. 먼델과 뒤이은 연구는 편익이 비용보다 큰지를 결정하기 위한 4개 조건들에 맞춘다.

첫 번째 조건은 경기변동이 동시에 일어나서 국가 경제가 거의 동시에 불황과 호황에 들어가는 것이다. 이 경우에 단일금융정책은, 개별적으로 각 국가들이 경기변동의 같은 지점에 있고 국가 금융정책의 실종과 모든 회원을 위한 단일 정책의 대체와 연관된 비용이 없으므로 적절하다. 그러나 사실 그들의 경기변동과 그렇게 잘 동기화된 국가는 거의 없다. 미국의 각 주조차 시간적으로 다른 지점에 불황에 들어갔다 나가며, 성장에 대한 국가적 특징은 단지 모든 50개 주를 통틀어 평균을 반영한다.

두 번째 조건은 회원국 간의 노동과 자본의 이동성 정도이다. 이것은 노동자와 자본이 일이 드문 국가나 지역을 떠나서 일이 왕성한 지역에 들어간다. 사실, 생산요소의 자유로운 이주는 고용되지 못한 투입을 가지고 그들을 필요로 하는 곳으로 이동시킴으로써 경기변동에 있는 차이의 일부를 유연하게 한다. 이것이 미국의 50개 주가 개별 주의 경기변동에 있어 완벽한 동시성의 부족을 보완하는 방법이다. 조건들이 한 지역에서 안 좋을 때, 노동자와 투자자들은 노동과 자본을 다른 지역으로 이동시켜, 그들이 필요하지 않은 지역으로부터 투입을 자유롭게 하여 그들을 필요한 지역으로 제공한다.

자본이 상대적으로 이동적인 경향이 있는 반면에 노동은 국가 안에서조차 그렇지 못하다. 그러므로 세 번째 조건은 발전되어가는 불균형을 겨냥하는 지역적 정책이다. 만약 사람들이 움직일 수 없거나 움직이려는 선택을 할 수 없다면 불황은 불황으로 남는데, 왜냐하면 심리적 혹은 다른 비용이 너무 높거나 지역 밖의 자원들이 가용하지 않기 때문이다. 미국에서는 연방세금과 이전지불이, 불황 지역이 조정되고 충격의 일부를 제한하도록 돕는다. 예를 들면, 한 주가 불황에 있을 때, 사람들은 여전히 사회보장 수표, 메디케어, 다른 연방정부의 이전지출을 받는다. 연방세금과 지불은 국가를 통해서 조정을 확산하며 그 주가 고립되도록 놔두지 않는다. 지역의 경제정책에 관한 한, 그들은 통화 영역(복수 국가)으로부터 각 개별 국가나 주, 하부 지역(도나 시)까지 어느 수준에서도 결정될지도 모른다. 중요한 점은 기관이나 조직의 책임이 아니고 대다수의 통화지역 경제와 동시화되지 않는 지역을 도와주는 효과적인 정책이 있다.

마지막으로, 그 세 가지 조건은 네 번째를 지적한다. 즉, 연루된 국가들은 단순한 자유무역을 넘는 통합 수준을 찾고 있어야 한다는 것이다. 자유무역은 국가들이 상품의 흐름을 억제하는 관세, 쿼터 및 다른 국경의 장애를 제거하는 것을 요구한다. 만약 이것이 그 목표라면, 공동통화는 불필요하다. 그러나 만약 국가경제들의 더 큰 화합과 더욱 가까운 경제적·정치적 연대와 같은 좀 더 깊은 어떤 것을 찾는다면, 다른 세 가지 조건이 관측될 때, 단일통화가 도움이 될 수 있다. 이 조건은 당연하게 모호하며, 정책입안자들이 그 분석에 동의하지 않는 이유의 한 부분이다. 그것은 다소 순환되는 이유이지만, 결국, 단일통화의 바람직함은 부분적으로 연루된 국가들의 목표에 달려 있다.

사례연구

NAFTA 지역은 최적통화지역인가?

EU는 단일통화 창출에 대한 한 모델이다. EU 모델에서 하나의 완전 새로운 통화가 창조되었고, 각국은 국가통화를 포기한다. NAFTA 국가들에서 단일통화의 찬반 논의는 다른 모델을 선호해왔다. 지금까지 논의는 완전히 새로운 통화의 창조 대신에 3국 모두에 의해 미국 달러의 채택에 중점을 두어 왔다. 어떤 모델이든 단일통화 영역의 동일한 결과로 이끈다. 이 논의가 현실적인가? 즉, 단일통화의 제안자가 꿈을 꾸고 있는 것인가 아니면 그런 움직임으로 얻게 되는 무언가가 있는 것인가?

단일통화의 장기 이익과 불이익이 무엇이든지, NAFTA 국가들은 단일통화 영역이 최적의 정책이 되기에 필요한 네 가지 조건이 맞기 전에 가야 할 긴 여정을 가지고 있다는 것은 명백하다. 첫째, 3국의 경기변동은 적어도 역사적으로 동시화되지 않았다. 캐나다와 미국의 거시경제가 종종 함께 움직이는 반면에 멕시코는 역사적으로 경기변동의 매우 다른 패턴을 가져왔다. 그러나 이것은, 1994년 이래로 멕시코 경기변동이 미국의 경기변동에 가까워지는 것으로 나타나 변하고 있을지도 모른다. 둘째, 노동 이동에 대한 법적 제한과 북미 노동시장을 개방하는 데 대한 정치적 장애로 인해, 노동 흐름은 국가 경기순환을 동시화하는 데 도움이 된다고 할 수 없다. 셋째, NAFTA 틀 안에서는 지역적 정책이 없으며, 다른 지역이 호황인 때, 한 지역에 불황이거나 느린 성장에 대한 보상을 위하여 한 국가에서 다른 국가로 이동을 창출하는 방법이 없다. 마지막으로, NAFTA는 원래 국경 장애를 감소시키기 위한 수단으로 만들어졌다. 궁극적인 목표가 시간의 흐름에 따라 변화할 것인 반면에, 최근에 자유무역보다 더한 무엇이 되어야 한다는 합의가 나타나지 않은 듯 싶다.

현재 구성된 바와 같이 NAFTA 지역은 확실히 최적통화지역이 아니다. 결국 달러화는, 특히 멕시코에서 계속 발전할 것이라고 믿는다. 부분적으로 이것은 목표를 넘는 각자의 반대 논의가 있기 때문이다. 단일통화는 3개 경제를 동시화하는 데 도움이 될 것이다. 미국과 멕시코가 1940년대, 1950년대 그리고 1960년대에 가졌던 노동초빙프로그램을 승인하는 합의를 체계화하는 것은 가능하다. 지역 정책은 단순히 정치적 의지와 금융수단의 문제이지만, 그들은 대규모 지출을 요구하지는 않는다. NAFTA 파트너의 밀접한 통합은 피할 수 없다. 결국 2011년에 시작한 유로존 국가들의 문제하에, 어느 심각한 분석가들이 NAFTA 지역에 단일통화 의제를 추진하려고 노력할 것 같지 않다.

요약

- 사람들은 상품과 서비스를 사기 위해, 금리 차이의 이익을 얻기 위해, 투기를 위해 외국통화를 보유한다. 환율시장에서 주요한 기관들은 시중은행과 외환브로커이다.
- 환율은 경제에서 단지 다른 상품처럼 수요 공급 분석으로 분석될 수 있다. 외환 공급 증가(감소)는 자국통화 가치절상(가치절하)을 초래한다. 외환 수요 증가(감소)는 자국통화를 가치절하(가치절상)한다.
- 환율은 예측 불가능한데, 장기, 중기, 단기요소들에 의해 동시에 영향을 받기 때문이다. 장기에는 구매력 평가가 중요하다. 중기에는 경기순환이 중요하며 단기에는 금리 차이와 투기가 중요하다.
- 금리평가 조건은 두 국가들 간의 금리 차이가 대략적으로 선물환과 현물환의 비율 차이와 같다.
- 기업은 환율위험에 방어하기 위해 선물시장을 활용한다.
- 실질환율은 인플레를 감안한 명목환율, 즉, 시장환율과 같다. 실질환율은 국가통화의 구매력에 대해 더 나은 이해를 제공한다.
- 고정환율제도는 인플레 증가를 제한하는 데 도움을 준다고 생각되지만, 지난 20년을 넘게 이것에 대한 증거가 별로 없다. 고정환율은 거시경제를 규제하고 통화정책을 활용하려는 정부의 능력을 제거한다.
- 변동환율제도는 성장 증가에 도움이 된다고 생각되지만, 지난 20여 년 동안 이것에 대한 증거는 거의 없다. 변동환율은 고정환율을 유지하는 것에 우선하고 한 국가의 거시경제 정책을 자유롭게 하며, 경제 성장 목표를 달성하기 위한 더 큰 금융과 재정정책의 사용을 허용한다.
- 모든 환율제도는 고정과 변동 사이의 연속체이다. 크롤링 페그와 관리변동환율은 절대 고정과 완전 변동 시스템 사이의 중간 시스템의 사례이다. 국가에 대한 가장 중요한 규칙은 그들의 환율제도가 믿을 만한가에 있다.

■ 최적통화지역은 국가들이 동일한 통화를 채택하는 데 최적인 지리적 지역이다. 최적통화지역의 기준은 동시화된 경기 순환, 완전한 요소 이동, 뒤처진 지역을 위한 지역 프로그램, 경제적·정치적 통합의 높은 수준에 도달하려는 욕망이다.

용어

고정환율제도	실질환율
구매력 평가	최적통화지역
금리재정	커버된 금리재정
금리평가	크롤링 페그
금본위제	가치절상
달러화	가치절하
명목환율	페그환율제도
변동환율제도	헤지
브레턴우즈 환율제도	현물시장
선물시장	환율
선물환율	환율위험
소프트 페그	하드 페그
스미소니언협정	

학습문제

10.1 미국 시장에서 캐나다 달러에 대한 수요와 공급의 그래프를 그려라. 다음의 각각에 대하여 환율에 대한 효과를 표시하라. 그 효과가 장기, 중기, 단기인지 글로 쓰고 이유를 설명하라.

　a. 미국보다 캐나다에서 더 빠른 성장

　b. 미국 금리 상승

　c. 상품이 미국보다 캐나다에서 더 비싸다.

　d. 미국에서 불황

　e. 캐나다 달러의 미래 가치절하 예측

10.2 미국 달러-유로 환율이 유로당 1.20달러라고 가정하고, 미국 달러-멕시코 페소환율은 페소당 0.10달러라고 가정하자. 유로-페소 환율은 얼마인가?

10.3 미국 달러-엔화 환율이 엔당 0.01달러라고 가정하자. 기준연도에 일본 인플레 2%, 미국

인플레 10%를 가정하자. 실질환율은 얼마인가? 실질개념에서 달러가 엔화에 대하여 가치절상인가 아니면 가치절하인가?

10.4 외환을 소지하기 위한 세 가지 동기 중에 다음의 각자에 적용 가능한 것은 어느 것인가?

  a. 여행자

  b. 채권 거래자

  c. 포트폴리오 매니저

  d. 제조업자

10.5 만약 멕시코로의 미국 여행자가 달러를 페소로 바꿀 때, 미국에서 살 수 있는 상품보다 멕시코에서 더 많은 상품을 살 수 있다면, 달러가 과소평가되었는가 아니면 과대평가되었는가? 설명하라.

10.6 고정환율제도에서, 국가들은 그들의 통화 가치를 낮추거나 올리려고 위협하는 통화시장 압력의 문제를 어떻게 준비하는가?

10.7 고정환율과 변동환율 간의 논쟁에서 변동환율에 대한 가장 강한 주장은 변동환율이 환율을 보호하는 것으로부터 거시경제 정책에 자유롭다는 것이다. 이것은 가장 약한 주장이기도 하다. 설명하라.

10.8 브라질, 아르헨티나, 파라과이, 우루과이, 베네수엘라와 볼리비아는 남미공동시장(MERCOSUR)의 회원국으로, 공동시장을 만들려고 노력하고 있는 지역무역지대이다. 공동통화를 수용하거나 거절하기 전에 그들은 어떤 이슈를 고려해야 하는가?

10.9 미국 금리가 EU 금리보다 4% 더 높다고 가정하자.

  a. 달러가 유로에 대해 가치절상되는가 또는 가치절하되는가? 얼마나 그러한가?

  b. 여러분의 예상과 반대로, 선물환율과 현물환율이 같다면, 어느 방향으로 금융자본이 움직일 것으로 예상하는가?

10.10 왜 일부 경제학자들이 환율제도의 가장 중요한 특징은 신뢰도라고 주장하는가?

부록

금리평가 조건

다음의 변수들은 본문에서 정의한 바와 같다.

    i = 자국금리

    i^* = 외국금리

    R = 외국통화 단위당 자국통화의 수로 표시된 명목환율

    F = 선물환율

선물환과 금리는 만기가 같다.

어떤 투자자가 i와 i* 사이에 선택한다. 달러가 자국통화라고 하고, 자국에 투자한다면 오늘 1달러의 투자는 다음 기간에 1(1 + i) 달러를 얻게 된다. 외국 투자와 비교하기 위하여, 우선 달러가 외국통화로 환전되어야 하고, 투자되고, 수입은 다시 달러로 환전되어야 한다. 1달러에 해당하는 외국통화는 1/R이다. 만약 1/R이 외국에 투자되고, 다음 기간 말에 그것은 외국통화로 된 (1/R)(1 + i*)로 돌아온다. 달러로 다시 돌아옴은 선물환율이 F인 선물시장에서 행해질 수 있다. 그러므로 달러로 1달러의 외국투자는 다음 기간에 (1/R)(1 + i*)F로 돌아온다.

금리평가조건에 의하면 투자자들은 자국과 외국 투자 간에 다르지 않을 것이므로, 그 원리금이 두 경우에 같아질 때까지, 그들은 자금을 여기 저기 방향으로 굴리게 되어 금리와 환율에 변화를 주게 된다.

$$1 + i = (1/R)(1 + i^*)F = (1 + i^*)(F/R)$$

양변을 $(1 + i^*)$로 나누면

$$(1 + i)/(1 + i^*) = F/R$$

양변에 1을 빼면

$$[(1 + i)/(1 + i^*)] - [(1 + i^*)/(1 + i^*)] = F/R - R/R$$

$$[(1 + i) - (1 + i^*)]/[1 + i^*] = (F - R)/R$$

$$(i - i^*)/(1 + i^*) = (F - R)/R$$

좌변의 분모는 작은 가치의 i*로 인하여 1에 가깝다(이것이 우리가 금리평가조건을 대략적으로 말하는 이유이다). 우변은 선물환율과 현물환율 간의 퍼센트 차이이다. 만약 이것이 부(−)의 수이면, 시장은 자국통화의 가치절상을 예측한다. 마지막 등식을 다시 쓰면,

$$i - i^* \approx (F - R)/R$$

이것은 자국과 외국 금리 간의 차이가 대략적으로 자국통화의 예측된 가치절하와 같다는 것을 말한다.

개방경제 거시경제학 입문

학습목표

이 장을 학습한 후 학생들은

11.1 총수요와 총공급에서의 이동을 그래프로 표현하고 가격과 GDP에 미치는 영향을 설명할 수 있다.

11.2 긴축과 확장의 재정정책과 금융정책이 GDP와 가격에 미치는 효과를 그래프로 그릴 수 있다.

11.3 재정정책과 통화정책의 경상수지 및 환율에 미치는 효과를 분석할 수 있다.

11.4 지출전환정책과 지출절감정책이 경상수지 적자를 줄이는 데 어떻게 활용되는지 설명할 수 있다.

11.5 J-곡선을 그리고 그것을 사용해서 어떻게 환율가치절하가 경상수지 적자의 즉각적인 감소를 유도하지 못하는지 설명할 수 있다.

서론 : 지구촌 현상에서의 거시경제

제9장과 제10장은 국제수지와 환율의 개념을 소개했다. 제11장에서 우리는 국제수지와 환율의 관계를 상호관계 그리고 전체적인 국가경제에서 좀 더 상세히 살펴본다. 몇 가지 거시경제 개념을 간단히 정리한 후에, 경상수지, 환율 그리고 거시경제 핵심 요소(소비, 투자, 정부 지출) 간의 상호작용에 대하여 중점적으로 다룬다. 정부는 경제에서 수동적인 역할을 거의 하지 않으므로 이 장에서 국가 정부는 중요하다. 실제로, 1930년대 세계 대공황과 특히 2차 세계대전 이래로 국가 정부는 경제 성장의 궤도를 유지하고 실업률을 낮게, 가격은 안정적으로 유지하기 위해 중요한 책임을 어깨에 짊어지고 있다. 이 역할은 특히 2007년에 시작됐고 침체가 뒤따랐던 위기에서 증명되었다. 그러므로 이 장의 주요 관점은 거시경제 정책의 환율과 경상수지에 대한 영향이다.

적극적인 거시경제 정책의 영향은 이 장의 한 가지 중점이기도 하지만, 이것이 한 국가의 거시경제와 나머지 세계 간의 유일한 연결은 아니라는 것을 인지하는 것 또한 중요하다. 정부는 국내 생산의 막중한 비중을 통제하고, 그 결과로서 매일매일 이루어지는 정부의 일상적인 운영 결정이 환율과 국제수지에 영향을 준다. 마찬가지로, 가계와 기업은 둘 다 지출과 저축을 통해 거시경제에 막중한 영향력을 행사하며, 환율, 경상수지, 자본흐름을 바꿀 수 있다.

총수요와 총공급

학습목표 11.1   총수요와 총공급에서의 이동을 그래프로 표현하고 가격과 GDP에 미치는 영향을 설명할 수 있다.

표 11.1은 거시경제에서 4개의 경제주체, 즉 가계, 기업, 정부, 외국인을 보여준다. 우리의 거시경제 모델에서 가계는 기업이 국가 산출물을 생산하기 위해 필요로 하는 모든 생산요소를 공급한다. 그리고 기업이 상품을 판매할 때 얻는 수입은 가계에 의해 공급된 요소에 대한 대가 지불로 사용된다. 따라서 경제에서 창출된 모든 소득은 가계에 귀속되는데, 이는 가계가 요소 투입의 모두를 공급하기 때문이다. 이것이 거시경제의 기본적인 정체성인데, 경제의 소득은 전체적으로 산출물의 가치와 같다.

우리가 소득과 산출을 조사할 때, **중간투입물**(intermediate input)의 위치를 이해하는 것이 중요하다. 예를 들면, 자동차 제조업자는 노동, 대지, 자본을 고용(대가로 임금, 지대, 이자와 배당금을 지급한다)할 뿐만 아니라 유리, 타이어, 강철 등을 구매한다. 자동차 유리 구매는 그것이 다른 사업자에게 지불되므로 직접적인 가계 소득은 아니다. 그러나 추적해보면, 궁극적으로 소득이 된다. 예를 들면, 유리 제조업자는 자동차 회사로부터 대금을 받고, 그 대금으로 공급업자뿐만 아니라, 임금, 임대료, 이자와 배당금을 지급하는 데 사용한다. 우리는 유리 회사 공급업자를 통해 대금 지급의 흐름을 따라갈 수 있는데, 더 간단하게, 우리는 모든 대금 지

표 11.1 거시경제의 주요 경제주체

주체	역할
가계	■ 기업에게 요소(지대, 노동, 자본)를 공급한다. ■ 소비 상품과 서비스를 구매한다(C). ■ 저축한다. ■ 세금을 낸다.
기업	■ 가계에 의해 공급된 요소를 사용해서 국가의 산출물을 생산한다. ■ 투자재를 구매한다(I).
정부	■ 정부 상품과 서비스를 구매한다(G). ■ 세금을 징수한다(T).
외국인	■ 수출품을 구매한다(EX). ■ 수입품을 공급한다(IM).

거시경제에는 4개의 주요 경제주체가 있다. 각 주체는 상품과 서비스 수요에 대해 각기 다른 요인을 갖는다.

급은 자동차의 가치와 연결되어 있다. 즉, 자동차 구입은 궁극적으로 동일한 금액의 소득을 창출한다. 결과적으로 근본적인 동일성이 소득과 산출 간에 유지된다.

최종 상품과 서비스에 대한 총지출과 한 경제에서 총산출의 가치 간의 일치성은 다른 식으로 보면 한 시장의 수요와 공급의 그래프와 유사한데, 수요곡선은 모든 최종 상품과 서비스에 대한 수요이며 공급곡선은 총산출물이라는 것이 다르다. 다시 말하면, 부(−)의 경사를 가진 곡선은 **총수요**(aggregate demand, AD), 그리고 정(+)의 경사를 가진 곡선이 **총공급**(aggregate supply, AS)이다. 간단한 수요와 공급 곡선에서 횡축은 수량을 측정하고 종축은 가격을 측정한다. 그러나 그림 11.1에서 보는 바와 같이 AD/AS 그래프에서 모든 최종 총국내생산(GDP)는 횡축에 표현되고, 가격 수준은 종축에 나타난다. 가격 수준은 소비자물가지수나 혹은 경제적으로 알려진 가격 측정과 같다. AD 곡선을 따른 점들은 경제의 수요 측면에 지속적인 산출물과 가격의 균형 수준을 보여준다. 반면에 AS 곡선은 공급 측면으로부터 지속적인 점들을 보여준다. AD와 AS가 함께 주어진 시각에 균형 산출물(Q_1)과 가격(P_1) 수준을 보여준다.

총공급곡선의 모양은 GDP 기준으로 3개의 영역으로 주목을 끈다. 총공급곡선(AS)의 수평적 영역은 경제가 완전고용 아래에서 운영된다. 이론적으로 실업 노동자와 고용되지 못한 자원으로 인해 가격 상승 압력 없이도 생산의 증가가 일어난다. 노동자와 다른 생산요소를 가진 자들은 노동과 자본을 투입하는 데 대한 임금 상승이나 더 높은 보수를 바랄 수 없는데, 왜

그림 11.1 총수요(AD)와 총공급(AS)

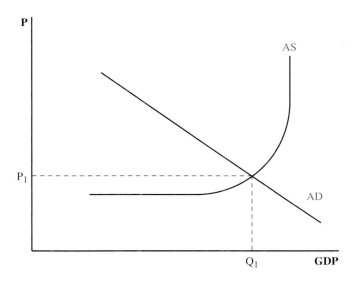

총수요곡선(AD)은 지출 결정과 가격이 서로 일치하는 산출물(GDP)과 가격(P) 수준을 보여준다. 총공급(AS)은 산출물 가격이 일치하는 산출물과 가격 수준을 보여준다. 총수요와 총공급이 함께 균형 산출물(Q_1)과 가격(P_1) 수준을 보여준다.

냐하면 현재의 임금이나 보수에서도 기여할 실업 상태의 많은 노동자와 다른 생산요소가 있기 때문이다. 그러므로 생산의 증가는 가격의 상승이나 생산요소의 부족을 야기하지 않고도 상대적으로 쉽게 이뤄질 수 있다. AS 곡선 중간의 상향하는 경사 영역은 생산요소가 희소해지는 GDP 영역을 보여준다. 생산요소를 더 고용하고 생산물을 더 생산하기 위해서는 임금 상승이나 다른 생산요소 가격 상승이 필수적이다. AS 곡선의 수직 영역에서는 경제가 완전고용 상태이며 새로운 노동자가 들어오거나 새로운 생산요소와 기계가 창출될 때까지 추가 생산물은 불가능하다. 이 영역은 그림 11.1에서 보듯이 생산의 절대적인 한계를 보여준다. 사실 단기적으로는 이 수준을 넘을 수 있는데, 예를 들면 전시라든지, 아주 특수한 상황에서 사람들이 장기적으로 유지하려는 것보다 더 많은 시간을 일하거나 더 빠른 속도로 일한다. 단지 단기적으로 생산 수준이 수직 영역을 초과한다는 것은 AS 곡선의 수직 영역이 완전고용 수준의 GDP를 나타낸다고 볼 수 있다.

단기와 중기에서 중점적으로 살펴볼 것은 표 11.1에서 적시된 경제주체의 하나 혹은 복수가 초래하는 총수요의 변화이다. 1~2년 사이에 지출의 큰 변화는 이상할 것이 하나도 없다. 예를 들면, 경제가 침체로 접어들면, 소비자와 기업은 경제 상황을 재평가함에 따라 빠르게 그들의 전망과 지출(C와 I)을 수정한다. 유사하게, 불황, 전쟁, 자연재해 그리고 다른 정책의 변화가 직접적으로 소비자와 기업의 지출에 영향을 미치는 다른 요소들이 정부 조세(T)와 정부 지출(G) 정책의 큰 이동을 일으킬 수 있다. 마지막으로, 해외에서의 경제 호황이나 불황은 때때로 자국에서 수출된 상품에 대한 외국인 구매의 빠른 변화를 일으킨다.

그림 11.2는 총수요가 증가하는 경우를 보여준다. 변화의 근원은 표 11.1에 적시된 경제주체 중 하나에 의한 지출 증가일 수 있다. 즉, 그것은 소비, 투자 혹은 외국인에 의해 구매되는 수출을 진작시키는 소비 지출(C), 기업 투자(I), 정부의 최종재 구매(G), 정부의 세금 감소이다. 변동의 순 결과는 수량적으로 같다. 요소 투입이 점점 더 희소해지고 GDP가 Q_1에서 Q_2로 상승함에 따라 가격은 P_1에서 P_2로 약간 상승한다. 만약 경제가 애초부터 AS 곡선의 수평적 영역에 있다면, 가격은 상승하지 않는 반면 생산량은 계속 증가한다. 만약 그 변화가 AS 곡선의 수직적 영역에서 완전고용 상태로부터 시작된다면, 모든 변동은 가격 수준에서 일어나고 생산의 증가는 일어나지 않는다. 만약 AD가 상승하지 않고 오히려 하락한다면, 그 효과는 대칭적이며 AD 곡선의 상승에 의해 나타난 방향의 반대이다.

비록 그림 11.1과 그림 11.2에 그려진 AD, AS, P와 GDP 사이의 간단한 관계가 많은 핵심 거시경제변수 간의 상호작용을 이해하는 유용한 방법이지만, 그 그래프와 표현은 많은 복잡성을 숨기고 있다. 예를 들면, 그 그래프들은 단지 주어진 시간에 한 지점만을 보여주며, 그 그래프는 경제가 시간의 흐름에 의해 성장함에 따라 일어나는 것을 보여주지 않는다. 만약 한

그림 11.2 AD 곡선의 이동

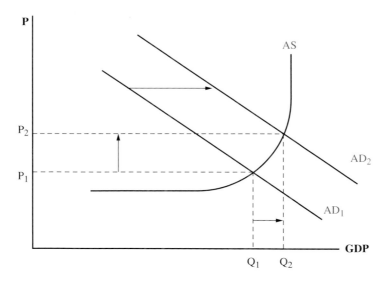

총수요의 증가는 GDP 증가와 가격 상승을 초래한다.

경제가 성장한다면, 그 경제는 더 많은 노동력 혹은 더 많은 물리적 자본을 가짐에 틀림없으며, 또한 더 많은 생산을 할 수 있다. 그러므로 경제 성장은 AS 곡선 전체의 우측 이동으로 추가된다. 결론적으로, 그림 11.2에서 변동은 경제 성장과는 별도로 영향을 미치는 단기 혹은 중기에 대해 보여준다.

그림 11.2 뒤에 감춰진 다른 요소는 경제를 GDP의 한 수준(Q_1)을 더 높은 수준(Q_2)으로 움직이는 실질적인 체계이다. 예를 들면, 경기의 낙관론에 따라 많은 기업이 즉시 투자 지출을 증가시키므로 AD가 우측으로 이동하기 시작한다고 가정하자. 기업은 신규 기계를 주문하거나 신규 건축계획을 시작하고 경제의 총지출이 증가한다. 이것이 끝이 아니며, 기계를 공급하거나 건축을 수행하는 기업들은 그들의 생산 수준을 증가시켜야 할 것이며, 그들의 소유자와 노동자의 손에 추가적인 소득을 준다. 그 공급자와 노동자들은 추가로 얻은 소득의 적어도 일부를 지출할 것이다. 긴 시간에 대한 통계적 분석은 가계 소득과 소비 패턴이 매우 밀접한 수량적 관계에 있음을 보여준다. 즉, 소득이 증가하면 지출도 증가한다. 결과적으로 투자하는 기업에게 상품과 서비스를 공급하는 노동자와 기업주 또한 그들의 지출을 증가시킨다. 그들은 주택, 가구, 자동차, 대학 등록금, 의료서비스와 가계가 지출하는 다른 모든 것들을 구매하므로, 소득 증가와 지출의 또 다른 라운드를 창출한다.

사실, 최초의 투자 지출 증가는 생산 증가를 가져온다. 왜냐하면 거시경제에서 생산은 소득과 같으므로, 소득은 증가된 생산의 가치와 같은 정도로 상승한다. 다음으로 높아진 소득은 다른 일련의 지출과 생산 증가로 이끌어 소득 증가의 다음 라운드 그리고 그다음 라운드로 이끈다. 궁극적으로 새로운 균형에 도달하고 지출의 최초 효과가 경제를 통해 완벽하게 작동할 때, GDP의 총증가는 지출의 최초 증가보다 크다. 이것이 총수요 증가에 대한 **승수효과**(multiplier effect)이다. 승수는 다소 다양하고 많은 요소에 달려 있다는 것에는 일치하지만, 승수의 크기에 관해서는 경제학자들 간에 이견이 존재한다. 몇 가지 요소들은 경제가 침체에 있는지 혹은 완전고용에 가까이 있는지, 어떤 부문이 지출의 최초 증가를 얻었는지, 어떻게 지출이 자금 조달되었는지 등이다. 예를 들면, 만약 경제가 완전고용에 있고 유휴 자원이 없다면, 정부 지출의 증가는 민간 지출을 몰아내서 순효과는 거의 영(0)에 가깝게 된다. 반면, 침체기의 경제는 많은 유휴 자원을 가지고 있고 정부 지출 증가는 재고용으로 유도하며 생산 순증가로 이끈다. 미국이 불황을 타개하기 위하여 2009년에 경기진작 프로그램을 실시한 후에, 국회예산부서는 대부분의 경제학자들이 반영한 승수 범위를 추정했다. 그들의 분석에 의하면, 침체기의 상품과 서비스 구매에 대한 지출승수는 1.0~2.5였으며, 이전지출에 대한 승수는 0.8~2.5, 세금감면에 대한 승수는 0.2~1.5였다.

지출–생산–소득–지출로 지속적으로 이어지는 승수는 영원히 지속될 것으로 보이지만, 사실 최초 지출의 영향은 점점 작아지며, 연못에 돌을 던졌을 때 번져가는 파도와 같다. 그 영향을 시간에 따라 줄이며 GDP를 새로운 균형으로 가져가는 몇 가지 힘이 있다. 최초 지출을 점점 줄여가는 세 가지 힘은 세금, 저축, 수입이다. 대부분의 국가에서 지속적인 소득 증가는 추가적인 지출뿐만 아니라 추가적인 세금과 저축으로도 이어진다. 평균적으로 볼 때, 소득이 증가하면, 사람들은 증가의 일부분을 소비하고, 일부분을 세금으로 내며 저축을 한다. 우리가 제9장에서 살펴봤듯이 세금은 국가마다 다르며 저축되는 금액 또한 다양하다. 정부에 의해 가져간 부분 혹은 가계에 의해 저축된 부분이 크면 클수록 최초 지출의 영향은 빠르게 사라진다.

지출–생산–소득–지출의 순환에서 소득의 지속적인 증가는 또한 수입의 증가를 일으킨다. 우리는 가계가 사는 것의 일부가 수입된 것이기 때문에 이런 효과에 대한 확신이 있다. 그래서 만약 가계가 구매를 늘리게 되면, 가계는 또한 수입된 상품을 더 사게 된다. 이 3개 변수(세금, 저축, 수입) 모두는 국내적으로 첫 번째 순환보다 작은 규모의 생산에 대한 다음 순환을 야기한다. 그러므로 그들은 경제를 통해 움직이는 소득과 지출 효과가 이어지는 순환에 점점 더 작아진다는 것을 확신한다. 추가로, 그 세 변수는 또한 왜 승수가 국가마다 다른가를 보여준다. 지출, 저축, 세금과의 분할로서 수입이 크면 클수록, 이어지는 지출의 순환이 점점 더 이전 순환보다 줄어든다. 즉, 더 큰 수입 성향, 더 높은 저축률, 더 높은 세율을 가진 국가는 더 작은 승수를 갖게 될 것이다.

재정정책과 금융정책

학습목표 11.2 긴축과 확장의 재정정책과 금융정책이 GDP와 가격에 미치는 효과를 그래프로 그릴 수 있다.

총수요, 총공급 및 승수의 논의는 GDP와 가격에 대한 재정정책과 금융정책의 효과분석의 기반이다. **재정정책**(fiscal policy)은 정부의 조세와 지출로 구성된다. 반면, **금융정책**(monetary policy)은 화폐공급과 이자율을 다룬다. 재정정책과 금융정책을 시행하는 기관은 국가마다 다르다. 그러나 일반적으로 의회 및 행정 부서가 조세정책과 지출 우선순위를 결정하는 데 책임이 있다. 때로는 중앙은행이 독립적이지 않다면 정부의 행정부서로부터 직접적인 금융정책의 투입이 이루어진다. 지난 20년 동안 금융정책을 추진하는 데 중앙은행에게 완전 독립을 부여하는 추세가 있었다. 미국을 비롯한 몇몇 국가에서는 역사적으로 그래 왔었다.

재정정책

지출과 조세의 정부 재정정책은 각 국가들의 거시경제의 중요한 요소이다. 왜냐하면 지출과 조세가 상품과 서비스에 대한 총수요의 주요 결정요소이기 때문이다. 다른 모든 것이 일정하다면, 정부가 지출을 증가시키면 그 증가는 경제를 통해 균형 GDP의 높은 수준으로 이끄는 일련의 생산–소득–지출 증가를 일으킨다. 정부가 지출을 줄일 때, 같은 효과가 발생하지만, 반대 방향으로 생산, 소득과 지출이 감소한다.

세금 수준의 변동은 그런 분석과 유사하다. 세금 감축은 가계의 소득을 상승하게 하고, 그 소득은 더 많은 저축과 지출을 가능하게 하는데, 왜냐하면 더 적은 세금이 소득으로부터 감해지고, 가처분소득의 증가는 차례로 지출, 생산, 또 소득의 증가를 이끌기 때문이다. 그림 11.2는 정부 지출 증가 혹은 세금 감소로 해석될 수 있다. 두 가지 경우에 다 AD 곡선이 우측으로 이동하고 GDP와 가격이 상승한다.

확실한 이유로 감세와 정부 지출 증가는 **확장적 재정정책**(expansionary fiscal policy)으로 언급된다. 그 반대로, **긴축적 재정정책**(contractionary fiscal policy)은 세금 증가 혹은 정부 지출 감소이며, 두 가지 다 AD 곡선을 좌측으로 이동시키므로 균형 GDP를 감소시킨다. 긴축적 재정정책은 확장적 정책과 대칭이며, 그래서 세금 증가와 정부 지출 감소는 총생산에 음(−)의 승수효과를 갖는다. 반면에 세금 감소와 정부 지출 증가는 정(+)의 승수효과를 갖는다. 우리가 재정정책에서 변동하는 것 이외의 다른 것은 변동하지 않는다는 가정을 하고 있다는 것에 주시하는 것은 중요하다. 예를 들면, 정부 재정이 균형이라는 가정은 없으며, 정부 지출이 동시적인 세금 증가를 의미하지 않는다. 유사하게, 세금 감소는 지출 감소를 계산하지 않으며, 세금 증가가 정부 지출 증가로 균형이 되지 않는다.

1940년대와 1950년대의 많은 거시경제학자들에게 재정정책의 승수효과의 발견은 거시경제학의 성배를 발견하는 것과 같았다. 그것은 경제를 운영하는 기술을 제공하는 것 같았고 가장 중요하게는 1930년대 대공황과 같은 재앙을 피하는 기술을 제공하는 것 같았다. 말할 필요도 없이 오늘날 대부분의 경제학자들은 재정정책의 사용에 대해 훨씬 더 조심스럽다. 그 이유는 이해하기 어렵지 않다. 먼저, 확장정책은 인플레를 야기하는 경향이 있고, 그것은 증가된 소비 지출의 일부가 높은 생산물 대신에 높은 가격으로 흡수됨에 의해서 상쇄한다. 둘째, 승수의 규모를 추정함에 있어 상당한 오차가 있다. 500억 달러의 감세는 500억 달러, 750억 달러 혹은 1,000억 달러의 소득 증가로 이끄는가? 셋째, 재정정책의 사용은 다양한 효과로 그 결과가 복잡해지는데, 이는 확장정책에 대한 각기 다른 자금조달 방법에 기인한다. 만약 정부가 통화공급의 확장으로 확장재정정책을 추진한다면, 그 승수는 그런 것을 수용하지 않을 때보다 더 크다. 다 합해서, 인플레, 승수 측정의 오차, 확장에 대한 지불방법에 의존하는 승수 규모의 다양성 등 세 가지 기술적 문제가 재정정책을 정교하게 사용하기 어렵게 만든다.

그런데 그게 다가 아니다. 정부 지출을 사용하고 안 하고 혹은 조세를 사용하고 안 하고의 정치는 길고, 지루하며 복잡한 과정이다. 입법이 통과되는 시간까지 애초에 의도했던 목적은 완전히 사라져 버릴지도 모른다. 달리 말하면, 침체를 피하고 인플레를 줄이는 경제를 운용하기 위한 수단으로서 재정정책은 정치적으로 다루기 힘들다. 모두 합해서, 정치적 문제에 정확한 효과를 측정하는 기술적 문제를 더하면 재정정책이 경제를 운용하기 위한 수단으로 덜 사용하게 된다. 그럼에도 불구하고, 재정정책은 학습하기에 아직 중요한데, 거시경제의 특정한 목적을 성취하기 위하여 실행되는 것과 관계 없이 정부 지출과 조세 정책이 거시경제와 경상수지에 중요한 영향을 갖기 때문이다. 더 나아가, 2007~2008의 서브프라임 위기의 여파와 같은 극심한 압력의 시기에 많은 경제학자는 재정정책이 깊은 불황에 대응하는 데 매우 효과적일 수 있다고 주장한다.

금융정책

금융정책은 정부가 거시경제에 영향을 주는 데 사용하는 다른 주요 정책이다. 아는 바와 같이, 미국, EU 그리고 점점 더 증가하는 다른 국가들에서 금융정책은 독립적인 중앙은행에 의해 결정된다. 그러므로 금융정책은 중앙은행의 관점을 반영하며 특정한 정당이나 정부의 실무부서의 관점보다 경제적 상황에 반응한다.

금융정책은 통화공급과 금리 변동의 조화를 통해 작동한다. 중앙은행이 통화공급을 조정할 때, 대출해줄 수 있는 금융기관의 자금규모를 조정하므로 통화공급을 조정한다. 이것을 수행하기 위해 가장 빈번하게 사용되는 기법은 **공개시장정책**(open market operation)이다. 공개시장정책은 공개시장에서 채권을 단순히 사고 파는 것이다. 중앙은행이 채권을 팔 때, 다른 금융기관들은 그들의 현금의 일부를 포기한다. 결과적으로 현금준비자산이 그 금융시스템을 통해 줄어든다. 채권을 사는 것은 금융시스템의 현금 준비자산에 반대되는 영향을 미치며 통화공급을 확장하는 중요한 기법이다. 금융시스템의 현금 준비자산이 증가하면, 투자를 더 하게 된다. 즉, 은행과 같은 금융기관은 대출을 일으켜서 수익을 창출할 필요가 있는 것이다. 준비금으로 그냥 있는 자금은 은행에게 수익을 주지 못한다. 그래서 은행의 현금 준비자산의 증가는 은행으로 하여금 더 많은 대출을 하도록 만든다. 그러나 추가적인 자금을 빌려가도록 사업을 진작시키기 위해서 금리는 떨어져야 한다.

그림 11.3은 통화공급의 증가를 보여주는 간단한 수요와 공급 곡선으로 이자율이 떨어지는 과정을 보여준다. 횡축은 시스템 안에서의 통화량을 측정하는데 통화는 현금, 가계수표 및 쉽게 현금화되는 자산으로 정의된다. 자산을 쉽게 지출할수록 유동성이 더 높아지는 것으로 고려된다. 현금은 가장 유동적인 자산이고 반면에 수표는 약간 덜하지만 주식이나 채권과 비교하면 유동성이 높다.

공급곡선은 일반적인 우상향 곡선 대신에 수직선으로 나타나는데, 우리는 중앙은행이 주어진 수준에 통화량을 고정시키고 그 양은 종축에서 측정되는 이자율 수준에 따라 다르지 않다고 가정한다. 이자율은 통화 가격과 같다고 볼 수 있다. 여기에는 두 가지 이유가 있다. 하나는 여러분이 자금을 빌리기 위해 지불하는 가격이고, 두 번째는 여러분의 이자율을 얻는 형태의 다른 자산보다 현금자산을 보유하는 데 따른 기회비용이다. 간단하게 말했지만, 사실 빌

그림 11.3 통화 수요와 공급

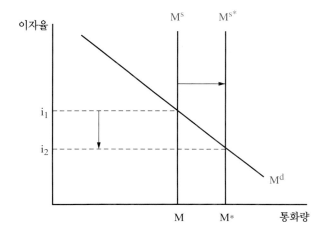

통화공급의 증가는 이자율을 감소시킨다.

리는 비용과 저축에 대한 반대급부는 항상 다르고, 통화의 유형에 따라 다른 이자를 얻기 때문이다. 이것은 유용하도록 간략화한 것이며 경제에서 이자율과 통화공급 간의 관계를 이해하기 위한 것이다.

그림 11.3에서 보는 바와 같이 이자율의 하락은 확장적 금융정책의 결과로서 나타나는 투자 증가의 핵심이다. 투자가 증가하면, 지출승수가 이어지고 생산−소득−지출 순환이 움직이게 된다. 그러므로 통화공급의 증가는 경제를 확장시키고 소득을 증가시킨다. 당연하게, 금융정책은 또한 긴축과 확장 효과에 관해서 대칭적이다. 그래서 통화공급의 감소는 생산과 소득 감소를 야기한다.

확장적 통화정책(expansionary monetary policy)은 통화공급의 증가와 이자율 하락을 포함하며, 소득의 확장을 이끈다. **긴축적 금융정책**(contractionary monetary policy)은 정확히 그 반대이다. 통화공급의 감소, 이자율 상승을 포함하며 소득 감소로 이어진다. 재정정책처럼, 확장적 또는 긴축적 통화정책은 정책이 확장적이냐 긴축적이냐에 따라 승수효과 과정을 통해 소득을 높이거나 낮추게 작동한다.

사례연구

대공황의 재정정책과 금융정책

대공황은 미국의 현대 역사에 가장 최악이었던 기간에 붙인 이름이다. 그러나 대공황은 세계적인 현상이었고, 대부분의 국가가 불황을 경험했는데, 많은 경우에는 아주 힘들었다. 위기의 시작은 국가마다 다르지만, 미국에서는 인지하지 못한 평범한 경제활동의 하락으로 1929년 8월에 시작됐다. 1929년 여름에 생산과 소득이 전반적으로 하락하는데도 불구하고 주식가격은 계속 상승했다. 9월과 10월에 주식시장은 나쁜 분위기였고, 주식시장이 1/3 이상 추락했던 10월 24일에는 검은 목요일의 공포가 극에 달했다. 대부분의 사람들은 최악이 끝났다고 생각했으며, 많은 사람은 주식시장의 폭락이 투기과열을 몰아내기 때문에 경제를 위해서는 좋다고 주장했다.

1929년 여름에 시작됐던 그 작은 침체가 자라서 미국 역사상 가장 최악의 기간 중 하나가 됐다. 1933년까지 25%가 넘는 사람들이 고용되지 못했고, 실질 GDP는 거의 26%까지 추락했다. 대공황의 위험한 상황에서 벗어나게 한 것은 사회보장, 노동 여건 및 임금을 규제하는 노동기준법, 주식 거래를 감시하는 주식거래위원회, 은행 예금을 보호하는 연방저축보험공사, 테네시 계곡 당국 그리고 미국인의 경제생활에 깊숙이 관여하는 많은 다른 프로그램이다.

대부분의 미국인들은 아마 1930년대와 대공황을 동의어로 생각한다. 그러나 그 10년 동안 미국에는 2개의 다른 공황이 있었다. 첫째가 가장 최악인데, 1929년에 시작해서 1933년까지 지속됐다. 두 번째는 1937년에 시작해서 1938년에 끝났다. 그 2개의 경제활동에서의 하락 국면 사이에 강력한 회복이 있었으며, 1936년까지 실질 GDP가 1934년까지 전반적으로 양(0)의 성장의 마지막 해였던 1929년 수준을 넘었다. 그림 11.4는 1930~1941년 연평균 성장률을 보여준다.

사후적으로 그래프는 불황을 지연시켰던 정책적 실수와 그럴 것으로 여겼던 것보다 훨씬 더 심각했던 것을 쉽게 볼 수 있게 한다. 오늘날 확장적 재정 및 금융정책에 관해서 우리가 알고 있는 바, 연방정부는 다음 중 하나 이상을 했어야 했다. 상품과 서비스에 대한 정부 지출을 늘리는 것, 세금 감면, 혹은 이자율을 낮추기 위한 통화 공급 증대 등이다. 1930년대의 문제는 누구도 제11장에서 배운 관계들을 알지 못했다. 아주 절실하게 말해서, 제11장의 전반부를 읽는다면, 여러분은 재정정책에 관하여 루스벨트와 후버 대통령과 그들의 자문 모두가 아는 것보다 더 많이 알게 된다.

경제를 진작시키기 위해 정부 지출을 늘리거나 감세를 사용하는 대신에 후버 대통령(1929~1933)과 루스벨트 대통령(1933~1945)은 1930년대에 나타났던 연방재정적자를 걱정했다. 후버와 루스벨트 대통령은 재정적자가 사업에 대한 자신감을 해쳤으며 불황의 주요 원인이라고 생각했다. 결과적으로, 재정적자는 1932년 대통령 선거의 주요 이슈가 되었으며, 루스벨트 대통령은 재정적자 균형이라는 캠페인으로 성공했다. 그러나 연방재정은 루스벨트 정부의 모든 해에 적자였던 것으로 나타났다.

후버 대통령과 루스벨트 대통령은 재정을 균형화하려고 노력했다. 두 대통령들은 결

그림 11.4 미국의 실질 GDP 성장(1930~1941)

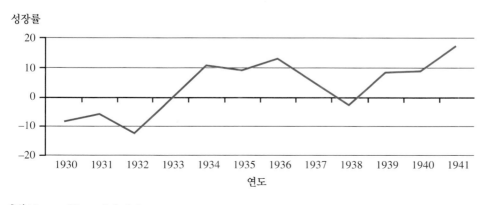

출처 : Bureau of Economic Analysis.

과적으로 성공하지 못했지만 퇴역군인에게 제공하는 정부가 지급해야 할 퇴직금의 조기 지급에 반대했으며, 그리고 1929년 이후에 재정적자가 나타나자 증세를 지지했다. 후버 대통령은 1932년에 급격하게 증세를 실시했으며, 루스벨트 대통령은 임기 동안에 여러 번 세금을 올렸는데, 1937년에 사회보장세금을 시작으로 가장 획기적이었다. 증세의 반대 효과의 인지하에 1932년이 침체 최악의 해였다는 것에 놀라지 않을 뿐더러, 새로운 사회보장세금이 실시된 후 1938년에 경제가 다시 불황으로 빠져들었다는 것에 놀라지 않는다.

재정정책이 1930년대에 도움이 되지 않았다 하더라도, 통화정책은 일찍이 재앙이었다. 1929년과 1933년 사이에 통화공급(현금, 가계수표, 저축)은 거의 31%까지 떨어졌다. 신용대출은 드물게 되었고, 투자는 사라졌다. 달리 말하면, 만약 재정정책이 대공황의 대부분의 기간 동안 중립이었다고 가정하면(확장도 아니고 긴축도 아닌), 통화정책은 반대적이다.

뒤돌아보면, 확장적 재정정책 사용의 실패를 이해하기는 쉽다. 1930년대 누구도 거시경제가 불황에 싸우기 위해서 어떻게 재정정책을 사용해야 하는지를 충분히 잘 알아차리게 할 것이라고 이해했던 사람은 없었다. 그러나 통화정책의 불찰을 정당화하기가 더 어렵다. 왜냐하면 통화공급, 은행 준비금과 투자 간의 관계에 관하여 더 많이 알려졌기 때문이다. 대공황의 많은 시간 동안 노벨상 수상자인 밀턴 프리드먼(Milton Friedman)과 같은 명석한 경제학자들은 연방준비금은 단순히 무능하다고 주장했다. 이 관점은 배제될 수 없었다. 그러나 최근의 학자들은 새로운 초점으로 이 역사적 에피소드를 탈피해 왔다. 연방정부의 행동은 무능하다기보다는 다른 일련의 우선순위를 반영했으며, 구체적으로, 연방정부의 첫 번째 우선순위가 금본위제를 방어하려는 것이라면 그것을 책임감 있게 추진했던 것이다.

금본위제의 규칙에 따르면, 중앙은행은 금 보유가 줄어들 때마다 금을 모으기 위해 이자율과 통화정책을 사용하도록 요구된다. 이것은 일반적으로 자국통화에 대한 수요를 증가시키고 외국 통화에 대한 수요를 감소시키기 위하여 이자율을 올리는 것을 의미한다.

1928년에 미국의 통화정책은 긴축으로 갔었는데, 연방은행이 주식시장의 투기에 대해 우려했으며 브로커가 은행으로부터 대출받기를 더 어렵게 만들기를 원했기 때문이다. 연방은행은 이자율을 올렸고 비의도적으로 미국 내 금의 유입을 일으켰다. 미국은 유럽국가들에게 압력을 주게 됐고, 유럽국가들은 그들의 금 보유를 잃기 시작했다. 그 결과로 미국의 긴축정책은 대서양을 넘어 확산되었고, 그곳 국가들은 이자율을 올리기 시작했으며 금 유출을 막기 위하여 통화증가율을 낮추기 시작했다. 아이러니는 각 국가가 금본위 이론에 따라 책임감 있게 행동했으나 그들은 세계적인 경제 재앙을 초래하는 정책을 따르고 있었다는 것이다.

　그다음 시간 동안에 여러 시점에서 미국과 외국의 정책은 더 긴축으로 갔다. 1931년에는 영국이 금본위제를 버릴 것이라고 널리 예견되었으며 투기는 파운드를 외면했다. 1931년 9월에 영국은 금본위제를 떠났고 투기자들은 즉시 달러로 관심을 돌렸다. 달러가치의 유사한 하락을 예측하면서 그들은 달러와 달러로 된 자산을 팔았으며 그것은 금유출을 초래했다. 다시 한 번 연방은행은 1931년 9월과 10월에 이자율 상승으로 대응했고 미국 경제는 추락의 소용돌이가 계속됐다. 금본위제를 떠났던 첫 번째 국가들(영국과 1931년 9월에 그 뒤를 이었던 국가들)이 회복을 경험한 첫 번째 그룹이라는 것은 우연의 일치가 아니다. 그들의 정책이 고정환율을 지지하는 제한으로부터 자유롭다면 그들은 경제 확장으로 돌어설 수 있었다. 미국에서는 1933년 3월에 집무를 시작했던 루스벨트 대통령의 첫 번째 시행은 금본위제를 멈추는 것이었다. 그가 금과 침체와의 관계를 철저히 이해했을 것 같진 않지만, 좋은 행동이었고 경제는 20세기 최악의 경제 위기로부터 회복을 시작했다.

경상수지 재고

학습목표 11.3　재정정책과 통화정책의 경상수지와 환율에 대한 효과를 분석할 수 있다.

제9장은 민간 저축, 정부재정 균형, 투자와 경상수지 간의 등식을 설명했다. 민간 저축, 정부재정균형, 투자와 경상수지 간의 등식은 다음과 같다.

$$S + (T - G) = I + CA$$

　이제 우리는 이 등식을 보다 세밀하게 살펴볼 준비가 되었으며 통화정책과 재정정책, 소득, 경상계정 간의 연계를 포함시킬 준비가 되었다. 목적은 어떻게 통화 혹은 재정정책의 변동에 의해 야기된 소득변동이 그 국가의 경상수지에 영향을 미치는지 분석하는 것이다. 우리는 이 분석을 두 단계로 나눌 것이다. 첫 번째 단계는 통화 및 재정정책, 이자율과 환율의 변화 간에 연결을 발굴할 것이다. 통화정책으로부터 이자율까지의 연결은 이미 설명했다. 그러나 우리는 재정정책 또한 이자율에 대한 효과를 가진다는 것을 알게 된다. 두 번째 단계에서 우리는 정책 변화, 이자율, 환율과 경상수지를 모두 함께 놓을 것이다. 우리가 이것을 하면, 우리는 경상수지에서 무역 불균형을 없앨 필요가 있을 때 국가가 따라야 하는 정책을 훨씬 확실하게 이해할 것이다.

　우리가 몇 년 이내의 기간에 일어날지도 모르는 소득 변동과 다른 거시경제 변수를 살펴보는 반면에 실현되기에 10년 혹은 더 긴 시간의 많은 해가 걸리는 장기적 영향은 무시한다는 것이 중요함을 강조한다. 우리는 제11장 뒷부분에서 우리가 단기 변동으로부터 장기 혹은 영구적인 변동을 구별하고자 할 때 다시 이 관점으로 돌아올 것이다.

재정정책과 통화정책, 이자율 및 환율

제10장과 금리평가조건으로부터 우리는 이자율 증가가 자국통화 가치절상[환율(R) 하락]으로 이끌며, 이자율 하락은 가치절하(환율 상승)를 야기한다. 이것은 외환의 수요와 공급의 변동을 통해 발생한다는 것을 기억하자. 이자율이 상승함에 따라 외환 공급이 증가되는데, 이자율 재정거래자들이 끊임없이 가장 큰 이자율을 찾고 있기 때문이다. 유사하게 이자율의 하락은 외국금융자산 유입을 감소시키고 외국통화 공급을 하락시킨다. 수요 측면도 양자에서 또한 나타나는데, 자국 이자율 재정거래자가 그들의 자본을 국가 안팎으로 움직이기 위한 동일한 동기를 갖기 때문이다.

　통화정책의 환율효과는 알아내기 쉽다. 우리는 통화공급의 확장이 어떻게 은행 준비금을 증가시키며 이자율을 감소시키는지 이미 살펴보았다. 결론적으로 소득 증가에 덧붙여서 확장적 통화정책은 환율의 가치절하를 낳는다. 확장과 긴축 정책의 대칭에 기인해서, 통화 긴축정책은 은행의 준비금을 감소시키며, 이자율을 상승시키고 환율 가치 상승을 유도한다.

　급격한 통화 가치절하가 대부분의 국제 금융위기의 특징이므로, 긴축 통화정책은 가치절하를 막는 매우 평범하게 채택되는 기법이다. 이 기법은 제12장에서 좀 더 깊이 있게 다룰 것이지만, 통화정책 사용의 부정적인 면은 소득 감소와 침체 가능성이라는 것을 알아야 한다. 이것은 다시 한번 보여주는데, 한 국가의 환율 목표와 소득 성장 및 고용 목표 사이에 존재하는 상충관계가 이상한 것은 아니다. 1931년에 달러를 방어하려고 이자율을 올렸던 연방은행의 행동은 국내경제의 요구와 환율 방어 바람 간의 상충의 전통적인 사례이다.

　재정정책의 이자율 효과는 이해하기에 조금 어렵지만, 결국은 나타난다. 이런 연계성을 이해하는 핵심은 가계의 행태와 그들의 소득이 오르거나 떨어질 때 그들이 택하는 변화에 달려 있다. 우선 가계소득 상승의 경우를 먼저 살펴보면, 우리는 소비 지출 또한 상승할 것으로 안다. 더 나아가서, 이것이 핵심인데, 소득 상승은 가계에게 그들의 자산을 현금과 같은 유동적 형태와 주식과 채권처럼 상대적으로 덜 유동적인 형태 사이를 나눠서 재평가하게 한다. 소득이 상승할 때, 가계는 평균적으로 더 많은 현금을 보유할 것이다. 경제학 용어로 말하면, 그림 11.5에서 보는 바와 같이 통화 수요가 증가한다.

　가계의 소득이 상승할 때, 왜 가계는 그들의 통화 수요를 증가시키는가? 이유는 명백하다. 첫째, 높은 수준의 소득에서 가계는 소비를 더한다. 즉, 그들의 구매에 대한 지불을 위해 더

그림 11.5 통화 수요의 증가

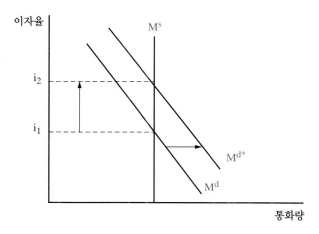

소득 증가는 가계로 하여금 그들의 현금 보유를 증가시키게 한다. 결과적으로 이자율이 상승한다.

높은 수준의 현금 보유를 필요로 한다. 둘째, 이자가 지급되는 자산 대신에 현금을 보유함으로써 그들이 잃어버리는 이자의 기회비용이 개의치 않게 된다. 달리 말하면, 가계가 더 많은 소득을 가질 때, 그들은 현금을 보유할 여유가 있을 수 있다.

이것이 너무 추상적이고 여러분의 입장에서 비현실적일지라도 만약 여러분의 소득이 두 배가 된다면 여러분은 무엇을 할 것인가를 생각해보자. 가장 그럴듯하게, 여러분은 지갑과 요구불예금 계정의 돈을 늘릴 것이다. 여러분은 또한 증가된 소득의 일부를 장기예금에 넣을 것이다. 핵심은, 만약 여러분이 지출 행태에 있어서 다소간 평균적이라면, 소득 증가가 지출을 증가시키고, 증가된 지출을 유연하게 하기 위해서 더 많은 현금을 가지고 다니며, 요구불예금에도 잔고가 커진다는 것이다.

이제 우리는 재정정책의 환율효과를 분석하기 위한 모든 조각들을 가지고 있다. 확장적 재정정책은 소득과 소비를 증가시킬 것이다. 이 효과의 한 결과는 통화 수요의 증가이며, 그림 11.5에서 보는 바와 같이, 높은 이자율을 야기한다. 이자율과 환율 간의 관계하에 우리는, 다른 모든 것이 일정하다면, 높은 이자율은 외국자본유입과 환율 하락(통화 가치 상승)을 일으킨다는 것을 안다. 마찬가지로 확장 정책의 효과는 대칭적이다. 정부 지출 감소나 증세는 소득과 통화 수요를 하락시키고, 이자율 하락과 환율 상승(통화 가치 하락)이 뒤따른다.

재정정책 및 통화정책과 경상계정

통화정책과 재정정책의 환율 효과가 규명되었으므로 그들의 경상계정에 대한 효과를 설명하긴 상대적으로 쉽다. 앞으로 살펴볼 테지만, 재정정책의 경상계정에 대한 효과는 명백한 반면, 통화정책의 효과는 모호하다. 이제 우리는 이러한 효과분석을 살펴본다.

먼저 확장적 통화정책을 살펴보면, 우리는 통화 공급의 증가가 이자율을 하락시키고 자국통화의 가치절하를 야기한다는 것을 배웠다. 환율가치절하는 소비자로 하여금 외국상품으로부터 국내상품으로 전환하는데, 외국상품이 상대적으로 비싸지기 때문이다. **지출전환**(expenditure switching) 효과는 부분적으로 혹은 전체적으로 소득 증가로 인한 수입 증가를 상쇄한다. 결과적으로, 국내경제의 건전한 확장인데, 왜냐하면 수요 증가가 경제에서 빠져나가 수입 증가로 거의 이어지지 않기 때문이다.

긴축 통화정책은 반대의 효과를 갖는다. 이자율이 상승하고, 자국 통화의 가치절상을 야기하며, 수입품을 상대적으로 싸게 만든다. 결과적으로, 소비자들은 그들 지출의 일부를 국내상품에서 외국상품으로 전환한다. 국내상품에 대한 수요 감소는 긴축 통화정책의 소득, 소비 및 투자에 대한 영향을 강화하며, 봉쇄경제하에서 일어나는 것보다 더 격렬한 경제활동의 하락을 유도한다.

요약하면, 통화정책의 소득에 대한 영향은 환율효과에 의해 확대된다. 그러나 우리는 그 효과들이 경상수지에 대해서 어떤가를 단정지을 수 없는데, 왜냐하면 경상계정에 대한 통화정책의 소득효과는 환율효과에 반대이기 때문이다. 경상수지는 확장적 혹은 긴축적 정책에 상승할 수도 하락할 수도 있다. 그러나 우려의 연계에서 핵심 아이디어는 지출 전환의 개념이다. 이것은 국내상품과 외국상품 간의 전진, 후퇴의 전환을 말하는데, 이 경우에는 환율변동에 대한 대응에 관한 것이다. 지출 전환은 통화정책의 효과를 확대한다. 그러나 이 결과는 환율의 유동성에 달려 있다는 것에 주의하라. 고정환율을 채택한 경제에서는 통화공급 변동이 지출 전환을 야기하지 않는다.

경상계정에 대한 재정정책의 효과는 보다 확실하다. 앞서 본 바와 같이, 확장적 재정정책은 이자율을 높이며, 환율 가치절상을 야기한다. 가치절상은 지출을 외국 상품으로 전환하는데, 가치절상이 외국 상품을 상대적으로 더 싸게 만들기 때문이고, 그러므로 수입을 증가시키고 경상수지를 감소시킨다. 확장적 재정정책은 소득증가와 환율 가치절상으로 인하여 수입 증가를 야기하며, 그것은 국내 소득에 대한 환류효과를 창출한다. 외국 상품을 향한 지출의 이동은 국내 상품 수요 증가의 일부를 상쇄하고, 확장적 재정정책의 영향을 사라지게 한다. 유사하게 긴축적 재정정책의 환율 효과는 지출을 외국 상품으로부터 멀리하고 국내 상품으로 향하게 하며, 정책의 긴축 효과 일부를 흐리게 만든다.

재정정책과 통화정책의 주요 단기 및 중기적 효과는 표 11.2에서 요약된다. 둘 사이의 차이점은 그들의 이자율 효과에서 시작되고 환율과 경상계정으로 넘어간다. 통화정책의 경우에는 환율과 소득 변동이 경상수지에 대한 효과를 상쇄하고 있다. 그러나 재정정책에서 환율

표 11.2 재정정책과 통화정책의 주요 효과

	통화정책		재정정책	
	긴축	확장	긴축	확장
Y와 C	$\Downarrow$	$\Uparrow$	$\Downarrow$	$\Uparrow$
i	$\Uparrow$	$\Downarrow$	$\Downarrow$	$\Uparrow$
R*	$\Downarrow$	$\Uparrow$	$\Uparrow$	$\Downarrow$
CA	$\Uparrow$ 또는 $\Downarrow$	$\Uparrow$ 또는 $\Downarrow$	$\Uparrow$	$\Downarrow$

통화정책과 재정정책은 이자율, 환율 및 경상계정에 다른 영향을 준다. 통화정책의 환율과 소득에 대한 영향은 각각의 경상
계정에 대한 영향을 부분적으로 상쇄한다.

* R의 하락은 가치절상이며, 상승은 가치절하이다.

과 소득의 변동은 경상수지 효과를 강화한다. 결과적으로 통화정책의 경상계정에 대한 영향
은 불확실한 반면에 재정정책의 영향은 확실하다.

장기

어떻게 효과가 영구적일까? 경제학자들은 장기에는 경제의 생산 수준이 완전고용 상태의 일
관적인 수준 주변에서 등락하는 경향이 있는 것으로 다소 동의한다. 완전고용이란 모든 사람
이 직업을 갖는 것을 의미하지 않음을 주시하라. 경제가 아무리 좋아도 새로운 노동자의 진입
혹은 경력 단절 후의 재진입으로부터 약간의 실업은 언제나 존재한다. 그들이 직업을 찾는 동
안에는 실업으로 간주된다. 추가로, 더 좋은 직장을 찾기 위해 현 직장을 자발적으로 그만두
는 사람들과 직업을 찾는 데 필요한 기술이 부족한 사람들은 항상 존재한다.

　강한 경제에서는 실업이 일시적으로 매우 낮은 수준까지 떨어질지도 모르지만 이것은 스
스로 해결하는 경향이 있다. 최초에 고용주는 직장 빈자리를 메울 수 있는 사람이라면 누구든
지 고용할지도 모르지만, 실업군이 없어져 감에 따라, 고용주는 임금을 올리고 줄어든 노동자
를 잡기 위한 방법을 찾는다. 궁극적으로 실업률은 평상시 수준으로 되돌아간다. 반대로, 약
한 경제에서는 실업자들은 임금 하락의 압력을 받으며, 임금이 하락할 때 고용주는 더 많은
노동자를 고용하므로 그것이 실업문제를 해결한다. 가장 격론적인 이슈는 이런 변화가 얼마
나 걸리느냐이다. 몇몇 연구자들은 빠르게 일어난다고 믿으며, 다른 연구자들은 회의적인데,
특히 임금이 하락하는 속도에 대해 회의적이다. 한편, 경제가 완전고용의 장기균형에 도달하
는 데 걸리는 시간에 대한 논쟁은 장기의 의미에 관한 논쟁이다. 장기간은 2년을 의미하는가?
5년을 의미하는가? 아니면 10년을 말하는가?

　제10장에서 우리는 장기에 구매력 평가가 환율을 결정한다고 배웠다. 재정 및 통화 정책은

구매력 평가로부터 이탈을 초래할지도 모른다. 그러나 장기에 환율변동과 국내가격변동이 국가 통화의 구매력 평가로의 균형을 복구할 것이다.

경상계정 역시 장기에 균형을 향하는 경향이 있다. 어느 국가도 영원히 적자를 달릴 수 없고 흑자를 달릴 수도 없다. 적자란 해외 차입과 같으며 흑자는 해외 대출과 같으므로, 각 방향에는 한계가 있다. 그러나 그 한계는 잘 정의되지 않았으며 미국과 같은 국가는 오랜 기간 동안 상당한 적자를 달릴 수 있었고 일본 같은 국가는 흑자를 달릴 수 있었다.

사례연구

아르헨티나와 거시경제 정책의 한계

1900년에 아르헨티나는 세계의 가장 부유한 국가들 사이에 있었다. 그러나 그 행운은 오래가지 않았고 세기 중엽에 1인당 소득은 뒤로 쳐졌다. 비록 아르헨티나가 아직 라틴아메리카에서 1인당 소득이 가장 높지만, 서유럽과 북미와의 격차는 컸다. 남미 부채위기와 1980년대 잃어버린 10년(제15장 참조)이 도래했어도 그 격차는 줄지 않았다. 그 부채위기는 잔인했었고 거부하기가 어려웠다. 1989년, 부채위기가 시작됐던 몇 년 후, 아르헨티나는 아직 그 안에 잡혀 있었고 GDP는 7% 하락했으며 인플레는 3,080%를 기록했다. 정치가들은 불황과 초인플레에서 벗어나기 위해 다양한 실험을 감행했으나 아무것도 성장을 유지하거나 인플레를 내리도록 이끌지 못했다. 1991년에 과감한 실험이 시도됐다. 국가는 자국통화를 1:1 비율로 달러에 고정시켰고 새로운 통화 창출을 극적으로 제한했다. 순환에 들어간 모든 새로운 아르헨티나 페소에 대해 중앙은행은 그것을 지탱하기 위해 1달러를 보유하도록 요구했으며, 새롭게 창립된 **통화위원회**(currency board)는 환율 제도를 감시하고 규율을 강화했다.

통화위원회는 1990년대 대부분 기간 동안 아주 잘 작동했다. 아르헨티나는 강한 성장가도 및 저인플레로 돌아왔으며, 다른 국가들에 대해 성공적인 모델로 널리 여겨졌다. 그러나 문제는 1998년에 돌발하기 시작했는데, 그때 동아시아 위기로부터 라틴아메리카로 확산하게 되었다. 아르헨티나의 주요 무역 상대국인 브라질은 1999년 초에 통화를 가치절하했으며 브라질 기업에게는 이익을, 아르헨티나 기업에게 불이익을 주었는데, 왜냐하면 페소로 가치화된 상품이 이제 더 비싸졌기 때문이었다. 아르헨티나의 경상수지는 GDP의 4~5%로 상대적으로 커다란 적자로 발전했으며 수출의 상실은 1999년 불황으로 이끌었다.

이 점에서 전통적인 경제이론은 아르헨티나에 대해 수요 측면의 부양책을 처방한다.

경제에서 총지출은 내려갔으며, 이는 부분적으로는 수출하기가 더 어려웠기 때문이고, 그래서 국가는 감세, 정부 지출 증대, 통화 공급 증가 또는 이런 정책의 배합을 해야 했다. 그러나 몇 가지 장애가 있었다. 첫째, 1:1 환율을 혼란스럽게 하는 어느 것도 잠재적 문제로 간주되었다. 다른 것은 동일하다면, 확장적 거시경제 정책은 가격 상승을 야기하며, 의도적으로 증가된 정부 재정 적자가 정부의 반인플레 약속에 대한 믿음을 해쳤을지도 모른다는 것이 두려웠다. 아르헨티나는 이미 통제가 어려운 재정 적자를 달리고 있었고, 증가된 지출과 감세는 선택이 아니었다. 확장적 통화정책도 문제가 있었는데, 왜냐하면, 통화확장에 따른 페소의 증가된 순환이 이를 뒷받침하기 위한 가용 달러 수준을 넘어버려 달러에 대한 페그를 유지하기 어려웠기 때문이다.

둘째, 통화 가치절하는 그것이 고의든 아니든 문제가 된다. 1990년대의 성장기 동안에 아르헨티나 기업과 아르헨티나 정부는 국제 자본시장에서 달러를 빌렸다. 아르헨티나의 차입에 대해 특별히 이상할 것은 없는데, 부채를 활용해서 이익을 올리는 능력은 국내 정치적 요소라는 점은 예외이다. 달러로 표시된 부채를 갖는다는 것은 평범하지만, 그것은 통화 가치절하가 있을 때, 높은 가격이 부여된다. 왜냐하면, 부채의 달러 가치는 변하지 않는데, 부채의 자국통화 가치는 오르기 때문이다. 정부와 대부분의 기업이 페소로 수익을 얻게 되지만 그들의 국제 채무가 달러로 되어 있다면, 페소 가치 하락을 야기하는 어느 것도 부채의 부담을 증가시키게 된다.

정책에 대한 논쟁은 강렬하다 — 아르헨티나가 통화 가치절하하고 부채 부담을 증가시켰거나, 혹은 환율을 유지하며 경상수지 적자가 증가하는 것과 경제가 위축되는 것을 계속 바라보고 있어야 하는가? 정부의 재정 건전성에 확신을 창출하기 위해 정부 지출을 줄이거나 혹은 1:1 환율의 정부 약속에 대한 신뢰를 해치는 동안 확장적 재정정책으로 불황을 타개해야 하는가? 사실 두 가지 선택이 있다. 한편으로는 정부가 확장적 거시경제 정책을 사용하여 페소의 가치절하 비용으로, 불황과 싸우도록 노력하는 것이다. 아무도 정부가 반인플레 정책과 재정 투명성을 지킨다고 믿지 않기 때문이다. 다른 한편으로는 불황을 무시하는 비용으로 1:1 환율로 달러에 페소를 고정시키는 것이다.

1999년에 아르헨티나의 불황이 시작됐다. 2년 후인 2001년에 국가는 아직 불황에 있었고 전망이 오히려 악화되는 듯 싶었다. 사람들은 정부의 1:1 환율을 유지하는 능력에 신뢰를 잃었기 때문에 그들은 가치절하가 오고 있다고 결정했고, 그들의 돈을 은행으로부터 가져나가기 시작했다. 은행 부문의 엄청난 손실 이후에 정부는 2001년 12월에 모든 은행을 폐쇄했다. 그들이 2002년 1월에 다시 열었을 때, 달러에 대한 페소는 감소되었다. 페소는 꾸준한 하락을 시작했고, 2002년 2월에 달러당 1페소에서 2페소로 하락했으며,

6월에는 달러간 3.8페소까지 하락했다. 그 후에 환율은 서서히 회복했으며 달러당 약 3페소에 안정되었으며, 몇 년간 유지되었다.

　일부 연구자들은 아르헨티나가 훨씬 일찍인 1997년 혹은 1998년에 페소와 달러 간의 1:1을 엄격하게 하여 그 정책의 유연성을 좀 더 찾았어야 했다고 주장한다. 다른 연구자들은 재정을 더 줄였어야 했다고 주장했는데, 왜냐하면 통화에 대한 신뢰를 유지하는 유일한 방법이기 때문이라고 주장한다. 우선 정부는 후자의 접근방법을 노력했으나, 정치적·제도적 장애가 재정 감소의 충분한 확대를 막았다.

　아르헨티나 사례는 아직도 경제학자들에게 의문을 던져준다. 수요 감소에 의해 야기된 불황은 정부 지출, 감세, 혹은 통화정책을 통해 수요를 증가시킴으로써 가장 효과적으로 싸우게 된다. 만약, 한 국가가 세계에 재정적으로 건전하다고 보여줄 필요가 있지만, 그렇게 함으로써 자국 통화에 대한 투기를 막고 외환의 유입을 유지한다면, 확장적 거시경제 정책은 불가능할지도 모른다. 이것은 개발도상국이 확장적 거시경제 정책을 사용할 수 없음을 의미하는가?

경상계정 불균형을 위한 거시정책

학습목표 11.4　지출전환과 지출절감 정책이 경상수지 적자를 줄이는 데 어떻게 활용되는지 설명할 수 있다.

학습목표 11.5　J-곡선을 그리고 그것을 사용해서 어떻게 환율가치절하가 경상수지 적자의 즉각적인 감소를 유도하지 못하는지 설명할 수 있다.

재정, 통화 그리고 환율 정책은 경상계정 불균형을 없애기 위한 필수적인 수단이다. 어떤 지속적인 불균형도 문제로 표현될 수 있는 한편, 현실적으로는 가장 위험한 불균형은 대규모 경상계정 적자이다. 지속적인 대규모 흑자는 그 국가의 무역 상대국을 괴롭힐지도 모르지만, 대규모 흑자는 대규모 적자가 주는 만큼 그렇게 국가경제를 위협하지 않는다. 경상계정 적자를 다루기 위한 거시정책은 재정, 통화와 환율 정책의 연합인데, 종종 일괄적으로 **지출전환정책**(expenditure switching policy)과 **지출절감정책**(expenditure reducing policy)으로 불린다. 둘 다 필수적이다.

　재정과 통화정책의 환율효과에 관하여 말했을 때, 우리는 이미 지출전환정책의 한 종류를 알아봤다. 일반적으로 경상계정 적자를 없애기 위한 적절한 지출전환정책은 외국산 상품으로부터 국내산 상품으로 전환하는 것이다. 설명한 바와 같이, 환율 가치절하는 이것을 하기 위한 한 방법이다. 가치절하가 외국 상품의 자국 가격을 상승시킨다는 것을 상기하라. 지출전환정책의 대안적인 한 유형은 외국 상품을 더 비싸게 만드는 일시적인 관세와 같은 무역장벽이다.

지출절감정책은 경제에서 전체적인 수요 수준을 낮추는 단순한 긴축 재정정책 혹은 통화정책이다. 대부분의 경우에서 그것들은 지출전환정책과 함께 필수적인데, 왜냐하면 전반적인 지출절감 없이는 자국의 국내 지출이 외국산 상품을 멀리하고 국내산 상품으로 전환하는 결과로서 인플레가 일어난다. 이런 이유로 지출전환정책은 전반적인 지출의 절감과 병행되어야 한다.

지출 감소 없는 지출 전환은 인플레적인 반면, 국내 생산자를 향한 이동 없는 지출 감소는 침체적이다. 이것은 지출 이동을 필수적으로 만드는데, 국내 생산자를 향한 지출의 이동이 수요의 감소와 상쇄되며, 경제를 같은 생산 수준이지만 경상계정 적자로 남기기 때문이다. 동시적으로 두 유형의 정책을 사용한다는 전제하에, 지출 감소와 지출 이동은 각자에 대한 대안으로 여겨지지 않으나 오히려 경상계정 적자를 다루도록 고안된 2개의 동등하게 필수적인 거시경제의 요소로 여겨진다.

조정과정

용어 '**조정과정**(adjustment process)'은 환율 변동에 의해 초래된 무역적자의 변화들을 묘사할 때 사용된다. 우리는 이미 가치절하가 외국 상품의 실질가격을 높이고, 국내 대체상품을 더 매력적으로 만든다는 것을 살펴보았다. 이것이 일반적인 패턴의 상세한 설명인 반면, 가치절하는 종종 효과를 지연해 왔다. 예를 들면, 미국에서 환율변동과 미국 수출에 대한 영향 사이에 약 9개월 반의 평균 격차가 있다. 수입 반응을 위한 평균 격차는 다소 짧으나 7개월보다는 길다. 결과적으로 환율변동이 하루만에 무역 흐름에 영향을 미칠 것이라는 생각은 잘못이다.

격차 효과와 더불어서, 가치절하의 경상계정에 대한 첫 번째 영향은 증진이라기보다는 악화일지도 모른다. 악화는 그림 11.6에서 보는 바와 같이 **J-곡선**(J-curve)으로 알려져 있다.

가치절하 후에 항상 상품과 서비스의 흐름에 대한 괄목할 만한 영향이 없는 짧은 기간이 있다. 수입과 수출이 반응하기 시작할 때, 즉각적인 변화는 수입 가치의 상승이고, 경상수지를 적자로 더 깊게 밀어 넣는다. 실질적인 향상이 나타나기 전에 악화의 규모와 시간의 간격은 국가마다 다르다. 미국에서는 가치절하가 무역 수지의 향상을 초래하기까지 단지 1년 혹은 조금 더 걸린다. 그 이유는 단도직입적이다. 가치절하는 외국 상품을 즉각적으로 더 비싸게 만들지만, 가계와 기업은 대체재를 찾는 데 시간이 걸린다. 단기적으로 그들은 정보가 부족하고 국내경제에서 새로운 공급자를 찾고, 그들의 생산품 품질을 확인하고 계약을 거래하

그림 11.6 J-곡선

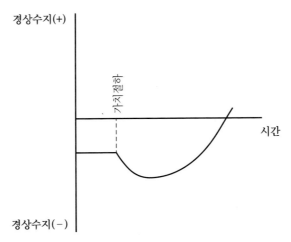

처음에 가치절하는 종종 경상계정 균형을 악화시킨다. 시간이 흐름에 따라 외국 상품에 대한 국내 상품의 대체는 균형을 증진한다.

는 데 시간이 걸리기 때문이다. 반면, 대안적인 공급자들을 찾기 전에 외국 상품이 비록 더 지불을 하더라도 계속 사용된다.

사례연구

미국의 조정과정

1981~1985년 사이에 미국의 경상수지는 작은 흑자로부터 GDP의 3%보다 더 큰 적자로 움직였다. 1985년에 G5(프랑스, 독일, 일본, 미국, 영국) 간의 플라자 합의(Plaza Accord)는 부분적으로는 미국 경상계정 적자를 줄이려는 수단으로서, 달러의 가치를 내리기 위해 협력적인 노력을 창출했다. 1985년 초에 달러는 가치절하를 시작했고, 1985년 1사분기로부터 1988년 초까지 달러지수는 거의 37%가량 떨어졌다.

달러가 떨어졌을 때, 무역적자는 계속해서 확대됐다. 이것은 많은 정치가, 경제학자 및 그 밖의 사람들을 심란하게 했는데, 그들은 달러의 가치절하의 결과로서 미국 무역적자의 상당한 절감을 예상했었다. 몇몇 저널리스트와 정치가들은 무역적자가 달러의 가치변동에 결코 반응하지 않을 것이며, 외국의 무역장벽이 미국으로 하여금 수출을 상당하게 신장하기에 불가능하며, 그리고 미국의 열린 시장이 달러가치와 상관없이 증가하는 수입의 규모를 보장한다고 주장하기 시작했다.

그럼에도 불구하고, 2년 약간 더 지난 후에, 미국의 무역균형은 달러가치 하락에 반응

그림 11.7 미국의 무역수지와 환율(1980~1988)

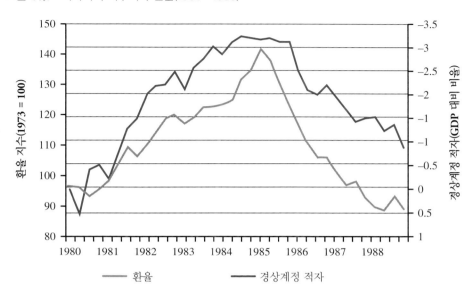

1980년대에 미국 무역수지의 변동은 2년의 격차를 가지고 환율 변동을 반영했다.

출처 : Data from U.S. Bureau of Economic Analysis, © James Gerber.

하기 시작했다. 그림 11.7은 달러가치의 변동과 이 기간 동안의 경상수지를 보여준다.

그림 11.7은 조정과정에서 긴 격차에 반응하기 위한 2년까지의 경상수지를 상쇄한다. 그래서 그래프에서 1985년은 1985년 환율 지수와 1987년 경상수지이다. 환율과 경상수지의 움직임이 2년 격차의 조정을 만들면서, 놀랄 만큼 유사하게 나타났다.

이런 에피소드 이래로 경제학자들이 논쟁을 해왔던 의제는, 왜 무역수지가 달러가치의 하락에 반응하는 데 그렇게 오래 걸리는가이다. 이유 중 하나는 앞선 달러가치의 증가는 외국 생산자의 이익마진을 보호해왔다. 1980년부터 1985년까지 미국에 대한 외국 생산자의 수출이 미국에서 달러가격과 같은 가격에 판매할지라도 그들의 국내가격 기준으로 상승했다. 결과적으로, 달러가 떨어지기 시작할 때, 외국 생산자들은 초기에 달러가격을 고정할 수 있으며, 그들의 국내가격 기준으로 더 낮은 이익을 실현함으로써 달러 가치의 하락을 흡수하게 된다.

긴 시차에 대한 가능성 있는 다른 원인은 시스템을 통해 작동하는 앞선 가치절상으로부터 영향이 있었다는 것이다. 긴 시차에 대한 세 번째 이유는 수출이 수입보다 훨씬 더 낮은 기준으로부터 증가하기 시작하고, 무역적자를 줄이기 위해서는 변화율에 있어서 수출이 훨씬 빠르게 증가할 필요가 있다.

선진국에서 거시경제 정책 협력

거시경제 정책 협력은 선진국 경제를 위한 빈번한 이슈이다. 구 G8(캐나다, 프랑스, 독일, 이 탈리아, 일본, 러시아, 영국, 미국)의 연례회의와 새로운 G20는 종종 거시경제 이슈, 국제경 제 관계와 개발도상국과의 관계 등을 나누기 위한 확대된 회의이다. 예를 들면, 세계경제 불 균형이 일어날 때, 거시경제 협력은 논의의 주제가 된다. 거시경제 정책의 실질적 협력은 사 실상 드물지만, 불가능한 것은 아니다. 예를 들면, 앞서 이야기했던 사례연구는 달러의 가치 절하 협력을 정리하기 위한 선진 공업국 5개국 간의 협의, 즉 플라자 합의로 알려진 것이다.

거시경제 정책 협력은 세계경제 성장의 만족할 만한 수준으로부터 세계경제 위기의 탈피 까지 목표의 다양성을 갖는다. 협력의 목적은 주요 세계경제들 중의 하나에 반비례적인 부담 을 전가하는 것을 피하는 것이다. 불공평한 부담은 한 국가가 경제 조율 비용의 많은 부분을 부담할 때 일어난다. 일례로서, 세계경제가 상대적으로 저성장 기간에 있다고 가정하자. 모 든 경제가 이것을 경험하지는 않을 것이지만, 때로는 경제가 불황에 있거나 혹은 너무 느리게 상승해서 세계 전체의 평균 성장이 너무 느려 생활 수준을 높이거나 빈곤으로부터 사람들을 끌어내지 못한다. 만약 산업경제 그룹이 함께 재정정책과 통화정책으로 그들의 경제를 확장 하기로 결정했다면, 그들 소득의 성장은 수입에 대한 수요가 다른 국가들의 생산을 자극함에 따라 세계 전체의 소득을 증가시킨다. 만약 모든 경제가 동시에 확장한다면, 그때는 갑작스러 운 수출을 넘는 초과 수입의 부담을 지는 국가는 없는데, 그들의 수출은 수입과 함께 증가하 며, 그들의 무역상대국 경제에서 수요의 증가와 함께 수출이 증가한다. 대규모 재정적자 혹은 확장정책의 인플레 효과에 대한 두려움 등 여러 가지 다양한 이유로 인하여 몇몇 국가들은 그 들이 경제를 확장하는 것을 선택하지 않을 수도 있다. 이런 경우에, 세계 전반에 성장 엔진으 로서 확장하는 경제의 효과는 감소된다. 더욱이, 확장정책을 사용하는 한 국가 혹은 여러 국 가들은 그들 무역 상대국이 같은 비율로 성장하지 않기 때문에 경상계정에서 악화를 경험할 지도 모른다. 만약 확장적 재정정책이 이자율의 상승을 야기한다면, 경상계정의 심각한 악화 가 해외 자본 유입이 초래한 통화 가치상승에 기인한다.

이런 딜레마를 벗어나는 방법은 거시경제 확장에 대한 협력 노력이다. 그러나 협력에는 정 치적·경제적 문제가 있다. 정치적 문제는 국가들 간 다각적인 협의를 이끌어낼 수 있는 국제 적 조직이 없으며, 국가 주권의 상당한 희생 없이는 불가능하다. 경제적 문제는 국가들이 그 들의 무역 상대국과 같은 정책을 추구하듯이 그들 자신의 이익을 발견하는 유일한 기간은 많 은 국가가 유사한 위기에 직면할 때이다. 예를 들면, 2007~2009년의 세계적인 불황 기간에 EU와 미국은 확장적 재정정책을 실시했으며, 유럽중앙은행과 미국 연방은행 간의 협력이, 비록 통화정책의 완전한 협력은 짧게 끝났지만, 광범위하게 이루어졌다.

요약

- 가계는 국가의 산출물을 생산하는 데 필요한 모든 생산요소(지대, 노동과 자본)를 공급한다. 그 다음에 그들은 모든 소득, 즉 그들의 땅의 사용(지대), 노동(임금과 봉급), 자본(배당금, 이익과 이자) 사용에 대한 지급인 요소소득을 얻는다. 가계가 받은 소득은 기업이 생산한 산출물의 가치와 같다.

- 기업은 가계 저축을 빌리기 위해 금융기관을 사용한다. 기업은 또한 국가의 산출물을 생산한다. 정부는 상품과 서비스에 지출하고, 가계로 가는 소득 흐름으로부터 세금수입을 사용한다. 해외 부문은 수입을 공급하고 수출을 수요한다.

- 재정정책은 정부의 세금과 지출 정책이다. 통화정책은 이자율과 통화공급에 대한 것이다. 확장정책은 GDP와 국민소득을 상승시키는 반면 긴축정책은 그 반대로 한다.

- 재정 및 통화정책은 총수요의 변동에 의해 작동한다. 재정정책은 상품과 서비스에 대한 정부 지출을 변동, 즉, 직접적인 수요를 변동시키거나 세금의 변동을 통해 가계소득을 변화시킨다. 이것이 총수요의 간접 변화이다. 통화정책은 투자를 변화시키는 이자율의 조정을 통해 작동한다.

- 승수는 최초의 지출 변화가 어떻게 경제를 통해 지출의 큰 변동으로 배가 되는지를 설명한다.

- 재정정책은 통화정책보다 수행하기에 더 어려운 것으로 간주되는데, 그것은 국회가 법안을 통과시키고 대통령의 서명을 요구하기 때문이다. 통화정책은 더 용이한데, 이는 연방은행에 의해 행해지기 때문이다.

- 재정정책과 통화정책은 둘 다 환율과 경상계정 균형에 영향을 준다. 각각의 경우에 그 효과는 재정정책과 통화정책이 가져오는 이자율 변화를 통한다. 어느 정책도 소득에 대해서 장기 효과를 갖고 있는 것 같지 않다.

- 경상계정 적자를 해소하거나 줄이기 위하여 국가들은 지출 전환과 지출감소정책을 실행해야 한다. 지출전환정책은 수요를 해외 부문으로부터 멀리하고 국내 생산으로 향하게 한다. 지출감소정책은 수요의 전체 수준을 감소시킨다.

- J-곡선은 어떻게 경상계정 적자를 해소하기 위하여 고안된 정책이 적자를 줄이기 전에 처음에는 더 크게 만드는지를 설명한다. 가치절하와 경상계정 적자 규모의 감소 사이의 시차는 미국에서 1~2년이다.

용어

공개시장정책

금융정책

긴축

긴축적 금융정책

긴축적 재정정책

승수효과

재정정책

조정 과정

중간투입물

지출절감정책

지출전환

지출전환정책

총공급(AS)

총수요(AD)

통화위원회

확장적 재정정책

확장적 통화정책

J-곡선

학습문제

11.1 총수요와 총공급을 사용해서 다음의 각각에 대해 가격 수준과 GDP에 대한 효과를 그래프로 그려라.

　　a. 소득세의 감소

　　b. 군대 지출의 증가

　　c. 외국인에 의한 수출 수요의 감소

　　d. 수입 증가

　　e. 기업투자지출의 감소

11.2 재정정책과 통화정책의 개념을 설명하라. 누가 재정과 통화정책을 수행하고, 또 어떻게 경제를 통해서 작동하는가?

11.3 재정정책과 통화정책을 사용하고자 노력할 때 생기는 문제점들은 무엇인가? 왜 경제학자들과 정치가들이 정책의 소득과 산출물의 변동에 대한 효과를 정확하게 예측할 수 없는가?

11.4 재정정책의 변화가 이자율, 환율, 경상계정 균형의 변동을 초래하는 체계를 설명하라. 통화정책에 대해서도 설명하라.

11.5 여러 국가들은 변동환율제도보다 고정환율 시스템을 가지고 있다. 그 환율제도는 어떻게 통화정책을 사용하는 데 제한을 받는가?

11.6 미국은 현재 대규모의 경상계정 적자를 운영하고 있다. 만약 국회와 대통령이 그 적자를 줄이거나 해소하기 위하여 정책을 실행하고자 결정한다면, 그들은 어떤 행동을 취해야 하는가? 그들에게 가용한 정책 선택을 설명하라.

11.7 앞의 질문에서 정책의 더 큰 경제 효과를 설명하라. 즉, 경상계정 적자를 줄이거나 없애려는 정책의 소득, 소비, 고용, 이자율과 실질 환율에 대한 효과는 무엇인가?

11.8 1980년대 후반에 미국은 경상계정 적자를 줄이려는 의도로 달러를 가치절하했다. 1년 후, 그 적자는 실제로 더 커졌고 신문 논설위원들은 컬럼에 환율과 경상계정 사이에 연계가 없다고 주장하고 있었다. 왜 그들이 잘못 이해했는지 설명하라.

11.9 미국, 일본과 세계의 다른 많은 곳에서 불황에 빠졌지만 유럽에서는 강한 성장을 보였다고 생각해보자. 왜 거시경제 정책 협력이 도움이 되는가, 누가 협력해야 하고, 협력하는 데 장애는 무엇인가?

국제 금융위기

12

학습목표

이 장을 학습한 후 학생들은

12.1 위기의 세 가지 유형을 정의할 수 있다.

12.2 불안정한 자본흐름에 의한 위기와 경제적 불균형에 의한 위기를 구별할 수 있다.

12.3 국가들이 금융위기에 노출되는 것을 줄이기 위해 택할 수 있는 세 가지 조치를 열거하고 설명할 수 있다.

12.4 국제금융과 국제금융기관의 구조에서 개선을 위한 필요성을 설명할 수 있다.

12.5 2007년에 시작됐던 세계 금융위기의 뒤에 있었던 주요 세력을 설명할 수 있다.

서론 : 금융 통합에 대한 도전

증가하는 국제경제의 통합은 성장과 발전을 위한 기회를 창출해왔으나 동시에 위기가 한 국가에서 다른 국가로 확산되기 쉽게 만들었다. 2008년에 시작된 세계적인 불황은 2007년에 시작했던 금융위기에 의해 점화되었다. 그것은 아마 1930년대 이래로 가장 심각한 위기의 사례이지만, 최근에 몇 가지 다른 사례가 있다. 유로의 출범 전, 1992년에 영국 파운드와 다른 유럽통화에 대한 통화 투기는 거의 유럽의 통화 조정의 몰락을 가져왔으며, 많은 유럽연합 국가들에게 높은 비용의 타격을 줬다. 1994년 말에 멕시코 페소에 대항하는 투기는 멕시코 페소의 몰락을 유도했으며 남미를 통한 '테킬라 효과'를 확산시켰다. 1997년에 동아시아 여러 국가들은 갑작스러운 자본 유출의 파고에 의해 가파른 불황으로 던져졌으며, 1998년에는 러시아의 국제 부채에 대한 불이행은 멀리 라틴아메리카까지 충격파를 던졌다.

금융위기는 새로운 것이 아니다. 그러나 그것이 발전시키고 확산시키는 방법은 세계의 금융 및 경제 통합과 더불어 진화한다. 몇 가지 사례에서 금융위기는 일관성이 떨어지고 비현실적인 거시경제 정책의 예측할 수 있는 결과이다. 그러나 다른 경우에서는 기본적으로 건전한 거시경제 정책을 가진 국가들도 통화 혹은 **금융위기**(financial crisis)로 빠져들었다. 이것이 금융위기를 예측하기 어렵게 만든다. 그러나 금융위기는 또한 일련의 선행 경고지수의 가치를 증가시킨다. 위기의 **전염효과**(contagion effect)는 한 가지 패턴만을 보이지 않으며, 그들은 스스로의 행태 규칙으로 다른 형태의 위기가 있다는 생각을 강화한다.

금융위기는 정부의 체면을 구겨왔고, 경제를 망쳤으며, 개인 생활을 피폐하게 하였다. 위기의 어마어마한 비용이 그 원인, 방지, 치유에 대한 집중 연구를 창출하였다. 제12장에서는 이런 몇 가지 기본적인 주제의 문헌을 살펴보고, 지난 20년 동안 관측되어 왔던 두 가지 유형을 설명하면서 시작한다. 그런 다음에 몇 가지 중심 이슈에 대해 논의하는데, 한 국가가 위기를 피하거나 최소화하기 위해 택하는 절차와 위기가 시작될 때 국가가 직면하는 정책의 선택을 포함한다.

이 분야에서 많은 연구는 국제금융 개혁을 위한 건전한 원칙을 공식화하기 위해 고안된다. 최근에 나타났던 많은 개혁 제안은 주로 **국제 금융구조**(international financial architecture)의 개혁을 위한 제안으로 언급된다. 종종 그것들의 내용은 국제금융 관계의 역할자로서 IMF와 다른 다자간 기구들에 대한 변화를 제안에 관한 것을 다룬다. 이 장의 마지막에는 이 논의에서 2개의 주요 질문을 살펴본다. 세계경제는 **최후 수단의 대부자**(lender of last resort)를 필요로 하는가? 그리고 어떤 유형의 조건을 대부자가 그 수혜자에게 부여하는가?

금융위기의 정의

학습목표 12.1   위기의 세 가지 유형을 정의할 수 있다.

금융위기는 다양한 잠재적 특성을 가지고 있으나, 항상 환율위기, 은행위기, 부채위기 혹은 세 가지의 조합과 연루되어 있다. 환율, 은행 시스템과 부채들이 유일한 요소는 아니다. 그러나 최근 위기에서 그것들은 공격당하기 쉬운 점이 있었다. 부분적으로는 그것들이 위기의 전염 효과가 한 국가에서 다른 국가로, 금융시스템과 그 외 경제 사이에 확산시키는 변수들이기 때문이다.

은행위기(banking crisis)는 은행시스템이 평범한 대출 기능의 수행이 불가능할 때 발생하며, 한 국가의 모든 혹은 일부 은행이 지불불능의 위협을 받는다. 다른 사업과 같이 은행은 그의 자산이 부채보다 적다면, 달리 말하면, 그의 순가치가 마이너스라면, 지불 불능, 즉 파산으로 간주된다. 2007년 12월에 시작됐던 불황은 같은 해 먼저 시작됐던 은행위기로부터의 결과의 일종이다. 은행을 포함한 다양한 금융기관들이 연루되었다.

　은행의 주요 역할은 저축자와 대출자 간의 **중개**(intermediation)이다. 간단히 말하면, 은행과 그 외 금융기관들은 가계 저축을 모아서 투자를 원하는 사업체에 제공하는 것이다. 만약 은행으로부터 대출받은 사업체들이 파산하게 되면, 은행은 예금자들에게 지불을 할 수 없게 되며, 은행 또한 파산할지도 모른다. 은행이 저축자와 대출자 간의 중개기관으로서 역할을 할 수 없을 때, 은행 **중개 소멸**(disintermediation)이 발생한다. 이것이 부정적인 경제적 결과를 낳는 심각한 문제이다.

　은행 혹은 다른 금융기관이 무너질 때, 그 금융상품을 구매했던 투자자들은 그들 저축의 전부 혹은 일부 손실을 보게 된다. 많은 국가에서 은행 예금은 예금 보험에 의해 보장되지만, 다른 종류의 금융상품 소유자들은 거의 보장받지 못한다. 저축의 손실은 가계로 하여금 소비를 줄이게 하며, 경제 전반에 점점 넓게 그 불황적 영향을 확산시킨다. 이것이 위기가 한 경제 안에서 전이되는 한 방법이다. 영향받지 않은 은행들은 조심스러운 접근방법으로 신규 대부 자금을 만드는 것을 멈추고, 신규 투자는 부진해지거나 모두 멈추게 되며, 실업이 발생하고, 경제는 하강으로 요동치는 불황의 악순환으로 깊이 빠진다.

　환율위기(exchange rate crisis)는 한 국가 통화 가치의 갑작스럽고 예기치 않은 몰락에 의해 야기된다. 이것은 고정환율, 변동환율 혹은 그 중간 유형에서 발생할 수 있다. 만약 환율제도가 고정환율의 일종이라면, 그 위기는 준비금이 고갈될 것이라고 보일 때 갑작스러운 가치절하에 의해 국제준비금의 손실을 수반한다. 가치절하는 준비금을 축적하려는 의도이거나 자국통화를 달러나 다른 국제준비통화로 바꾸는 것을 꺼리게 만들어 보유하고 있는 준비금을 보호하려는 의도이다. 만약 한 국가가 일종의 변동환율을 사용한다면, 환율위기는 통화의 급격하고 통제 불능한 가치절하를 포함한다. 어떤 유형의 환율제도도 안전을 보장하지 않는 반면, 현재의 연구들은 페그환율을 채택한 국가들이 환율위기에 더 취약할지도 모른다는 의견을 선호한다.

　은행위기의 영향과 유사하게, 환율위기도 종종 가파른 불황을 초래한다. 불황 영향이 전파되는 데 몇 가지 채널이 있는데, 가장 일반적인 채널 중 하나가 은행시스템이다. 예를 들면, 1997년과 1998년의 아시아 위기 이전에 은행은 국제자본시장에서 달러를 차입했다. 그들의 자국통화가 몰락했을 때, 그들 부채의 달러가치는 엄청나게 증가했다. 결과적으로 많은 은행이 쓰러졌고, 채무불이행이 일어났으며 신규 투자가 중지됐고, 경제는 깊은 불황으로 빠져들었다.

　부채위기(debt crisis)는 채무자들이 지불할 수 없어 그들의 부채를 구조조정해야 할 때 발생한다. 채무자들이 그들의 부채를 완벽하게 거부하는 경우는 드물며 대부분의 경우에 구조조정은 이자율을 낮추거나, 상환기간을 연장하거나, 일부 면제 혹은 이것들의 조합을 포함한다. 채무자들은 공인일 수도, 개인일 수도 혹은 조합일 수도 있으며, 그 부채는 대외적이거나 대내적일지도 모른다. 대외 부채는 보상해야 하는 상대방의 국적에 상관없이 외국통화로 갚아야 할 부채를 말하며, 대내 부채는 자국통화로 표시된다. 추가로, 대외 부채를 관할하는 규칙은 대외 법적 시스템에 마련되어 있으며, 대내 부채는 자국의 법과 법정을 사용한다. 예를 들면, 중국이 미국 국채를 보유하면 미국의 부채인데, 그 부채는 달러로 표기되어 있고 미국 법에 따라 미국 내의 법규와 조정의 대상이므로, 미국의 입장에서 그것은 대외 부채라기보다 대내 부채로 간주된다.

부채의 구조조정은 한 경제를 관통하는 손실의 확산이고 이전에 지급 가능한 채권자들도 그들 소유의 자산 가치가 하락함에 따라 지급불능을 일으킬지도 모른다. 그들 자산이 너무 많이 하락하면, 그 자산은 그들의 부채보다 떨어지게 되고 그 채권자들도 지급불능이 된다. 부채위기 또한 다른 방법으로 경기침체를 확산시킨다. 예를 들면, 1990년대에 일본 기업과 은행들은 1980년대 말과 1990년대 초에 부동산 거품의 붕괴 후에 부채를 갚는 것에 집중했다. 이것이 그들에게 일반적인 사업지출을 줄이게 만들었으며, 경제의 총수요 수준을 심각하게 감소시켜서 거의 10년간의 불황으로 이끌었다. 2011년에 시작됐던 유로 위기는, 은행을 포함하는 많은 사업이 대출을 꺼리고 주택거품 붕괴 후에 그리고 불황 기간에 가지고 있던 부채를 갚길 선호하는 관점에서 유사한 성질을 갖는다.

취약성, 촉발, 전염

학습목표 12.2 불안정한 자본흐름에 의한 위기와 경제적 불균형에 의한 위기를 구별할 수 있다.

모든 국제 금융위기는 그 근원과 그것이 국내경제를 해결하는 방법에 있어 독특하다고 말해도 무방하다. 위기는 예측 가능하지 않지만, 이전의 취약한 분야 없이 일어나는 일은 드물다고 쉽게 말할 수 있다. 은행위기, 환율위기, 부채위기는 경제에 깔려 있는 약점과 취약점이 있을 때 일어나는 것 같다. 이런 약점들이 반드시 위기를 초래하지는 않지만, 경제가 위기를 촉발시킬 수 있는 사건에 취약하도록 만든다. 은행 도산이나 통화에 대항하는 갑작스러운 투기와 같은 위기 촉발들은 대개 예측 불가능하다. 이런 이유로 위기를 예측하는 시도는 위기의 발발과 확산으로 이끌 수 있는 취약성과 가능성에 문제의 중심을 맞추는 경향이 있다.

여기에서는 취약성의 두 가지 주요 유형을 고려해본다. 이것들이 유일한 가능성은 아니지만, 경제적 취약성에 기여하며 때로는 국내와 국제 위기로 돌변하는 넓은 영역의 상황을 설명한다. 취약성의 첫 번째는 확실하며 인식 가능한 거시경제 불균형이다. 이 유형에서 위기 촉발의 순간은 예측 불가능하지만, 내재된 상황이 해결되지 않는 한 궁극적으로 일어난다는 것은 거의 확실하다. 취약성의 두 번째 유형은 즉시 국가 밖으로 움직이는 금융자본의 불안정한 흐름에 의해 도래한다. 이런 자본 유출은 종종 자본 유입과 대외부채의 축적 기간이 앞선다. 투자자 기대의 갑작스러운 변화가 촉발하는 요소일 수도 있으며, 은행과 금융 부문의 내재적인 취약성이 나타날 수도 있다. 아직도 이 유형의 위기는 풀 수 없는 퍼즐일 수도 있는데, 왜냐하면 여러 번의 최근 사례에서 위기가 특히 강한 국제적 위치와 안정적인 거시경제 정책을 가진 국가들에게 영향을 미쳐왔기 때문이다.

취약성 : 경제적 불균형

지난 몇십 년 동안, 기존의 거시경제적 불균형에 심각한 압력을 주는 사건으로 많은 위기가 촉발되었다. 거시경제적 불균형은 여러 가지 형태를 취하는데, 대규모 재정적자, 대규모 경상수지적자, 과대평가된 환율 혹은 주택시장과 같은 민간 부문 부채의 지속하기 어려운 수준 등을 포함한다.

정부가 대규모 재정적자 혹은 높은 인플레를 용인할 때와 같이 역사적으로 잘못된 재정 혹은 통화 관리가 자주 경제적 불균형 역할을 해 왔다. 정부에 의한 재정적자를 지원할 필요성은 채권자의 자금 상환 가능성에 대한 인식 변화를 야기하는 취약성을 낳는다. 또한 고정환율하의 인플레는 통화의 실질 가치절상과 경쟁력 손실을 통해 취약성을 야기한다(제10장 참조). 모든 위기가 형편없는 재정 혹은 통화정책에 의해 야기되지는 않지만, 그러나 많은 위기가 부동산, 주식시장 혹은 다른 자산에서의 투기에 의해 불균형이 발생하는 민간 부문에서 유래된다.

2007년에 시작된 세계 위기는 국가마다, 기간마다 이런 위기의 몇 가지 근원을 보여줬다. 미국, 영국, 스페인 그리고 여러 국가의 주택가격 상승으로 시작되어, 은행, 보험회사, 연금 그리고 개인을 포함하는 민간 투자자들은 부동산 투자에 막대한 동기부여를 가지게 되었으며, 이것이 가격을 지속할 수 없는 수준까지 몰고 갔다. 투자는 세계적인 불균형으로 촉진됐는데, 중국, 독일, 석유수출국과 같은 대규모 경상수지 흑자와 높은 저축률을 가진 국가에서 미국, 영국, 스페인과 대규모 경상수지 적자와 큰 투자 기회를 가진 다른 국가들로 대출되었다. 그 결과는 주택가격의 지속할 수 없는 증가와 많은 도시에서 일어난 주택 거품이다. 주택가격이 하락하기 시작했을 때, 그것은 국가들의 금융시스템에 압력을 행사했는데, 그 국가들에서는 대규모 금융기관이 단기 신용시장에서 집중적으로 수신했던 담보물로서 만들어진 주택대부자금을 사용하고 있었다. 미국 투자은행 리먼 브라더스의 실패가 발생했는데, 그 은행은 대부자들이 은행의 담보를 거절한 후에 더 이상 단기신용시장을 유지할 수 없었기 때문이다.

2007~2009년 위기의 첫 번째 국면은 경상계정, 저축 및 투자의 거시경제적 불균형을 포함한다. 이런 불균형은 대부분의 경우에서 정부 정책 때문이 아니었으며, 지출, 저축, 투자에 관한 민간 부문 결정의 결과였다. 국가들이 불황으로 깊게 빠져들고 정부 재정이 압력에 놓여 있을 때, 조세수입이 감소하고 사회 지출이 자동적으로 증가함에 따라 두 번째 국면이 시작되었다. 경제활동의 추락과 민간경제에서 소득 감소에 따라 불황 기간의 정부 수입은 감소한다. 동시에 소득 지원 프로그램, 건강케어지출, 연금지출은 예측 못할 정도로 증가하는데. 노동자는 일자리를 잃고 사용자 지원의 건강보험을 잃게 되고, 때로는 일찍 은퇴한다. 조세수입의 감소와 사회 지출의 증가는 그 변화가 자극적이며 부분적으로 불황에 대응해서 일어난다면 자동안전장치를 갖게 된다. 그러나 어쩔 수 없이 그들은 재정적자를 수반하며, 많은 경우에 적자를 감당할 수 없게 된다.

라틴아메리카 부채위기(1982~1989)는 버틸 수 없는 거시경제 균형(제15장 참조)에 의한 위기의 한 예이다. 1982년 8월 멕시코는 외채를 더 이상 갚을 수 없음을 드러냈다. 이것은 재정적자와 개발 프로젝트의 자금지원을 위한 10년 동안의 대규모 부채에 의해 터졌다. 부채위기가 다른 라틴아메리카 경제로 확산됨에 따라, 재정적자, 경상계정적자, 과도한 화폐발행 그리고 과대평가된 환율이 은행위기와 환율위기를 진행되는 부채위기에 추가시켰다. 이런 경우에서 위기 촉발은 미국에서 시작되었던 이자율의 세계적인 증가였으나, 더 많은 국가들이 10년간의 많은 차입 후에 지불불능으로 드러남에 따라 위기가 확산되었다. 라틴아메리카 부채위기는 **국가부도**(sovereign default)의 경우인데, 왜냐하면 그것은 독립정부에 의한 불이행이기 때문이다. 그것은 특히 라틴아메리카 경제 역사상 뼈 아픈 사건인데, 제15장에서 좀 더 깊게 다루도록 한다.

취약성 : 불안정한 자본흐름

모든 위기가 거시경제의 불균형이나 혹은 재정정책 및 통화정책의 지속 불가능한 확장의 결과는 아니다. 국내경제는 금융자본의 엄청난 양이 한 시장에서 다른 시장으로 이동하는 기술 효과에 점증적으로 취약하다. 지난 수십 년 동안에 성취했던 높은 금융시장 개방도와 함께, 위기의 전염효과는 대양과 국경을 가로질러 번진다. 이런 위기 유형의 가장 좋은 사례는 1997년과 1998년에 동아시아 몇 개국 경제를 강타했던 위기이다. 몇 개국 경제가 금융부문에 약점을 갖고 있었던 반면에, 싱가포르, 홍콩, 대만 같은 국가들은 같은 약점이 없었어도 영향을 받았다.

이 위기 유형의 근본적인 원인은 높은 불안정과 기술 진보가 이 불안정을 증폭했다는 것이다. 대규모 신흥시장의 발견과 포트폴리오를 다양화하기 위한 고소득 국가들의 금융투자에 의한 주도로 인하여 수조 달러가 세계시장에 투자되었다. 대부분의 저축은 저축이 이루어지는 국가에 머물지만, 점점 더 큰 저축 양이 국제 자본시장으로 흘러 들어갔으며, 그곳에서 비교적 자유롭게 이자율, 환율 예측과 경제활동에 반응해서 움직인다. 이것이 기회와 더불어 문제를 일으킨다. 예를 들면, 포트폴리오 관리자들은 시장의 방향에 대해 종종 서로 간 정보에 따른 행동을 주시한다. 자본 유입은 강한 경제의 신호가 될 수 있으며 한 국가가 투자하고 보다 빠른 성장을 주도하는 자금에 더해서, 더 많은 유입을 창출할 수 있다. 반면, 자본 유출 또한 신호가 되는데, 작은 문제 또한 증폭될 수 있다. 국가 밖으로 드문드문 나가기 시작하는 것이 내재된 나쁜 뉴스로 해석될 수 있어 자본 유출의 대규모 사태로 확대된다. 그런 사태가 발생할 때, 국제 준비자금은 고갈되고 환율은 무너지고 금융 분야는 갑자기 매우 위급해 보인다.

취약한 금융 부문은 문제를 심각하게 할 수 있다. 한 사례는 국제적으로 차입해서 국내에서 대출하는 은행 부문이다. 만약 국제시장에서 차입된 자금이 단기이며, 부동산과 같은 장기 대출로 사용된다면, 국제 차입이 상환되어야 할 때 문제가 발생한다. 국제 대부자들이 대출을 연장하고 새로운 대출로 확장하는 한, 모든 것이 순조롭게 움직인다. 그러나 대출자들이 차입한 은행에 문제가 있다고 믿는 순간, 그들은 부채 상환기간 연장을 거절하며, 만약 은행의 자산이 부동산 대출에 묶여 있다면 유동성 문제를 일으킨다. 단기에 부동산은 상대적으로 비유동적이며, 지급을 위해 사용될 수 없다. 많은 은행이 유사한 문제에 부닥쳤을 때, 부동산을 풀려는 시도는 가격을 떨어뜨리고 은행시스템의 지급능력을 해치는데, 부동산 투자를 하는 모든 은행이 갑자기 가치가 하락하는 포트폴리오를 가지게 되기 때문이다.

이런 유형의 시나리오는 특히 문제가 되는데, 왜냐하면 어느 방향으로도 갈 수 있기 때문이다. 즉, 만약 은행이 그들의 장기 자산을 매각하는 동안 국제 대부자들이 추가적인 신용을 연장한다면, 은행들은 위기 없이 스스로 해결할 수도 있다. 다른 방향으로, 만약 국제 투자자들이 위기를 예측하고 결과적으로 국내 은행에게 비유동적인 자산을 유동적으로 바꿀 필요가 있는 시간을 준다면, 위기는 자기충족 예언이 된다. 위기의 믿음은 대부자들에게 은행 부채의 상환 연기를 거절하게 하며, 비유동적인 은행들은 지급 불능이 된다.

이 시나리오의 여러 부분은 경제학자와 입법자들에게 안착되지 않았다. 첫째, 가능한 복수의 결과, 즉, 경제학 용어로 국제 대부자의 반응에 달린 **복수의 균형**이다. 둘째, 가능한 결과 중의 하나는 위기이지만, 그 위기는 자기 충족적이다. 그것은 미리 결정된 것도 아니고, 반드시 그런 것도 아니다. 셋째, 위기는 기본적으로 건전하지만 그들의 부채와 자산 간의 불일치가 있는 은행에 영향을 준다. 다른 말로 하면, 은행은 비유동적이지만 지급 불능은 아니다.

이런 요소들은 이런 유형의 위기를 피하는 것이 가능할 수 있다는 것을 의미하는 듯 싶다.

부분적으로 은행들이 그들의 부채와 자산 간의 만기 일치에 좀 더 관심을 기울이는 것이 요구된다. 어떤 경우에는 은행 당국의 부분에서 높은 수준의 감독과 규제를 요구한다. 국제 대부자들은 그들 영역에서 차입자의 행태에 관한 더 많은 정보가 제공되어야 한다. 이것은 표준 회계 실무의 사용과 국내와 국제금융시스템에서 전반적으로 높아진 투명성 등 더 높은 정도의 정보 흐름을 요구한다. 마지막으로 만약 위기가 발생했을 때, 위급한 대부자로 불리는 IMF와 같은 국제기관이 지급 불능과 비유동성 간의 차이를 구별할 필요가 있다. 그 구별은 보기보다 더 복잡하지만 매우 중요한데, 적합한 반응이 차입국의 단기에서 중기 전망에 따라 다르기 때문이다.

위기가 국제화되는 방법 : 전염

대부분의 위기는 대내적이다. 은행위기, 통화위기, 부채위기는 거의 항상 국내적 상황으로 시작하고 단지 몇몇 만이 국제화된다. 그러나 많은 위기는 다른 나라로 흘러들어가고, 만약 국제 위기로 이어지지 않을지라도 원래 발생한 국가보다 더 많은 국가에 영향을 미칠지도 모른다. 예를 들면, 1994~1995년 멕시코 환율위기(사례연구 참조)는 많은 중위 소득 국가들로부터 자본 유출을 야기했으며, 아르헨티나와 다른 국가들을 가파른 불황으로 이끌었다. 아르헨티나는 비교적 빠르게 복구했으나, 그 사례는 한 국가에서의 문제가 어떻게 다른 국가로 쉽게 전염되는가를 보여준다.

어떤 위기는 병과 유사한 방법으로 전염된다. 국가들 간의 직접적인 유출은 때론 한 국가에서 시작된 위기가 번져서 국제적 위기로 변할 수 있다. 예를 들면, 2007년 미국에서 주택가격 하락으로 시작됐던 위기가 쉽게 유럽과 일본으로 확산되었다. 그 지역의 은행들은 미국의 주택가격에 궁극적으로 연계된 자산을 구매해왔으며, 주택가격이 떨어지기 시작했을 때, 자산의 가치 또한 하락했다. 또한 갑자기 미국의 문제는 주택가격에 달려 있는 자산을 구매했던 지급불능 은행을 포함한 유럽과 일본의 문제가 되었다.

은행 혹은 다른 금융의 연계는 보이지 않을지도 모르거나 위기가 시작될 때까지 모를지도 모른다. 그러나 궁극적으로 그들은 위기가 지속되거나 매우 깊을 때 드러나게 될 것이다. 전염의 다른 형태는 더 쉽게 관측되지 않을 수도 있다. 예를 들면, 위기의 국가와 확실한 유대가 없는 국가들도 만약 위기의 국가가 국제 투자자들과 투기자들에게 경고신호로 작용한다면 얽히게 된다. 예를 들면, 1997~1998년 아시아 위기(다음의 사례연구 참조) 동안 투기자들은 성공적으로 태국 통화에 대항하여 투자했으며, 유사한 문제가 있다고 생각한 지역의 유사한 국가들로 전환했다. 그들이 상당한 준비금을 가지고 과대평가되지 않은 통화에 대항하여 투기할 때, 몇몇 경우에서 그들의 투자는 거둬들였으나, 다른 경우에는 잃었다.

서브프라임 위기는 전염의 결과로 발전했던 국제 위기의 좋은 예였다. 그러나 모든 국제 위기가 그런 방식으로 전파되지는 않는다. 자주 2개 이상의 국가들이 유사한 금융위기에 직면하는데, 그들이 공동의 경제 기초를 공유하기 때문이다. 예를 들면, 1928년과 1931년 사이의 농산물과 광물 가격의 길고 급격한 하락은 1930년의 세계 대공황을 초래하고 지속시켰던 요소 중의 하나였다. 대규모 농업과 광업 부문을 가진 국가나 지역은 주요 상품의 가격 하락을 보게 됐으며 궁극적으로 파산과 은행위기를 초래했다. 이런 경우에 국제적인 위기의 확산은 경제 상황의 공통 부분을 통해서 발생하는데, 많은 국가가 공유하고, 한 국가에서 다른 국가로의 직접적인 전염의 결과가 아니다. 상품가격이 떨어지기 시작했을 때, 그것은 동시적으로 많은 국가에 유사한 효과를 가졌다.

사례연구

1994년과 1995년의 멕시코 페소 위기

멕시코 페소의 몰락과 1994년 말에 시작되어 이어진 위기는 거시경제 불균형과 불안정한 자본흐름 및 금융 부문 취약성에 의한 위기의 요소를 가지고 있다. 한편으로는 거시경제 불균형의 절대적인 신호였는데 과대평가된 환율과 대규모 경상계정 적자를 포함한다. 다른 한편으로는, 멕시코 정부가 비교적 엄격한 재정정책을 운용했으며 해외부채에 대한 이자 지급을 고려하지 않았으므로 정부 예산은 적자가 아니고 흑자였다. 유사하게 인플레는 1990년대 초에 안정적이었고 1991년 22.7%로부터 떨어져서 1994년에 총 7%에 도달했다. 1990년과 1993년 사이에 멕시코는 910억 달러, 연평균 230억 달러의 자본 유입을 경험했다. 자본 유입은 민간 포트폴리오 투자(610억 달러), 직접투자(166억 달러) 및 은행 대출(134억 달러)의 형태였다.

살리나스 대통령 행정부(1988~1994)는 적극적으로 대규모 외국 자본 유입을 권장했었는데, 멕시코 국내 저축이 감당할 수준보다 훨씬 더 높은 투자율을 유지하는 방편이었다. 제9장을 기억하면, 민간 저축과 정부 예산 균형의 합계는 거시경제 등식에 따라 국내 투자와 경상계정 균형과 같다.

$$Sp + (T - G) = I + CA$$

1994년 국내총생산(GDP)의 약 14%였던 멕시코 저축은 바깥 세계로부터 저축 유입이 없었다면 GDP의 20%를 넘는 투자를 유지할 수 없었다. 멕시코는 1991년에 GDP의 5%, 1992년과 1993년에 6.5%에 이르는 대규모 경상계정 적자를 달렸다. 막대한 외국 상품과 서비스의 유입은 멕시코 스스로 만들 수 없었던 자본재를 조달함으로써 더 많은 투자를 용인했으며, 외국 상품을 통한 소비를 만족시키고 그러므로 국내 공장으로 하여금 투자 상품을 생산하게 만들었다. 이것이 살리나스 정부의 전략이었으며 그것이 작동되는 듯싶었다. 캐나다, 미국, 멕시코 간의 북미자유무역협정(NAFTA)이 1994년 1월에 발효되었으며, 그해에 미국-멕시코 무역은 거의 1/4(23.7%)가량 확장되었다. NAFTA는 멕시코 정부 안정에 대한 자신감을 강화시켰으며, 부유한 미국 시장으로 멕시코산 상품의 접근을 보장했다.

1994년 동안, 세계 자본시장은 위험을 피하는 국면으로 접어들어 보수적으로 움직이기 시작했다. 1994년 2월에 미국의 이자율 움직임과 환율 움직임은 많은 은행과 투자자들에게 큰 손실로 이끌었다. 포트폴리오 관리자는 그들의 투자를 재평가하기 시작했고 위험에 대한 노출을 줄이는 방향을 찾기 시작했다. 정치적 사건 또한 투자자들에게 멕시코 안의 금융 투자를 재평가하도록 촉진했다. 첫째, 1994년 1월 1일에 NAFTA가 실시되었고, 가장 가난한 멕시코 주 치아파의 생계 농부들은 연방정부에 저항하였다. 둘째, 3월에 앞서가던 대통령 후보가 캠페인 중에 암살되었다. NAFTA의 발효와 실시에 대한 사전 준비가 멕시코는 안전하고 안정적이고 현대화하는 국가였다는 관점을 부추겼던 동안에, 이 사건은 투자자에게 충격으로 작용해서 좀 더 신중히 보게 됐다. 금융적 신중함이 멕시코에 대한 노출 수준을 줄이게 만들었고, 국가 안팎으로 많은 투자자가 페소화로 표시된 자산을 매각했다.

1994년 12월 초, 에르네스토 세디요 대통령의 집무 후 3주가 안 돼서 대통령은 마침내 페소가 과대평가되었다는 데 동의했고, 달러당 3.5~4페소로 15% 가치절하를 선언했다. 일반적으로 이런 조치는 과대평가된 통화 문제를 해결하기 위한 신중하고 책임감 있는 움직임으로 해석된다. 불행하게도 통화거래자와 경제학자들은 20~30%의 가치절하를 기대했었고, 세디요 대통령의 조치는 행정부가 위기의 심각성을 이해하지 못했던 것으로 보였다. 결과적으로 그가 가졌던 안정된 효과 대신에 대통령의 15% 가치절하의 발표는 통화와 금융시장을 더 큰 소용돌이 속으로 빠져들었다. 더 많은 자본이 국가를 떠났고, 달러 준비금은 줄었고 멕시코 환율정책에 대한 신뢰도가 심각한 문제에 놓이게 됐다.

가치절하를 발표한 후 이틀 만에 멕시코 정부는 변동환율제도로 갈 것이라고 발표했다. 이것이 올바른 움직임이었지만 이미 손실을 입기 시작했고, 그래서 국내 및 외국 자본은 지속적으로 국가를 떠났다. 통화는 계속적으로 떨어졌고 12월 말까지 달러당 5페소가 넘었다. 그리고 1995년 3월 중순에 환율은 달러당 7페소를 넘었다. 이것은 1994년 12월 초에 비교해서 가치의 50% 이상을 잃게 된 것이다(그림 12.1 참조).

그림 12.1 달러당 페소(1994년 12월 1일~1995년 3월 31일)

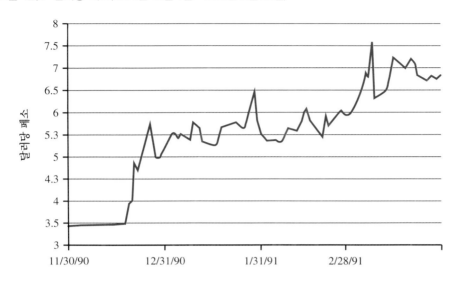

페소는 1994년 12월 20일에서 1995년 3월 9일 사이에 그 가치의 반을 넘게 잃었다.

세디요 대통령은 위기의 단기적 문제를 NAFTA 상대국과 IMF로부터 금융지원을 요청해서 해결하려 했다. 구원군은 1995년 1월에 신용과 대부의 형태로 찾아왔다. 일주일 안에 통화시장은 잠잠했고 자본 유출률은 낮아졌는데, 페소화로 표기된 자산 보유자들은 정부가 달러에 대한 페소의 양을 전환할 수 있을 것이라는 생각으로 잠잠해지기 시작했다. 페소는 잃었던 가치를 일부 되찾았고 1995년 4월 말까지 달러당 6페소에 거래되었다.

중기–장기 문제들은 **긴축**(austerity) 수단의 패키지로 권고되었는데, 그 패키지는 정부 지출(G)을 삭감하고, 조세(T)를 늘리고, 소비를 줄이는 것이었다. 1994년 말에 대규모 경상계정 적자는 멕시코의 금융시스템의 취약성을 증가시켜서 자본유출로 이어졌으며 달러 준비금의 고갈에 대한 부분적 책임을 갖게 되었다. 그러므로 지출 감소 정책은 위기를 완화시키는 적절한 과정이었다. 왜냐하면 조세 증가와 정부 지출 감소는 경상계정 적자를 줄이는 데 도움이 되었기 때문이다. 전기료와 가솔린(둘 다 정부 소유 기관을 통해 공급됨) 가격은 올랐고 신용은 이자율의 급격한 상승과 은행 대부에 대한 새로운 한계 때문에 제한적이었다. 이런 방법은 소비를 줄이고 저축을 부양시켰고, 투자 목적의 국내 자금 유인책을 제공했으며, 국가의 외국 자본 유입에 대한 의존도를 낮췄다. 그러나 소비와 정부 지출의 감소가 불황을 가져왔고, 멕시코의 GDP는 1995년에 6.2%까지 하락했으며, 50만 명 이상이 일자리를 잃었다.

분석가들은 아직도 페소 몰락의 교훈을 이해하고 있는 중이지만, 몇 가지 점이 두드러진다. 멕시코에 대해서 대규모 금융계정 흑자(경상계정 적자)를 통해 대규모 외국 저축의 유입에 의존하는 정책은 불안정함을 증명했다. 너무 많은 외국 자본이 장기 직접투자보다 단기 포트폴리오로 투자되었다. 이런 분포는 원초적으로 불안전하지는 않지만, 페소가 과대평가되자, 외국 및 국내 투자자들은 갑작스러운 가치절하가 그들 자산의 가치를 파괴할 것이라고 두려워했으며, 그들은 많은 양의 페소를 달러로 바꾸기 시작했다. 게다가 페소 위기는 크롤링 페그 시스템하에서 질서 있는 가치절하를 취하기가 얼마나 어려운지를 보여줬다. 멕시코의 15% 가치절하는 올바른 방향으로의 조심스러운 단계였다. 그러나 잠잠한 시장 기대 대신에 그것은 환율제도의 신뢰도를 해쳤다. 그때부터 많은 경제학자들은 자유재량 없는 완전 고정환율이나 멕시코가 위기 이래로 택했던 것과 같은 변동환율을 선호한다.

위기 회피에 대한 국내 이슈

학습목표 12.3 국가들이 금융위기에 노출되는 것을 줄이기 위해 택할 수 있는 세 가지 조치를 열거하고 설명할 수 있다.

모든 위기를 피할 수 있는 것은 아니다. 그렇지만 국가들이 위기와 그 위기가 초래하는 손실의 가능성을 최소화하기 위하여 택할 수 있는 단계들이 있다. 신뢰할 수 있고 지속적인 재정과 통화정책을 유지할 필요성에 덧붙여서, 정부는 금융시스템에 대한 적극적인 감독과 규제를 취해야 하며, 중앙은행의 국제 준비자산 보유와 같은 주요 경제지표에 관한 시기적절한 정보를 제공해야 한다.

이런 분야에서 유효한 정책의 구상은 비교적 확실하다. 그러나 다른 분야에서는 다양한 전문가 의견이 있으며, 합의는 파악하기 어려운 채로 남아 있다. 국가들은 은행이 실패했을 때 손을 떼야 하는가? 그리고 실패한 은행에게 어떤 유형의 벌칙을 부여해야 하는가? 국가들은 외국 자본 유입과 유출에 제한을 두도록 노력해야 하는가? 어떤 유형의 환율제도가 가장 안정적인가? 어떤 영역에서는 위기를 피하기 위한 최적의 단일 정책이 없으며, 국가들은 동등하게 실행 가능한 많은 선택지를 가지고 있다는 것이 가능한가? 그런 경우에서도 국가 내의 상황에 따라서 어떤 국가에 대해서는 최적이지만, 다른 국가들에게는 아닌 선택들이 있다는 것이 가능한가?

도덕적 해이와 금융부문 규제

한 국가의 금융부문이 제대로 기능하지 못할 때, 문제는 나머지 국가들로 확산된다. 신용이 추락하고 투자가 사라지며, 가계는 그들의 저축 손실을 우려하고, 소비가 감소하고 경제는 불황으로 젖어 들어간다. 그러므로 정부가 금융 부문을 운영 상태로 유지하기 위해서 비용을 지출해야 한다는 것을 의미하지만, 금융부문을 작동하도록 유지하는 큰 동기부여가 있다.

이것은 정책입안자들에게는 딜레마를 일으키는데, 실패하면 물러나게 될 것이라는 인식은 항상 은행을 포함해서 사람들에게 보다 큰 위험을 갖도록 유도하기 때문이다. 만약 실패비용이 제거된다면, 위험 대 보상의 계산이 금융기관을 위해 변화하게 한다. 더 위험한 투자는 항상 그 위험에 대한 보상을 위해 더 큰 보수를 제공한다. 만약 실패가 있을 때 제거될 가능성이 있기 때문에 위험의 일부가 제거된다면, 기업들은 더 많은 보수의 예측으로 더 많은 위험을 택할 것이다. 이것이 **도덕적 해이**(moral hazard)의 문제이다. 일상생활에서 도덕적 해이의 사례는 여러분이 팔고 있는 중고차에 관한 정보를 주기를 피하는 데 따른 금융적 인센티브를 포함하거나, 생명보험에 가입할 때 여러분의 건강에 관한 부정적 정보를 누설하기를 피하는 금융적 인센티브를 포함한다. 이런 경우에 개인들은 불량한 차를 사거나 건강하지 않은 사람이 보험을 들게 하는 위험을 그 비용을 지불할 다른 사람에게 전가할 수 있다. 유사하게 금융기업의 파산은 그들의 위험을 정부나 세금 납부자들에게 전가할 기회를 준다.

만약 금융시스템을 파산으로부터 지켜주는 일반적인 정책이 있다면, 도덕적 해이의 문제는 피할 수 없다. 금융기관의 도덕적 해이를 제거하는 한 가지 핵심은, 위기 상황에서 가용한 자본 수준을 높이기 위해 **자기자본 충족요건**(capital requirement)을 강화시키는 것이라는 데 일반적인 동의가 있다. 자본은 주식 소유자의 지분, 배당금과 은행 준비금과 같은 아이템을 포함한다. 종합하면, 그것들은 모두 은행에게 소유주들의 투자이다. 은행 자본 수준을 규제하는, **바젤 합의**(Basel Accord)로 알려진, 몇 가지 국제적 협의가 서명되었다. 그것은 2010년에 서명된 바젤 Ⅲ를 포함한다. 도덕적 해이 문제를 다루는 것에 추가로 바젤 합의는, 또한 은행 감독을 위한 새로운 수준, 정보 공개, 스트레스 테스트 등을 마련함으로써 은행 시스템을 좀 더 건전하게 만들려고 노력한다. 후자는 사전에 은행에게 전달하려고 고안되었는데, 그것은 은행의 약점이 이론상으로 부정적 쇼크의 또다른 유형에 의한 것이다. 가장 최근의 바젤 합의(바젤 Ⅲ)는 2010년에 서명된 이후로 새로운 위기에 의해 검증되지 않았으며, 또 다른 주요 금융위기를 막는 데 실질적 효과가 있는지에 대해 반론이 있다.

환율정책

1970년대와 1980년대를 지나며 많은 국가는 대개 반인플레 전략의 일환으로 크롤링 페그 환율제도를 채택했다. 제10장에서 언급했듯이, 크롤링 페그는 달러나 유로와 같은 주요 세계적인 통화 혹은 자국의 주요 무역 상대국들을 포함하는 통화 바스켓으로 환율을 고정시키는 것을 포함한다. 환율의 크롤링 부분은 규칙적으로(종종 매일) 고정된 양의 가치절하를 포함한다. 페그는 항상 그들의 무역 상대국보다 더 높은 인플레를 가진 국가에서 실질 환율을 안정화시키려는 의도가 있다. 만약 국내 인플레가 외국 인플레보다 더 높다면, 명목 가치절하가 실질환율을 고정적으로 유지시킨다. 다음의 식과 같은 실질환율의 정의하에,

$$R_r = R_n(P^*/P),$$

만약 P(국내 가격)의 변동이 P^*(외국 가격)의 변동보다 더 크다면, 명목환율, R_n은 실질환율을 유지시키기 위해서 상승(가치절하)해야 한다. 그 페그를 유지하는 것은 통화 당국으로 하여금 신규 화폐발행의 규율을 실시하도록 요구하며, 그런 관점에서 반인플레적이다. 추가로, 국가들은 자주 자국과 외국 인플레 간의 격차보다 더 느린 속도로 의도적인 가치절하를 함으로써 크롤링 페그의 반인플레 추세를 강화하려고 노력한다. 이것이 환율의 실질 가치절상을 야기하며 외국 상품이 실질개념으로 꾸준히 저렴해짐에 따라 국내 인플레에 대한 제동장치로서 활동하려 한다. 이것은 국내 생산자들이 견딜 수 있을 만큼의 가격 상승을 제한한다. 이런 방식으로 환율의 활용은 인플레 통제를 도와주는 데 성공이었으나, 많은 경우에서 그것은 실질 환율의 심각한 과대평가로 이끌며, 그 국가의 위기에 대한 취약성을 증가시킨다.

크롤링 페그 환율제도가 위기에 대한 국가의 취약성을 증가시키는 또 다른 이유는, 만약 환율이 과대평가되었다면 그것이 때때로 그 시스템으로부터 빠져나가기가 정치적으로도 어렵다는 것이다. 정부가 시스템의 변화를 공표할 때, 정부는 신뢰도 추락의 위험을 겪는다. 자국과 외국 모두 경제 주체가 현재의 시스템하에서 경제를 운영하는데 갑작스러운 대규모 가치절하는 경제적 손실과 그 국가의 정책입안자에 대한 신뢰의 손실을 일으킨다. 결과적으로 국가들이 가치절상 문제의 추진에 신중한 것은 일반적이며, 가치절상이 확대되었을 때 조정한다. 1994년 멕시코 크롤링 페그의 종말은 좋은 예이다.

자본 통제

많은 경제학자들은 자본의 자유로운 이동이 바람직한 목표라고 하는데, 그것은 투자자가 수익이 가장 큰 곳이면 어디나 그들의 금융자본을 보낼 수 있기 때문이며, 그러므로 금융자본이 가장 유용하게 사용되도록 배치하므로 세계의 후생을 증가시키게 된다. 동시에, 자본의 이동성은 국가들로 하여금 자신의 국내 저축만으로 가능한 것보다 더 많은 투자를 허용한다. 또한 가치 있는 투자 프로젝트와 그것을 알지만 저축이 부족할 때 세계 후생을 증가시킨다. 그러나

다른 경제학자들은 완전한 자본 이동성의 유익이 이론에 기초하지만, 실증적으로는 충분히 보여주지 못한다고 주장한다. 추가적으로, 자본 이동성은 거시경제 위기의 형태에서 매우 높은 비용을 창출하며, 이런 비용은 경제적 이득에 대해 상쇄되어야 한다.

이 이슈는 미해결되고 비록 경제학자들은 상품과 서비스 무역이 국가의 후생을 증가시킨다는 의견에 동의하지만, 자본의 자유로운 이동의 이익에 관해서는 의견이 거의 일치되지 않는다. 불일치의 근원은 자본 유입의 잠재적 이익 대비 갑작스러운 자본 유출의 잠재적 비용뿐만 아니라 자본 이동을 막는 **자본 통제**(capital control)의 실질적 능력에 대한 논쟁 또한 포함한다. 위기가 시작될 때 자본의 이동에 대한 통제가 위기를 막을 수 있는지 그리고 유입, 유출 또는 둘 모두를 제한하는 것이 더 좋은지가 논쟁거리다.

20세기 대부분 국가들은 자본 이동성의 문제를 이동을 규제하는 것으로 막아왔다. 이는 국가들이 국경을 넘는 자본을 막을 수 있다는 것을 의미한다. 그러나 1970년에 사실로 판명된 것은 그보다 훨씬 모호하다는 것을 알게 된다. 신흥 주식시장의 성장과 자본 이동을 촉진하는 기술의 실시는 투자자들에게 그들의 자본을 해외로 보내는 동기부여와 수단을 창출해왔다.

일반적으로 자본흐름 규제는 국제수지표의 금융계정 부분인 거래를 제한함으로써 부과된다(국제수지표 항목의 논의에 대해서는 제9장 참조). 경상계정의 거래를 지원하기 위한 자본 이동은 무역을 위해서 필요하므로 항상 용인된다. 결과적으로 자본계정 규제에 대해 취할 수 있는 주요 수단 중의 하나는 수입에 대해 과다 청구하는 것이다. 이것은 그들에게 수입품을 매입하는 데 필요한 것보다 더 큰 해외 지불을 하는 것을 용인하게 된다. 반대로, 그들은 수출을 과소 청구해서 접수한 기록된 지급은 실제 지급보다 작게 만들 수 있다. 그리고 그 차액은 당국에 신고 없이 국가 밖에 투자된다. 이런 방법은 흔하다. 그리고 뇌물 형태의 노골적인 사기, 즉 부패가 또한 국가 밖으로 투자를 가져가는 또 하나의 가능성이다.

이런 유형의 실행이 자본 유출에 대한 통제를 완전히 비효과적으로 만드는지에 대한 것은 논의의 대상이다. 그러나 그들은 자본 통제의 효과성을 감소시킨다. 이런 이유에 대해 일반적인 규칙으로서 유입에 대한 규제는 유출에 대한 규제보다 실행 가능성이 더 높을 것으로 보인다. 유입 규제는 여러 가지 형태를 취하는데, 그것들은 불안전한 단기 자본 유입을 낮추려는 노력이라는 공통된 목표를 가지고 있다. 왜냐하면 그런 단기 자금 유입은 한꺼번에 국가를 빠져나가는 유동성 자산 충격의 하나일지도 모르기 때문이다.

그러나 위기가 시작되면 자본 유입의 규제는 그 위기를 멈출 수 없다. 결과적으로, 위기가 일단 시작되면 자본 유출에 규제를 부과하는 것이 과연 유용한가에 대한 계속되는 논쟁이 있다. 많은 위기가 자국 통화에 대한 투기적인 공격을 포함하므로, 어떤 사람들은 자본 유출에 대한 일시적인 규제는 인위적으로 외환에 대한 수요를 줄이므로 위기를 멈추는 데 도움이 될 수 있다고 주장한다. 이론적으로 이것은 자국 통화의 가치를 받쳐 넘어지지 않게 하고 가치의 큰 하락의 기대를 없앤다.

아시아 위기의 한 가운데서, 말레이시아는 말레이시아 정책에 대한 투자자들의 신뢰를 해치고, 국제 자본시장으로부터 말레이시아를 떠나며, 경제에 장기적인 충격을 줄 것이라는 많은 경고에도 불구하고 이 정책을 수행했다. 그러나 그 극심한 예측은 현실화되지 않았고, 말레이시아는 한국과 같은 속도로 위기로부터 회복했다. 한국은 다른 방법으로 갔고 자본흐름에 대한 통제의 일부를 제거했다. 두 가지 다른 정책들이 다소 유사한 결과를 초래했던 사실은 우리가 얼마나 제대로 알지 못하는가를 보여준다.

사례연구

1997년과 1998년의 아시아 위기

아시아 금융위기는 1997년 7월에 태국에서 시작됐다. 그곳으로부터 말레이시아, 필리핀, 인도네시아와 한국 등 많은 국가들로 번졌다. 위기의 외부적 징후는 국가들 간 매우 유사했는데, 통화 투기와 가파른 가치절하, 자본 유출 그리고 금융 및 산업 부문의 파산 등이다. 이런 징후를 지역의 약점의 신호로서 해석하려는 유혹이 있다. 그러나 아이러니하게도 그 원인은 적어도 부분적으로는 지역의 강한 힘에 기인한다.

취약성 1 : 대규모 경상계정 적자

가장 심각하게 영향을 받은 국가들 모두는 대규모 무역적자를 가졌다. 표 12.1은 위기 1년 전인 1996년의 경상계정 적자를 보여준다. 상단의 그룹에 속한 5개 국가에서 적자는 1996년에 평균적으로 GDP의 5.2%를 기록했다. 위기가 시작됐던 태국에서 경상계정 적자는 거의 GDP의 8%에 이르렀다. 표 12.1 하단의 3개국 모두는 적은 적자(홍콩) 혹은 대규모 흑자(싱가포르와 대만)에도 불구하고 그 위기로부터 영향을 느꼈다.

대규모 경상계정 적자는 필수적으로 대규모 금융 계정 차입을 의미하며, 그 국가들은 표 12.1의 상단에 기록되어 있다. 외국 투자자들은 자본을, 지난 30년 동안 실질 GDP의 5% 성장을 기록한 동아시아로 보내려는 것이었으며, 어느 순간 변할 것이라고 믿을 이유가 없었다. 더구나 1990년대의 대부분 일본과 유럽의 저성장은 많은 국제 투자자들에게 보다 높은 수익을 찾고자 지구를 뛰어다니게 만들었으며, 안정적이고 격동적인 동남아시아 경제는 눈에 띄었다. 낮은 인플레, 소형 재정 적자 혹은 지속적인 정부재정 흑자, 높은 경제 성장률은 그들에게 투자하고 자금을 대부할 매우 바람직한 장소로 만들었다.

표 12.1 경상계정 적자와 통화 가치절하

구분	경상계정 수지(1996), GDP 대비 비율	달러에서 통화 가치절하 (97년 7월 1일~12월 31일)
대규모 적자국		
인도네시아	−3.4	−44.4
말레이시아	−4.9	−35.0
필리핀	−4.7	−33.9
한국	−4.9	−47.7
태국	−7.9	−48.7
소규모 적자국 혹은 흑자국		
홍콩	−1.3	0.0
싱가포르	+15.7	−15.0
대만	+4.0	−14.8

대규모 경상계정 적자는 대규모 가치절하를 이끈다. 그럼에도 불구하고, 몇몇 국가들은 대규모 흑자임에도 가치절하되었다.

출처 : Data from Goldstein, Morris, *The Asian Financial Crisis: Causes, Cures, and Systemic Implications* Washington, DC: Institute for International Economics, June 1998, © James Gerber.

취약성 2 : 가치절상된 환율

그 지역에서 환율정책은 항상 달러에 대한 페그를 의미했는데, 그래서 1990년 중반에 달러가 가치절상됐을 때 그것은 많은 환율이 따라서 가치절상되게 만들었으며, 많은 심각한 통화 정렬 오류가 초래되었다. 그 페그 환율은 점점 더 지탱하기 힘들어졌는데 부분적으로는 페그된 국가가 수출하는 데 더 어렵게 만들기 때문이다. 어떤 관측자들에 의하면 이 문제는 1994년 중국의 고정환율 가치절하에 의해 악화됐으며, 달러 가치절상 기간 동안 일본 엔의 심각한 가치절하에 의해 악화됐다고 한다. 이 두 통화의 움직임이 태국과 몇몇 다른 국가의 수출 경쟁력을 악화시켰다.

취약성 3 : 취약한 금융부문

수출 수익성의 하락은 몇 가지 다른 약점을 드러냈었는데, 이는 규제 시스템, 기업 구조, 금융시스템 등을 포함한다. 동아시아의 많은 국가는 가족 연대와 개인 네트워크 주변에 형성된 기업 구조에 의존한다. 이것은 중소기업에게 강한 이점이 될 수 있지만, 기업이 성장함에 따라 공개와 청렴의 부족이 미시경제적 위험을 우려하는 외부의 대부자들을 어렵게 만들었다. 더욱이, 확실한 데이터와 정보의 부족은 모든 국가경제들이, 특히 금융부문에서 안전성을 위해 필요한 여러 종류의 규제 조정을 실행하기 어렵게 만든다. 예를 들면, 앞에서 심각한 취약성으로 언급했던 많은 은행이 자산 만기와 부채 만기 간의 불일치와 같은 것을 경험했다. 이런 기업들은 국제자본시장에서 단기 차입금을 빌려서 그 자금으로 위험하지만 장기의 부동산 개발에 금융을 지원하는 데 사용했다.

위기 촉발과 전염

몇 가지 취약성의 존재가 위기를 불가피하게 만들지는 않았지만, 그럴 가능성을 높였다. 예기치 못한 갑작스러운 사건이 취약적인 부문에 심각한 압력을 가할 때, 문제가 커지게 된다. 예를 들면, 컴퓨터 칩 가격의 하락은 태국의 수출 이익을 감소시켰으며, 경상계정 적자를 증가시켰다. 조절 가능했을지도 모른지만, 달러에 페그된 환율을 유지하는 태국의 능력에 대한 투자자의 신뢰를 하락시켰다. 사람들은 가치절하를 예측하기 시작했으며, 가치절하가 왔을 때 태국 바트 보유를 원하지 않았다. 더구나 태국 금융부문에 흘러 들어간 많은 대부자금은 국제자본시장에서 얻은 단기차입이었으며, 달러 상환이 요구됐다. 금융기관은 바트로 수익을 창출했지만 고정된 달러 금액으로 갚아야 하기 때문에 가치절하로 인하여 비용이 상승했다.

태국 위기가 국제적으로 확산된 이유는 총체적 위기의 관점에서 확실하지 않다. 한 가지 가설은 태국이 투자자들에게 다른 국가에 보유하고 있는 것을 좀 더 자세히 살펴보게 만드는 모닝콜로서 역할을 했다는 것이다. 다른 가설은 태국의 가치절하가 주변의 여러 국가들로부터의 수출을 덜 경쟁적으로 만들었고 그것이 그 국가들에게 경쟁적인 가치절하로 만들었다는 것이다. 그럼에도 불구하고 태국의 위기에는 전염 요소가 있었고, 그것은 곧 브라질과 러시아와 같이 먼 국가들에게로 확산됐다.

아시아 위기의 결과 중 몇 가지는 표 12.2에서 쉽게 볼 수 있으며, 1998년과 1999년에 실질 GDP 성장률을 보여준다. 싱가포르와 대만을 제외하고 위기에 영향을 받은 모든 국가들은 1998년에 불황을 경험했다. 대규모 무역흑자와 충분한 국제준비자금을 가진 싱가포르와 대만은 그들의 통화를 방어하려고 노력하기보다 국내경제에 집중할 수 있었다. 그러므로 불황을 피할 수 있었다. 1999년의 2사분기까지 모든 국가들은 플러스 성장으로 복귀했다.

표 12.2에서 보는 바와 같이 급격한 회복은 대부분의 분석가들에게 경이로웠다. 동아시아를 통틀어서 거시경제 정책의 유연성과 기초적 건전성이 신속한 회복을 촉진했다. 그러나 표 12.2는 빈곤이 지역을 통틀어 심각하게 상승했으므로, 전체적인 인과관계를 보여주지 않는다. 더욱이, 많은 신흥시장은 위기를 관찰했으며 각자의 경제에서 유사한 것으로부터 방어하기 위한 가장 좋은 방법은 국제 준비자산통화의 많은 양을 축적하는 것으로 판단했다. 2001년 이래로 중국과 다른 국가들은 그렇게 했으며, 외국 준비자산을 획득하는 수단으로서 그들의 수출과 수출진흥정책을 사용했다. 많은 관점에서 이것은

표 12.2 실질 GDP 성장률

	1998	1999
대규모 경상계정 적자국의 실질 GDP 성장률		
인도네시아	−13.2	+0.2
말레이시아	−7.5	+5.4
필리핀	−0.6	+3.3
한국	−6.7	+10.7
태국	−10.2	+4.2
소규모 경상계정 적자국과 흑자국의 실질 GDP 성장률		
홍콩	−5.1	+3.0
싱가포르	+0.4	+5.4
대만	+4.6	+5.7

많은 국가가 1998년에 깊은 침체를 경험했으나, 1999년 2사분기까지 모든 위기 국가들은 사실상 플러스 성장으로 복귀하였다.

출처 : Data from Asian Development Bank, © James Gerber.

1997~1998년에 발생한 아시아 위기 중에서 아마 가장 지속적이며 중요하게 논란이 되는 여파이다.

위기관리

위기관리의 세 가지 이슈는 이 에피소드 후에도 풀리지 않은 채로 남아 있다. 첫째, IMF가 차입국가에게 이자율 상승으로 통화를 방어하라는 권고로 실수를 했었는가? 둘째, 1995년 멕시코 지불 불능의 결과로서 도덕적 해이 요소가 존재하는가? 셋째, 위기를 발생시키는 잠정적인 수단으로서 자본 통제가 도움이 되는가?

첫 번째 이슈는 고정환율 딜레마의 구체적인 사례이다. 국가들이 그들의 국내경제를 보호하려고 노력해야 하는가, 아니면 그들이 통화를 방어해야 하는가? 대규모 무역흑자와 충분한 국제준비자금 국가에 대해서 더 낮은 이자율을 통한 국내경제 방어는 적절한 듯 싶다. 그 실질적 질문은 대형 경상계정 적자를 가진 5개국에게 적용된다. IMF에 대한 일부 비판이 제기되는데, 그들에게 이자율을 올리라고 권고하여 그 국가들을 완전히 가라앉는 불황으로 가는 금융 공포로 몰았던 것에 대한 불평이다. 그 비판은 IMF가 그 위기를 마치 1980년대 라틴아메리카 부채위기와 같은 것으로 취급했다는 내용이다. 라틴아메리카의 부채위기는 국가들이 대규모 재정적자와 높은 인플레를 가졌다는 것이다. 동아시아에서 정부들은 흑자 혹은 소형 적자를 운영했으며, 그래서 해당국 경제와 이자율 상승의 일시적인 계약을 할 필요가 없었다. IMF 옹호자들은 이자율 상승은 통화 가치의 하락을 멈추게 하는 수단으로서 필요하다고 주장한다.

두 번째 이슈는 은행이나 기업을 구제하는 데 따른 도덕적 해이와 관계가 있다. 일부 비판은 멕시코에 대한 IMF 대부금이 대부자에게 그들의 실수가 IMF의 대부자금에 의해 복구될 수 있다고 알려주는 선례가 되었다고 주장한다. 그래서 결과적으로 아시아 위기가 더 그렇게 되었다. 그에 대한 반론은 구제가 용어 개념에서 실제로 완전한 구제가 아니라는 것인데, 왜냐하면 구제가 투자자들의 손실을 보호하지 않기 때문이다. 대부분의 동아시아 투자자들은 포트폴리오 가치의 상당한 감소를 보았으며, 그래서 그들은 대출할 때 주의를 기울이는 충분한 이유가 있다.

마지막 풀리지 않은 이슈는 자본 이동의 문제이다. 자본 유출에 대한 통제로 적어도 단기에 위기를 멈출 수 있는가? 자본 통제에 대한 앞선 논의에서 알아본 봐와 같이, 말레이시아는 자본 유출에 규제를 두었고 한국은 그러지 않았다. 그런데 두 국가는 비교적 빨리 위기로부터 회복되었다. 모든 가능성에서 최적의 정책은 각 국가들에 대한 많은 특별한 요인에 달려 있다.

위기관리에 대한 국내정책

일관성이 없는 거시경제 정책 때문에 발생한 금융위기를 치유하는 처방은 상대적으로 쉽다. 예를 들면, 만약 위기가 통화 붕괴에 의해 촉발된다면, 또 그것이 대규모 재정적자가 고정환율 혹은 크롤링 페그환율하에서 통화팽창에 의해 지원된 결과라면, 그때의 처방전은 상대적으로 경제 용어에서 볼 때 직선적이다. 즉, 통화를 방어하는 데 도움이 되게 적자를 줄이고, 이자율을 올리고, 아마도 통화를 변동하게 한다. 달리 말하면, 거시경제 불균형에 의해 발생한 금융위기에 대한 해결은 불균형을 바로잡는 것이다.

문제는 재정긴축과 높은 이자율의 경제적 긴축정책은 정치적으로 실현 가능하지 않을 수 있다. 더욱이, 몇 가지 경제 문제가 종종 존재한다. 많은 국가에서 조세제도는 강요할 수 없으며, 그것은 조세 증가가 더 많은 수입을 창출하지 않을지도 모른다는 것을 의미한다. 변동환율제도의 채택은 정부의 인플레 대항의 발표에 대한 신뢰를 해칠지도 모른다. 왜냐하면 금융부문 관심은 환율이 종종 화폐발행을 제한하는 마지막 빗장을 제거해서 초인플레를 초래할 것이라고 두려워하기 때문이다. 정부는 지출을 쉽게 축소할 수 없을지도 모르는데, 정부 공무원들이 다년 계약으로 노조화되거나 필수적인 국내 서비스를 제공할지도 모르며, 혹은 재정의 다른 요소들이 강력한 국내 이익을 지지할지도 모르기 때문이다.

상대적으로 안정적이고 신뢰할 수 있는 거시경제 정책의 현 상황 속에서 갑작스러운 자본흐름으로 인한 위기의 경우는 해결하기가 더 어렵다. 이런 유형의 위기가 복수의 균형 결과를 가지고 있을지라도, 예측에 근거한 방향에 의존한다면, 이자율 상승, 준비금의 매도, 통화가 강하다고 투자자들에게 확신을 도와주는 여러 행동을 통해 통화 붕괴의 문제를 해결해야 한다는 강력한 주장이 있다.

반면에 높은 이자율과 통화를 방어하는 다른 행동들은 파산을 강화하고, 위기 기간에 확대되는 반대적인 행동을 강화하는 것 같다. 그러므로 통화를 방어하는 것은 완전한 불황 속에 빠져들도록 밀어버릴지도 모른다. 거시경제 불균형 혹은 갑작스러운 자본흐름에 의한 위기에서 불황을 피하고자 하는 강력한 욕구가 있다. 그러나 첫 번째 유형에서 재정정책과 통화정책은 항상 너무 확대되며, 위기는 부분적으로 지속적이지 않고 과도하게 팽창적인 정책의 결과이다. 사실상, 이것은 위기의 축소 측면을 피하는 도구로서 재정정책과 통화정책을 방해하며 유일한 퇴출 방법은 항상 일종의 불황을 통해서이다.

그러나 두 번째 경우에서 재정정책과 통화정책은 최초 문제의 한 부분이 아닐지도 모른다. 그래서 재정정책과 통화정책의 사용이 완전히 배제되지 않는다. 정부는 이런 위치에서 딜레마에 직면한다. 그러나 팽창정책은 자국 통화의 가치절하를 일으킬 수 있는 이자율 하락을 포함한다. 만약 국내 기업들이 달러 혹은 다른 외환으로 표시된 부채를 가지고 있다면, 가치절하는 갑작스러운 부채 규모의 증가를 의미하며, 경제를 통해 추가적인 파산을 확산시킨다.

사실, 이것은 만약 위기의 국제적 요소가 있다면, 재정정책과 통화정책이 제한적임을 의미한다. 그것은 또한 위기를 다루기 위한 일련의 냉혹한 선택을 창출한다. 높은 이자율로 통화를 방어하고 위기의 불황 효과를 확산하거나, 위축에 대항해서 국내경제를 방어하면서 몰락하는 통화의 문제를 확대한다. 1997년과 1998년의 아시아 위기 동안에 IMF에 의해 권고된 정책에 대한 논쟁의 많은 부분은 상세하게 이 점을 강조한다. 명백히, 위기를 끝내는 쉽고 불황이 없는 방법이 있었다면 정책입안자들은 그것을 사용했을 것이다.

국제 금융구조 개혁

학습목표 12.4 국제금융과 국제금융기관의 구조에서 개선을 위한 필요성을 설명할 수 있다.

학습목표 12.5 2007년에 시작됐던 세계 금융위기의 뒤에 있었던 주요 세력을 설명할 수 있다.

높은 비용을 수반한 국제 금융위기의 빈도는 위기를 피하거나 시작될 때 처리하기 위한 올바른 정책을 발견하는 데 지대한 관심을 이끌어왔다. 전체적으로 볼 때, 위기 회피와 관리에 대한 새로운 국제정책의 논의는 국제 금융구조의 개혁으로 언급된다. 특히, 많은 관심이 IMF

의 역할과 IMF가 대부 패키지에 부과되는 조건에 맞춰진다. 국제 금융구조를 개혁하기 위한 많은 아이디어가 최근에 개진되어왔다. 미국외교협의회(the Council of Foreign Relation), 미국해외개발협의회(the Overseas Development Council), 런던경제정책연구센터(the Center for Economic Policy and Research in London)와 같은 민간 두뇌집단은 각자 제안서를 공표하였으며, 다국적 기관인 유엔무역개발협의회(UNCTAD)와 국가 지명기구인 미국국회국제금융기관자문회의(the International Financial Institutions Advisory of the U.S. Congress)도 마찬가지다. 2007~2009년 위기의 여파로 개혁은 또한 국가 리더와 금융장관들의 국제회의에서 논의되는 중요한 주제이다.

국제 금융개혁을 위한 제안은 다양하게 상충되는 관점을 보여주지만, 그들은 두 가지 이슈가 논의의 중심이라는 데 동의한다. 첫째는 최후 수단의 국제 대부자의 역할과 그의 대부 실행을 지배하는 규율이다. 두 번째 이슈는 그런 대부자가 차입자에게 부과하려는 조건의 유형이다. 사실상, 이 두 가지 이슈는 IMF의 역할과 IMF의 최근 실행에 관한 문제들이다.

최후 수단의 대부자

제2장을 상기하면 알 수 있는데, 최후 수단의 대부자는 모든 대부의 상업적 자원이 고갈된 후에 대출 가능한 자금의 원천이다. 국내경제에서 이 역할은 항상 중앙은행이 맡았다. 국제경제에서는 IMF에 의해 이뤄지는데, 종종 캐나다, 유럽연합, 일본, 미국 및 다른 국가들과 같은 고소득 국가의 지지를 받아서 한다. 최후 수단의 대부자로서 IMF는 국가들이 그들의 금융에서 위기점에 도달해 국제준비자금의 부족으로 국제 차입을 지불할 수 없거나 그들의 자국 통화를 달러나 다른 외환으로 환전할 수 없을 때 개입이 요청된다.

모든 사람이 최후 수단의 대부자가 있어야 한다는 데 동의하는 것은 아니며, 어떤 관측자들은 그런 대부의 도덕적 해이를 걱정한다. 이것은 위기가 진전되고 몇몇 기업들이 몰락의 언저리에 있을 때 특별히 문제가 된다. 도덕적 해이는 증폭될 수 있는데, 추락하는 기업의 관리자들이 만약 그들이 보상을 받는다면, 모든 손실을 만회할 것이라는 큰 이권, 고위험 모험에 대한 도박을 하고자 하는 큰 동기부여를 갖기 때문이다. 대응하여, 최후 수단의 국제 대부자로서 IMF의 현재 역할 유지를 선호하는 자들은 바셀합의에서 표출된 요소들을 포함하는 금융부문 규율의 중요성을 강조한다. 만약 금융 기업의 소유주들이 금융 쇠락의 사태에서 심각한 손실의 위험이 있다면, 그들은 과도한 위험을 안으려고 할 것 같지 않다.

IMF 대부 규정에 관한 마지막 이슈는 대부의 규모이다. 국가들은 IMF에 가입하기 위해서 쿼터라고 불리는 분담금을 지불한다. 분담금의 규모는 주로 경제와 국력의 규모에 달려 있다. 분담금은 국가가 보통의 위기에서 얼만큼 차입할 수 있는가와 IMF 정책 결정에 얼마나 투표권을 가질 수 있는가를 결정한다. 일반적으로 국가들은 그들 분담금의 300%까지 차입할 수 있지만, 멕시코 페소 위기, 아시아 위기 혹은 확산의 잠재력을 가진 다른 위기와 같은 특별한 상황에서는 국가 차입의 한계는 다른 국가들로부터 직접적으로 가용한 금액뿐만 아니라 그 당시의 필요에 따라 다소간 결정된다.

비록 어떤 국가들은 그들 분담금의 300%를 훨씬 넘는 금액을 차입했지만, 차입의 한계는 국가경제 규모의 성장에 맞추지는 않는다. 어떤 사람은 차입한계가 크게 확장되어야 한다고 주장하는 반면, 다른 사람들은 확산의 높은 가능성을 가진 위기와 단지 한 국가 안에서 유지되는 위기들 간의 차이를 구별하는 것을 제안한다. 많은 경우에서 그 차이를 결정하는 것은 가능하지 않을 수도 있다. 그러나 체계적인 측면에서 위기는 확실히 더 큰 비용을 부과할 가능성을 가지고 있다. 그러므로 만약 그것이 위기를 신속히 중지하는 것이라면, 더 큰 금액으로 개입하는 것에 대한 명백한 합리화가 있다. 이것은 대부분의 국가들이 동의하는 점인 듯싶다. G-20이라고 불리는, 20개 대규모 국가들의 2009년 회의에서 IMF에 가용한 자원을 세 배로 하여, 2,500억 달러에서 7,500억 달러로 총 5,000억 달러를 증액하는 것에 대해 합의가 있었다. 그러나 증가된 자금에도 불구하고 IMF는 이탈리아나 스페인과 같은 대국을 위한 중간 이상의 지원을 제공할 충분한 자금을 갖지 못했으며, 앞으로도 갖지 못할 것이다. 2011년에 시작됐던 유로 위기에서 IMF는 유럽중앙은행과 파트너가 되었으며, 특별 자금이 부채국가들의 일부를 지원하기 위해서 EU에 의해 조성되었다.

조건부

IMF와 같은 최후 수단의 대부자의 역할과 관련한 두 번째 이슈는 그에 대한 조건부이다. **IMF 조건부**(conditionality)는 차입국가들이 IMF 대부를 받기 위하여 요구되는 경제정책의 변화에 대한 것이다. 조건부는 통상적으로 통화정책과 재정정책, 환율정책 그리고 금융부문, 국제무역과 공공기관에 영향을 주는 구조적 정책을 포함한다. IMF는 **분할부담금**(tranche) 대출, 즉 전체 대출금을 할부로 만들고, 대출금의 각각 추가적인 부분은 일련의 구조조정 목표 완성에 따른다. 예를 들면, 대부금 수혜자는 첫 번째 할부금을 받기 위해서 사유화가 요구될 수 있으며, 두 번째 할부금을 받기 위해서 실행계획을 제시하고, 세 번째 할부금을 위해서 실행에 옮겨야 하는 것 등이 있다.

가끔 이런 유형의 구조조정은 심각한 반대를 일으키는데, 그것들이 국가주권을 침해하고 일반적으로 모순된 거시경제 정책을 주문하기 때문이다. 몇몇 경제학자들은, 비록 국가들이 IMF 지원 없이 보다 지원을 받고 더 빠르게 회복하는지 여부에 대한 논쟁이 있을지라도, 조건부 전제조건이 위기의 불황적 경향을 확대한다고 주장한다. 1990년대 초까지 IMF는 다소 사회적 영향을 무시하는 방법으로 경제정책 구조조정에 대한 노력에 중점을 두었다. 대중은 정책의 사회적 충격을 세심히 보게 된 민감한 사회 구성원의 관점에서 조건부의 효과에 대해 격렬하게 항의했고 IMF는 조율을 하였고 노력해왔다. 그럴지라도 아직도 IMF 조건부는 너무 징벌적이고 모순적이라는 불평이 확산되고 있으며, 위기에 놓인 몇몇 국가들은 IMF의 지원을 거절해왔다. 1970년대 이전에 IMF 조건부는 주로 위기로 이끈 문제의 즉각적인 근원을 수정하는 데 중점을 두었다. 그리고 IMF는 무역정책과 사유화와 같은 근원적인 경제적 이슈에 연루되기를 회피했다. 이 접근방법은 근시안적이라고 비평을 받았으며, 자금이 단기 경제정책을 넘어까지 관여해야 한다는 데 의견의 일치가 있었다. 경제를 구조조정하는 데 도움이 필요한 국가들에게 자금과 기술적 지원을 제공하도록 새로운 대부 프로그램이 개발되었다. 이러한 변화는 IMF가 위기 해결 이상으로 관여하게 만들었는데, 그래서 IMF는 사유화, 사회정책의 기획, 무역정책 구조조정, 환경정책과 다른 많은 영역에서 지원하는 활발한 역할을 담당했다.

1990년대 말까지 그 임무의 변화는 문제가 되어왔고 IMF는 장기적인 경제 개발과 같은 맞지 않는 책임까지 맡아왔다는 커져가는 인식이 있었다. 경제 발전 이슈는 세계은행, 지역개발은행, 혹은 유엔 개발프로그램이나 UNCTAD와 같은 다른 다자간 기구에 맡기는 것이 낫다. 국제 금융구조를 개혁하기 위한 제안의 일부는 이 분야에서 IMF를 위한 감소된 역할을 제시한다.

추가적인 2개의 이슈가 국제 금융구조 개혁의 한 부분으로 언급될 가치가 있다. 첫째는 금융부문에서 투명성과 통계공표기준에 관한 이슈이다. 투명성 제고의 목적은 한 국가의 금융 위치를 잠재적인 지도자들에게 좀 더 명확하게 만드는 것이다. 투명성과 통계 보도의 이슈는 바셀 합의와 통계 공개 기준이라 불리는 IMF의 **통계공표기준**(data dissemination standard)과 더불어 진전되고 있다.

둘째 이슈는 위기 기간에 민간 부문의 참여를 조율하는 방안에 대한 필요성이다. 데이터 공개 이슈보다 이 이슈가 덜 진전되었는데, 지속적으로 지대한 관심이 되고 있다. 한 국가가 위기에 봉착했을 때, 지급받는 많은 민간 채권자의 고집은 위기를 극복하는 데 어려움을 초래할 수 있다. 그러므로 정지에 대한 제안들이 제출되는데, IMF는 공식적으로 위기에 있는 국가가 부채에 대해 이자와 원금 상환을 일시적으로 **중지**(standstill)할 필요성을 인지한다. 이것은 또한 채권자들에게 부담을 주는 일이며, 그들의 대부 실행에서 도덕적 해이 요소를 줄인다.

먼저 상환을 요구하는 채권자들 간의 마찰은 위기 수습에 종종 장애가 되어왔다. 결과적으로 많은 분석가는 모든 국제 채권 대부에서 **집단행동조항**(collective action clauses)에 대한 필요성을 이해한다. 집단행동조항은 각 대부자들에게 위기의 상황에서 모든 채권자와 채무자 사이에 공동의 중재에 동의하도록 요구할 것이다. 이것이 비협조적인 채권자가 채권자 대다수에 의해 합의된 해결책을 방해하는 것을 제지한다. 그것은 또한 채무국의 파산에 의한 위기에 대한 신속한 해결을 촉진할 것이다.

개혁 시급성

아시아 위기의 후유증으로 많은 개혁안이 학계, 정부 고위관리자, 다국적 기관의 관리자들 사이에 회자되었다. 아시아 위기는 국제금융의 흐름이 지난 수십 년 동안 극적으로 성장했으며, 많은 개발도상국들은 이제 세계 금융에 적극적으로 참여하고 있고, 전염효과가 즉각적으로 위기를 한 국가나 한 지역에서 다른 곳으로 확산시킨다는 것을 충분히 납득시켰다. IMF 역할에 대한 재고로부터 시작하는 개혁은 모든 이들의 의제에서 최고였다.

아시아 위기가 시작됐던 이후 10년, 세계는 훨씬 넓게 잠재적으로 더 깊은 위기에 휩싸였다. 그러나 아시아 위기가 기억에서 사라짐에 따라 개혁의 시급성도 줄어들었고 2007년에 발생했던 미국 주택시장의 위기 시간까지 많은 것이 일어나지는 않았다. 개혁은 어렵고 위기의 시급성 없이는 불가능한 것으로 증명된다. 1998년 이후 비교적 안정적인 세계경제 그리고 테러리즘, 에너지 가격, 기후 변화와 안전과 같은 이슈의 발생은 국제금융개혁의 이슈를 밀어냈다. 2007년 세계 금융위기의 발발과 그로 인한 지구 전반에 걸친 심각한 불황으로 그 주제가 다시 한 번 뉴스로 돌아왔다.

사례연구

2007년의 세계 위기

가장 최근의 금융위기는 2007년 가을에 미국에서 시작됐다. 가장 첫 번째 가시화된 국면은 프라임 신용등급 아래의 차입자에게 제공된 주택대출과 관련된 서브프라임 위기라고 불린다. 이런 유형의 많은 차입자는 그들이 받은 주택 할부금을 감당할 수 없는 것으로 나타났으며, 그중 많은 대출은 한두 해 안에 그 대출을 재금융할 수 없는 주택 소유자들에 대해서 불리하게 만들어진 규정을 가지고 있는 것으로 나타났다. 주택가격이 하락하기 시작했을 때, 재금융은 어려워졌거나 과거 주택가격보다 현재 더 많은 부채를 지게 된 주택 소유자에게는 불가능해졌다.

주택 부문의 문제는 은행 부문으로 빠르게 확산됐으며, 모기지 연계 자산을 매입했었던 보험회사와 투자은행과 같은 금융서비스 산업의 다른 영역으로 스며들었다. 이것은 어떤 상황하에서도 미국에 대해 중요한 문제를 부과했다. 그러나 지금 국면에 그 문제는 세계적인 문제가 되었다. 3개의 중요한 요소, 혹은 전제조건은 국가적으로 미국 문제에서 세계적인 문제로 확대됐다. 첫째, 세계 금융시장은 수십 년 동안 새롭고 창의적인 금융상품의 발전과 더불어 비교적 안정적인 전환을 겪어왔다. 2007년의 금융서비스 산업은 1960년대와 1970년대에 있었던 산업과 전혀 같아 보이지 않았다. 둘째, 금융시장은 훨씬 더 통합적이 되었다. 개방된 자본시장과 변동환율은 예전 수십 년 전에는 가능하지 않았던 새로운 금융자본의 세계적 흐름을 일으켰다. 더 커지고 보다 더 통합된 이러한 자본흐름은 1980년대와 1990년대 이전엔 세계금융에서 실질적으로 역할을 행사하지 못했던 중국과 같은, 많은 신흥시장의 저축률에 의해 증폭됐다. 셋째, 탈규제의 정신이 많은 경제학자, 정치가와 감독자들의 생각을 사로잡았다. 이것이 철저한 감독 없이, 개발을 위한 매우 위험한 금융의 새로운 형성을 용인했다. 그리고 금융의 새로운 형태의 일부는 그것을 활용하는 개별 금융기관에 대해서뿐만 아니라 경제 시스템 전체에 대해서도 위험을 높인다는 사실에 대해 고려하지 않았다.

2008년 초까지, 서브프라임 위기는 미국을 넘어 확산되었다. 이런 신속한 전염의 원인 중 하나는 이전 수십 년을 넘어 발생했던 높은 수준의 혁신이었다. 1970년대와 1980년대에 은행은 예금을 받아서 주택을 구입하려는 차입자에게 빌려주었다. 1980년대에 시작해서 1990년대에서 21세기까지 증가하면서, 은행과 자동차 금융회사, 소비자 신용 기업, 보험회사와 같은 다른 비은행 금융기관은 시장에 진입을 시작했다. 그들의 전략은 주택대출로 얻는 이자로부터 이익을 취하는 것이 아니고, 많은 종류의 대출을 그룹화하고, 그 전체 패키지의 지분을 판매하는 것으로 이익을 취하는 것이다. 이것은 **금융증권화**(securitization)로 알려져 있다. 이것은 주택 대출뿐만 아니라, 자동차 대출, 소비자 신용 대출 그리고 넓고 다양한 다른 유형의 부채에도 적용될 수 있다. 만약 여러분이 증권화된 패키지의 지분을 매입한다면, 여러분은 최종 차입자인 주택 소유자, 자동차 소유자, 신용카드 소유자 등이 그들의 대부자들에게 지불한 이자를 근거로 수입을 받는다. 대출의 금융증권화 패키지를 창출한 회사는 다른 은행, 외국 기반의 보험회사, 외국 정부 혹은 실제로 매입하고자 하는 누구에게도 지분을 판매할 수 있다. 두말할 필요 없이, 만약 미국의 주택 소유자들이 차입한 것을 갚을 수 없다면, 그 증권화된 패키지 지분의 소유자들은 돈을 잃게 된다.

증가하는 세계 금융의 통합은 이런 새로운 상품이 어느 곳이든 판매될 수 있으며, 금융은 국제적 장벽을 점점 쉽게 넘나든다는 것을 의미한다. 위스콘신의 연금기금은 아이슬란드에 기반을 둔 증권을 샀고, 독일의 시 정부는 남가주 부동산에 기반을 둔 증권을 샀으며, 헝가리 주택 소유자는 스위스 은행으로부터 스위스 프랑으로 표시된 대출을 받았다. 많은 선진국의 주택시장은 호황을 누렸다. 즉, 금융은 얻기 쉬웠고, 가격은 올라갔고, 주거용이든 투자용이든 새로운 주택에 대한 수요는 지속적으로 증가했다. 미국에서 주택가격은 2000년과 2006년 사이에 90%가량 올랐다. 영국, 스페인과 많은 다른 시장은 그만큼 혹은 그 이상의 상승을 경험했다. 그들이 더 많은 금융을 주택시장에 쏟아부음에 따라 주택가격의 증가는 그들을 먹여 살렸다. 증가하는 금융서비스의 국제적 통합은, 주택대출을 위한 자본이 한 국가에서 다른 국가로 이동할 수 있었음을 의미했다. 그리고 주택가격이 빠르게 증가하는 미국, 스페인, 아일랜드와 다른 곳은 더 많은 주택을 구매하기 위해 계속 차입할 수 있다는 것을 의미했다.

금융상품의 새로운 혁신과 자본시장의 증가하는 통합은 규제자들이 규제를 지속하는 것에 도전했다. 컴퓨터 모델링의 증가와 선진 수학의 응용으로 새로운 많은 금융상품은 규제자들, 그것을 창출한 기업의 임원과 위기관리자를 포함해서 일반 사람들이 이해할 수 있는 능력을 넘어 복잡해졌다. 그러나 미국에서 혹은 다른 곳에서, 만약 있다면, 아주 적은 규제자들만이 우려를 표현했다. 미국 연방은행의장인 앨런 그린스펀에 의해 설명된 바와 같이, 대부분의 규제자들은 금융회사들이 대출에 대해 파산할 사람들에게 대출하는 것이 그들의 이익이 아니기 때문에 스스로 규제할 것이라고 설득된다. 그의 견해는 금융시장의 상세한 규제가 국가적 이익이 아니라는 훨씬 더 일반적인 관점을 반영했다. 왜냐하면 규제자들은 효율성을 감소시키지만, 규제자들의 목적이 시장 참여자의 이익에 있으므로 규제에 제한을 두고자 하기 때문이다. 세계 금융 시스템이 위기에 처해 있다는 생각은 소수의 분석가를 제외하고서는 대부분 인지할 수 없었다. 거의 어느 누구도 세계에서 가장 앞서가는 국가들이 위기에 빠지고 그들 경제를 거의 몰락으로 이끌 수 있다고 믿지 않았다.

금융 개혁, 세계 금융 통합과 금융 탈규제는 발생했던 것의 많은 부분을 설명할 수 있다. 그러나 그것들은 우리에게 왜 그 위기가 2007년 전이나 후보다 그때 시작했는지 말하지 않는다. 다른 많은 위기처럼 그 시작을 촉발했던 사건을 집어내는 것은 불가능하다. 그러나 매우 중요한 역할을 했던 한 가지 요소가 더 있는데, 그것 없이 주택 호황이나 위기가 있었을 것 같지 않다. 이 요소는 21세기 첫 10년의 과정을 걸쳐 세계 금융시스템이 지탱해온 대규모 세계 저축 불균형이다. 이것을 설명하기 위하여, 우리는 잠시 1997~1998년 아시아 위기로 돌아갈 필요가 있다.

아시아 위기는 아시아와 다른 곳의 많은 개발도상국 간에 반응을 초래했다. 가장 큰 위기에 고통을 받았던 국가들은 그들의 자국통화를 방어하기 위해 충분한 달러, 유로, 엔과 다른 국제 준비금이 부족했던 국가들이다. 그들의 해결책은 미 달러, 미국 국채 및 다른 안전하고 유동성 높은 금융자산을 구입하기 위해 사용될 수 있는 경상계정 흑자를 운영하고 저축을 증가시킴으로써 대규모 국제 준비자산을 축적하는 것이다. 중국과 같은 대국이며 중요한 국가는 대부분 정부 및 민간의 단기 채권의 형태로 달러의 보유를 증가시키기 시작했다. 순전히 이런 축적의 규모에 의하여 그들은 국제금융에서 중요한 역할을 담당하기 시작했다. 정부에 의해 형성된 저축을 **국부펀드**(sovereign wealth funds)라고 부른다. 민간 부문 역시 저축을 증가시켰다.

세계적으로 경상계정 균형의 합계는 영(0)이 되어야 한다. 만약 중국과 다른 국가들이 국제 준비자산을 축적하기 위하여 대규모 경상계정 흑자를 운영한다면, 그들의 상대국들은 대규모 적자국들이다. 최근 및 오랜 기간 동안 가장 큰 경상계정 적자를 가진 국가는 미국이다. 표 12.3은 2000년과 2007년 사이의 5개의 가장 큰 흑자국과 5개의 가장 큰 적자국을 보여준다. 첫 번째 행의 숫자는 2007년의 흑자나 적자이며, 두 번째 행의 숫자는 2000년부터 2007년까지 축적된 흑자 혹은 적자이다. 이 표는 주로, 그러나 그뿐만은 아닌, 두 유형의 흑자국들을 보여주는데, 아시아 수출국과 석유생산국이다. 독일은 특별한데, 세계에서 가장 큰 수출국 중의 하나이다. 만약 우리가 세계의 모든 국가를 함께 고찰한다면, 다섯 국가들은 일반화하기 많지 않지만, 약간의 예외를 가지고 패턴은 있다.

대규모 불균형의 중요성은 그들이 미국과 같은 국가들에게 세계적으로 유용한 저축의 공급선이라는 것이다. 미국의 가계와 기업은 높은 수준의 소비와 투자를 유지하기 위해

표 12.3 경상계정 적자(2000~2007)(단위 : 10억 달러)

국가	경상계정	
	2007	2000~2007
흑자국		
중국	371.8	973.8
독일	252.9	768.9
일본	244.0	1,175.0
사우디아라비아	95.1	399.7
러시아	76.2	460.0
적자국		
미국	−731.2	−4,660.1
스페인	−145.4	−494.1
영국	−78.8	−393.8
오스트레일리아	−57.7	−245.7
이탈리아	−51.0	−180.4

출처 : Data from *World Development Indicators*, World bank, © James Gerber.

차입을 원했다. 중국, 일본, 독일 및 다른 국가들의 저축 없이, 미국, 영국, 스페인 및 다른 차입가는 살기에 훨씬 비싼 국가들이 되었을 것이며 주택시장의 거품은 덜했을 것이다. 결과적으로 우리는 아마도 높은 적자국에서 발생했던 주택가격의 호황, 낮은 이자율, 쉬운 대부를 볼 수 없었을 것이다. 지구촌 불균형은 위기를 가능하게 했던 다른 3개의 요소에 추가될 수 있다. 그들은 모두 중요했다. 그러나 만약 우리가 개혁, 통합, 미시경제적 요소가 되는 규제를 고려한다면, 지구촌 저축과 투자 불균형은 중요한 거시경제 요소였다.

위기의 정책적 의미는 수년 동안 분석되고 논의될 것이다. 이런 사례연구에서 설명된 각각의 요소들은 복수의 답과 불일치를 가진 일련의 질문을 창출해왔다. 예를 들면, 금융 개혁은 투자와 소비를 위해 자본의 더 많은 근원을 제공하고 위험에 대해 보장하기 위한 새로운 체계를 제공함으로써 경제에 많은 편익을 가져왔다. 그러나 일부 새로운 수단은, 조심스럽게 활용되지 않는다면 체계적인 위험을 증가시킬지도 모른다. 모든 금융 개혁은 좋은 것인가? 이론적으로, 금융시장 규제는 실책을 일으킬 수도 있다. 그러나 어떤 종류의 규제이며, 누구에 의해서인가? 지구촌 금융 통합은 효율성을 증가시켜왔다. 그러나 통합의 모든 형태는 동등하게 바람직한가? 이런 질문과 다른 질문들이 명확한 답변을 기다린다.

요약

- 국제 금융위기는 일반적으로 위기국가에서 금융의 은행예금 대량인출, 통화 가치의 몰락, 가파른 불황을 특징으로 한다.
- 위기의 한 종류는 대규모 재정적자, 고인플레, 과대평가된 실질환율, 대규모 경상계정 적자와 같은 심각한 거시경제 불균형에 의해 발생한다.
- 위기의 또 다른 종류는 금융자산과 그 국가 국제 준비자금의 대규모 유출이 촉발되는 통화에 대한 투기적 공격의 결과이다. 이런 유형의 위기는 자기 충족적인데, 왜냐하면, 그 통화에 대한 공격이 임박했다고 믿는 경제 주체가 통화를 포기할 것이며, 그것이 통화에 대한 공격과 동일하기 때문이다.

- 1994~1995년의 멕시코 페소 위기는 이 두 유형의 위기 요소를 가졌다. 그러나 동아시아의 몇몇 국가들은 비록 그들 저변의 거시경제 기초가 매우 강했을지라도 그들 통화에 대한 투기적 공격의 대상이 되었다.
- 위기에 관련해서는 도덕적 해이 문제가 복잡하게 대두된다. 만약 정부나 IMF가 위기에 봉착한 은행과 다른 기업들에게 벗어나게 한다면, 그것은 미래 위험 행동을 권장하게 될지도 모른다. 도덕

적 해이 문제는 정부가 정치적 혹은 발전적 목적으로 특정 기업들에게 직접적인 신용을 줄 때 특히 심각하다. 왜냐하면 직접신용은 명시적이든 묵시적이든 정부의 보장을 포함하기 때문이다.

■ 바셀 Ⅲ를 포함하는 바셀합의는 국제적으로 활발한 은행과 금융기업들에 대한 일련의 권고이다. 바셀합의는 감독을 포함하며, 기업에 대한 규정, 최소 자본 요구와 정보 공개의 기준을 포함한다.

■ 많은 경제학자는 크롤링 페그 환율이 국가들을 위기에 더 취약하게 만든다고 믿는다. 왜냐하면, 그것은 쉽게 과대평가되며, 위기가 시작될 때 그것을 버리는 유연한 방법이 없기 때문이다.

■ 자본 유출에 대한 자본 통제는 위기 동안에 일시적인 효과성에 대한 논쟁이 있을지라도, 일반적으로 장기적 비효과성을 보인다. 단기 금융자본의 유입에 대한 자본 통제는 더 많은 지지를 받는다. 그러나 위기 회피의 효과성에 대한 의견 일치는 없다. 일부 연구에서 자본 통제가 작은 위기를 피하는 데 도움이 될 수 있지만, 대규모 위기를 피하는 데는 효과가 거의 없다는 것을 보여준다.

■ 위기에 대한 최적의 대응은 위기의 원인에 달려 있다. 만약 위기가 거시경제적 불균형에 의해 초래된다면, 거시경제 정책의 변화가 필수적이다. 만약 위기가 갑작스럽고 설명할 수 없는 자본 이동에 의해 초래된다면, 최적의 대안은 확실치 않다. 특히 IMF의 경제학자들을 포함하는 일부 경제학자들은 높은 이자율과 더불어 통화의 안정은, 비록 그것이 단기적으로 위축적인 요소를 확장할지도 모르지만 빠른 회복을 이끈다고 주장한다. 다른 경제학자들은 불황의 단기적 영향을 최소화하기 위하여 확장적 재정정책과 통화정책을 선호한다.

■ 국제 통화구조의 개혁은 IMF와 다른 국제기구 역할의 재평가를 포함한다. 소수는 최후 수단의 대부자로서의 IMF를 없애는 것을 선호하는 반면, 대다수는 그것을 유지하지만 그 전략의 일부를 재고하기를 선호한다. 구체적으로, 문제는 대출금에 부과하는 이자율에 대해, 대출 기간, 대출 규모의 제한 등이 제기되어 왔다.

■ IMF 대부 정책에서 가장 논란의 여지가 있는 요소는 조건부이다. 특히 IMF가 너무 많은 다른 유형의 구조조정을 지지하려 하는데, 핵심 능력에 집중해야 한다는 널리 일치된 동의가 있다. 그것은 금융 부문 개혁, 재정 균형 지원, 환율정책이다. 국가들이 대출 프로그램에 대해 자격을 갖추기 전에 사전 자격화를 요구해야 하는지에 관해서 일부 논란이 있다.

■ 국제금융 개혁 논의에서 다른 이슈는 위기가 발생할 때, 국제 금융위기에 대한 해결을 수행하는 데 더 많은 민간 부문의 참여를 유도하는 데이터 공개와 정책에 대한 기준을 포함한다.

■ 2007년에 시작됐던 위기는 3개의 미시경제적 요소와 1개의 거시경제적 요소를 가졌다. 금융 개혁, 지구촌 금융 통합, 그리고 조정력을 가진 무단속 혹은 자유방임의 철학 각자는 역할을 담당했다. 핵심적인 거시경제적 원인은 고저축국과 고지출국 간의 큰 세계적 불균형의 존재이다.

용어

국가부도	자기자본 충족요건
국부펀드	자본 통제
국제 금융구조	전염효과
금융위기	조건부
금융증권화	중개 소멸
긴축	중재
도덕적 해이	중지
바셀 합의	집단행동조항
부채위기	최후 수단의 대부자
분할부담금	통계공표기준
은행위기	환율위기

학습문제

12.1 국제 금융위기는 무엇이며, 두 가지 주요 원인은?

12.2 책의 내용에서 변동적인 자본흐름으로부터 위기의 예측은 때때로 자기충족적 위기라는 관점이 있다. 어떻게 위기가 자기충족적 위기로 전개될 수 있는가?

12.3 심각한 국제 금융위기에 의해 처할 가능성을 최소화하기 위해 국가가 할 수 있는 세 가지는 무엇인가?

12.4 왜 위기들은 심각한 불황과 연계되어 있는가? 특히 국제 금융위기 동안에 영향을 받는 국가에서 불황이 발생하는 과정에 무슨 일이 일어나는가?

12.5 어떤 유형의 환율이 위기를 경험할 더 높은 가능성과 관련이 있는가? 왜 그런가?

12.6 거시경제적 불균형에 의해 발생하지 않은 위기에 대해서 경제학자들은 한 국가가 불황에 대하여 방어하려고 노력하거나 통화를 방어하려고 노력해야 하는지에 대하여 확실하지 않다. 왜 이것들이 상호 배타적이며, 각 대안에 대한 찬성과 반대는 무엇인가?

12.7 위기에 반응해서 내재된 도덕적 해이 문제를 설명하라.

12.8 일부 사람들은 1995년에 멕시코에 대한 미국의 대부가 아시아 위기로 이끌었다고 주장한다. 이 주장의 논리를 설명하라.

12.9 일부 국가들은 위기 방지 수단으로 자본을 통제한다. 이 정책에 대한 찬반을 평가하라.

12.10 국제 금융구조 개혁에 관한 최근 논의에서 IMF의 역할이 어떻게 관찰의 대상이 되었는가?

제**4**부

지역 이슈와 세계경제

세계경제 속의 미국

13

학습목표

이 장을 학습한 후 학생들은

13.1 양자 간 또는 다자 협정으로 이어진 미국의 경제 관계에서의 주요 변화를 지적할 수 있다.

13.2 북미자유무역협정의 성과와 이후 협정의 표본으로서의 역할의 상대적 중요성을 평가할 수 있다.

13.3 어떤 경우 구매력 평가 개인소득이 다른 추정치에 비해 우세한지, 혹은 열등한지 설명할 수 있다.

13.4 왜 멕시코와 캐나다가 미국과 자유무역협정을 맺으려 했는지 이유를 열거할 수 있다.

13.5 자유무역협정과 특혜무역협정의 차이를 설명하고 각각의 예를 들 수 있다.

13.6 왜 무역에 따른 일자리 증가와 감소를 추정하는 것이 어려운지 설명하고, 어떻게 수입이 일자리를 만들고, 일자리 감소가 수출로 이어지는지 구체적인 예를 들 수 있다.

서론 : 변화하는 세계경제

미국과 세계경제와의 관계는 미국의 규모, 부, 군사적 초강대국의 역할로 설명할 수 있다. 미국은 비옥하고 넓은 농지를 포함한 다양한 종류의 자원, 상대적으로 교육 수준이 높은 인구, 압도적으로 많은 우수한 연구 대학, 노벨상 수상자, 벤처 투자자들을 보유하고 있다. 중국과 인도 다음으로 미국은 세계에서 세 번째로 인구가 많고, 어떻게 측정하느냐에 따라 세계 최대 혹은 두 번째로 큰 경제이다.

2차 세계대전 이후의 기간 동안 미국은 크기, 부, 군사력을 이용하여 무역과 투자 그리고 중, 저개발국 지원에 다자적 접근을 중시하는 국제경제 체제를 정립했다. 기술과 군사적 지원을 제공했으며 필요할 경우 직접 군사적 개입도 했다. 1989년 베를린 장벽의 붕괴와 1991년 소련의 해체로 두 거대 강대국과 경제체제의 양극화된 세계는 갑자기 사라졌다. 동시에 세계경제의 풍경은 성공적인 중위 소득의 신흥 시장들의 등장과 보다 개방된 무역정책으로의 전환으로 근본적인 변화를 겪었다. 이전 사회주의 체제였던 경제들의 자본주의로의 변신, 전 세계에 걸쳐 개방된 무역 관계에 대한 선호, 아프리카 보츠와나, 라틴아메리카의 칠레, 아시아의 중국 같은 나라들의 경제적 성공 등이 세계경제와 미국의 역할을 변화시키고 있다.

배경과 맥락

학습목표 13.1 양자 간 또는 다자 협정으로 이어진 미국의 경제 관계에서의 주요 변화를 지적할 수 있다.

미국은 경제 규모와 인구가 많아서 외국과의 무역이 국내총생산(GDP)에서 차지하는 비중은 대부분의 다른 선진국에 비해 작다. 하지만 지난 50년 동안 GDP 대비 무역 비중은 세 배 이상 증가했다. 그림 13.1은 GDP 대비 무역의 비중이 1960년대 10% 미만에서 2010년 이후 30%를 넘어서는 긴 추세를 보여준다. 장기적으로 상승하는 추세 안에서도 불경기 기간과 그 후에 몇 번 하락하는 경우도 있었다(1974~1975, 1980~1982, 2001, 2007~2009). 불경기는 소득의 감소로 수입의 감소를 유발하고, 만약 다른 나라들도 불경기를 겪고 있다면 수출도 감소하게 된다.

미국의 최대 교역 상대국은 중국을 제외하면 지난 수십 년간 크게 달라지지 않았다(표 13.1). 1990년에만 하더라도 중국은 미국의 8번째 수입국이었고, 18번째 수출 대상국이었다.

그림 13.1 미국의 GDP 대비 무역 비중(1996~2014)

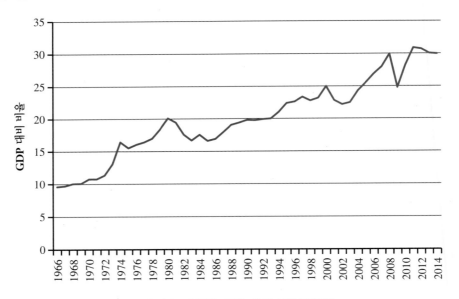

지난 50년 동안 미국 GDP 대비 상품과 서비스의 무역 비중은 세 배 이상 증가했다.

출처 : Data from World bank, © James Gerber.

표 13.1 미국의 주요 무역 상대국(1990, 2015)

중요도에 따른 상위 5개 무역 상대국
수출
1990   캐나다, 일본, 멕시코, 영국, 독일
2015   캐나다, 멕시코, 중국, 일본, 영국
수입
1990   캐나다, 일본, 멕시코, 독일, 대만
2015   중국, 캐나다, 멕시코, 일본, 독일

2007년에는 중국은 첫 번째 수입국이며 세 번째 수출 대상국이 되었다. EU를 단일 교역 상대로 치면 수입이나 수출에서 두 번째로 순위가 올라가는데, 수출의 경우 캐나다 다음, 수입인 경우 중국 다음이 된다. 캐나다와 멕시코는 표 13.1에서 볼 수 있듯이 중요한 북미자유무역협정 참여국인 것을 알 수 있는데, 이는 현재뿐만 아니라 과거에도 수십 년에 걸쳐 미국의 상위 5개 교역 상대국이었다.

미국의 주요 무역 거래 상품과 서비스도 시간이 지나며 크게 달라지지 않았는데, 단지 서비스가 점점 더 중요해지고 있다. 1980년 서비스는 미국 수출의 약 20%를 차지했고 현재는 30%가 되며 계속 강세를 보이고 있는데, 이 부분은 미국이 무역수지 흑자를 기록하고 있다. 서비스 수출의 약 40%가 여행 및 운송 분야이고 나머지 60%는 로열티, 교육, 금융과 보험, 사업과 전문 서비스가 차지한다. 상품 분야(제조업, 유류와 광물, 농업)에서는 미국은 세계 2위의 수출국(중국 다음으로)이며, 약 4분의 3이 제조업 산품, 나머지 4분의 1이 농산품과 광물 및 유류와 가스로 구성되어 있다.

변하는 미국 무역 관계의 주안점

2차 세계대전 이후 미국은 관세 및 무역에 관한 일반협정(GATT)과 세계무역기구(WTO)가 주관하는 무역협상 라운드를 통한 다자간 무역 개방을 지지해왔다. 1980년대까지 자본시장 개방에 대해서 적극적이지 않았으나 그 이후 이는 미국 정책의 주요 목표가 되었다. 이런 입장은 냉전과 더불어 개발도상국들이 자본주의, 민주주의 국가들과의 동맹을 장려하고, 최소한 이들이 소련과 밀접한 관계를 맺는 것을 막으려는 미국의 바람에 의해 더 보강되었다.

사례연구

미국의 제조업

어느 해에 미국의 제조업 생산이 가장 컸었는가라고 물으면 대부분이 1960년대 또는 1990년대라고 짐작한다. 정답은 보통 '작년'이다. 그림 13.2는 왼쪽 축에 실질부가가치 금액을 표시하는데, 1950년부터 2014년까지의 제조업의 실질부가가치 추이를 보여주고 있다. 그림이 보여주듯이 장기간에 걸쳐 지속적으로 상승하는 추세를 보이는데, 최근 2007~2009년의 경우처럼 한 번씩 불경기로 낮아질 때도 있다.

오른쪽 축은 제조업 고용을 나타낸다. 고용은 1979년 19,426,000명으로 정점을 찍고 그 이후 지속적으로 낮아지고 있다. 1980년 미국은 심하지 않은 불경기를, 1981~1982년에는 더 심각한 불경기를 경험한다. 제조업 고용은 1984년에 부분적으로 회복하지만 그 이후, 특히 2000년 이후 감소세를 계속 보인다.

제조업 생산 증가와 고용 감소의 이야기 안에는 그림에 직접 나타나지 않은 두 가지 추가적 이야기가 있다. 첫째, 제조업이 미국 내에서 이동한 것이다. 전통적 산업 지역이었던 미시간 주나 오하이오 주와 같이 미국 중앙 북부지역은 많은 일자리가 떠나가는 것을 보았다. 일부는 해외로 갔으나 많은 일자리가 남부의 사우스캐롤라이나, 테네시, 텍사스로 갔다. 전체 일자리 감소와 같이 나타나며 나이가 든 제조업 근로자들은 어려움을 많이 겪었다. 이런 추세는 미국에서 활발한 제조업이 더 이상 존재하지 않는다는 잘못된 인상

그림 13.2 제조업의 실질부가가치와 고용(1950~2014)

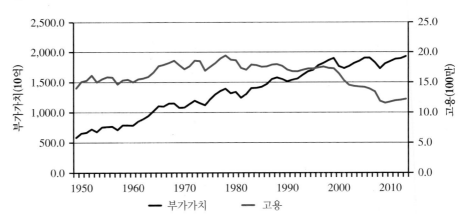

1970년대 이래로, 불경기를 제외하고는 제조업의 생산량은 꾸준히 증가한 반면 고용은 감소했다.

출처 : U.S. Bureau of Economic Analysis; U.S. Bureau of Labor Statistics

에 기여했는데, 그림 3.2는 미국이 계속 많은 제조업 제품을 생산해왔음을 보여준다.

두 번째 이야기는 제조업 부문의 빠른 생산성 증가이다. 종사자 수가 주는데 생산이 늘고 있는 것은 개개 종사자가 더 많이 생산하고 있다는 것인데, 제조업의 근로 시간당 생산량은 매우 빠른 속도로 증가했다. 이것은 부분적으로 새로운 기술과 공정 과정을 사용한 결과인데, 생산성 증가가 빨라지기도 하고 늦어지기도 하지만 보통 제조업의 생산성 증가가 서비스 산업이나 농업에서보다 더 빠르다. 따라서 미국의 제조업 제품 생산이 늘어도 더 적은 수의 근로자가 종사하고 있다.

몇 가지 요인이 이런 입장에 변화를 가져왔다. 첫째, GATT와 그 이후 WTO의 회원국이 늘면서 다자간 협상이 점점 더 어려워진다. GATT가 1947년 처음 출범했을 때, 23개의 회원국이 있었는데, 우루과이 라운드 때(1986~1994)는 128개의 회원국이 있었다. 현재 WTO에는 162개의 회원국이 있다. 이런 참여국 수의 증가는 협상을 매우 복잡하게 만들었다.

두 번째, 많은 쿼터가 관세로 전환되었는데 관세는 전체적으로 크게 낮아졌다(그림 6.4). 그 결과, 도하 라운드의 새로운 다자간 협상은 더 어려운 농업지원제도, 지식재산권, 서비스 무역, 정부 조달, 개발도상국 지원과 같은 이슈들을 다루고 있다. 이 분야들은 상당히 힘든 과제를 던지는데, 부분적으로 이들은 상호 개방의 문제로 다루기 어렵기 때문이다. 만약 모든 나라가 관세를 5 내지 10% 인하하면 상호 혜택을 확인하기가 쉽다. 그러나 만약 모든 나라가 동일하게 지식재산권을 강하게 집행할 경우 지식재산권을 갖고 있지 않은 나라에게는 혜택이 없다. 아울러 이 새로운 협상의 많은 대상이 국내 정치와 관련성이 큰 것들이다. 예를 들어, 정부나 정부 관련 기관들의 물품 조달 시장을 완전히 개방하여 외국 회사들도 조달 공모에 응모할 수 있게 되어 외국 기업이 입찰에서 국내 기업을 이기게 되면 이에 따른 불만이 높아질 것이다.

셋째, 냉전의 종식은 미국이 다른 나라들과 무역에서 양보를 해야 했던 압력을 제거했다. 냉전 기간에는 다른 나라들이 소련과 가까워지는 것을 막는 수단으로 미국 시장에 대한 접근을 유인으로 삼았다. 냉전 기간 동안 지리적·전략적 위치를 차지하는 나라들에게 미국은 상응하는 요구 없이 자국 시장에 접근할 수 있도록 비대칭적 협정에 동의했다. 미국은 또 쿼터 제도를 이용하여 자국과 협력하는 나라들에 대해, 특히 섬유와 의류, 농업 부문에서 미국에서 팔 수 있는 물량을 늘려주었다. 소련의 붕괴는 이러한 타협과 비대칭적 시장 접근 허용을 제공할 이유를 제거했다.

이 세 가지 요인들이 미국으로 하여금 양자나 소규모 국가 간의 무역협정을 더 활용하도록 만들었다. 미국은 아직도 WTO를 지지하고 2001년에 시작된 도하 라운드의 다자협상이 성공적 결말을 보도록 한다는 것이 공식적 입장이지만 다자 간 협상이 유일하고 매우 중요한 수단은 아니다. 양자 간 해결 방식으로의 움직임은 1993년 체결된 NAFTA가 1994년 초 발효되면서 본격적으로 시작되었다. 그 자체만으로도 중요하지만 NAFTA는 양자 간 협정이 선택 가능하다는 것을 보임으로써 우루과이 라운드의 다자간 협상이 결실을 맺도록 하는 데에도 기여했다. 이것은 미국이 GATT/WTO의 틀 이외의 선택이 있음을 알려 다자간 대외 협상에서 활용할 수 있는 수단이 되었다. 이에 더해 미국과 같이 여러 무역협정을 체결한 나라들에게 양자 또는 소수의 국가들과 협상하는 것이 다자 협상에 비해 더 쉬워지며 새로운 무역협정을 시도해볼 수 있는 기회를 제공하는 이점도 있었다. 예를 들어 NAFTA는 노동과 환경 기준을 포함한 첫 번째 협정이었다.

　미국은 현재 3개의 전략적 지역인 중동 및 북아프리카, 태평양 연안, 아메리카 대륙으로 나눌 수 있는 20개국과 자유무역협정을 체결했다. 대부분의 협정은 미국 상품무역에서 비중이 낮은 작은 나라들과 맺어졌지만, 캐나다, 멕시코, 한국의 경우는 예외이다. 표 13.2는 발효 중인 협정들의 발효 날짜와 2015년 상품무역 규모를 보여준다.

　표 13.2의 마지막 두 줄은 자유무역지역과의 상품무역의 규모와 상대적 중요도를 요약해서 보여준다. 자유무역협정 체결국들에 대한 미국의 수출은 전체 수출의 약 47%이고 수입의 34%이다. FTA의 지지자들은 미국 시장이 상대적으로 다른 나라들보다 더 개방되었다고 지적한다. 이런 점을 감안하면 다른 나라들과의 양국 또는 소규모 국가들 간의 FTA로 외국 시장을 개방하는 것은 수출입에 동등하게 영향을 미치기보다 미국의 수출에 더 긍정적으로 영향을 미친다고 주장하고 있다. 그 결과 미국의 FTA 체결국들에 대한 수출은 수입에 비해 전체 상품무역에서 더 큰 비중을 차지하고 있다.

　표 13.2에 대한 이런 해석은 FTA가 그동안 해외시장을 개방하여 미국의 수출에 더 도움이 되었다는 견해를 지지한다. 비슷하게, 다른 많은 나라도 양국 또는 소규모 국가들과의 FTA 체결에 박차를 가하고 있다. 1990년 전에는 27개의 FTA가 WTO에 보고되었다. 1990년대에 55개가 새로 체결되었고, 2000년 이후에는 217개가 WTO에 등록되었다. 어떤 경제학자들은 이런 소규모 FTA의 급증이 WTO가 주관하는 도하 라운드의 부진의 원인이라고 보는데, 왜냐하면 이들의 정치적인 초점이 전 세계적 협정보다는 양자 간 또는 지역적 관심사로 옮겨갔기 때문이다. 이론적으로 FTA는 다자간 협정에 부정적인 '걸림돌'이 될 수도 있고, 무역 전환보다 새로운 무역 창출을 더하고, 새로운 협정을 실험하게 하는 '초석'이 될 수도 있다. WTO는 실제로 대부분이 다자간 무역체제에 대체적이기보다 상호보완적이라고 결론 내렸다.

표 13.2 자유무역협정과 상품무역(2015)

지역과 나라	수출(100만)	수입(100만)
중동과 북아프리카		
이스라엘(1985), 바레인(2006), 모로코(2006), 오만(2009), 조르단(2010)	20,176	28,764
태평양 연안		
싱가포르(2004), 호주(2005), 한국(2012)	97,193	100,925
아메리카		
캐나다(1989), 멕시코(1994), 칠레(2004), 도미니카 공화국-과테말라-온두라스-엘살바도르-니카라과-코스타리카(DR-CAFTA, 2006), 페루(2009), 파나마(2011), 콜롬비아(2012)	594,033	642,079
FTA 국가들과의 상품무역	711,402	771,768
전체 상품무역의 비중(%)	47.3	34.4

NAFTA 모형

학습목표 13.2 북미자유무역협정의 성과와 이후 협정의 표본으로서의 역할의 상대적 중요성을 평가할 수 있다.

학습목표 13.3 어떤 경우 구매력 평가 개인소득이 다른 추정치에 비해 우세한지, 혹은 열등한지 설명할 수 있다.

학습목표 13.4 왜 멕시코나 캐나다가 미국과 자유무역협정을 맺으려 했는지 이유를 열거할 수 있다.

표 13.2는 NAFTA 3국의 무역흐름을 따로 보여주지 않았다. 하지만 미국의 캐나다와 멕시코와의 무역은 매우 크고, 수출의 27%, 수입의 24%를 차지하며, 전체 무역의 중요한 부분이다. 무역량이나 이후 협정의 모형을 제공하는 점에서 NAFTA의 중요성을 감안하면 이를 좀 더 자세히 보는 것이 유용하다. 먼저 캐나다와 멕시코의 배경에 대해 살펴본다.

북미의 인구 구조와 경제적 특징

표 13.3은 NAFTA 지역의 크기에 대해 대략적인 정보를 준다. 개인당 소득은 두 가지 방법, 즉 캐나다 달러와 멕시코 페소 금액을 시장 환율을 사용하여 미국 달러로 환산한 것과 **구매력 평가**(purchasing power parity, PPP)를 반영한 달러화를 사용한 것으로 측정했다. PPP 조정을 통하여 내부적 구매력을 알 수 있다. 이것은 평균 소득으로 구매할 수 있는 양이라고 정의되는데, 그 소득은 미국 내에서 비슷한 상품 바스켓의 비용으로 측정된다. 시장환율로 환산한 소득은 소득의 외부적 구매력이다. 내부적과 외부적 구매력의 차이는 예를 통해 더 쉽게 이해

표 13.3 NAFTA 지역의 인구와 GDP(2015)

국가	인구 (100만)	GDP (US$, 10억)	개인당 GDP (US$)	개인당 GDP (PPP)
캐나다	35.8	1,552.4	43,332	45,553
멕시코	127.0	1,144.3	9,009	17,534
미국	321.6	17,947.0	55,805	55,805
합계	484.4	20,643.7	42,614	45,013

NAFTA 시장의 인구와 GDP 규모는 각각 4억 8,400만 명과 20.6조 달러이다.

출처 : Data from International Monetary Fund, © James Gerber.

할 수 있다. 표 13.3을 보면 멕시코의 평균 소득으로 국내에서 살 수 있는 재화와 서비스는 미국에서 17,534달러의 가치가 있는 것이다. 이것이 멕시코 평균 소득의 내부적 구매력이다. 외부적 구매력은 9,009달러인데 이것은 (멕시코의) 평균 소득이 미국에서 사용되었을 때 살 수 있는 재화와 서비스의 가치이다. 이 숫자들은 평균적으로 재화와 서비스가 미국에서 더 비싸다는 것을 보여준다. PPP 개념은 이를 감안해서 조정하여 비슷하게 가격이 매겨진 재화와 서비스 바스켓을 사용하여 국제 비교를 할 수 있게 해준다.

PPP 조정은 실제 생활 수준을 비교하기 위해 필요한 데 비해, 시장환율을 사용한 소득은 사람들이 그 소득으로 세계경제에서 살 수 있는 재화와 서비스에 대해서 알 수 있게 해준다. 두 숫자는 다른데 왜냐하면 환율은 장기 균형값과 일치하는 경우가 드물고 또한 비교역재의 가격이 나라마다 다르기 때문이다. 예를 들어 노동집약적 재화와 서비스는 자연히 비숙련 또는 준숙련된 노동자들이 풍부한 멕시코에서 싸다.

표 13.3이 보여주듯이 NAFTA 지역은 4억 8,400만 명(2015)의 인구와 20조 달러가 넘는 결합된 GDP를 보유하고 있다. 이런 규모는 인구 면에서 28개국의 5억 700만 명을 보유한 EU보다 조금 작고, 2015년 결합된 GDP가 16.2조 달러였던 EU보다 조금 큰 것이다. NAFTA 지역 평균 개인당 GDP(시장환율을 사용한 값)는 4만 2,000달러로서 어떤 기준을 사용하더라도 부유한 지역이다.

캐나다와 미국의 무역관계

미국과 캐나다는 세계 어느 두 나라의 무역관계보다 큰 무역관계를 갖고 있는데, 2015년 양방향 상품과 서비스 교역량은 6,710억 달러에 달한다. 이 큰 규모는 국경을 나누고 있고, 같은 역사적 배경과 유사한 문화에 기인하지만, 이와 더불어 지난 45년간 있었던 세 단계 통합의 결과이다. 1965년의 **자동차 협정**(Auto Pact)을 시작으로 1989년 **캐나다-미국 자유무역협정**
(Canadian-U.S. Free Trade Agreement, CUSTA), 그리고 1994년 NAFTA 등 캐나다와 미국은
인접성을 이용하여 자원 및 특히 자동차 부문의 산업 내 무역 분야에서 상호 이익이 되는 무
역을 키웠다.

　1965년의 자동차 협정은 그 이전에 미국 자동차 회사들이 자동차 산업에 매우 중요한 규모
의 경제를 충분히 달성하기에 부족한 규모의 공장을 미국에 설립하고 캐나다에 개별적인 공
장을 설립하게 만들었던 장벽을 제거했다. 그들의 캐나다 생산을 미국 생산과 합치면서 제네
럴 모터스, 크라이슬러, 포드는 통합된 하나의 시장을 대상으로 차를 생산할 수 있게 되었다.
이 협정 이전에는 캐나다 공장은 캐나다 시장만을 대상으로 생산했다. 협정이 발효된 후에는
그들의 생산성이 갑자기 향상되었는데, 이것은 특정 모형 생산에 집중하면서 합쳐진 미국과
캐나다 시장을 대상으로 생산을 늘렸다. 양방향 무역이 크게 늘었고 미국 공장에 비해 생산성
이 30% 낮았던 캐나다 공장의 생산성이 급증했다.

　1980년대에는 자동차 산업은 통합되었으나 몇 가지 새로운 문제가 대두했다. 아시아의 신
흥 산업국의 부상과 일본 자동차의 미국 시장 진출, 철강, 가전제품의 진출은 캐나다와 미국
산업의 경쟁력 상실을 의미하는 것이었다. 이에 더해 미국은 반덤핑과 보복 관세와 새로 맺어
진 자발적 수출 제한(VER)에 따른 쿼터를 더 빈번히 사용하기 시작했다. 후자는 실제로 자발
적인 것이 아니었고 기존의 쿼터와 같이 작동하며 수입량을 제한하는 효과가 있었다. 가장 중
요하게 영향을 받은 산업은 일본의 자동차 시장이었다.

　캐나다 지도자들의 관점에서는 점증하는 미국의 보호무역주의와 아시아 제조업의 경쟁력
은 반갑지 않은 일이었는데, 이것은 미국이 캐나다에게 제일 중요한 수출시장이며 동시에 수
입품의 주요 조달처이기 때문이었다. 한 가지 해결 방안은 미국과 자유무역협정을 체결하는
것이었다. 이 방안은 국제협정을 통해 미국이 시장을 개방하도록 하고, 동시에 캐나다 제조업
체들로 하여금 경쟁력 향상을 위해 변모하도록 압력을 가하는 효과가 있다.

　CUSTA는 1988년 비준되어 1989년부터 발효되었다. CUSTA의 효과는 기대했던 대로였
다. 1989년부터 1994년까지 캐나다의 대미 수출은 55%(470억 달러 증가) 늘었고, 미국의 대
캐나다 수출은 46.6%(365억 달러 증가) 늘었다. 증가율로만 보면 이것은 자동차 협약 전후만
큼 크지 않은 것이나 이미 1987년 무역 규모가 상당히 커져 있었기 때문에 50% 증가는 상당
한 무역량을 의미한다.

　미국과 캐나다 자유무역협정을 둘러싼 논의는 미국 내에서 차분히 진행되었다. 하지만 캐
나다에서는 미국과 캐나다가 협상을 하고 있다는 것이 알려지면서 매우 열띤 논쟁이 벌어졌
다. 무역협정을 반대하는 측은 (1) 캐나다는 규모의 경제를 보유한 미국의 회사들과 경쟁을

하지 못할 것이며, (2) 무역 규모의 확대는 캐나다로 하여금 사회적 프로그램을 포기하도록 할지 모르고, (3) 캐나다 문화가 미국의 뉴스, 정보, 예술, 오락산업에 의해 지배될지 모른다는 점을 우려했다.

캐나다의 경쟁력 문제는 어떻게 하면 조직이나 기술 변화와 같은 기업 내부의 변화를 통해 규모의 경제와 생산성 향상을 이루느냐 하는 것이었다. 캐나다같이 고소득 산업화된 대부분의 국가에서 실제 문제는 기업들이 경쟁을 할 수 있을까가 아니라 변화가 일어나는 데 과연 시간이 얼마나 걸릴까이다.

캐나다의 CUSTA 반대파들은 협정이 캐나다의 사회적 프로그램을 약화시킨다고 했다. 많은 캐나다 사람에게 캐나다의 의료보험제도나 소득유지지원제도 등 다양한 사회프로그램은 캐나다를 미국과 차별화하는 정체성을 의미한다. CUSTA 반대자들은 미국과의 경쟁 심화는 캐나다의 사회적 프로그램을 약화를 가져와 두 나라 사이의 차이점이 없어지게 될 거라고 주장했다. 세금이 사업을 하는 비용의 하나라는 것을 감안하면, 캐나다 기업들의 경쟁력을 향상시키기 위해 세금을 낮추어야 하고 이에 따라 사회적 프로그램도 감축해야 되지 않겠는가 하는 논리이다. 세금이 사업을 하는 비용의 일부이지만 비용 감축은 다른 데에서도 있을 수 있기 때문에 미국과의 무역협정을 사회프로그램에 대한 위협으로 보는 것은 잘못된 것이다. 건강보험의 경우를 예로 들면, 미국의 제도가 경쟁 열위에 있다고 할 수 있는데, 왜냐하면 사용자가 새로 고용할 때 근로자의 건강보험혜택을 제공해야 해서 비용이 올라가기 때문이다. 이에 비해 캐나다에서는 건강보험이 정부의 세수와 개인의 세금을 재원으로 모두에게 제공되고 있다.

마지막으로 캐나다의 입장에서 가장 논란거리가 되는 이슈는 미국의 문화적 지배였다. 자유무역을 찬성하는 측과 반대하는 측 모두를 포함하는 다양한 입장을 가진 사람들은 만약 미국과 문화산업의 완전한 자유무역이 시행되면 캐나다의 인구 규모가 작고, 미국과 인접해 있기 때문에 캐나다의 정체성을 잃을 것이라고 주장했다. 이 산업은 모든 종류의 음악, 라디오, TV 방송, 신문, 출판, 잡지, 연극, 영화와 인쇄 등을 포함한다. CUSTA의 규정에 따르면, 캐나다는 '문화상품'의 수입을 양적으로 제한하여 캐나다의 정체성을 보호할 수 있게 했다. 대부분의 경우, 규정은 캐나다가 라디오, 텔레비전, 공연에 현지 콘텐츠를 일정량 포함하도록 하는 규제를 허용했다. 예를 들어 라디오나 TV 방송국이 하루 24시간 계속 미국에서 만들어진 콘텐츠를 방송하는 것은 불법이다. 유선 TV 회사들은 캐나다에 근거를 둔 TV 네트워크를 특혜를 주고, 캐나다의 규정으로 국내 공연회사, 예술가와 작가들을 호혜적으로 배려하도록 하고 있다.

멕시코 경제의 개혁

1950년대부터 1982년 위기 때까지 멕시코의 실질 개인당 소득은 연평균 3.3%씩 증가했는데 이런 증가세는 한 세대가 지나면 생활 수준이 두 배가 되기 때문에 인상적인 기록이었다. 이런 장기간의 양호한 성장은 수입을 대체하는 제조업 산업을 대상으로 육성하는 **수입대체산업화**(import substitution industrialization, ISI) 정책하에서 이루어졌다. 2차 세계대전 이후부터 1980년대 중반까지 세계 여러 나라에서 시행되었던 개발 정책인 ISI는 음료와 식품, 섬유와 의류, 가구, 신발류 등 간단한 소비재로부터 시작해서 더 복잡한 소비자 품목인 가전, 산업재인 발전기, 펌프, 컨베이어 등의 물건을 생산하도록 처방했다. 그다음 경제가 비교우위의 단계가 높아지면서 더 정교한 산업재를 생산하며 제조업 기술력을 쌓고 자본과 노동의 기술 숙련도를 높여가는 단계를 밟도록 했다. ISI에서 사용되는 정책 수단은 세금 감면을 통한 산업 지원과, 저금리 대출, 보조금, 간헐적인 국유화와 높은 보호무역적 장벽 등이다.

ISI 정책의 주요 약점은 수출을 차별한다는 것이다. 이것은 정책이 보호무역조치로 잘 보호되는 국내 시장에서 경쟁에 대해 걱정할 필요 없이 가격을 높여서 팔 수 있는 것 등을 통해 높은 수익을 올릴 수 있게 되어 있기 때문이다. 이런 정책은 장기적으로 보면 멕시코와 ISI를 따르는 다른 경제들을 해칠 수 있는데 경쟁이 없어지면서 기술 혁신이나 제품 향상의 유인을 낮추기 때문이다. 수입 대체품의 생산으로 높은 수익률을 얻기 때문에 자본과 노동의 생산요소가 수출 부문에서 수입 대체 부문으로 이동하게 된다. 그 결과 1970년대 10여 년간의 부실한 거시경제 관리의 결과가 1980년대 들어 문제가 되기 시작하자 멕시코는 많은 부채를 갚아야 하지만 수출 능력이 매우 제한된 상황이 된다.

1982년 8월에 시작된 멕시코의 **부채위기**(debt crisis)는 여러 가지 요인들의 결과이다. 멕시코에서 시작된 위기는 라틴아메리카 전역으로 번졌는데 이들 국가들도 비슷한 거시경제 관리 부실과 많은 부채를 안고 있었다. 이 기간은 **잃어버린 10년**(Lost Decade)으로 알려져 있고, 라틴아메리카를 다루는 제16장에서 자세히 살펴볼 것이다. 다른 나라와 비슷하게 멕시코의 경우 부채위기의 원인은 외국 은행들로부터의 과다한 채무, 취약한 세금제도, 세계 금리 상승에 따른 채무 유지 비용의 증가이다. 멕시코는 1970년대 새로운 유전을 발견했는데, 유가가 영원히 계속 오를 것이기 때문에 자신들이 채무 유지나 상환 능력도 계속 증가할 거라는 믿음에 따라 계속 돈을 빌렸다. 1980년대 초에 유가가 하락하자, 멕시코 정부의 기름 판매수입이 하락하고 동시에 빌렸던 자금의 금리는 상승하기 시작했다. 이런 요인들이 멕시코 경제에 미치는 충격이 증폭된 것은 수십 년 동안 시행된 ISI 정책으로 인해 (특별한 대우를 받았던 원유를 제외하면) 수출 부문이 취약해진 것이었다. 수출이 지지부진한 탓에 외채를 갚을 수 있는 외화를 벌 능력이 떨어진 것이다. 1982년 8월에 멕시코는 보유한 외화를 다 소진하고 더 이상 부채를 갚을 수 없게 된다. 이것이 부채위기를 촉발시켜 결국에는 문제가 1982년부터 1989년까지 지속된다.

이 부채위기에 대한 해법은 여러 정책을 바꾸는 것이었다. 1980년대 멕시코는 정부 예산에 부담이 되는 여러 기업들을 민영화했고(1982년부터 1992년까지 938개가 민영화되었음), 연방정부의 예산을 적절히 통제했고, 국내로 유입되는 직접투자에 대한 제약을 낮추고, 국내 시장을 경쟁에 더 노출시켰다. 1986년 멕시코는 GATT에 가입했고, 카를로스 살리나스 대통령은 미국과의 FTA를 제안했다. 살리나스는 두 가지 목표가 있었다. 첫째, 그는 정부의 개혁을 국제협정을 통해 확고히 하고자 했다. 1990년대 후반에 이루어진 정치적 개혁 이전에 멕시코 대통령은 상당히 많은 권한을 갖고 있었다. 그에 비해 보호무역주의적 성향의 후임자가 당선되면 본인과 그 이전 대통령(미겔 데 라 마드리드)이 시행했던 개혁을 후퇴시킬 수 있었다. 하지만 개혁 조치들을 국제협정에 담아놓으면 무산시키는 것이 어려워진다. 둘째, 살리나스는 해외투자 유치를 통해 멕시코 국내의 낮은 저축률을 높이고자 했다. 해외투자의 유입은 멕시코의 성장을 촉진할 것이고, 동시에 미국 시장 접근이 늘어나면 해외투자자들이 멕시코 내에 제조업 공장을 건설할 유인으로 작용한다.

북미자유무역협정

NAFTA는 1993년에 비준되었고 1994년 1월 1일 효력을 발생했다. 무역흐름이 빠르게 늘었는데 이미 시행 이전부터 이를 예상하고 무역량이 늘었다.

첫 번째로 NAFTA의 중요한 내용은 거의 모든 무역장벽이 제거되었다는 것이다. 캐나다와 미국이 비교적 개방된 경제였으므로 무역장벽이 별로 없었기 때문에 대부분의 변화는 멕시코에서 일어났다. 예를 들어 1993년과 1996년 사이에 미국이 멕시코에 부과하는 평균 관세가 2.07%에서 0.65%로 내려갔다. 이에 비해, 멕시코가 미국에 부과하던 관세는 10%에서 2.9%로 낮아졌다. NAFTA하에서의 이런 관세 인하는 1980년대 중반부터 시작된 무역장벽 인하 추세의 연속선 위에 있었다. 1982년부터 1992년까지 멕시코에서 수입을 위해 정부로부터 수입 허가를 받아야 하는 품목의 수가 100%에서 11%로 떨어졌고, 관세의 평균 수준은 27%에서 13.1%로 낮아졌다. 1994년에는 멕시코 경제가 세계경제에 상당히 개방되었다.

일부 관세와 투자에 대한 제약은 즉시 철폐되었으나, 많은 경우 관세와 투자 제한은 다양한 시차를 두고 철폐되었다. 이 유예 기간은 산업마다 달랐다. 새로운 경쟁이 치열해질 것으로 예상되는 분야의 경우에는 해당 산업이 단기간에 큰 충격을 받는 것을 피하기 위해 무역에 따른 이익이 기대되는 경우에도 취해진 조치이다.

　NAFTA의 두 번째 특징은 그 내용에 자유무역 대상이 되는 상품의 북미 투입물 함량에 대한 의무규정이다. 자유무역이나 관세 인하 혜택을 받기 위해서는 해당 품목의 가격의 일정 부분 이상(보통 50%)이 북미에서 만들어진 부품을 포함하고 있어야 한다. 이 지역부품 의무사용 규정은 NAFTA 비회원국이 한 회원국에 진출하여 모든 회원국에서 혜택을 보려하는 것을 막기 위해서 만들어졌다. 대부분 경제학자들은 이 규정이 무역 전환 가능성을 높이기 때문에 싫어한다. 기업들이 이 지역부품 의무사용 규정을 맞추기 위해 NAFTA 회원국으로 이동하면 저비용 비회원국에서 생산투입요소가 생산되는 것이 줄어들게 되는데, 실제로 의류산업에서 이런 일이 벌어졌다. 멕시코가 저비용 생산국이 아님에도 불구하고 기업들이 카리브해 지역에서 멕시코로 이동했다. 멕시코의 미국 수출은 0%의 관세를 내기 때문에 저비용 국가에서 생산되었으나 미국 시장에 들어올 때 비싼 관세를 내야 하는 제품들에 비해 멕시코 제품이 더 싸게 팔렸다. 그럼에도 불구하고 지역부품 의무사용 규정은 협정이 캐나다와 미국에서의 비준을 위해서 정치적으로 필요한 것이었다.

　세 번째 NAFTA의 주요 특징은 의견 차이가 어디서 발생하는가에 따라 세 가지 다른 분쟁해결 절차를 만들었다는 것이다. 개별 조항들은 덤핑과 반덤핑 부과금을 다루는데, **투자자-국가 소송제**(investor-state dispute)로 불리는 국내 정책은 외국 투자자에 대한 처우를, 제3자 분쟁해결은 일반적인 분쟁을 대상으로 한다. 이들 각각은 노동과 환경 기준에 대한 분쟁과도 별개인데, 이것이 협정의 네 번째 특징이다. NAFTA에는 노동 및 환경 기준과 우려에 대한 내용이 없지만, 2개의 별도 부속 협정이 NAFTA와 함께 비준되었다. 이들은 **북미노동협력을 위한 협정**(North American Agreement on Labor Cooperation)과 **북미환경협력을 위한 협정**(North American Agreement on Environmental Cooperation)이다. 노동과 환경 부속 협정은 투자자-국가 소송제의 해결절차와 더불어 그 이후 미국이 체결한 대부분 FTA의 틀이 되었다. 각각에 대해 찬성과 반대 진영이 있는데 이들에 대해서는 이후 미국이 체결한 새로운 무역협정을 논의할 때 더 살펴볼 것이다.

NAFTA 특정의 두 이슈

앞서 보았듯이 여러 가지 어려운 이슈들이 NAFTA를 둘러싼 토론에서 제기되었다. 어떤 이슈는 NAFTA에 국한된 것이고 어떤 것들은 무역협정에 일반적인 것들이다. 노동과 환경 기준, 외국인 투자자와 국가와의 관계, 지식재산권 보호는 일반적 쟁점이지만 이들은 NAFTA가 그 이후에 체결된 무역협정들이 표본으로 삼도록 되게 했던 것들이다(표 13.2). 이 이슈들은 이 장의 나머지 부분에서 다룬다. 두 가지 특정한 이슈가 NAFTA를 제약했는데 그것은 이민과 멕시코의 마약 관련 폭력 문제였다.

NAFTA는 이민 정책과 관련해서 어떠한 방향도 제시하지 않았다. 왜냐하면 노동 이동의 자유를 중요시하는 공동시장이 아니라 자유무역지대였기 때문에 일부 사업가들의 이동을 쉽게 하는 것 외에는 이와 관련된 조항이나 논의가 없었다. 대부분의 경우 이민과 관련된 조항이 없는 자유무역지역이 보통이지만 미국과 멕시코와 관련해서 그것은 문제였다. 지난 40년 동안 멕시코로부터 유입된 인구 규모는 미국 역사상 어떤 단일 국가에서 온 이민자 유입보다도 더 컸다. 2014년 미국 내 멕시코 이민자들은 1,170만 명을 넘었고, 전체 이민자의 28%에 달했다. 연구자들은 멕시코 이민자의 약 절반 정도가 불법이라고 추정하고 있다. 이주자들은 일자리, 소득, 가족 결합과 같은 일반적인 이유 또는 근접성, 폐쇄가 어려운 2,000마일이나 되는 국경, 출신국에서 부족한 일자리와 기회와 같은 특별한 이유로도 멕시코를 떠나 미국으로 간다.

전례가 없는 이민자 유입이 근래에는 극적으로 줄어들었는데, 미국을 떠나는 멕시코인들이 반대의 경우보다 많다. 이런 추세는 2005, 2006년에 시작되었는데 여기에는 최소 세 가지 요인이 있다. 첫째, 국경을 건너는 것이 더 어렵고 위험해졌다. 방대한 무인 사막지역의 매우 험한 지형이 마약 관련 폭력의 증가와 이민자들을 노리는 범죄가 급증하면서 더 위험해졌다. 둘째, 미국의 정치·경제적 여건이 더욱 악화되었다. 2007~2009년 불경기 이후 일자리를 구하기가 더 어려워졌고, 접경지역 전역에 걸쳐 반이민 단체들과 정치인들이 공세적으로 활동하며 이민자를 냉대하는 정치적 환경을 조성했다. 셋째, 장기적으로 제일 중요한 요인이 되는데, 멕시코의 인구 구조가 바뀌며 잠재적인 이민자 수가 줄어들고 있다. 1960년 평균 멕시코 여성은 일생 동안 7.3명의 자녀를 낳았다. 그런데 2009년에는 인구 대체 수준을 간신히 넘는 수준인 2.4명으로 떨어졌다. 이런 신생아 수 감소는 시차를 두고 잠재적 이민자들인 청년층 인구의 감소로 이어진다. 요약하면, 2005~2010년 사이 멕시코에서 태어났으나 미국에 거주하는 사람 수가 늘지 않았고, 미국을 떠나는 사람 수가 새로 미국으로 들어오는 수와 같아졌다.

두 번째 NAFTA와 관련된 중대한 이슈는 멕시코에서의 마약 관련 폭력의 증가이다. 이것은 매우 논란이 많은 비극적인 문제인데 어떤 정책 변화가 필요한지에 대해 합의가 없지만 대부분 멕시코에서 마약 운반과 판매 과정에서 희생자가 계속 발생하고 있다. 이것은 무역 분야를 넘어서 법의 집행, 의료문제, 공공보건, 경제적 후생, 민권 및 다른 분야와도 관련이 있다. 과거나 현재 양국에서 이 문제에 대한 논의는 정치에 의해 지배되고 있다. 1969년 닉슨 대통령은 '마약에 대한 국가적 전쟁'을 선포했고 50년이 지난 지금도 같은 정책이 유지되고 있지만, 그 사이에 수만 명이 마약 관련 폭력으로 사망했음에도 불구하고 이 전쟁으로 얻은 긍정적인 결과를 찾기 어렵다.

멕시코 내의 폭력은 미국과 멕시코의 공동 책임인데 미국에서의 불법 마약에 대한 수요가 마약 카르텔에게 엄청난 이윤을 남겨주어 카르텔로 하여금 멕시코의 정치인, 판사, 경찰을 부패하게 만들고 있다. 이 어려운 상황을 어떻게 해결할지 일치된 의견은 없다. 전통적인 합법화 지지자들은 마약의 불법화가 마약 거래를 암시장으로 내몰아, 거기에서 판매가 되어 범죄 조직에 이윤을 제공하며 이들 간 발생하는 분쟁을 폭력으로 해결하도록 유인을 제공하고 있다고 주장한다. 또한 부패, 보건과 안전 이슈, 민권 침해 등을 당국이 강압적으로 법을 집행하는 과정에서 발생하는 문제로 지적하고 있다. 반론은 마약이 합법화되면 중독자들이 더 늘어날 것이며, 마약을 합법화하는 것이 마약 사용을 용인하는 도덕적 문제를 야기한다고 한다. 의견의 일치가 거의 없지만 멕시코와 다른 라틴아메리카의 정치 지도자들이 점점 미국이 주도하는 마약에 대한 전쟁에 대해 도전하며 새로운 전략을 모색해야 한다고 목소리를 높이고 있는데, 공급의 박멸에 초점을 맞추기보다 수요 감소와 마약의 보건문제 측면에 초점을 맞추는 것이 필요하다고 주장하고 있다.

사례연구

에히도, 농업 그리고 멕시코에서의 NAFTA

멕시코 농부의 대부분이 **에히도**(ejido)라고 불리는 일종의 집단 농장에서 일한다. 에히도 농부는 개인적인 땅에 독자적으로 원하는 작물을 재배할 수 있으며 토지를 자식들에게 물려줄 수도 있는데 팔거나 임대하지는 못한다. 이론적으로 보면 경작을 하든지 아니면 땅을 잃든지 택일이다. 최초의 에히도는 멕시코 혁명(1910~1917) 직후에 만들어졌는데 그 이후도 1992년 헌법 개정 때까지 계속 늘어났다. 멕시코 헌법은 한 개인이 소유할 수 있는 땅에 상한을 정했고, 땅이 없는 농부들에게 한도 초과 보유 토지에 대해 경작 허가를 신청할 수 있도록 했다. 1992년 헌법 개정은 새 에히도의 설립을 중단했고 개인의 토지 보유로 전환하면서 기존의 에히도를 해체하는 절차를 만들었다. 이 개혁은 변화를 강제하지 않았지만 일부는 사영화되고 토지는 판매되었고, 대부분의 에히도는 계속 과거와 같이 운영되었다. 에히도의 거래를 가능하게 하는 동시에 정부는 모든 소규모 농업인에게 제공되던 보조금 대부분을 없앴다. 장기적으로 소규모 농업인에게 보조금을 줄인 것이 에히도 토지의 매매를 허용한 것보다 더 중요한데, 꼭 좋은 이유 때문은 아니었다.

멕시코의 농업 통계에 따르면 2007년 3만 1,518개의 에히도와 421만 명의 가입자들(공동토지에 거주하는 원주민 포함)이 있었다. 이것은 멕시코 농업 인력의 약 72~73%나 되는 것이다. 보통 에히도 농부는 일반 상업적 농장에 비해 더 작은 토지를 경작하고, 상대적으로 전체 농업생산에서 차지하는 비중이 작았다. 모든 에히도 농업인이 가난한 것은 아니지만, 많은 농업인이 생활 수준 향상에 필요한 시장이나, 자본이나, 더 나은 기술에 접근하는 것이 어려웠다.

1992년 에히도를 가능하게 했던 헌법의 관련 부분을 수정했다. 카를로스 살리나스 대통령의 정부는 에히도가 농업 부문에 대한 투자를 어렵게 해 생산성을 낮추어서 농촌의 빈곤 문제에 기여했다고 주장했다. 일부 경제학자들은 이에 동의했지만 그렇지 않은 이들도 있었다. 개혁을 주장하는 측의 주장은 농지에 대한 완전한 소유권의 부재와 에히도의 소규모 농지가 농기계류의 사용을 어렵게 하고 생산성을 향상시키는 투자를 제한하고 있다는 것이다. 에히도의 낮은 생산성의 원인에 대한 분석이 맞고 틀리고를 떠나서, 멕시코의 가난한 사람들 대부분이 농촌 지역에 거주하며 농업에 종사했는데, 많은 경우 이들은 에히도 조합원이었다. 1992년 약 25%의 노동력이 농업에 종사했지만 농업은 GDP의 9%만을 생산했다. 소규모 에히도 농장에 대한 보조금과 소유권을 바꾸는 것의 한 가지 명시된 목적은 토지 합병을 통해 현대적 생산기술을 적용할 수 있는 대규모 농장을 조성하여 농업 부문의 종사자를 줄이는 것이었다. 1992년에 농업부 차관은 농업 부문 종사자의 규모를 전체 노동력의 25%에서 15%로 줄이는 것이 목적이라고 발언했다.

18년 후인 2010년 전체 노동력의 13.1%가 농업 부문에 종사했다(미국과 캐나다 비율의 2% 미만이다). 가장 심한 빈곤은 여전히 농촌 지역에 집중되어 있었고, 대규모 현대식 농장들은 사정이 좋았으나 소규모 농장들은 여전히 어려움에 시달렸다. NAFTA 반대파들은 자주 이 무역협정을 에히도와 소규모 농장들의 어려운 사정의 원인이라고 지적하지만 멕시코의 농업 정책이 더 큰 역할을 했다. 옥수수의 경우가 왜 그런지를 보여준다. 옥수수는 많은 멕시코 사람들의 주식이자 소규모 농장의 주요 작물이다. NAFTA하에서 멕시코는 수입 옥수수에 부과되는 관세를 15년에 걸쳐 철폐하기로 되어 있었지만, 멕시코는 일정보다 앞당겨 관세를 내리고 미국으로부터 옥수수 수입을 늘렸다. 이는 사료 수입을 늘려 가격을 낮춤으로써 가축 사육 규모를 키워서 일반 멕시코인들의 단백질 섭취를 높이려는 시도였다. 멕시코의 대규모 상업적 농장들은 수입의 증가와 함께 자체 생산을 늘렸고 그 결과 나라 전체의 생산량이 늘게 된다. 그럼에도 불구하고 겨우 지속 가능한 수준의 생산을 유지하던 소규모 농장들은 이런 전략의 결과로 매우 사정이 어려워지는데, 그 원인은 국가적 생산량 증가로 옥수수 가격이 떨어지는 시점에 정부가 보조금도 낮추었기 때문이다.

NAFTA는 각국에 원하는 만큼 농업 보조금을 지급할 수 있도록 허용하고 있었다. 2014년 멕시코는 약 84억 달러의 농업 보조금을 지급했지만 이들 대부분은 상대적으로 사정이 좋은 농업 종사자들에게 돌아갔다. 이 수준의 보조금은 전체 농업 종사자들의 전체 수입의 13.3%에 해당되는 것이었다. 이에 비해 경제협력발전기구(OECD)의 농업 전망 자료에 따르면 미국에서는 농업 보조금이 전체 농업 종사자 전체 수입의 9.8%(표 7.3 참조)에 해당한다. 농업 부문을 축소하는 결정은 미국, 캐나다와 무역협정을 체결하는 것과 별도로 이루어졌고, 소규모 옥수수 농사 외 선택의 여지가 없었던 농부들의 어려움을 충분히 고려하지 못한 것이었다.

신, 구 협정

학습목표 13.5 자유무역협정과 특혜무역협정의 차이를 설명하고 각각의 예를 들 수 있다.

학습목표 13.6 왜 무역에 따른 일자리 증가와 감소를 추정하는 것이 어려운지 설명하고, 어떻게 수입이 일자리를 만들고, 일자리 감소가 수출로 이어지는지 구체적인 예를 들 수 있다.

표 13.2는 현재 효력을 발생하고 있는 최근 무역협정들을 이전 것들과 함께 보여주고 있다. 미국은 중요도가 높은 2개의 새로운 협정을 위해 협상하고 있고, 상응하는 조치 없이 상대방에게 시장 접근을 허용하는 여러 개의 **특혜협정**(preferential agreement)을 체결했다. 이런 협정은 상대국의 발전을 지원하는 의미와 특정한 정치적인 이유로 체결한다. 표 13.4에 제시된 두 가지 FTA 중 특히 아시아태평양경제협력(APEC) 경제포럼은 많은 수의 나라를 포함한다.

APEC은 동서남북으로 태평양 지역을 아우르는데, 중국, 일본, 한국, 멕시코, 캐나다, 호주 등 세계의 여러 경제 대국을 포함한다. 이것은 회원국들 사이의 자유무역 지역을 만들기보다, 아시아–태평양 지역의 회원, 비회원 국가 구별 없이 모두를 위한 자유무역지역을 만든다는 것에서 다른 FTA와 다르다. 원래의 목표는 산업화된 국가들의 경우 2010년, 개발도상국들의 경우 2020년까지 자유무역을 실현하는 것이었다. APEC이 무역 관련 관심사를 협의하는 포럼이 되면서 첫 번째 목표는 달성하지 못했고 축소되었다. 부분적으로는 APEC의 진전이 더디었던 것 때문에 미국으로 하여금 APEC의 일부 회원국들이 추진 중인 환태평양경제동반자협정(TPP)에 합류하도록 했다.

완료된 협정들(표 13.2)과 협상 중인 것들에서 비슷한 이슈들이 계속 대두되었다. 이것들은 노동과 환경 기준, 투자, 일자리 감소와 관련된 것들이다.

표 13.4 미국의 주요 무역 이니셔티브

자유무역협정	회원국 수	목표
환태평양경제동반자협정(Trans-Pacific Partnership, TPP)	12	자유무역
아시아태평양경제공동체(Asia-Pacific Economic Cooperation, APEC)	21	이론상 자유무역. 실제로는 경제 관심사를 논의하는 장
범대서양무역투자동반자협정(Transatlantic-Trade and Investment Partnership, T-TIP)	29	무역과 투자 자유화

특혜협정	수혜자	목적
일반적 특혜시스템(Generalized System of Preferences, GSP)(1976)	122	122개의 중·저소득 국가의 수출품이 무관세로 미국 시장 진출 허용
카리브해 지역 이니셔티브(Caribbean Basin Initiative, CBI)(1983)	17	카리브해 지역의 17개국 수출품의 무관세 진출 허용
아프리카 성장 및 기회법(African Growth and Opportunity Act, AGOA)(2000)	39	40개의 사하라 남부 지역 국가들의 수출품의 무관세로 미국 시장 진출 허용. 허용 대상은 정치적 조건에 따라 결정

미국은 여러 중·저소득 국가들에 유리한 미국 시장 진출을 허용하는 동시에 계속해서 새로운 무역과 투자 협정을 추구하고 있다.

출처 : Office of the United States Trade Representative.

노동과 환경 기준

NAFTA(1994)가 체결된 이후 거의 모든 무역협정에서 노동과 환경 부속 협정(북미노동협력을 위한 협정, 북미환경협력을 위한 협정)이 노동과 환경 조항을 추가하는 선례가 됐다. NAFTA에 추가된 노동과 환경 부속협정의 기본 정신은 나라들이 자국의 법을 제대로 집행함으로써 느슨한 노동과 환경 규제가 자국으로의 무역이나 투자를 유치하는 수단으로 쓰이지 말아야 한다는 것이다. 대부분의 경우 집행은 법이 제대로 이행되지 않고 있다고 문제를 제기하는 당사자와 해당국 정부의 협의를 통해 이루어진다. 협정의 문구는 상당히 명시적으로 한 나라가 다른 나라 영토 내에서 조사를 하거나 집행하는 것을 금지하고 있다. 해당 정부의 주권을 침해하는 대신 이런 조항이 위배되고 있음을 알려 여론을 환기시키려는 것이다.

최근에 제안된 협정인 환태평양경제동반자협정에서는 노동협정이 전체의 일부분이 되었고, 분쟁해결 절차와 기준을 위배했을 경우 관세와 같은 징벌적 조치를 할 수 있도록 했다. 노동협정의 내용은 국제노동기구(ILO)의 기본 원리와 일터에서의 권리에 대한 선언과 후속 내용을 반영한다(제8장 참조).

1. 결사의 자유 및 단체협약권리의 인정
2. 모든 형태의 강제 및 강압된 노동 금지
3. 아동 노동 금지
4. 고용과 직업에 대한 차별 금지

TPP가 노동 기준을 본 협정의 일부로 포함한 최초의 협정은 아니지만, 개별 나라들이 자체적인 기준을 만드는 것이 아니라 협정 내용에 명시적으로 내용을 포함시키고 위반 시 무역 제제 조치를 취할 수 있게 한 최초의 협정이다. 하지만 구체적인 내용은 일반론적인 것이어서 나라들 간 조율된 것이라고 볼 수 없다. 예를 들어 근로자의 건강과 안전 관련 규제, 임금, 근로시간 등은 TPP 참가국들 사이에 크게 다를 수 있다.

NAFTA의 환경 관련 부속협정은 그 이후 FTA에 환경 조항을 추가하는 데 사용된 틀을 제공했다. 여러 가지 면에서 이 협정도 노동조항과 마찬가지로 환경 기준 완화가 경쟁 우위를 점하기 위한 수단으로 쓰이는 것을 막기 위한 것이다. 제8장에서 언급했듯이, 소득이 다른 나라들의 환경 기준, 오염 제거, 자원 보존 등에 있어 동일하기를 기대하는 것은 현실적이지 않다. 어떤 나라는 온실 가스 배출 감축에 우선순위를 두는 반면, 어떤 나라는 깨끗한 식수 확보를 위해 분투하는 경우도 있다. 특정 우선순위의 한계효용은 소득 수준과 환경 여건에 따라 다를 수 있다. 그렇기 때문에 NAFTA의 환경 관련 부속협정은 노동 부속협정과 마찬가지로, 각 나라들이 자국의 관련 규정을 낮추거나 준수하지 않는 것을 통해 투자를 유치하거나 생산비를 낮추는 비교우위의 수단으로 사용하지 않도록 하는 것이 주된 목적이다.

제안된 TPP는 국가 간 환경 기준을 조율하지 않는다. 그 대신 기존의 야생 동식물 밀거래, 희귀종 보호 등과 같은 국제협정들을 잘 준수하도록 하는 동시에 어류 남획을 조장하는 어업 보조금 중단에 초점을 맞추었다. 노동 기준의 경우와 마찬가지로, 이 협정 역시 각 나라가 자국의 관련 기준과 관련 분야 국제협정에 따른 의무 이행을 촉구하는 것이 관심사이다.

노동과 환경 기준에 대한 비판은 두 가지가 있다. 어떤 경제학자들은 무역협정이 노동과 환경을 다루지 말아야 하기 때문에 이 조항들은 무역협정에 포함되지 말아야 한다고 한다. 이들은 보호무역주의자들이 이 조항들을 무역 상대국이 이행하지 않고 있다는 실제 혹은 가공된 증거로 무역 확대를 막는 수단으로 삼을 것이라고 생각한다. 다른 경제학자들은 이 조항들은 실제로 강제할 수단이 없기 때문에 의미가 없다고 주장한다. 각 나라에서 알아서 법이 제대로 지켜지고 있는가를 판단하기 때문에 설령 이행되지 않고 있다고 해도 불이익이 없다는 것이다.

이런 비판들의 영향으로 TPP에서는 새로운 방법이 시도되고 있다. 미국의 협상 대표인 미국통상대표부(USTR)는 기본적인 노동 기준이 협정의 일부로 포함되어야 하며, 또 참가국들이 동식물 밀매, 멸종위기종 보호 등 환경 관련 분야의 다자협약에 가입하고 이를 준수하도록 요구하고 있다. 이에 더해, 처음으로 무역 제재가 준수 강제 수단으로 쓰이게 된다.

만약 노동과 환경 부속 협정이 전체 패키지에 포함되지 않았더라면 의회가 NAFTA를 비준하지 않았을 것이다. 의원들은 멕시코가 노동과 환경 규제를 완화함으로써 경쟁력을 높여 미국의 일자리가 남쪽으로 넘어갈 것에 대해 우려하고 있었다. 그 이후, 노동과 환경 관련 장을 본 협정에 포함하는 전략이 새로운 무역협정이 의회의 지지를 얻는 표준 전략이 되었다. 이렇게 자세한 기준과 준수하지 않을 경우 무역 제재를 명시하는 내용을 협정에 포함하는 것이 TPP의 의회 통과에 도움이 될지는 두고 보아야 한다. 향후 어떤 협정도 비슷한 내용을 포함하는 것이 확실시된다.

투자자-국가 관계

대부분 기존 FTA에는 투자에 대한 장(chapter)이 있다. 아울러 미국은 42개의 전 세계 여러 나라들과 **양자 간 투자협정**(bilateral investment treaties, BIT)을 체결했다. 이 협정은 FTA의 투자 관련 장들과 마찬가지로 나라 간 투자에 대한 규정을 정하는데, 여기에는 투자자가 불공정한 대우를 받았다고 생각할 때 분쟁을 해결하는 방안에 대한 것도 포함되어 있다. 외국인 투자자들에게 내국민 대우를 보장하는 틀에서 내국인과 외국인 투자자 간의 차이를 없애기 위해 이 규정들이 정해졌다. 이 규정들은 외국인 투자자들에 특정한 성과 요건(수출 의무, 지역 부품 의무 사용 등)을 없애고 외국과 국내 기업에 동일한 규제 기준이 적용되도록 보장한다. 운송과 통신 부문의 기술 개선과 더불어 대부분 기업들의 생산공정의 일부가 해외에 위치하고 있어서, 미국의 무역정책은 이 기업들이 해외에 투자하는 것과 관련된 우려를 해소하려 하고 있다. 일반적 수준에서 이 협정들의 목적은 미국과 협정을 체결한 나라들에 투자를 할 경우 투자자의 재산권을 확보하려는 것이다.

여기에서도 NAFTA는 참여국의 투자자가 다른 참여국에 투자했을 경우 분쟁 해결 방안을 명시함으로써 투자자-국가 규정의 틀을 정리했다. NAFTA의 제11장이 이 규정을 담고 있는데, 아마도 협정의 내용 중 가장 논란이 많은 것이다. 1110조는 다음과 같다.

> 어느 참가국도 직접적 또는 간접적으로 다른 참가국의 자국 내 투자를 국유화하거나 몰수할 수 없고, 이런 투자에 대해 국유화나 몰수에 준하는 조치를 취할 수 없다.

예외적 경우는 공공 목적을 위해 차별 없이, 보상을 전제로 하는 경우이다. NAFTA를 비판하는 사람들은 이것이 민간 투자자가 자국의 근로자나 환경을 보호하거나 공공의 이익을 위해 규제하려는 정부에 소송을 제기할 수 있게 되며, 그 나라의 주권을 훼손한다고 한다. 그 이후 FTA와 BIT들은 '간접적 국유화'라는 표현을 포함하고 있고, 또 협정의 어떤 내용도 공공의 이익을 위한 환경 및 다른 기준의 시행을 막을 수 없다는 조항을 추가하고 있다.

이런 협정의 비평가들은 미국과 개발도상국 간에 존재하는 비대칭적 차이로 인해 각종 자원이 풍부한 미국의 거대 기업들이 개발도상국 정부에게 소송 제기를 위협 수단으로 삼아 이들이 규제를 강화하려는 시도를 무산시킬 것이라고 지적하고 있다. 제안된 TPP에서는 이런 비판을 의식해 협정의 어떤 내용도 참가국 정부가 공공의 건강과 안전 그리고 환경의 질을 보호하기 위해 시행하고자 하는 규제를 제한할 수 없다는 것을 명시하고 있다.

무역협정과 일자리

NAFTA와 다른 무역협정에 따른 일자리 창출과 손실에 대한 추정치들이 많다. NAFTA 시행 5년 동안 연간 9만 8,000개의 일자리가 없어졌다는 추정 결과로부터 연간 4만 2,000개의 일자리가 만들어졌다는 추정이 있다. 주어진 수출액을 생산하기 위해 몇 명의 근로자가 필요한지를 계산할 수 있고, 또 수입하는 대신 국내에서 생산했으면 얼마나 많은 일자리가 만들어질지도 계산이 가능하지만 이것이 무역협정으로 인한 일자리 창출 및 파괴와는 다른 것이다. 예를 들어 수입을 통해 자본재나 중간재가 기업에 공급되며 그 기업의 경쟁력이 향상되어 살아남을 수 있게 할 수 있다(수출은 최근에 해외로 옮긴 자회사에 공급하는 것일 수 있다). 따라서 어떤 수입은 일자리를 창출하고, 어떤 수출은 일자리가 해외로 이전했기 때문에 발생하는 것일 수 있다. 이런 개념상의 어려움 때문에 일자리 창출과 상실에 대한 추정은 일종의 짐작이라고 할 수 있다. 아울러 무역에 친화적인 연구소나 학자들은 보통 일자리 창출 결과를, 무역을 반대하는 연구소는 일자리 상실의 결과를 보여준다. 어떤 경우에도 양쪽 모두 무역협정으로 인해 미국 내에 상당한 일자리 창출이나 파괴가 있었다는 결과를 보여주지는 않고 있다. 미국이 불경기가 아닌 보통의 해에 평균 200만 개의 새로운 일자리를 만든다는 것을 감안하면, 대부분의 무역협정에 따른 일자리 효과 추정치는 연간 신규 일자리의 5% 미만이다.

그림 13.3은 1994년 3월부터 2015년 3월까지 미국 경제의 총일자리 창출과 일자리 상실을 보여주는데, 이를 통해 앞선 지적을 예시한다. 수직 축의 값은 1,000개 단위로 숫자 8,000은 800만 개를 뜻한다. 그림은 3월부터 다음 해 3월까지의 연간 합계이다. 일자리 증가는 새로운 사업장이나 기존 사업장의 확장에 따른 것이고, 일자리 상실은 해고와 사업장 폐쇄에 의한 것이다. 일자리 상실이 창출을 앞설 때면 일자리 순감소가 발생하고 반대의 경우 순증가가 발생한다. 첫째, 2001년과 2007~2009년 불경기 때 상당한 일자리 상실이 있었던 것을 알 수 있다. 둘째, NAFTA 시행 직후 기간에 일자리 순감소가 없었으며, 오히려 반대로 일자리가 확

그림 13.3 전체 일자리 창출과 상실(1994~2015)

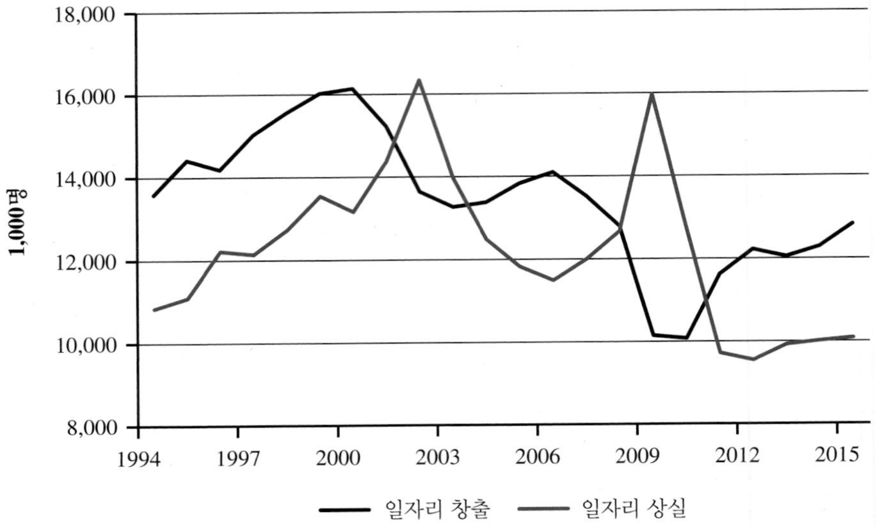

미국 경제를 보통 매년 1,000만에서 1,600만 개의 새로운 일자리를 만들고 그것보다 약간 작은 규모의 일자리를 잃는다.

출처 : Bureau of Labor Statistics

실한 증가세를 보였다. 이것이 NAFTA가 일자리를 만들었다는 증거는 아니지만 만약 일자리 상실이 있었다고 한다면 1990년대 후반의 왕성한 경제 성장을 포함하는 다른 요인들에 의해 덮어졌다고 할 수 있다. 그림 13.3의 가장 중요한 시사점은 미국 경제가 대부분의 사람들이 생각하는 것보다 더 크고 또한 매우 동태적이라는 것이다.

NAFTA와 관련해서 많이 간과되는 사실은 미국과 참여국들과의 무역이 그렇게 불균형하지 않다는 것이다. 표 13.5는 FTA 체결국들 및 나머지 국가들과의 미국의 상품 수출, 수입,

표 13.5 미국의 상품 수출, 수입과 적자

	수출	수입	적자
FTA 체결국			
합계(10억 달러)	711.4	771.8	−60.6
비중(%)	47.3	34.4	8.2
다른 나라들			
합계(10억 달러)	793.2	1,469.9	−676.7
비중(%)	52.7	65.6	91.8

FTA 체결국들과의 미국의 무역 적자가 훨씬 적다.

출처 : 표 13.2 참조.

무역수지 적자를 보여주고 있다. 다른 나라들이 미국과 FTA를 체결하면 미국의 상품무역수지에는 더 도움이 되는데, 이것은 미국 시장이 이미 많이 개방되어 있고 관세장벽이 낮기 때문이다. 예외적인 경우는 제7장에서 이미 설명하였다. FTA를 체결함에 따라 체결 상대국이 미국보다 더 무역장벽을 낮추게 된다. 외국의 무역장벽이 낮아지면서 미국의 수출은 증가한다.

반무역 진영은 보통 무역협정으로 무역적자가 늘어나는 것처럼 선전하지만 실제 데이터를 보면 그렇지 않다. 무역에 반대하는 사람들은 보통 수입은 해롭고 수출은 이롭다는 중상주의적 시각이 옳다고 본다. 그렇지만 수입 덕에 소비자는 선택의 범위가 넓어지고, 기업들의 경쟁력은 향상된다. 그럼에도 불구하고 반무역주의 주장의 근거를 이해하는 것은 필요하다. 만약 FTA가 문제가 아니며 수입의 혜택이 크면 왜 미국의 수많은 사람이 국제무역이 해로운 것이라고 생각할까? 이에 대한 쉬운 답은 없는데, 경제학자들도 왜 많은 일반 대중이 이러한 입장을 보이는지 여럿이 동의하는 설명을 제시하지 못하고 있다. 이는 아마도 부분적으로는 제조업 분야의 일자리 상실 또는 임금 정체, 커져가는 불평등, 무역과 해외 투자로 인해 생계를 잃은 일부 사람들이 항의하는 목소리가 큰 탓일 수 있다. 제3장과 제4장에서 보았듯이, 무역은 경제의 생산을 바꾸기 때문에 어떤 근로자는 일자리를 잃게 된다. 무슨 이유이든, 무역을 반대하는 시각은 나라의 앞날에 대한 깊은 우려를 반영하는 것이다.

사례연구

아프리카 성장 및 기회 법

특혜무역협정은 수입의 관세를 낮추거나 없애는 등의 방법을 따른다. 대부분의 고소득 국가들과 일부 개발도상국가들은 이런 방법을 통해 중·저소득 국가들의 수입품이 관세장벽을 피할 수 있도록 해서 이들을 지원한다. 가장 널리 쓰이는 방법은 **일반특혜제도**(Generalized System of Preferences, GSP)이다. 미국은 1976년 이 제도를 도입하여 122개 개발도상국의 물건들이 미국 시장에 관세 없이 진입할 수 있도록 하고 있다.

GSP에 더해, 미국은 두 특혜협정을 체결했다: **카리브연안 이니셔티브**(Caribbean Basin Initiative, CBI)와 **아프리카 성장 및 기회 법**(African Growth and Opportunity Act, AGOA)이다(표 13.4). GSP의 대상이 아닌 품목들은 추가적인 특혜협정의 대상이 되는데, 어느 협정도 혜택을 받는 나라의 모든 수출을 포함하지 않는다. 이 협정들은 각각의 경제적·정치적 목적이 있다. CBI는 카리브연안의 수출을 다변화하고 정치적 불안, 게릴라 전쟁, 중미에서의 사회주의 정당이 득세하는 시기에 경제 성장을 지원하려는 것이고, AGOA는 사하라 사막의 남부 아프리카 지역의 수출을 다변화하고 경제 발전을 지원하기 위한 것이었다. AGOA는 가장 최근의 무역협정이다. 2000년에 법제화되었는데 사하라 남부 지역의 39개의 나라를 대상으로 하는 아프리카 지역에 대한 미국 정부의 가장 중요한 무역촉진 이니셔티브이다. 이것은 5,200개의 품목이 미국에 관세 없이 들어올 수 있게 하며, 미국이 수입하는 전체의 86%를 대상으로 한다. AGOA의 혜택을 받고 미국 시장에 접근할 수 있는 나라들은 사하라 남부 지역에서도 가장 가난한 나라들을 포함하는데 많은 국가들의 연간 개인당 국민소득이 1,000달러 미만이다. 미국이 자국시장에 쉽게 접근할 수 있도록 기회를 제공하는 것은 이를 통해 수출 다변화와 경제 개발의 촉매를 제공하기 위해서다.

무관세로 미국 시장에 진출하는 것은 사하라 남부 아프리카 국가들에게 큰 특혜여서 벌써 여러 나라들이 이를 활용하여 수출을 늘리고 있는데, 특히 자동차 부품과 아직도 보호 정도가 높은 의류 부문에서다. 몇몇 성공 사례에도 불구하고 AGOA 대상국의 약 반 정도가 미국 시장에 연간 100만 달러 미만의 수출을 기록하고 있는데 수출 금액이 많은 나라들은 공통적으로 원유를 수출하고 있다. 원유 이외의 분야로 다변화하는 것에는 두 가지 장애가 존재한다. 첫째, 미국에 민감한 것들이 수출에서 제외되어 있다. 이들은 주로 농업분야 생산품인데 주요 품목이 포함된다. 예를 들어 면화(제3장의 비교우위를 잃게 된 경우에 대한 사례연구 참조)는 여러 나라에게 중요한 생산품인데 땅콩과 설탕도 비슷하다. 둘째, 무역국 간의 거리는 운송비를 높여 가격 경쟁력을 낮추기 때문에 중요하다. 서부 아프리카 나라들은 저렴한 해상 운송이 가능한 미국과 그리 멀리 떨어져 있지 않지만 동부 아프리카의 경우는 다르다. 더 나아가 거리 문제는 이들 중 14개 나라가 내륙에 갇혀 있어 항만이 없기 때문에 더 어려워진다(아프리카는 내륙에 갇혀 있는 나라들이 제일 많은 대륙이다).

앞서 언급한 바와 같이 AGOA 수출은 특혜협정이 시행된 이후 늘어나고 있다. 이상적인 경우, 수출의 증가는 공산품과 농산품 등 다변화된 구성을 보이며 사하라 남부 나라들의 견고한 경제 성장과 새로운 기회를 과시했을 것이다. 하지만 대부분의 증가는 원유에 국한되었다. 앙골라, 차드, 적도 기니, 가봉, 나이지리아 등에서 더 활발한 추출과 새로운 유전 발견은 미국으로의 원유 수출의 가시적 증가를 가져왔다. 2015년 미국이 AGOA나라들로부터 수입의 35.8%가 원유 및 관련된 품목이었다.

요약

- 냉전의 종식과 신흥개발국들의 부상으로 미국은 양자, 또는 소규모 국가들과 무역협정을 맺는 방향으로 돌아섰다.
- 캐나다는 언어, 문화적 유산, 근접성으로 미국의 가장 가까운 동맹국임과 동시에 가장 중요한 무역 상대국이다. 캐나다와의 무역관계는 여러 협정을 통해 발전해왔는데, 1965년 자동차조약 1989년 캐나다-미국 자유무역협정, 1994년 북미 자유무역협정이 그것이다.
- 멕시코는 캐나다와 중국에 이어 미국의 세 번째 주요 무역 상대국이다. 멕시코의 살리나스 대통령은 경제 개혁을 안착시키고 해외투자를 유치하기 위해 미국과의 FTA를 추진했다.
- NAFTA는 세 나라 모두에게 제일 중요한 무역협정인데 캐나다, 멕시코, 미국이 체결한 어떤 다른 양자 또는 소규모 무역협정의 경우보다 교역량이 많다.
- 캐나다는 CUSTA를 체결했을 때 문화산업을 보호하려고 했고 캐나다 내부에서는 협정이 사회 정책에 미치는 영향에 대해 논란이 있었다. 미국에서는 CUSTA가 논란거리가 아니었다.
- 미국이 NAFTA를 체결했을 때 가장 논란이 많았던 것은 노동정책, 환경정책과 집행, 이민이었다.
- 오늘까지 NAFTA의 주요 충격은 그간의 무역 증가 추세를 이어가는 것이다. NAFTA가 일자리, 임금 등에 미친 영향을 정확히 추정하는 것은 불가능하지만 대부분 경제학자들은 소폭의 긍정적 일자리 창출이 있었다고 추정한다.
- NAFTA는 다른 무역협정의 모형이 되었는데, 특히 노동 및 환경과 관련된 조항을 포함한 것이 그렇다.
- 미국은 20개국과 FTA를 체결(2000년 이후 17개)하였고 42개국과 외국인 투자 관련 규정을 다루는 양자 간 투자 협정 협상을 진행하였다. 투자협정의 목적은 재산권을 보다 확실히 하고 해외직접투자를 더 늘리는 것이다. 아울러 미국은 전 세계적으로 4개의 특혜협정을 맺었고, 현재 2개의 대규모 자유무역지역을 협상하고 있다.

용어

구매력 평가

부채위기

북미노동협력을 위한 협정

북미환경협력을 위한 협정

수입대체산업화(ISI)

아프리카 성장 및 기회 법(AGOA)

양자 간 투자협정(BIT)

에히도

일반특혜제도(GSP)

잃어버린 10년

자동차 협약

카리브연안 이니셔티브(CBI)

캐나다-미국 자유무역협정(CUSTA)

투자자-국가 소송제

특혜협정

학습문제

13.1 어떤 요인들이 미국으로 하여금 다자간 접근에서 양자, 소수 나라를 대상으로 하는 접근으로 선회하게 했는가?

13.2 지난 수십 년간 미국의 GDP 대비 무역 비율은 어떻게 변했는가?

13.3 왜 캐나다의 GDP 대비 무역 비율이 미국보다 높은가?

13.4 캐나다와 미국 간 산업 내 무역 증가가 캐나다의 해당 산업의 생산성을 어떻게 변화시켰나?

13.5 캐나다가 캐나다-미국 FTA를 제안한 동기가 무엇인가?

13.6 멕시코가 1980년대 들어 경제를 개혁하고 개방하게 만든 것은 무엇인가?

13.7 멕시코가 NAFTA를 제안하고 체결한 동기는 무엇인가?

13.8 어떤 분야에 NAFTA의 부속 협정이 존재하는가? 찬성과 반대 이유를 논하라.

13.9 왜 멕시코에서 미국으로의 이민이 둔화되었는가?

13.10 특혜협정이 무엇이며 왜 미국이 이를 사용하는가?

13.11 왜 NAFTA와 관련된 일자리 창출과 파괴 추정치가 정확하지 않은지 설명하라.

13.12 어떻게 NAFTA가 그 이후 협정의 모델이 되었는지 설명하라.

유럽연합 : 여러 시장을 하나로

14

학습목표

이 장을 학습한 후 학생들은

14.1 EU의 주요 기관과 협정을 설명할 수 있다.

14.2 EU의 수평적 확대와 수직적 심화를 구분할 수 있다.

14.3 지역통합협정의 장애를 설명할 수 있다.

14.4 세 차례 있었던 EU 심화 움직임에 대한 경제적 요인을 설명할 수 있다.

14.5 왜 단일 통화가 빨리 진행되었는지에 대한 두 이론을 설명할 수 있다.

14.6 EU의 단일 통화 프로그램을 최적통화지역 이론에 입각하여 분석할 수 있다.

서론 : 유럽연합

유럽연합(European Union, EU)은 28개국으로 구성된 경제연합으로, 5억이 넘는 인구와 16조 2,200억 달러의 생산규모이다. 그것은 가장 크고, 오래되고 통합 정도가 높은 지역협정이다. 그것은 유럽대륙에서 수백 년간 발생했던 전쟁의 역사에 종지부를 찍었고, 중부 유럽의 국가들을 새로운 회원국에 포함함으로써 역사적·문화적 유대가 있으나 단절되었던 지역을 새롭게 통합했다. EU가 회원국들 간 경제적 관계를 확대하고 심화하는 과정에서 배울 교훈이 많다.

1957년 출범 이후, EU는 회원국 수나 책임의 분야에서 확대되었다. 원래 EU는 **유럽경제공동체**(European Economic Community, EEC)로 불렸고, 회원국이 6개 국가였으며, 경제적 관계는 자유무역지역을 만드는 것을 넘어서지 않았다. 1960년대 말에는 관세동맹이 되었고, 1970년대 초부터 EEC는 새 회원국을 추가하기 시작한다. 1979년 당시 **유럽공동체**(European Community, EC)라고 불렸던 연합의 9개 국가가 환율을 연계해서 환율의 큰 폭 변동을 막는 시스템을 만든다. 1980년대에 EC는 3개의 새 회원국을 추가하여 12개국의 공동체가 되었고 1987년 **단일유럽법**(Single European Act, SEA)을 만들어 공동 시장 형성을 알렸다. 1992년, 회

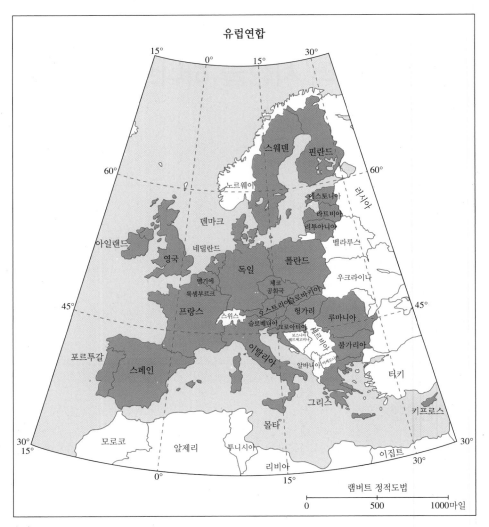

유럽연합

출처 : Pearson Education

원국들은 **유럽연합협정**(Treaty on European Union)을 체결하여 그 이름을 유럽공동체에서 유럽연합(EU)으로 바꾸었고, 이는 1999년 공동 통화의 도입으로 이어졌다. 2004년 이후 13개의 새로운 회원국이 가입했는데 여기에는 과거 소련의 일부였던 3개 국가, 과거 유고슬라비아의 일부였던 2개 국가, 과거 사회주의 국가였던 중부 유럽의 7개 국가가 포함된다.

이런 변화가 쉽지 않았고, 단일 통화와 관련된 문제가 그간의 많은 경제적 · 정치적 성과를 위협했다. 통합을 실천할 때 회원국들은 그때그때의 내 · 외부 환경의 변화에 맞추어 실용적으로 대처해야 했다. 1970년대와 1980년대 고정환율에서 변동환율로의 이행, 1989년 베를린 장벽의 붕괴, 공산주의의 붕괴, 세계 자본시장의 통합, 환경에 대한 인식 고조, 단일 통화에 대한 압력 등이 EU의 변천을 연출했다. 경제적·정치적 변화로 EU 기구들의 종류와 담당 분야의 새로운 조정이 이루어지며, 평화적이고 통합된 유럽을 만든다는 목표에 충실히 머물렀다. 이런 의미에서 EU는 진정 경이로운 성과인데, 특히 유혈 사태로 얼룩진 20세기 유럽의 모습과 1957년 첫 조약이 체결되었을 때 전문가들이 큰 기대를 하지 않았던 것을 상기하면 더욱 그렇다.

EU는 오늘날 세계에서 제일 야심찬 통합협정이다. 이는 자체적인 수입과 예산, 공동 관심사에 대해 법과 규정을 제정하는 기구를 보유하고 있고, 단일 통화와 사람, 돈, 상품과 서비스의 자유로운 이동이 허용되고 있다. 이런 높은 수준의 통합에도 불구하고, 개별 회원국들의 주권을 보호하며, 문화 또는 언어의 단일화는 피해왔다. 국가를 단위로 한 더 큰 통합은 여러 역사적 국가들의 정체성이 다시 부상하며 정치적인 자치를 요구하는 것을 도왔다. 스페인의 카탈로니아 지역과, 영국의 웨일스와 스코틀랜드 지역이 이런 예이다.

유럽 시장의 규모

서유럽의 역사나 경제적 통합의 경제학을 논하기 전에 중요한 나라들과 시장의 규모에 대해 먼저 알아보자. 인구와 관한 한 EU는 세계에서 가장 큰 통합된 시장이다. 따라서 EU는 국제

표 14.1 유럽연합의 인구와 소득(2015)

	인구	GDP (달러, 10억)	평균 1인당 GDP(달러, PPP)
출범 회원국(6) 벨기에, 프랑스, 독일, 이탈리아, 룩셈부르크, 네덜란드	235.8	8,845	42,581
1973~1995 가입국(9) 오스트리아, 덴마크, 핀란드, 그리스, 아일랜드, 포르투갈, 스페인, 스웨덴, 영국	166.9	6,073	38,878
2004~현재(13) 불가리아, 크로아티아, 키프로스, 체코 공화국, 에스토니아, 헝가리, 라트비아, 리투아니아, 몰타, 폴란드, 루마니아, 슬로바키아 공화국, 슬로베니아	104.7	1,302	25,563
합계(28)	507.4	16,220	37,852

* 2016년 6월 영국은 EU를 탈퇴하기로 국민투표로 결정했다. 탈퇴 과정은 2년이 걸리며 향후 다양한 분야에서 영국과 EU와의 관계를 재설정하는 협상을 거쳐야 한다.

28개의 유럽연합(EU)의 소득과 인구 규모는 NAFTA 지역과 비슷하다.

출처 : Data from International Monetary Fund. © James Gerber.

정치적 질서, 무역 패턴과 규칙, 국제경제 관계 일반에 대해 중요한 역할을 할 수 있다.

표 14.1은 EU의 회원국들과 2015년 인구와 소득을 보여준다. 국내총생산(GDP)은 시장환율로 계산한 것이며 1인당 소득은 구매력을 감안한 것이다. 몇 가지 특징은 주목할 만하다. 첫째, 모든 서유럽 나라들이 회원국은 아니다. 1970년과 1995년 투표를 통해 불참을 결정한 노르웨이와 스위스의 불참이 주목할 만하며, 아울러 아이슬란드, 리히텐슈타인, 산마리노, 모나코와 같은 작은 국가들도 불참하고 있다. 둘째, 대부분 회원국들은 규모가 작다. 1990년대 독일의 통일은 EU에서 가장 큰 나라를 만들었고, 27개 중 6개국(프랑스, 독일, 이탈리아, 스페인, 폴란드, 영국)만이 크다고 할 수 있으며, 어느 나라도 미국이나 멕시코만큼 인구가 많지 않다. 셋째, 통합된 EU 시장은 NAFTA 시장과 인구와 GDP 면에서 매우 비슷하다. 2015년, EU 인구는 5억 700만 명이었는데 NAFTA는 4억 8,400만 명이었다. GDP는 EU가 16조 2,200억 달러, NAFTA가 20조 6,430억 달러였다.

유럽연합과 그 전신

학습목표 14.1   EU의 주요 기관과 협정을 설명할 수 있다.

EEC는 1957년 3월 25일 **로마조약**(Treaty of Rome)의 체결과 함께 출범했다. 이 협정은 9개월 후 1958년 1월 1일 발효했다. 이 협정은 중요한 기본이 되는 것으로서 그 이후의 단일유럽법(SEA), 마스트리히트 조약이라고도 불리는 유럽연합 협정 등은 원래 협정에 대한 수정안의 형식을 지닌다. 출범 참여 6개국은 베네룩스 3국(벨기에, 네덜란드, 룩셈부르크), 프랑스, 독일, 이탈리아이다.

로마조약

EEC는 2차 세계대전 종전 후 유럽의 재건으로부터 출범했다. EEC 창설자들의 목표는 자신들의 파괴된 경제를 재건하고 다시는 그런 파괴가 일어나지 않도록 하자는 것이었다. 원래 창설자들의 비전은 경제 통합을 통해 정치적인 연합을 이루는 것이었다. 1950년 프랑스의 외무장관 로베르 슈만은 유럽의 석탄과 철강 산업의 통합을 제안했다. 석탄과 철강은 규모가 큰 산업 분야이며 군사력의 기본이 되는 분야라 선택되었다. 슈만의 계획은 유럽에서 제일 큰 두 적대국 독일과 프랑스의 이 산업들을 통합하는 것이었지만, 룩셈부르크, 벨기에, 네덜란드, 이탈리아도 참여했다. **유럽석탄철강공동체**(European Coal and Steel Community, ECSC) 협정이 1951년 체결되었고, 참가 6개국 간의 석탄과 철강 무역이 협정 시작 5년 만에 129%나 증가했다.

ECSC의 초기 성공에 힘입어 정치적 · 군사적 분야에서의 통합을 시도했으나 이런 노력은 정치적인 이유로 실패했다. 그 시점에서 유럽의 지도자들은 경제 통합에 집중하기로 결정하였다. 1955년 ECSC의 여섯 외무장관들은 유럽경제공동체와 **유럽원자력공동체**(European Atomic Energy Community, EAEC, 또는 Euratom)의 창설을 위한 논의를 시작했다. 전자의 목적은 통합된 상품, 서비스, 노동, 자본시장을 창설하는 것이었다. 후자는 평화적 목적을 위해 공동으로 원자력 에너지를 개발하는 것이었다. 두 협정이 1957년 로마에서 체결되며 EEC와 Euratom이 창설되었다.

기구의 구조

EEC 설립자들은 정치적인 관계 설정에 대해 토론했다. 당시 주된 이슈였고 지금도 문제가 되는 것은 유럽 기구들에 얼마나 권한을 주고 각 나라는 얼마나 이를 보유하는가이다. 공식적으로 EU는 미국이나 캐나다처럼 주나 지방이 연합한 연합체가 아니고, 독립적인 국가들이 공동의 이슈들과 관련하여 협조하는 동시에 다른 분야에 대해서는 주권을 유지하는 독특한 국가들의 연합체이다.

EU식 용어에 따르면, **보충성**(subsidiarity)이란 단어가 개별 국가와 EU의 권한, 국가와 EU 기구들의 관계를 설명한다. 보충성은 개별 국가의 행동으로 보다 국제적인 공조로 대응했을 때 더 효과적인 이슈들에 대해서만 연합은 권한을 갖는다는 원칙을 뜻한다. 어떤 경우는 이런 분야들을 쉽게 정의할 수 있으나 어떤 경우에는 쉽지 않다. 현재 EU는 무역정책, 경쟁정책, 환경정책, 지역개발, 연구와 개발정책, 경제 및 통화 통합 분야를 담당하고 있다. 구분이 명확하지 않아 논란이 있는 분야는 사회정책(사회보장제도, 의료 등)과 노동시장정책(근로시간, 안전, 휴가, 임금과 관련된 규율 등)에 관한 것들이다.

EU에는 3개의 주요 집행 기구와 여러 개의 다른 기구들이 있다. 3개 주요 집행 기구는 **유럽위원회**(European Commission), **유럽연합이사회**(Council of the European Union), **유럽의회**(European Parliament)이다. 이 세 기구는 EU 시민을 대변하며 EU 지배구조의 근간을 형성한다. 표 14.2는 각 기구에서 가능한 전체 투표수 회원국들에게 크기에 비례하여 주어진 투표수 현황을 보여준다.

EU 기구와 재정 EU의 행정부는 유럽위원회이다. 위원회에서 회원국들은 각각 한 표씩 갖고 있다. 위원회는 자신들 중 한 명을 위원회의 대표로 선출한다. 위원회의 기본 책무는 조약들의 보호자로서 이들이 합법적이고 기본 정신에 충실하게 지켜지도록 하는 것이다. 아울러 책무는 조약의 내용들을 실행하기 위한 규정을 만드는 것과 EU의 예산을 관장하는 것을 포함한다. 집행부로서, 각국의 행정부와 마찬가지로 EU법 제정을 시작하는 유일한 권한을 갖는다.

표 14.2 주요 EU 기구에서 가능한 표의 수

	회원국당 표의 수		
	합계	최소	최대
유럽위원회	28	1	1
유럽연합이사회	352	3	29
유럽의회	751	6	96

유럽연합이사회는 EU의 주된 입법부로 유럽의회와 책무를 공유한다. 각 국은 3개(몰타)와 23개(프랑스, 독일, 이탈리아, 영국)의 투표권을 갖는다. 이사회는 위원회가 제안한 법을 제정하며, 예산에 대해 위원회나 의회보다 더 큰 권한을 갖는다. 이사회의 구성원은 각 나라의 장관들로 구성되는데, 논의되는 사안에 따라 참여자가 다를 수 있다. 예를 들어 노동 관련 이슈를 다룰 때는 노동부 장관들이 모이고, 환경 입법을 논의할 때는 환경부 장관들이 모인다. 대부분의 입법 사항 의결을 위해서는 회원국의 만장일치나 **가중다수결**(qualified majority), 최소 전체 EU 인구의 65%를 포함하는 최소 55%의 회원국(28개국 중 16개)이 필요하다. [유럽연합 이사회에 더해, EU 회원국 수반과, 유럽위원회 대표 및 외무장관은 이름이 비슷하나 별개의 기구인 유럽정상회의(European Council)를 구성한다. 이 회의는 대개 1년에 네 번 열리고 EU의 정치적인 방향에 대해 논의한다].

유럽의회에는 751명의 의원이 있고, 인구수에 비례하여 직접 선출되며 임기는 5년이다. 의원들은 출신 국가가 아니라 정치적인 연고에 따라 결집한다. 의회의 세 가지 주요 책임은 법안 통과(이사회와 공동으로), 다른 EU 기구들의 감독과, 최종 EU 예산의 의결이다. EU 법은 보통 이사회와 의회의 공동 결정으로 제정되는데, 일부 분야에서는 이사회가 단독으로 법을 만들 수 있다. EU의 연간 예산은 의회를 통과해야 한다. 시간이 지남에 따라 다른 어떤 기구보다도 의회의 역할이 제일 많이 변했다. 초기에는 실제 권한이 별로 없는 자문기구였으나, EU가 커짐에 따라 더 많은 권한을 갖게 되었다.

EU의 2014년 전체 예산안의 규모는 1,426억 유로(약 1,560억 달러)였다. 이 액수는 회원국 전체 GDP의 1%에 못 미치는 것인데, 회원국들 정부 예산이 보통 각국 GDP의 30% 내지 40%를 차지하는 것에 비하면 매우 작은 금액이다. 이 예산은 연합 외부에서 EU로 수입되는 생산품에 부과되는 관세, 각국의 부가가치세의 EU 할당액, 그리고 경제 규모에 비례하는 각 회원국의 기여금을 통해 조달된다. 마지막 항목이 전체 EU 수입의 약 70%를 차지해 제일 크다.

EU의 제일 큰 지출 분야는 농업지원(보조금과 같은 직접 지원금과 농촌개발과 같은 간접 지원금 포함)과 **응집기금**(cohesion fund)이다. 농업지원과 농촌개발 프로그램이 전체 예산의

약 43%를 차지한다. 응집기금은 EU 내에서 낙후된 지역을 지원하는 데 쓰이고, 전제 예산의 약 절반을 차지한다. 경제지원은 사회간접자본 개발지원 형태로 이루어지는데 여기에는 수질개선, 교통수단 사업 등을 포함한다.

1970, 80년대 공동체의 심화와 확대

학습목표 14.2 EU의 수평적 확대와 수직적 심화를 구분할 수 있다.

유럽인들은 회원국들 간의 협력 증대를 이야기할 때 심화(deepening)라는 표현을 쓴다. 심화는 나라들 간의 연결을 강화하는 경제적 또는 경제 외적 조치들을 뜻한다. 예를 들어 자유무역지역에서 관세동맹으로 전환, 산업 기술 기준의 표준화, 공통통화의 채택 등이 회원국들 간의 상호작용을 증진시키는 심화 조치들이다. 반면에 유럽인들이 새로운 회원국의 영입을 통해 EU의 변경을 넓히는 것을 확대(widening)라고 표현한다. EEC 창설에 합의한 1957년부터 1995년 사이 9개의 새 회원국이 추가되어 전체 회원국 수가 초창기 6개에서 15개로 늘어났다. 다음 절에서는 심화의 여러 과정을 살핀다.

유로 이전

1979년 EC 회원국들은 통화 가치의 급변동을 막기 위해 통화를 연결하기 시작했다. EC는 한 나라가 다른 나라의 수출품 시장을 더 차지하기 위해 이루어지는 경쟁적 가치절하를 막으려는 것이었다. **경쟁적 가치절하**(competitive devaluation)는 분쟁을 일으켜 협력관계가 무너지는 것으로 이어지는데, 왜냐하면 가치절하하는 나라가 다른 나라로부터 수출과 일자리를 빼앗는 것으로 비쳐지기 때문이다. 하지만 불경기를 겪고 있을 때 가치절하의 유혹을 물리치기가 쉽지 않다. 하지만 이런 조치는 불공정 행위로 받아들여지고, 중장기에 걸쳐서는 효과가 없는데 이것은 가치절하를 하지 않은 나라들도 상대방의 가치절하에 대해 마찬가지 조치로 보복하기 때문이다.

경쟁적 가치절하를 막기 위한 장치를 찾는 것에 더해, EC는 국경을 넘는 무역 거래 및 투자 관련 불확실성과 위험을 없애고자 했다. 선물환거래를 통해 환율변동의 위험을 낮출 수 있지만 대개 6개월 정도까지만 유효하다.

목표는 EC 역내의 무역과 투자가 환율에 영향을 받지 않고 순전히 비교우위에 의해서만 결정되는 환경을 만드는 것이었다. 그 결과는 **유럽통화제도**(European Monetary System, EMS)와 **환율메커니즘**(exchange rate mechanism, ERM)이다. 1979년 EMS의 도입은 EC의 중요한 심화조치이며 궁극적으로 단일통화 도입을 미리 대비하는 것이었다. 그 시스템은 한 나라의 통화의 환율가치를 다른 나라들 평균에 연계시킴으로써 환율의 급변동을 막기 위해 설계되었다. 그룹의 평균, **유럽통화단위**(European currency unit, ECU)는 가치의 척도 수단으로 쓰였으나 지급수단으로 사용되지 않았다.

ERM은 환율 변동 폭이 정해진 연성 페그(soft peg)이다. 그룹에 속한 통화의 환율은 ECU에 고정되었으나 위아래로 몇 % 내의 변동이 허용되었다. 만약 한 통화의 환율이 정해진 변동폭을 벗어나기 시작하면 해당국의 중앙은행은 의무적으로 개입하여 자국통화 매입이나 매도를 통해 환율가치를 지지하도록 했다. 예를 들어 1992년 9월 영국은 며칠 사이에 약 300억 달러에 달하는 파운드화를 시장에서 매입하며 환율가치를 지키려고 했으나 파운드 환율가치가 하락할 것이라는 시장의 투기를 막지 못했다.

강력하고 쉽게 생각을 바꾸지 않는 시장에서의 환율 움직임에 대항하는 시장 개입이 효과가 없기 때문에 ERM은 유럽의 환율을 안정시키는 데 실패할 것이라는 것이 대부분 시장 전문가들의 견해였다. 그런데 대부분 경제학자들의 생각과 달리 ERM은 20년에 걸쳐 EC 회원국들의 환율 간의 연계를 안정되게 유지했다. ERM은 몇 번의 조정을 겪었지만 1992년까지 시스템의 작동에 대한 큰 위협은 없었다.

문제는 1989년 11월 베를린 장벽의 붕괴 이후 독일민주공화국(동독)과의 통일을 앞당긴다는 1990년 독일의 결정으로부터 시작했다. 동독의 경제적 상황이 생각했던 것보다 더 열악해서 그곳을 생산적인 경제로 변환하는 데 필요한 비용이 엄청나리라는 것이 명백해졌다. 공공 사회간접자본(도로, 교량, 항구, 전기와 수도, 학교, 병원)은 대부분이 생각했던 것보다 상태가 훨씬 열악했고, 환경오염도 심각했다. 동부 지역에 생산적인 경제를 조성하고자 독일은 그곳 주민들의 생산성 향상을 위해 사회간접자본과 환경에 상당한 투자를 하는 것이 불가피했다. 동독 경제의 생산성을 높이기 위해 투입된 엄청난 지출은 독일 경제에 큰 재정 충격으로 작용했다. 아울러 공공과 민간 부문의 큰 지출 증가는 물가상승 압력으로도 작용하게 되자 독일의 중앙은행 분데스방크는 인플레이션이 오르는 것을 막기 위해 금리를 올린다. 독일은 긴축적 통화정책에 의해 효과가 일부 상쇄된 확장적 재정정책을 갖게 되었다.

독일의 금융상품들은 높은 금리로 투자자들에게 더 매력적이 되었고 그 결과 다른 EC 국가들로부터 투자자금이 독일로 유입되었다. 그 결과 독일 마르크화(그다음 독일의 채권)를 사기 위해 영국 파운드, 프랑스 프랑, 다른 통화들을 팔았는데 이는 이들 통화 가치의 하락으로 이어졌다. 처음에는 이런 변화가 2.25%의 허용된 변화 폭 안에 머물러서 EC는 ERM이나 EMS를 크게 바꾸지 않고도 넘어갈 수 있을 것으로 기대했다.

한 가지 해결 방안은 통화 가치가 떨어지는 나라들이 금리를 독일 수준으로 올리는 것이었다. 이렇게 하면 더 높은 금리를 쫓아 독일로 유입되는 자금의 흐름을 그칠 수 있다. 영국과 같은 일부 국가들은 1990년 불경기가 시작되고 있는 상황이라 금리를 올리려 하지 않았다. 프랑스와 같은 다른 나라들은 불경기에 진입하고 있지는 않았지만 실업률이 매우 높아서 긴축적 통화정책이 바람직하지 않은 상황이었다.

EC 회원국들이 직면한 딜레마는 환율제도의 역사에서 자주 나타나는 문제의 좋은 예이다. EC 회원국들은 자신들의 환율을 타국과 고정시키며 자국의 독립적 통화정책을 포기한 것이다. 제일 큰 회원국인 독일의 중앙은행이 제일 영향력이 컸기 때문에 독일의 정책이 다른 EC 회원국의 정책에 영향을 미쳤다. 회원국들은 경제 사정이 좋지 않아 확장적 통화정책을 원했지만 독일 통화정책의 영향으로 긴축적 통화정책을 강요받게 되었다. 1992년에 있었던 일은 나라들이 고정환율을 채택했을 때 자주 발생하는 바람직한 대외정책(환율 관리)과 대내정책(완전 고용, 적절한 성장, 낮은 인플레이션) 간의 갈등을 잘 보여준다. 왜냐하면 환율 문제를 위한 '알맞은' 정책 대응은 국내경제 상황이 필요로 하는 정책과 정반대의 것이기 때문이다. EC 회원국들은 어려운 선택을 해야 했다. 그들은 ERM에 대한 의무를 존중해서 실업률의 악화와 성장의 둔화를 택하던지, 아니면 국내경제 상황에 맞는 정책을 선택해서 ERM이 와해되는 것을 방관하던지 해야 했다. 프랑스의 경우 금리 인상이 이루어졌고 경제는 불경기에 진입했지만 프랑스는 ERM 내에 머물렀다. 이탈리아와 영국은 ERM을 포기하고 그들 통화와 다른 EC 회원국 통화와의 환율이 자유롭게 변동하도록 허용하였다. 스페인은 제3의 선택을 했는데, 허용된 변동 폭의 중심을 바꾸었다. 이런 문제가 재발하는 것을 방지하기 위해 1993년에 허용된 변동 폭이 ±2.25%에서 ±15%로 확대되었다.

제2차 심화 : 단일유럽법

학습목표 14.3 지역통합협정의 장애를 설명할 수 있다.

1979년 EMS를 창설한 것 외에는 1970년대와 1980년대 초반까지 EC 관련 주요 변화는 없었다. 낮은 성장과 높은 실업으로 유럽 경제는 정체되고 동력을 잃은 것처럼 보였다. 미국의 많은 전문가들은 당시의 유럽 상황을 '유럽 경색(Eurosclerosis)'이라고 했는데 이는 상업 및 산업의 동맥이 영구적으로 경화되고 있다는 의미이다. 1980년대 말기에는 '유럽 경색'이 '유럽 희열(Europhoria)'로 바뀐다. 이런 비유가 과장된 것이기는 하지만, 이 두 기간 사이에 EC에서는 극적인 변화가 나타났다. 1980년대 초에만 해도 희망이 보이지 않는 관료적 비효율의 화신으로 보였으나, 이제는 활력 넘치는 미래 지향적 지역경제통합체로 여겨졌다. 유럽은 '변신 중'인 곳으로 보였다.

사례연구

센겐조약

센겐조약(Schengen Agreement)은 1985년 5개국(벨기에, 프랑스, 독일, 룩셈부르크, 네덜란드)이 룩셈부르크의 센겐 마을에서 체결하였다. 이 조약의 목적은 서명국들 간의 국경에서 출입국 및 세관통제를 없애는 것이었다. 이 나라들은 이미 자유무역을 하고 있고, 사람들의 왕래가 많기 때문에 국경에서 여권 검사를 하고 통관절차를 수행하는 것이 비효율적이고 불필요한 절차였다. 이하 5년 사이 더 많은 EU 회원국들이 이 조약 참여국이 되었다. 단일유럽법(SEA)이 발효되었을 때, 사람들이 자유로이 왕래하는 공동시장 구상은 SEA에 설득력을 더했다. 1995년 무렵에 이 조약은 더 많은 나라와 다른 활동 분야로 확대되는데, 여기에는 경찰, 마약 단속, 형사범죄 정보 등의 분야에서의 협조가 포함된다. 원래 센겐조약과 이후 확장된 내용은 EU의 법적 틀의 외부에 있었으나, 1999년 EU 법에 포함이 된다. 결국에는 스위스, 리히텐슈타인, 아이슬란드, 노르웨이와 같은 EU 비회원국들도 여기에 참여하는 것이 허용된다.

여권검사 및 통관절차와 국경통제소 제거는 상품과 사람들의 이동 시간을 줄여주어 EU가 더 효율화되는 데 기여했다. 이것은 또 회원국 간의 높은 사회적 신뢰를 보여주어 나라들 간의 우호와 관계 개선에도 기여했다. 이 제도는 국경에서의 출입국 및 통관관리를 비회원국 방문자나 상품이 지역으로 진입하는 곳에 위치한 EU 변방 국가로 이전하는 효과가 있었다. 이런 조치가 혜택이 있었으나, 국경 통제를 변방국가에 이전한 것에 따른 문제도 있었다.

첫째, 아일랜드와 영국은 테러범들의 자유통행을 허용할까 봐 이런 국경 통제 이전에 동의하지 않았다. 하지만 두 나라 국경에서의 출입국 관리에도 불구하고 EU의 회원국인 두 나라는 모든 회원국 국민들에게 거주 이전의 자유를 허용해야 한다. 둘째, 센겐조약을 2004년 이후 가입한 13개의 회원국에도 확대해야 하는데, 이는 이들 새 회원국들이 자국 동부 국경을 통제할 수 있는 능력과 개인들과 유실물 관련 정보를 나라들이 공유할 수 있는 EU 데이터 시스템의 개발에 달려 있다.

EU의 동부와 남부 변경 국가들은 혁명, 전쟁, 북아프리카와 중동지역의 위기와 같은 심각한 도전에 직면하고 있다. 시리아, 소말리아, 리비아, 이라크의 난민들이 터키를 통해서 EU로 몰려왔고, 테러범들도 변경 국가들을 통해 EU 역내로 잠입한 후 자유롭게 이동할 수 있었다. 이런 사태로 EU 지도부에 정치적인 위기가 발생하면서 일부 나라들이 센겐조약의 의무사항을 이행하지 않는 상황이 발생했다. 2016년 현재, 이 조약이 지속해서 작동할지, 아니면 변형될지 아직 확실치 않다.

들로르 보고서

유럽공동체(EC)가 유럽연합(EU)으로 변화하는 과정은 전직 프랑스 재무장관 자크 들로르를 EC의 5년 임기의 의장으로 선출하면서 시작되었다. 들로르는 타협에 의해 선출되었기 때문에 그의 재임 기간에 극적인 변화가 있을 것을 기대하는 사람은 없었다. 하지만 들로르의 EC에 대한 비전은 더 완전히 통합된 공동체였으며, EC 집행부의 수장으로서 그는 중요한 변화를 실행에 옮길 수 있는 위치에 있었다. 그의 비전은 부분적으로는 EC 기구들이 개별 회원국들의 경제가 번창하는 것을 도울 수 있다는 신념과, 아울러 경제적·정치적 통합을 완성시키고 싶은 염원에 바탕을 두었다.

들로르의 아마 가장 중요한 첫 번째 조치로 '내부 시장의 완성'이라는 보고서를 발표했는데, 여기에서 EC가 관세동맹에서 공동시장과 궁극적으로 경제연합으로 이행하기 위해 필요한 300가지 구체적인 방안들을 제시했다. 보고서는 이 방안들을 실행하기 위한 일정을 제시하고, 입법을 용이하게 하는 새로운 정책의 의결을 통해 방안들을 실행했다.

소폭의 수정을 거친 **들로르 보고서**(Delors Report)는 1987년 전체 내용이 단일유럽법(SEA)으로 채택이 되었고, 그 이후 비공식적으로 **단일시장프로그램**(Single Market Program, SMP)으로 불렸다. 300가지 단계들, 또는 '지침'들 중 279개가 SMP에 포함되었다. 포함되지 않은 21개의 단계들은 EC의 자체적인 시한 내에 달성하기에 너무 어렵다고 판단되는 것들이었는데, 다음 단계의 심화과정에서의 목표로 받아들여졌다. 예를 들어 단일통화 사용을 통한 통화통합은 차기 심화 단계로 옮겨졌다.

1993년 1월이 SMP를 실행하는 날짜였다. 1992년 말에는 SMP에 명시된 '**네 가지 자유**(four freedoms)'(상품, 서비스, 자본, 노동 이동의 자유)가 시행되고, 그 결과 EC는 공동시장 수준의 경제 통합을 달성할 것으로 기대되었다. 1992년 말에는 대부분의 지침들과 두 가지 추가적 이니셔티브가 시행되었다. 첫 번째 추가 조치는 EC의 경쟁정책을 강화를 통해 개별 기업들이 합병을 통해 시장 지배력을 강화하는 것을 금지하였다. 두 번째는 1986년 스페인과 포르투갈의 가입을 계기로 취해졌는데, 부유한 회원국과 새로운 회원국 간의 소득 차이를 줄이기 위한 지역정책들을 강화하는 것이었다.

SMP를 이행하기 위해 취해진 조치들은 크게 세 가지 부류로 나눌 수 있다. (1) 회원국 간의 국경에서의 출입국 및 통관 절차와 같은 물적 장벽의 제거, (2) 상품과 안전 기준과 같은 기술적 장벽의 제거, (3) 세금, 보조금, 공공조달에서의 차이와 같은 정부 재정 부문의 장벽의 제거이다. 이들 사항 각각이 혜택과 도전을 수반하는데, 이에 대해서는 더 자세히 논의할 것이다. 먼저 EC가 이런 장벽들을 제거해서 얻고자 하는 긍정적 효과를 살펴보자.

단일유럽법의 긍정적 효과에 대한 예측

경제적 긍정적 효과를 시현할 수 있는 두 가지 수단은 경쟁 촉진과 규모의 경제이다. 국경에서의 장벽 제거는 나라들 간 상품의 이동에 대한 장애와 대기 시간을 포함하여 운송 비용을 낮추어서 국가 간 무역 거래를 더 활발히 할 것으로 기대되었다. 이론상 국경 장벽의 제거는 나라별 개별 시장으로 분할된 시장에서 통합이 이루어지면서 경쟁을 촉진한다. 아울러, 기준과 규제의 표준화는 국제적인 영업의 비용을 낮춘다. 불완전 경쟁으로 상품의 가격이 한계비용보다 더 높았던 곳에서는, 경쟁이 더 심해지면서 추가 마크 업(또는 이익 마진) 크기가 줄어들 것이다. 규모의 경제도 비슷한 효과를 발휘할 것인데, 이는 기업들이 국경을 넘어 영업하면서 생산을 확대하고 이를 통해 내부적인 규모의 경제 효과로 비용을 낮출 수 있다.

SMP의 영향에 대한 예측은 검증이 가능하다. 경제학자들과 EC 위원들은 무역이 증가할 것이고, 가격 마크 업이 내려갈 것이며, 규모의 경제에 힘입어 기업들의 집중도가 더 높아지고, 가격의 차이가 줄어들 것이라고 예측했다. 거의 대부분의 경우, 예측된 효과는 실현되었다. 예를 들어, EC 회원국들 간 무역이 회원국 전체의 무역에서 차지하는 비중이 1985년과 1995년 사이에 61.2%에서 67.9%로 증가했다. 대부분 산업에서 상위 4개의 기업의 생산량이 전체에서 차지하는 비중이 늘었다. 유럽에서 이루어진 기업의 인수와 합병이 전 세계에서 이루어진 합병에서 차지하는 비중이 1985~1987년과 1991~1993년 사이에 크게 늘었다. 결국에는 30만에서 90만 개의 추가 일자리가 만들어졌고, 1994년 GDP는 SEA와 SMP가 시행되지 않았을 가상적 경우에 비해 1.1 내지 1.5% 더 높았던 것으로 추정되었다.

경쟁 촉진과 규모의 경제는 GDP와 고용의 증가로 이어졌지만 가장 긍정적 변화는 소득 수준의 수렴이다. 그림 14.1은 그리스, 아일랜드, 포르투갈, 스페인의 1인당 GDP(구매력 평가 환율)를 보여준다. 이 나라들은 SMP가 협의되어 시행되기 이전에 EC의 회원국이었고 소득 수준이 12개 회원국 평균을 하회했다. 그리스를 제외한 모든 경우에 개인 소득은 EC 평균에 가까워졌고 아일랜드의 경우 1997년 소득은 평균을 넘어섰다. 이런 소득의 수렴이 SMP의 직접적 결과인지는 증명하기 어렵지만, 그것이 중요한 역할을 했다는 증거는 강하다.

SEA 시행에 따른 어려움

SMP의 매우 흥미로운 교훈 중 하나는 해당 국가의 시민, 기업 그리고 정부가 모두 무역과 투자 장벽을 낮추기를 원하는 경우에도 실제로 이를 달성하는 것이 어렵다는 점이다. 모든 여론

그림 14.1 각 나라의 개인당 GDP(구매력 평가)와 EC-12 평균과의 비교

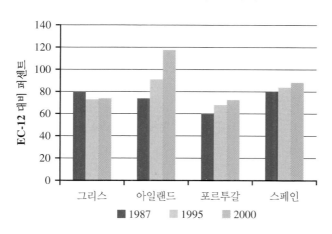

그리스를 제외한 저소득 국가들은 SMP 이후 평균 소득 수준으로 증가했다.
출처 : Data from IMF, *World Economic Outlook Database*, © James Gerber.

조사에 따르면, SMP는 EC 내에서 광범위한 지지를 받고 있다. 하지만 그것이 처음 제안되었던 1985년부터 처음 시행되었던 1993년까지 회원국들 간 매우 어려운 협상과정을 거쳐야 했다.

구조조정의 영향 제3장에서 본 바와 같이 폐쇄되었던 국가경제가 개방하기 시작하면 경제적 구조조정이 뒤따른다. 비효율적인 기업들은 퇴출되고, 더 효율적인 기업들은 성장한다. 국가들이 잘하는 것에 집중하면서 경제 전반의 후생은 개선되는데, 불가피하게 어떤 산업은 포기하고 어떤 산업은 확장하는 것을 의미한다. EC의 경우 거의 모든 제조업 산업에서 기업 수가 줄 거라는 예측이 있었다. 가장 심각한 분야는 신발 산업으로 739개 기업 중 207개가 문을 닫을 것이라고 전망되었다.

자동사 산업이 SMP의 모든 목표가 실현되는 것에 대항하는 경제적 이해집단의 예이다. EU 역내에서 자동차 가격은 다 달랐는데 기술적 기준, 구비해야 하는 서류, 세율의 차이 등이 표준화되지 않았기 때문이었다. 보통 가격 차가 존재하면 소비자나 유통업자가 값이 싼 지역에서 비싼 지역으로 차를 가져가면서 가격 차를 좁히는 기회가 된다. 자동차 산업은 개별적인 세법이 적용되는데, 자동차 구매자가 자동차를 구입하는 곳의 세금을 내는 것이 아니라 차를 등록하는 나라의 세금을 내게 되었다. 이 법은 구매자들이 저가로 차를 사기 위해서 국경을 넘어 찾는 것을 막아 자동차 생산 현황을 유지할 수 있게 해주었다.

무역장벽 해소에 더 많은 예외가 없는 한 가지 이유는 EU가 구조조정으로 발생하는 다양

한 문제들에 대처하는 프로그램을 보유하고 있기 때문이다. 이들 중 일부는 EU 예산으로 뒷받침되고 다른 것들은 나라별로 지원된다. 프로그램은 EU 지역개발기금을 포함하는데 구조적 실업의 문제, 회원국의 소득 유지, 교육, 직업 재훈련 기금을 포함한다. 후자는 회원국에 따라 다르나, 대개 이는 넉넉한 사회안전망을 제공하여 개인이나 공동체의 실업과 구조조정에 따른 비용을 줄여준다.

기술적 표준의 동조화 네 가지 자유에 대한 두 번째 주요 장애요인은 기준의 조율이다. 여기에는 건물 기준, 산업장비, 소비자 안전, 보건 기준, 대학 학위, 근로자 자격 기준 등 여러 가지를 포함한다. EU는 완전히 통합된 시장의 혜택을 실현시키기 위해서는 10만 개가 넘는 기술 표준의 동조화가 필요하다고 추정한다. 많은 기술 기준은 문화적 정체성과도 관련이 있는 것들이다. 이와 관련해서 식품 가공이 대표적인 예이다. 예를 들어, 프랑스 치즈에 허용할 수 있는 박테리아의 양, 이탈리아 파스타에 들어가는 밀의 종류, 독일 맥주의 내용물, 영국 밴걸(조식용 소시지)의 오트밀 함량 등에 대한 논의가 있었다. 결국, EU는 완전한 표준화를 시도할 경우 상당한 저항이 있을 것이며 공동 기준을 마련하는 일은 자신들의 능력 밖이라고 깨달았다. 그 결과, 부분적인 표준화와 기준에 대한 상호 인정 방식을 택하게 되었다. 특히 민감한 분야에 대해서는 상호 인정이 규범이지만, 개별 국가들이 자신들의 국내 생산 요건을 유지할 수 있도록 했다. 예를 들어, 독일 맥주는 독일 기준에 따라 제조되었음을 증명해야 하지만, 독일은 모든 종류의 맥주가 독일 국경 내에서 판매되도록 허용해야 한다.

제8장에서 지적했듯이 단일 시장을 만들기 위해 표준이 다 같아야 하는 것은 아니지만 표준을 통일했을 때 얻을 수 있는 경제적 효율성 증대는 크다. 공유된 기준은 제조업자로 하여금 단일 기준에 맞추어 생산할 수 있게 해 규모의 경제를 달성할 수 있게 한다. EU를 넘어 미국이나 일본의 생산자들도 같은 기준을 사용할 수 있게 되며 이런 규모의 경제의 혜택을 볼 수 있다.

부가가치 세금 네 가지 자유의 완전한 시행을 가로막는 세 번째 문제는 부가가치세금(VAT)이다. 이 세금은 판매세(sales tax)와 비슷한 것이나 개별 EU 회원국이 부과하고 세율이나 대상이 다양하게 차이 난다. 1987년 SEA가 처음 제안되었을 때 EU 회원국들 전체 정부 수입의 부가가치세금에 대한 의존도가 19%에서 35%나 되어 크게 차이가 났다. EC는 미국을 대상으로 이웃해 있으나 판매세율이 다른 주(州)들을 대상으로 그 효과를 분석하였는데, 세율 차이가 5%를 넘을 경우 세율이 높은 주는 세수입, 매출, 일자리를 세율이 낮은 이웃 주에 잃는다는 결론을 얻었다. 다시 말해, 세율이 차이가 5%가 넘으면 고객들이 주 경계를 넘어 다른 주에 가서 물건을 산다는 것이다.

VAT는 각 나라의 정치적인 철학과 밀접한 관계가 있는 것이어서 완전한 조율이 불가능한 분야이다. 세율이 높은 나라들은 자국의 정부가 경제 분야에서 더 큰 역할을 해주기를 기대하는 반면, 세율이 낮은 나라들은 정치경제학적으로 자유시장경제에 가까운 성향을 보인다. 그래서 VAT의 수준과 이에 대한 정부 수입의 의존도는 크게 보아 각 나라의 정치경제적 성향에 의해 결정되는 것이다. 이런 철학적 성향은 경제학뿐만 아니라 복잡한 역사적·문화적·사회적 요인들에 의해 결정된다.

VAT를 조율하려는 시도는 모두 동의하는 단일 세율을 찾는 데 실패하면서 끝났다. 그 대신에 최저와 최대 세율을 15%와 25%로 하자는 것에 합의를 이룬다. 그 차이가 높은 세율의 나라가 세수입이나 매출을 잃는 것으로 알려진 5%보다 더 크기 때문에, 이런 조치들이 네 가지 자유의 완전한 실현에 장애가 되지만, 여러 안전장치가 도입되었다.

공공조달 공공조달은 정부나 정부 소유 방송국, 전기와 수도공급 기업, 병원 등 공기업이 상품과 서비스를 구입하는 것을 말한다. 대부분의 나라들은 공공조달에 있어 자국 공급자를 우선하는 절차를 사용하는데, 세계무역기구(WTO) 회원국의 경우 이런 정책에 제한이 있다.

1970년 이후, EU는 공공조달에서 차별을 완전히 없애려고 시도했지만 이것이 쉽지 않았다. 통신, 제약, 열차장비, 전기장비 등이 특히 어려운 분야였다. 이 분야들은 각 나라에서 정부가 공기업을 보유하고 있거나, 그 나라의 경제적 번영에 중요한 대표적 기업이 정부의 구매를 포함하여 많은 지원을 받는다.

사례연구

에라스무스 + 프로그램과 고등교육

20세기 초반 유럽대륙은 인류 역사상 가장 폭력적이고 잔인한 분쟁의 중심에 있었다는 것을 잊기 쉽다. 전쟁, 공황, 인종 청소가 2차 세계대전이 끝날 때까지 모든 나라들을 낙인찍었다. 그런데 어떻게 EU 회원국들이 서로 간 관계를 심화하고 경제연합까지 이루었을까? 그 답은 다층적이며 매우 긴데, 한 가지 확실한 것은 EU가 국경을 넘는 정치적·사회적, 전문가 분야, 상업적인 네트워크를 구성했다는 것이다. 이런 네트워크 형성은 현재에도 진행되고 있는 과정이며 여기에는 학생들의 이동이 근본적인 요소이다.

가장 잘 알려진 것이 에라스무스 + 프로그램이다. **에라스무스 + 프로그램**(Erasmus + Program)은 1987년에 고등교육 분야의 학생들의 이동성을 높이기 위해 여행경비를 지원하는 에라스무스 프로그램으로 시작했다. 2014년에 이것과 유사한 프로그램들을 통합하여 에라스무스+프로그램을 만들었다. 고등교육과 학생 이동성에 계속 초점을 맞추고 있지만 공동 석사과정, 직업 및 전문 훈련, 전 세계적으로 EU에 대한 연구 지원, 스포츠 분야의 협력과 참여 등을 추가했다. 에라스무스+ 학생들은 해외 유학에 드는 경비를 지원받으며, 대학들은 수업과목, 교과과정 등의 조율을 통해 해외에서 학교에 다니는 것과 관련된 학사행정 장애를 낮추었다.

20억 유로(약 2조 5,000억 원)에 달하는 1년 예산을 바탕으로, 에라스무스는 고등교육의 혁신과 개혁의 발판이 되었다. 이것이 EU 28개국과 비EU 21개국들이 공동으로 고등교육지역(Higher Education Area)을 만드는 협정인 볼로냐 과정(Bologna Process)의 기초가 되었다. 볼로냐는 학사, 석사, 박사 세 가지 학위와 관련하여 공통 구조를 만들었다. 또한 학위에 필요한 이수과정 기준과 학점 요건을 통일하였다. 볼로냐는 각종 학위의 질을 보장하기 위해 고등교육의 불균형을 최소화하는 것을 지향한다.

이 프로그램들의 목표는 학생들이 이동성, 외국어 습득, 개인들에게 다양한 직업기술 교육, 청년실업의 감소, EU 시민들의 국제적 감각과 이해의 증진을 목표로 한다. 장기 목표는 사업가, 지식인, 정부관료 그리고 다른 교육을 받은 인력들의 국제적인 네트워크를 구축하는 것이다.

제3의 심화 : 마스트리히트 조약

학습목표 14.4 세 차례 있었던 EU 심화 움직임에 대한 경제적 요인을 설명할 수 있다.

학습목표 14.5 왜 단일 통화가 빨리 진행되었는지에 대한 두 이론을 설명할 수 있다.

학습목표 14.6 EU의 단일 통화 프로그램을 최적통화지역 이론에 입각하여 분석할 수 있다.

1989년에 SMP를 실행하기 위한 계획이 한창 진행되었다. 유럽의 경제는 호황이었고, SMP를 둘러싼 고조된 분위기를 감안하면 들로르 보고서에서 짧은 기간에 성사시키기에 너무 복잡하다고 미루어두었던 사업을 추진하기에 적당한 시기라고 보았다. 1990년 EC는 정부 간 경제 및 통화 통합을 위한 회의를 소집했다. 이 회의의 목적은 12개국 지도자들을 모아 단일 통화하에 통화 통합을 달성하기 위해 필요한 과정을 논의하는 것이었다. 회의 의사일정에는 다른 안건도 있었지만, 이 안건이 EU 안과 밖에서 큰 관심을 끈 이슈였다.

이 정부 간 회의는 1991년까지 계속되었다. '유럽연합에 대한 조약(Treaty on European

Union)'이라는 최종 보고서안(案)이 12월에 네덜란드의 마스트리히트에서 마무리되면서 **마스트리히트 조약**(Maastricht Treaty)으로 불렸다. 조약의 대부분의 항목은 기술적인 것으로 보건, 교육, 문화, 소비자 안전 이슈들과 관련된 권한을 EC에게 부여했다. 가장 중요한 것은 1999년까지 **유럽중앙은행**(European Central Bank, ECB)의 통제하에 공동 통화에 도달하기 위해 필요한 절차를 제시했다.

공동 통화를 달성하기 위해서는 각 나라가 자신들의 통화정책을 포기하고 그 대신 유럽중앙은행이 결정하는 긴축, 확장 통화정책을 수용하는 것이 필요했다. 이것이 마스트리히트 조약의 제일 논란이 되는 사안 중의 하나였다. 논란은 정부가 불경기에 대처할 수 있는 희소한 수단인 통화정책을 포기해야 하는 것에 따른 경제적 위험이 있기 때문이다. 예를 들어, 만약 독일은 호황을 겪고 있는데, 스페인은 불황을 겪고 있다면 두 경제에 모두 적합한 통화정책은 없다. 독일은 경제가 과열로 가는 것을 막아 인플레이션이 발생하지 않도록 긴축적인 정책이 필요한데, 동시에 스페인은 고용과 성장을 창출하기 위해 확장적 정책이 필요하다. 이런 논쟁 때문에 마스트리히트 조약에 대한 여론은 SMP 때와는 다르게 나타난다. 시민, 기업, 정부들이 모두 SMP를 적극 지지했던 것에 비해 마스트리히트 조약에 대한 지지는 더 소극적이었다.

통화 통합과 유로

단일 통화하에 통화 통합을 하는 것은 세 단계에 걸쳐 진행되는 것이 계획이었다. 1단계는 1990년부터 EU 내에서 자본 이동에 대한 제한을 제거하는 것이다. 2단계는 1994년에 시작되는데 독일 프랑크푸르트에 유럽통화기구를 설립하는 것이다. 이 기구는 통화 통합으로 이행하는 과정을 조율하고 점차 초국가적인 중앙은행의 모습을 갖추어갔다. 1999년 시작하는 3단계는 **유로화**(euro)를 점진적으로 도입하고 유럽중앙은행을 설립하는 것이다.

1, 2단계에서 회원국들은 통화 및 재정 정책을 조율하여 유로가 도입되었을 때 회원국들의 두 정책이 너무 크게 다르지 않도록 하려고 했다. 개별 국가의 정책이 유사한지를 판단하기 위하여 EU는 **수렴기준**(convergence criteria)을 개발하였다. 표 14.3은 단일 통화에 동참하기 위해서 통화와 재정 정책 변수들이 충족해야 하는 목표치를 제시한다.

애초에 회원국들은 다섯 가지 목표 모두를 달성해야 했다. 하지만 1990년대 초반에 있었던 일은 아마 룩셈부르크를 제외한 모든 나라가 이 목표들을 지속적으로 모두 달성하는 것은 어렵고, 일부는 아예 불가능하다는 것을 보여주었다. 예를 들어 이탈리아와 벨기에의 중앙정부 부채는 연간 GDP의 100%를 넘고 있었는데, 수년 내에 이를 바꾸는 것은 불가능했다. 일부 경제학자들은 왜 이 기준들이 애초 선정이 되었는가 의문을 제시했는데 금리, 부채, 적자, 인

표 14.3 통화 통합을 위한 수렴기준

목표	타깃
1. 안정적인 환율	통화를 ERM 밴드에 유지할 것
2. 인플레이션 통제	최저 3개국 인플레이션율의 평균에서 1.5% 내에 유지할 것
3. 장기 금리 동조화	최저 3개국의 평균에서 2% 내에 머물 것
4. 정부 적자 축소	GDP의 3% 내에서 관리할 것
5. 정부 부채 축소	GDP의 60% 내에서 관리할 것

이 다섯 가지의 목표는 단일 통화를 준비하기 위한 재정 및 통화 정책의 조율을 위한 것이다.

플레이션, 환율 모두가 이 기준을 충족시키고 있는 나라가 있다면 이는 이미 EU가 통화 통합을 통해 달성하고자 하는 모습을 갖춘 것이기 때문이다. 다시 말해, 이 수렴기준을 충족시키고 있다는 것은 이미 그 나라가 통화 통합을 통해 달성하려는 것이 자국 통화를 포기하지 않고도 달성하고 있다는 것이다. 그러면 왜 숨겨진 비용을 감수하면서 자국의 통화와 독자적 통화정책을 포기하겠는가?

통화 통합의 혜택과 비용

EU와 같이 큰 시장에서 하나의 통화를 사용한다면 분명히 이점이 있을 것이다. 예를 들어, 여행자들이 환전을 할 때 평균 환전액의 2.5%를 비용으로 지불한다. 포르투갈에서 스웨덴까지 몇 곳을 거쳐서 간다면 여행자 여비의 상당 부분을 잡아먹을 것이다. 하지만 기업들은 사정이 좀 나았는데 500만 달러 이상의 거액 거래를 하면 환전 비용은 0.05%, 또는 1,000만 달러당 5,000달러였다. 여행객과 기업들 전체의 환전 비용에 대한 한 추정치는 EU 전체 GDP의 0.4%나 되었다. 이것이 작은 금액은 아니나, 그렇게 큰 금액도 아니다. 그렇지만 통화에 따라 개별적인 회계 시스템과 개별적 금전관리 과정을 유지해야 하는 비용을 추가하면 0.4%보다 더 클 것이다.

통화 통합이 바람직한 두 번째 이유는 무역과 투자에 환율의 불확실성이 미치는 영향을 줄이는 것이다. 왜냐하면 상품에 대한 주문은 실제 배달이 있기 훨씬 전에 이루어지기 때문에 수출입업자는 수입(수출업자의 경우)과 지급(수입업자의 경우) 규모에 대해 상당한 불확실성을 감수해야 한다. 뉴욕에 물건을 보낸 캘리포니아에 있는 판매자가 판매대금에 대해 확신할 수 있는 것처럼, 단일 통화는 이런 불확실성을 제거할 수 있다. 제10장에서 보았듯이 무역업자나 투자자들은 선물환을 통해 환율의 변동을 회피할 수 있다. 따라서 통화 통합을 통해 환율의 변동을 제거하면 무역과 투자가 크게 늘 것이라는 증거가 별로 없다는 것은 놀라운 일이 아니다. 반면에 통화 통합의 예가 별로 없기 때문에 이런 가설을 실제로 검증하는 것도 쉽지 않다.

이런 점을 감안했을 때, 단일 통화의 혜택은 확실치 않아 보인다. 하지만 예상되는 비용은 이와 다르다. 단일 통화는 뉴욕이 캘리포니아나 미국의 다른 지역과 다른 통화정책을 추구할 수 없듯이, 개별 국가들은 자신만의 통화정책을 시행할 수 없다. 만약 해당 지역이나 나라들이 공통된 경기 순환을 겪고, 지역 내 노동의 이동성이 충분하다면 단일 통화 사용을 통해 환전 비용과 같은 거래비용을 줄이는 것이 최적일 수 있다. 경기 순환이 동시에 이루어진다면 단일 통화정책이 적절할 것이다. 노동의 이동성은 만약 지역의 경기 순환이 동조화되지 않았을 경우 경기 위축을 겪고 있는 지역의 근로자들이 경기 확장을 겪고 있는 지역으로 이동함으로써 두 다른 지역 간의 경기 순환을 동조화시키는 기여를 할 것이다. 하지만 만약 지역 간 경기순환이 동조화되지 않고, 노동의 이동성이 낮다고 하면 단일 통화정책은 한 지역에는 맞는 것이어도 다른 지역에는 맞지 않게 된다. 수렴기준은 이런 점을 염두에 두어 만들어졌지만 유럽의 경기 순환은 동조화된 적이 없다. 이에 더해, 언어와 문화적 차이 때문에 SMP의 노동 이동의 자유 보장이 실제로 대륙 내 노동의 이동으로 이어지지 않았던 것으로 보인다.

통화 통합에 참여할 때 발생하는 또 다른 주요 비용은 자국의 환율을 해외로부터 받는 충격을 완화해주는 완충장치로 사용할 수 없게 된다는 점이다. 일부 EU 회원국들은 이 한계를 2007~2008년 금융위기 직후 뼈저리게 실감하게 된다. 자국 환율을 제어할 수 없기 때문에 경상수지 적자나 불경기를 겪고 있는 나라들이 환율의 가치 하락을 통해 자신들의 수출에 대한 수요를 늘리는 것이 불가능했다. 보통 수요 부족으로 발생한 불경기를 가계, 기업, 정부나, 이 3개 주체 조합의 지출 증대를 통해서 해결한다. 아니면 나라들은 통화 가치의 절하를 통해 가격을 낮추어 수출을 증대할 수 있다. 그리스, 이탈리아, 스페인, 포르투갈, 아일랜드에서 심각한 불경기로 인해 가계나 기업이 지출을 줄였다. 금융위기 이후 적자가 크게 늘어난 정부들도 지출을 늘릴 수 없었기 때문에 수요를 늘릴 수 있는 유일한 방도는 수출이었다. 왜냐하면 국내 물가 때문에 이 나라들의 상품이 해외에서 경쟁력이 없었으므로 할 수 없이 국내 가격을 낮추는 정책을 시행할 수 밖에 없었다. 이것을 대내 가치절하(internal devaluation)라고 하는데, 불행하게도 이를 위해서는 수요를 줄여야 했고, 그 결과 불경기는 더 악화되었다. 그 결과 유로화 위기가 발생했는데 이는 나중에 더 논의할 것이다.

통화 통합에 따른 잠재적 비용이 있고, EU가 적정 통화 지역이 아님에도 불구하고 27개국 중 17개국이 유로 프로젝트에 참여하였다는 것은 좀 납득하기 어려운 일이다. 이에 대한 설명은 경제적인 요인과 더불어 정치적인 요인도 포함해야 할 것이다.

유로의 정치경제학

SMP가 끝나지 않았고, EU가 적정 통화지역이 아닌데 왜 통화 통합이 서둘러 추진되었을까? 분명 거기에는 합당한 것과 그렇지 않은 여러 이유가 있을 것이다. 한 가지 설명은 EU 지도자들이 잠재적인 이익이 크고, 동시에 국가들이 더 통합이 되면서 잠재적인 비용은 낮아질 것으로 믿었다는 것이다. 다른 설명은 EU 지도자들이 SMP의 선풍에 휩쓸려 보다 빠른 통합을 추진하게 되었다고 본다. 세 번째 설명은 일부 유럽 국가들이 독일의 통일 이후 상황에 대한 우려가 커지면서 통화 통합을 통해 독일을 보다 더 유럽 전체와 결속하기 위해 이를 추진했다는 것이다.

이 모든 설명이 다 지지자가 있지만, 널리 받아들여지고 있는 설명은 SMP하에서 나라 간 자본 이동에 대한 제약이 없어지면서 단일 통화가 필요하게 되었다는 것이다. 1990년 이전에는 많은 나라가 자국으로 유입되는 외환에 대한 통제력이 있었다. 외환 보유나 외화 자산에 대한 세금 부과와 같은 규제 수단, 외화 사용에 대한 제한 등이 여러 나라에 있었다. 이런 통제 장치들이 없어지면서 외환시장에서 투기하는 것이 쉬워진다. 자본 통제장치가 없어진 결과가 1992년의 소란인데, 투기세력이 몇몇 ERM 통화의 평가절하가 불가피하다는 확신에 따라 대규모의 외환을 투매했던 것이다. 투매가 발생했을 때 포르투갈, 아일랜드, 스페인은 환율을 가치절하했다. 이탈리아는 한시적으로 ERM을 떠났고 영국은 완전히 탈퇴했다. 결국 영국 파운드화는 투기세력의 공격의 결과 가치가 25% 하락했다. ERM을 탈퇴한 지 얼마 후 여러 기업이 자신들의 ERM 역내 공장을 생산비용이 낮아진 영국으로 이전하겠다고 발표했다. 예를 들어, 네덜란드의 대기업인 필립스 전자가 네덜란드의 공장을 폐쇄했고, SC 존슨과 후버사가 영국으로 이전하기 위해 프랑스 공장들을 폐쇄했는데, 이런 결정은 네덜란드나 프랑스의 통화가 영국에서 토지, 노동, 건물, 기계를 더 살 수 있기 때문이었다.

정치적인 갈등이 고조되었고, 한 나라가 다른 나라의 가치절하 때문에 일자리를 잃게 되면 협조가 어려워지기 마련이다. 이런 종류의 갈등을 줄이려는 것이 1979년 EMS를 만들어 ERM을 운영했던 이유이고, 결과적으로 이는 왜 많은 사람이 자유변동환율제도가 적절하지 않다고 생각하는 이유다. 비록 자유변동환율이 한 나라의 통화 및 환율 정책의 유연성을 보장하지만, EU의 경제 통합 계획은 변동환율제도를 사용할 수 없게 했다.

변동환율이 불가하다면, 왜 EU가 고정환율제도를 채택하지 않았는지 의문이 들 수 밖에 없다. 사실은, ERM이 각 나라의 환율을 다른 나라들의 환율을 가중평균한 것에 연동시켰기 때문에 실제로 고정환율제도와 유사한 것이었다. 하지만 변동 허용 폭인 밴드가 존재해서 환율이 완전히 고정되지는 않았다. EU의 고정환율제도의 문제점은 완전히 고정하는 것은 물론, 환율이 변동 폭 내에 머물도록 할 능력도 없었다는 것이다. 국제 외환시장은 회원국들이 환율을 통제하기 위한 결의나 재원이 제한적이었다는 것을 알고 있었다. EU는 환율의 변동 폭을 ±2.25%에서 ±15%로 확대하여 이런 문제를 풀려고 했으나, 이런 조치는 1992년 영국과 이탈리아가 직면했던 압력에는 역부족이었다. 만약 한 나라가 관련 비용이 커질 때 고정된 환율을 고수하려 하지 않으면 고정환율은 실제로 '고정'되지 않게 된다.

사례연구

2007~2009년 금융위기와 유로

카르멘 라인하트와 케네스 로고프는 경제와 금융위기를 분석한 명저 이번에는 다르다라는 책에서 네 가지의 금융위기, 즉 은행위기, 부채위기, 통화위기, 인플레이션 위기를 정의했다. 2007~2009년의 미국과 유럽의 위기는 은행위기였지만 유럽의 경우 부채위기로 진화했다. 이것은 드문 일이 아닌데, 대개 은행위기와 불경기는 같이 나타나서 정부의 세금 수입이 줄어드는 반면 사회지원 프로그램, 건강의료, 연금 지출은 늘게 된다. 라인하트와 로고프는 심각한 은행위기 이후 실업률은 평균 7% 포인트 올라가고 GDP는 정점에 비해 최저점에서 9.3% 떨어진다고 밝혔다. 소득이 그 정도나 떨어지면 세수가 줄고 정부의 실업 및 조기 퇴직 관련 지출은 늘면서 정부의 재정은 적자로 돌아선다.

유로지역도 위기를 겪은 다른 곳들과 마찬가지였는데, 다른 점은 재정정책이 통합되지 않은 가운데 유로 회원국들은 독자적 통화를 갖고 있지 않았다는 것이다. 그리스, 아일랜드, 포르투갈, 스페인, 이탈리아 등 5개의 유로 회원국들에서 위기 기간 동안 재정적자가 커진다. 그림 14.2는 2000~2006년과 2007~2011년 기간의 평균 재정 적자 또는 흑자의 GDP 대비 비중을 보여주고 있다. 첫 번째와 두 번째 기간은 각각 위기 이전과 이후이다. 프랑스와 독일도 포함이 됐는데 이들은 큰 나라이고 위험에 처하지 않았기 때문이다. 특히 독일은 다른 나라들의 성과를 비교하는 기준선이 되는 곳이다.

재정적자의 증가로 이 나라들의 부채 수준은 더 올라간다. 그림 14.3은 GDP 대비 부채 수준의 변화를 보여주고 있다. 아일랜드의 GDP 대비 부채는 독일의 반도 되지 않는 수준이었으나 아일랜드 정부가 은행위기의 결과 크게 늘어난 민간 은행들의 부실대출에 대한 책임을 떠안으며 부채는 크게 늘어난다. 스페인의 부채는 위기 이전에 독일에 비해 낮았고 떨어지는 추세였다. 포르투갈의 부채는 2007년 위기가 시작될 때까지 독일에 비해 뚜렷이 낮았다. 그리스와 이탈리아는 높은 부채 수준을 보였으나 2008년 높아지기 이전에 뚜렷한 추세를 보이지 않았다. 2009년에는 은행위기로 발생한 불경기가 깊어지며

그림 14.2 평균 정부 재정적자의 GDP 대비 비중

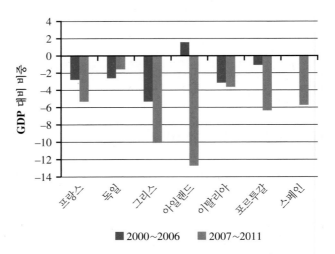

■ 2000~2006   ■ 2007~2011

그리스를 제외한 유로 위기국들은 2007~2009년 금융위기 이전에 재정적자가 크지 않았다.

출처 : Data from IMF, *World Economic Outlook Database*, © James Gerber.

그림 14.3 평균 정부 재정적자의 GDP 대비 비중

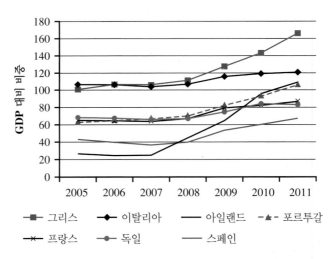

──■── 그리스   ──◆── 이탈리아   ──── 아일랜드   ─▲─ 포르투갈
──✕── 프랑스   ──●── 독일   ──── 스페인

그리스와 이탈리아 외 유로 위기 국가들은 독일이나 그보다 낮은 수준의 재정적자를 보였다.

출처 : Data from IMF, *World Economic Outlook Database*, © James Gerber.

부채 수준은 지속하기 불가능한 수준으로 높아졌다. 라인하트와 로고프는 은행위기와 그에 따른 불경기 이후 3년 내에 부채 수준이 평균 86% 늘어난다고 보였다. 이 기준에 따르면 유로위기 국가들은 부채가 평균 '겨우' 75%(상당분 아일랜드의 212% 때문에) 늘면서

상대적으로 양호한 성과를 보였다고 할 수 있다.

유로위기 나라들의 문제는 단순했다. 첫째, 부동산 거품의 붕괴는 은행위기로 이어졌고, 그 결과 불경기가 발생했다. 불경기는 세수를 낮추었고 사회적 지출의 증가를 발생시켜 정부의 재정적자가 증가했다. 이에 더해 각국 정부는 위기가 유로존의 다른 지역으로 번지는 것을 막기 위해 은행들을 지원해야 했는데, 프랑스, 네덜란드, 독일과 다른 나라들은 유로위기 국가들의 채권을 대량 보유하고 있었다. 불경기에는 수요를 증가시켜 성장세를 회복하기 위해 재정과 통화정책이 확장적으로 되어야 한다. 단일 통화의 정치 · 경제적 제약 때문에 이 수단은 쓸 수 없었다. 첫 번째로 정부들의 재정적자는 합의된 GDP 대비 3%, 부채는 60%를 넘었다. 두 번째로 이 나라들의 경제 사정이 나빴기 때문에 채권시장에서는 높은 금리로만 돈을 빌려주었는데 이는 또 부채를 더 키웠다. 세 번째, 정부는 은행들을 지원해야 하면서 정부의 재정 부담은 더 커졌고, 아울러 이는 채권시장에서 정부 부채에 대한 신뢰를 낮추었다. 실제로 정부는 은행을 지원하기 위한 자금을 조달하기 위해 은행들에게 부채를 팔아야 했다. 어떤 경제학자들은 이를 악순환 고리(doom-loop)라고 했는데, 이는 부실화된 은행들이 정부의 부채를 매입해야 정부가 자금을 조달하여 부실화된 은행들을 지원하는 것이다. 이런 상황으로 재정정책은 쓸 수 없게 되면서 **국가부도**(sovereign default) 또는 정부가 자신들의 부채에 대해 지급 불능을 선언할 가능성이 제기되었다.

자국 통화를 보유한 주권 국가에서는 중앙은행이 통화 발행을 통해 정부의 부채를 사들일 수 있다. 다시 말해, 중앙은행이 최종 대부자가 되는 것이다. 하지만 유로존에서는 최종대부자가 없다. 이것은 실수가 아니라 유로화를 관장하는 유럽중앙은행(ECB)을 창설할 때 의도적 설계의 일부였다. 유로의 설계자들은 최종대부자는 무원칙한 정부가 예산을 삭감하는 대신에 중앙은행의 대출에 의존할 수 있으면 도덕적 해이를 조장할 수 있다고 우려했다. 따라서 ECB는 창립할 때 재정적자인 정부에게 대출을 할 수 없도록 하는 '구제대출 금지' 조항을 명시하였다. 2012년 ECB의 총재는 유로존의 위기를 해결하기 위해 '무엇이든' 하겠다고 발표한다. 많은 전문가는 이 발언을 ECB가 간접적으로 최종대부자 역할을 수행하겠다는 의사 표시로 해석하며 부채가 많은 정부들에 대한 압력이 단기적으로 줄어들었다. 장기간에 걸쳐서 공식적인 최종대부자의 부재는 심각한 문제이다.

비슷한 처지에 놓인 다른 나라들의 해결 방안의 일부는 통화의 가치절하이다. 예를 들어, 1980년대 라틴아메리카 경제들은 10년간 통화정책이 너무 확장적으로 운용되며 효과가 없는 상황에서 정부가 돈을 빌릴 수 없는 부채위기를 겪었다. 하지만 이들은 통화를 가치절하할 수 있었고 이를 통해 경쟁력을 회복할 수 있었다. 유로국가들은 이 수단이 없기 때문에 대내 가치절하를 요구받았는데 이는 국내 물가를 떨어트리는 것이다.

제10장에서 보았던 실질환율 공식을 상기하면 다음과 같다: $R_r = R_n \times (P^*/P)$, 여기에서 R_r은 실질환율, R_n은 명목환율, P^*는 외국 물가지수, 그리고 P는 국내 물가지수를 나타낸다. 그리스나 다른 위기에 놓인 국가들은 R_n을 바꿀 수 없기 때문에 경쟁력을 회복하는 유일한 방법은 P가 내리거나 P^*가 오르는 것이다. P^*가 오르는 것은 사정이 좋은 독일과 같은 나라들에서 인플레이션이 오르는 것을 뜻하는데, 독일 정책 당국은 가능한 한 이를 피하려고 했다. 이런 상황에서 국내 물가가 하락하는 것이 경쟁력을 회복하고 수요를 증대시키고 성장으로 복귀하는 유일한 방도이다. 그런데 문제는 국내 물가의 하락은 심각한 불경기를 뜻한다는 것이다. 생산의 손실, 실업률 증가, 민생의 파탄과 같은 불경기의 비용은 큰 부담이 될 뿐 아니라, 과연 이런 전략이 작동할지도 확실치 않았다.

대내 가치절하는 **긴축경제학**이라는 이름의 처방의 일부분으로 반대되는 **성장경제학**과 대비된다. 쟁점은 정책의 시행 순위에 대해서다. 경제학자들은 위기 국가가 정부 재정적자를 해소하여 성장으로 복귀해야 한다는 것에 동의한다. 하지만 이 나라들이 성장을 먼저 지향할 것인가(적자를 키우더라도) 그리고 확장적 재정 정책을 시행한다면 어떻게 재원을 마련할 것인가 또는 재정의 균형이 그 나라에 대한 신뢰를 회복시켜 투자가 유입되며 부채를 늘릴 수 있게 될 것이라는 희망을 바탕으로 재정 균형을 먼저 회복한 후 성장 문제를 풀 것인가?

장기적인 관점에서 논의는 재정 통합을 통한 더욱 긴밀한 경제 통합이다. 미국은 통화 통합뿐만 아니라 재정 통합도 된 경우이다. 개인들은 세금을 연방정부에 내고, 정부는 사회간접자본, 국민연금, 실업 보조, 의료비용과 기타 혜택을 제공한다. 한 주가 불경기를 겪어도, 그 주의 시민들은 국민연금을 받고, 주 정부가 예산을 큰 폭으로 삭감해도 연방정부의 교통 관련 지원금은 지급된다. 뉴멕시코, 미시시피, 알래스카, 루이지애나 등과 같이 가난한 주들은 주민이 세금을 내는 것에 비해 이 주들에 대한 연방정부의 지출이 더 크다. 이에 비해 EU의 경우 미국과 같이 부유한 지역에서 가난한 지역으로 상당한 소득을 이전하는 제도가 존재하지 않는다. EU 회원국들은 각 나라의 예산과 각각의 지출이 있고, 재정자원의 공유는 제한적인데 왜냐하면 EU의 예산은 경제 규모에 비해 매우 작기 때문이다. 불경기가 닥쳤을 때, 재정지출을 돕고 상품과 서비스에 대한 수요를 지지해주는 외부의 재정지원이 존재하지 않는다. 재정 통합은 소득이 높은 나라로부터 낮은 나라로 이전하는 것을 가능하게 하겠지만 아직 어떤 조건으로 통합할지 논란이 많고, 여기에 따르는 국가 주권의 상실은 많은 시민에게 어려운 문제가 되고 있다.

유럽연합의 확대

통화 통합을 달성한 후 가장 중요한 EU의 현안은 어떤 일정과 조건으로 새로운 회원국을 추가하는 문제이다.

새로운 회원국

2004년에 10개국, 2007년에 2개국, 2013년에는 크로아티아가 EU에 가입했다. 터키를 포함한 몇몇 나라가 후보로 여겨지고 있고 가입을 위한 협상이 진행되고 있다. 회원국이 되기 위해서는 안정된 민주주의 정부를 보유하고 있고, 시장경제, 공식적으로 EU 기존의무(acquis communautair)라고 불리는 EU의 법과 규정을 받아들여야 한다.

장래 회원국은 무역분야의 혜택은 이미 보고 있는데 왜냐하면 대부분의 나라들은 EU와 자유무역협정(FTA)를 체결하고 있고, 일부 나라들은 센겐조약에도 가입되어 있어 자유통행이 허용되고 있다. 회원국 자격은 EU 거버넌스에 대한 투표권, 좀 더 강화된 재산권, EU법을 채택함으로 인해 발생할 수 있는 추가 무역과 투자 등의 추가 혜택을 가져온다. 대부분 새 통합 협정과 마찬가지로 해결이 상대적으로 어려운 분야가 있기 마련이다.

첫째, EU 예산에는 줄어들고는 있지만 아직도 상당한 농업지원 프로그램이 있다. 농업 종사자에 대한 직접 지불금이 EU 예산의 약 30%를 차지하고, 농촌 개발이 또 11%를 차지한다. 이 금액 대부분이 농업 종사자의 전체 수입의 18.4%(제7장 표 7.3과 사례연구 참조)를 제공하는 **공동농업정책**(Common Agricultural Program, CAP)하에서 다루어진다. 터키와 같이 농업 분야가 큰 새로운 회원국이 가입하면 EU가 같은 지원을 하는 것이 어렵기 때문에 어려운 이슈가 되는데, 혜택의 2중 구조는 새 회원국이 기존 회원국과 다른 권리를 갖게 되는 문제를 초래한다.

둘째, EU의 지배구조는 28개 회원국을 위해 만들어지지 않았는데 새 회원국이 더 추가되면 투표 시스템을 바꾸라는 압력이 높아질 것이다. 투표, 민주주의, 지배구조는 세 번째 이슈와도 관련이 있는데 이는 부유한 회원국과 가난한 회원국과의 격차이다. EEC 최초의 6개 회원국은 소득 수준, 제도와 기구의 수준, 재산권 보장, 법치 등의 면에서 거의 비슷했다. 하지만 EU가 커지면서 경제적·정치적 발전 수준이 다른 새 회원국들이 가입했다. 전에 사회주의 국가였던 불가리아와 루마니아의 법적 제도 및 기구와 EU와의 차이가 커서 많은 노력이 필요했고, 부유한 회원국과 가난한 회원국 간의 소득 차는 회원국들 사이의 사회적·경제적 간극이 너무 커서 회원국 사이에 일체감과 동질감을 조성하려는 EU의 노력을 해친다. 비슷한 맥락의 예로, 캐나다와 미국은 여러 면에서 큰 차이가 없지만 미국과 멕시코 사이에는 상당한 차이가 존재하기 때문에 두 나라 사이에 사회적 신뢰를 낮추고 있다.

EU의 경우, 불가리아의 1인당 소득(구매력 기준)은 독일의 약 40%이고 터키는 이보다 조금 높은 43%이다. 이 차이가 극복할 수 없는 것은 아니겠지만 그 때문에 이민과 제도적 지원금 지출과 같은 경제적 압력이 발생하고, 경제 발전 정도가 매우 다른 나라들을 통합하면서 나타날 수 있는 사회적 압력이 나타날 것이다. EU는 확대 초기 이런 문제를 인지하고 이에 대비하여 지역기금과 결합기금을 만들어 상대적으로 가난한 아일랜드, 포르투갈 등과 상대적으로 부유한 스웨덴, 프랑스, 독일과 같은 나라들의 차이를 줄이고자 했다. 이런 노력은 대부분 성공적이었으나, EU가 새로운 회원국을 더 받아들인다면 EU 예산에 대한 압력은 더 커질 것이다.

사례연구

스페인의 해외 이주에서 국내 이민으로 전환

스페인에서 해외로의 이주가 가장 많았던 1881년부터 1930년까지 기간에 약 430만 명이 떠났다. 1910년 인구가 2,000만 명을 약간 하회하고 있어서 430만 명이 이주한 것은 심각했다. 해외 이주가 제일 많았던 1910년부터 1920년까지 10년 동안 130만 명, 인구의 약 5%가 넘는 사람들이 떠났다.

해외 이주는 1930년대의 세계적 공황과 2차 세계대전 때문에 줄어들었지만 1950년 이후 다시 시작되었다. 대부분 미 대륙을 향한 이전의 이주와 달리 많은 사람이 중부와 서유럽으로 향했다. 특히 프랑스, 독일, 스위스가 스페인 시민들의 주요 행선지였다.

스페인이 1986년에 EU에 가입했을 때, 스페인 경제 사정의 변화가 이전까지 이민을 발생시켰던 공급요인에 변화를 가져왔다. 1950년 스페인 노동력의 50% 가까이가 농업에 종사했지만 1970년대에는 그 비율이 25%로 낮아졌다. 산업이 늘어나면서 생산성이 높아지고 프랑스, 독일, 스위스와의 임금격차도 줄어들기 시작했다. 1990년대 초부터 스페인은 경제적 성공으로 인해 해외 이주 대신에 해외로부터 이민이 늘어나기 시작했다. 그 결과 1990년대 후반에는 북아프리카, 남미, 서유럽 등지로부터 이주자들이 늘어나기 시작했다. 사정이 넉넉한 유럽인들은 스페인의 지중해 연안 지역을 찾았고, 콜롬비아, 에콰도르, 모로코에서는 자기 나라보다 더 높은 임금을 주는 일자리를 찾아서 스페인으로 왔다. 2015년에는 100만 명이 넘는 스페인 사람들이 스페인 밖에서 거주하는 것에 비해 590만 명의 해외 이주자들이 스페인 내에서 살고 있었다. 스페인으로의 이주자들은 전통적으로 유입이 많았던 에콰도르, 콜롬비아, 페루, 다른 남미 나라들뿐만 아니라 새로운 EU 회원국인 루마니아와 불가리아, 북아프리카(특히 모로코) 그리고 고소득 국가인 독일, 영국, 프랑스 출신들이다.

이주는 이민자가 많은 대부분의 나라에서 반작용을 가져온다. 잘 알려진 미국과 멕시코의 경우 외에도 많다. 멕시코도 남부로부터 유입되는 과테말라 이주민들을 막고 있고, 코스타리카는 커피를 수확하기 위해 온 니카라과 사람들의 근로에 대해 고맙게 생각하면서도 그 사람들의 행동과 사회 서비스 이용에 대해서는 불평한다. 독일 사람들은 오랜 기간 동안 터키 사람들과 애증의 관계를 가졌고, 프랑스 사람들은 알제리 사람들과 그러하며, 이런 예는 전 세계적으로 많다. 스페인은 이주자들에 대해 1990년 이후 여섯 번의 불법이민자 합법화를 실시하는 등 대체로 유화적인 정책을 유지했다. 최근의 합법화는 2005년에 이루어져 70만 명이 넘는 불법 이민자들에게 합법적 지위를 부여했다. 이와 동시에 스페인은 북아프리카 이주민들의 유입을 줄이기 위해 국경 통제를 강화하는 조치도 취했다. 세우타와 멜리야에 벽을 쌓았고, 해안의 순찰을 강화했는데 그 결과 이민자들은 모로코가 아니라 모로코 남부에서 영토 분쟁이 있는 서부 사하라로 여정의 시작점을 옮겼다. 거기에서 이주자들은 스페인 영토인 카나리아 제도로 갈 수 있다. 스페인이 서부 사하라 해안에 대해 경계를 강화하자 이주자들은 더 남쪽의 모리타니로, 그리고 그곳에 경계가 강화되자 더 남쪽인 세네갈로 출발점을 옮겼다.

발전 과정에서 해외 이주가 많이 발생하지 않았던 나라는 드물다. 유럽인들은 미대륙으로 갔고, 미국 시민들은 멕시코 영토와 변방으로 갔고, 한국인들은 세계 전역으로 퍼졌고, 일본인들도 북미와 남미로 이주했다. 1990년대를 끝으로 스페인의 해외 이주 시대는 마감된 것으로 보였으나 2007~2009년 금융위기와 이어진 부채위기로 심각한 불경기가 발생하면서 새로운 이주자들이 나타나기 시작했다. 청년들, 특히 기술이 있고 대학을 졸업했으나 25세 이하 사람들 중 약 절반 이상(2014년 추정치는 53.2~57.9% 사이임)이 스페인에서 일자리를 찾지 못하면서 떠나기 시작한다. 아마도 이것은 심각한 불경기에 따른 일시적 현상으로 보이지만 당분간 지속될 수 있다.

미래 인구 추세의 도전

EU의 앞날을 생각할 때 몇 가지 난관을 볼 수 있다. 단기 및 중기적 관점에서 일부 유로 사용국에 남아 있는 위기를 해결하면서 동시에 저소득 회원국과 고소득 회원국의 소득과 생활 수준의 수렴을 이루어야 한다. 중기적 관점에서 소득 수준이 EU 평균의 40%(구매력 감안) 정도인 터키의 가입과 같이 확대를 위한 준비를 해야 한다. 마지막으로, 장기적인 관점에 EU는 회원국 인구의 고령화에 대비하여 경제적·사회적 지원 시스템을 정비할 필요가 있다.

대부분 나라에서 사회적 지출의 가장 기본적인 결정 요인은 인구의 연령 구조이다. 인구가 고령화될수록 건강 관리, 연금, 장기 요양의 필요성이 더 높아진다. 이들 각각이 공공지출의 증대를 수반하는데, 고령 시민도 투표를 하기 때문에 민주사회는 이들의 수요에 응답하는 것이 보통이다. 고령자들에 대한 서비스 증가의 비용 일부분은 인구 감소로 지출이 감소되는 교육 분야 지출과 실업급여의 감소가 상쇄할 것이다. 하지만 이런 지출 절감은 바로 고령화에 따른 사회적 지출 증가를 상쇄하지 않는다. 유럽위원회의 추정에 따르면 만약 현재의 정책들이 그대로 유지된다는 가정하에서 평균 EU 정부는 공공부문 지출을 10% 늘려야 각종 프로그램들이 현재의 수준을 유지할 수 있다.

표 14.4는 2050년까지 EU(28개국)의 인구를 보여준다. 그때가 되면 나이가 65세 이상인 인구의 비중이 2015년 18.8%에서 전체의 약 28%가 될 것으로 예상된다. 정부들이 훨씬 나이가 많은 은퇴한 인구를 관리할 수 있는 능력은, 2011년 생산가능인구가 감소하기 시작했으며 이어서 조만간 일하는 사람 수가 준다는 사실 때문에 제약을 받을 것이다. 근로자가 줄어들면 경제 성장률에 하방 압력을 가하고, 고령 인구를 지원할 수 있는 새로운 자원을 개발하는 것을 어렵게 할 것이다. 동시에 고령 인구가 필요로 하는 사회적 서비스를 생산할 인력이 상대적으로나 절대적으로 더 줄어들게 된다.

이민이 이런 변화를 완화하는 데 제한적인 역할을 할 수 있지만 그 자체만으로 큰 역할을 할 수는 없다. 간단히 2050년 줄어드는 생산활동가능인구(15~64세)를 2015년 수준으로 되돌리기 위해서는 4,600만 명 또는 2050년 예상 인구의 9%의 이민자가 필요하다. 그리고 이 숫자도 65세 이상 인구의 증가를 상쇄하지 못한다. 그럼에도 불구하고 EU가 지금 회원국보다

표 14.4 인구 전망(2010~2040) : 유럽연합의 27개국

국가	인구 2015(100만)	%, 2015	인구 2050(100만)	%, 2050
전체	513.9*	100.0	507.2	100.0
연령별				
0~15세	79.6	15.5	72.6	14.3
15~64세	337.9	65.8	291.5	57.5
65세 이상	96.5	18.8	143.1	28.2

유럽연합의 인구는 2029~2030년에 증가를 멈추며, 심각한 고령 인구의 증가가 있을 것이다.

출처 : Data from U.S. Census Bureau, ⓒ James Gerber.

더 확장할 가능성과 북아프리카와 다른 지역으로부터의 이주 압력을 감안하면, EU가 새로운 이주 노동자를 수용할 능력에 대한 기존의 가정은 잘못된 것일 수 있다.

EU의 위원회는 추세를 분석하고 연금과 건강관리 시스템의 변화를 제안할 것이다. 예를 들어, 여러 나라들이 연금을 기대수명과 연계하는 것을 실험하고 있고, 근로자들에게 은퇴를 늦추도록 장려하고 있다. 인구 구조의 변화는 매우 투명하고 잘 알려져 있다. EU와 개별 나라들의 정부가 대응할지는 그곳 유권자들이 얼마나 유연하고 잘 적응할지에 달려 있다.

요약

- 28개 회원국으로 구성된 EU는 여러 단계를 거쳐 탄생했다. 가장 처음 단계는 석탄과 철(ECSC)의 열린 무역을 위한 협정이었고, 그다음 단계가 원자력 에너지의 평화적 이용(Euratom)과 자유무역협정이다.
- 유럽연합(EU)의 주된 기구는 유럽위원회, 유럽연합이사회, 유럽의회이다. 이들 기구의 역할은 시간이 흐르면서 달라졌다.
- 로마조약은 1957년에 체결되어 1958년에 발효했는데, 6개국이 참가하는 자유무역지역이 10년에 걸쳐 단계별로 만들어졌다.
- 다음 심화 단계로 환율들을 연계시키는 유럽통화제도(EMS)와 환율메커니즘(ERM)이 1979년에 만들어졌다.
- EMS에 이어, 단일유럽법(SEA)이 통과되었고 1993년 공동시장이 만들어졌다. 단일시장프로그램(SMP)의 시행을 위한 준비가 진행되는 동안 EU 조약이 1991년 체결되었고 1993년 후반에는 각국 정부들이 이를 비준했다.
- 유럽연합협정이 체결되며 공동 통화가 만들어졌다. 준비하기 위해 이자율, 인플레이션, 정부 지출, 정부 부채 등의 변수의 목표를 포함하는 수렴 기준이 마련되었다.
- EU가 몇 차례의 심화과정을 거치고 있을 때, 서유럽의 대부분 나라들이 회원국으로 참여하는 확대도 진행되었다. 1958년부터 1995년 사이 유럽연합은 원래 6개의 참가국에서 15개로 늘어났다. 2004년에는 10개국이 참여했고, 2007~2013년에 3개국이 더 회원국이 되었다.
- EU의 동쪽으로 확장은 농업정책, 지배구조, 소득 격차 등의 문제를 만들었다.

용어

가중다수결

경쟁적 가치절하

공동농업정책(CAP)

국가부도

기존의무

네 가지 자유

단일시장프로그램(SMP)

단일유럽법(SEA)

들로르 보고서

로마조약

마스트리히트 조약

보충성

수렴기준

에라스무스 + 프로그램

유럽경제공동체(EEC)

유럽공동체(EC)

유럽석탄철강공동체(ECSC)

유럽연합이사회

유럽연합(EU)

유럽연합협정

유럽원자력공동체(EAEC, 또는 Euratom)

유럽위원회

유럽의회

유럽중앙은행(ECB)

유럽통화단위(ECU)

유럽통화제도(EMS)

유로화

응집기금

환율메커니즘(ERM)

학습문제

14.1 로마조약 체결 후 이어진 3개의 유럽공동체의 심화 과정은 무엇이었는가?

14.2 EU의 주요 기구 3개는 무엇이며 각각의 책무는 무엇인가?

14.3 SEA는 거의 만장일치의 지지가 있었음에도 합의를 이루는 것이 어려웠던 경우의 예다. 만약 모든 나라가 협정을 원했다면 왜 협상이 어려웠는가?

14.4 SEA의 시행을 통해 EU는 어떻게 긍정적 효과를 만들려고 했는가?

14.5 1992년 독일 마르크화에 대한 수요의 급격한 증가는 환율메커니즘(ERM)을 파괴할 뻔 했다. 수요의 증가가 어떻게 타깃 존 또는 환율 변동 밴드를 위협하는지 설명하라.

14.6 단일 통화의 장점과 단점을 논의하라.

14.7 2004~2007년 사이 12개의 새로운 EU 회원국을 받아들인 후 발생한 문제는 무엇인가?

14.8 유럽연합과 북미자유무역협정(NAFTA) 지역은 규모, 기구의 구성, 통합 깊이의 측면에서 어떻게 비교되는가?

라틴아메리카의 무역과 정책 개혁

15

학습목표

이 장을 학습한 후 학생들은

15.1 수입대체 산업화의 강점, 약점, 이유를 설명할 수 있다.

15.2 경제적 인기영합주의의 전략과 성과를 설명할 수 있다.

15.3 1980년대 부채위기의 중요 이유를 들 수 있고, ISI와의 관계를 설명할 수 있다.

15.4 1980년대 후반 시작된 정책 개혁의 목표를 논의할 수 있다.

15.5 왜 일부 라틴아메리카의 지도자들이 경제정책 개혁에 대해 조바심을 보이는지 설명할 수 있다.

서론 : '라틴아메리카' 경제의 정의

라틴아메리카는 미국과 마주한 멕시코의 티후아나부터 시작해서 남미의 최남단 케이프 혼까지 아우른다. 이 넓은 지역 내에 매우 다양한 언어와 문화가 존재하고 있어 어떤 라틴아메리카에 대한 정의에도 예외나 모순이 존재하기 마련이다. 예를 들어 메리엄-웹스터 대학사전은 이 지역을 스페인 아메리카와 브라질로 정의하고 있는데, 이 통상적 정의에 따르면 중부와 남미의 여러 작은 나라들(벨리즈, 수리남, 가이아나, 프랑스령 기아나)과, 스페인과 포르투갈 식민지 밖에 있었던 카리브해연안 지역 국가들을 제외시킨다. 웹스터의 두 번째 정의(미국 이남 전체 지역)는 더 포괄적이지만 순전히 지리적 개념이다. 아마도 정확한 정의를 내리는 것보다, 어떠한 정의를 따르더라도 거기에 존재하는 다양한 지리적·문화적 차이와 소득의 차이가 존재한다는 것을 인지하는 것이 더 중요할 것이다. 사실, 다양성이 워낙 크기 때문에 이 지역의 나라들을 통틀어서 한 지역으로 분류할 수 있을지 의문이 든다. 다시 말해, 무엇이 '라틴아메리카'의 경험이기에, 그것이 유럽적 문화와 비교적 높은 생활 수준의 아르헨티나와 원주민 문화와 농촌지역의 빈곤문제를 안고 있는 과테말라를 한꺼번에 묶게 하는가?

라틴아메리카 내의 다양성은 우리로 하여금 지나치게 일반화하는 것을 경계하게 한다. 그럼에도 불구하고 지역의 모든 또는 대부분 나라들의 공통적 주제가 있다. 첫째, 많은 나라가 스페인과 포르투갈의 식민지였던 역사적 공통점과 언어적 동질성을 갖고 있다. 그러나 일부 나라에서는 원주민의 언어도 중요하다. 두 번째의 공통적인 역사는 많은 나라가 19세기 초, 중반 민족주의적 혁명기에 스페인과 포르투갈로부터 독립을 쟁취했다는 점이다. 이 점이 이들과 아시아 및 아프리카 식민지들과의 차이점이며, 이 점이 라틴아메리카 국가들의 정체성이 다른 개발도상국들에 비해 더 깊다는 점을 시사한다.

19세기 말 1차 세계화가 진행되던 때, 여러 나라가 농산품과 광물 수출로 세계경제와 연결되어 있었다. 그다음 1930년대의 대공황은 많은 나라로 하여금 외부 지향적 수출에서 내부 지향적 산업정책을 채택하도록 했다. 동시에, 정부 주도의 산업화는 수입대체산업화라는 새로운 전략으로 관련 제조업을 육성하였다. 더 최근에는 1970년대 대부분의 나라들은 채무국이었기 때문에 1980년대의 부채위기 때 고통을 겪었다. 그 이후, 이 지역은 공산주의 붕괴 이후 중부와 동부 유럽에서 진행된 것과 유사한 규모의 광범위한 경제정책 개혁을 시작하였다. 끝으로 21세기에 들어서 일부 나라들은 1990년대의 경제 개혁에 초조함을 보이며 정부가 개입하는 방식, 정부가 더 직접적으로 경제를 이끌고 지원하는 방식으로 돌아서고 있다.

이 장에서는 1980년대 라틴아메리카를 휩쓸었던 위기의 근원과 영향 그리고 이에 대한 대응을 살필 것이다. 1980년대의 위기와 1980년대 후반과 1990년대의 경제 개혁을 검토하기 전에 한 발짝 물러서서 라틴아메리카 경제의 장기간에 걸친 기록을 살펴야 한다. 그런 후 1980년대의 문제들을 이 맥락에서 보면 1990년대의 정책의 변화를 이해할 수 있다.

인구, 소득, 경제 성장

표 15.1은 현재의 소득과 인구의 단편을 보여준다. 나라들은 회원으로 참여하고 있는 지역의 주요 자유무역협정별로, 개인별 합계는 그 그룹에 속해 있는 각 나라의 인구로 가중 평균한 것이다. 2014년 5억 9,000만 명 넘는 인구가 표 15.1에 포함된 18개국에 살고 있고, 5.85조 달러의 국내총생산(GDP)을 생산하였다. 개별 나라들의 인구는 400만 명(파나마와 우루과이)에서부터 2억 명(브라질)까지이며, 개인당 소득은 제일 가난한 곳(온두라스와 니카라과)의 5,000달러 미만에서부터 2만 달러가 넘는 곳(아르헨티나, 칠레, 우루과이, 파나마)이 있다. 만약 표 15.1에 포함된 모든 개별 나라들을 고려하면 4개 경제가 전체 인구의 70%와 전체 GDP의 80% 가까이를 차지할 것이다. 인구의 크기별로 보면 브라질, 멕시코, 콜롬비아, 아르헨티나이다. 브라질과 멕시코 두 나라가 인구의 55%를, GDP의 63%를 차지한다.

20세기 대부분에 걸쳐 라틴아메리카는 세계에서 가장 빠르게 성장한 지역 중 하나였다. 특

표 15.1 라틴아메리카와 카리브해 지역의 인구와 GDP(2014)

지역	인구 (100만)	GDP (달러, 10억)	1인당 GDP (달러, PPP)
중앙아메리카 공동시장			
코스타리카, 엘살바도르, 과테말라, 온두라스, 니카라과	41.5	164.9	7,512
남미공동시장(메르코수르)			
아르헨티나, 볼리비아, 브라질, 파라과이, 우루과이, 베네수엘라	297.5	3,333.8	16,742
태평양동맹			
칠레, 콜롬비아, 멕시코, 페루	222.3	2,137.3	16,079
기타			
도미니카공화국	9.8	64.0	14,014
에콰도르	16.0	100.9	11,324
파나마	3.9	49.2	20,779
합계	591.0	5,850.1	15,680

출처 : Data from International Monetary Fund, © James Gerber.

히 1900년부터 1960년 사이, 이 지역의 개인소득은 유럽, 미국, 아시아와 비슷하거나 더 빨리 성장했다. 개별 나라들의 경험은 다소 차이가 있으나 대부분의 나라들은 적절한 성장과 생활수준의 향상을 경험했다. 2차 세계대전 이후, 라틴아메리카의 대부분의 나라들은 세계의 다른 지역과 마찬가지로 양호한 성장률을 기록했고, 특히 가장 큰 두 나라인 브라질과 멕시코는 괄목할 만한 개인소득의 성장을 보였다. 1970년대 세계경제 성장세가 둔화되면서 상황이 바뀌고 라틴아메리카의 나라들도 차이를 보이기 시작했다. 어떤 나라들은 1970년대 더 빨리 성장했는가 하면, 어떤 나라들은 성장이 둔화되었는데 대부분 나라들에서 성장이 점점 정부의 지출에 매달리게 되었다. 이런 기간이 종지부를 찍은 것은 나중에 살펴볼 라틴아메리카 부채위기(1982~1989)이다. 부채위기는 1980년대를 **잃어버린 10년**(Lost Decade)으로 만들었는데, 국가부도 문제는 마이너스 성장, 은행위기, 외환위기, 그리고 초(超)인플레이션을 더 악화시켰다. 1980년대의 부채위기는 각 나라들이 경제 성장을 회복하기 위해 과감히 새로운 정책을 시험하는 결과를 가져오며 지난 50년간의 경제정책에 종지부를 찍었다.

수입대체산업화(ISI)

학습목표 15.1 수입대체 산업화의 강점, 약점, 이유를 설명할 수 있다.

경제정책 개혁은 10년에 걸친 부채위기에 대응하여 1980년대 시작되었다. 개혁은 대부분의 나라에서 1930년대 이후 지속적으로 유지되었던 정책이 종식되면서 좀 더 시장지향적 정책들이 추진되었다. 경제 개혁 이전에는 나라들마다 시장경제체제였으나, 신용의 배분, 투자 결정, 무역의 패턴을 결정함에 있어 상당한 정부의 개입이 있었다. 이런 전략의 가장 핵심적인 부분이 무역 분야에서 나타났는데, 여러 나라들이 **수입대체산업화**(import substitution industrialization, ISI)를 경제 개발의 전략으로 채택하고 있었다. 2차 세계대전 이후 라틴아메리카의 모든 나라와 외부 지역에서 ISI 정책을 채택하는 나라들은 ISI 이론을 좀 더 광범위한 국가 주도 개발전략의 일부로 접목시켰다. 라틴아메리카에서 1980년대와 1990년대 지역의 나라들이 정부 주도의 개발정책에서 벗어나 경제 개발을 이루기 위해 시장의 힘에 의존하는 방법을 찾기 시작하며 ISI 정책이 끝난다. 정부에서 시장으로의 전환은 1980년대의 긴 부채위기와 전 세계적인 시장 의존적 경향의 영향하에 이루어졌다.

ISI의 기원과 목표

19세기 하반기부터 20세기 중반까지, 라틴아메리카의 국가들은 농업산품(사탕, 바나나, 커피, 목화, 곡물류)과 광물(석유, 은, 구리, 주석)의 수출에 의존하여 외화를 벌었다. 이런 수출 부문은 외국 자본에 의해 개발되고 통제되어 국내경제와 연결고리가 별로 없이, 각 나라 안에서 독자적 외국의 거점으로 기능했다. 수출 부문이 국내 기업 소유인 경우에도, 그것은 아주 소수의 사람들에게 부를 가져다주며 라틴아메리카 사회에 만연한 돈과 권력의 불평등을 더 키웠다.

1차 세계대전과 1930년대 대공황은 라틴아메리카의 수출의 흐름을 크게 방해했고 수출로 얻는 수입을 대폭 낮추었다. 2차 세계대전으로 여러 나라들이 전쟁으로 인해 자국 내에서 생산할 수 없는 광물과 식량을 라틴아메리카에서 조달하면서 앞서 추세를 부분적으로 역전시켰는데, 전쟁이 끝나자 라틴아메리카의 산품에 대한 수요도 급락했다. 1940년대 말, 젊은 아르헨티나 경제학자 라울 프레비시(Raul Prebisch)와 독일에서 망명온 한스 싱어(Hans Singer)는 공동으로 외환 수입의 감소를 설명하는 이론을 개발했다. 그들의 견해에 따르면 라틴아메리카의 산품에 대한 수요의 감소는 전쟁의 종식 때문만이 아니라 장기적으로 1차 산품 가격이 떨어지는 추세에 기인한다는 것이다. 싱어와 프레비시는 커피, 주석, 구리, 바나나와 다른 1차 산품 수출은 제조업 산품에 비해 가격이 지속적으로 떨어질 것이라고 주장했다.

무역 분석에 따르면 평균 수출가격 대비 평균 수입가격을 **무역조건**(terms of trade, TOT)라고 한다.

$$TOT = (수출가격\ 지수/수입가격\ 지수)$$

라틴아메리카는 원자재를 수출, 완제품을 수입하고 있어서 프레비시–싱어의 예측은 이 지역의 무역조건이 하락하리라는 것이다. 명백한 이유로 이 견해는 **수출비관론**(export pessimism)이라고 명명되었다.

수출비관론의 배후에는 경제이론과 통계적 연구가 있었다. 통계적 연구는 원자재 가격이 수십 년에 걸쳐 하락하는 추세를 보였다. 좀 더 최근 연구들에 따르면 가격이 오랜 기간 떨어질 때도 있지만, 장기간에 추세적으로 오르거나 내리지 않는다. 경제이론은 사람들의 소득이 증가하면 식품이나 주로 원재료로 구성된 섬유나 의복에 지출하는 비중이 점점 줄어드는 반면 공산품에 대한 지출 비중은 는다. 그 결과 원자재에 대한 수요는 공산품에 대한 수요에 비해 상대적으로 줄 것이다. 하지만 이런 효과가 꼭 원자재 생산자들의 무역조건 악화로 이어지지는 않는데, 공산품 생산의 생산성 증가가 공산품에 대한 수요의 증가 효과를 상쇄하여 공산품의 실질 가격을 떨어트릴 수 있기 때문이다.

수출비관론은 1950년대부터 1970년대까지의 전통적 경제정책의 근간을 이루었다. UN의 **라틴아메리카 경제위원회**(Economic Commission on Latin America, ECLA, 또는 스페인어로 CEPAL)의 의장으로 프레비시는 1930년대 무역량의 급감 이후 시작된 변화와 함께 라틴아메리카의 경제정책을 주도했다. 1930년대 대공황으로 수출시장이 줄어들면서 라틴아메리카는 한시적으로 원자재의 수출에서 수입품을 대체하는 공산품의 생산으로 방향을 전환한다[그래서 수입대체산업화(ISI)라는 이름이 붙게 된다]. 역설적으로 수입공산품을 국내에서 생산하기 위해서는 많은 양의 자본재(기계와 부품) 수입이 필요하게 되는데, 이에 필요한 외화를 벌기 위해서 지역의 여러 나라들은 2차 세계대전 이후 기간에 다시 원자재 수출에 의존하게 된다. 1차 산품은 오늘날의 라틴아메리카의 수출의 큰 부분을 차지하고 있는데, 많은 나라가 중국의 강한 원자재 수요의 혜택을 보았지만 중국의 수요가 둔화되자 어려움을 겪었다.

ISI는 수입품을 대체할 상품을 생산하는 산업에 초점을 맞추는 산업정책의 일종이다. 프레비시와 싱어에 따르면 불가피한 1차 산품의 무역조건 하락으로 인해 발생하는 외화의 부족이 산업화의 가장 큰 장애가 된다. 수출 가격의 하락으로 자신들이 만들 수 없는 기계와 다른 자본재를 구입하기 위해 필요한 외화를 벌기가 점점 어려워진다. 수입대체의 가장 중요한 역할은 자국 내에서 이 제품들을 생산함으로써 이를 구매하기 위한 외화의 필요를 줄이는 것이다.

ISI 이론가들은 장난감, 의복, 식료품(음료수와 통조림 제품), 가구와 같이 비교적 저가의

라틴아메리카

로빈슨 투영도법

출처 : Pearson Education

간단한 소비재를 생산하는 것으로 시작해야 한다고 주장한다. 다음에 산업정책의 대상을 점차 더 복잡한 소비재(가정용품, 자동차)와 중간 수준의 산업재(펌프, 발전기, 단순 금속)로 바꾼다. 세 번째 단계에서는 화학제품, 전자제품, 기계 공구와 같은 복잡한 산업재가 생산되어야 한다.

ISI에 대한 비판

ISI를 실행하기 위해 필요한 경제적 수단은 제5장에서 논의된 산업화를 위해 필요한 것과 동일하다. 여기에는 여러 종류의 보조금, 무역장벽, 국내 시장에서의 독점적 지위와 같은 다양한 정부의 지원을 포함한다. ISI는 의도치 않은 많은 비효율과 자원의 낭비를 초래하였다. ISI에 대한 여러 비판은 다음과 같다. (1) 정부가 생산 관련 결정에 지나치게 개입하며 자원의 잘못된 배분이 발생했다, (2) 환율이 종종 과대평가되었다, (3) 정책이 도시지역을 선호하고 편중되었다, (4) 소득 불평등이 증가하였다, (5) ISI는 광범위한 지대 추구로 이어졌다.

ISI의 가장 심각한 문제는 정부가 자원을 효율적으로 최적의 사용처에 배분할 수 있다는 지나친 믿음이었다. 1950년대와 1960년대 **시장실패**(market failures)가 선진국보다 개발도상국에 더 빈번하기 때문에 정부가 경제에 선택적이고 신중하게 개입하는 것이 국가의 중요한 목표가 되어야 한다고 받아들여졌다. 이런 맥락에서, ISI는 정부가 정치적·경제적 권력을 이용하여 시장을 개선하는 일련의 정책이라고 해석할 수 있다.

많은 경제학자는 ISI가 정부 관료들이 시장실패를 찾아내고 이를 시정할 수 있는 기술적인 능력(제5장의 산업정책에 대한 논의 참조)을 과대평가한다고 생각한다. 이는 또 정부 관료들이 자신의 이익이나 정치적인 계산을 하지 않고 오로지 경제적 효율성과 나라를 위한 최선책만을 생각하는 존재로 가정한다. 이런 정치적 결정 모형은 부패, 기득권층의 로비와 같은 경제정책의 실행과 관련된 문제를 과소평가한다. 그뿐만 아니라 정치가 정책에 크게 영향을 미치기 시작하면 나타나는 특별 조항의 누적, 특혜, 경제적 비효율이 커진다는 것도 무시한다. 이런 문제는 부와 소득의 격차가 만연한 라틴아메리카에서 더 심각한데, 막강한 기득권 세력들은 ISI 정책을 국익을 위해 집행하는 것이 아니라 자신들에게 이익이 되는 식으로 활용했다.

ISI의 두 번째 문제는 환율 고평가가 지속되는 것이었다. 일부 나라에서는 고환율 고평가는 어떤 나라에서는 의도적인 선택이었고, 다른 나라들에서는 교역 상대국에 비해 인플레이션이 더 높은 상황에서 고정환율을 고집한 것의 결과였다. 의식적인 정책으로서 환율 고평가는 몇 가지 목표를 달성하는 데 도움이 되었다. 특히, 고평가는 산업정책의 대상이 되는 산업들이 필요한 자본재를 수입하는 것이 쉬워졌다. 이는 또 비교적 저렴한 외국 수입품을 도시의 근로자들에게 제공하여 그들과 집권 정당 간의 일종의 정치적 연대를 유지해주었다. 1980년대와 1990년대 정부가 가치절하해야 하는 상황이 되자 집권당은 도시민의 지지를 잃는 일이 많았다.

고평가된 환율의 혜택이 있었으나, 비용도 따랐다. 가장 중요한 것은 자국 상품의 해외 가격을 높여 수출을 어렵게 했다. 이것은 농업과 전통적 수출 부문을 해쳐 자본이 농업 분야로 가지 않게 되었고 그 결과 농촌지역의 생산성과 소득을 낮추었다. 고평가된 환율은 수입대체 상품이 아닌 제품을 만드는 산업의 수출 채산성을 낮추어 이들을 어렵게 했다. 그것은 또 수입 자본재를 저렴하게 만들어 자본집약적 투자를 늘린 반면 노동집약적 투자를 줄였다. 그 결과 산업에서 만들어지는 일자리가 점점 늘어나는 도시 근로자들을 흡수하기에 충분치 않게 만들어졌다. 더 나아가 대부분 산업이 도시지역에 위치했기 때문에 정부의 교통, 통신, 수도와 같은 사회간접자본 투자가 도시를 중심으로 이루어지게 되었다. 그 결과 영세 농업 종사자들과 그 가족들은 사회간접자본의 혜택을 보지 못하며 나라의 경제 개발에도 기여하지 못하게 되면서 라틴아메리카에서는 세계 어느 곳보다 더 심한 불평등이 지속되었다.

보호무역주의적 ISI 정책의 부작용은 환율의 고평가뿐만 아니라 국내 독점을 조장하는 것이었다. 국내와 해외 경쟁의 부재의 결과로 제조업은 비효율적이고, 경쟁력이 부족하고, 국내 지향적이 된다. 잘 보호된 국내시장에서 얻은 이윤 덕에, 많은 생산자들은 새로운 장비에 투자할 유인이 없었고 이는 이들의 생산품의 경쟁력이 더 낮아지는 것에 기여했다. 역설적으로 ISI의 결과로 여러 나라들이 라틴아메리카 외부로부터의 충격에 더 노출되게 된다. 이것은 ISI가 달성하고자 하는 성과와 정반대의 결과이다.

ISI의 마지막 문제는 지대 추구 행위가 광범위하게 확산되었다는 것이다. 정부가 산업개발 정책의 입안과 집행에 개입하게 되면 정부 관리는 다양한 특권을 배분하게 된다. 여기에는 ISI와 관련된 많은 보조금과 허가권이 포함된다. 예를 들어 국내시장을 보호하고 필요한 수입품을 입수하기 위해서 정부는 수입허가권을 발부한다. 동시에 수입 가격을 낮추기 위해 수입업자에게 특별한 가격으로 외화를 제공한다. 정부의 정책이 수입허가라든가 외화매입을 위한 보조금과 같이 가치가 있는 무엇인가를 만들어내면 민간부문은 이를 획득하기 위해 자원을 지출한다. 관료들의 독립을 확실히 보장하는 장치가 없을 때(자주, 설령 그런 장치가 있을 때에도) 뇌물과 부패는 의사결정 과정의 일부가 된다. 결국에는 어떤 결정은 잘못된 이유로 내려지게 되고 이에 따른 경제적 낭비가 뒤따르게 된다.

사례연구

멕시코의 ISI

멕시코의 1917년 헌법은 연방정부가 경제 성장을 이끌고 사회적 분쟁의 심판자로 경제에 개입할 수 있도록 하는 권한과 책임을 명시했다. 이런 역할은 1930년대 라소로 카르데나스 대통령이 멕시코 혁명을 마무리할 때까지 구체화되지 않았다.

경제 성장을 주도하고 지휘하기 위해서 정부는 권한이 커야 한다는 주장을 할 수가 있는데, 그렇지 않으면 힘이 있는 사회 계층이 특히 분배와 관련된 정부의 지시와 주도에 저항할 수 있기 때문이다. 그렇기 때문에 경제정책은 멕시코의 경제 성장과 공정한 분배를 달성하기 위해서뿐만 아니라 정부의 정치적 권력의 증대를 위해서도 쓰였다. 멕시코는 1938년에 원유산업을 국유화한 후 20세기 내내 여러 산업들을 국유화하며 국영 독점 기업들(전화, 항공운송, 은행, 철도, 광물개발회사)을 만들었다. 정부 예산을 이런 방식으로 사용하면 투자기금을 확보할 수 있고, 독점화된 시장은 선택된 기업들이 최소한 국내 시장에서 성공하는 것을 보장했다.

정부는 육성의 대상으로 선정된 산업에 속한 기업들에게 대출과 대출 보장을 제공했다. 대출과 보장은 이 기업들이 시장 금리보다 낮은 수준의 금리로 자본을 조달할 수 있게 한다. 비슷하게 정부는 대상으로 선정된 기업들에게 보조된 가격으로 외화를 공급하여 이들이 필요한 수입을 할 수 있게 했다. 멕시코의 수출기업은 규제에 따라 벌어들인 외환을 페소화를 인위적으로 높게 평가한 비싼 환율로 팔아야 했기 때문에 채산성이 낮았다. 정부는 싸게 매입한 외환을 육성 대상 산업에 싸게 공급했다. 결국 수출기업이 육성 대상 산업의 개발을 지원하는 방식이었다.

ISI를 채택한 많은 나라와 달리 멕시코는 외국인 투자를 제한했다. 그렇지만 다른 ISI 국가와 마찬가지로 외국인 투자가 허용된 경우(예 : 자동차) 외국 기업들에게 성과의무를 부과했다. 공통적 의무 사항은 외국 기업들이 수입금액과 수출금액과의 균형을 맞추는 것이었다. 수입허가제도를 이용한 상업정책은 수입이 허가된 분야를 명시하는 방식으로 이루어졌다. 이미 보았듯이 수입허가제도는 사실상 쿼터제도이다. 1970년대에 전체 수입의 약 60%가 수입허가대상이었다.

1950년부터 1973년까지 멕시코의 실질 1인당 GDP는 연간 3.1% 증가하였다. 이에 비해 미국의 증가율은 2.2%였다[경제협력개발기구(OECD)의 14개 회원국은 3.5%씩 증가했다]. 라틴아메리카의 6대 경제의 증가률은 2.5%였다. 경제가 빠르게 성장했던 기간에 산업화는 경제의 구조를 빠르게 변모시켰다. 멕시코의 제조업은 GDP의 21.5%에서 29.4%로 커졌다. 전체적으로 수입대체가 여러 문제를 야기했지만 실패했다고 할 수 없다. 비교 대상국들의 경제 성장 기록과 정책 시행 이전과 이후의 비교를 바탕으로 보면 멕시코는 매우 양호한 성장세를 보였다. 부분적으로 ISI는 라틴아메리카의 다른 나라들에서보다 멕시코에서 상대적으로 더 성공적이었는데 이는 멕시코가 큰 나라여서 생산자들이 규모의 경제를 달성할 수 있었기 때문이다. 예를 들어 브라질도 비슷한 혹은 더 큰 성공을 기록했다.

세계 다른 곳에서와 마찬가지로 1970년대 성장이 둔화되기 시작했다. 널리 받아들여진 견해에 따르면 멕시코의 성장 정체는 쉽게 대상으로 삼을 산업이 더 이상 없었기 때문이다. 경제조업과 단순 소비재 산업은 쉬운 대상이었고, 생계형 농업분야를 단순 제조업으로 전환하는 것을 통해 양호해 보이는 성장을 달성했다. 하지만 다음 단계는 좀 더 복잡한 제조업 분야여서 시작하는 것이 쉽지 않았다. 이 견해에 따르면 멕시코는 산업화를 시작할 단순한 산업 분야를 찾기 어려운 가운데, 다음 단계로 자신들의 비교우위와 거리가 있는 높은 기술을 요하는 제품을 생산하는 데 어려움을 겪게 되었다.

1950년대, 1960년대의 빠른 경제 성장에도 불구하고 빈곤과 소득 불평등은 지속되었다. 많은 멕시코인들, 특히 농촌지역에 거주하는 원주민들은 경제 성장에 동참하지 않았다. 이는 1980년대까지도 농업의 상당 부분이 생계형 수준이어서 전체 노동력의 26%를 사용하면서 GDP의 9%만을 생산했다는 기록을 보면 알 수 있다. 도시 지향적 멕시코의 경제 개발은 1980년대 말 인근까지 포함해서 약 1,500만 명이 거주하는 멕시코시티를 세계에서도 가장 큰 도시 중 하나로 만들었다. 멕시코시티를 포함하는 분지에 도시의 엄청난 성장과 인구의 밀집, 산업의 집중은 매우 심각한 오염 문제를 낳았다.

ISI와 1980년대의 부채위기와의 관계는 복잡하지만, 대부분 경제학자들은 거시경제 정책의 실패와 원유가의 급락 및 금리 상승과 같은 외부의 충격이 ISI보다 더 직접적인 위기의 원인이라고 보고 있다. 물론 ISI가 1970년대 경제 분야에서 연방정부의 역할을 키워 정부의 지출과 부채가 커지는 것에 기여했다. 그렇지만 1970년대 중반까지 경제 성장은 양호한 편이었다. 한 가지 해석은 1970년대에 들어서 ISI의 성과가 퇴조한 가운데 성장을 계속 유지하기 위해 멕시코의 대통령들은 정부의 권력을 이용하여 재정지출을 크게 늘렸다는 것이다. 처음에 정부는 멕시코가 1978년에 주요 원유 수출국이 되어 많은 수입이 예상되었기 때문에 국제금융시장에서 쉽게 자본을 빌릴 수 있다고 했다. 결국 정부의 재정정책은 엄청난 공공부문 적자를 만들었고, 환율 가치절하에 대한 우려가 커지며 자본의 해외 이탈을 조장하였다. 국제 유가가 하락한 지 1년 후인 1982년에 멕시코는 외환보유액이 고갈되면서 더 이상 해외 부채를 갚을 수 없게 되었다. 만약 정부가 지속 가능하지 않은 거시경제 정책을 추진하지 않았더라면 멕시코가 1982년에 부채위기에 빠지지 않았을 가능성이 높고, 1980년대 후반 ISI를 기각하지 않았을 가능성이 높다.

거시경제의 불안정과 경제적 인기영합주의

학습문제 15.2 경제적 인기영합주의의 전략과 성과를 설명할 수 있다.

많은 경제학자는 ISI가 최적의 정책은 아니지만 잘못된 거시경제 정책에 비해 1980년대의 경제위기 발생에 직접적인 영향이 크지 않았다고 본다. 그 이유는 비교적 간단하다. ISI 정책은 무역장벽과 선택된 산업에 대한 정부의 지원이 주된 내용이다. 전체적으로 보아, 이 정책들이 국민의 소득을 몇 퍼센트 낮추었을지 모르나 본격적인 경제위기를 일으키지는 않는다. 반면, 잘못된 거시경제 정책은 초인플레이션, 공황, 국제수지 위기를 일으킨다. 이에 더해 대부분 라틴아메리카 나라들이 1980년대 초 모든 나라들의 성장이 둔화되기 이전 ISI를 따랐던 1950 년대부터 1980년대까지 경제 성장은 높은 수준을 유지했다. 1980년대의 위기가 그 이전 수십 년간의 ISI의 누적된 결과일 수도 있으나, 그보다 1970년대 후반과 1980년대 전반의 잘못된 거시경제 정책이 위기와 더 직접적 연관이 있었다.

라틴아메리카의 인기영합주의

많은 라틴아메리카 전문가는 이 지역의 잘못된 거시경제 정책들의 원인이 인기영합주의자 혹은 경제적 인기영합주의 정치세력이 노동계와 국내 지향적 기업들의 지원을 얻어 도시의 상류층과 외국의 이익을 고립하려고 경제적 수단을 이용했던 것에 있다고 보고 있다. 인기영합적 지도자들의 예는 많다[아르헨티나의 후안 페론(1946~1955, 1973~1976) 그리고 라울 알폰신(1980년대 초), 브라질의 제툴리우 바르가스(1951~1954), 주앙 굴라르(1961~1964) 그리고 조제 사르네이(1985~1990), 칠레의 카를로스 이바녜스(1952~1958) 그리고 살바도르 아옌데(1970~1973), 페루의 페르난도 벨라운데 테리(1963~1968), 후안 벨라스코 알바라도 (1968~1975) 그리고 알란 가르시아(1985~1990), 멕시코의 루이스 에체베리아(1970~1976) 그리고 호세 로페스 포르티요(1976~1982), 베네수엘라의 우고 차베스(1998~2013)]. 라틴 아메리카의 인기영합주의 운동은 민족주의 이념을 공유하며 경제 성장과 소득 분배에 초점을 맞춘다. 1970년대 이전에는 인기영합적 경향이 대규모 거시경제적 불균형을 일으키지 않았고, 정부 예산은 균형에 가깝거나 균형이었고, 인플레이션은 통제되고 있었고, 무역적자는 아예 없든가 소규모에 그쳤다. 하지만 1970년대부터 새로운 종류의 인기영합주의자들이 권력을 잡기 시작한다. 보통 경제적 인기영합주의자라 불리는 이들은 인플레이션 위험, 재정적자, 외환 제약 등을 무시하고 확장적 재정정책과 통화정책을 선호했다. 그들은 성장을 촉진하기 위해 정부 지출을 더 공격적으로 사용했고, 지나친 지출에 따른 문제에 대해 주의를 기울이지 않았다.

경제적 인기영합주의(economic populism)는 보통 세 가지의 초기 조건에 의해 시작된다. 첫째, 성장 정체나 불경기로 인해 현재 상황에 대한 불만이 팽배해 있다. 둘째, 정책입안자들이 거시정책에 대한 전통적 제약을 거부한다. 실업과 가동을 멈춘 공장을 이유로 들면서 인플레이션 우려가 없다고 주장하며 중앙은행이 돈을 찍어 적자 재정의 정부가 지출을 늘리기 위해 발행하는 채권을 매입한다. 셋째, 정책 당국은 가격을 통제하는 가운데 임금을 올리고, 수입되는 물건의 국내 생산을 늘려 경제 구조개혁을 해서 외환의 필요를 줄이겠다고 약속한다. 한 전문가의 설명에 따르면 정책은 경제를 '재활성화, 재분배, 개편'하려고 한다.

인기영합정부 초기, 이런 정책들을 확인해주는 일들이 나타난다. 정부 지출과 통화공급 증가의 경기부양 효과가 성장률을 높이고 임금이 올라간다. 하지만 얼마 되지 않아 병목현상이 나타나기 시작한다. 예를 들어, 건설 회사들이 사용하는 시멘트, 특수 철제품과 같은 특정 부품이 떨어지고, 제조업체들은 기계를 수리하는 데 필요한 부품을 확보할 수 없는 일이 발생한다. 가격이 오르기 시작하고, 적자가 증가한다. 다음 단계로, 인플레이션이 빠르게 증가하고, 물품 부족이 광범위하게 나타난다. 정책을 지속하는 것이 불가능해지면서 재정 적자는 심각하게 커지고, 임금 증가가 인플레이션을 따라가지 못하게 된다. 마지막 단계에서는 환율의 가치절하가 우려되면서 국외로의 자본 이탈이 대거 발생한다. 자본 이탈로 투자가 더 줄면서 실질임금은 더 낮아지게 된다.

결국에 가서는 실질임금이 이런 순환이 시작되기 이전보다 더 떨어지고, 높은 인플레이션을 안정시키고 국제수지 위기를 해결하기 위해 IMF 주도로 국제적인 개입이 뒤따르게 된다. 통상 IMF는 예산의 대폭 삭감, 통화공급의 축소, 무역장벽의 해소 그리고 대체적으로 정부 개입의 축소와 시장기능에 의존하는 안정화와 구조개혁 정책을 시행한다. 이런 순환 단계의 분류는 인위적으로 단순화된 것이지만 이는 실제 라틴아메리카에서 발생했던 경험의 중요한 내용을 반영한 것이다.

사례연구

페루의 경제적 인기영합주의(1985~1990)

1985년 7월 알란 가르시아가 처음으로 페루의 대통령이 되었다. 1990년 불명예스럽게 이임한 후 수년 동안 이미지 변신을 거쳐 2006년에 대통령에 재선되어 2011년까지 재임한다. 그의 첫 번째 재임기간은 경제 인기영합주의의 교과서적 표본이었지만, 두 번째 재임기간은 성공적이었다고 평가되고 있다. 1985년 그의 첫 번째 선거 이전에 부채위기의

표 15.2 가르시아 정부 기간의 경제 지표

	1984	1985	1986	1987	1988	1989	1990
GDP 성장률	4.8	2.3	9.2	8.5	−8.3	−11.7	−5.1
실질임금(% 변화)	−8.0	−8.4	26.6	6.1	−23.1	−46.7	−14.4
적자/GDP	6.7	3.4	5.7	7.9	8.1	8.5	5.9
인플레이션(%)	110	163	78	86	667	3339	7482
경상수지(US 달러)	−221	−137	−1077	−1481	−1091	396	−766

출처 : Data from Inter-American Development Bank, *Economic and Social Progress in Latin America*, © James Gerber.

여파로 페루는 심각한 불경기를 겪었다. 1985년에는 경제 상황이 안정을 찾아가고 있었는데, 가르시아는 수요를 촉진하고 소득 재분배('재활성화, 재분배, 개편')를 위해 실질임금을 올리는 프로그램을 시작했다. 1986년과 1987년에 경제는 소비 증가의 영향으로 인플레이션이 없는 높은 성장세를 보였다. 인플레이션의 부재는 가동이 중단된 공장과 실업자들이 있었기 때문이다. 하지만 1987년 중반쯤에는 수입되는 주요 생산 투입물의 품귀 현상이 나타나는 병목현상이 생산 증가에 장애가 되었다. 그 결과 인플레이션이 다시 고개를 들기 시작했다. 환율은 한 번씩 조정되는 크롤링 페그였지만 인플레이션이 환율 절하 폭보다 높았기 때문에 환율의 가치절상이 불가피하게 나타나며 경상수지 적자가 큰 폭으로 증가했다. 표 15.2는 가르시아 대통령 재임 기간 동안의 주요 거시경제 변수와 실질임금의 추이를 보여준다.

조심스러운 정부였다면 커지는 재정 적자, 무역적자, 인플레이션을 보고 재정 지출을 줄였을 것이다. 그러나 그 대신 가르시아는 금융서비스 부문(은행과 보험회사)의 자산을 국유화하고 선별된 농업과 산업분야에 신용보조를 확대한다. 1988년 정부는 인플레이션 문제를 환율의 가치절하와 가격 통제로 해결하려고 하나, 동시에 소득을 보존하고 상대 가격을 맞추기 위해 일부 가격과 임금 인상을 허용한다.

1990년 무렵 경제는 불경기의 깊은 수렁에 빠진다. 7월에 새로운 정부가 취임하여 인플레이션을 잡고 재정적자를 줄이기 위해 재정과 통화 긴축이라는 비교적 전통적 안정화 프로그램을 시행한다. 하지만 이때 실질임금은 그 이전 정부가 취임했던 1985년 수준을 훨씬 하회하고 있었다.

1980년대 부채위기

학습목표 15.3 1980년대 부채위기의 중요 이유를 들 수 있고, ISI와의 관계를 설명할 수 있다.

1982년 8월 멕시코는 외채 원금과 이자를 갚을 외환 보유액이 없다고 발표했다. 멕시코가 부채 상환 능력이 없음을 공표한 첫 번째 나라는 아니었지만 당시까지 제일 큰 나라였다. 이 발표 후 라틴아메리카의 대부분 나라들을 포함해서 여러 나라가 비슷한 처지에 놓여 있는 것이 드러났다. 이렇게 잃어버린 10년이 시작되었다.

부채위기의 배경

멕시코의 경우 1981년의 원유 가격 폭락으로 부채를 갚기 위해 필요한 재원을 벌어들일 수 없게 된다. 문제를 어렵게 만든 것은 멕시코가 변동금리 조건으로 빌린 달러화 부채가 많았는데, 미국과 다른 나라에서 높은 인플레이션을 제어하기 위해 금리를 크게 올리며 전 세계적으로 금리가 오른 것이었다. 그 결과 멕시코가 외채를 갚기 위해 필요한 달러화를 벌 수 있는 능력이 떨어진 시점에서 금리는 상승했다.

1981년 원유가의 폭락과 세계적인 금리 상승은 라틴아메리카의 유일한 외부 충격이 아니었다. 1981~1982년 세계의 산업화된 나라들이 심각한 불경기에 진입하면서 라틴아메리카와 다른 지역에서 생산되는 원자재에 대한 수요가 떨어지고 가격이 하락했다. 멕시코의 경우 원유가 가장 중요한 품목이었지만, 그 이외 1차 수출 산품의 경우도 세계적 가격 하락이 발생했다.

라틴아메리카의 수출품 가격 하락과 금리의 상승은 부채위기로 이어지는 일련의 사건들의 중요한 부분이었다. 하지만 이런 외부의 경제적 충격도 추가적인 요인들이 아니었다면 광범위한 부채위기를 일으키지 않았을 것이다. 역사적으로 부채위기는 외부 충격 요인들과 더불어 그 이전에 국제적인 대출의 빠른 증가가 동반되었을 때 촉발되었다. 라틴아메리카의 경우 대출은 1974년부터 1982년까지 이루어졌다. 이 두 요인에 더해 문제를 키운 것은 1970년대 후반과 1980년대 전반의 거시경제 관리 실패였다.

1970년대에 런던, 뉴욕과 다른 곳의 금융기관들은 자금이 넘치며 대출에 적극적이었다. 1973년과 1974년, 1979년 원유가의 상승으로 원유 보유국들의 예금이 급증하였다. 은행들은 1974년부터 공격적으로 새로운 대출고객을 찾았다. 라틴아메리카와 카리브해 지역에게는 장기, 공공보증이 제공된 부채가 1973년부터 1983년 사이에 일곱 배나 증가했다. 급작스러운 상업은행의 대출 증가와 부채의 증가로 이들 경제는 갑작스러운 예기치 못한 충격에 취약해진다.

표 15.3 부채위기가 시작되었을 때 관련 지표(1983)

국가	총외채 (100만 달러)	GDP 대비 순외채	수출 대비 순이자
아르헨티나	43,634	75.3	62.8
볼리비아	3,328	141.9	38.5
브라질	92,961	48.3	38.7
칠레	17,315	87.6	32.9
콜롬비아	10,306	25.1	18.8
코스타리카	3,646	137.8	45.4
멕시코	86,081	63.8	32.1
페루	10,712	52.4	20.1
베네수엘라	32,158	38.8	9.6

외채가 많은 나라의 수출 대금 대부분이 부채의 이자를 지급하는 데 쓰였다.

출처 : Data from World Debt Tables, 1987; *International Debt Reexamined* 1995, World Bank © James Gerber.

표 15.3은 일부 부채가 매우 많았던 나라들의 부채위기 1년 후 부채의 규모를 보여주고 있다. 두 번째 열의 숫자들은 GDP 대비 순외채의 규모(전체 부채에서 외국인의 부채를 제외한)를 보여주고 있다. 세 번째 열은 재화와 서비스의 수출 대비 순이자 지급액의 비율을 보여주고 있다. 이 지표는 나라들이 수출로 벌어들인 수입을 이용하여 국제적 부채의 이자를 지급하기 때문에 유용한 것이다. 여기에서 수출로 번 자금의 10~63% 사이를 이자 지급을 위해 썼다는 것을 볼 수 있고, 그 결과 이 액수는 국내 투자를 위한 수입품을 사는 것에 쓸 수 없었다는 것이다.

부채위기에 대한 대응

처음에는 미국이나 IMF와 같은 국제금융기관의 전문가들은 부채위기를 한시적인 유동성 부족으로 보았다. 이런 가정하에 적절한 대응은 이 지역으로 자본흐름이 재개되도록 하여 라틴아메리카와 다른 문제 지역이 재원을 확보하여 외채의 원리금을 갚을 수 있게 되고 경제가 다시 성장하면서 부채문제를 벗어날 수 있도록 한다는 것이다.

미국 정책의 입장에서는 성장의 관건은 투자의 증가였고, 이는 지역으로의 자본흐름이 재개되어야만 가능한 일이었다. 미국의 재무장관 제임스 베이커가 1985년 이런 발상에 따른 첫 번째 정책을 제안했다. **베이커 계획**(Baker Plan)은 상업은행들의 대출을 재개하는 것에 초점이 맞추어졌다. 문제는 라틴아메리카에 대출을 했던 은행들은 이 지역에 대한 노출을 늘리는 것이 아니라 줄이려고 하고 있었다는 것이다. 그 결과 이 계획하에서 새로운 대출이 나타나지 않았다.

선진국 은행들로부터의 자금 유입 없이는 별다른 선택의 여지가 없었다. 전면적 부도선언과 부채상환 거부는 해당 나라의 무역과 외부와의 투자 연결고리를 끊을 것이다. 미국과 다른 나라들 정부의 대응에 따라 해당국 국내 투자와 성장에 위험한 충격을 줄 수 있으며 잠재적으로 파국적일 수 있다. 반면에 만약 외채의 원리금 상환을 계속하려면 수입에 더해 이자를 갚기 위한 재원을 마련하기 위해 상당히 큰 수입이 있어야 한다.

외채에 따른 이자 상환은 제9장에서 보았듯이 경상계정에 해외로 지급된 원천소득의 차변 항목이다. 그 결과 이자 상환은 많은 나라의 경상수지 적자를 크게 키웠다. 개방경제의 기본적 회계균형식을 상기하면 다음과 같다.

$$S_p + T - G = I + CA$$

여기에서 S_p는 민간 저축, $T - G$는 정부(공공) 저축, I는 투자, 그리고 CA는 경상수지이다. 경상수지 적자를 상쇄해줄 해외로부터의 자금유입이 없으면, 나라들은 적자를 수출의 증대와 수입의 감소를 통해 낮추어야 한다. 이를 달성하기 위해서는 지출 전환과 지출 감소 정책이 필요하다. 제11장에서 보았듯이 환율의 가치절하와 같은 지출전환 정책은 수입품에 대한 수요를 국내 생산품에 대한 수요로 전환하기 때문에 경상수지를 직접 증가시킨다. 세금 증가, 정부 지출 감소와 같은 지출 감소 정책들은 정부 저축을 증가시키고, 간접적으로 소비, 투자, 수입을 감소시킨다. 지출 감소 정책의 순효과는 국내 소득을 낮추어 국내 및 수입 생산품에 대한 수요가 떨어지는 불경기 발생이다.

이자를 갚을 재원을 마련하기 위해 이 지역의 정부는 긴축 정책을 시행해 심각한 불경기를 발생시켰다. 1982년과 1986년 사이 라틴아메리카와 카리브해 지역의 평균 개인당 실질 GDP 증가율은 −1.8%였다.

1987년에 무렵 모든 전문가에게 자본흐름의 재개만으로는 충분치 않다는 인식이 확산되었다. 라틴아메리카 경제의 심각한 구조개혁이 필요했다. 첫째, 잘못된 거시경제 정책으로 인해 총수요가 총소득보다 높게 유지되었기 때문에 이 격차가 존재하는 한 성장이 재개될 가능성이 낮았다. 두 번째, 정부의 지출을 지나치게 높게 유지하려고 많은 나라가 통화 증발에 의존하면서 인플레이션이 높았다. 셋째, 부채의 부담이 이 라틴아메리카 지역 내부뿐만 아니라 외부 관측자들에게도 명확했다. 부채의 원리금을 상환하고 나면 수출로 벌어들인 소득이 남지 않아 국내 투자와 소비, 성장이 발생할 수 없었다. 1988~1989년에 채권자들과 IMF와 같은 다자기구들 모두가 부채 탕감이 모두에게 도움이 된다고 동의하게 된다.

부채 탕감의 필요성에 대해 중지가 모아지면서 1989년 미국 재무장관 니콜라스 브래디의 이름을 딴 **브래디 계획**(Brady Plan)이 나온다. 브래디 계획은 근본적으로 이해 당사자 모두에게 무언가 주었다. 채권자들은 기존의 대출 만기를 연장하고 금리를 낮추었고 신규로 대출을 제공했다. IMF와 같은 다자기구는 완화된 조건으로 대출(시장금리보다 낮은 금리로)을 하고, 채무국들은 새로운 대출이 제공되기 전에 심각한 경제 개혁을 하겠다는 의지와 그 증거를 보이도록 했다. 브래디 계획이 부채위기를 종식시키지는 않았지만, 이 지역이 안정을 회복하는 데 중요한 단계였다. 국제 금융시장 참여자들은 브래디 계획에 따라 협상에 임한 채무국들을 더 믿을 수 있고, 재정 상황이 더 건실한 것으로 받아들였다. 그 결과 1989년부터 라틴아메리카로의 자본흐름이 재개되었는데 이번에는 은행 대출이 아니었다. 그 대신 미국, 유럽, 아시아의 투자자들은 라틴아메리카 지역에 직접투자와 이 지역에서 영업하는 기업들의 채권 및 주식과 같은 다양한 금융자산 매입을 늘리기 시작했다. 큰 규모의 자본 유입은 반전하여 유출로 바뀌었을 때 문제를 일으킬 수 있지만, 이 지역이 과거와 같은 수준의 성장세를 회복하는 데 필요한 저축과 투자였다.

21세기 관점에서 보면 부채위기의 가장 큰 장기효과는(1980년대의 불경기를 제외하고) 심각한 경제 개혁이 여러 나라에서 이루어졌다는 것이다. 이 개혁들이 자본흐름이 라틴아메리카 지역으로 다시 유입된 것을 설명하는 중요한 요인이다. 나라마다 개혁의 종류와 정도에 차이가 있었지만, 이들은 과거의 보호무역주의적이고 개입주의적이었던 ISI와 경제적 인기영합주의에서 탈피하여 더 개방되고 시장지향적 정책으로 옮겨가는 역사적 전환점이었다.

신자유주의 정책 개혁과 워싱턴 컨센서스

학습목표 15.4 1980년대 후반 시작된 정책 개혁의 목표를 논의할 수 있다.

학습목표 15.5 왜 일부 라틴아메리카의 지도자들이 경제정책 개혁에 대해 조바심을 보이는지 설명할 수 있다.

1980년대 말에는 대부분 라틴아메리카 나라들이 기업과 정부와의 관계, 개별 국가와 외부 세계와의 관계를 바꾸기 시작하는 경제 정책개혁을 시작하였다. 1989년 이후 개혁의 강도가 더 높아졌고 확산되었다. 대부분의 경우 개혁은 상호 연관되어 있는 세 가지 내용으로 구성되었다. 첫째, 성공의 정도는 차이가 있지만 정부들은 인플레이션을 잡고 재정적자를 줄이기 위한 안정화 정책을 시행했다. 둘째, 대부분 경제에서 정부가 차지했던 제조업 기업, 금융과 다른 서비스 분야, 광산, 관광, 전기수도와 같은 경제 부문을 민영화하기 시작했다. 셋째, 무역정책은 더 개방적이 되었고 수출에 대한 차별이 철폐되었다.

라틴아메리카에서 이런 개혁을 통틀어 묶음이 **신자유주의 모형**(neoliberal model) 또는 **신**

자유주의(neoliberalism)라고 알려졌는데, 그 이유는 개혁이 부분적으로 19세기 유럽의 자유주의(이는 자유로운 시장과 경제에 최소한의 정부 개입을 주장)로 회귀하는 의미가 있기 때문이었다. 신자유주의라는 명칭에 더해 이 조치들은 정책 개혁에 있어서 **워싱턴 컨센서스**(Washington Consensus)라고 불렸다. 신자유주의 의제와 워싱턴 컨센서스는 정부의 재정과 경제 운영을 개혁하기 위한 정책 처방으로 받아들여졌다. 하지만 둘 모두 개발과 관련된 것으로 보는 견해도 있으나 이는 경제 발전에 대한 교본은 아니었다. 1990년대 초에는 대부분 라틴아메리카 국가들이 조금씩 성장을 재개했지만 1990년대 중반에는 이 정책들에 대한 실망이 나타나기 시작했다. 개혁에 대한 실망이 만들어 낸 결과를 보기 전에 개혁의 내용에 대해 좀 더 자세히 알아보는 것이 유용하다.

인플레이션을 잡기 위한 안정화 정책

많은 나라가 부채위기의 시작으로 불경기가 발생하는 것을 피하려고 정부 지출을 늘렸다. 하지만 세금 제도가 부실하고, 부채위기로 정부가 부채를 얻을 수 있는 능력이 제한되었기 때문에 정부 지출을 뒷받침하는 유일한 방법은 통화 공급을 늘리는 것이었다. 정부 지출을 위해 통화를 증발한 결과 표 15.4에서 볼 수 있듯이 여러 나라에서 초인플레이션이 발생했다.

아르헨티나, 볼리비아, 브라질, 페루에서 발생한 초인플레이션을 해결하는 처방은 간단했다. 그것은 정부 지출을 줄이고 통화 증발을 멈추는 것이었다. 하지만 이 처방을 실행하는 것은 어려웠다. 단기간에, 인플레이션을 낮추는 과정에서 나타나듯이 가격 증가 폭이 임금 인상보다 크면, 실질임금이 하락하면서 인플레이션을 낮추는 부담이 주로 임금 근로자에게 집중

표 15.4 인플레이션율(1982~1992)

국가	인플레이션(%)		
	1982~1987년 평균	1987~1992년 평균	1982~1992년 최고치
아르헨티나	316	447	4924(1989)
볼리비아	776	16	8170(1985)
브라질	158	851	1862(1989)
칠레	21	19	27(1990)
콜롬비아	21	27	32(1990)
멕시코	73	48	159(1987)
페루	103	733	7650(1990)
베네수엘라	10	40	81(1989)

1980년에는 높은 인플레이션이 공통적인 문제였다.

출처 : Data from *Crisis and Reform in Latin America*, 1995, by Edwards, Sebastian © James Gerber.

된다. 그 결과 반(反)인플레이션 정책들이 경제적 고통을 가져와 임금 근로자들의 정치적 지지를 잃으며 많은 국민에게 정부의 인기가 떨어지게 된다.

추가적인 문제는 인플레이션의 원인에 대한 합의가 없다는 것이다. 일부는 인플레이션이 모든 사람들이 미래에도 높을 것이라고 기대하기 때문에, 즉 관성에 의해 인플레이션이 높다고 주장했다. 이런 기대는 생산자로 하여금 미래의 투입요소 비용이 올라갈 것을 대비하여 가격을 미리 올리게 한다. 인플레이션이 자체적인 모멘텀을 갖는 것은 그리고 이 문제가 얼마나 심각한지에 대한 실제 정보가 없는 상황은 인플레이션을 통제하기 위해 두 가지 정책 처방, 즉 전통적 모형과 비전통적 모형을 제시한다.

주류 모형(orthodox model)은 정부가 경제에 개입하는 것을 최소화한다. 그 결과, 인플레이션 통제를 위한 정책은 단순하다. 정부 지출을 줄이고, 조세제도를 개혁하여 세금 납부와 세수를 늘리고, 새로운 통화 공급을 제한하는 것이다. **비주류 모형**(heterodox model)은 위와 동일한 처방에 더해 임금과 가격의 동결을 추가한다. 비주류 모형에 따르면 인플레이션에 대한 기대가 경제 활동 깊숙이 자리 잡았기 때문에 정부의 지출과 통화 공급이 줄더라도 가격의 인상은 계속될 것이라고 본다. 실제로 비주류 모형은 문제의 일부인 재정 적자를 고려하지 않는 경우가 많았다.

1986년부터 1992년 사이, 브라질은 인플레이션을 통제하기 위해 다섯 차례의 비전통적 모형에 따른 안정화 정책을 시행했지만 하나도 실효가 없었다. 비슷하게, 비주류 모형에 따른 계획들이 1985년 아르헨티나와 페루에서 시행되면서 약 1년 정도 효과가 있어 보였으나 인플레이션이 다시 크게 오르며 실패한다. 그럼에도 불구하고 브라질과 멕시코는 각각 비전통적 모형의 방식에 따라 인플레이션을 잡았다.

여러 나라를 괴롭히는 한 가지 이슈는 인플레이션 안정화 정책과 환율정책 간의 불일치였다. 멕시코의 경험이 좋은 예인데, 이 문제는 환율이 인플레이션을 통제하기 위한 좋은 수단이기 때문에 발생한다. 멕시코는 1980년대 중반에 인플레이션 통제를 위해 자국의 페소화를 달러화에 고정시켰다. 아르헨티나와 브라질도 1991년과 1994년에 안정화 정책의 일환으로 환율을 고정했다. 미국 제품과 경쟁하는 국내 생산업자들은 경쟁력을 유지하기 위해 가격을 올릴 수 없었다. 이에 더해, 멕시코의 산업에 중요한 미국산 수입 자본재의 가격도 오르지 않았는데, 이는 멕시코 제조업이 생산한 최종 공산품 가격을 안정시키는 데 기여했다. 멕시코의 인플레이션이 미국보다 조금 더 높기 때문에, 시간이 지나면서 페소화는 고평가되기 시작했다. 결국에는 이것이 커지는 무역 불균형과 1994년 페소화의 폭락과 이어진 1995년 심한 불경기 발생에 기여했다. 1994년 이후 멕시코는 페소/달러 환율이 변동하도록 했으며, 환율을 인플레이션의 흐름에 맞서는 앵커로 사용하는 시도를 멈추었다. 아르헨티나가 인플레이션을 통제하기 위한 노력과 여기에서 환율의 어떻게 사용되었는가에 대해서는 제11장의 사례연구에서 살폈다.

구조개혁과 열린 무역

인플레이션을 통제하고 재정 적자를 줄이기 위한 안정화 정책은 **구조개혁 정책**(structural reform policies)을 포함하는 패키지의 일부이다. 두 종류의 정책을 분리하는 방법은 안정화 정책이 인플레이션과 정부 예산과 같은 거시경제 정책에 초점을 맞추는 것에 비해 구조개혁 정책은 자원의 배분과 관련된 좀 더 미시경제적인 초점을 갖는다. 구조개혁 정책에는 정부 소유 기업의 민영화, 규제 완화와 금융 서비스와 같이 과하게 규제되었던 산업의 규제개혁과 무역정책의 개혁을 포함한다.

민영화와 라틴아메리카의 규제환경을 개혁하려는 정책 시도는 매우 인상적이었지만, 이 절에서는 오늘날까지 가장 인상적인 구조개혁, 즉 지역경제의 세계경제와의 통합에 초점을 맞춘다. 부채위기가 발생하기 이전에 라틴아메리카 경제들은 공산권 밖의 세계경제에서 제일 제한된 무역 시스템을 보유하고 있었다. 여러 나라에서 부채위기는 세계경제로부터의 고립이 외부환경으로부터 오는 충격에서 자신을 보호하는 방도라는 믿음을 더 공고히 해주었다.

1970년대 칠레가 이런 전통에서 벗어나 무역정책을 개혁하기 시작했다. 멕시코와 볼리비아가 1985년과 1986년에 뒤따랐고, 1987~1988년경에는 라틴아메리카 전역에 걸쳐 다시 성장하려면 무역이 더 개방되어야 한다는 것이 명확해졌다. 1980년대 후반과 1990년대 초반 라틴아메리카의 거의 모든 나라들이 관세와 비관세 장벽(NTB)을 낮추고, 산업과 품목에 따른 관세율의 차이를 줄이기 시작했다. 표 15.5는 개혁이 시작된 1980년대 중반과 1990년대 초반 및 그 이후의 관세의 변화를 보여준다. 관세 인하가 컸으나, 많은 나라가 이 종류의 장벽을 대

표 15.5 평균 관세율, 퍼센트, 일부 국가

	1985	1992	2010
아르헨티나	28	14	11
브라질	80	23	13
칠레	36	11	5
콜롬비아	83	12	11
멕시코	34	14	7
페루	64	18	5
베네수엘라	30	17	13

라틴아메리카 나라들은 관세 인하를 포함해서 무역장벽을 크게 낮추었다. 대부분의 개발은 1985년과 1995년 사이에 이루어졌다.

출처 : Data from *Crisis and Reform in Latin America by Sebastian Edwards*, ; World Bank, *World Development Indicators*., © James Gerber.

부분 철거하면서 쿼터와 수입허가규정과 같은 NTB의 철폐 효과는 더 극적이었다. 1990년대에 대부분 관세와 비관세 변화가 실행되면서, 나라들은 다른 형태의 시장 개방에 나서기 시작했다.

무역 분야 개혁의 세 가지 주된 목적은 무역정책이 해외시장보다는 국내시장을 위한 생산을 장려하는 반(反)수출 경향을 낮추고, 생산성 증가를 높이고, 그리고 무역재의 실질 가격을 낮추어 소비자들의 후생을 높이는 것이다. 무역정책의 변화에 반응하여 대부분의 나라에서 수출 증가율이 올라갔고, 비전통적 수출이 극적으로 증가했다. 이에 더해, 데이터가 존재하는 나라들 대부분에서 생산성이 올라갔다. 이런 생산성의 증가는 최소한 부분적으로 무역개방에 따른 기술 이전, 개선된 투자 환경, 국내 기업들에 대한 경쟁압력에 기인한다.

사례연구

라틴아메리카의 지역 무역블록

라틴아메리카에는 여러 지역무역협정이 있는데 일부는 매우 오래되었다. 1960년대에 프레비시와 다른 사람들은 ISI 전략이 규모의 경제 가능성과 그에 따르는 생산성의 향상을 막는다는 것을 깨달으면서 1세대 협정들이 체결되었다. 생산이 국내에만 머물게 되면 여러 분야의 기업들은 커지지 못하며 연구와 개발에 투자를 못하고 국제적으로 경쟁을 할 수 없게 된다. 이에 대한 해결 방안은 중미공동시장(1961), 카리브해 지역 자유무역협회(1966, 현재는 **카리브 공동체와 공동시장**으로 전환), 안데안 협정(1969, 현재는 안데안 국가 공동체로 전환)과 같은 지역무역 협정을 장려하는 것이었다. 이 협정들의 목표는 표 15.6에서 볼 수 있다. 이 협정들은 회원국에 위치한 기업들에 상업적 특혜를 부여했지만 역내 무역의 양상을 크게 바꾸거나 역내 무역을 증가시키지는 않았다. 나라들은 관세인하 압력에 저항했고, 무역블록 내 자유무역에 대한 모멘텀은 빠르게 상실되었다. 1980년대에는 협정들이 문서에만 존재했고, 회원국들에 아무 영향이 없었다.

표 15.6 지역무역블록 예

무역블록	연도	회원국	목표
안데안 국가 공동체	1969	볼리비아, 콜롬비아, 에콰도르, 페루	관세동맹
카리브 공동체 (CARICOM)	1973	앤티가바부다, 바하마, 바베이도스, 벨리즈, 도미니카, 그라나다, 가이아나, 아이티, 자메이카, 몬트세랫, 세인트키츠네비스, 세인트루시아, 세인트빈센트그레나딘, 수리남, 트리니다드토바고	관세동맹

무역블록	연도	회원국	목표
중미 공동시장	1961	코스타리카, 엘살바도르, 과테말라, 온두라스, 니카라과	관세동맹
도미니카공화국 중미 자유무역협정(DR-CAFTA)	2005	코스타리카, 도미니카공화국, 엘살바도르, 과테말라, 온두라스, 니카라과, 미국	자유무역지역
남부의 공동시장 (MERCOSUR)	1991	아르헨티나, 볼리비아, 브라질, 파라과이, 우루과이, 베네수엘라	관세동맹
북미자유무역협정 (NAFTA)	1994	캐나다, 멕시코, 미국	자유무역지역
태평양 연합	2011	칠레, 콜롬비아, 페루, 멕시코	자유무역지역

1980년대 초와 중반의 무역 분야 개혁과 더불어 지역무역협정들이 다시 한 번 유행했다. 멕시코가 1989년 미국과의 자유무역협정(FTA)을 추진하고 있다고 발표하면서 선두로 나선다. 규모의 경제에 더해 무역협정은 외국인 투자의 유입과 시장 접근의 확대 및 무역 상대국의 다변화 등의 효과를 약속한다. 1990년대 이후, 기존 협정의 재활, 새로운 다자협정 체결, 라틴아메리카 안팎 국가들과의 양자 FTA 체결 등을 통해 다수의 협정들이 실행되었다. 예를 들어 멕시코는 11개의 나라와 지역들과 FTA를 체결했는데, 여기에는 일본, EU가 포함되었으며 NAFTA를 포함한 2개의 다자협정에도 참여하고 있다. 칠레는 태평양 연합의 참가국이며, 20개의 나라와 지역과의 협정을 보유하고 있는데, 여기에는 EU, 미국, 중국도 포함된다. 전체 리스트는 OAS의 외국 무역 정보 시스템, http://www.sice.org에서 볼 수 있다.

다음 세대 개혁

워싱턴 컨센서스는 안정화 정책과 구조개혁과 중첩되며, 그들은 보통 조합을 이루어 신자유주의라는 이름으로 분류된다. 신자유주의와 워싱턴 컨센서스는 라틴아메리카에서 부정적인 의미를 갖는데, 왜냐하면 지난 20년의 개혁은 불확실성과 변화를 가져왔지만 개혁이 성장과 번영에 대한 기대를 충족시켜주지 못했다. 다시 말해, 협의의 워싱턴 컨센서스는 일부 나라들에서 초인플레이션이나 고삐가 풀린 재정 적자를 통제하는 데 도움이 됐지만, 지역의 가장 어렵고 근본적인 장기적 문제들을 해결하지 못했다. 미흡한 성장률, 극적인 불평등, 거시경제적 위기와 불안에 대한 취약성이 지역 대부분의 나라들을 괴롭히고 있다. 1980년대와 1990년대의 개혁들 이후 경제 성장률이 증가했지만 아직도 너무 낮고, 빈곤율과 불평등 수준은 거의 변하지 않았다. 1990년대 중반 전문가들은 '개혁을 개혁'하는 것과 '2세대 개혁'에 대해 언급하기 시작했는데, 뚜렷한 개선이 없는 것에 대한 대중의 실망은 개혁에 대한 광범위한 환멸로 이어졌다. 몇몇 나라들(브라질, 베네수엘라, 볼리비아, 에콰도르, 니카라과)은 개혁을 중단하거나 또는 강도를 낮추겠다는 지도자들이 선출되었고, 새로운 정책은 차이가 있으나 국수주의적인 경향과 시장친화적 정책이 후퇴하는 경향이 뚜렷하다. 우고 차베스(1999~2013)와 같은 일부 지도자들은 라틴아메리카에 사회주의 블록을 만드는 것과 지난 20년간의 개혁의 완전한 포기를 제안하였다.

좀 더 온건한 개혁파들이 지역의 제도와 기구를 고려하고, 사회적 · 경제적 불평등 문제를 고려하는 2세대 개혁을 준비하고 있다. 개혁파들의 목표는 배제된 그룹들에게 기회를 제공하는 보다 더 포용적인 경제 시스템, 경제를 거시경제 위기에 대해 더 견고하게 만들고, 법적 · 제도적 경직성을 해소하여 유연성을 증대하는 것이다. 예를 들어 많은 소규모 기업과 자영 기업 및 주택이 주인이 공식적인 소유권을 보유하지 않은 땅에 지어졌다. 이런 상황은 그들이 자산을 담보로 사용하여 대출을 받을 수 없게 하거나 또는 공식적인 금융시스템에 진입할 수 없게 한다. 결국 많은 소규모 기업들이 완전한 경제활동 참여를 막아 성장을 제약하는 것이다. 이 문제를 해결하기 위해 행정절차는 다시 설계되고 단순화되어야 하며, 법과 사법기구가 거대 기업과 막강한 정치 이익이 아니라 작은 기업과 개인들의 필요를 충족시킬 수 있도록 재편성되어야 한다. 비슷하게 위험 감수를 장려하는 파산법, 독점을 분산하는 경쟁정책, 불필요하고 원하지 않는 리스크를 제한하는 것 등이 추가적인 개선이 필요한 분야들이다.

라틴아메리카의 상당히 불평등한 소득 분배를 해결할 수 있는 메커니즘도 이 안건에 포함된다. 여러 나라에서 원주민, 아프리카계 사람, 고립된 생계형 농부들과 같이 특정 그룹에게 경제적 기회를 부여하지 않는 오랜 역사가 존재한다. 비록 조건에 큰 차이가 있으나, 대부분 나라에서 세계에서 가장 공평하지 않은 소득분포를 갖고 있다. 이런 불평등을 해소할 수 있는 메커니즘은 어린이들에 대한 초등교육과 건강 관리, 그리고 **조건부 현금지급**(conditional cash transfers, CCT)이라고 불리는 사회정책들이다. CCT는 브라질과 멕시코에서 시작했는데 17개 나라에서 채택되었다. 이 프로그램들은 크기나 집행 절차에 있어 차이가 있으나, 모든 경우에 아동의 학교 등교 조건부로, 건강검진과 예방접종 등을 조건으로 가계에 매달 일정의 현금을 지급하는 제도이다. 이 프로그램들은 가족들이 경제적인 유인이 있으면 아이를 더 학교에 잘 보낼 것이며, 만약 일하는 대신 학교 출석으로 임금을 잃게 되면 이를 보전해주는 제도도 있다. 이 프로그램에 대한 초기 효과평가 연구 결과들은 아동들의 학교 등교가 늘었으며 경제적 불평등이 소폭 줄었다고 한다.

지난 20년 동안 멕시코와 칠레를 포함한 몇몇 나라들은 세계 어느 나라에 비해서도 개방되어 있고 외부 지형적으로 변모했다. 라틴아메리카 지역은 상대적으로 폐쇄적이고 정부가 경제 개발전략을 주도하는 내부 지형적인 지역에서 역사적인 변화를 거쳐 상대적으로 더 개방되고 시장지향적인 지역이 되었다. 이런 변신은 경제 정책과, 시민과 정치인들의 사고방식의 근본적인 변화가 필요했다. 여러 면에서 지역은 선택의 여지가 없었는데 그 이전의 ISI 전략은 1980년대의 부채위기를 해소하지 못했기 때문이다. 아직까지는 이런 개혁의 결과가 실망스럽지만 그러나 이는 개혁파들이 보다 더 통합된 세계환경에서 경제 개발의 동력을 찾으려면 경제학만 고려하는 것을 벗어나야 하는 필요를 보여주고 있다.

사례연구

칠레 모형

칠레는 1970년대와 1980년대 매우 잔인한 독재통치를 겪었다. 아우구스토 피노체트 장군은 1973년 민주적으로 선출된 살바도르 아옌데를 군사 구테타로 축출하고 정권을 잡았다. 피노체트는 수많은 칠레 시민들을 고문, 구금하였고, 약 2,000~3,000명의 시민을 고문하고 살해했다. 그는 극단적인 국수주의자였고, 경제학에 대해서는 문외한이며, 지난 정부와 관련이 없는 정책자문가들을 원했다. 그의 첫 경제자문가가 실패한 후 그는 칠레의 정치권 밖에 있었던 시카고대학교에서 경제학 훈련을 받은 야심찬 학자그룹을 선택했다. 시카고 대학은 자유시장 이념으로 잘 알려졌는데, 피노체트의 경제자문가들은 시카고 보이즈로 알려지게 된다.

시카고 보이즈들은 칠레의 수입대체 정책을 신속히 종식시켰다. 은행들, 구리 회사들 그리고 국유화되었던 다른 회사들을 짧은 기간에 민영화했다. 관세를 큰 폭으로 낮추고, 대부분의 수입허가제도를 철폐했으며, 칠레 경제를 세계에 개방했다. 농업 보조금을 끊었고 정부 지원은 철폐되었다. 그동안 위기 상황에 있었던 경제는 1975년 심각한 불경기를 겪은 뒤 피노체트가 집권한 지 2년 만에 성장하기 시작했다. 그러나 성장은 오래가지 않았는데, 1980년대 세계적인 불경기가 시작되자 칠레의 경제는 급락했다. 은행들은 다시 국유화되었고, 많은 무역 자유화 조치는 원래대로 되돌려졌다.

경제위기가 2년 더 지속된 후 1984년 경제는 회복되기 시작한다. 이때 시카고 보이즈들은 좀 더 실용적으로 정책을 만들었고 1980년대의 남은 기간에 왕성한 성장이 지속되었다. 1990년에는 피노체트가 하야하고 민주주의가 복원되었다. 콘세르타시온이라 불리는 중도와 좌파 정당의 연합이 집권했고 2010년까지 재임했다. 콘세르타시온이 20년 재임기간 동안 대통령직은 중도파 기독민주당 출신과 좌파 사회당 출신이 교대로 맡았지만 경제정책은 대체로 크게 바뀌지 않았다. 2000~2006년까지 재임했던 사회당 콘세르타시온 대통령 리카르도 라고스는 다음과 같이 설명한다.

내 생각에는… 건실한 경제정책은 좌파나 우파의 전유물이 아니다. 그것은 단순히 건실한
경제정책일 뿐이다. 그리고 이것을 깨닫는 데 시간이 좀 걸렸다.*

시카고 보이즈와 잔인한 독재자 피노체트 아래서, 사회주의자와 중도 우파(기독민주
당) 소속 콘세르타시온하에서 칠레는 광범위한 시장 개혁을 단행했다. 이 정부들은 학교
가 아니라 학생들을 보조해주는 학교 바우처를 도입했다. 그들은 근로자가 뮤추얼 펀드
처럼 관리하는 개인퇴직계정을 도입했다. 그들은 도로와 같은 사회간접자본을 건설했지
만 만약 정부의 예산이 부족할 때는 도로를 유료화하여 민간부문이 이를 건설토록 했다.
그들은 모든 상품에 동일한 일괄적 관세를 도입하여 관세가 투자를 한 분야에서 다른 분
야로 이동하지 않도록 했고, 점진적으로 관세를 인하했다.

피노체트 독재 이후의, 사회주의자들이 대통령직을 맡았을 때를 포함해, 정부들은 많
은 시장 지향적 정책들을 계속 유지했다. 그러나 이들은 사회정의를 확대하기 위해 여러
새로운 정책 이니셔티브를 시행했다. 공적 건강관리는 개인 퇴직계정을 갖기에 너무 가
난한 사람들을 위한 퇴직 기금과 함께 확장되었고, 상품, 서비스 그리고 사람들의 이동
성을 높이기 위해 사회간접자본에 대한 투자를 늘렸다. 빈곤율은 떨어졌고, 소득은 증가
했으며, 칠레는 여러 다른 나라들의 모범이 되었다. 라고스는 정부의 시각을 다음과 같이
설명하였다.

"이보세요, 우리는 시장경제를 갖고 있어요."라고 하는 것과 "나는 시장 사회를 갖고 싶지
않아요."하는 것은 다른 얘기이다. 나는 오늘날 이 세계에서 이것이 매우 중요한 이슈라
고 생각한다. 우리가 시장이 자원을 배분하는 글로벌 세계에 살고 있는 것은 사실이다. 하
지만 공공재와 서비스 분야 어디에 자원을 배분할지 결정하는 것은 시민들의 영역이다.*

* 라카르도라고스의 말 인용

요약

- 라틴아메리카는 20세기 대부분 기간 동안 세계에
서 제일 빠르게 성장한 지역이었다. 그러나 1980
년대 성장이 급작스럽게 멈추었다가 1980년대 말
과 1990년대 성장세를 회복했다.

- 최근 개혁 때까지, 라틴아메리카의 성장은 대외
지향적이기보다 대내 지향적이었다. 생계형 농업
의 생산성이 전체 성장에 비해 뒤처지면서 농촌
지역의 빈곤율이 도시지역보다 훨씬 높았다.

- 라틴아메리카의 개발전략은 1930년대, 1940년대, 1950년대에 체택되었다. 그것은 **수입대체산업화(ISI)**라고 명명되었고, 수입되는 산품을 국내에서 생산하는 산업에 초점을 맞추는 대내 지향적인 전략이었다. 이 개발 모형이 선호되었던 이유는 1차 산업 산품을 주로 수출하는 지역의 무역조건이 계속 악화될 것이라고 여겨지면서, ISI 전략이 외환과 수입에 대한 필요를 낮추어 이 지역을 외부 충격에 대한 취약성을 낮출 것이라고 생각되었기 때문이다.

- ISI하에서 경제 성장은 적절했으나 결국 비효율적인 제조업으로 이어졌고, 과도한 사익 추구, 지속적인 환율 고평가, 자원의 지나친 도시 집중화 등의 문제를 낳았다.

- ISI 정책은 여러 나라에서 인기영합적 지도자의 선출과 겹치면서 사정을 더 나쁘게 만들었다. 인기영합 지도자는 경제 성장과 부의 분배를 선호했고, 극단적인 경우 그들은 정부의 예산이나 외환 부족과 같은 경제적 제약을 무시했다.

- 인기영합 정책들은 거시경제적 불안을 조장하였고, 이는 자주 초인플레이션과 실질임금의 하락으로 이어졌다.

- 1982년 시작된 부채위기는 부채 수준이 높지 않고 부채 문제가 없는 곳을 포함하여 지역의 모든 나라들에 영향을 미쳤다. 이 위기의 결과로 지역의 국가들은 국제적으로 자금을 차입하는 것이 매우 어려워졌다.

- 부채위기의 주된 원인은 1970년대의 대출 증가와 금리상승, 원유를 포함한 1차 산품의 가격 하락과 같은 외부의 충격이었다. 1970년대와 1980년대 라틴아메리카 나라들의 잘못된 거시경제 정책이 이들을 충격에 더 취약하게 만들었다.

- 부채위기는 1982년부터 1987년 사이 대부분 기간 이 지역 나라들에 마이너스 성장을 가져왔다. 1987~1988년 무렵에는 모든 정부들에게 경제정책의 개혁 필요성이 명약관화해졌다.

- 1990년대 중반부터 현재까지, 라틴아메리카의 정부들은 심각한 경제정책 개혁을 진행했다. 이 개혁은 첫째로 인플레이션을 잡고 예산적자를 줄여 거시경제적 안정을 회복하고자 했다. 안정화 정책은 구조개혁으로 이어졌는데, 이는 무역을 개방하고, 민영화하고, 완화되고 재편된 규제 환경을 만들었다.

- 대부분 라틴아메리카 나라들이 다시 성장하고 있는 반면, 경재개혁에 대한 불만도 널리 퍼져 있다. 일자리는 원하는 만큼 만들어지지 않고 있고, 불평등은 지속되고 있으며, 경제 성장은 가시적으로 빈곤을 퇴치하기에 미흡한 수준이다.

용어

경제적 인기영합주의

구조개혁 정책

라틴아메리카 경제위원회(ECLA)

무역조건(TOT)

베이커 계획

브래디 계획

비주류 모형

수입대체산업화(ISI)

수출비관론

시장실패

신자유주의 모형 또는 신자유주의

워싱턴 컨센서스

잃어버린 10년

조건부 현금지급(CCT)

주류 모형

학습문제

15.1 　2차 세계대전 종전부터 1980년대 부채위기 발생 때까지 라틴아메리카의 경세 성장의 주요 특징은 무엇인가?

15.2 　수입대체산업화(ISI)는 무엇인가? 목표와 방법을 설명하라.

15.3 　ISI에 대한 주요 비판은 무엇인가? ISI는 실패했는가?

15.4 　경제적 인기영합주의의 전형적 사이클을 설명하라. 왜 이것은 지지자들의 사정을 사이클이 시작하기 전보다 더 나쁘게 만드는가?

15.5 　경제적 인기영합주의 정책들이 고평가된 환율과 상당한 무역수지 적자로 이어지는지 설명하라.

15.6 　부채위기의 주변 원인은 무엇인가? 미국과 다른 선진국들이 어떻게 대응했는가?

15.7 　왜 1980년대 라틴아메리카의 부채위기가 모든 나라에 불경기를 초래했는가?

15.8 　안정화 정책과 구조조정 정책의 차이가 무엇인가? 예를 들어 설명하라.

15.9 　신자유주의가 무엇인가? 왜 사람들이 그것을 부정적으로 생각하는가?

15.10 　라틴아메리카의 1980년대 말과 1990년대 무역 개혁의 내용은 무엇인가? 취해진 행동과 바라는 목적과는 어떻게 연관이 있는가?

동아시아의 수출주도 성장

학습목표

이 장을 학습한 후 학생들은

16.1 동아시아 경제들의 수출주도 성장이 이룬 성공의 네 가지 일반적 특징을 나열할 수 있다.

16.2 제도적 환경이 어떻게 경제 성장을 지원했는가를 설명할 수 있다.

16.3 수출주도형 동아시아 경제의 개방 정도를 해석할 수 있다.

16.4 동아시아의 성공에 산업정책이 중요했다는 견해에 대한 찬반 의견을 설명할 수 있다.

16.5 수출 촉진 정책들의 영향과 세계의 다른 지역에 적용 가능한지에 대한 토론을 평가할 수 있다.

16.6 총요소생산성을 정의하고 왜 경제학자들이 동아시아의 성장이 다른 지역의 성장과 유사했는지를 이해하는 데 이 개념을 사용하는지 설명할 수 있다.

서론 : 아시아 경제의 고도성장

지난 50년간의 가장 흥미롭고 중요한 경제 이야기는 여러 아시아 경제의 성공담이다. 제17장에서 중국과 인도의 두 거대 경제를 살필 것이며, 여기에서는 2차 세계대전 이후 수십 년 사이 빠른 성장을 기록한 다양한 나라들에 초점을 맞춘다. 홍콩, 한국, 대만, 싱가포르는 세계은행 분류 기준에 따라 고소득 국가로 분류되고, 반면 말레이시아, 태국, 베트남은 빠른 경제 성장을 약간 늦게 시작하여 아직도 중위소득 국가로 분류되고 있다. 일본이 이 그룹을 마감하는데, 동아시아 경제 중에 제일 먼저 고소득 지위를 달성했으며, 다른 경제들의 경제정책에도 상당한 영향을 미치는 나라이다. 이것은 차이가 큰 다양한 한 무리이다. 이들 모두가 주권 국가는 아닌데, 예를 들어 홍콩은 중국의 특별 행정 지역이다. 몇몇은 영국(홍콩, 말레이시아, 싱가포르) 또는 일본(한국)의 식민지였으며, 대부분 자본주의를 따르지만, 베트남은 이전에 사회주의 국가였으며, 중국과 마찬가지로 사회주의 제도를 일부 유지하고 있다. 수십 년간의 빠른 경제 성장 외에, 이들이 공유하는 것은 외부 지향적 수출주도형이라는 것이다. 1980년

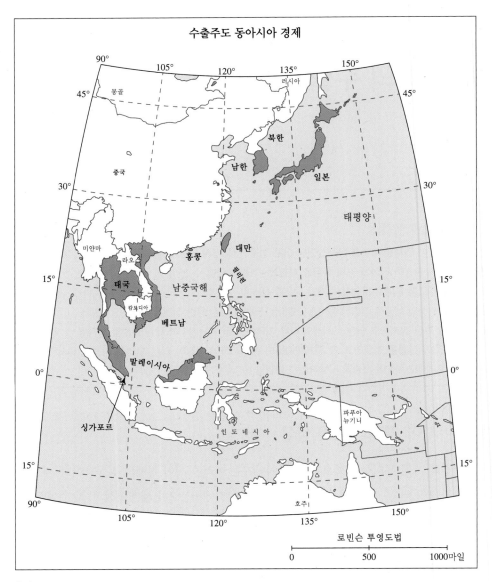

수출주도 동아시아 경제

출처 : Pearson Education

대 세계은행은 그들이 고도 성과 아시아 경제라고 분류한 8개의 경제(여기에는 인도네시아가 포함되고 당시 사회주의에서 자본주의로 전환한 지 얼마 되지 않은 베트남은 제외)에서 소그룹은 작은 용들, 또는 호랑이 네 마리라고 불렀다. 중국의 성장이 세계경제를 바꾸기 전에, 그들의 수출 능력과 높은 성장률은 세계적인 경제 관심사였으며, 성장이 부진했던 세계의 다른 지역들에 대비되었다. 그들의 경제적 성공은 저소득 또는 중위 소득 국가들에게 빈곤을 퇴치하고 성장을 달성하여 그들도 고소득, 산업 사회가 될 수 있다는 것을 보여주었다.

경제학자들은 고도성장을 기록한 아시아 경제들의 몇 가지 사실에 대해 동의한다. 첫째, 그들은 신중하게 안정된 거시경제 환경을 유지하였으며 다른 지역에 비해 불경기나 금융위기를 덜 겪었다. 둘째, 그들은 경제 성장의 혜택을 골고루 나누려는 확고한 의지를 보였고, 이는 공적 의료 보장, 교육, 주택분야의 접근성 증대로 나타났다. 이런 정책들을 통해 숙련되고, 문자를 읽고 쓸 수 있는 능력이 높은 인력을 양성하였고, 다국적 기업들에게 이런 노동력은 매력적이었다. 셋째, 그들은 수출을 장려했지만 수입에 대해서도 대부분의 다른 개발도상국에 비해 더 개방적이었다. 수출을 통해 외환을 벌어들였고 아울러 기업들이 경쟁력 있는 제품을 생산하도록 압력을 가했으며 수입을 통해 새로운 기술과 제품을 들여왔다.

이 나라들의 경제적 성공에 대한 몇 가지 질문은 아직 답을 못찾고 있다. 예를 들어, 산업정책이나 산업육성정책이 얼마나 중요했는지가 불확실하다. 이들은 부차적이었는가? 혹은 성장에 중요한 역할을 했는가? 또 다른 분야는 개입적 정부정책과 지대 추구행위의 회피에 관해서다. 구체적으로 이 경제들에서 경제활동에 대한 정부의 개입정책이 있었음에도 불구하고 지대 추구행위가 없었는가? 어떤 경제학자들은 이 경제들에서 이런 행위가 없었던 것이 아니며, 그것 때문에 1997년 여름과 가을에 여러 나라에서 금융부문이 붕괴되었던 것이라고 주장한다. 그들의 성공이 경제 성장을 위한 새로운 경제모형을 제시하고 있는 것일까, 아니면 이 경제들이 미국과 다른 산업화된 국가들이 높은 소득 수준을 달성하기 위해 했던 것들을 근본적으로 답보했던 것일까? 끝으로 이 나라들의 수출 촉진 모형을 다른 곳에서도 적용할 수 있을까, 혹은 이것이 불가피하게 2008년에 시작된 세계적 불경기를 일으키는 데 부분적으로 책임이 있는 세계적 불균형으로 이어질 것인가?

이 장은 동아시아의 고도성장 경제들의 이슈들을 설명하며 이런 것과 몇몇 추가 질문들을 검토할 것이다. 특히, 동아시아의 무역과 국제경제 관계와 관련하여 라틴아메리카와의 대비점을 강조할 것이다.

인구, 소득, 경제 성장

표 16.1은 8개의 고도성장, 수출지향적 아시아 경제의 규모와 소득 수준을 보여주고 있다. 1인당 국내총생산(GDP)은 싱가포르, 일본, 홍콩, 대만, 한국이 높다. 나머지 3개 나라(태국, 말레이시아, 특히 베트남)는 빠른 성장이 시작된 시점이 다른 5개국보다 훨씬 늦다. 표 16.2는 이들의 개인당 실질 소득의 증가율을 보여준다. 1980년부터 2000년까지, 고소득 국가들을 따라잡고 있을 때, 모든 나라들은 중위 및 고소득 평균보다 더 빠르게 성장했다. 2000년 이후 성장이 둔화되기 시작했고, 특히 일본은 1990년대 독특한 일련의 문제를 경험하였다. '72 규

표 16.1 수출지향적 동아시아 경제들의 인구와 GDP(2015)

	인구 (100만)	GDP (달러, 10억)	1인당 GDP (달러, PPP)
홍콩	7.3	309.9	56,701
일본	126.9	4,123.3	38,054
한국	50.6	1,376.9	36,511
말레이시아	31.0	296.2	26,315
싱가포르	5.5	292.7	85,253
대만	23.5	523.6	46,783
태국	68.8	395.3	16,097
베트남	91.7	191.5	6,024

고도성장을 기록한 아시아 경제들은 빠르게 성장한 기간에 따라 소득 수준이 다르다.

출처 : Data from International Monetary Fund, *World Economic Outlook Database*. © James Gerber.

표 16.2 평균 1인당 실질 GDP 연간 증가율(1980~2015)

	인구 (100만)	GDP (달러, 10억)	1인당 GDP (달러, PPP)
홍콩	고소득	3.9	3.1
일본	고소득	2.4	0.7
한국	고소득	7.3	3.4
말레이시아	중소득	3.8	2.9
싱가포르	고소득	4.7	3.0
대만	고소득	5.4	3.3
태국	중소득	4.7	3.3
베트남	중소득	4.8	5.3
소득 수준별 평균성장률			
고소득		2.1	1.1
중소득		2.1	4.6
저소득		−0.9	2.8

* 1990~2000년

동아시아의 고도성장 경제들은 고소득, 중소득, 저소득 국가들보다 더 빠르게 성장했으나 2000년 이후(일본의 경우 훨씬 이전)부터 성장세가 둔화되었다.

출처 : Data from International Monetary Fund, *World Economic Outlook Database*. © James Gerber.

칙'에 따르면, 만약 한 변수(예 : 소득)가 X%로 성장하면, 그 크기가 두 배가 되기까지 약 $72/X$년이 소요된다. 다시 말해, 한국의 1980년부터 2000년까지 7.3% 연평균 성장률은 개인당 실질 GDP가 10년이 걸리기 전에 두 배(72/7.3)가 되었다는 의미이다.

홍콩에 대한 노트

1997년 7월 1일 영국은 150년의 영국 통치를 마치고 홍콩을 중국에 반환한다. 중국은 홍콩에 대해 '한 나라, 두 체제' 정책을 유지하겠다고 약속했다. 실제로 이는 홍콩이 자신들의 화폐를 유지하고, 중국 본토로부터의 이민을 제한하여 홍콩의 현 체제를 유지할 수 있도록 한다는 것을 의미한다. 홍콩과 중국에 대한 통계도 개별적으로 취급되고 있다.

성장의 일반적 특징

학습목표 16.1 동아시아 경제들의 수출주도 성장이 이룬 성공의 네 가지 일반적 특징을 나열할 수 있다.

제15장에서 보았듯이, 2차 세계대전 이후 1980년대 중, 후반까지 라틴아메리카에서 경제 성장은 높은 불평등, 거시경제의 불안, 대내 지향적 경향의 특징이 있었다. 수출지향적 아시아와 대비해서 차이가 더 이상 극명할 수 없는데, 왜냐하면 아시아의 성장은 더 낮거나 줄어드는 불평등, 일반적으로 건실한 거시경제 기본, 수출의 촉진을 포함하기 때문이다. 이들 각각 분야에 대해 더 자세히 보는 것이 도움이 된다.

공유된 성장

수출지향적 아시아 경제 성장의 주요 특징의 하나는 소득 불평등의 하락도 함께 진행되었다는 것이다. 이 특징은 고도성장 초기 소득과 부의 불평등이 상대적으로 높지 않았다는 것을 생각하면 더 놀라운 일이다. 비교적 최근까지, 경제학자들은 경제 발전이 불평등의 증가로 이어진 후 궁극적으로 낮아진다고 생각했다. 이런 생각은 쿠즈네츠 곡선으로 대변되는 사이먼 쿠즈네츠(Simon Kuznets)의 연구 결과에 기인한다. 수평축에 개인당 GDP, 수직축에 불평등도를 보여주는 그림이다. 쿠즈네츠는 그의 데이터가 주로 미국과 영국, 몇몇 독일 영토에 제한된 것임을 인정하며 결론에 대해 다소 잠정적인 태도를 보였지만 그의 추종자들은 쿠즈네츠 곡선을 불평등과 GDP와의 관계에 대한 중요한 사실로 만들었다. 동아시아 경제의 다양성과 늦게 시작된 성장 과정 그리고 유럽과 북미와의 정책 차이 등은 경제 성장과 소득 불평등과 쿠즈네츠가 가설로 제시한 것과 전혀 다른 관계를 보였는데, 왜냐하면 개인당 GDP 증가에 따라 불평등이 감소했기 때문이다.

더 평등한 소득 분포는 각 나라의 독특한 역사적 경험에 뿌리를 두었다. 그럼에도 불구하고 모든 아시아 경제들은 비슷하게 부를 공유하는 장치를 가지고 있었다. 내용을 보면 토지개혁, 무상 공공교육, 무상 의료보건, 농촌지역에 상수도, 교통, 통신 분야에 대한 높은 사회간접자본 투자 등이다. 이런 정책들이 소득을 균등화하지는 않았지만, 그것들이 개인들에게 소득을 높일 수 있는 기회를 제공하고 미래에 대한 희망을 주었다. 이는 여러 긍정적인 영향이 있었다. 예를 들어 구매력이 사회 전체에 널리 확산되면, 지역 시장을 대상으로 하는 중소기업이 기회를 더 얻을 수 있게 된다. 지역의 시장에서 얻은 경험은 중소기업이 커지고, 다른 분야로 확산하는 기회를 줄 수 있다. 이에 더해, 넓은 사회적 · 경제적 계층 전반의 소득 증대는 미래의 개선에 대한 희망을 심어주어 다른 사회 계층 간의 협력을 증가시키고 정부의 권위를 높여준다. 두 가지 요인 모두 정치적 안정과 기업 지도층의 장기 투자에 대한 적극적 자세에 긍정적으로 작용한다.

물적 · 인적 자본의 빠른 축적

평등도 수준의 증가는 매우 빠른 속도의 물적 · 인적 자본의 축적과 밀접하게 연관되어 있다. 빠른 물적 자본 축적은 높은 투자와 동의어다. 투자는 또 높은 저축률에 달려 있다. 수출지향적 아시아 경제들의 저축은 세계의 다른 지역에 비해 상당히 높다. 높은 저축률에 대한 설명은 다양하다. 부분적으로는 2차 세계대전 후 높은 출산율과 사망률을 보이던 인구 추세가 낮은 출산, 사망률 추세로 전환하면서 나타난 결과이다. 이런 **인구추세전환**(demographic transition)을 겪은 나라들은 생산가능인구 연령 이하의 아동 수가 적고 전체 인구의 더 큰 비중이 경제활동에 참가한다. 따라서 그들은 저축률이 높은데 이것은 돌보아야 하는 인구의 비중이 작기 때문이다.

인플레이션이 낮은 안정된 거시경제환경도 저축률을 높였지만, 가장 중요한 요인은 빠른 소득의 증가였다. 다시 말해 저축과 소득은 상호 의존적인데, 이 경제들은 일종의 '선순환'을 만들어서 빠른 소득 증가가 높은 저축을 창출해냈다. 저축은 높은 투자로 이어지고 이것은 다시 2차로 소득 증가와 높은 저축을 창출하는 것이다.

사람에 대한 투자도 물적 자본의 축적과 마찬가지로 중요하다. 교육정책의 중요한 요소는 교육에 대한 공공투자가 초등 및 중등 수준의 교육에 집중되었다는 것이다. 교육비는 이 수준에서 더 유용하고 대학에 비해 교육비 단위당 사회적 효과가 이 수준에서 더 크다. 이런 투자는 문자 해독률을 극적으로 높였고 점점 더 고도화된 생산 방식을 다룰 수 있는 숙련된 인력 기반을 조성했다. 결과적으로 인적 자본의 계속적인 증가는 이 나라들의 비교우위 분야의 지속적 변화를 가져와 새로운 상품으로의 투자가 계속 가능해지도록 했다.

제조업 산품의 빠른 수출 증가

표 16.1의 8개국 중 일부는 개발 초기에 수입대체 정책을 시작했었지만 모두 적극적으로 그리고 성공적으로 수출을 촉진했다. 수입대체산업화(ISI) 정책들은 얼마 가지 않아 수출 촉진으로 변경되었다. ISI에서 수출 촉진으로 전환한 시점은 나라마다 다르다. 일본은 1950년대 말과 1960년대 초부터 시작했고, 네 마리의 호랑이(홍콩, 한국, 싱가포르, 대만)는 1960년대 말에 시작했다. 그리고 새롭게 산업화된 경제들은(말레이시아, 태국, 베트남)은 1980년대 초와 1990년대에 시작했다.

표 16.3은 수출 촉진의 결과를 보여준다. 2015년 8개의 수출경제는 세계 GDP에서의 비중이 10%임에도 세계 전체 상품 수출의 16%를 차지했다. 이 합계들은 수출이 전체적으로 증가하던 시기에 이 경제들의 비중이 상당한 증가하는 것을 보여준다. 표 16.3은 미국, 독일(또 다른 수출 지향적 경제), 중국과의 비교를 보여준다. 중국의 수출 촉진 전략도 비슷했지만, 세계 GDP 대비 비중에 비해 세계 상품 수출에서의 비중이 작은데, 이는 중국이 미국이나 일본과 같이 규모가 큰 경제여서 수출에 의존하는 비중이 작기 때문이다. 하지만 중국이 수출 촉진

표 16.3 세계 상품 수출과 GDP에서 동아시아 경제가 차지하는 비중(2015)

나라	세계 전체 중 비중	
	상품 수출	GDP
동아시아 수출경제들		
홍콩	2.8	0.4
일본	3.6	5.9
한국	3	1.8
말레이시아	1.2	0.4
싱가포르	2.2	0.4
대만	1.6	0.7
태국	1.2	0.5
베트남	0.8	0.2
합계	16.4	10.3
비교		
미국	8.5	22.3
독일	7.9	5
중국	12.3	13.3

동아시아 수출경제들의 수출 촉진 정책의 결과 이들의 세계 전체 상품 수출에서 차지하는 비중은 경제 규모의 비중에 비해 더 크다.

출처 : Data from World Bank, *World Development Indicators*, © James Gerber.

정책들을 통해 세계경제에 미친 영향은 표 16.3에 나오는 어느 나라보다도 더 컸을 텐데 왜냐하면 중국의 절대규모가 매우 크기 때문이다.

부분적으로는 수출 촉진의 성공은 초등 및 중등교육에 우호적인 교육정책의 결과이다. 이 정책들은 문자 해독능력이 일반화되고 적응력이 높고 쉽게 훈련이 가능한 노동력을 배출했다. 이에 더해, 표 16.1~16.3에 나오는 모든 수출경제들은 다양한 수출 촉진정책을 추진하였다. 예를 들어 일본과 네 마리 호랑이는 수출금융신용에 대한 접근을 용이하게 했다. 그들은 좋은 조건의 신용이나 세금 혜택을 받고자 하는 기업들에게 수출 목표를 요구했다. 그리고 그들은 수출품 생산에 필요한 자본재를 무관세로 수입할 수 있었다. 다른 나라들에서 정책이 약간 덜 개입주의적이었고 수출을 위한 외국인 직접투자를 유치하는 것에 더 의존했다.

수출 촉진과 높은 성장률 간의 연관은 경제학에 있어 논란이 있는 영역이다. 이 장의 후반에서 몇 가지 가능한 관계들을 좀 더 자세히 살펴볼 것이다. 두 번째 논쟁은 다른 나라들이 비슷한 무역 촉진 전략을 따르게 되면 그에 따라 무역 분쟁이 발생할 수 있다는 것이다.

안정된 거시경제 환경

동아시아 수출경제들의 네 번째이자 마지막 특징은 안정된 거시경제 환경을 유지했다는 점이다. 제15장에서 라틴아메리카의 끈질긴 문제 하나로 거시경제 위기가 자주 발생했다는 점을 지적했다. 1997~1998년의 아시아 위기에서 보듯이 동아시아에도 위기와 불경기가 있었지만, 위기가 발생했을 때에도 정책 대응이 신속하고 적절했다. 전체적으로 거시경제의 안정은 우선순위가 높아서 나라들마다 인플레이션을 통제하고 정부 부채를 잘 관리하려고 했고, 외채를 감시하여 위기 조짐이 있을 때 이를 해소했다. 일반적으로 거시경제 정책은 '실용적이고 유연'했다.

나라마다 큰 편차가 있지만, 평균적으로 재정적자와 외채는 다른 지역에 비해 작았다. 그러나 수출지형적 경제들의 차이점은 1997~1998년 위기를 제외하고는 적자와 부채가 관리할 수 있는 수준에 머물었다는 것이다. 높은 성장률은 주어진 부채 수준에 따른 제약을 완화했고, 부분적으로 높은 수준의 수출로 외채 원리금 상환에 필요한 수입을 벌어드렸다.

낮은 인플레이션에 대한 확고한 의지는 실질 금리를 낮게 유지할 수 있게 해주어 기업들이 장기적인 관점에서 투자 결정을 내릴 수 있도록 해주었다. 아울러 낮은 인플레이션은 환율의 심각한 실질 가치절상을 피할 수 있게 해주었다. 낮은 인플레이션으로 인해 실질 환율, 실질 금리, 인플레이션율의 변동성도 낮게 유지되었다. 이는 투자자들에게 안정감을 심어주는 데 도움이 되었다.

제도적 환경

학습목표 16.2 제도적 환경이 어떻게 경제 성장을 지원했는가를 설명할 수 있다.

학습목표 16.3 수출주도형 동아시아 경제의 개방 정도를 해석할 수 있다.

경제적 성공은 자원을 동원하고 배분하는 능력에 기인한다. 수출지향적 아시아 경제들에서 많은 양의 저축이 이루어졌다. 이것은 금융 시스템으로 결집되었으며, 저축을 생산적으로 사용하는 기업들에게 흘러갔다. 동시에 정부는 교육과 전반적 문자 해독능력을 강조했다. 궁극적으로 효율적인 자원의 동원과 사용은 자원을 보유한 개인과 기업들의 결정에 달려 있다. 개인과 기업들이 자원을 가장 생산적으로 사용하도록 정부는 효율적 결과를 낳을 수 있는 규칙을 만들어야 한다. 이런 관점에서, 나라의 제도적 환경은 그들의 성공에 결정적인 요인이다.

이 나라들의 제도적 환경의 몇몇 요소들이 정부 정책의 신뢰도를 제고하는 데 결정적이다. 특히 재산권이 확실히 보장되고 국유화의 위협으로부터 자유롭다. 관료들은 일반적으로 유능하고, 개인과 기업은 이행이 보장되는 계약을 자유롭게 체결할 수 있고, 아무나 정보의 접근이 가능하고, 규제는 명확하며 잘 알려져 있다. 물론 시간과 장소에 따라 각 사항에 대해 예외는 있지만, 위의 설명은 살펴보고 있는 아시아 경제들의 특징을 일반적으로 잘 설명하고 있다.

이런 특징과 열린 민주사회의 특징을 혼돈해서는 안 될 것이다. 일부 성공적인 아시아 경제가 민주적인 제도를 지지하는 것과 관련해서 좋지 않은 기록을 갖고 있다는 것이 경제 성장과 비민주적 정부와의 관련성에 대안 문제를 제기한다. 민주주의가 성장을 도울까 혹은 방해할까? 이 질문에 대한 답은 복잡하며 이 교과서의 범위 밖이다. 그러나 많은 비민주적 정부들이 자원을 동원하고 배분하는 데 실패했다는 점을 알아야 한다. 이런 정권들은 경제 발전을 지향할 수 있듯이 또한 사회를 먹이로 삼을 수 있다. 하지만 이 장에서 다루는 아시아 경제들은 다수의 대중을 이용하여 소수 지배계층이 축재하기보다 성장을 촉진했다.

이 지역이 전통적인 민주주의 권리가 결여되었다는 것과 관련하여 두 번째 이슈는 이 지역의 경험이 라틴아메리카와 같은 세계의 다른 지역에 얼마나 의미가 있을까 하는 것이다. 일부 사회과학자들은 아시아 국가들이 독재 통치하에 있었기 때문에 이들의 경험은 반대가 허용되는 정치 제도하에서 개혁을 시도한 라틴아메리카에 별 의미가 없다고 주장한다. 일반적으로 보아, 정부의 형태(민주적, 비민주적)와 좋은 정책을 선택하는 것과는 상관관계가 없는 것으로 보인다.

사례연구

세계지배구조지수

경제학자들과 정치학자들은 경제의 발전과 알차고 보람된 삶을 위해 제도의 중요성에 대해 오래전부터 알고 있었다. 이 견해에 따르면 제도는 제2장에서 언급했듯이 게임의 법칙이다. 지배구조 지수는 효율성, 공정성, 정부 권한 행사의 질에 대한 평가를 수치화한 것이다. **세계지배구조지수**(Worldwide Governance Indicators, WGI) 프로젝트는 215개 경제에서 6개 분야를 기준으로 지배구조 기관들을 대상으로 평가하는 것이다. 지수는 정부들로 하여금 선두 주자를 기준 삼아 시간이 지나면서 변화를 측정할 수 있다.

WGI에 포함된 6개의 차원은 다음과 같다.

1. 법치 : 개인과 기업들이 법, 경찰, 법원의 공정성에 대한 믿음
2. 부패 방지 : 정부가 공적 권력을 개인적 이익을 위해 사용하는 것을 방지할 수 있는 능력
3. 민의 반영 : 시민들이 정부에 참여하고 자유롭게 의사 표시를 할 수 있는 능력
4. 정부의 효율성 : 공공 서비스 질의 측정
5. 정치적 안정성과 폭력/테러리즘 부재 : 정치적 불안정, 폭력, 테러의 부재에 대한 측정
6. 규제의 질 : 필요하고 효과적인 규제를 시행할 수 있는 정부의 능력

6개 분야에 대한 계량적 지수는 가계와 기업, 사업정보 제공처, 민간 조직과 연구소의 보고서, 일반적으로 다자기구와 정부의 정보 등의 데이터에 바탕을 두어 측정된다. 비교 대상은 광범위한 나라 간 차이 그리고 시간이 흐름에 따른 전반적 변화이다.

표 16.4는 아시아 수출경제들의 일부 지수를 보여준다. 각 숫자는 전체 215개국에서 특정 분야의 해당국의 순위이다. 따라서, '정부의 효율성' 분야에서 한국의 87%의 의미는 87%의 국가들이 한국보다 점수가 낮고, 13%의 나라들이 한국보다 점수가 높다는 의미이다. 표에서 볼 수 있듯이, 제일 가난한 베트남을 제외한 8개 국가의 성적이 부패 방지, 법치, 규제의 질, 정부의 효율성 분야에서 평균보다 높다. 표에 없는 민의 반영, 정치적 안정/폭력 부재의 경우 중소득 나라들(말레이시아, 태국, 베트남으로, 말레이시아는 정치적 안정에서 평균보다 약간 높음)의 경우 세계 평균보다 점수가 낮다.

표 16.4에 나타난 차이의 패턴은 제도의 질과 그것이 경제에 미치는 영향에 대한 핵심적 의문을 제시한다 — 좋은 제도가 더 높은 경제 성장을 가져오는가? 경제 성장이 좋은

표 16.4 지배구조의 상대적 측정치(2014)

나라	부패 방지	법치	규제의 질	정부의 효율성
고소득				
홍콩	92	94	100	98
일본	93	89	84	97
한국	70	81	84	87
싱가포르	97	95	100	100
대만	77	86	89	88
중소득				
말레이시아	68	75	76	84
태국	42	51	62	66
베트남	38	45	30	52

수출주도 경제들은 대부분 제도 분야에서 평균 이상을 기록했다. 고소득 국가들이 중소득 국가들보다 일관되게 더 높은 점수를 받고 있다.

출처 : Data from *The Worldwide Governance Indicators*: Methodology and Analytical Issues, by Kaufman, D., A. Kray, and M. Mastruzzi © James Gerber.

제도를 만드는가? 예를 들어 싱가포르가 상대적으로 부유하기 때문에 좋은 정부를 갖고 있는 것인가? 또는 좋은 정부 때문에 부유한 것일까? 무엇이 원인이고 무엇이 결과인가? 의심의 여지없이 상호작용이 있고, 인과관계가 양방향으로 있을 것이기 때문에 상호작용의 강도를 데이터 검토만을 통해 판단하기 어렵다. 우리가 말할 수 있는 것은, 가장 성공적인 경제들이 매우 높은 수준의 정부의 질 지수를 가지며, 일반적으로 소득이 높을수록 여러 측면의 정부의 질이 높다는 것이다.

절제된 재정과 정부-기업 관계

앞의 사례연구에서 보았듯이 8개 국가가 모두 '민의 반영' 분야에서 평균 이상의 결과를 보이지 않았다. 그럼에도 불구하고 완전한 민주주의 여부에 관계없이 정부는 경제 성장을 성공시키기 위해 안정된 거시경제 환경을 조성해야 한다. 안정적 거시경제의 특징에 대해서는 이미 언급했지만 이것이 매우 중요하기 때문에 다시 살펴볼 필요가 있다. 안정된 거시경제 환경의 유지는 재정정책의 절제와 정부가 할 수 있는 것을 제한하는 자원의 한계를 받아들이는 것을 뜻한다. 재정적자와 외채는 관리 가능하게 유지되어야 하고, 실질 환율은 비교적 안정을 유지해야 한다. 이런 제약을 받아들이는 대가로 정부 정책의 신뢰가 올라가고 민간 부문의 자신감이 쌓인다. 그 결과 투자가 늘고 자본 이탈이 줄어든다.

안정된 거시경제 정책은 성장을 위한 필요조건이지만, 이를 보장하지는 못한다. 예를 들어, 거시경제의 안정은 개발도상국 모두에서 볼 수 있는 상호의존적 투자 프로젝트들의 조절이라는 심각한 문제를 해결하지 못한다. 조율의 문제는 많은 민간부문의 투자 프로젝트가 상호의존적이어서 나타난다. 다시 말해, 그들의 수익성은 동시적이거나, 혹은 해당 투자에 앞서서 보완적인 투자가 먼저 일어나는 것에 달려 있다. 같은 문제가 민간과 공공부문 투자에도 나타난다. 예를 들어 수익성이 있는 항구에 창고를 만드는 투자는 그 이전에 항구 인프라에 필요한 투자가 이루어져 충분한 물동량이 만들어지는 것에 달려 있다. 하지만 항구와 연관된 운송연결 부문에 대한 투자는 동시에, 혹은 미래에 확실히 창고시설에 대한 투자가 이루어지지 않으면 경제적 가치가 없을 수 있다.

사례연구

수출지향적 아시아 경제들의 기업활동지수

1989년, 페루 경제학자 에르난도 데 소토가 다른 경로라는 책을 발간했는데 개발도상국에서 부담스럽고, 복잡하며 불필요한 기업 규제를 비판하는 뛰어난 저서를 출판했다. 데 소토는 그의 주장을 단순하지만 매우 강력한 실험을 통해 펼쳤다. 그는 페루 리마의 소규모의 연구 참가자들을 고용해서 작은 의복 제조업체를 만드는 데 필요한 영업 허가를 얻도록 했다. 참가자들은 1인으로 환산해 289일(거의 10개월)에 해당되는 일을 하고 32개월의 최저임금만큼의 비용을 지불해서야 필요한 서명과 허가를 취득해서 공식적으로 등록할 수 있었다. 그런 다음 그들은 같은 실험을 다른 개발도상국에서도 재현하여 페루의 결과가 특이한 것이 아니라는 것을 보였다. 궁극적으로 이런 장벽들이 소규모 기업의 성장을 막아 국가 경제의 발전을 억제하는 것이다.

데 소토의 연구는 더 큰 무대인 세계은행에서 받아들여져 189개국에서 기업하는 환경이 얼마나 용이한가를 조사하고 온라인 데이터 베이스를 만드는 연구 프로젝트의 일부가 되었다. 관련 웹 사이트(http://www.doingbusiness.org)는 매년 기업하기 좋은 환경 지수에 대한 보고서를 발간한다. 전체적으로 10개의 다른 차원이 있는데, 각각은 4개의 지표 변수와 이를 측정하는 5~6개의 지수로 구성되었다. 각 나라는 10개 차원에서 서열이 정해진다.

1. 기업 시작의 용이성
2. 건설허가 얻기

3. 전기 공급받기

4. 건물의 등록

5. 신용 취득

6. 투자자 보호

7. 납세

8. 국경을 넘어서 거래하기

9. 계약 집행

10. 파산

　전체적인 순위는 여기 10개 분야에서의 점수를 조합하여 얻어진다. 표 16.5는 아시아 수출경제의 비교를 보여준다. 5개 나라가 톱 20개 국가에 속하고 7개국이 상위 50개에 포함된다. 베트남만 표본의 189개 국가에서 중간에 속한다.

　이 기업하기 쉬움은 이 아시아 경제들의 높은 성과를 설명하는 한 가지 요인이다. 물론 어떤 나라들은 이런 점수가 높지 않아도 성공하는 경우가 있을 것이다. 예를 들어 중국은 2015년 189개국 중 84위였지만 성장은 매우 빨랐으며 외국인 투자자들이 대거 활동하고 있다. 중국의 경우 경제 규모가 중요하기 때문에 투자자들이 기업하는 여건이 어려움에도 불구하고 진출하고 있다. 표 16.5에 나열된 경제들 중 아마도 일본을 제외하고는 이런 이점을 보유한 경제는 없다.

표 16.5 기업하기 좋은 환경 지수 순위(2015)

나라	세계 순위
싱가포르	1
홍콩	5
한국	4
대만	11
말레이시아	18
일본	34
태국	49
베트남	90

동아시아 수출경제 성공의 중요한 한 요인은 기업을 하기 좋다는 것이다.

출처 : From International Finance Corporation and the World Bank, *Doing Business*, © 2015 The World Bank.

상호의존적인 투자활동에 대한 조율은 순전한 자유시장에서 일어나기 힘들 수 있다. 이 어려움은 정보의 흐름이 모든 투자자들이 서로의 의중을 알기에 충분치 않다는 것에 기인한다. 이 장에서 살피는 8개국 중 6개국에서 이 문제를 민간과 공공분야 대표들이 참여하는 일종의 유사 입법기구인 **협의위원회**(deliberation council)를 만들어 극복했다. 결국 협의위원회는 기업들과 정책입안자들 사이의 정보의 흐름을 조율하였다.

개별적 위원회가 제한된 이슈들을 다루기 위해 산업별로 혹은 정부 예산과 같이 몇 개의 정책 사안별로 만들어졌다. 정부 정책 담당자와 이에 영향을 입는 기업들을 한 자리에 모음으로써 새로운 정책에 대한 정보를 입수하는 비용을 낮추고, 정책에 관해 협상하는 장을 만듦으로써 투자자들의 자신감을 높이고 정책의 신뢰도를 높였다. 하지만 다른 어떤 기능보다 더, 협의위원회는 기업 지도층이 정부의 정책 형성에 강한 의견을 표명하게 함으로써 전체 경제전략에 대한 기업들의 협조를 보장하는 역할을 했다.

예를 들어 일본은 협의위원회를 많이 활용했다. 이것의 절차는 먼저 관료가 청문회를 열어 정책 제안이나 산업전략 관련 여러 이해당사자들의 코멘트를 받는 것으로 시작한다. 그들이 얻은 정보를 바탕으로 보고서 안이 만들어지고 그다음 그것은 산업 대표, 학자, 언론인, 소비자 단체, 노동계 지도부, 전직 관료, 금융 전문가 등으로 구성된 위원회에 토론을 위해서 보내진다. 비례에 따라 참여도를 정하는 것이 아니며, 대표자들이 선출된 것도 아니었다. 위원회의 피드백에 따라 관료들은 계획을 수정하고, 정책의 변화나 새로운 정책 이니셔티브와 같이 앞으로 취해질 조치를 자세히 보여주는 최종 문서를 발행한다. 최종 조치는 근본적으로 일반인들에게 그 계획을 알리기 위한 광고 캠페인의 성격이다.

지대 추구의 회피

수출지향적 아시아 경제들의 경제정책은 상대적으로 개입주의적이었다. 다시 말해 시장이 결과를 결정하도록 하는 자유방임주의 이념을 따르지 않았다는 것이다. 홍콩은 예외이다. 하지만 그곳에서도 정부가 공공주택의 공급에 적극적으로 개입하고 참여하였다. 다음 절에서 정부가 경제에 개입하는 것의 효율성에 대한 이슈들을 검토할 것이다. 하지만 얼마나 폭넓게 개입했는가와 무관하게 가장 큰 의문점의 하나는 대부분 나라들이 어떻게 민간분야에서의 지대 추구와 관련된 비효율을 극복했는가 하는 점이다.

정부가 특정 산업을 지원하기 위해 개입하여 자원의 흐름을 통제하면, 그 행위는 누구에겐가 가치 있는 혜택을 제공하게 된다. 일반적으로 말해 민간이 정부로부터 무엇인가 가치 있는 것(예 : 신용보조, 수입장벽, 영업권)을 획득할 가능성이 있을 때, 그들은 회소한 자원을 그 혜택을 얻기 위해 사용한다. 그 결과는, 앞의 여러 장에서 논의했듯이 낭비스러운 지대 추구이다. 정부의 정책들이 특정 산업에 여러 혜택을 제공했음에도 불구하고 놀라울 정도로 이해 당사자들의 지대 추구가 없었다. 물론 지대 추구가 없었던 것은 아니었고, 경제에 따라 편차가 심했다. 그럼에도 불구하고 앞의 사례연구에서 본 것과 같이 전체적으로 다른 곳에 비해 낮은 수준이었다.

왜 지대 추구 행위가 없었는지에 대한 일률적이고 단순한 설명은 없을 것이지만 협의위원회가 중요한 역할을 했다. 이 위원회에서 자신들에게 호혜적인 정책에 대해 주장할 수 있는 기회가 여러 이해관계자들에게 주어졌기 때문에 따로 로비할 사람을 고용할 필요가 적었다. 아울러 산업과 기업의 이해관계자들이 정부관리를 개별적이 아니라 단체로 만나기 때문에 투명성이 높았고, 경쟁자들이 무대 뒤에서 무슨 일을 하는지 걱정할 필요가 줄었다.

협의위원회의 역할에 더해, 어떤 전문가들은 정부가 기업들에게 가치가 있는 제안을 할 때 대개 정부는 성과요건을 첨부했다. 예를 들어 신용보조나 수입보호를 받는 기업은 보통 특정한 목표(대개의 경우 수출)를 달성하도록 요구되고 그렇지 않으면 보조금이 끊겼다. 놀라운 것은, 그리고 아직까지 잘 이해되지 않는 것은 정부가 어떻게 제시한 성과목표를 지키도록 했을까이다. 라틴아메리카 나라들을 포함한 동아시아 밖의 여러 경제들도 성과요건을 유인체계의 일부로 시행했지만 여러 경우 이를 제대로 집행할 수 없었다. 다시 말해 라틴아메리카의 기업들이 생산이나 수출 성과요건을 맞추지 못할 경우 정부는 해당 기업에 제공했던 혜택을 회수하지 못했다.

두 가지 요인이 성과목표의 준수에 기여한 것으로 보이는데, 그것은 잘 교육된 관료들과 정치권으로부터의 분리이다. 대부분의 수출주도 경제에서, 공무원 경력은 많은 존경을 받았고 보수도 좋았다. 그 결과 관료들은 좋을 교육을 받았고 능력이 있었다. 능력에 더해 정치로부터의 분리는 그들로 하여금 사안을 특정 이해관계자에 대한 고려가 아니라 메리트에 바탕을 두어 판단할 수 있게 했다.

지대 추구가 없었던 것에 대한 마지막 설명은 제1장에서 보았듯이 성장의 결실을 나누고자 하는 의지이다. 기업의 지도자들이 경제 성장의 혜택이 공유된다는 것을 알기 때문에 그들로 하여금 정치적 과정을 동원해서 특별히 이익을 보려고 노력할 필요를 줄여준다. 결국에는 더 평등한 분배는 성장과정에서 소외된 개인과 집단을 줄여서 많은 지대 추구의 근본적 원인을 제거한다.

사례연구

동아시아 경제들은 개방되었는가?

고도성장 아시아 경제들은 그들의 성장을 위해 수출에 크게 의존하였다. 그들은 여러 방법으로 수출을 촉진하였고, 제조업 수출이 그들의 경제 성장에 핵심적인 역할을 했다는 것에 경제학자들은 대체로 동의한다. 하지만 수출 촉진이 개방경제를 의미하지 않으며 그들의 무역정책과 경제의 개방도에 대해 이견이 존재한다.

단순히 관세율과 쿼터를 확인하여 이런 논란을 해결할 수 있을 것이다. 불행하게도 수입을 막기 위해 여러 가지 비관세장벽에 의지하는 나라에서는 이들은 불완전한 무역정책의 지표들이다. 예를 들어 미국의 자동차산업은 오랫동안 불필요한 안전검사 때문에 일본시장에서 미국 차가 경쟁력이 없다고 불평해왔다. 이것이 사실일 수도, 그렇지 않을 수도 있다(미국차들은 일본에 맞게 설계되지 않았고, 일본의 마케팅과 유통구조는 미국과 많이 다르다). 미국 차들이 부진한 이유가 시장 여건이 일본 차들에 유리하게 조성되어 있어서 그런 것일까, 아니면 여건은 편중되지 않았는데 미국 차들이 경쟁력이 없어서 그

표 16.6 수입과 수출이 GDP에서 차지하는 비중

	수입		수출	
	1980	2014	1980	2014
동아시아 수출국				
홍콩, 중국	89.4	219.6	88.9	219.6
일본	14.5	20.8	13.6	17.7
한국	40.0	45.3	32.1	50.6
말레이시아	54.3	64.6	56.7	73.8
싱가포르	209.0	163.2	202.1	187.6
대만	52.6	60.4	24.1	70.1
태국	30.4	62.6	51.4	69.2
베트남		83.1		86.4
라틴아메리카				
아르헨티나	6.5	14.5	5.1	14.8
브라질	11.3	13.9	9.0	11.2
콜롬비아	15.6	21.4	16.2	16.0
멕시코	13.0	33.5	10.7	32.4
페루	19.4	23.9	22.4	22.4
베네수엘라	21.8	29.5*	28.8	24.7*

동아시아 경제들은 수출을 촉진했지만 동시에 수입도 많았다.

런 것일까?

고도성장 아시아 경제들이 수출을 촉진하고 국내시장 보호를 위해 수입을 제한했을 수도 있다. 그렇다면 그들의 정책은 시장 친화적이 아니며, 계획 입안자와 관리들이 원하는 결과를 만들어내기 위한 강도 높은 정부 개입을 뜻한다. 이 견해가 맞다면 일부 동아시아 경제들은 수출을 부와 번영의 창출의 수단으로, 수입을 부에 부정적인 것으로 보는 중상주의(제3장 참조) 정책을 따른 것이다. 아니면, 동아시아 경제들은 수입에 대해 제약을 설정하지 않았고, 시장경제의 유인을 이용하여 비교적 개방된 수출 촉진 정책을 수행하여 빠른 성장에 기여한 것이다.

이것은 중요한 논쟁이다. 이 장에서 살펴본 일부 국가들은 2차 세계대전 이후 개발도상국에서 선진국으로, 저소득 또는 중소득 국가에서 고소득 국가가 된 첫 사례이다. 만약 중상주의가 그들 성공의 핵심이었다면 그것은 비교우위와 교역을 통한 이득이 대표하는 패러다임을 부인하는 실증적 경우가 되기 때문이다.

표 16.6은 고도성장 동아시아 경제들과 라틴아메리카 경제들의 수입과 수출을 비교한다. 수입과 수출은 각 나라의 GDP 대비 재화와 서비스의 크기이다. 2개 연도의 데이터가 제시되었다. 1980년에는 동아시아 대부분 경제들이 수출 촉진 정책을 시행하고 있었고, 라틴아메리카는 약한 수출 부문과 비교적 폐쇄된 경제를 갖고 있었다.

1980년과 2014년 사이 싱가포르를 제외한 모든 경제들이 GDP 대비 수입을 증대했고, 대부분 경제들이 GDP 대비 수출을 늘렸다. 1980년대 초 대부분 라틴아메리카 경제들은 수입대체 정책들을 중단하고 지역자유무역협정을 체결하며 교역에 대해 개방하기 시작했다. 그럼에도 불구하고 라틴아메리카 경제들은 수출지형 동아시아 경제들보다 교역 규모가 작았다. 예외가 일본인데, 경제의 규모가 크기 때문에 GDP 대비 교역의 비중이 표 16.6에 나와 있는 다른 아시아 경제들보다 작다.

동아시아 경제들은 수입 부문을 닫은 것은 아니었고, 상당한 재화와 서비스를 수입했다. 그들이 선택적으로 특정 산업을 보호하기 위한 정책을 사용했으나 일반적으로 데이터에 따르면 그들이 수입에 대해 폐쇄적이었다고 볼 수 없다. 이는 보호무역주의가 외국 상품에 대한 수요를 억누르고, 수입대체품의 생산에 대해 높은 수익을 보장해주기 때문에 환율이 절상되며 수출을 저해한다는 이론적 모형과 일치하는 결과이다. 다시 말해 1980년대 라틴아메리카의 저조한 수입이 수출 저조와 동반하여 나타났듯이, 동아시아에서는 높은 수출이 높은 수입과 같이 나타났다.

산업정책의 역할

학습목표 16.4 동아시아의 성공에 산업정책이 중요했다는 견해에 대한 찬반 의견을 설명할 수 있다.

수출지형 아시아 경제들에 대한 가장 영향력 있는 연구는 세계은행의 연구보고서 동아시아의 기적: 경제 성장과 공공정책이다. 세계은행의 연구팀은 정책 개입이 세 가지 분야, 즉 (1) 특정 산업의 육성, 즉, 좁은 의미의 산업정책, (2) 신용흐름 통제, (3) 수출 촉진에 집중되었다고 결론내렸다. 이 절에서는 산업정책의 효과에 대해 검토하고 신용 흐름의 통제에 대해 조심해야 할 필요성을 언급할 것이다.

특정 산업 육성

제5장에서 산업정책은 협의와 광의의 두 종류가 있음을 보았다. 광의의 정의는 특정 산업을 지원하는 것이 아니라 경제 전체의 보유 자원을 재배분하는 것이다. 예를 들어 이미 보았듯이 동아시아의 성공담은 초등과 중등교육에 대한 강조를 통해 노동력의 성격을 바꾸었고, 높은 저축과 투자를 통해 좀 더 고도화된 제조업으로 전환하는 데 필요한 사회간접자본과 자본재를 형성하였다.

산업정책의 좁은 의미의 정의는 특정 산업을 육성하는 것이다. 결국 특정 산업을 목표로 하는 산업정책은 산업구조의 변화를 통해 그 나라의 비교우위를 바꾸고자 하는 것이다. 이런 정책은 자원을 선택된 산업으로 이동하는데, 자주 "정부 관리가 승자와 패자를 정한다."라는 비판을 받는다.*

홍콩을 제외하고, 모든 나라가 과거 또는 현재에도 일종의 특정 산업을 육성하는 정책을 시행했다. 이런 정책들은 일본, 한국, 대만(북방 경계국)에서 제일 강했지만, 다른 나라에서도 볼 수 있었다. 일본에서는 정책의 초점이 철강, 자동차, 섬유, 조선, 알루미늄, 전자, 반도체에 있었다. 한국에서 이 정책의 정점은 1973~1979년 사이 중화학공업(HCI) 프로그램이었는데 철강, 조선, 석유화학, 다른 중공업 분야였다. 일본, 한국과 같이 잘 정리된 타깃은 없었지만, 대만의 프로그램은 연구소, 과학단지를 설립하고, 여러 산업의 기본적 기간시설을 제공하였고, 수입대체의 개발도 목표로 지원했다.

말레이시아 경우는 1980년대 한국과 일본의 산업개발을 모방하는 "동쪽을 보자."라는 정책과 함께 시작했다. 말레이시아는 말레이시아중공업공사(HICOM)를 창설하여 철강, 비철 금속, 기계류, 종이와 종이 상품, 석유화학 산업을 개발하고자 했다. 그러나 1980년대 후

---

* "에탄올 산업이 우량 씨앗과 3명의 정치인을 사다." Washington Examiner 잡지 Mark Tapscott의 기사. The Washington Examiner © MediaDC.

반 HICOM 산하의 많은 기업이 수익이 나지 않으며 정부의 지원이 필요해지자 재정적 문제에 부딪치게 된다. 그 이후, 말레이시아는 많은 기업을 민영화했고 다른 분야에서 정부의 간섭을 줄였다. 태국은 일본과 한국과 같은 체계적인 노력을 기울이지 않았지만 태국투자이사회가 기술을 습득할 수 있는 산업들에 대한 투자를 장려했다. 싱가포르의 정책들은 외국인 직접투자의 촉진을 통해 선진 산업국들의 기술을 전수하는 것에 초점을 맞추었다. 베트남은 약 1989년까지 시장경제로의 전환을 시작하지 않았지만, 그 나라의 기술과 제조업 능력을 개발하기 위한 해외직접투자의 유치에 초점을 맞추었고, 육성하려는 특정 산업 분야에서 대기업을 개발하는 한국의 방식을 복제하였다. 그러나 베트남은 한국과 달리 이렇게 형성된 대기업들을 정부 소유로 유지했다.

각국이 특정 산업을 육성하기 위해 사용한 수단에는 무역정책도 포함된다. 수입허가제를 통한 수입제한, 쿼터와 관세, 수출 보조금 모두가 사용되었다. 많은 경우 국내 시장에서 외국 제품과의 경쟁으로부터 보호된 기업들은 높은 수익을 낼 수 있었는데, 이는 해외 시장에서의 손실을 보존해주는 의미가 있었다. 무역정책에 더해 나라들은 여러 장치를 통해 육성하려는 산업으로 자원을 집중했다. 신용 흐름의 통제는 아주 중요한 정책 수단이었는데 왜냐하면 금액이 작은 경우에도 이런 지원을 통해 민간 분야에 이 산업이 정부가 육성하려는 것임을 알리는 효과가 있었다. 이런 공적인 인증은 민간이 이 새롭고 잠재적으로 위험이 큰 산업에 대출을 해주도록 장려하는 수단이었다. 다른 수단은 보조금, 특히 해외시장에 대한 시장 정보 제공, 사회간접자본 건설, 연구 · 개발 금융지원이 있다.

여기에는 대부분 다른 나라에서 시도했던 산업육성 정책들과 다른 근본적 정책 요인들이 있다. 첫째, 자원 지원은 이를 받는 회사가 정해진 수출 목표를 달성하는 동안만 제공되었다. 목표를 달성하지 못하면 자원(보호, 신용, 기타)은 철수되었다. 많은 기업이 국내시장에 상당한 시장지배력을 갖는 독점기업이었기 때문에 수출 목표가 이윤보다 더 나은 기준이라는 주장이 있었다. 이에 따라 이윤이 효율성과 무관하게 발생할 수 있다. 둘째, 정부들은 거시경제의 안정을 산업정책보다 더 강조했다. 만약 산업지원 프로그램으로 인해 재정문제가 발생하면, 지원을 줄이거나 끝냈다.

세계은행의 이 프로그램들에 대한 견해는 이들이 정치적인 영향으로부터 분리되었기 때문에 육성할 산업의 선정은 정치적 고려가 아니라 기술적 평가에 바탕을 두었다는 것이다. 1997년과 1998년 여러 나라에서 발생한 금융 부문의 붕괴는 이런 가정에 의문을 불러일으켰다. 예를 들어 정부가 신용 흐름을 통제했던 것이 금융위기의 주된 원인의 하나였다. 정부가 신용공여에 관여함으로써 금융기관들이 불건전한 대출을 하게 되었다. 이는 다음에 상업적 기준을 적용하지 않았던 것은 부실채권의 누적으로 이어졌고, 이는 궁극적으로 여러 은행들의 파산과 금융산업 전체의 부실화로 이어졌다.

산업정책은 작동했는가

동아시아 성장에서 산업정책의 역할에 대한 논란이 많다. 이상적으로 우리는 두 가지 간단한 질문에 대한 답을 원한다. 첫째, 산업정책이 작동했는가? 성공적인 정책은 GDP 성장률이나 생산성을 높이는 것이다. 둘째, 만약 작동했다면, 중요했는가? 다시 말해 경제 성장에 대한 기여가 충분해서 성장이 경제적 성공으로 꼽힐 만큼 높아졌는가?

성장에 기여했는가 하는 질문에 대한 답은 "없었다."와 "긍정적이었다." 두 가지이다. 이 중요한 이슈에 대해 의견의 일치가 없는 것은 일반적으로 정책 개입이 성장에 미치는 영향을 측정하는 것이 어렵기 때문이다. 개념적으로 무엇을 측정해야 하느냐에 대해서 이견이 존재하는데, 양질의 데이터를 보유한 나라가 흔치 않다. 세계은행에 따르면 이 문제를 해결하기 위해서는 '적절한 판단'이 필요하다. 유감스럽게도 데이터의 부재와 측정 기법에 대한 견해차 때문에 연구자들은 정성적 판단을 내려야 하는데 이것은 불가피하게 연구자가 원래 가지고 있었던 견해를 재확인하는 결과로 이어진다.

산업정책을 평가하는 것의 어려움에도 불구하고, 연구자들의 의견은 대체로 두 가지 캠프에 속한다. 한 캠프는 세계은행 연구자들이 속해 있다. 이들은 어떤 정부의 개입(수출 촉진과 신용공여)은 경제 성장에 도움이 되었지만 산업정책은 일반적으로 도움이 되지 않았다. 그들은 대개 산업정책이 육성하고자 하는 산업들은 시장이 육성하려는 산업과 동일하기 때문에 산업정책이 필요 없었다고 생각한다. '틀린' 산업을 육성 대상으로 선정하였을 경우 실용적이고 유연한 정책입안자들이 경제 전체에 부작용이 발생하기 전에 발빠르게 정책을 바꿨다.

세계은행 연구자들은 두 가지 증거에 의지한다. 첫째, 그들은 데이터가 충분히 존재하는 3개국(일본, 한국, 대만)에서 육성 대상 산업과 그렇지 않은 산업 간의 생산성의 증가율을 비교한 것을 제시한다. 이 연구는 대체로 육성 대상 산업의 생산성 증가는 높았으나 다른 산업에 비해서는 더 높지 않았다는 결과를 보인다. 예외적인 경우는 일본의 화학과 금속금형 산업과 한국의 화학산업이었다. 둘째, 연구는 나라들에서 시간이 지남에 따라 나타난 산업구조의 변화를 비교했다. 만약 산업정책이 작동했다면 산업의 변화가 부존자원의 변화에 따라 기대되는 산업 변화 양상과 다른 변화를 보이게 될 것이다. 세계은행은 산업정책이 잘해야 부분적인 효과가 있었다고 했는데, 이는 산업별 증가세가 나라별 노동과 높은 저축과 투자를 감안했을 때 예상되는 변화와 크게 다르지 않았기 때문이다.

세계은행의 결론에 대한 비판은 두 가지를 지적한다. 첫째, 육성 대상으로 선정된 산업의 생산성 증가가 특별히 높지 않다는 것은 상관이 없다고 반박한다. 중요한 것은 산업정책의 지원이 없었다면 생산성이 어떠했을까이다. 만약 산업정책이 없었으면 대상으로 선정된 산업의 생산성 증가가 훨씬 더 낮았을 수 있다. 둘째, 비평가들은 세계은행의 분석이 지나치게 일반적이라는 것이다. 그들에 따르면 분석은 각 산업의 분류를 너무 광범위하게 설정하였기 때문에 세부적인 산업을 대상으로 하는 정책의 영향을 찾아낼 수 없다. 예를 들어 특정 섬유산업 부문은 산업정책 시행 초기 일본과 한국에서 많은 지원을 받았다. 따라서 섬유산업의 전반적 생산성이 빠르게 증가했다는 것은 당연하고, 그 영향으로 일본과 한국에서 섬유산업이 차지하는 비중이 예상보다 큰 것이다.

현재로서 이런 논쟁을 해결하는 방도는 없다. 따라서 일반적인 개발도상국가에서 산업정책의 역할에 대한 여러 의견이 존재한다. 의견의 일치가 있는 범위에서는 대부분의 전문가들은 산업정책이 성공하기 위해서는 다음의 세 가지를 갖추고 있어야 한다고 보고 있다. 개발도상국은 (1) 수출 목표와 같은 뚜렷한 성과지표 기준이 있어야 하고, (2) 이 목표를 지키는지 확인하고 지키도록 강제할 수 있는 제도가 있어야 하며, (3) 육성 대상이 아닌 산업들이 피해가 없도록 비용이 낮아야 한다.

사례연구

한국의 중화학공업(HCI)

대부분 관측자들이 한국의 산업정책이 최소한 부분적으로 성공했다고 본다. 이런 견해의 관측자들은 산업정책이 경제의 다른 부문에 비효율을 일으키지 않으면서 전체 성장률을 높였다고 주장한다. 덜 낙관적인 관측자들은 수출 증대와 산업구조의 변화를 성공적으로 이루었으나, 이런 긍정적 효과가 1970년대 중화학공업(HCI) 육성에 따른 상당한 비용에 의해 상쇄된다고 본다.

한국의 산업 육성은 한국전쟁이 끝난 후 1960년대 초에 시작되었다. 초기에 정책은 시멘트, 비료, 원유 정제와 같은 주요 산업 원자재 분야를 대상으로 했다. 정부는 보통 재벌이라 불리는 대기업들을 지원했고, 이들은 국내시장에서 독점적인 지위를 부여받았다. 공격적인 수출 촉진과 육성 산업 관련 국내시장의 보호가 주된 무역정책 수단이었고, 신용공여와 세금 혜택도 마찬가지였다.

육성 산업 선정은 중화학공업 프로그램으로 진화했는데, 이것은 1973년부터 1979년 사이 가장 활발했다. HCI는 수출을 위한 6개의 특정 산업 분야인 철강, 석유화학, 비철금속의 자급자족, 조선, 전자, 기계류(특히 토목공사용 장비와 자동차)를 대상으로 했다. 이 산업들을 육성하기 위해 사용된 도구는 앞에서 설명한 것과 같지만 강조점이 좀 다르다. 1970년대 중반에 무역정책이 좀 더 자유화되었지만 대부분 산업들은 아직도 보호되고 있었다. 보조금, 시장금리보다 낮은 금리의 대출, 특별 세금 공제가 더 강조되었다.

HCI 육성 기간의 비용은 상당했다. 해당 산업에 대한 직접 지원액만 해도 전체 예산의 5%를 차지했고, 세금 면제액의 전체 세수의 약 3%에 달했다. 1977년에는 은행들의 전체 국내 여신의 45%가 대상 산업에 지원되었다. 점차 병목 현상과 많은 부채가 쌓이기 시작했다.

1979년 2차 석유위기가 닥쳤을 때, 인플레이션은 높았고, 환율은 절상되며 수출이 타격을 입었고, 육성 대상 기업들의 설비 중 많은 부분이 가동되지 않고 있었다. 이에 더해, 육성 대상으로 선정되지 않았던 노동 집약적 산업들은 자금난에 시달렸고, HCI 부문에서는 부실대출과 지불 불능상태가 쌓이기 시작했다.

정책입안자들은 재빨리 방향을 바꾸었다. HCI 육성은 줄어들고, 통화는 가치절하되었고, 금융시장과 수입의 개방이 앞당겨졌다. 1980년대의 정책입안자들의 주요 과제는 1970년대에 과도하게 육성지원이 되었으나 부실화된 산업들을 구조조정하는 것이었다. 파산한 회사들을 구제해야 했고 부실자산을 처분해야 해서 정부예산에 상당한 부담이 되었다.

HCI 육성이 가치가 있었을까? 이 질문에 대한 확실한 답을 하는 것은 어려운데, 이는 다른 정책하에서 어떤 일이 있었을지 알 수 없기 때문이다. HCI 프로그램이 정점에 달했을 때 그리고 그 직후, 한국의 성장률은 주춤(1970년대 중반부터 1980년대 중반까지)했지만, 변화는 크지 않았고 높은 성장은 지속되었다. 한국은 고소득 국가로 분류되었는데, 이는 20세기 들어 일본과 도시국가인 싱가포르와 홍콩만 달성한 업적이었다.

출처 : Based on World Bank, *The East Asian Miracle*; Industrial Policy in an Export-Propelled Economy: Lessons from South Korea's Experience", in *The Journal of Economic Perspectives*, Summer 1990 © James gerber.

제조업 수출의 역할

학습목표 16.5 수출 촉진 정책들의 영향과 세계의 다른 지역에 적용 가능한지에 대한 토론을 평가할 수 있다.

제조업 수출 촉진은 이 장에서 다루는 나라 대부분에서 중요한 산업 전략이었다. 유일한 예외인 홍콩은 자체적인 생산에 의해서가 아니라 중국과 동아시아의 주요 항구로서 역할하며 많은 무역의 중심이 되었다. 제조업 수출의 촉진은 대체로 성공적이었으며, 각 나라의 수출이

GDP에 비해 더 빠르게 증가했다. 이런 사실을 고려하면 두 변수 간 관계가 있을 것으로 보인다. 다시 말해 동아시아와 다른 지역에 대한 연구들은 수출의 빠른 증가가 높은 GDP 성장률과 연관되어 있음을 보였다. 어떤 메커니즘이 작용하는 것일까?

성장과 수출과의 관계

정의에 따르면 수출은 GDP의 일부여서 수출의 증가는 전체 GDP 증가의 일부로 보인다. 만약 수출품 생산이 국내 소비를 위한 생산을 구축한다면 수출 증가는 GDP를 증가시키지 않을 수 있다. 결국 수출 증가가 GDP의 빠른 증가를 일으킨다는 생각은 것은 수출 증가가 국내시장만을 대상으로 생산했을 때 비해 경제 전체의 생산능력을 더 키운다는 주장을 뜻한다.

만약 수출에 초점을 맞춘 생산이 전반적인 성장으로 이어진다면, 내수용 생산에서는 빠진 특별한 것이 수출품 생산과정이나 수출과 경제의 다른 부분과의 연결에 존재한다는 것이 된다. 한 가지 가능성은 수출품은 세계시장을 대상으로 생산되기 때문에 규모가 작은 내수시장을 대상으로 생산하는 기업들에게는 없는 규모의 경제가 작용할 수 있다. 큰 기업들은 더 많은 생산량에 자본과 장비의 고정비용을 분산할 수 있기 때문에 평균비용이 더 낮다. 수출이 생산을 촉진하는 또 다른 이유는 기업들이 세계시장을 대상으로 수출하기 때문에 새로운 상품을 만들기 위한 연구 개발을 더 열심히 할 유인이 있다는 것이다. 규모의 경제가 이를 더 가치 있게 하는 동시에, 외국과의 경쟁은 이를 필요하게 한다.

수출 증가와 GDP 증가와는 다른 식으로 관련이 있을 수 있다. 수출은 국제적인 모범사례를 더 빨리, 더 확실히 채택하게 할 수 있다. 세계시장에서 영업하는 기업들은 경쟁에서 보호받을 수 없다. 사실 그들은 세계 최고의 기업들과 경쟁하고 있는데, 경쟁압력이 기업들로 하여금 자신들이 만드는 상품 분야와 생산과정의 최신 진전을 잘 파악하도록 강요한다. 이런 효과를 측정하는 것이 수출 촉진 정책으로 인해 더 어려워질 수 있는데, 왜냐하면 수출업자는 보조금(예 : 직접 지급되는 것이나 또는 저금리 대출 또는 세금 감면)이 있으면 세계 최고가 아니어도 되기 때문이다. 기업들이 자국에서 받는 보조금의 도움으로 경쟁력을 얻을 수 있는데, 이것은 보조금이 있으면 제품의 질이나 효율성에 의존하여 경쟁력을 유지해야 하는 압력을 낮추어주기 때문이다. 한국의 경우와 같은 성공적인 수출 촉진 프로그램은 이런 문제를 잘 알고 있기 때문에 그리고 정책의 목표가 특별한 혜택이 없어도 국제적인 시장에서 경쟁할 수 있는 기업을 육성하는 것이기 때문에, 정부는 수출기업에 제공되는 보조금이 해당 기업이 해외에서 경쟁력을 유지하는 주된 이유가 되지 않도록 조심히 프로그램을 모니터한다. 아울러 성공적인 수출 프로그램은 기업들이 국제적으로 경쟁력을 확보하면 보조금을 점차 낮춘다. 하지만 1995년 이후 보조금에 대한 규제가 국제적으로 더 강화되면서 WTO 체제하에서 산업들에 직접적인 지원을 하는 것이 훨씬 더 어려워졌다.

수출품의 생산은 몇 가지 다른 잠재적 이점이 있다. 수출은 수입품의 구입을 가능하게 한다. 개발도상국들은 보통 첨단 기술을 보유하기 않았기 때문에 효율적인 제조업 기업을 만들기 위해서는 많은 경우 기계와 다른 자본재의 수입이 필요하다. 수출이 낮으면 수입품을 구매할 수 있는 능력을 저하시켜 효율성 제고에 필요한 수입 투입요소들을 매입할 수 없게 된다. 이와 관련이 있는 수출의 이점은 수출 목표를 맞추기 위해서는 수출지향경제들로 하여금 해외직접투자(FDI)의 유입과 새로운 기술의 습득을 장려했다는 것이다. 국내 제조업의 낙후성을 극복하는 방안은 외국기업들의 투자를 장려하는 것이다. 대부분 아시아 경제들은 FDI를 장려하였고, 싱가포르와 베트남은 이를 중심으로 산업정책을 펼쳤다. FDI를 장려하는 동시에, 몇몇 나라들은 외국기업들이 잠재적 국내 경쟁 기업에게 기술 이전을 하도록 유인을 제공했다. 이것은 특히 일본(현재는 중국)에서 사용된 전략으로 일본의 큰 시장에 접근할 수 있도록 해주는 것이 외국기업들에게 기술이전협정을 맺도록 하는 충분한 유인이 되었다.

일부 전문가는 자본과 현대적 기술을 수입할 수 있는 능력이 개발도상국과 선진국 간의 격차를 줄이는 데 가장 중요한 요건이라고 본다. 수출 촉진은 새로운 기술의 습득을 장려하는데, 왜냐하면 정부는 성공하기 위해서는 기업들이 더 효율적이 되기 위해 필요한 수입품에 대한 접근을 허용하기 때문이다. 대부분의 정부는 선택적으로 자국 시장을 보호하지만 아울러 수출기업들이 필요한 물건을 수입할 수 있도록 정책을 조절한다. 일반적으로 그들은 다른 개발도상국 지역에 비해 보호주의 정책을 덜 사용했다.

수출 촉진은 다른 지역에도 좋은 모형인가

수출 촉진 모형이 동아시아에서 매우 성공적이었기 때문에 자연히 다른 개발도상지역에도 처방되고 있다. 예를 들어 라틴아메리카의 1980년대 위기와 뚜렷하게 대비되는 동아시아의 정반대 경험은 많은 나라에게 수출 촉진 정책을 채택하도록 하고 있다. 심각한 의문은, 다른 지역도 아시아의 수출 지향 경제의 성공적 수출을 재현할 수 있을 것인가이다.

만약 전 세계의 개발도상국들이 수출 촉진 정책을 강조하기 시작한다면 이슈가 되는 것은 세계의 선진국들이 여러 개발도상국들의 수출을 소화할 수 있는가일 것이다. 일부 전문가들은 2000년대 초의 세계적 불균형이 2007년 금융위기와 전 세계적 불경기를 초래한 세계경제의 취약점에 기여했다고 본다. 만약 전 세계의 저소득, 중소득 나라들이 고소득 국가들과 함께 상응하는 수입을 매입하지 않고 수출을 통해 번영을 이루려고 한다면, 초과되는 수출은 시스템의 어디에선가 수입이 되어야 한다. 장기적으로 보면 이것은 지속 가능하지 않고, 단기 및 중기 관점에서 이것은 정치적 대립과 무역전쟁을 촉발할 수 있다.

아마도 아시아 수출경제들의 수출 촉진 정책을 모방하고자 하는 나라들에게 가장 장애가 되는 것은 관세 및 무역에 관한 일반협정(GATT)의 우루과이 라운드이다. 1994년에 효력을 발휘한 규정에 따르면 개발도상국가들은 수출 성과에 연계된 어떤 보조금도 철폐해야 한다. (제5장의 WTO 규정에 대한 사례연구 참조) 개인당 GDP가 1,000달러 이하의 극단적으로 가난한 나라들은 여기에서 제외되었다. 근본적으로 새로운 GATT 규정은 개발도상국가들이 신용 보조, 세금 감면, 직접 현금 지급과 같은 수단을 쓸 수 있는 가능성을 제거했다. 유일한 예외는 가난한 나라들인데, 이 나라들은 제조업 수출이 많지 않다.

사례연구

아시아 무역블록

이 책의 초판(1994)에서 이 사례연구는 다음과 같이 시작했었다. "아시아는 세계에서 무역블록이 없는 유일한 지역이다." 그 이후, 특히 2000년 이후 상당한 변화가 있었다. 표 16.7은 무역협정 분야에서 아시아의 변화를 보여준다.

1990년대 무역협정이 확산되기 이전에 **동남아시아국가연합**(Association of Southeast Asian Nations, ASEAN)이 아시아의 가장 대표적인 무역협정이었다. 1967년 5개국(인도네시아, 말레이시아, 필리핀, 싱가포르, 태국)을 회원국으로 설립되었고, 1984년부터 1999년 사이에 5개국(브루나이 다루살람, 베트남, 라오스, 캄보디아)을 추가하였다. ASEAN의 초기 미션은 정치와 안보 협력이었지만, 경제 분야로 확대하였다. 1992년 ASEAN자유무역지역(AFTA)를 창설했고 15년에 걸쳐 실행되었다.

1990년대, 특히 1997~1998년 아시아 위기 이후 새로운 협정이 모양을 갖추기 시작했다. 동아시아의 정치 및 경제 분야 지도자들은 자신들의 경제 및 규제 기관들이 증가하는 무역과 투자 흐름을 감당하기에 부족하고, 국제통화기금(IMF)이나 다른 다자기구의 조

표 16.7 아시아와 오세아니아 지역의 자유무역지역

연도	협상 중	협상 종료	제안 단계
1975	0	1	0
1991	0	7	1
2000	6	45	3
2016	69	151	67

1997~1998년 아시아 위기 이후 아시아 무역블록 수는 극적으로 늘어났다.

출처 : Data from Asian Development Bank, Asia Regional Integration Center, © James Gerber.

언에 의지할 수 없다고 판단하였다. 더 강화된 양자 간 그리고 지역 내 관계가 전체 지역의 안정을 제고하는 수단으로 받아들였다. 새로운 협정이 제안되고, 협상이 뒤따랐고 결국 체결되었다. 이 협상들은 다루는 지역이나 범위에 있어 다양한 형태였다. 어떤 것은 일본–싱가포르 경제동반자협정과 같이 양자 또는 지역 내 성격이고, 다른 것은 ASEAN–중국 간 포괄적 경제협력 협정과 같이 한 나라와 기존의 그룹 간 맺어졌다. 다른 것은 일본–멕시코 자유무역협정, 한국–칠레 자유무역협정과 같이 역외 국가와의 양자 간 협정이었다.

무역협정만이 1997~1998년 위기 이후 유일한 지역 내 협력을 위한 협정이 아니었다. ASEAN은 환율 위험, 채권 금융, 그 이외의 금융 분야 협력을 위해 중국, 한국, 일본과 협상을 개시했다. 아시아 내에서의 통합 노력에 대한 정보는 아시아 개발은행(ADB, www.adb.org)의 하부 기관인 아시아 지역 통합센터의 웹사이트(aric.adb.org)에서 쉽게 볼 수 있다. 아시아 개발은행은 1997~1998년 아시아 위기가 있기 오래 전 1966년에 창립되었고 현재 67개의 회원국이 있다. 이는 세계 여러 곳에 존재하는 지역 개발 은행 중의 하나로, 회원국으로부터 재원을 받아 기술적·재정적 지원을 제공한다. ADB는 중국이 2년간의 노력 끝에 57개 회원국으로 2015년 출범한 아시아 인프라투자은행(www.aiib.org)에 의해 보완된다. AIIB의 미션은 ADB의 그것과 유사하지만, 금융, 기술, 사회간접자본 개발에서 더 유연하고, 신속하고, 환경 친화적이고자 한다(제2장의 사례연구 참조).

아시아 경제성장모형이 존재하는가

학습목표 16.6 총요소생산성을 정의하고 왜 경제학자들이 동아시아의 성장이 다른 지역의 성장과 유사했는지를 이해하는 데 이 개념을 사용하는지 설명할 수 있다.

동아시아의 '기적'은 동아시아 수출 지향 경제와 중국의 빠른 성장을 설명하려는 많은 연구로 이어졌다. 이 이슈가 학구적인 것처럼 들릴 수 있으나, 이 주제는 근래 대중적 경제학에서 상당히 흥미로운 많은 논란을 일으키고 있다. 자유방임주의 경제학 옹호자들은 동아시아 경제들이 개방도가 높은 것, 민간 시장의 이용, 건실한 거시경제 펀드멘탈을 지적하며 개입을 자제하는 정부의 역할을 주장한다. 반면 보다 더 개입적인 정부 옹호자들은 수출 촉진, 산업정책, 협의위원회와 같은 선택적 개입의 예를 들며 경제에서 정부가 더 많은 역할을 해야 한다고 주장한다. 일부 아시아의 정치인들은 인권과 정치적 자유의 제한이 질서와 혼란을 회피하는 기초가 되었다고 지적한다.

아시아 경제 모형은 존재할까? 다시 말해 아시아의 수출 지향 경제들이 시장의 힘에 의존하는 전통적 정책들에 비해 근본적으로 다른 정책을 통해 놀라운 성장을 달성한 것일까? 이에 대한 답은 현재 저소득, 중소득 경제들이 따라야 할 경로와 향후 산업화된 나라들에서의 정부의 역할에 대해 중요한 의미가 있다. 어려운 질문의 경우 자연스러운 일인 것처럼 여기에도 다양한 의견과 답이 존재한다. 하지만 최근의 연구는 몇 가지 견고한 결론을 제시하고 있다.

하지만 이 결론들을 보기에 앞서 성장회계에 대한 간단한 복습이 필요하다. 노동생산성이 근로자당 생산량이다: Q/L, Q는 산출량이고, L은 노동으로 보통 근로시간으로 측정한다. 노동생산성은 우리가 제3장과 제4장에서 리카르도와 헥셔–오린 무역 모형을 공부할 때 보았던 계수들과 동일하다. 동아시아의 성장은 개인당 소득의 증가와 노동생산성의 증가가 빨랐던 것이 특징이다. 근본적으로 노동생산성 증가가 1인당 생산량의 증가를 가져온 것이다.

주어진 노동생산성의 성장률은 자본 증가에 의한 것과 숙련도나 교육에 의한 것으로 나눌 수 있다. 경제학 문헌에서 이런 분석을 성장회계라고 한다. 한 나라나 지역에 대한 성장회계가 행해졌을 때 항상 노동생산성 증가 중 추가적인 자본과 교육에 의해 설명할 수 없는 부분이 있다. 이 부분은 사용 가능한 투입요소를 좀 더 효율적으로 사용한 것의 효과를 측정한다. 즉, 자본 투입이나 교육의 증가로 설명할 수 있는 것보다 생산량이 더 증가한 것은 주어진 투입요소들을 더 잘 활용했기 때문일 것이다. 예를 들어 생산의 조직을 바꾸어 사람들이 더 효율적으로 일하게 했을 수 있고 또는 기술의 질이 달라져 단위 자본과 노동이 더 많은 산출량을 만들 수 있고 또는 더 큰 규모의 경제가 가능해졌을 수 있다.

자본과 교육에 의해 설명되지 않는 생산성의 다른 이름은 **총요소생산성**(total factor productivity, TFP)이다. TFP 성장은 자본이나 노동 투입요소의 변화와 무관한 산출량의 변화로 새로운 기술, 혁신, 조직의 개선 등과 연관되어 있다. 대부분 추정에 의하면, 장기간에 걸쳐 고소득 국가들의 개인당 소득 증가의 대부분은 총요소생산성의 증가의 결과이다.

성장회계가 동아시아에 대한 논쟁과 별개인 것 같지만, 사실은 매우 관련이 크다. 경제학자들은 노동생산성의 증가를 자본의 증가에 의한 것, 교육의 증가에 의한 것, 마지막으로 TFP 증가에 의한 것으로 나누었다. 결과는 거의 대부분 노동생산성의 증가는 자본 축적의 증가에 의한 것이었다. 결국 노동생산력의 대부분은 개별 근로자가 더 많은 기계와 다른 형태의 자본을 사용할 수 있기 때문에 나타났다는 것이다. 동아시아 경제들에서 매우 빠른 자본 축적은 이들의 높은 저축과 투자의 결과인데, 이것은 동아시아 경제들의 가장 잘 알려진 특징의 하나이다. 그리고 같은 기간 미국과 다른 산업화된 나라들의 패턴과 비교했을 때 동아시아의 TFP 증가가 설명하는 성장의 비율이 더 작다. 자본 축적과 TFP 증가의 상대적 역할은 동아시아 수출 지향 경제들이 성장한 원천이 고소득 국가가 된 다른 나라들과 다르지 않다는 견해를 지지한다. 만약 동아시아 경제들에서 훨씬 더 높은 TFP 증가가 전체 경제 성장의 주요 원천이었다고 한다면, 이는 그들이 새로운 성장 방식, 즉 다른 조직의 형태 또는 어떤 알려지지 않은 문화적 요인이 작용하는 것을 찾았다고 할 수 있을 것이다.

　　이런 연구들이 '동아시아의 기적'은 없다고 할지 몰라도, 이것이 이 지역에서 진행된 놀라운 성장과정을 부인하지 않는다. 하지만 전혀 새로운 성장과정의 그림을 그리기보다 수출지향 동아시아 경제들은 근면, 절약, 생산적으로 투자된 높은 저축율로 한 세대 내에서 한 나라의 생활 수준을 바꿀 수 있음을 보여주고 있다.

요약

■ 수출주도형 아시아 경제들의 성장의 주요 특징은 (1) 평등의 증가, (2) 저축의 빠른 축적과 높은 투자, (3) 학교 교육 수준의 빠른 향상, (4) 제조업 수출의 빠른 증가, (5) 안정된 거시경제 여건이다.

■ 제도적 환경이 정책 입안자들에 대한 신뢰를 만드는 데 중요하게 작용했다. 정책을 입안하는 관료조직은 정치 시스템의 영향으로부터 분리되어 있었다. 이는 정책 결정에 민의가 반영되지 않는다는 비판도 자아냈으나, 정치적인 영향보다는 기술적 장단점에 바탕을 두어 결정을 내릴 수 있게 하는 장점도 있었다. 산업과 기업, 소비자들의 목소리는 협의위원회를 통해 전달되었다. 협의위원회는 민간과 정부 정책입안자들이 정보를 교환하고 정책을 논의하는 장치이다.

■ 정책의 주요 내용 중 하나는 인플레이션 통제, 절제된 재정 적자, 과다하지 않은 외채, 신뢰받는 환율 등과 같은 안정된 거시경제적 환경이다. 이런 주요 거시변수가 나라마다 달랐으나 대체로 지속 가능했다.

■ 홍콩을 제외하고는 아시아의 수출주도 경제들은 특정 산업의 발전을 목표로 하는 산업정책을 따랐다. 이런 산업정책들에 대한 초점은 일본, 한국, 대만과 같은 '북쪽 경제'에서 더 확실했다. 이런 정책들의 효과를 측정하는 것은 어려우며 정책의 효과에 대한 다양한 논쟁이 오래 이어지고 있다.

■ 홍콩을 제외한 각국은 제조업 수출을 장려했고, 홍콩은 중국과 아시아의 주요 항구 역할을 했다. 이런 정책들은 대체로 성공했지만 수출 증가가 빠른 GDP 성장으로 이어지는 메커니즘은 아직도 명확하지 않다.

■ 최근 실증 분석은 수출주도 경제의 경제 성장에 자본의 매우 빠른 축적이 제일 중요하게 기여했다는 것을 밝혔다. 그 결과 이 경제들이 총요소생산성을 증가시키는 모형을 개발했다는 주장은 틀린 것으로 보이며, 성장의 열쇠는 저축과 투자를 높인 정책들에서 찾아야 할 것이다.

용어

동남아시아국가연합(ASEAN)

세계지배구조지수(WGI)

인구추세전환

총요소생산성(TFP)

협의위원회

학습문제

16.1 동아시아 수출경제들의 경제 성장과 라틴아메리카의 성장의 특징을 대비하라.

16.2 인구추세전환이 어떻게 높은 저축과 투자율로 이어질 수 있는가?

16.3 빠른 경제 성장에 기여한 동아시아의 제도적 환경의 특징은 무엇인가?

16.4 동아시아의 산업정책의 효과에 대해 경제학자들의 의견이 갈리고 있다. 산업정책이 성장에 기여할 수 있는 역할을 이해하는 것에 관련된 이슈들에 대해 평가하라. 한 가지 견해가 더 낫다고 생각하는가? 왜 그런가?

16.5 제조업 수출이 경제 성장에 어떻게 기여할 수 있을까?

16.6 독자적인 아시아 경제 성장 모형이 있는가? 무엇이 이슈이며, 이 의문점들에 어떻게 답할 것인가?

세계경제 속의 중국과 인도

17

학습목표

이 장을 학습한 후 학생들은

17.1 왜 세계경제의 현상 유지가 중국과 인도 때문에 어렵게 됐는지 밝힐 수 있다.

17.2 중국과 인도의 인구추세를 설명할 수 있다.

17.3 중국과 인도에서 진행된 개혁을 설명할 수 있다.

17.4 중국과 러시아의 사회주의체제에서 자본주의체제로의 전환의 유사점과 차이점을 비교, 설명할 수 있다.

17.5 중국과 인도의 경제 성장의 차이점을 비교, 설명할 수 있다.

17.6 중력모형을 이용하여 중국과 인도의 무역패턴을 설명할 수 있다.

17.7 중국 제조업이 미국과 같은 산업화된 경제들에 미친 충격을 논의할 수 있다.

서론 : 새로운 도전

학습목표 17.1   왜 세계경제의 현상 유지가 중국과 인도 때문에 어렵게 됐는지 밝힐 수 있다.

명목 달러로 측정하면 중국과 인도는 세계 2대 및 10대 경제이다(2015년 기준). 인구로 보면 두 나라는 세계 1대와 2대 나라이며 합친 인구가 26억 명을 넘고 전 세계 인구의 1/3을 넘는다. 부분적으로는 이런 규모가 두 나라의 중요도가 높아진 이유이기도 하지만, 이에 더해 두 나라가 비교적 짧은 기간에 활발한 무역, 투자, 소비의 주체로 세계 무대에 등장하며 나타난 결과이다. 1970년대 후반까지 공산주의 치하에서의 극단적 국수주의적인 경향과 냉전시대의 정치적 고립의 결과로 중국은 세계시장으로부터 분리되어 있었다. 인도는 국제경제 문제의 논의에 참여가 더 많았으나 국수주의, 심각한 빈곤과 저성장으로 인해 다른 나라들과의 경제적 교류가 제한적이었다. 1978년 중국은 경제 개혁을 시작하여 세계경제의 일원이 되었으며, 인도는 1991년 시작된 경제 개혁으로 성장이 빨라지며 나라 밖과의 교류가 더 활발해졌다.

그들의 규모 이상으로 좀 갑작스럽게 인류의 1/3의 사람들이 고립으로부터 탈출하였던 것이 세계의 이목이 두 나라에 집중되는 이유이다.

중국과 인도를 세계의 무역 시스템에 합류시키는 것은 쉬운 일이 아니었다. 인도 경제는 1990년대 초 개혁 이전에 매우 규제가 심했었고, 중국은 이보다 더 했다. 인도의 개혁은 국유기업의 민영화, 효율성 증진, 불필요한 행정절차 축소, 기업들의 경쟁력 향상에 초점을 맞추었다. 성장과정에서 정보기술과 서비스, 바이오기술 등과 같은 분야가 커지고 경쟁력이 높아지면서 기존 시장에 변화를 가져왔다. 중국의 개혁은 더 심각했으며 경제 전반의 사회주의와 공공소유제에서 자본주의와 개인소유제로의 이행이 진행되었다. 인도보다 중국에서 더 많은 국유기업이 남아 있어서 세계무역시스템에 숙제를 안기고 있는데, 이것은 정부가 소유주이고 가격의 시장 조건을 정확히 반영하지 못하기 때문에 정부의 보조, 정부의 구매규정, 지식재산권이 명확히 정의되지 않기 때문이다. 세계 2대 경제인 중국의 엄청난 규모와 공격적인 대외 투자 및 무역정책, 역사적으로 전례 없는 고도성장은 중국이 세계시장의 일부가 되는 과정에서 기존 질서를 크게 뒤흔들었다.

인도와 중국은 과거 세계적 강국이었다. 중국은 그런 위상을 회복했고, 인도는 회복과정에 있다. 역사는 세계적인 강국들이 등장하게 되면 다른 나라들에게 경제적 · 정치적 · 군사적 도전이 되고, 변화와 긴장의 시간이 따른다는 것을 보여준다. 이 장은 중국과 인도의 등장이 세계경제에 던진 갑작스러운 충격의 가장 중요한 경제적 이슈들을 살펴볼 것이다.

인구와 경제적 특징

학습목표 17.2 중국과 인도의 인구추세를 설명할 수 있다.

학습목표 17.3 중국과 인도에서 진행된 개혁을 설명할 수 있다.

학습목표 17.4 중국과 러시아의 사회주의체제에서 자본주의체제로의 전환의 유사점과 차이점을 비교, 설명할 수 있다.

표 17.1은 인구, 명목 달러로 표시한 GDP, 구매력을 감안한 개인당 GDP를 보여주고 있다. 중국과 인도의 인구를 합치면 전 세계인구의 1/3을 넘고, 구매력을 감안한 생산액 규모는 전 세계 생산의 1/4을 넘는다. 그들의 세계경제에서 비중이 높아진 것은 최근의 일인데, 수 세기를 거슬러 올라가면 그들은 지금보다 통합되지 않은 세계경제에서 더 큰 비중을 차지했었다. 하지만 1950년에만 해도 두 나라의 세계 GDP 비중은 8~9%에 불과했다. 세계경제가 20세기 후반에 성장할 때 두 나라는 다른 나라들보다 더 빨리 성장한 결과 전체에서 차지하는 비중이

표 17.1 중국과 인도의 인구와 소득(2015)

	인구(100만 명)	GDP(미 달러, 10억)	개인당 GDP(미 달러 PPP)
중국	1,374	10,983	14,107
인도	1,293	2,091	6,162

중국과 인도는 세계 인구의 1/3 이상을, 구매력 평가 세계 GDP의 약 1/4을 차지한다.

출처 : Data from International Monetary Fund, *World Economic Outlook Database*. © James Gerber.

그림 17.1 연평균 GDP 성장(1991~2014)

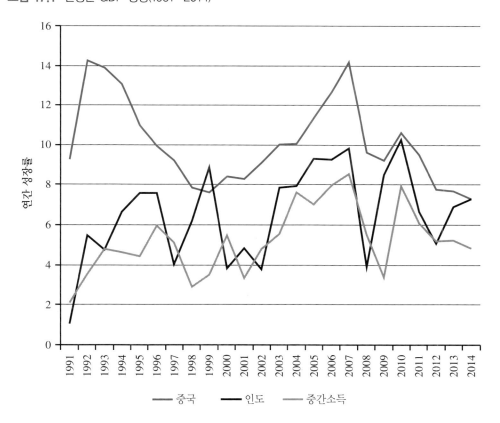

중국의 GDP는 매 7년마다, 인도는 매 11년마다 GDP가 두 배로 늘었다. 중간소득 국가들의 평균은 14년이다.

출처 : Data from *World Development Indicators*, World bank, © James Gerber.

높아졌다. 그림 17.1은 세계은행이 정의한 중간소득 국가(개인당 소득이 1,000~13,000달러 사이)들의 지난 25년간의 연간 성장률을 비교하고 있다. 그림의 데이터는 중국이 개혁을 시작한 이후(1978년)이며 인도가 경제 개혁을 시작한 시점(1991년)부터의 것이다.

특히 중국의 성장은 역사적으로 전례가 없는 것이다. 연간 성장률이 10%, 또는 그 이상 수준을 넘기며 중국은 수억 명의 개인과 가족들을 빈곤으로부터 해방시켰으며 자국의 개인당 소득과 고소득 국가들의 소득 수준의 차이를 좁혔다. 그리고 인도의 성장이 그렇게 극적이거나 역사적으로 선례가 없는 정도가 아니었지만 그래도 대부분 중간소득 국가들보다 빠른 성장을 기록했다. 이것도 1990년대 이전 성장이 저조했던 것을 그리고 비교 대상인 중간소득 국가들이 세계에서 제일 빠르게 성장하는 그룹이라는 것을 감안하면 대단한 일이다. 중국과 인도의 1991년부터 2014년까지의 성장률은 중국의 경우 매 7년마다, 인도의 경우 매 11년마다 GDP가 두 배로 커졌다는 것을 의미한다.

그림 17.2는 역사를 거슬러 올라가 산업혁명 이전 중국과 인도가 세계경제에서 차지하는 중요도를 보여준다. 많은 경제사학자들은 동양과 서양의 경제적 분기점을 1820년으로 보는데, 이때쯤 세계의 다른 지역에 앞서 서유럽과 북미의 산업화가 시작되었다. 그 이전에는 중국이나 다른 지역의 도시들이 유럽이나 미대륙의 어떤 도시 못지않게 새롭고 번창했다. 산업혁명이 태동한 지역에서 신기술이 사용되기 시작하여 생산성이 올라가고, 소득이 증가했으며, 이어서 군사력의 증대로 이어졌다. 서방에 의해 오랜 기간 이어진 인도의 식민통치와 중국에 대한 군사적 개입은 산업혁명이 늦어진 것의 효과를 배가시켜 중국, 인도와 서유럽, 북

그림 17.2 세계경제 속의 중국과 인도(1700~2003)

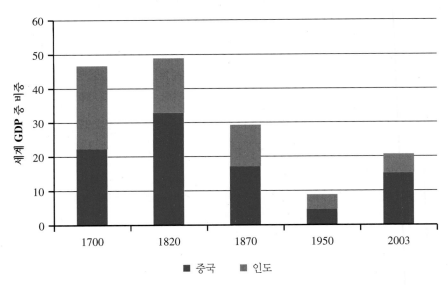

중국과 인도는 산업혁명 이전에는 세계 GDP의 상당한 부분을 생산했으나 대략 1820년 이후 비중이 빠르게 떨어졌다.

출처 : Data from *Contours of the H World Economy*, by Angus Maddison, © James Gerber.

미 간의 소득격차를 더 키웠다. 1870년 무렵에는 중국과 인도가 새로 산업화된 나라들에 비해 더 차이를 보이고 있었다. 1820년에 약 50%였던 두 나라의 세계 GDP 비중이 1950년에는 10%를 하회했다. 중국의 경우 그 기간 성장이 전혀 없었다. 인도의 경우는 조금 나아서 연간 0.5% 성장했는데 이는 서방의 신흥 산업국들에 비해 훨씬 뒤처지는 수준이었다.

1950년 이후 두 나라는, 특히 중국은 다른 나라들보다 더 빨리 성장하며 세계 GDP 비중을 늘렸다. 비중 증가의 대부분은 1970년대 경제 개혁을 실행한 이후에 달성되었다. 고도성장은 세계경제와 두 나라 국민들에게 매우 큰 영향을 미쳤다. 1981년 88% 이상의 중국인들이 극심한 빈곤 상태(1일 소득이 1.9달러 이하, 2011년 구매력 기준 달러)에 있었고, 인도의 경우 53%(1983년 기준)가 비슷한 처지에서 살고 있었다. 2010~2011년에 극심한 빈곤율은 중국과 인도에서 각각 11%와 21%로 떨어졌다. 중국과 인도와 같이 인구가 많은 나라의 경우 이렇게 괄목할 극빈인구 비중의 하락은 수억 명의 사람들이 심각한 빈곤과 개선 기회의 부재로부터 탈출하는 것을 뜻한다.

빈곤은 줄어든 반면 두 나라에서 중산층이 등장했다. 인구 규모가 큰 것을 감안하면 중산층의 규모가 작다 하더라도 세계적 수요에 영향을 미칠 수 있는 정도의 구매력을 의미한다. 중산층의 정의에 대해서는 잘 정의되지 않았으나 다음의 간단한 상황을 가정해보자. 세계은행에 따르면 2010~2011년 소득 상위 10%가 각 나라에서 전체 소득의 30%를 차지했다. 지난 수십 년 간 중국의 엄청난 성장률을 감안하면 중국의 이 그룹의 소득은 인도에서보다 더 많이 늘었을 것이다. 소득의 30%를 차지하는 상위 10%의 평균 소득은 중국의 경우 약 2만 6,000달러, 인도의 경우 5,500달러이다. 중국의 소득 2만 6,000달러는 그리스, 포르투갈의 소득과 비슷한 수준이며 스페인보다 약간 낮다. 가장 큰 차이는 중국의 경우 이 그룹은 1억 3,700만 명을 의미하는데, 이는 프랑스, 영국 또는 이탈리아보다 약 두 배 정도가 되는 규모다. 이렇게 많은 수의 새로운 소비자들과 생산자들이 세계경제에 추가되었을 때 전 세계적 수요와 공급에 미치는 영향은 클 수밖에 없다.

앞으로의 중국과 인도의 성장은 부분적으로 이들의 인구 변화에 달려 있다. 그림 17.3은 과거와 향후 예상되는 두 나라의 인구 추세를 보여준다. 2030년쯤부터 중국의 인구는 장기간에 걸쳐 완만한 하락세를 보일 것으로 예상된다. 비슷한 시기에 인도가 세계 최다 인구 보유국이 되고, 그 이후에도 계속 증가세를 보일 것으로 예상된다. 중국의 가구당 아이 수 제한과 경제성장에 따른 여성들의 경제적 기회 증가로 출생율이 낮아지고 인구의 평균 연령을 높이고 있다. 2030년부터 2040년까지 인구 증가는 인구 규모를 유지할 수 있는 대체율을 하회하고 있어서 앞으로 인구가 고령화되는 동시에 젊은 인구가 감소하여 경제 성장에 점점 영향을 미칠 것이다. 인도의 인구는 계속 증가할 것으로 전망되지만 더 빠른 경제 개발과 여성들의 경제적

그림 17.3 인구(1950~2050, 100만)

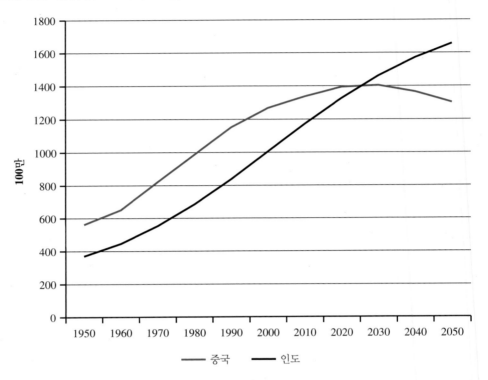

인도의 인구 규모는 대략 2030년에 중국을 추월할 것이다. 중국의 인구는 비슷한 시기에 점진적으로 하락하기 시작할 것이다.

출처 : Data from U.S. Census Bureau, *International Statistics Database*, © James Gerber.

기회의 증가는 인구 증가세에 영향을 미칠 것이다.

중국과 인도의 경제 개혁

중국 공산주의 시스템의 개혁은 1978년에 시작되었다. 공산주의하에서 경제의 모든 분야가 국가의 통제를 받았다. 민간 기업은 존재하지 않았고, 어느 경제에서나 공통적인 누가, 무엇을 얼마나 생산하고, 누가 그것을 받을지를 정부의 계획 담당자들과 공산당 정치인들이 위로부터 결정하였다. 중국은 외부 세계와 단절되다 싶은 상태였기 때문에 경제정책의 주안점은 재화와 서비스의 자급자족이었다.

인도의 개혁은 1980년대에 시작되었고, 1991년 정부가 국제수지 위기에 대응하는 과정에서 탄력을 받았다. 인도의 경제는 정부의 소유와 통제가 민간 기업과 공존하는 사회주의 체제라고 보는 것이 적당했다. 그러나 모든 대기업은 정부의 소유였고, 인도의 규제 시스템은 모

표 17.2 중국과 인도의 GDP 대비 무역 비율

	1970	2000	2014
중국	5.0	39.4	41.5
인도	7.5	26.4	48.7

무역은 중국과 인도 모두에게 더 중요해졌다.

출처 : Data from *World Development Indicators*, World bank, © James Gerber.

든 기업들이 조그마한 것을 바꾸려 해도 정부의 허가를 받도록 요구했다. 기업이 확장하거나, 생산품을 바꾸거나, 이사회 구성을 바꾸려 해도 먼저 정부의 허가를 받아야 했다.

개혁 이후 두 나라는 시장 지향적이 되었으며 국제경제에 더 활발한 참여자가 되었다. 뚜렷한 경제의 개방은 각 나라의 GDP 대비 무역 비율(표 17.2 참조)이 크게 증가한 것을 보면 알 수 있다. 중국의 비율은 금융위기 이전인 2006년에 65%로 정점에 달한 후 41.5%로 낮아졌다. 인도의 경우는 중국의 수준을 넘어섰고 무역은 더 중요해지고 있다. 규모가 큰 국가들의 경우 GDP 대비 무역 비율이 경제의 무역 의존도가 더 높은 작은 나라들에 비해 낮은 것이 일방적이다. 하지만 두 나라의 경우 개혁 전략의 일부로 무역과 투자의 증대를 통한 국제경제와의 통합을 강조하였다.

중국의 개혁과정

한 나라가 개혁에 나서게 되는 계기는 여러 가지이다. 제15장에서 보았듯이 라틴아메리카의 개혁은 1980년대 부채위기로부터 시작되었다. 중국의 경우 직접적인 위기는 없었으나 공산주의 체제하에서 나타난 불안정과 보잘것없는 결과가 계기가 되었다. 중국 경제 개혁의 지도자 **덩샤오핑**(Deng Xiaoping)은 구체제하에서 빈곤을 퍼트릴 것인가, 신체제하에서 풍요를 퍼트릴 것인가라는 선택이라고 설명했다.

중국 개혁의 청사진은 없었지만, 점진적이고 계속적으로 국가와 공산당이 행사하던 통제를 풀어 나갔다. 덩샤오핑은 개혁 과정을 '돌다리도 두들겨 보고 건너는' 것으로 비유한 것으로 유명하다. 한 걸음을 딛어보고 괜찮으면 그다음 다시 한 걸음 나가는 것이다. 이런 점진적인 접근 방법은 부분적으로는 경험과 정보가 모자랐기 때문이고, 또한 반개혁적인 보수파의 반발을 염두에 두었기 때문이기도 하다.

첫 번째 변화는 농업 분야에 국한되었고 농민들에게 경작지의 소유와 관리에 대한 권한을 부여하는 것이었다. 농부들은 재배한 작물을 시장에 팔 수 있게 되면서 생산량이 증가하기 시작했다. 구체제하에서 외국과의 무역은 정부 각 부처에 연관된 12개의 **해외무역상사**(foreign trading corporations, FTC)에 의해 통제되었다. 모든 수출입이 FTC를 통해 이루어졌으며 비교우위에 대한 고려는 전혀 없었다. 개혁은 점진적으로 무역을 개방하는 방향으로 진행되었다. 처음에는 FTC의 추가 설립을 통해서, 그 이후 여러 단계를 거쳐 가격 통제의 철폐와 수출 보조금 지급의 중단으로 이어졌다. 개혁의 충격을 최소화하기 위해 수출가공지역(EPZ)을 모방한 **경제특별구역**(Special Economic Zones, SEZ)을 설치하였다. 제5장의 멕시코 제조업의 수출가공지역을 다룬 사례연구에서 보았듯이 EPZ는 가공하여 대개 다른 형태의 제품으로 재수출하는 조건으로 면세로 수입을 허용한다. SEZ는 한 발짝 더 나아가 지방 정부에 다양한 실험을 할 수 있는 경제와 무역 관련 권한을 부여하는 것이다. SEZ에 생산하기 위해 들어오는 외국기업과 합작기업을 설립하도록 유인이 주어졌다. 1979년부터 1988년 사이 5개의 SEZ를 설립하여 (특히 대만, 홍콩, 해외 중국 사업가들의) 외국기업들을 성공적으로 유치하여 수출이 늘어나기 시작했고, 이것은 경제 성장을 높이는 것에 기여했다. SEZ는 중국의 다른 지역에 전시효과를 가져와 타 지역들도 비슷한 정책을 펼치기 시작했다.

중국은 1986년에 관세 및 무역에 관한 일반협정(GATT)에 가입했다. 회원이 되기 위해서 해당 나라는 GATT에 영향을 미칠 수 있는 무역과 경제정책을 나열하고 GATT 회원국이 원하는 어떤 관심 분야에 대해서도 양자 간 협상에 임하도록 했다. 이 협상들은 어려웠고 중국이 2001년 WTO에 가입할 때까지 지속되었다. 협상이 길어진 것이 개혁의 진전과, 결국 중국이 무역과 투자 분야에서 매우 개방된 경제가 되도록 하는 데 도움이 되었다고 할 수 있다.

인도의 개혁과정

인도의 개혁은 1980년대에 점진적으로 시작되었으나 1991년 위기 이후 빨라졌다. 세 가지가 인도 정책입안자들로 하여금 변화를 추구하도록 만들었다. 첫째, 인도의 주된 무역 상대국인 소련이 1980년대 어려움을 겪다가 1991년 드디어 해체되었다. 인도는 소련의 경제정책들을 모방했는데 소련의 붕괴로 그런 식의 경제가 번영을 가져다주지 못한다는 것이 명백해졌다. 둘째, 여러 동아시아 국가들의 성공이 중요하게 작용했다. 1960년에는 남한과 인도의 개인당 소득이 거의 비슷했었지만 1990년에는 한국은 선진국에 진입하고 있는 것에 비해 인도는 아직도 저소득 국가로 남아 있었다. 많은 개혁을 추진한 **만모한 싱**(Manmohan Singh) 재무장관이 1987년 한국을 방문했을 때 인도가 얼마나 뒤쳐져 있는가를 보고 충격을 받았다. 셋째, 정부의 지나친 부채로 인해 발생한 금융위기도 여기에 기여했다. 1991년의 걸프전쟁으로 원유가가 급등했고 걸프 국가에 있는 인도 근로자들의 송금이 끊기자 인도는 부채를 감당할 능력을 상실하였고, 외환보유액도 부족한 상황에 처하게 된다.

이어진 경제정책의 변화는 허가제도를 포함한 다양한 분야에 영향을 미쳤다. 인도의 경제 통제 방식은 혁신과 창의성을 막는 복잡다기한 비효율적 규제에 바탕을 둔 허가제도에 의존하였다. 허가는 민주주의를 위협하고 불평등을 조장할 수 있는 강력한 이해집단의 출현을 막기 위한 것이었다. 하지만 예상치 않았던 효과는 비효율성을 촉진하고, 인도의 기업들을 국내 및 해외로부터의 경쟁에서 보호함으로써 이 기업들이 제품의 질이나 기업의 효율성에 주의를 기울이지 않도록 했다. 대기업의 대부분은 국영기업이었고, 중국과 러시아의 국영기업들과 마찬가지로 이들이 점유한 경제 분야는 수익성에 무관하게 운영되었다. 이 기업들은 여러 해 동안 손실이 나더라도 계속 운영이 되었는데, 이들은 국가 소유였기 때문에 실질적인 예산의 제약이 없었다. 손실은 정부의 예산으로 메꾸어졌기 때문에 정부는 식수, 고속도로와 항만, 농촌 교육 등과 같이 필요한 공공 사업에 쓸 돈이 줄어들었다. 기업의 민영화는 1991년 위기 이후 행해진 두 번째 개혁조치였다.

마지막으로 개혁가들의 주목을 받은 중요한 분야는 국제무역과 투자였다. 인도의 무역정책은 수입대체산업화(제5장 참조)에 바탕을 둔 것으로 2차 세계대전 이후 라틴아메리카나 다른 지역과 동일했다. 국내기업들은 높은 수준의 보호를 받고, 수출은 암묵적으로 경시되었으며, 자급자족이 목표였다. 인도의 유명한 앰바사더 차가 한 예다. 수입차로부터 보호되며 거의 40년 가까이 그대로였다. 안정된 시장이 보장이 되어 있는데 왜 제품을 바꿀 필요가 있겠는가? 무역에 대한 여러 제약을 철폐하는 것과 동시에 인도는 해외직접투자의 유입에 대한 제약도 풀기 시작했다.

달라지는 비교우위

중국과 인도는 지난 수십 년 사이에 매우 심각한 변화를 겪었다. 개혁의 범위나 폭은 그들의 과거에 보였던 저성장, 폐쇄적 경제 궤도에서 높은 성장과 열린 경제로의 전환을 의미한다. 하지만 두 나라는 이 전환 과정의 각각 다른 단계에 위치해 있으며 앞으로 고소득 국가들과의 소득 격차를 메꾸려면 추가적인 변화가 필요하다.

중국의 괄목할 만한 경제적 변신은 농촌에서 도시로, 농업에서 제조업으로 많은 인구가 이동하며 달성되었다. 이런 지역과 업종의 변화는 농업 분야의 낮은 부가가치 생산이 감소하면서 이를 숙련도가 낮은 근로자를 이용한 제조업의 높은 부가가치 생산이 대체하는 결과를 가져왔다. 고용의 변화는 비숙련 근로자가 풍부한 중국의 상황을 반영하는 중국의 비교우위와 합치하는 것이었기 때문에 소득의 극적인 증가로 이어졌다. 노동집약적인 분야의 근로자들은 저임금이 암시하듯이 생산성이 낮았지만 그들의 생산성과 임금은 농업에서 보다 더 높았다. 중국은 이런 변화를 제조업과 사회기간산업에 대한 투자, 주요 산업분야와 국유기업들에 대한 보조금을 제공하는 산업정책과 무역과 투자에 대한 제한을 완화하여 지원했다.

중국의 다음 단계의 변신은 소비를 많이 하는 경제를 만드는 것이다. 현재까지의 성공은 극단적으로 높은 투자율에 의지하여 이루어졌다. 새로운 도시와 고속철과 고속도로가 건설되었고, 발전소, 제철소, 자동차 공장과 다른 시설들이 만들어지면서 중국이 세계에서 제일 큰 제조업 수출국이 되었다. 하지만 이제 높은 투자에 의지하여 성장하는 것은 한계에 달했다. 선진국들이 15~25% 투자하는 것에 비해 중국은 현재 GDP의 45% 넘게 투자하고 있다. 언제인가는 과다 설비로 인해 투자에 따른 수익 하락이 확산될 것이다. 중국은 여러 산업에서 이런 포화점에 달했는데, 철강의 경우 생산 용량이 수출과 국내 소비로 소화할 수 있는 능력을 초과하고 있다. 지나치게 많은 투자는 지나치게 적은 투자와 다른 문제이지만, 이도 역시 자원 낭비이기 때문에 문제이다. 장기적인 거시경제적 도전은, 이런 지출을 어떻게 소비로 전환하여 미래가 아니라 현재의 생활 수준을 향상할 것인가이다. 단기적으로 그동안 필요한 수입을 낼 수 없는 공급능력 초과 상황을 빚어낸 공장과 주택을 짓기 위해 투자자들이 빌린 부채가 문제이다.

이에 비해 인도에서는 아직도 많은 인구가 저부가 가치 농업에서 제조업으로 이동하지 않았다. 아직도 인구의 상당분이 빈곤이 심각한 농촌지역에 거주(2010년 69%)하고 있고, 생산성이 낮은 농업 부문(51%)에서 일하고 있다. 인도가 농업에서 비숙련, 노동집약적 제조업 분야로 고용을 전환하는 중국의 전철을 밟기 위해서는 여러 장애, 즉 교통과 전기·수도, 제한된 교육, 복잡하고 신뢰도가 낮은 제도 등을 극복해야 한다.

중국과 인도 모두 기업을 시작하고 운영의 용이도를 측정하는 기업하기 좋은 환경 지수나 지배구조지수(16장 참조)에서 성적이 좋지 않다. 그 결과 시장은 위축되어 있으며 많은 노동자와 중소기업들이 비공식 분야에 있어서 큰 기업으로 성장하기 위한 자본 조달의 어려움을 겪고 있다. 이런 문제는 인도에서 더 심각한데 복잡한 구비서류와 규정으로 가득찬 행정절차 때문에 기업하기 좋은 환경 지수에서 전체 189개국 중 130위를 기록했다. 두 나라 모두 수출 지향적인 동아시아 국가들과 거리가 멀다. 장기적으로 제도의 개선이 다른 분야 개발만큼이나 중요하다.

사례연구

왜 소련은 붕괴하고 중국은 성공했는가?

러시아의 경험과 달리 중국 경제는 공산주의로부터 자본주의로의 이행기간에 전혀 하락하지 않았다. 비록 개혁이 1978년에 시작했지만 1980년대 중반까지 주로 농업 부문에만 영향을 미쳤다. 중국은 엄청난 인구가 농촌지역에 거주했기 때문에 식량의 생산과 농촌

소득에 미치는 긍정적인 영향이 매우 컸다. 기본적으로 농업의 개혁은 개별 농가나 마을에 책임지는 생산 쿼터를 설정하고 그 이상의 생산량은 자가 소비나 판매 목적으로 사용할 수 있도록 했다. 마을이나 공동농장의 해체를 허용하자 개인별 유인들이 생산자의 결정을 좌지우지하기 시작했다.

1980년대 중반 중국은 시장에 기반을 둔 개혁을 주로 해안선에 따라 위치한 SEZ, 경제기술개발지역(ETDZ), 하이텍개발지역(HTDZ)과 다른 특별 개발 지역 등으로 확대하였다. 각 지역에 적용되는 규정은 조금씩 달랐으나, 공통적으로 더 독립적인, 수익 지향적, 시장 지향적 의사결정을 허용하였다. 특히 SEZ는 다양한 경제적 조직과 해외자본 유치를 통한 합작회사 건립이 장려되었다. 이런 특구들이 중국의 성장, 수출, 해외투자 유입의 대부분을 담당하게 되었다.

중국의 전환 전략은 경제구조 전체를 한꺼번에 바꾸려는 것이 아니기 때문에 점진적 전략이다. 오히려 중국은 **이중궤도 전략**(dual track strategy)을 사용했는데 이것은 개혁을 특정 지역이나 산업 분야(예 : 농업)에 한정하고, 나머지에 대해서는 전통적인 중앙정부의 계획을 그대로 적용하는 것이었다. 천천히 보조되던 가격을 시장 가격 수준으로 인상하고 의무적 생산 할당량을 낮추기 시작하였다. 1990년대 초 · 중반에는 소매가격의 80% 이상, 그리고 농산물과 중간재 80~90%의 가격이 자유화되었다. 중국은 국유 분야의 민영화에 대해서는 더 점진적이었다.

많은 전문가들이 개혁을 완만하지만 안정된 속도로 진행하는 것은 단기간에 새로운 제도나 경제적 관계를 만들어야 하는 압박을 제거한다고 보았다. 이중궤도 전략을 택함으로써 중국은 중앙정부의 계획에 의해 통제된 경제와 시장경제가 공존하게 하고, 점차 후자가 전자의 기능을 수행하게 했다. 아마도 경제 침체를 피하는 것보다 더 중요했던 것은, 점진적 접근이 중국인들에게 시장에 바탕을 둔 제도에 적응할 시간을 주어 변화의 충격을 줄였다는 것이다.

빠른 개혁을 주창자들은 중국이 특별한 경우라고 본다. 첫째, 중앙계획의 정도가 다른 나라에 비해 낮았기 때문에 경제의 왜곡이 상대적으로 작았고, 아울러 중공업 분야 집중도가 낮았다. 둘째, 가장 중요한 점인데 중국의 경제는 농업 중심이었다. 중국이 개혁을 시작한 1978년 노동력의 71%가 농업에 종사하고 있었다. 전환을 시작한 1990년 러시아의 경우 13%만이 농업에 종사하고 있었다. 중국에서 농업 부문 집중도가 상대적으로 이렇게 높았기 때문에 농업 종사자들의 생산성이 매우 낮았다. 이 사람들이 설령 농촌을 떠난다 해도 생산량의 감소는 미미한 반면, 이들이 도시나 농촌 지역의 산업에 고용되어 따르는 생산성 증가는 훨씬 더 컸다. 따라서 중국은 노동을 농업으로부터 새로운 기업 부문으로 이동할 수 있었던 반면, 러시아는 중공업 부문에서 노동자를 빼야 새로운 기업 부문에 인력을 배치할 수 있었다.

저명한 헝가리 경제학자이자 전환기를 목격한 전문가인 야노스 코르나이(Janos Kornai)는 당시의 토론을 다음과 같이 요약했다.

> 어떤 개발은 빠르게 이루어진 반면 어떤 개발은 늦다. 어떤 변화는 단번의 개입에 의해 나타나지만 다른 변화들은 점진적 과정을 통해 나타난다… 속도 기록을 갱신하는 것보다 강화, 안정, 지속 가능성에 방점을 찍어야 한다[1](Finance and Development, 2000년 9월).

---

[1] 야노스 코르나이의 'Transition to Private Ownership'에서, *Finance and Development*, © 2000 국제통화기금.

세계경제 속의 중국과 인도

학습목표 17.5 **중국과 인도의 경제 성장의 차이점을 비교, 설명할 수 있다.**

학습목표 17.6 **중력모형을 이용하여 중국과 인도의 무역패턴을 설명할 수 있다.**

학습목표 17.7 **중국 제조업이 미국과 같은 산업화된 경제들에 미친 충격을 논의할 수 있다.**

인도와 중국은 세계의 무역과 투자의 방향에 영향을 미쳤다. 이들이 세계의 다른 지역들과 통합되면서 다국적 기업들이 발 빠르게 중국과 인도에 생산과 유통시설 네트워크를 설립했고 중국과 인도의 기업들도 해외에서 투자를 시작했다. 1990~2014년까지 중국과 인도가 전 세계 해외직접투자 유입에서 차지하는 비중이 1.8%에서 13.2%로 증가했다. 대부분이 중국으로 갔지만, 인도에도 아시아국 전체에서 중국과 싱가포르에 이어 세 번째로 많은 해외직접투자가 유입되었다. 비슷하게 무역 흐름도 크게 증가하였다. 무역 흐름의 변화는 세계의 무역과 투자 양상에 크게 영향을 미치는 중국에 집중되어 있지만, 인도도 상품과 서비스의 무역에서 비중을 높였다.

그림 17.4는 1990년부터 2015년까지의 중국과 인도가 세계 수출에서 차지하는 비중을 보여준다. 여기서 볼 수 있듯이 그들 증가의 대부분이 중국의 상품 수출에 기인하지만 서비스도 기여했다. 중국경제 규모의 약 1/5 정도인 인도의 경제는 중국에 비해 상품 수출과 세계 전체에서 차지하는 비중에서 뒤처지고 서비스 분야에서는 중국과 비슷한 비중을 차지하는데, 이는 정보 기술, 사업 서비스, 다른 높은 수준의 기술을 요하는 분야에서 인도의 강점을 보여준다.

그림 17.4 세계 수출의 비중(1950～2015)

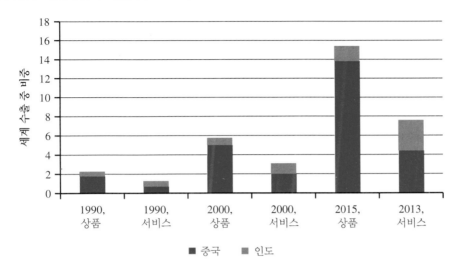

중국과 인도가 세계 수출에서 차지하는 비중은 빠르게 늘고 있다.

출처 : Data from UNCTAD, "Total trade and share," and "Exports and imports of total services.", © James Gerber.

중국과 인도의 무역 패턴

중국은 변신 이후 세계에서 제일 큰 공산품 수출국인 동시에 5대 서비스 수출국이다. 인도의 변신은 중국만큼 진행되지 않았고, 노동력의 반이 아직도 농업에 종사하고 있으며 인구의 대부분이 농촌지역에 거주하고 있다. 그럼에도 불구하고 인도는 19번째 공산품 수출국이며 8대 서비스 수출국이다.

　중국과 인도의 무역은 중복되는 교역 상대국과 이루어지고 있으며, 큰 시장과 에너지 공급국과의 근접성을 반영한다. 국제무역의 **중력모형**(gravity model)은 거리, GDP만을 사용하여 두 나라 사이의 무역을 설명한다. 이 모형은 다른 조건이 동일할 경우 나라들은 서로 가까워서 운송비용이 낮으면, 그리고 그들의 GDP가 높으면 큰 시장을 의미하기 때문에 서로 무역을 많이 할 것이라는 가설을 나타낸다. 이 모형을 중력모형이라고 부르는데 이것은 두 물체 사이의 중력은 각각의 질량과 비례하고 거리에 반비례한다는 뉴턴의 일반 중력의 법칙과 유사하기 때문이다. 무역중력모형에서 거리는 직접 측정된 것이며 질량은 시장의 크기 또는 GDP를 상징한다. 중력모형은 중국과 인도는 큰 나라들과 무역이 더 많을 것이며, 특히 가까이 있는 나라들과의 무역이 많을 것이라고 예측한다. 이는 두 나라 무역 패턴을 잘 설명하는 것이다.

　중국의 5대 수출시장은 미국, 유럽연합, 홍콩, 일본, 한국이다. 중국의 최대 수입국은 수출국 리스트와 비슷한데 대만이 홍콩을 대신한다. 이런 패턴은 중국의 생산에 반영되었는데, 이후의 중국의 무역수지와 세계 제조업 생산에 미치는 영향에 대한 논의에서 더 설명할 것이다. 인도의 5대 수출시장도 비슷한데, 중국과 산유국인 아랍에미리트가 중요한 위치를 차지한 것이 다르다. 인도는 중국, EU, 그리고 비교적 가까이 위치한 산유국인 사우디아라비아와 아랍에미리트가 주요 수입국이다.

중력모형은 특히 중국의 수출과 수입시장을 생각하는 데 유용하다. 미국, EU, 일본은 경제규모나 부유한 정도를 생각하면 주요 시장인 것이 당연하다. 비슷하게 이 나라들도 중국이 자신들과 마찬가지로 큰 나라이기 때문에, 그리고 일본과 한국의 경우 가깝기 때문에 중국에 수출을 많이 한다. 중국의 동해안에 큰 항구들이 위치해 있다는 것도 여러 나라들에게 편리한 무역 상대국이 되게 한다. 지리적 인접성과 GDP가 무역 패턴의 상당분을 설명한다.

중국의 제조업 산품의 세계 최대 수출국이 되기까지는 일본과 한국과의 가까운 거리와 미국과도 비교적 저비용의 해양운송이 기여했다. 제4장의 미국과 중국의 무역에 대한 논의와 아이폰 3G 사례연구에서 보았듯이 중국은 전 세계적으로 분산되어 있는 생산 시스템의 중요한 일부이다. 아이폰의 경우 부품의 생산은 독일, 한국, 일본, 미국에서 이루어지고 최종 제품이 중국에서 조립된다. 중국은 자체 생산기술 수준이 아직 두 나라에 비해 상대적으로 떨어지지만 특화된 디자인과 첨단기술 제조업을 보유한 일본과 한국에 가까이 있어 첨단기술 제품 생산 공정에 참여하고 있다. 첨단기술 제조업 생산사슬에 참여하는 것이 중국의 유일한 무역 형태는 아니지만, 이는 중국의 전체적 무역 패턴과 다른 선진 산업국가들과의 무역관계에서 중요한 일부분이다. 기술 수준이 풍부하고 소득 수준이 높은 큰 시장에 가까이 위치했다는 것이 이런 패턴에 도움이 된다.

관세와 자국시장 보호

앞서 언급하였듯이 인도는 제조업과 제조업 수출에서 중국에 비해 뒤져 있다. 인도는 아직도 농촌 중심이며 중국이나 다른 산업화된 나라들에서처럼 농촌으로부터 도시로의 큰 규모 농업 노동인력의 이동이 진행되지 않았다. 그 결과, 농업은 생산활동의 중심으로 남아 있다. 인도의 농업이 특별히 효율적이지 않고 많은 농부가 자본이 없다는 것을 감안하여 인도 정부는 높은 관세와 다양한 쿼터제도를 이용하여 이들을 해외로부터의 경쟁에서 보호하고 있다. 일반적으로 중국과 인도 모두 상대적으로 낮은 관세와 비교적 개방된 시장을 보유하고 있지만 인도의 농업 부문은 예외이다. 표 17.3은 두 나라의 농업과 비농업 분야 관세를 보여주고 있다. 관세율은 품목에 따라 다른데, 표 17.3의 관세율은 관세가 부과되는 개별 품목의 중요도를 가중치로 사용하여 구한 가중평균값이다.

표 17.3 부과되는 관세, 중국과 인도(2014)

	농업	비농업
중국	13.0	4.0
인도	45.0	4.5

인도의 농업 부문 관세를 제외하면 대체로 수입 관세는 중국과 인도에서 낮은 편이다.

출처 : Data from World Trade Organization, *Tariff Profiles*, © James Gerber.

인도에서 농업은 비효율적이지만 전체 노동력의 약 절반(2010년 기준)이 종사하기 때문에 보호되고 있다. 인도의 장기적 성장을 위해서 농업 분야는 더 작은 규모의 노동력을 사용하고 생산성이 높아져야 한다. 중국을 포함한 대부분의 나라에서 전환기에 많은 인구가 농촌으로부터 도시로 이동하였다. 노동자들은 생산성이 낮은 농업 분야의 일을 그만두고 제조업과 도시지역 서비스 업종에서 일을 했는데 선진국 기준으로 보면 이 일들도 생산성이 낮지만 그들에 일했던 농촌보다 높았다. 이 과정을 통해 산업 개발과정에 필요한 중요한 단계인 저숙련, 노동집약적 제조업이 개발되었다.

의심할 여지없이 인도도 이런 전환을 거치면 소득이 더 빨리 올라갈 것이다. 하지만 이런 변화에 따라 공동체, 가족, 개인들의 해체와 분산과 생활방식, 문화, 관습의 변화라는 비용이 따른다. 민주주의 국가로서 인도는 독재적 정부와 같이 변화를 강요할 수 없다. 가족과 거주자들을 직접 개입을 통해서나 혹은 의도적인 태만에 의해 살던 곳에서 몰아내는 것은 민주적인 정부가 쉽게 할 수 있는 일이 아니다. 그러므로 농업 부문의 높은 관세가 사람들을 농업에 머물게 해서 경제적으로 비효율적일지 모르지만, 식료품비를 높이는 관세는 땅을 떠날 수 없는 농부들에게 보호막을 제공한다.

경상수지

중국의 성장과 특히 중국의 역동적이고 경쟁력 있는 제조업은 다른 나라들에게 다양하게 영향을 미쳤다. 한편으로는 아프리카 나라들의 광물자원, 아르헨티나와 브라질의 콩, 독일의 기계류 생산자 등 다양한 수입품에 대한 수요를 늘려 여러 나라들에게 혜택이 돌아갔다. 다른 한편으로는 중국 제조업의 부상은 미국과 서유럽 제조업 분야 고용의 감소와 같은 시기에 이루어졌다. 중국 제조업의 성장이 미국과 서유럽 제조업의 쇠퇴의 직접적인 원인인지는 모르나, 일부 전문가들은 중국의 수출품과 직접 경쟁하는 도시나 공동체들이 어려움을 겪었다는 분석을 바탕으로 이것이 중국 수출의 직접적인 결과라고 지적하고 있다.

가능한 일이다. 하지만 만약에 중국이 계속 고립되어 있었다면 미국과 다른 나라의 제조업이 어떻게 되었을지 알 수 없다. 만약 중국이 과거처럼 고립되어서 빠르게 성장하지 않았더라면 중국이 겪었을 인간적 비극과 빈곤을 차치하더라도, 고소득 국가들의 제조업 고용이 감소가 더 완만했을지, 혹은 하락하지 않았을지 알 수 없다. 선진국 경제의 산업의 변화를 조장한 요인들 중 일부는 중국과 전혀 관계가 없는 것이다. 생산공정의 자동화와 로봇의 사용과 같은 기술 진보는 중국과 무관하게 진행되었을 것이다. 기업들로 하여금 생산의 일부를 다른 나라에 위치할 수 있게 해준 무선통신과 교통수단의 진보는 진행되었을 것이다. 따라서 중국이 등장하지 않았다고 했을 때 선진국들에서의 제조업이 어떤 경로를 따랐을지 확실치 않다.

엄청난 생산능력에 더해, 중국은 나라 밖에서 생산된 상품과 서비스의 매우 큰 시장이기도 하다. 그럼에도 불구하고 그림 17.5에서 볼 수 있듯이 중국은 최소한 2000년 이후 지속적으로, 종종 큰 폭의 경상수지 흑자를 기록했다. 무역흑자는 수출과 투자에 초점을 맞춘 중국의 성장과 중국이 1997~1998년 위기 이후 많은 외환보유액을 쌓으려는 의지를 보여주는 것이다. 지속적인 큰 무역흑자는 세계경제와의 갈등을 높였다. 일부 전문가들은 중국이 환율을 인위적으로 조작하여 저평가되도록 하여 무역흑자를 기록했다고 주장했다. 좀 더 조심스러운 분석은 중국의 통화가 2000년대 초에는 달러화에 비해 저평가되었을지 모르나 2006년이나 2007년 이후 그렇지 않다는 것을 보인다. 다시 말해, 통화 조작이 경쟁력의 원천이 아니라는 것이다. 더 나아가 중국이 무역흑자와 수출주도 성장 전략을 채택한 유일한 나라가 아니

그림 17.5 경상수지(2000~2015)

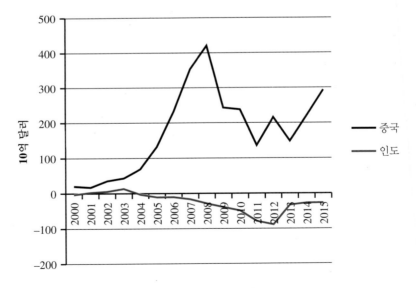

중국은 2000년대 초반 이후 큰 폭의 경상수지 흑자를 기록하고 있다.

출처 : Data from IMF, *World Economic Outlook Database*, © James Gerber.

다. 독일의 무역흑자 규모는 종종 중국의 흑자와 같거나 그보다 더 크다. 독일과 일본은 제16장에 보았던 나라들과 같은 나라들과 같이 수출주도 성장전략을 따랐다. 따라서 중국은 많은 무역흑자를 지향하는 정책을 채택한 유일한 나라가 아니다. 그렇지만 중국의 매우 큰 경상수지 흑자를 감수해야 하는 일은 세계경제에 부담이 되고 있다.

앞으로 내다보기

제4장에서 본 중국의 미국에 대한 수출 사례연구는 중국 무역의 향후 방향을 짐작케 해준다. 표 4.4는 중국의 대미 수출 10대 품목을 보여준다. 그중 의류, 신발, 장난감, 가구와 같은 저기술 품목과 휴대폰, 무선통신 장비, 컴퓨터, 컴퓨터 부속 장비 등과 같은 높은 기술 수준 품목들도 있다. 이 장과 제4장에서 강조했듯이 중국은 아직 이런 수준 높은 기술 제품의 생산국이 아닌데 왜냐하면 수준 높은 기술 수출품의 대부분은 다른 곳에서 생산된 주요 부품을 수입한 후 중국에서 최종 제품이 조립된 것이기 때문이다. 그렇지만 중국의 산업이 더 고도화되고 있으며 앞으로 점점 더 수준 높은 제품이 많이 생산될 것이다. 이런 추세의 한 지표는 특허등록 숫자이다. 2013년 중국의 특허 사무실은 143,535건의 특허를 국내 거주자에게 발급했다. 이에 비해 미국은 133,593건의 특허를 거주자에게 발급했다(일본은 225,571건). 중국은 많은 예산을 대학을 포함한 사회간접자본 분야에 쓰고 있다.

중국의 산업고도화는 큰 시장을 보유하고 있어 전 세계의 해외직접투자의 큰 부분을 유치할 수 있어 도움을 받고 있다. 2005년부터 2014년까지 중국은 연평균 세계 전체 FDI의 7.7%를 유치했다. 중국은 해외 투자자들에게 중국 생산자에 기술 이전을 하도록 요청했고, 중국 현지 동업자를 두도록 하여 새로운 기술이 중국의 기업들에게 제공되도록 했다. 시간이 지나면서 단순 조립을 넘어서 더 높은 수준의 제조업 생산능력이 확대될 것을 기대해야 할 것이다.

인도도 중국 정도는 아니지만 많은 해외직접투자를 유치했다. 아울러 앞서 논의했듯이 낮은 숙련도의 노동집약적 제조업을 육성하지 못했다. 하지만 최근 수년간 인도는 서비스 무역에 참여하면서 세계의 주목을 받고 있다. 몇 가지 요인이 이를 설명하는데, 그중 하나는 교육받은 인도인들이 영어를 사용한다는 점이다. 아울러 인도의 지도자들은 지속적으로 고등교육과 과학 기술을 강조했고 인도의 대학들이 모자라지만, 인도공과대학(IIT)과 같은 좋은 학교는 세계 최고 수준이다. 인도의 첨단기술 분야만큼 무선통신기술의 덕을 본 분야의 예는 세계 어느 나라에도 없을 것이다.

중국과 인도의 서비스 부문 수출을 비교해보면 이를 잘 보여주며 두 나라 간의 차이를 잘 보여준다. 상품 수출의 크기에 비할 정도는 아니지만 중국의 서비스 수출의 규모가 인도보다 더 크다. 더 중요한 것은 두 나라 서비스 수출의 구성이다. 중국은 서비스 부문에서 적자를 보이는데 주로 운송과 관광 서비스(선박운송과 출장 및 관광여행)가 크다. 인도는 서비스 부문에서 흑자를 보이며, 정보 및 사업 서비스가 빠른 증가세를 보이는 주된 분야이다.

인도의 컴퓨터와 정보 서비스와 다른 사업 서비스는 의료 자문, 데이터 입력, 법률 문서와 그 밖에 여러 가지로 이제는 먼 곳에서 작업이 이루어진 후 인터넷을 통해 정보의 최종 사용자에게 보내진다. 제4장에서 설명하였듯이 서비스의 아웃소싱은 인터넷, 영상회의, 위성 통신, 그리고 이런 서비스를 이용할 수 있게 해주는 소프트웨어와 같은 무선정보통신 혁명 때문에 가능해졌다. 과거에 서비스는 생산된 현장에서 사용되었지만 기술 발전으로 서비스의 생산과 소비의 격리가 가능해지면서, 서비스도 수십 년간 제조업에서의 경우와 마찬가지로 아웃소스되기 시작했다.

인도가 직면한 질문은 과연 산업화 과정을 건너뛰고 서비스 경제로 바로 도약할 수 있느냐이다. 다시 말해, 인도의 왕성한 서비스 수출이 제조업 부문의 개발을 대체할 수 있느냐 하는 것이다. 인도가 과연 저숙련, 노동집약적 제조업의 개발을 통한 산업화를 건너뛰고 고기술 서비스 경제로 도약하는 모형을 개척할 것인가? 그럴 것 같지 않다. 첫째, 인도는 고기술 서비스 분야에서 필요로 하는 고기술, 높은 교육 수준의 노동력이 풍부하지 않다. 이런 평가는 인도에 뛰어난 엔지니어들, 소프트웨어 개발자들, 의사들, 그리고 그 외 높은 수준의 훈련을 받은 사람들이 없다는 것이 아니다. 대학과 다른 훈련 기관이 부족한 것을 감안하면 조만간 이런 인력이 풍부해질 것 같지 않다. 따라서 서비스 무역은 계속 중요하고 더 성장할 것이지만 인도 경제의 핵심 분야가 되지는 않을 것이다.

네 가지 이슈

중국과 인도가 세계의 무역시스템에 합류하면서 기존의 무역 패턴과 무역 관계에 수많은 새로운 도전을 제시하고 있다. 우리는 네 가지 도전을 살필 것이다. 인도의 서비스 분야, 중국의 제조업 분야, 자원에 대한 수요, 기존 국제 다자기구에 대한 중국의 도전이다.

서비스

해상 운송과 같은 서비스는 수십 년 전부터 운송사들이 세계 곳곳의 선원을 고용해 선박을 가장 편리한 곳에 등록한 후 운송이 필요한 기업들이 원하는 장소 어디에서나 서비스를 제공해오고 있다. 하지만 사업 서비스와 정보 서비스는 많은 양의 데이터를 먼 지역까지 낮은 비용으로 보낼 수 있는 기술과 관련 설비가 갖추어진 이후에 세계 무역에 합류한 비교적 새로운 분야이다. 1990년대 중반 이후 이것이 가능해지면서 정보통신 서비스 무역이 크게 늘기 시작했다. 고소득 선진 산업 경제들이 인도로 서비스를 아웃소싱하는 것은 비교우위가 적용되는 새로운 경우이다.

모든 경제적 변화와 마찬가지로 혜택을 보는 사람이 있는가 하면 불이익을 당하는 사람들도 있다. 하지만 나라 경제 전체로 보아 긍정적인 효과가 더 크다. 미국의 경우를 보자. 컴퓨터와 정보통신 기기들의 가격이 싸지면서 IT 서비스와 소프트웨어에 대한 지출이 미국 기업들의 IT 관련 지출의 대부분을 차지한다. 아웃소싱은 IT 서비스의 가격을 낮추어 특화된 애플리케이션의 가격이 낮아지면서 기업들이 낮은 비용으로 높은 생산성을 달성할 수 있게 해준다. 이는 제3장과 제4장에서 보았듯이 비교우위에 바탕을 둔 무역의 또 다른 예이다. 이 경우 인도의 비교우위를 바탕으로 미국과 다른 선진 경제들과 무역을 통해 이들 나라들의 생산성 향상에 기여하는 동시에 자국에서는 양질의 일자리를 만들어 경제의 발전에 기여한다.

이런 양식의 무역을 반대하는 사람들은 모든 컴퓨터와 IT 비즈니스가 개발도상국으로 옮겨가는 것을 우려한다. 이럴 가능성은 상당히 낮다. 예를 들어 미국의 노동통계국은 미국 내 IT 관련 일자리가 상당히 늘 것이라고 예측하고 있다. 이 분야 미국의 비교우위가 변화하고 있기 때문에 새로운 근로자들과 기존 근로자들이 앞으로도 지금과 같은 일을 하지는 않을 것이다. 컴퓨터 프로그래머에 대한 수요는 주는 반면 데이터베이스 관리자, 하드웨어와 소프트웨어 엔지니어, 시스템 분석가 그리고 여러 다른 직종이 더 늘어날 것으로 예상된다.

제조업

중국이 소비재 공산품의 대규모 수출기지로 등장하면서 기존 무역패턴과 제조업의 흐름에 큰 변화를 가져왔다. 중국과 직접 경쟁해야 하는 멕시코, 브라질, 말레이시아, 태국과 같은 중간 소득 시장들의 도전은 그동안 비교우위의 원천이었던 저임금에 대한 의존도를 낮추어야 한다는 것이다. 이런 도전은 중국에서 생산되는 저가 제품의 경쟁압력으로 시작했지만, 점차 그 성격이 바뀌고 있다. 낮았던 중국의 제조업 임금이 빠르게 오르고 있다. 일부 경우에는 전자 및 다른 제품의 생산이 중국에서 베트남, 인도네시아, 태국 등으로 옮겨가고 있다. 그렇지만 낮은 인건비에 의존하여 경쟁하는 나라들에게 중국의 저임금 제조업의 경쟁압력은 조만간 없어지지 않을 것이다. 예를 들어 중국이 WTO에 가입하면서 멕시코의 수출가공지역의 의류산업이 대거 사라졌다. 주문에서 생산까지 빠른 처리가 필요 없는 분야에서 멕시코가 미국 시장과 인접해 있다는 이점은 의미가 없어졌다. 고소득 국가의 제조업에 대해서도 비슷하게 영향을 미쳤는데, 미국과 이탈리아의 의류부문이 그 예이다. 더 나아가 중국이 자동차와 같은 더 고도화된 상품의 수출을 늘리기 시작하며 경쟁압력은 제조업의 다른 분야에까지 확산되고 있다.

중국의 제조업 비교우위는 몇 가지 요인에 기인한다. 저임금, 비숙련 근로자가 많다는 것, 매우 큰 국내시장에 대해서는 이미 언급되었다. 중국을 보는 또 하나의 관점은 매우 큰 국내시장을 보유하고 있어서 이들을 대상으로 하는 생산은 규모의 경제를 누릴 수 있다는 것이다. 중산층의 확대와 더불어, 제조업 산품에 대한 수요가 빠르게 늘고 있어 앞으로도 생산량의 상당분을 소화할 것이다. 세 번째 이점은 국제무역 관련 물류의 처리가 용이한 중국의 해안지역이다. 중국은 지역적인 이점을 개발하기 위해서 항만과 해안 기간시설에 대한 투자를 계속 늘리고 있다.

중국의 경쟁력에 부정적인 제도적 요인도 있다. 하나는 앞서 언급하였듯이 전반적 기업 환경이다. 관련된 문제점은 중국이 지식재산권 보호가 약하다는 것이다. 이 문제는 중국이 WTO에 가입할 때 미국과 중국의 주요 쟁점이었고, 현재에도 중국과 교역 상대국들 간 문제가 되고 있다. 어떤 기업은 중국에 투자할 경우 자신들의 제품이 복제된다는 우려 때문에 투자를 하지 않고, 투자를 하는 기업들도 민감한 성격의 제품의 중국 내 생산을 피하고 있다. 중국은 WTO의 기준을 충족하고 있지만 이를 강제하는 것에서는 미흡하다. 중국 기업들은 자주 제품을 해체하여(역엔지리어링) 배운 후, 제품 사용료를 지불하지 않기 때문에 수입품보다 훨씬 싼 유사품을 생산하여 국내 시장에서 유통시킨다. 많은 전문가는 중국이 자신들이 보호해야 하는 지재권을 보유할 때까지 지재권의 강제적 보호는 어려울 것이라고 보고 있다.

자원

중국의 빠른 성장은 천연자원에 대한 수요를 높였다. 브라질과 같은 라틴아메리카의 자원 생산국과 아프리카의 생산국들은 이것이 호재였는데, 이는 중국은 석탄을 제외한 주요 자원분야에서 개인당 천연자원 보유량이 세계 평균에 미치지 못하기 때문이다. 부분적으로 중국의 수요에 힘입어 구리, 원유, 철광석, 다른 광물자원의 가격이 자주 급등했다. 동시에 여러 개발도상국이 자신들의 천연자원을 개발하고 공급하기 위한 장기 투자계약을 맺었다. 중국은 계속 발전하기 위해 엄청난 수출 판매액으로 필요한 자원을 구매할 것이다.

중국이 다른 개발도상국들로부터 자원을 구매한다고 해서 자원을 판매하는 나라들이 그 자금을 잘 사용한다는 보장은 없다. 그리고 중국의 성장률이 크게 낮아지면 자원 수출국들에게는 큰 충격이 될 수 있다. 예를 들어 중국은 성장률 목표를 10%에서 7%로 낮출 것이라고 발표하면서 원자재 수요와 가격에 크게 영향을 미쳤다. 브라질, 아르헨티나, 칠레와 같이 중국에 많은 원자재를 수출하는 나라들은 가격이 급변했을 때 이에 적응해야 한다.

다자기구

제2장과 제16장에서 언급하였듯이 중국은 아시아인프라투자은행(AIIB)을 창립했다. 이것은 아시아 및 그 밖의 개발도상국들에게 금융과 재정 지원을 제공할 수 있는 대체 기구를 만들기 위한 노력의 결과이다. 중국은 아프리카와 라틴아메리카에도 많은 투자를 했다. 이런 노력 뒤에는 여러 가지 동기가 있다. 한편으로는 중국은 원자재를 확보하는 것에 관심이 있기 때문에, 아프리카, 라틴아메리카, 개발도상 아시아 국가들에게 사회기반시설투자 지원을 제공하는 것이 유용하다. 아울러 중국의 지도자들은 중국이 세계적인 강국으로 부상하면서 거기에 걸맞는 정치적 · 경제적 영향력을 확보하고자 한다. 2차 세계대전 이후 1970년대와 1980년대까지 중국은 고립되어 있었기 때문에 많은 국제기구의 창설과 운영에 참여하지 못했다. 그래서 중국은 IMF, 세계은행, WTO 정책에 대한 영향력을 갖지 못했다. 중국의 경제 성장과 함께 중국이 세계경제의 무역과 지급제도의 중심에 서게 되면서 정부가 국제기구의 운용에 더 큰 발언권을 행사하고자 하는 것은 자연스러운 일이며, 만약 원하는 만큼 발언권을 행사할 수 없으면 새로운 기구를 설립할 것이다.

　　AIIB는 중국이 설립한 최초의 대체 국제기구이다(제2장 참조). 아직도 새로운 기구이기 때문에 내세운 목적을 얼마나 효과적으로 달성했는가를 판단하기에 이르다. 하지만 중국은 계속 자신들의 경제력과 힘에 적절한 국제적인 인정과 권한을 추구할 것이다. 예를 들어 중국은 IMF에 중국의 위안화를 국제적인 결제에 사용할 수 있는 기축통화로 받도록 설득했고, 궁극적으로 현재 미국의 달러화가 보유한 위상과 쓰임을 자국통화도 보유하도록 할 것이다. 국제무역과 지급제도에서 위안화의 역할은 중국이 국제경제에서 자신들의 입지를 확보하기 위한 다른 이니셔티브들과 함께 진화해 갈 것이다.

미해결 이슈

중국과 인도의 세계경제 합류는 여러 문제를 초래했는데 일부는 이미 논의되었다. 아직 논의되지 않은 두 가지는 두 나라가 세계 환경시스템에 미치는 충격, 국제적으로 무역을 하는 제조업체들의 국가 소유에 따라 발생하는 문제들이다.

환경압력 세계 인구의 1/3을 보유한 두 나라의 빠른 성장은 세계 환경에 압력을 가하고 있다. 중국의 개발에는 물, 공기, 토양과 같은 자연 자본의 희생이 있었고, 중국인들은 도시와 일부 농촌지역의 오염에 따른 고통을 감수하고 있다. 중국의 개인당 에너지 소비는 미국의 수준보다 훨씬 낮지만 GDP 단위 생산에 더 많은 에너지를 사용한다. 석탄 매장량(유일하게 풍부한 자원)이 많기 때문에 중국은 온실가스 배출이 많은 에너지원에 의지하고 있다. 민주주의이어서 환경 악화에 반대하는 시민들의 요구가 있지만, 인도의 경우도 마찬가지이다.

두 나라 모두 환경문제를 인정한다. 그럼에도 불구하고 지구 온난화에 대한 논의에서 인도는 선진국들이 그동안 생활수준 개선을 위해 많은 환경을 파괴하면서 현재의 높은 소득 수준을 달성했다고 꼬집는다. 따라서 인도나 중국과 같은 중간 소득 국가들에게 미래 세대들을 위해 에너지 소비와 GDP 성장을 희생하도록 요구하는 것은 좀 위선적이라고 본다. 인도는 세계의 부유한 나라들이 온실 가스 대부분을 배출하기 때문에 부유한 나라들이 희생을 하는 것이 더 좋은 방안이라고 주장한다.

중국과 인도는 대체 에너지 공급원으로 전환하고 있지만 아직도 많은 온실 가스를 배출하고 있다. 특히 중국은 태양광 에너지에 많은 투자를 하고 있지만 경제의 규모나 태양광 관련 기술이 개발 중인 것을 고려하면 청정 에너지로의 이행이 조만간에 이루어지지는 않을 것이다. 중국의 매우 빠른 경제 성장은 여러 다른 형태의 오염도 악화시키면서 환경을 통제할 수 있는 능력이 경제 발전을 따라가지 못했다. 그 결과 환경 문제는 음식의 안전, 음료수 및 다른 일상생활의 일부를 위협할 정도로 계속 더 늘어가고 있다. 중국과 인도는 좀 더 확실한 미래를 보장하기 위해서 이런 문제들을 해결해야 할 것이다.

국가자본주의 중국과 인도는 그들의 국가 개발 목표를 달성하기 위하여 국가 권력을 이용하여 경제를 좌지우지한다. 시장의 힘이 중요하지만 시장의 결과가 국가의 이익에 해가 되거나 혜택이 충분치 않다고 판단되면 국가가 개입한다. 이런 과정이 더 발달된 중국에서는 정부소유기업(SOE)들이 경제의 상당한 부분을 통제하는데, 미래의 경제 개발에 중요하다고 여겨지는 산업들의 경우에 더 그렇다. 인도는 1990년대의 개혁 이후 국유 기업이 줄었으나 아직도 일부 있다.

WTO 규정은 국유기업을 인정하지만 회원국들 정부가 이들을 민간 기업들처럼 대우하도록 하고 있다. 정부로부터 기업과의 직접적인 연결은 최소화되어야 하며, SOE에 지원금을 주거나 특별한 대우를 하는 것은 금지되었다. 실제로는 SOE가 세금 감면, 보조된 금융, 호혜적 입법, 또는 다른 방식으로 지원받는지 알기 힘들다. 이 문제는 정부의 지원을 불공정 행위로 보는 미국 및 유럽연합과 심각한 무역 긴장을 만들었다. 미국은 중국의 수출에 보복관세(countervailing duty)와 반덤핑관세를 부과했고, 환태평양경제동반자협정(TPP) 등에 SOE에 대한 규정을 포함하기 시작했다(제13장 참조).

이 이슈는 무역 불균형 문제와도 중첩되는데 보조금을 받는 산업은 잠재적으로 더 경쟁력이 있기 때문이다. 인도의 경우 무역수지가 적자인 경우가 많기 때문에 그들의 SOE는 다른 나라들로부터 반대에 부딪치는 일이 없을 것이다. 대조적으로 중국은 SOE를 정책 수행의 주요 수단으로 사용하고 있고, 큰 무역수지 흑자를 기록하고 있기 때문에 불공정 무역이라는 불평에 더 취약하다.

앞으로의 선택

중국과 인도, 다른 중위 소득국가들이 경제적으로 발전하여 국제시장에 참여하면서 정치적인 반작용이 발생하고 있다. WTO에 가입하기 위한 협상과정에서 여러 회원국들은 중국의 수출품이 자국 시장을 위협하게 되면 중국의 수출을 막을 수 있는 방안에 대해 양자협정을 맺었다. 미국 의회에서 중국의 이전 환율제도를 불공정 무역행위로 규정하는 안을 제출했다가 정치적인 압력으로 회수되었다. 비록 중국이 자신들의 이유로 환율제도를 바꾸었지만 아직도 미국 내에서 정치인들은 중국이 상업적 이익을 추구하기 위한 명백한 환율 조작을 했으며, 이를 처벌할 것을 요구하고 있다. 만약 이런 요구들이 성공한다면, 중국 수출품의 일부가 미국으로 오는 것을 막게 될 것이다. 인도에 대해서는 비슷한 요구가 없지만, 기업들의 IT 업무를 해외로 아웃소싱하는 추세에 대한 반응으로 이런 행태를 조장하는 정책들을 재검토할 필요가 있다는 지적이 있다. 하지만 결국에는 중국과 인도에 대한 조치를 시행하기 어려워지는 것은 중국과 인도로부터의 수입으로 손해를 보는 기업이 있으면 저렴한 가격과 수입품을 조달할 수 있어서 덕을 보는 기업이 있기 때문이다. 따라서 수입품을 막으려는 조치는 수입에 의존하는 기업과 소비자들에게 손해를 끼칠 것이다.

만약 중국의 성공이 정치인, 사업가, 근로자에게 무섭게 보인다면 중국의 실패는 더 큰 위협으로 보아야 한다. 예를 들어 중국이 환경문제를 본격적으로 해결하려고 한다면 중국은 정치적 안정과 일정 수준의 경제적 성공이 있어야 할 것이다. 더 청정한 에너지원으로의 전환은 경제적인 실패와 정치적 불안에 시달리고 있다면 이루어지지 않을 것이다. 물과 공기 오염, 도시 기반시설 건설, 빠른 경제 발전에 따라 발생한 문제들에 대한 해결도 마찬가지이다.

중국과 특히 인도는 아직도 많은 심각한 빈곤 인구를 보유하고 있다. 많은 사람의 여건이 나아졌지만 성장으로 모든 사람이 혜택을 본 것은 아니며, 두 나라에서 일부 사람들의 상태는 점점 더 경제적 상류층에 비해 더 악화되고 있다. 중국에서는 이런 상황으로 불만이 고조되며 항의가 나타나고 있다. 인도의 민주주의 시스템은 좀 더 합법적으로 개선에 실패하는 지도자를 바꿀 수 있지만, 많은 사람이 중국의 불평등을 현 체제에 대한 잠재적 위협으로 보고 있다. 경제 개발의 실패는 의심할 나위 없이 더 심한 경제적 불평등과 심각한 사회적 불안으로 이어질 것이다.

요약

- 인도와 중국은 세계에서 가장 인구가 많은 나라이다. 2000년대 초 두 나라는 세계 GDP의 20%를 차지했다. 그들의 높은 경제 성장은 많은 사람들을 풍요롭게 했고, 아직도 가난한 사람이 많지만 빈곤율을 현저하게 낮추었다.

- 인도의 경제 성장은 중국에 비해 뒤쳐졌다. 중국은 많은 노동자를 농촌과 농업으로부터 제조업 분야의 비숙련, 저임금 근로자로 전환했다. 인도는 아직 이런 변화를 겪지 않았고 전체 노동력의 반 이상이 생산성이 낮고 빈곤율이 높은 농업 부문에 종사한다.

- 두 나라 모두 상당한 경제 개혁을 단행했다. 중국은 1978년에 시작했고, 인도는 1980년대에 시작했는데, 1991년에서야 본격화되었다. 개혁은 두 나라 모두에서 더 높은 성장으로 이어졌다.

- 중국은 매우 드물게 공산주의체제에서 시장경제체제로 전환하면서 생산의 손실을 겪지 않았다. 이는 부분적으로 개혁에 대해 더 조심스럽게 접근한 결과이며, 아울러 농업 부문이 컸기 때문이기도 하다. 중국이 개혁을 시작했을 때 노동력의 약 70%가 대체로 생산성이 낮은 농업 부문에 종사했다. 농업 부문 노동력이 줄어든 것이 생산량 변화로 이어지지 않았다.

- 제도는 두 나라 모두에서 비교적 약하다. 기업하기 좋은 환경 지수에서 중국은 189개국 중 중간

쯤, 인도는 하위 1/3에 속한다. 두 나라 모두 세계 지배구조지수(WGI) 대부분 분야에서 평균 이하이다.

- 중국과 인도의 수출과 수입은 매우 빠르게 늘었다. 중국의 수출 부문은 상당히 경쟁력이 있으며 기술 수입에 의존한다. 중국의 수출은 대부분 낮은 기술 수준으로 만든 제조품이거나 수입된 부품들을 조립해서 만든 높은 기술 수준의 제품들이지만 이런 양상이 변화하고 있으며 강력한 산업 고도화가 진행되고 있다. 1990년대 중반 이후 인도의 사업 서비스, 컴퓨터와 정보 서비스 분야 수출이 크게 늘고 있다. 이런 서비스 분야의 무역은 새로운 종류의 무역이지만 비교우위이론이 적용된다.

- 중국과 인도의 무역과 성장은 다른 나라들에게 여러 도전을 제시한다. 중국의 제조업은 생산을 위해 풍부한 저임금 노동을 필요로 하는 분야에서 뚜렷한 비교우위를 보유하고 있는 반면, 인도의 사업 서비스, 컴퓨터와 정보 서비스 생산은 영어를 사용하는 엔지니어와 기술자들에 의해 유지되고 있다.

- 중국과 인도의 성장은 사회와 환경에 부담을 주었다. 특히 중국에서 물, 공기, 토양 자원은 빠르게 악화되었다.

용어

경제특별구역(SEZ)

국가자본주의

덩샤오핑

만모한 싱

이중괘도 전략

중력모형

해외무역상사(FTC)

학습문제

17.1 중국과 인도에서의 농업의 역할을 논하라.

17.2 1978년에 시작하여 중국이 WTO에 가입할 때까지의 개혁 과정을 설명하라.

17.3 무엇이 인도의 경제 개혁을 유도하였고, 개혁의 주된 내용은 무엇인가?

17.4 무역중력모형을 이용하여 왜 중국이 한국, 일본, 미국, 유럽연합, 홍콩, 대만과 무역하는지 설명하라.

17.5 중국은 낮은 수준 숙련도의 풍부한 인력을 보유한 중간 소득 국가이다. 어떻게 첨단기술 제품을 수출할 수 있는가? 중국이 첨단기술 제품에 비교우위가 있는가?

17.6 중국의 비교우위의 원천은 무엇인가? 그리고 그것은 중국의 무역에 어떻게 나타나는가?

17.7 인도가 사업 서비스와 컴퓨터 및 정보 서비스 분야에 경쟁력이 있게 하는 요인들은 무엇인가? 이 요인들이 인도에 비교우위를 주는 것인가 아니면 또 다른 경쟁력의 원천을 반영하는 것인가?

17.8 왜 인도는 대규모의 저임금 낮은 숙련도 제조업 부문을 개발하지 못했는가? 인도가 이런 단계를 건너뛰어 고부가가치 서비스를 수출하는 서비스경제로 도약할 수 있는가?

17.9 중국의 성장은 중국 밖에서 많은 문제와 이야기를 불러일으켰다. 중국과 무역하는 나라들의 주요 우려사항은 무엇인가?

용어해설

EU 법(acquis communautair) 기술 기준, 환경과 기술 검사, 은행감독, 공공회계, 통계 등의 분야를 관장하는 EU의 법

GDP 대비 무역비중(trade-to-GDP ratio) 수출과 수입을 합친 금액의 GDP 대비 비중으로, 한 나라 경제에서 무역이 얼마나 중요한지를 측정하는 지표로 자주 사용된다.

IMF 조건부(IMF conditionality) IMF의 대출을 받기 위해 필요한 채무국의 경제정책 변경 사항. 보통 변경 대상이 되는 것은 무역적자를 유발하는 정책과 정부의 재정적자를 발생시키는 정책들이다. 실제로 (수입을 줄이기 위해) 정부와 민간 부문이 지출 감소와 세금의 인상을 포함한다[국제통화기금(IMF) 참조].

J-곡선(J-curve) 통화가치 절하는 종종 단기에 무역수지 적자가 악화되고 장기에는 개선되는 결과를 초래한다.

OLI 이론(OLI theory) 소유권(Ownership)-입지(Location)-내재화(Internalization) 등의 주요 변수에 기반한 외국인 직접투자 결정 모형

가중다수결(qualified majority) 유럽연합 이사회에서 제정된 EU 입법안 대부분은 가중다수결로 통과되어야 하는데, 전체 투표수의 약 72%가 필요하다.

가치절상(appreciation) 변동환율제도하에서 통화가치의 증가.

가치절하(depreciation) 변동환율제도하에서 통화가치의 하락

거래비용(transaction costs) 시장에서 정보를 수집, 계약 체결, 계약을 집행하는 데 들어가는 비용을 말한다. 거래비용에는 법적, 마케팅, 보험, 품질 검증, 광고, 유통, A/S 관련 비용을 모두 포함한다.

경상계정(current account) 한 국가의 거주자와 그 외 거주자 간의 상품과 서비스, 투자소득, 일방적인 이전에 관한 거래 기록

경상수지(current account balance) 한 국가와 그 외 세계와의 상거래에 관한 가장 광범위한 측정

경쟁적 우위(competitive advantage) 최저 가격으로 상품을 판매할 수 있는 능력. 경쟁적 우위는 높은 생산성과 비교우위의 결과일 수 있다. 또는 비효율적인 산업에 대한 정부 보조금의 결과일 수 있다.

경쟁적 가치절하(competitive devaluation) 수출 시장을 확보하기 위해 이루어지는 환율의 가치절하

경제 구조 개혁(economic restructuring) 국가의 생산가능곡선을 따라 한 생산점에서 다른 생산점으로 이동하는 것

경제연합(economic union) 가장 높은 단계의 경제 통합으로 공동 시장을 형성하고, 대부분의 통일된 기준을 사용하며, 참여국 재정 및 통화정책이 같거나 거의 동일하다. 경제연합은 공동통화를 보유할 수 있다.

경제적 인기영합주의(economic populism) 성장과 재분배

를 강조하는 동시에 인플레이션 위험, 적자 재정, 무역과 환율과 같은 대외적 제약의 중요성을 부정하는 경제 정책과 경제 주체들의 대응

경제특별구역(Special Economic Zones, SEZ) 새로운 경제적 실험을 하도록 장려되었던 중국의 특정 지역. 경제특별구역은 외국인 직접투자와 수출을 장려하기 위한 것

고소득 국가, 상위 중소득 국가, 하위 중소득 국가, 저소득 국가(high-income, upper-middle-income, lower-middle-income, and low-income countries) 세계은행이 1인당 소득 수준별로 국가를 분류하는 데 사용하는 범주. 범주의 기준은 시간이 지남에 따라 변경된다. 현재 저소득 국가는 연간 1,006달러 미만, 하위 중소득 국가는 연간 1,006달러에서 3,975달러, 상위 중소득 국가는 연간 3,976달러에서 12,276달러, 고소득 국가는 연간 12,276 달러 초과하는 국가이다.

고정환율제도(fixed exchange rate system) 다른 통화 혹은 통화 그룹에 대해 고정되었거나 변하지 않는 환율

공개시장정책(open market operations) 은행 준비자산과 금리에 영향을 주기 위해 정부 부채(현금, 수표, 채권)를 매입하거나 매도하는 통화정책의 주요 수단

공공재(public goods) 비배제성과 비경합성이라는 두 가지 특징을 보유한 상품을 의미한다. 배제성이 있으나 비경합적인 상품의 경우 집단재라고도 한다.

공급압박 요인(supply-push factors) 이주자를 모국으로부터 '떠나게' 만드는 요인. 수요견인 요인 참조

공동농업정책(Common Agricultural Policy, CAP) 농업 부문의 보조금과 기타 지원제도 체계로 EU의 농업분야 정책의 주축을 이룬다.

공동시장(common market) 지역무역협정의 일종으로 참여국들은 산출품뿐만 아니라 투입품의 국가 간 자유로운 이동을 허용하며, 비회원국에 대해 동일한 관세를 부과한다.

공적준비자산(official reserve assets) 대외부채 결제에 사용하기 위해 정부가 보유하는 자산. 공적자산은 주로 기축통화로 구성된다.

공정 가치(fair value) 덤핑 발생 여부를 결정하기 위한 표준. 일반적으로 미국의 공정 가치는 수출국 시장의 평균 가격 또는 제3국 시장의 평균 가격이다. 공정 가치는 그 정의가 국가마다 다르므로 의견 불일치의 원인이 된다.

공통대외관세(common external tariff) 관세연합의 정책으로 회원국들은 비회원국에 대해 동일한 관세를 부과하는 것이다.

과점시장(oligopoly) 소수의 공급자로 구성되어 각각 가격에 영향을 미칠 수 있는 시장

관세 및 무역에 관한 일반협정(General Agreement on Tariffs and Trade) 대부분 상품의 무역거래에 관한 규정을 다루는 가장 기본적인 국제 협정이다. 2차 세계대전 이후 진행된 협상을 통해 GATT가 만들어졌다.

관세(tariffs) 수입품에 부과되는 세금. 관세는 국내 소비자들의 수입품의 가격을 올리고 수입품에 대한 수요를 줄인다.

관세동맹(customs union) 2개 이상의 나라들이 서로들 간에 자유무역을 실행하고 비회원국에 대해 동일한 관세를 부과하기로 하는 협정이다.

구매력 평가(purchasing power parity, PPP) 한 통화를 다른 통화로 바꿀 때, 통화의 실질 구매력을 일정하게 유지하기 위해 고안된 환율과 소득에 대한 조정

구조개혁 정책(structural reform policies) 경제의 효율성을 증대하기 위한 정책. 여기에는 가격의 자유화(가격 보조의 종식), 무역 자유화, 민영화, 금리제한 철폐 등이 포함된다.

국가부도(sovereign default) 국가 정부에 의한 부채 부도

국가자본주의(state capitalism) 정부가 국가의 이익을 극대화하기 위해 시장에 적극적으로 참여하는 경제제도

국가주권(sovereignty)　외부로부터의 불간섭 또는 자주권을 의미한다.

국경성 및 비국경성 환경 영향(transboundary and non-transboundary environmental impacts)　국경을 넘거나 넘지 않는 환경 외부성

국내총생산(GDP)　한 국가 내에서 1년간 생산된 모든 최종 재화와 서비스의 시장 가격이다.

국내총생산(gross domestic product, GDP)　국가 안에서 1년간 생산된 모든 최종 상품과 서비스의 시장 가치

국민소득생산계정(national income and product accounts, NIPA)　한 국가에 대한 GDP 구성요소를 보여주는 일련의 계정. 이것은 소득 관점과 생산 관점을 가지고 있다. 이론적으로 한 경제의 총소득은 생산된 산출물의 총가치와 같아야 하므로 그 두 가지는 서로 일치한다.

국민총생산(gross national product, GNP)　생산이 발생한 지역에 관계없이 한 국가의 거주자에 의해 생산된 모든 최종 상품과 서비스의 시장 가치

국부펀드(sovereign wealth funds)　국제 클레임을 해결하기 위해 중앙정부가 보유하는 자산

국제금융구조(international financial architecture)　국제금융시스템을 구성하는 기관, 국제기구, 정부와 민간 경제주체의 복합성

국제노동기구(International Labour Organization, ILO)　국제노동기구는 국제 노동 조건을 조사하고 노동 조건 및 표준 분야에서 기술 지원을 제공하는 책임을 맡은 국제기구이다.

국제통화기금(IMF)　브레턴우즈로 설립된 원조 국제기구의 하나로, 국제수지의 문제를 겪고 있는 회원국을 돕는 것이 주된 업무이다. 아울러 국제금융관계 분야의 전문적 지원을 제공한다.

국제투자 포지션(international investment position)　한 국가 거주자, 기업, 정부 소유의 모든 해외자산 가치에서 외국인 소유 모든 국내자산 가치의 차감

금리재정(interest rate arbitrage)　더 높은 금리의 이익을 취하기 위해 금융자산과 통화를 한쪽에서 다른 쪽으로 자금 이전

금리평가(interest parity)　두 국가 간의 금리 차이가 대략 선물환율과 현물환율 차이의 비율과 같다는 개념

금본위제(gold standard)　금을 가치의 기준으로 삼는 고정환율제도

금융계정(financial account)　국가 경제와 해외 경제 간의 자본 흐름을 기록하는 국제수지의 한 부분

금융위기(financial crisis)　일반적으로 은행위기를 포함하며 환율위기를 수반하기도 한다. 금융위기는 중개소멸과 경제활동 침체를 초래하며 심각해질 수도 있다.

금융증권화(securitization)　다수의 자산을 묶어 주식으로 유통하는 것

기구 또는 제도(institution)　행동에 관한 규정을 의미한다. 제도는 사회적·정치적·경제적 상호 작용을 제약한다. 제도는 비공식적(예절, 금기, 관습)인 것과 공식적(헌법, 법)인 것이 있다.

기술 이전(technology transfer)　한 국가에서 다른 국가로 기술적 정보와 능력의 확산

기업 내 무역(intrafirm trade)　다른 나라에 위치한 동일한 기업의 두 부서 간 발생하는 무역의 형태

기회비용(opportunity cost)　실제 선택된 행위에 대한 최상의 대안의 가치

긴축(austerity)　일반적으로 정부재정 적자를 없애거나 줄이기 위해 실행되는 정부지출 감소와 조세 증가를 말한다.

긴축적 재정정책(contractionary fiscal policy)　조세 증가 및(혹은) 정부지출 감소

긴축적 통화정책(contractionary monetary policy)　통화 공급 감소와 금리 상승

깊은 단계의 통합(deep integration)　국경에서의 장벽을 제

거하는 것을 넘어서는 경제 통합 단계이다. 깊은 단계의 통합을 위해 국내의 법과 규제의 개정이 필요하게 되고 어떤 경우에는 무역의 제한도 발생할 수 있다.

낮은 단계의 통합(shallow integration) 관세, 쿼터 및 기타 국경에서의 조치(세관 통과 절차) 등 상품의 국경 간 이동을 막는 조치들을 완화 또는 제거하는 것이다(깊은 단계의 통합도 참조할 것).

내국인 대우(national treatment) 국내에서 활동하는 외국 기업이 국내 기업과 다르게 대우받지 않아야 된다는 원칙

내부 규모의 경제(internal economies of scale) 개별 기업이 생산량을 증가시킴에 따라 평균 생산비용이 감소한다는 개념

네 가지 자유(Four Freedoms) 상품, 서비스, 자본, 노동의 자유로운 이동. 이것이 1993년의 단일유럽법(Single European Act)의 주된 내용이며, 이 법은 EC를 관세연합에서 공동 시장으로 전환하였다.

노동 생산성(labor productivity) 투입 노동 단위당 산출물의 양

단일시장프로그램(Single Market Program, SMP) 단일유럽법에 의해 이루어진 개혁을 포괄적으로 일컫는 표현

단일유럽법(Single European Act, SEA) 유럽공동체(European Community)에 공동시장을 만든 법으로 1993년 시행되었다.

달러화(dollarization) 자국 화폐 대신의 달러 사용. 엄밀히 따지면 달러화는 자국 소유가 아닌 다른 통화의 사용을 의미할 수도 있다.

대국 모형(large country case) 전 세계 특정 재화 생산량의 상당 부분을 수입하는 국가는 관세를 부과함으로써 수입 가격을 낮춰 후생을 증가시킬 수 있다.

대외부채(external debt) 국경 밖 거주자에 기인한 부채

덤핑(dumping) 공정 가격보다 낮은 가격으로 해외 시장에서 판매하는 것. 공정 가치 참조

덩샤오핑(Deng Xiaoping) 1978년의 중국의 개혁을 시작한 지도자

도덕적 해이(moral hazard) 정보를 숨기거나, 과도한 위험을 떠맡거나 심각한 사회적 비용을 야기하는 방식으로 자행하는 금융적 동기부여

도하 라운드(Doha round) 현재의 WTO의 무역 라운드(도하개발의제를 참조할 것)

도하개발의제(Doha Development Agenda) 세계무역기구가 2000년에 시작한 무역협정의 이름

독점적 경쟁시장(monopolistic competition) 완전경쟁과 독점 요소를 결합한 차별화된 제품 간의 경쟁

동남아시아국가연합(Association of Southeast Asian Nations, ASEAN) ASEAN은 안보, 경제, 사회문화 분야를 포괄하는 10개국의 공동체. 1967년에 창설되었으며 2020년에 자유무역지역 조성을 목표로 한다.

들로르 보고서(Delors Report) 1980년대 유럽위원회(European Commission)의 대표의 이름을 따서 붙여진 보고서의 이름이며 유럽연합이 공동시장이 되기 위한 300가지의 준비 사항을 나열하고 있다. 이 보고서는 1987년에 채택되었으며 단일유럽법(Single European Act)하에서 공동시장이 탄생되는 데 기여했다.

라틴아메리카 경제위원회(Economic Commission on Latin America, ECLA) 스페인 말로는 CEPAL. UN의 라틴아메리카에서의 활동과 정보 수집을 총괄하는 UN 기구

로마조약(Treaty of Rome) 유럽경제공동체(European Economic Community)를 설립에 초석이 되는 문서로 1957년 6개국이 서명하여 효력이 발생했다. EEC는 그 후 15개 회원국을 추가하여 EU가 되었으나 로마조약이 아직도 중요한 법적 근거이다.

마스트리히트 조약(Maastricht Treaty) 경제와 통화 통합에 대한 조약이라고도 불린다. 1991년 EU 회원국들이 비준한 것으로 협정의 가장 가시적인 부분은 1999

년에 시작한 단일통화프로그램이다. 이 조약은 EU 회원국들 사이에 경제 통합을 가져왔다.

마킬라도라(Maquiladora) 주로 미국과 멕시코 국경에 위치하면서 특별 세금 감면 혜택을 받는 멕시코 제조업체

만모한 싱(Manmohan Singh) 1991년 경제 개혁을 시작한 인도의 지도자

면책조항 구제(escape clause relief) 급격하고 유해한 수입 급증을 겪고 있는 산업에 부여되는 일시적인 관세 보호

명목보호율(nominal rate of protection) 상품 가격의 백분율로 표시되는 관세 수준(또는 쿼터의 관세 상당치). 실효보호율 참조

명목환율(nominal exchange rate) 외환 한 단위의 가격. 실질환율 참조

무역 라운드(trade rounds) GATT나 WTO가 주도하는 다자간 무역협정

무역 전환(trade diversion) 무역 창출의 반대. 무역 전환은 무역정책의 결과로 저비용 생산국가로부터의 수입이 고비용 국가로부터의 수입으로 전환되는 것을 뜻한다.

무역 창출(trade creation) 무역 전환의 반대. 무역정책으로 인해 생산이 고비용(보통 국내) 생산자에서 저비용 생산자에게 옮겨가는 것을 뜻한다.

무역관련 지식재산권(Trade-Related Aspects of Intellectual Property Rights, TRIPS) GATT 체제의 우루과이 라운드에서 출현된 협약으로, 지식재산권에 대한 엄격한 집행을 요구한다.

무역관련 투자조치(Trade-Related Investment Measures, TRIMS) GATT 체제의 우루과이 라운드에서 출현된 협약으로 외국인 투자에 대한 조치에 있어 내국민 대우와 비차별을 강조한다.

무역법 제301조(Section 301) 미국이 불공정 무역 관행으로 규정짓는 행위에 지속적으로 연관이 있는 국가를 상대로 미국 무역 대표부가 조치를 취할 수 있도록 요구하는 미국 무역법의 조항. 스페셜 301조 참조

무역블록(trade bloc) 차별적 무역 지역으로 회원국들 간에는 무역장벽을 낮추거나 제거하는 동시에 참여하지 않는 나라들에 대해서는 높은 관세나 무역장벽을 유지한다.

무역수지(trade balance) 순수출, 즉, 상품과 서비스의 수출과 수입의 차이

무역의 이득(gains from trade) 특화 및 무역으로 인해 얻게 되는 소비의 증가

무역조건(terms of trade, TOT) 한 나라의 수출품 평균 가격을 수입품의 평균 가격으로 나눈 것. TOT = (수출품 가격지수)/(수입품 가격지수). 무역조건이 떨어지면 한 단위의 수출이 더 작은 양의 수입품을 살 수 있다는 의미이다.

무역조정지원(trade adjustment assistance, TAA) 무역 또는 기업의 해외 이전으로 인해 일자리를 잃게 되는 근로자에게 임시로 지원을 제공하는 정부 프로그램

무임승차(free riding) 무임승차는 다른 사람이 상품과 서비스 대가를 지급하도록 하거나, 본인은 참여하지 않으면서 다른 사람들이 자신을 배제할 수 없는 결과물을 만드는 일을 하도록 하는 행위를 뜻한다.

바닥으로의 경쟁(race to the bottom) 가격 경쟁을 통해 초래되는 노동, 환경 또는 기타 표준에 대한 하향 압박

바셀 합의(Basel Accords) 국가가 은행위기와 금융위기 회피를 도와주도록 제안하고 권장하는 일련의 '모범 실무'. 바셀 합의는 자기자본 충족요건, 관리감독과 정보 공개를 강조한다.

반덤핑 관세(antidumping duty, ADD) 공정 가치 이하로 판매하는 것에 대한 보복으로 수입품에 부과되는 관세. 공정 가치 참조

베이커 계획(Baker Plan) 1980년대 부채위기에 직면한 채무국들을 지원하기 위한 미국의 첫 번째(1985) 계획

변동환율제도[flexible (floating) exchange rate system] 외환의 수요와 공급이 그 통화의 가치를 결정하는 환율제도

보조금 및 상계조치(Subsidies and Countervailing Measures, SCM) GATT 체제의 우루과이 라운드에서 출현된 협약으로 상계조치가 허용되는 경우를 명시한 보조금을 제한하기로 합의했다.

보조금(subsidies) 산업에 대한 정부 지원. GATT 체제의 우루과이 라운드는 보조금을 직접 융자 또는 이전, 우대 세제, 재화의 직접 공급 또는 소득 및 가격 지원으로 정의했다.

보충성(subsidiarity) EU가 개별 국가의 문제에 개입하는 것은 다른 나라들에 영향을 미치는 이슈로 제한한다는 원칙. 현재 이런 분야는 환경 정책, 지역 정책, 기술 개발, 그리고 경제 및 통화 통합 등이다.

부가가치(value added) 한 재화의 가격에서 그 재화를 생산하는 데 투입된 중간재의 가치를 뺀 값. 부가가치는 주어진 생산 단계에서 자본과 노동의 기여도를 측정한다.

부분무역협정(partial trade agreement) 일부의 상품과 서비스만을 대상으로 하는 협정으로 자유무역협정보다 못하다.

부채 서비스(debt services) 부채를 갚기 위한 원금 상환과 금리 지급

부채위기(debt crisis) 지속 가능하지 않은 수준의 많은 부채로 인해 발생하는 위기. 부채는 민간 분야의 것이나 공공 분야의 것일 수 있다.

부채위기(debt crisis) 지속할 수 없는 수준의 부채로 초래되는 금융위기. 그 부채는 사적 소유이거나 공적 소유일 수도 있다.

북미노동협력을 위한 협정(North American Agreement on Labor Cooperation) 노동과 관련된 NAFTA의 부속 협정

북미환경협력을 위한 협정(North American Agreement on Environmental Cooperation) 환경과 관련된 NAFTA의 부속 협정

분할분담금(tranches) 여러 차례로 나누어 분담하는 IMF 대부의 부분

불투명한(nontransparent) 명백히 드러나거나 해석되지 않는 상태. 예를 들어, 일부 국가에서는 수입을 막기 위해 불필요한 요식이나 관료주의 규칙을 사용한다.

브래디 계획(Brady Plan) 1989년 미국 재무장관 브래디가 채무가 많은 개발도상국을 지원하기 위해 만든 계획. 그 이전 계획들과 달리 브래디 계획은 소폭의 부채 탕감을 포함

브레턴우즈 환율제도(Bretton Woods exchange rate system) 2차 세계대전의 말미에 브레턴우즈 회담에서 제기된 환율제도

브레턴우즈 회의(Bretton Woods Conference) 1944년 7월 2차 세계대전 이후의 국제금융과 경제 질서를 확립한 뉴햄프셔 주의 작은 마을 이름. IMF와 세계은행이 이 회의의 결과로 창립되었다.

비경합성(nonrival) 비소모성(nondiminishable)을 참조

비공식 경제(informal economy) 측정되지 않고 과세되지 않으며 규제 대상이 아닌 국가 또는 지역 경제의 일부

비관세 장벽(nontariff barrier, NTB) 관세를 제외한 모든 무역장벽. 가장 중요한 것은 허가된 수입의 수량 제한인 쿼터이다. 비관세 장벽은 불필요한 요식이나 규제, 적법한 테이프와 규제, 정부 구매의 국내 생산자 활용 규정, 간접적으로 수입을 제한하는 수많은 관행을 포함한다.

비관세 조치(nontariff measure) 비관세 조치는 쿼터를 제외한 비관세 장벽을 총칭하는데, 불필요한 요식이나

복잡하고 불공평하게 적용되는 규칙 등을 포함한다. 일반적으로 관세 및 쿼터 이외 수입 또는 수출의 수량을 줄이는 모든 규제 또는 정책적 조치를 의미한다.

비교생산우위 혹은 비교우위(comparative productivity advantage or comparative advantage) 국가는 특정 재화의 생산에서 기회비용이 무역 상대국보다 더 낮을 때 그 재화에 비교생산우위가 있다.

비배제성(nonexcludable) 특정 상품이나 서비스를 구입하지 않은 소비자도 소비에서 배제할 수 없는 경우. 국방이 한 예이다.

비소모성(nondiminishable) 소비로 인해 양이 줄어들지 않는 상품이나 서비스. 예를 들어 한 사람이 라디오 방송을 청취하여도 다른 사람이 그 방송을 청취하는 것을 방해하지 않는다.

비주류 모형(Heterodox model) 비주류 인플레이션 안정화 정책은 정부 지출의 감소, 통화창출 축소, 조세제도 개혁, 그리고 임금과 가격의 동결을 포함한다(주류 모형 참조).

사적 리턴(private returns) 모든 사적 편익에서 사적 비용을 뺀 가치로서 일부 비용이나 편익은 미래에 발생하기 때문에 현재 가치로 나타내기 위해 적절한 조정을 거쳐 환산해야 한다. 사회적 리턴 참조

사중손실(deadweight loss) 경제의 다른 부분에서 상응하는 이득이 발생하지 않는 경제적 순손실. 효율성 손실 참조

사회적 리턴(social returns) 사회적 리턴은 사적 리턴을 포함하지만 사적 리턴에 고려되지 않은 사회적 비용 및 편익을 추가한다. 예를 들어, 기업이 정화 책임이 없는 공해를 발생시켜 사회에 비용을 초래함으로써 사회적 리턴을 사적 리턴보다 낮게 만든다.

산업 간 무역(interindustry trade) 서로 다른 산업에서 생산된 제품의 수출과 수입으로 이루어지는 무역의 형태로서 미국이 자동차를 수출하고 사탕수수를 수입하는 경우를 예로 들 수 있다.

산업 내 무역(intraindustry trade) 동일한 종류의 제품 혹은 서비스의 수출과 수입으로 이루어지는 무역의 형태

산업정책(industrial policy) 새로운 산업을 창출하거나 기존 산업을 지원하는 목적의 정책

상계 관세(countervailing duty, CVD) 외국 보조금에 대한 보복으로 부과되는 수입 관세. 보조금 참조

상대가격(relative price) 한 재화의 가격을 다른 재화의 양으로 표시한 것. 상대가격은 달러와 센트로 표시한 화폐 가격과 비슷하지만 한 재화를 사기 위해 포기해야 하는 다른 재화의 양으로 나타낸다.

상품과 서비스(goods and services) 상품과 서비스는 무역의 요소이며, 경상계정을 구성하는 2개의 중요한 항목이다.

생산가능곡선(production possibilities curve, PPC) 생산가능곡선은 주어진 투입 요소에 대한 최대 산출량을 나타낸다. 또한 국가가 한 재화의 산출량을 증가시키고자 할 때 직면하게 되는 상충관계를 보여준다.

생산자 잉여(producer surplus) 생산자가 주어진 수량을 생산하기 위해 받아들일 수 있는 최저 가격과 실제로 얻게 되는 가격의 차이. 그래프에서 생산자 잉여는 가격선 아래와 공급곡선 위의 영역이다. 소비자 잉여 참조

선물시장(forward market) 매입자와 매도자가 외환의 가격과 수량에 동의하고, 계약이 체결된 시점부터 일반적으로 30, 90, 120일 지나서 거래가 발생하는 시장. 현물시장 참조

선물환율(forward exchange rate) 선물시장의 환율

세계무역기구(WTO) GATT의 우루과이 라운드에 의해 만들어진 국제무역기구의 총본산으로 GATT와 다른 협정을 포괄한다. 다자간 협정을 주도하는 중심적인 국제기구이다.

세계지배구조지수(Worldwide Governance Indicators, WGI) 효율성, 공정성, 정부 권한 행사의 질에 대한 평가를 수치화한 것이다.

세계은행(World Bank) 브레턴우즈 기구로 원래는 전쟁 피해가 큰 유럽의 복구를 위해 재정적·기술적 지원을 제공하는 일을 담당했다. 1950년대 들어 세계은행은 개발도상국으로 초점을 바꾸었다.

소비가능곡선(consumption possibilities curve, CPC) 소비가능곡선은 무역이 발생할 때 재화가 교환되는 비율을 나타낸다. 소비가능곡선의 기울기는 한 재화의 가격을 다른 재화의 양으로 표시한 값이다.

소비자 잉여(consumer surplus) 소비자가 느끼는 재화의 가치와 실제로 지불하는 가격의 차이. 그래프에서 소비자 잉여는 수요곡선 아래와 가격선 위의 영역이다. 생산자 잉여 참조

소셜 네트워크(social networks) 이주자의 새로운 거주지에서 정착을 제공하는 이주자의 가족 혹은 커뮤니티 구성원

소프트 페그(Soft peg) 고정환율제도이지만 주어진 범위 안에서 변동을 허용하거나, 실질환율 변동을 줄이기 위해 빈번하게 조정되는 환율제도

수렴기준(convergence criteria) EU의 단일 통화를 사용할 준비 정도를 측정하는 5개의 기준으로 안정된 환율, 낮은 인플레이션, 동조화된 장기금리, 정부 재정적자 축소, 그리고 정부 부채의 감축이다.

수요견인 요인(demand-pull factors) 이주 대상국이 이주자를 '끌어들이는' 경제 여건. 공급압박 요인 참조

수입대체산업화(import substitution industrialization, ISI) 수입품을 대체하기 위한 상품의 국내 생산을 강조하는 개발 정책. ISI는 수입과 수출을 줄인다.

수출 비관론(export pessimism) 아르헨티나 경제학자 라울 프레비시와 추종자들의 견해로 라틴아메리카의 수출의 실질가격이 시간이 지날수록 낮아진다고 본다.

수출가공지대(export processing zone, EPZ) 기업이 수출용 제품을 생산하기 위해 수입하는 부품 및 재료에 관세를 지불하지 않는 지역. 수출가공지대에 적용되는 규칙 및 규제는 국가마다 다르지만 모두 투자를 장려하는 방식으로 수출을 촉진하는 목적을 갖고 있다.

수출자율규제(voluntary export restraint, VER) 수입국의 경쟁을 줄이기 위해 수출국이 자발적으로 수출을 제한하는 것에 동의하는 국가 간 합의

스미소니언 협정(Smithsonian Agreement) 1971년 금에 대한 달러 가치를 절하하기 위해 주요 선진국들에 의해 체결된 이 협정은 브레턴우즈 환율체계 종말의 시작이었다.

스톨퍼-사무엘슨 정리(Stolper-Samuelson theorem) 헥셔-올린 이론의 부수정리로서 수입 또는 수출 가격의 변화가 수입 또는 수출된 상품의 생산에 집약적으로 사용된 요소의 소득을 동일한 방향으로 변화시킨다는 것을 나타낸다.

스페셜 301조(Special 301) 미국 무역 대표부가 전 세계의 재산권 집행을 감시하도록 요구하는 미국 무역법의 일부

승수효과(multiple effect) 지출의 변동이 국민생산에 영향을 미치는데, 그 영향은 궁극적으로 최초의 변동보다 커진다는 개념

시장실패(market failure) 시장이 가장 바람직한 결과를 도출하지 않는 상황. 그 원인으로는 외부효과, 독과점적 구조 등이 있다.

시장실패(market failure) 시장이 가장 유익한 경제적 성과를 내지 못하는 상황. 시장실패에는 외부성과 독점적 또는 과점적 시장 구조를 포함하여 수많은 원인이 있다.

신무역이론(New Trade Theory) 1980년대에 시작된 무역 모형에 대한 새로운 접근법. 신무역이론은 규모에 대한 수확 불변 또는 감소의 가정(비용 증가)을 취하지

않고 기업 내부 또는 기업 외부이지만 산업 내부에서 규모의 경제를 취한다.

신자유주의 모형, 신자유주의(Neoliberal model or neoliberalism)　1980, 1990년대 라틴아메리카에서 일반적이 었던 시장우선주의

실질환율(real exchange rate)　인플레가 반영된 명목환율. 실질환율은 시간에 따른 외환의 상대적 구매력 변동 을 분석하기 위해 유용하다.

실효보호율(effective rate of protection)　실효보호율은 보 호받는 상품에 부과되는 명목상의 관세와 중간 투입 물에 대한 보호 수준을 고려한다. 실효보호율은 중간 재 및 최종재에 대한 관세가 부과된 후 국내 부가가치 의 변동 비율로 측정된다. 명목보호율 참조

아시아인프라투자은행(AIIB)　아시아에서 인프라 투자 를 위해 중국과 56개국이 공동으로 설립한 국제 개발 은행

아웃소싱(outsourcing)　아웃소싱은 기업 내에서 조달하 던 것을 외부로 위탁하는 것이다. 종종 유럽이나 미국 의 기업이 인도에서 비즈니스 서비스를 조달하는 것 과 같이 해외에서 구매한 서비스를 지칭하는 데 사용 된다.

아프리카 성장 및 기회 법(AGOA)　미국이 사하라 남부 지역에 위치한 국가들의 대미 수출에 유리한 조건을 제공하기 위해 체결한 특혜적 무역협정

양자 간 투자협정(Bilateral Investment Treaty, BIT)　두 나 라 간 상대국에 대한 투자와 관련된 규칙을 정하는 협정

에라스무스 + 프로그램(Erasmus + Program)　학생들과 교 수들의 이동을 지원하는 EU 수준의 프로그램

에히도(Ejido)　멕시코의 집단 농장 제도

오염 피난처(pollution havens)　낮은 환경 표준을 내세워 투자를 위해 경쟁하는 국가

오타키(autarky)　무역이 발생하지 않는 상태. 국가 경제 가 완전한 자급자족 상태

오프쇼링(off-shoring)　기업 활동의 일부 또는 전부를 자 국 이외의 장소로 이전하는 것

외부 규모의 경제(external economies of scale)　기업 내부 이지만 산업 내부에서 발생하는 규모의 경제. 결과적 으로 산업 내 모든 기업은 산업의 규모가 커짐에 따라 평균비용이 감소하는 것을 경험한다.

외부성(externality)　사회적 리턴과 사적 리턴의 차이

외환보유액(foreign exchange reserves)　정부의 은행이 보 유한 국제적 거래의 지급에 사용되는 자산의 규모. 달 러, 유로, 엔, 그리고 금이 그 예이다.

요소 풍부성, 요소 희소성(factor abundance, factor scarcity)　 모든 요소는 희소하기 때문에 이 두 용어는 엄격히 말 해 상대적인 개념이다. 상대적 요소 풍부성은 한 경제 가 다른 경제와 비교해 다른 요소보다 특정 요소를 더 풍부하게 보유하고 있다는 것을 의미한다. 상대적 요 소 희소성은 그 반대를 의미한다.

우루과이 라운드(Uruguay Round)　GATT 체제하에서 체 결된 마지막 다자간 관세협상으로, 1986년 우루과이 의 푼타델에스테에서 시작해서 1993년에 종결되었 고 1994년에 비준되었다. 달성한 성과 가운데 하나가 WTO의 설립이다.

워싱턴 컨센서스(Washington Consensus)　미국 정부, IMF, 세계은행, 워싱턴 소재 연구소들이 개발도상국 들에 제시한 정책 처방. 일반적으로 자원배분에서 정 부의 지시나 배분 기능보다 시장의 기능을 강조한다.

유럽경제공동체(European Economic Community, EEC)　 로마협정으로 창설된 공동체의 원래 이름. EEC는 나 중에 EC, 그리고 EU로 변신했다.

유럽공동체(European Community, EC)　마스트리히트 서명 및 경제 공동체 이전의 EU의 이름

유럽석탄철강공동체(European Coal and Steel Community, ECSC)　1951년에 이후 EEC를 구성하는 6개 국이 체결한 석탄과 철강 분야의 자유무역 협정

유럽연합(European Union, EU) 27개 서유럽 국가들로 이루어진 경제 연합

유럽연합이사회(Council of European Union) EU의 입법 결정기관

유럽연합협정(Treaty on European Union) 마스트리히트 조약으로도 알려졌고, 이 협정은 EU의 통합 수준을 공동시장에서 경제연합으로 향상시켰다.

유럽원자력공동체(European Atomic Energy Community, EAEC, 또는 Euratom) 로마협정과 동시에 통과된 협정으로 6개국이 평화적인 원자력 에너지 사용에 협조한다는 내용이다.

유럽위원회(European Commission) EU의 행정부

유럽의회(European Parliament) EU의 준 자문기구. 이 의회는 EU 기구 중 유일하게 선거를 통해 구성된 것으로 점차 실질적인 입법부가 되기 위해 변모하고 있다.

유럽중앙은행(European Central Bank, ECB) 유로지역 국가들의 중앙은행

유럽통화단위(European Currency Unit, ECU) 유로가 도입되기 이전에 EU에서 쓰던 통화 단위. ECU는 통화가 아니며 거래에 실제로 사용되지 않았다.

유럽통화제도(European Monetary System, EMS) 1979년에 시작되어 EC 회원국들의 통화를 연결하였던 환율 제도이다. 1999년 EMS는 유로로 대체되었다.

유로(Euro) EU의 새로운 통화. 1999년에 처음으로 화폐 단위로 소개되었고, 화폐는 2002년 1월부터 소개되었다.

유치산업(infant industry) 신생 산업. 관세 보호에 대한 논거는 특정 산업이 현재는 경쟁할 수 없지만 더 이상 보호가 필요 없는 성숙하고 경쟁적인 산업으로 곧 성장할 것이라는 믿음을 토대로 하고 있다.

유해 부채(odious debt) 대표성 없는 정부의 국가와 계약되고 그 국민에게 이롭지 않는 방법으로 사용되는 부채

은행위기(banking crisis) 국제 금융위기의 일반적인 특징. 은행위기는 은행이 도산하고 중개소멸이 확산될 때 발생한다.

응집기금(cohesion funds) EU에서 지역 개발을 위해 사용하는 기금. 이 기금은 주로 새로운 회원국에서 소득이 EU의 평균보다 낮은 지역을 대상으로 쓰였다. 상수도 시설, 교통 분야의 사회간접자본 형성에 주로 사용되고 있다.

이중궤도 전략(dual track strategy) 중국이 공산주의로부터 자본주의로 이행하는 과정에서 채택한 전략으로 시장개혁을 지역이나 산업(예 : 농업)에서 제한하여 시행하고 나머지 지역과 산업에서는 정부의 통제와 계획을 유지하는 전략

인구추세전환(demographic transition) 높은 출산율과 사망률(산업화 이전의 모습)에서 저출산율과 낮은 사망률(고소득 국가, 산업화 사회)로 옮겨가는 것

일반특혜제도(Generalized System of Preferences, GSP) 고소득 국가가 저소득, 또는 중위 소득 국가들에게 제공하는 특혜를 지칭한다. GSP는 저소득 국가들이 고소득 국가의 시장에 낮은 관세로 접근할 수 있도록 해준다.

일방적 이전(unilateral transfers) 한 국가에서 다른 국가로의 증여를 측정하는 경상계정의 한 요소

잃어버린 10년(Lost Decade) 1982년 8월의 부채위기로 인해서 시작된 라틴아메리카 지역의 불경기 기간. 공식적으로 언제 끝났는지 정해지지 않았으나 보통 위기에 대한 새로운 전략이 시작된 1989년으로 본다.

자기자본 충족요건(capital requirement) 모든 손실은 예금자뿐만 아니라 주주와 다른 은행주에게도 개인적 손실이므로 금융기관 소유주는 자기 자본의 일정 비율을 투자하도록 하는 요구조건

자동차 협정(Auto Pact) 1965년 미국과 캐나다가 자동차

부문의 자유무역을 위해 체결한 협정

자본 통제(capital controls)　자금 유입과 유출에 대한 국가의 통제

자본계정(capital accounts)　한 국가 거주자와 그 외 거주자 간 금융 자산과 부채 거래의 고도로 체계화된 기록

자원의 저주(resource curse)　석유와 같은 고가치의 단일 자원이 풍부하여 초래되는 정치·경제적 문제

자유무역지역(free-trade area)　국가 간 특혜를 제공하는 무역협정으로 참여국들이 회원국에서 만들어진 산출품(상품과 서비스)의 자유로운 국경 간 이동을 허용한다.

재정정책(fiscal policy)　정부 지출 및 조세와 관련된 정책

전격 중지(sudden stop)　경상수지 적자를 충당하기 위해 사용되어왔던 자본 유입의 갑작스러운 중단

전염효과(contagion effects)　한 국가에서 다른 국가로의 위기 확산. 이것은 무역 흐름, 통화와 환율 변동, 혹은 해외 투자자 전망의 변화를 통해서 발생하는지도 모른다.

절대생산우위 혹은 절대우위(absolute productivity advantage, or absolute advantage)　국가는 특정 재화의 노동 생산성이 더 높을 때, 즉 무역 상대국보다 시간당 생산량이 더 많을 때 그 재화에 절대생산우위가 있다.

제로섬(zero sum)　어떤 행위로 인해 발생하는 비용과 편익은 상쇄(영합)된다.

제품 주기(product cycle)　제조품은 이 제품에 대한 실험을 필요로 하는 집중된 연구 개발 단계, 제조 공정 단계, 설계 및 생산의 안정화 단계를 거쳐 완전한 표준화의 최종 단계의 공정에 이른다는 개념

제품 차별화(product differentiation)　유사한 용도이지만 하나 이상의 차원에서 다른 두 제품. 대부분의 소비재는 차별화된 제품이다.

조건부 현금지급(Conditional Cash Transfer, CCT)　사회

적으로 바람직한 행동을 촉진하기 위해 월별로 소액의 현금을 지급하는 사회정책. 예를 들어 아동의 학교 출석, 예방접종, 건강검진 등

조건부(conditionality)　IMF 조건부 참조

조정과정(adjustment process)　일반적으로 통화가치 하락으로 인해 발생하는 한 국가의 경상계정 변동을 말한다.

주류 모형(orthodox model)　전통적 인플레이션 안정화 정책은 정부지출의 감소, 통화창출 축소, 그리고 조세제도의 개혁을 내용으로 한다(비주류 모형 참조).

중간투입물(intermediate inputs)　소비재나 투자재와 같은 최종재에 투입되는 부품과 재료

중개 소멸(disintermediation)　저축을 투자로 연결하지 못하는 은행시스템 부분의 실패

중개(intermediation)　다양한 출처로부터 저축을 받아 투자자에게 자금을 대출하는 기관으로서의 은행 역할

중력모형(gravity model)　큰 나라끼리, 그리고 가까운 나라끼리 무역을 더 많이 한다는 설명

중상주의(mercantilism)　1500년대 봉건군주제에서 근대 국가가 부상한 기간 동안 서구 유럽에서 발생한 경제 시스템. 중상주의는 군대와 국가 건설 프로젝트를 위한 수입을 확보하기 위해 무역 흑자를 운영할 필요가 있다고 강조했기 때문에 국가 건설의 정치·경제라고 불려왔다. 중상주의자는 개인과 회사에 독점권을 부여하기를 선호하고 경쟁을 회피하며 수출을 긍정적으로 보고 수입은 부정적으로 간주했다. 오늘날 중상주의라는 용어는 때로 수입에 대해 비교적 시장 폐쇄적이면서 수출을 장려하는 국가 정책을 기술하는 데 사용된다.

중지(standstills)　기존 대출에 대해 이자와 원금 지급의 일시적 중단을 허용하는 국제 채권자와 채무자 간의 합의

증폭 효과(magnification effect)　상품 가격의 상승 또는

하락은 그 상품의 생산에 집중적으로 사용되는 요소의 소득에 대해 동일한 방향으로 더 큰 영향을 미친다는 이론

지대 추구(rent seeking) 기업, 개인 또는 특수 이익에 의해 자신들이 유익한 방향으로 소득 분배를 왜곡하도록 고안된 모든 활동. 정치적 로비 활동, 법적 투쟁 및 뇌물 수수는 일반적인 지대 추구의 형태인데, 자원(노동 및 자본)을 사용하지만 국가의 성과에 보탬이 되지 않는다. 이런 이유로 지대 추구는 국가에 순손실을 초래한다.

지식재산권(intellectual property rights) 지식재산권은 문학 및 예술 작품에 대한 저작권 및 관련 권리와 상표, 특허, 산업 디자인, 지리적 표시 및 집적회로 배치설계에 대한 산업재산권을 포함한다.

지역무역협정(RTA) 2개 또는 그 이상의 나라들이 서로에게 호혜적인 자국의 시장 접근을 허용하는 협정이다. 지역무역협정은 여러 강도의 시장 접근과 깊은 단계의 통합을 가져온다.

지출전환(expenditure switching) 지출전환정책 참조

지출전환정책(expenditure switching policy) 국내 거주자의 지출을 이동시키기 위한 정책. 무역적자가 문제라면 지출이 국내 생산물로 이동해야 한다. 무역흑자가 문제라면 지출이 해외 생산물로 이동해야 한다. 이 정책의 사례는 환율 변동 및 관세와 쿼터의 변동이다.

지출절감정책(expenditure reducing policy) 국내 지출 수준을 전반적으로 낮추는 정책. 이는 무역적자의 문제를 완화하는 데 적합하며, 정부 지출 감소 및(혹은) 조세 증가를 포함한다.

집단행동조항(collective action clauses) 국제 위기의 경우에 각각의 국제 대부자들이 모든 대부자와 채무자 간의 중재를 찾는 데 동의한다는 조건

차별 금지(nondiscrimination) 법이 외국 기업을 국내 기업과 다르게 취급하지 말아야 한다는 생각

총공급(aggregate supply, AS) 한 국가의 총생산

총수요(aggregate demand, AD) 최종 상품과 서비스에 대한 가계 소비, 기업 투자, 정부 지출과 순수출의 합계

총요소생산성(total factor productivity, TFP) 투입요소당 만들어지는 산출량. 총요소생산성이 증가하는 것은 전반적인 생산성이 증가하여서 주어진 투입량으로도 더 많은 산출량이 나온다는 의미. 따라서 기술이나 조직의 효율성이 개선되었다는 의미

최적통화지역(optimal currency area) 고정환율 혹은 단일 통화 지역. 비용 수반 없이 고정환율의 장점을 갖기에 지리적 규모의 관점에서 최적인 통화지역

최종대부자(lender of last resort) 국제경제학 관점으로 보면 나라들이 받을 수 있는 모든 상업적 성격의 대출을 소진하였을 때 돈을 빌릴 수 있는 대부자. 오늘날 IMF가 이 기능을 수행하고 있다.

최혜국 대우(MFN) **지위**(most-favored nation status) WTO 회원국은 다른 회원국을 자국의 시장에서 최혜국 대우를 받는 나라와 동일한 지위를 부여해야 한다는 견해. 결국, 최혜국 대우는 한 나라가 다른 나라를 차별하는 것을 금지하는 효과를 가져온다.

최후 수단의 대부자(lender of last resort) 국제경제에서 상업적 대부의 모든 근원이 소진된 후에 국가가 빌릴 수 있는 곳

카리브연안 이니셔티브(Caribbean Basin Initiatives, CBI) 미국이 카리브 지역 국가들의 대비수출에 유리한 조건을 제공하기 위해 체결한 특혜적 무역협정

캐나다-미국 자유무역협정(Canadian-U.S. Trade Agreement, CUSTA) 1989년 미국과 캐나다 사이에 맺어진 무역협정으로 NAFTA의 전신이다.

커버된 금리재정(covered interest arbitrage) 해외 자산이 만기가 될 때 외환을 매도하기 위해 선물환을 계약하는 것을 포함하는 금리 재정

쿼터(quota) 수입에 대한 양적 제한이다.

쿼터지대(quota rents)　수출 시장에서 외국 생산자(때로는 외국 제품의 국내 유통업체)가 얻는 초과 이윤. 쿼터지대는 쿼터가 수출품이 들어오는 시장에서 가격 인상을 초래할 때마다 발생한다.

크롤링 페그(crawling peg)　한 국가가 자국 통화를 다른 통화(혹은 통화 바스켓)에 고정시키고, 실질환율 변동을 통제하거나 상쇄하기 위해 명목환율을 주기적으로 조정하는 제도

통계공표기준(data dissemination standards)　거시경제 통계를 공표하는 IMF 기준

통계오류(statistical discrepancy)　경상계정, 자본계정, 금융계정의 합(-1을 곱해줌)

통화위원회(currency board)　신규 화폐 발행을 엄격히 규제하는 정부 위원회

통화정책(monetary policy)　통화 공급 및 금리와 관련된 거시경제정책

투명한(transparent)　장벽으로 명확히 정의된 무역장벽을 설명한다. 관세는 일반적으로 각국의 관세코드에 명기되어 발표되기 때문에 투명성이 가장 높다(가장 투명하다). 위장되거나 숨겨진 형태의 모든 무역장벽은 한 국가의 무역정책을 불투명하게 만든다.

투자소득(investment income)　경상계정의 항목. 해외수취소득이나 해외지급소득

투자자-국가 소송제(investor-state dispute)　외국 기업이 위치한 국가에서 그 기업과 국가 간의 분쟁

특수 요소 모형(specific factors model)　생산에서 이동이 가능한 요소와 불가능한 요소가 허용된다는 무역 모형

특혜협정(preferential agreement)　한 국가가 다른 나라에 일방적인 특혜를 제공하는 무역협정으로 고소득 국가들이 개발도상국들에게 유리한 조건으로 자국 시장을 개방하는 협정

파생 수요(derived demand)　다른 것에 대한 수요로부터 도출된 재화나 서비스에 대한 수요. 예를 들어, 노동에 대한 수요는 재화와 서비스에 대한 수요로부터 도출된다.

페그환율(pegged exchange rate)　고정환율의 한 형태. 크롤링 페그 참조

표준의 분리(separate standards)　각국 고유의 환경, 노동 또는 기타 표준

표준의 상호 인정(mutual recognition of standards)　표준의 조화에 대한 대안. 상호 인정 제도하에서 각국은 서로 다른 표준을 유지하면서 각국의 관할 내 서로의 표준을 인정하고 수용하는 데 동의한다.

표준의 조화(harmonization of standards)　표준의 조화는 2개 이상의 국가가 공통된 표준이나 정책을 협상할 때 발생한다. 조화는 안전 표준, 기술 표준, 환경 표준, 법적 표준, 인증 또는 국가정책에 의해 설정된 요구사항과 관련하여 발생할 수 있다. 표준의 상호 인정 참조

하드 페그(Hard peg)　통화 가치가 완전히 고정된 환율제도. 소프트페그 참조

해외 자회사(foreign affiliate)　본국의 기업이 소유권을 가지고 외국에 설립한 활동 기지

해외 포트폴리오 투자(foreign portfolio investment)　주식, 채권, 은행계좌 혹은 연관된 금융 수단과 같은 금융자산의 매입. 해외직접투자와 같이 밖에서 안으로 향하거나 안에서 밖으로 나갈 수 있다.

해외무역상사(foreign trading corporation, FTC)　개혁 이전에 중국의 모든 무역은 여러 정부 부처와 관련 있는 12개의 회사에서 전담하였는데, 이 사업체들이 해외무역상사라고 불렸다.

해외직접투자(FDI)　외국 기업이나 개인이 다른 나라의 기업, 부동산 등의 자산을 매입하는 것을 의미하며 내국인이 해외에 투자하는 해외직접투자유출과 외국인이 국내에 투자하는 해외직접투자유입이 있다(해외 포트폴리오 투자도 참조할 것).

해외직접투자(foreign direct investment, FDI) 외국 회사나 외국인의 부동산과 같은 물리적 자산이나 기업의 매입. 그것은 안에서 밖으로 향할 수도 있고(자국인이나 자국 기업의 외국 자산을 매입) 혹은 밖에서 안으로 향할 수도 있다(외국인의 자국 자산을 매입). 해외 포트폴리오 투자 참조

핵심 노동 표준(core labor standards) 8개의 핵심 노동권이 ILO에 의해 개발되고 주창되었으며, 8개의 ILO 협약에 구현되었다. 이는 강제로부터의 자유, 최소 노동 연령, 집단적으로 교섭할 수 있는 자유 등의 분야를 다룬다.

헤지(hedging) 위험 제거(예 : 선물환 계약에 의해 환율 위험이 제거, 즉, 헤징될 수 있음)

헥셔−올린 무역이[Heckscher-Ohlin(HO) trade theory] 국가가 수출 및 수입하는 재화와 서비스를 예측하는 무역이론. 이 정리에 따르면 국가는 상대적으로 풍부한 요소를 집약적으로 사용하여 생산하는 제품을 수출하고, 상대적으로 희소한 요소를 집약적으로 사용하여 생산하는 제품을 수입할 것이다.

현물시장(spot market) 가격이 합의된 시점에서 결정되는 시장거래. 통화 현물시장에서는 일반적으로 통화가 실제로 인도되기 전 하루의 시차가 있다. 선물시장 참조

협의위원회(deliberation councils) 산업의 대표와 정부의 대표들로 구성되어 정부의 정책과 기업들의 투자를 협의하는 반(半)정책입안기구. 일본, 한국, 말레이시아, 싱가포르, 태국이 이런 협의의원회를 활용

확장적 재정정책(expansionary fiscal policy) 조세 감소 및 (혹은) 정부 지출 증가

확장적 통화정책(expansionary monetary policy) 통화 공급 증가와 금리 하락

환율(exchange rate) 다른 통화로 표시한 한 통화의 가격. 환율은 실질 혹은 명목 개념으로 측정된다.

환율메커니즘(exchange rate mechanism, ERM) EC가 유럽통화제도(EMS)를 채택했을 때 사용하던 제도

환율위기(exchange rate crisis) 한 국가 통화의 몰락

환율위험(exchange rate risk) 개인 혹은 기업이 외국 통화로 표시된 자산을 보유할 때 발생하는 위험. 그 위험은 예기치 못한 외국통화 가치의 변동으로 인해 기대하지 못했던 손실(혹은 이익)에 대한 가능성이다.

효율성 손실(efficiency loss) 국가가 세계 가격보다 높은 비용으로 재화를 생산할 때 발생하는 소득 또는 생산의 손실을 의미하는 사중손실의 한 형태

찾아보기

저자 소개

James Gerber
캘리포니아대학교 경제학박사
SDSU 라틴아메리카연구센터 소장
국제 비즈니스 프로그램 소장
현 샌디에이고주립대학교 교수

역자 소개

허찬국
제주대학교 경영학학사
캘리포니아대학교(산타바바라) 경제학석/박사
미국 샌프란시스코 연방지급준비은행 이코노미스트
한국경제연구원 선임연구위원
현 충남대학교 무역학과 교수

오영택
중앙대학교 경제학학사
캘리포니아주립대학교(롱비치) 경제학석사
캘리포니아대학교(산타바바라) 경제학박사
현 전주대학교 물류무역학과 교수

정연호
위스콘신대학교(매디슨) 수학학사
코넬대학교 경제학석/박사
한국개발연구원 부연구위원
한국경제연구원 연구위원
현 계명대학교 경제통상학부 교수